GEORG WILHELM FRIEDRICH HEGEL

WISSENSCHAFT
DER LOGIK

HERAUSGEGEBEN VON
GEORG LASSON

ZWEITER TEIL

VERLAG VON FELIX MEINER IN HAMBURG

PHILOSOPHISCHE BIBLIOTHEK BAND 57

Unveränderter Nachdruck 1975 des Textes
der zweiten, um eine vergleichende Seitenübersicht
erweiterten Auflage von 1934

Inhaltsverzeichnis

zugleich

Vergleichstabelle der Seitenzahlen

von Hegels Werken (Berlin 1812 ff.) und
Hegels Sämtlichen Werken Bd. IV (Ausgabe Lasson)

Wissenschaft

der

Logik.

Von

D. Ge. Wilh. Friedr. Hegel,

Professor und Rector am Königl. Bayerischen Gymnasium
Zu Nürnberg.

Erster Band:

Die objective Logik.

Zweites Buch:

Die Lehre vom Wesen.

Nürnberg
bey Johann Leonhard Schrag
1813.

Die Wahrheit des Seins ist das Wesen.

Das Sein ist das Unmittelbare. Indem das Wissen das Wahre erkennen will, was das Sein an und für sich ist, so bleibt es nicht beim Unmittelbaren und dessen Bestimmungen stehen, sondern dringt durch dasselbe hindurch mit der Voraussetzung, daß hinter diesem Sein noch etwas anderes ist als das Sein selbst, daß dieser Hintergrund die Wahrheit des Seins ausmacht. Diese Erkenntnis ist ein vermitteltes Wissen, denn sie befindet sich nicht unmittelbar beim und im Wesen, sondern beginnt von einem Andern, dem Sein, und hat einen vorläufigen Weg, den Weg des Hinausgehens über das Sein oder vielmehr des Hineingehens in dasselbe zu machen. Erst indem das Wissen sich aus dem unmittelbaren Sein erinnert, durch diese Vermittlung findet es das Wesen. — Die Sprache hat im Zeitwort Sein das Wesen in der vergangenen Zeit „gewesen" behalten; denn das Wesen ist das vergangene, aber zeitlos vergangene Sein.

Diese Bewegung als Weg des Wissens vorgestellt, so erscheint dieser Anfang vom Sein und der Fortgang, der es aufhebt und beim Wesen als einem Vermittelten anlangt, eine Tätigkeit des Erkennens zu sein, die dem Sein äußerlich sei und dessen eigene Natur nichts angehe.

Aber dieser Gang ist die Bewegung des Seins selbst. Es zeigte sich an diesem, daß es durch seine Natur sich erinnert und durch dies Insichgehen zum Wesen wird.

Wenn also das Absolute zuerst als Sein bestimmt war, so ist es jetzt als Wesen bestimmt. Das Erkennen kann überhaupt nicht bei dem mannigfaltigen Dasein, aber auch nicht bei dem Sein, dem reinen Sein, stehenbleiben; es dringt sich unmittelbar die Reflexion auf, daß dieses reine Sein, die Negation alles Endlichen, eine Erinnerung und Bewegung voraussetzt, welche das unmittelbare Dasein zum reinen Sein gereinigt hat. Das Sein wird hiernach als Wesen bestimmt, als ein solches Sein, an dem alles Bestimmte und End-

liche negiert ist. So ist es die bestimmungslose, einfache
Einheit, von der das Bestimmte auf eine äußerliche Weise
hinweggenommen worden; dieser Einheit war das Bestimmte
selbst ein Äußerliches, und es bleibt ihr nach diesem Wegnehmen noch gegenüberstehen; denn es ist nicht an sich, sondern relativ, nur in Beziehung auf diese Einheit, aufgehoben
worden. — Es wurde oben schon erinnert, daß wenn das reine
Wesen als Inbegriff aller Realitäten bestimmt wird,
diese Realitäten gleichfalls der Natur der Bestimmtheit und
der abstrahierenden Reflexion unterliegen und dieser Inbegriff sich zur leeren Einfachheit reduziert. Das Wesen ist auf
diese Weise nur Produkt, ein Gemachtes. Die äußerliche Negation, welche Abstraktion ist, hebt die Bestimmtheiten des
Seins nur hinweg von dem, was als Wesen übrigbleibt; es
stellt sie gleichsam immer nur an einen andern Ort und läßt
sie als seiende vor wie nach. Das Wesen ist aber auf diese
Weise weder an sich, noch für sich selbst; es ist durch
ein Anderes, die äußerliche, abstrahierende Reflexion, und
ist für ein Anderes, nämlich für die Abstraktion und überhaupt für das ihm gegenüber stehenbleibende Seiende. In seiner Bestimmung ist es daher die in sich tote, leere Bestimmungslosigkeit.

Das Wesen aber, wie es hier geworden ist, ist das, was es
ist, nicht durch eine ihm fremde Negativität, sondern durch
seine eigne, die unendliche Bewegung des Seins. Es ist An-
und-Fürsichsein: — absolutes Ansichsein, indem es gleichgültig gegen alle Bestimmtheit des Seins ist, das Anderssein
und die Beziehung auf anderes schlechthin aufgehoben worden ist. Es ist aber nicht nur dies Ansichsein; als bloßes
Ansichsein wäre es nur die Abstraktion des reinen Wesens;
sondern es ist ebenso wesentlich Fürsichsein; es selbst ist
diese Negativität, das sich Aufheben des Andersseins und der
Bestimmtheit.

Das Wesen als die vollkommene Rückkehr des Seins in
sich ist so zunächst das unbestimmte Wesen; die Bestimmtheiten des Seins sind in ihm aufgehoben; es enthält sie an sich,
aber nicht wie sie an ihm gesetzt sind. Das absolute Wesen
in dieser Einfachheit mit sich hat kein Dasein. Aber es muß
zum Dasein übergehen; denn es ist An- und-Fürsichsein,
d. h. es unterscheidet die Bestimmungen, welche es an sich

enthält; weil es Abstoßen seiner von sich oder Gleichgültigkeit gegen sich, negative Beziehung auf sich ist, setzt es sich somit sich selbst gegenüber und ist nur insofern unendliches Fürsichsein, als es die Einheit mit sich in diesem seinem Unterschiede von sich ist. — Dieses Bestimmen ist denn anderer Natur als das Bestimmen in der Sphäre des Seins, und die Bestimmungen des Wesens haben einen andern Charakter als die Bestimmtheiten des Seins. Das Wesen ist absolute Einheit des An-und [des] Fürsichseins; sein Bestimmen bleibt daher innerhalb dieser Einheit und ist kein Werden noch Übergehen, so wie die Bestimmungen selbst nicht ein Anderes als anderes, noch Beziehungen auf anderes sind; sie sind Selbständige, aber damit nur als solche, die in ihrer Einheit miteinander sind. — Indem das Wesen zuerst einfache Negativität ist, so hat es nun die Bestimmtheit, welche es nur an sich enthält, in seiner Sphäre zu setzen, um sich Dasein und dann sein Fürsichsein zu geben.

Das Wesen ist im Ganzen das, was die Quantität in der Sphäre des Seins war; die absolute Gleichgültigkeit gegen die Grenze. Die Quantität aber ist diese Gleichgültigkeit in unmittelbarer Bestimmung, und die Grenze an ihr [ist] unmittelbar äußerliche Bestimmtheit, sie geht ins Quantum über; die äußerliche Grenze ist ihr notwendig und ist an ihr seiend. Am Wesen hingegen ist die Bestimmtheit nicht; sie ist nur durch das Wesen selbst gesetzt, nicht frei, sondern nur in der Beziehung auf seine Einheit. — Die Negativität des Wesens ist die Reflexion, und die Bestimmungen [sind] reflektierte, durch das Wesen selbst gesetzte und in ihm als aufgehoben bleibende.

Das Wesen steht zwischen Sein und Begriff und macht die Mitte derselben, und seine Bewegung den Übergang vom Sein in den Begriff aus. Das Wesen ist das An-und-Fürsichsein, aber dasselbe in der Bestimmung des Ansichseins; denn seine allgemeine Bestimmung ist, aus dem Sein herzukommen oder die erste Negation des Seins zu sein. Seine Bewegung besteht darin, die Negation oder Bestimmung an ihm zu setzen, dadurch sich Dasein zu geben und das als unendliches Fürsichsein zu werden, was es an sich ist. So gibt es sich sein Dasein, das seinem Ansichsein gleich ist, und wird der Begriff. Denn der Begriff ist das Absolute, wie es in seinem Dasein absolut oder an und für sich ist. Das Dasein aber, das sich das Wesen gibt, ist noch nicht das Dasein, wie es an und für sich ist, sondern wie das Wesen es sich gibt oder wie es gesetzt wird, daher noch von dem Dasein des Begriffs unterschieden.

Das Wesen scheint zuerst in sich selbst oder ist Reflexion; zweitens erscheint es; drittens offenbart es sich. Es setzt sich in seiner Bewegung in folgende Bestimmungen:

I. als einfaches, ansichseiendes Wesen in seinen Bestimmungen innerhalb seiner,

II. als heraustretend in das Dasein, oder nach seiner Existenz und Erscheinung,

III. als Wesen, das mit seiner Erscheinung eins ist, als Wirklichkeit.

Das Wesen als Reflexion in ihm selbst.

Das Wesen kommt aus dem Sein her; es ist insofern nicht unmittelbar an und für sich, sondern ein Resultat jener Bewegung. Oder das Wesen zunächst als ein unmittelbares genommen, so ist es ein bestimmtes Dasein, dem ein anderes gegenüber steht; es ist nur wesentliches Dasein gegen unwesentliches. Das Wesen ist aber das an und für sich aufgehobene Sein; es ist nur Schein, was ihm gegenübersteht. Allein der Schein ist das eigene Setzen des Wesens.

Das Wesen ist erstens Reflexion. Die Reflexion bestimmt sich; ihre Bestimmungen sind ein Gesetztsein, das zugleich Reflexion in sich ist; es sind

zweitens diese Reflexions-Bestimmungen oder die Wesenheiten zu betrachten.

Drittens macht sich das Wesen, als die Reflexion des Bestimmens in sich selbst, zum Grunde und geht in die Existenz und Erscheinung über.

Erstes Kapitel.

Der Schein.

Das Wesen aus dem Sein herkommend scheint demselben gegenüber zu stehen; dies unmittelbare Sein ist zunächst das Unwesentliche.

Allein es ist zweitens mehr als nur unwesentliches, es ist wesenloses Sein, es ist Schein.

Drittens, dieser Schein ist nicht ein Äußerliches, dem Wesen Anderes, sondern er ist sein eigener Schein. Das Scheinen des Wesens in ihm selbst ist die Reflexion.

A. Das Wesentliche und das Unwesentliche.

Das Wesen ist das aufgehobene Sein. Es ist einfache Gleichheit mit sich selbst, aber insofern es die Negation der

Sphäre des Seins überhaupt ist. So hat das Wesen die Unmittelbarkeit sich gegenüber als eine solche, aus der es geworden ist und die sich in diesem Aufheben aufbewahrt und erhalten hat. Das Wesen selbst ist in dieser Bestimmung seiendes, unmittelbares Wesen, und das Sein nur ein Negatives in
Beziehung auf das Wesen, nicht an und für sich selbst, das
Wesen also eine bestimmte Negation. Sein und Wesen verhalten sich auf diese Weise wieder als Andere überhaupt zueinander, denn jedes hat ein Sein, eine Unmittelbarkeit,
die gegeneinander gleichgültig sind, und [beide] stehen diesem
Sein nach in gleichem Werte.

Zugleich aber ist das Sein im Gegensatze gegen das Wesen das Unwesentliche; es hat gegen dasselbe die Bestimmung des aufgehobenen. Insofern es sich jedoch zum Wesen
nur überhaupt als ein Anderes verhält, so ist das Wesen nicht
eigentlich Wesen, sondern nur ein anders bestimmtes Dasein,
das Wesentliche.

Der Unterschied von Wesentlichem und Unwesentlichem
hat das Wesen in die Sphäre des Daseins zurückfallen lassen, indem das Wesen, wie es zunächst ist, als unmittelbares
seiendes, und damit nur als Anderes bestimmt ist gegen das
Sein. Die Sphäre des Daseins ist damit zugrunde gelegt, und
daß das, was das Sein in diesem Dasein ist, An-und-Fürsichsein
ist, ist eine weitere, dem Dasein selbst äußerliche Bestimmung,
sowie umgekehrt das Wesen wohl das An-und-Fürsichsein ist,
aber nur gegen anderes, in bestimmter Rücksicht. — Insofern daher an einem Dasein ein Wesentliches und ein Unwesentliches voneinander unterschieden werden, so ist dieser Unterschied ein äußerliches Setzen, eine das Dasein selbst
nicht berührende Absonderung eines Teils desselben von einem
andern Teile, eine Trennung, die in ein Drittes fällt. Es ist
dabei unbestimmt, was zum Wesentlichen oder Unwesentlichen
gehört. Es ist irgendeine äußerliche Rücksicht und Betrachtung, die ihn macht, und derselbe Inhalt deswegen bald als wesentlich, bald als unwesentlich anzusehen.

Genauer betrachtet, wird das Wesen zu einem nur Wesentlichen gegen ein Unwesentliches dadurch, daß das Wesen nur
genommen ist als aufgehobenes Sein oder Dasein. Das Wesen
ist auf diese Weise nur die erste oder die Negation, welche
Bestimmtheit ist, durch welche das Sein nur Dasein, oder

das Dasein nur ein Anderes wird. Das Wesen aber ist die absolute Negativität des Seins; es ist das Sein selbst, aber nicht nur als ein Anderes bestimmt, sondern das Sein, das sich sowohl als unmittelbares Sein, wie auch als unmittelbare Negation, als Negation, die mit einem Anderssein behaftet ist, aufgehoben hat. Das Sein oder Dasein hat sich somit nicht als Anderes, denn das Wesen ist, erhalten, und das noch vom Wesen unterschiedene Unmittelbare ist nicht bloß ein unwesentliches Dasein, sondern das an und für sich nichtige Unmittelbare; es ist nur ein Unwesen, der Schein.

B. Der Schein.

1. Das Sein ist Schein. Das Sein des Scheins besteht allein in dem Aufgehobensein des Seins, in seiner Nichtigkeit; diese Nichtigkeit hat es im Wesen, und außer seiner Nichtigkeit, außer dem Wesen ist er nicht. Er ist das Negative gesetzt als Negatives.

Der Schein ist der ganze Rest, der noch von der Sphäre des Seins übriggeblieben ist. Er scheint aber selbst noch eine vom Wesen unabhängige unmittelbare Seite zu haben und ein Anderes desselben überhaupt zu sein. Das Andere enthält überhaupt die zwei Momente des Daseins und des Nichtdaseins. Das Unwesentliche, indem es nicht mehr ein Sein hat, so bleibt ihm vom Anderssein nur das reine Moment des Nichtdaseins; der Schein ist dies unmittelbare Nichtdasein so in der Bestimmtheit des Seins, daß es nur in der Beziehung auf anderes, in seinem Nichtdasein Dasein hat, das Unselbständige, das nur in seiner Negation ist. Es bleibt ihm also nur die reine Bestimmtheit der Unmittelbarkeit; es ist als die reflektierte Unmittelbarkeit, d. i., welche nur vermittelst ihrer Negation ist, und die ihrer Vermittlung gegenüber nichts ist als die leere Bestimmung der Unmittelbarkeit des Nichtdaseins.

So ist der Schein das Phänomen des Skeptizismus, oder auch die Erscheinung des Idealismus [ist] eine solche Unmittelbarkeit, die kein Etwas oder kein Ding ist, überhaupt nicht ein gleichgültiges Sein, das außer seiner Bestimmtheit und Beziehung auf das Subjekt wäre. „Es ist" erlaubte sich der Skeptizismus nicht zu sagen; der neuere Idealismus erlaubte sich nicht, die Erkenntnisse als ein Wissen vom Ding-an-sich anzusehen; jener Schein sollte überhaupt keine

Grundlage eines Seins haben, in diese Erkenntnisse sollte nicht das Ding-an-sich eintreten. Zugleich aber ließ der Skeptizismus mannigfaltige Bestimmungen seines Scheins zu, oder vielmehr sein Schein hatte den ganzen mannigfaltigen Reichtum der Welt zum Inhalte. Ebenso begreift die Erscheinung des Idealismus den ganzen Umfang dieser mannigfaltigen Bestimmtheiten in sich. Jener Schein und diese Erscheinung sind unmittelbar so mannigfaltig bestimmt. Diesem Inhalte mag also wohl kein Sein, kein Ding oder Ding-an-sich zugrunde liegen; er für sich bleibt, wie er ist; er ist nur aus dem Sein in den Schein übersetzt worden, so daß der Schein innerhalb seiner selbst jene mannigfaltigen Bestimmtheiten hat, welche unmittelbare, seiende, andere gegeneinander sind. Der Schein ist also selbst ein unmittelbar Bestimmtes. Er kann diesen oder jenen Inhalt haben; aber welchen er hat, ist nicht durch ihn selbst gesetzt, sondern er hat ihn unmittelbar. Der Leibnizische oder Kantische, Fichtesche Idealismus wie andere Formen desselben sind so wenig als der Skeptizismus über das Sein als Bestimmtheit, über diese Unmittelbarkeit hinausgekommen. Der Skeptizismus läßt sich den Inhalt seines Scheins geben; es ist unmittelbar für ihn, welchen Inhalt er haben soll. Die Leibnizische Monade entwickelt aus ihr selbst ihre Vorstellungen; aber sie ist nicht die erzeugende und verbindende Kraft, sondern sie steigen in ihr als Blasen auf; sie sind gleichgültig, unmittelbar gegeneinander, und so gegen die Monade selbst. Ebenso ist die Kantische Erscheinung ein gegebener Inhalt der Wahrnehmung; er setzt Affektionen voraus, Bestimmungen des Subjekts, welche gegen sich selbst und gegen dasselbe unmittelbar sind. Der unendliche Anstoß des Fichteschen Idealismus mag wohl kein Ding-an-sich zugrunde liegen haben, so daß er rein eine Bestimmtheit im Ich wird. Aber diese Bestimmtheit ist eine dem Ich, das sie zu der seinigen macht und ihre Äußerlichkeit aufhebt, zugleich unmittelbare, eine Schranke desselben, über die es hinausgehen kann, welche aber eine Seite der Gleichgültigkeit an ihr hat, nach der sie, obzwar im Ich, ein unmittelbares Nichtsein desselben enthält. —

2. Der Schein also enthält eine unmittelbare Voraussetzung, eine unabhängige Seite gegen das Wesen. Es ist aber von ihm, insofern er vom Wesen unterschieden ist, nicht zu

zeigen, daß er sich aufhebt und in dasselbe zurückgeht; denn das Sein ist in seiner Totalität in das Wesen zurückgegangen; der Schein ist das an sich Nichtige; es ist nur zu zeigen, daß die Bestimmungen, die ihn vom Wesen unterscheiden, Bestimmungen des Wesens selbst sind, und ferner, daß diese **Bestimmtheit des Wesens**, welche der Schein ist, im Wesen selbst aufgehoben ist.

Es ist die Unmittelbarkeit des **Nichtseins**, welche den Schein ausmacht; dies Nichtsein aber ist nichts anderes als die Negativität des Wesens an ihm selbst. Das Sein ist Nichtsein in dem Wesen. Seine **Nichtigkeit an sich ist die negative Natur des Wesens** selbst. Die Unmittelbarkeit oder Gleichgültigkeit aber, welche dies Nichtsein enthält, ist das eigene absolute Ansichsein des Wesens. Die Negativität des Wesens ist seine Gleichheit mit sich selbst oder seine einfache Unmittelbarkeit und Gleichgültigkeit. Das Sein hat sich im Wesen erhalten, insofern dieses an seiner unendlichen Negativität diese Gleichheit mit sich selbst hat; hiedurch ist das Wesen selbst das Sein. Die Unmittelbarkeit, welche die Bestimmtheit am Scheine gegen das Wesen hat, ist daher nichts anderes als die eigene Unmittelbarkeit des Wesens, aber nicht die seiende Unmittelbarkeit, sondern die schlechthin vermittelte oder reflektierte Unmittelbarkeit, welche der Schein ist, — das Sein nicht als Sein, sondern nur als die Bestimmtheit des Seins, gegen die Vermittlung: das Sein als Moment.

Diese beiden Momente, die Nichtigkeit, aber als Bestehen, und das Sein, aber als Moment, oder die an sich seiende Negativität und die reflektierte Unmittelbarkeit, welche **die Momente des Scheins** ausmachen, sind somit **die Momente des Wesens selbst**: es ist nicht ein Schein des Seins am Wesen oder ein Schein des Wesens am Sein vorhanden; der Schein im Wesen ist nicht der Schein eines Andern, sondern er ist **der Schein an sich, der Schein des Wesens selbst**.

Der Schein ist das Wesen selbst in der Bestimmtheit des Seins. Das, wodurch das Wesen einen Schein hat, ist, daß es **bestimmt** in sich und dadurch von seiner absoluten Einheit unterschieden ist. Aber diese Bestimmtheit ist ebenso schlechthin an ihr selbst aufgehoben. Denn das Wesen ist das Selbständige, das ist als durch seine Negation, welche es selbst ist, sich mit sich vermittelnd; es ist also die identische Ein-

heit der absoluten Negativität und der Unmittelbarkeit. —
Die Negativität ist die Negativität an sich; sie ist ihre Beziehung auf sich, so ist sie an sich Unmittelbarkeit; aber sie
ist negative Beziehung auf sich, abstoßendes Negieren ihrer
selbst, so ist die an sich seiende Unmittelbarkeit das Negative
oder Bestimmte gegen sie. Aber diese Bestimmtheit ist selbst
die absolute Negativität und dies Bestimmen, das unmittelbar
als Bestimmen das Aufheben seiner selbst, Rückkehr in sich ist.

Der Schein ist das Negative, das ein Sein hat, aber in
einem Andern, in seiner Negation; er ist die Unselbständigkeit,
die an ihr selbst aufgehoben und nichtig ist. So ist er das in
sich zurückgehende Negative, das Unselbständige als das an
ihm selbst Unselbständige. Diese Beziehung des Negativen oder
der Unselbständigkeit auf sich ist seine Unmittelbarkeit; sie
ist ein anderes als es selbst; sie ist seine Bestimmtheit gegen
sich, oder sie ist die Negation gegen das Negative. Aber die
Negation gegen das Negative ist die sich nur auf sich beziehende
Negativität, das absolute Aufheben der Bestimmtheit selbst.

Die Bestimmtheit also, welche der Schein im Wesen
ist, ist unendliche Bestimmtheit; sie ist nur das mit sich zusammengehende Negative; sie ist so die Bestimmtheit, die als
solche die Selbständigkeit und nicht bestimmt ist. — Umgekehrt die Selbständigkeit als sich auf sich beziehende Unmittelbarkeit ist ebenso schlechthin Bestimmtheit und Moment und nur als sich auf sich beziehende Negativität. — Diese
Negativität, die identisch mit der Unmittelbarkeit, und so die
Unmittelbarkeit, die identisch mit der Negativität ist, ist das
Wesen. Der Schein ist also das Wesen selbst, aber das Wesen
in einer Bestimmtheit, aber so, daß sie nur sein Moment ist,
und das Wesen ist das Scheinen seiner in sich selbst.

In der Sphäre des Seins entsteht dem Sein als unmittelbarem das Nichtsein gleichfalls als unmittelbares gegenüber, und ihre Wahrheit ist das Werden. In der Sphäre des
Wesens findet sich zuerst das Wesen und das Unwesentliche,
dann das Wesen und der Schein gegenüber, das Unwesentliche
und der Schein als Reste des Seins. Aber sie beide, sowie
der Unterschied des Wesens von ihnen, bestehen in weiter
nichts als darin, daß das Wesen zuerst als ein unmittelbares
genommen wird, nicht wie es an sich ist, nämlich nicht als
die Unmittelbarkeit, die als die reine Vermittlung oder als ab-

solute Negativität Unmittelbarkeit ist. Jene erste Unmittelbarkeit ist somit nur die Bestimmtheit der Unmittelbarkeit. Das Aufheben dieser Bestimmtheit des Wesens besteht daher in nichts weiter als in dem Aufzeigen, daß das Unwesentliche nur Schein [ist], und daß das Wesen vielmehr den Schein in sich selbst enthält als die unendliche Bewegung in sich, welche seine Unmittelbarkeit als die Negativität, und seine Negativität als die Unmittelbarkeit bestimmt und so das Scheinen seiner in sich selbst ist. Das Wesen in dieser seiner Selbstbewegung ist die Reflexion.

C. Die Reflexion.

Der Schein ist dasselbe, was die Reflexion ist; aber er ist die Reflexion als unmittelbare; für den in sich gegangenen, hiemit seiner Unmittelbarkeit entfremdeten Schein haben wir das Wort der fremden Sprache, die Reflexion.

Das Wesen ist Reflexion, die Bewegung des Werdens und Übergehens, das in sich selbst bleibt, worin das Unterschiedene schlechthin nur als das an sich Negative, als Schein bestimmt ist. — In dem Werden des Seins liegt der Bestimmtheit das Sein zugrunde, und sie ist Beziehung auf anderes. Die reflektierende Bewegung hingegen ist das Andre als die Negation an sich, die nur als sich auf sich beziehende Negation ein Sein hat. Oder indem diese Beziehung auf sich eben dies Negieren der Negation ist, so ist die Negation als Negation vorhanden, als ein solches, das sein Sein in seinem Negiertsein hat, als Schein. Das Andere ist hier also nicht das Sein mit der Negation oder Grenze, sondern die Negation mit der Negation. Das Erste aber gegen dies Andere, das Unmittelbare oder Sein, ist nur diese Gleichheit selbst der Negation mit sich, die negierte Negation, die absolute Negativität. Diese Gleichheit mit sich oder Unmittelbarkeit ist daher nicht ein Erstes, von dem angefangen wird und das in seine Negation überginge; noch ist es ein seiendes Substrat, das sich durch die Reflexion hindurch bewegte; sondern die Unmittelbarkeit ist nur diese Bewegung selbst.

Das Werden im Wesen, seine reflektierende Bewegung, ist daher die Bewegung von Nichts zu Nichts und dadurch zu sich selbst zurück. Das Übergehen oder Werden hebt in seinem Übergehen sich auf; das Andre, das in diesem Übergehen wird, ist nicht das Nichtsein eines Seins, sondern das Nichts eines Nichts, und dies, die Negation eines Nichts zu sein, macht das Sein aus. — Das Sein ist nur als die Bewegung des Nichts zu Nichts, so ist es das Wesen; und dieses hat nicht diese Bewegung in sich, sondern ist sie als der absolute Schein selbst, die reine Negativität, die nichts außer ihr hat, das sie negierte, sondern die nur ihr Negatives selbst negiert, das nur in diesem Negieren ist.

Diese reine absolute Reflexion, welche die Bewegung von Nichts zu Nichts ist, bestimmt sich selbst weiter.

Sie ist erstlich setzende Reflexion;

sie macht zweitens den Anfang von dem vorausge-setzten Unmittelbaren und ist so äußerliche Reflexion.

Drittens aber hebt sie diese Voraussetzung auf, und in-dem sie in dem Aufheben der Voraussetzung zugleich vor-aussetzend ist, ist sie bestimmende Reflexion.

1. Die setzende Reflexion.

Der Schein ist das Nichtige oder Wesenlose; aber das Nichtige oder Wesenlose hat sein Sein nicht in einem An-dern, in dem es scheint, sondern sein Sein ist seine eigne Gleichheit mit sich; dieser Wechsel des Negativen mit sich selbst hat sich als die absolute Reflexion des Wesens bestimmt.

Diese sich auf sich beziehende Negativität ist also das Negieren ihrer selbst. Sie ist somit überhaupt so sehr auf-gehobene Negativität, als sie Negativität ist. Oder sie ist selbst das Negative und die einfache Gleichheit mit sich oder Unmittelbarkeit. Sie besteht also darin, sie selbst und nicht sie selbst und zwar in Einer Einheit zu sein. —

Zunächst ist die Reflexion die Bewegung des Nichts zu Nichts, somit die mit sich selbst zusammengehende Negation. Dieses Zusammengehen mit sich ist überhaupt einfache Gleich-heit mit sich, die Unmittelbarkeit. Aber dies Zusammenfallen ist nicht Übergehen der Negation in die Gleichheit mit sich als in ihr Anderssein, sondern die Reflexion ist Übergehen als Aufheben des Übergehens; denn sie ist unmittelbares Zu-sammenfallen des Negativen mit sich selbst; so ist dies Zu-sammengehen erstlich Gleichheit mit sich oder Unmittelbar-keit; aber zweitens ist diese Unmittelbarkeit die Gleichheit des Negativen mit sich, somit die sich selbst negierende

Gleichheit; die Unmittelbarkeit, die an sich das Negative, das Negative ihrer selbst ist, dies zu sein, was sie nicht ist.

Die Beziehung des Negativen auf sich selbst ist also seine Rückkehr in sich; sie ist Unmittelbarkeit als das Aufheben des Negativen; aber Unmittelbarkeit schlechthin nur als diese Beziehung oder als Rückkehr aus einem, somit sich selbst aufhebende Unmittelbarkeit. — Dies ist das Gesetztsein, die Unmittelbarkeit rein nur als Bestimmtheit oder als sich reflektierend. Diese Unmittelbarkeit, die nur als Rückkehr des Negativen in sich ist, — ist jene Unmittelbarkeit, welche die Bestimmtheit des Scheins ausmacht, und von der vorhin die reflektierende Bewegung anzufangen schien. Statt von dieser Unmittelbarkeit anfangen zu können, ist diese vielmehr erst als die Rückkehr oder als die Reflexion selbst. Die Reflexion ist also die Bewegung, die, indem sie die Rückkehr ist, erst darin das ist, das anfängt oder das zurückkehrt.

Sie ist Setzen, insofern sie die Unmittelbarkeit als ein Rückkehren ist; es ist nämlich nicht ein Anderes vorhanden, weder ein solches, aus dem sie, noch in das sie zurückkehrte; sie ist also nur als Rückkehren oder als das Negative ihrer selbst. Aber ferner ist diese Unmittelbarkeit die aufgehobene Negation und die aufgehobene Rückkehr in sich. Die Reflexion ist als Aufheben des Negativen Aufheben ihres Andern, der Unmittelbarkeit. Indem sie also die Unmittelbarkeit als ein Rückkehren, Zusammengehen des Negativen mit sich selbst ist, so ist sie ebenso Negation des Negativen als des Negativen. So ist sie Voraussetzen. — Oder die Unmittelbarkeit ist als Rückkehren nur das Negative ihrer selbst, nur dies, nicht Unmittelbarkeit zu sein; aber die Reflexion ist das Aufheben des Negativen seiner selbst, sie ist Zusammengehen mit sich; sie hebt also ihr Setzen auf, und indem sie das Aufheben des Setzens in ihrem Setzen ist, ist sie Voraussetzen. In dem Voraussetzen bestimmt die Reflexion die Rückkehr in sich als das Negative ihrer selbst, als dasjenige, dessen Aufheben das Wesen ist. Es ist sein Verhalten zu sich selbst, aber zu sich als dem Negativen seiner; nur so ist es die insichbleibende, sich auf sich beziehende Negativität. Die Unmittelbarkeit kommt überhaupt nur als Rückkehr hervor und ist dasjenige Negative, welches der Schein des Anfangs ist, der durch die Rückkehr negiert wird. Die Rückkehr des Wesens ist somit sein sich Ab-

stoßen von sich selbst. Oder die Reflexion in sich ist wesentlich das Voraussetzen dessen, aus dem sie die Rückkehr ist.

Es ist das Aufheben seiner Gleichheit mit sich, wodurch
das Wesen erst die Gleichheit mit sich ist. Es setzt sich selbst
voraus, und das Aufheben dieser Voraussetzung ist es selbst;
umgekehrt ist dies Aufheben seiner Voraussetzung die Voraus-
aussetzung selbst. — Die Reflexion also findet ein Unmittelbares vor, über das sie hinausgeht, und aus dem sie die Rückkehr ist. Aber diese Rückkehr ist erst das Voraussetzen des
Vorgefundenen. Dies Vorgefundene wird nur darin, daß es
verlassen wird; seine Unmittelbarkeit ist die aufgehobene
Unmittelbarkeit. — Die aufgehobene Unmittelbarkeit umgekehrt ist die Rückkehr in sich, das Ankommen des Wesens
bei sich, das einfache, sich selbst gleiche Sein. Damit ist dieses Ankommen bei sich das Aufheben seiner und die [sich] von
sich selbst abstoßende, voraussetzende Reflexion, und ihr Abstoßen von sich ist das Ankommen bei sich selbst.

Die reflektierende Bewegung ist somit nach dem Betrachteten als absoluter Gegenstoß in sich selbst zu nehmen.
Denn die Voraussetzung der Rückkehr in sich, — das, woraus
das Wesen herkommt und erst als dieses Zurückkommen
ist —, ist nur in der Rückkehr selbst. Das Hinausgehen über
das Unmittelbare, von dem die Reflexion anfängt, ist vielmehr
erst durch dies Hinausgehen; und das Hinausgehen über das
Unmittelbare ist das Ankommen bei demselben. Die Bewegung
wendet sich als Fortgehen unmittelbar in ihr selbst um und
ist nur so Selbstbewegung, — Bewegung, die aus sich kommt,
insofern die setzende Reflexion voraussetzende, aber als
voraussetzende Reflexion schlechthin setzende ist.

So ist die Reflexion sie selbst und ihr Nichtsein, und ist nur sie
selbst, indem sie das Negative ihrer ist, denn nur so ist das Aufheben des Negativen zugleich als ein Zusammengehen mit sich.

Die Unmittelbarkeit, die sie als Aufheben sich voraussetzt,
ist schlechthin nur als Gesetztsein, als an sich Aufgehobenes, das nicht verschieden ist von der Rückkehr in sich
und selbst nur dieses Rückkehren ist. Aber es ist zugleich bestimmt als Negatives, als unmittelbar gegen eines, also gegen
ein Anderes. So ist die Reflexion bestimmt; sie ist, indem sie
nach dieser Bestimmtheit eine Voraussetzung hat und von dem
Unmittelbaren als ihrem Andern anfängt, äußere Reflexion.

2. Die äußere Reflexion.

Die Reflexion als absolute Reflexion ist das in ihm selbst scheinende Wesen und setzt sich nur den Schein, das Gesetztsein voraus; sie ist als voraussetzende unmittelbar nur setzende Reflexion. Aber die äußerliche oder reale Reflexion setzt sich als aufgehoben, als das Negative ihrer voraus. Sie ist in dieser Bestimmung verdoppelt, das eine Mal als das Vorausgesetzte oder die Reflexion in sich, die das Unmittelbare ist. Das andere Mal ist sie die als negativ sich auf sich beziehende Reflexion; sie bezieht sich auf sich als auf jenes ihr Nichtsein.

Die äußerliche Reflexion setzt also ein Sein voraus, erstens nicht in dem Sinne, daß seine Unmittelbarkeit nur Gesetztsein oder Moment ist, sondern vielmehr, daß diese Unmittelbarkeit die Beziehung auf sich, und die Bestimmtheit nur als Moment ist. Sie bezieht sich auf ihre Voraussetzung so, daß diese das Negative der Reflexion ist, aber so, daß dieses Negative als Negatives aufgehoben ist. — Die Reflexion in ihrem Setzen hebt unmittelbar ihr Setzen auf, so hat sie eine unmittelbare Voraussetzung. Sie findet also dasselbe vor als ein solches, von dem sie anfängt, und von dem aus sie erst das Zurückgehen in sich, das Negieren dieses ihres Negativen ist. Aber daß dies Vorausgesetzte ein Negatives oder Gesetztes ist, geht dasselbe nichts an; diese Bestimmtheit gehört nur der setzenden Reflexion an, aber in dem Voraussetzen ist das Gesetztsein nur als aufgehobenes. Was die äußerliche Reflexion an dem Unmittelbaren bestimmt und setzt, sind insofern demselben äußerliche Bestimmungen. — Sie war das Unendliche in der Sphäre des Seins; das Endliche gilt als das Erste, als das Reale; von ihm wird als dem zugrunde liegenden und zugrund liegen Bleibenden angefangen, und das Unendliche ist die gegenüberstehende Reflexion in sich.

Diese äußere Reflexion ist der Schluß, in welchem die beiden Extreme, das Unmittelbare und die Reflexion in sich, sind; die Mitte desselben ist die Beziehung beider, das bestimmte Unmittelbare, so daß der eine Teil derselben, die Unmittelbarkeit, nur dem einen Extreme, die andere, die Bestimmtheit oder Negation, nur dem andern Extreme zukommt.

Aber das Tun der äußern Reflexion näher betrachtet, so ist sie zweitens Setzen des Unmittelbaren, das insofern das Negative oder Bestimmte wird; aber sie ist unmittelbar auch das Aufheben dieses ihres Setzens; denn sie setzt das Unmittelbare voraus; sie ist im Negieren das Negieren dieses ihres Negierens. Sie ist aber unmittelbar damit ebenso Setzen, Aufheben des ihr negativen Unmittelbaren, und dieses, von dem sie als von einem Fremden anzufangen schien, ist erst in diesem ihrem Anfangen. Das Unmittelbare ist auf diese Weise nicht nur an sich, das hieße für uns oder in der äußern Reflexion, dasselbe, was die Reflexion ist, sondern es ist gesetzt, daß es dasselbe ist. Es ist nämlich durch die Reflexion als ihr Negatives oder als ihr Anderes bestimmt, aber sie ist es selbst, welche dieses Bestimmen negiert. — Es ist damit die Äußerlichkeit der Reflexion gegen das Unmittelbare aufgehoben; ihr sich selbst negierendes Setzen ist das Zusammengehen ihrer mit ihrem Negativen, mit dem Unmittelbaren, und dieses Zusammengehen ist die wesentliche Unmittelbarkeit selbst. Es ist also vorhanden, daß die äußere Reflexion nicht äußere, sondern ebensosehr immanente Reflexion der Unmittelbarkeit selbst ist, oder daß das, was durch die setzende Reflexion ist, das an und für sich seiende Wesen ist. So ist sie bestimmende Reflexion.

Anmerkung.

Die Reflexion wird gewöhnlicherweise in subjektivem Sinne genommen als die Bewegung der Urteilskraft, die über eine gegebene unmittelbare Vorstellung hinausgeht und allgemeine Bestimmungen für dieselbe sucht oder damit vergleicht. Kant setzt die reflektierende Urteilskraft der bestimmenden Urteilskraft entgegen. (Kritik der Urteilskraft. Einleit. S. XXIII f.) Er definiert die Urteilskraft überhaupt als das Vermögen, das Besondere als enthalten unter dem Allgemeinen zu denken. Ist das Allgemeine (die Regel, das Prinzip, das Gesetz) gegeben, so ist die Urteilskraft, welche das Besondere darunter subsumiert, bestimmend. Ist aber nur das Besondere gegeben, wozu sie das Allgemeine finden soll, so ist die Urteilskraft bloß reflektierend. Die Reflexion ist somit hier gleichfalls das Hinausgehen über ein Unmittelbares zum Allgemeinen. Das

Unmittelbare wird teils erst durch diese Beziehung desselben auf sein Allgemeines bestimmt als Besonderes; für sich ist es nur ein Einzelnes oder ein unmittelbares Seiendes. Teils aber ist das, worauf es bezogen wird, sein Allgemeines, seine Regel, Prinzip, Gesetz überhaupt das in sich reflektierte, sich auf sich selbst beziehende, das Wesen oder das Wesentliche.

Es ist aber hier nicht weder von der Reflexion des Bewußtseins, noch von der bestimmteren Reflexion des Verstandes, die das Besondere und Allgemeine zu ihren Bestimmungen hat, sondern von der Reflexion überhaupt die Rede. Jene Reflexion, der Kant das Aufsuchen des Allgemeinen zum gegebenen Besondern zuschreibt, ist, wie erhellt, gleichfalls nur die äußere Reflexion, die sich auf das Unmittelbare als auf ein gegebenes bezieht. — Aber es liegt darin auch der Begriff der absoluten Reflexion; denn das Allgemeine, das Prinzip oder Regel und Gesetz, zu dem sie in in ihrem Bestimmen fortgeht, gilt als das Wesen jenes Unmittelbaren, von dem angefangen wird, somit dieses als ein Nichtiges, und die Rückkehr aus demselben, das Bestimmen der Reflexion, erst als das Setzen des Unmittelbaren nach seinem wahrhaften Sein, also das, was die Reflexion an ihm tut, und die Bestimmungen, die von ihr herkommen, nicht als ein jenem Unmittelbaren äußerliches, sondern als dessen eigentliches Sein.

Die äußerliche Reflexion war auch gemeint, wenn der Reflexion überhaupt, wie es eine Zeitlang Ton in der neuern Philosophie war, alles Üble nachgesagt und sie mit ihrem Bestimmen als der Antipode und Erbfeind der absoluten Betrachtungsweise angesehen wurde. In der Tat geht auch die denkende Reflexion, insofern sie sich als äußerliche verhält, schlechthin von einem gegebenen, ihr fremden Unmittelbaren aus und betrachtet sich als ein bloß formelles Tun, das Inhalt und Stoff von außen empfange und für sich nur die durch ihn bedingte Bewegung sei. — Ferner, wie sich sogleich bei der bestimmenden Reflexion näher ergeben wird, sind die reflektierten Bestimmungen anderer Art als die bloß unmittelbaren Bestimmungen des Seins. Letztere werden leichter als vorübergehende, bloß relative, in der Beziehung auf anderes stehende zugegeben; aber die reflektierten Bestimmungen haben die Form des An- und Fürsichseins; sie machen sich daher als die wesentlichen geltend, und statt über-

gehend in ihre entgegengesetzten zu sein, erscheinen sie vielmehr als absolut, frei und gleichgültig gegeneinander. Sie
widersetzen sich daher hartnäckig ihrer Bewegung; das Sein
derselben ist ihre Identität mit sich in ihrer Bestimmtheit, nach
welcher sie, ob sie sich zwar gegenseitig voraussetzen, in
dieser Beziehung sich schlechthin getrennt erhalten.

3. Bestimmende Reflexion.

Die bestimmende Reflexion ist überhaupt die Einheit der
setzenden und der äußern Reflexion. Dies ist näher zu
betrachten. —

1. Die äußere Reflexion fängt vom unmittelbaren Sein
an, die setzende vom Nichts. Die äußere Reflexion, die
bestimmend wird, setzt ein Anderes, aber das Wesen, an die
Stelle des aufgehobenen Seins; das Setzen setzt seine Bestimmung nicht an die Stelle eines Andern; es hat keine Voraussetzung. Aber deswegen ist es nicht die vollendete, bestimmende Reflexion; die Bestimmung, die es setzt, ist daher nur
ein Gesetztes; es ist Unmittelbares, aber nicht als sich selbst
gleich, sondern als sich negierend; es hat absolute Beziehung
auf die Rückkehr in sich; es ist nur in der Reflexion in sich,
aber es ist nicht diese Reflexion selbst.

Das Gesetzte ist daher ein Anderes, aber so, daß die
Gleichheit der Reflexion mit sich schlechthin erhalten ist; denn
das Gesetzte ist nur als Aufgehobenes, als Beziehung auf die
Rückkehr in sich selbst. — In der Sphäre des Seins war das
Dasein das Sein, das die Negation an ihm hatte, und das
Sein der unmittelbare Boden und Element dieser Negation, die
daher selbst die unmittelbare war. Dem Dasein entspricht in
der Sphäre des Wesens das Gesetztsein. Es ist gleichfalls ein Dasein, aber sein Boden ist das Sein als Wesen oder
als reine Negativität; es ist eine Bestimmtheit oder Negation
nicht als seiend, sondern unmittelbar als aufgehoben. Das
Dasein ist nur Gesetztsein; dies ist der Satz des Wesens
vom Dasein. Das Gesetztsein steht einerseits dem Dasein, andererseits dem Wesen gegenüber und ist als die Mitte zu betrachten, welche das Dasein mit dem Wesen und umgekehrt
das Wesen mit dem Dasein zusammenschließt. — Wenn man
sagt, eine Bestimmung ist nur ein Gesetztsein, so kann dies
daher den doppelten Sinn haben; sie ist dies im Gegensatze

gegen das Dasein oder gegen das Wesen. In jenem Sinne
wird das Dasein für etwas Höheres genommen als das Gesetztsein und dieses der äußern Reflexion, dem Subjektiven zugeschrieben. In der Tat aber ist das Gesetztsein das Höhere;
denn als Gesetztsein ist das Dasein als das, was es an sich
ist, als Negatives, ein schlechthin nur auf die Rückkehr in
sich bezogenes. Deswegen ist das Gesetztsein nur ein Gesetztsein in Rücksicht auf das Wesen, als die Negation des Zurück-
gekehrtseins in sich selbst.

2. Das Gesetztsein ist noch nicht Reflexions-Bestimmung:
es ist nur Bestimmtheit als Negation überhaupt. Aber das
Setzen ist nun in Einheit mit der äußern Reflexion; diese ist
in dieser Einheit absolutes Voraussetzen, d. h. das Abstoßen
der Reflexion von sich selbst oder Setzen der Bestimmtheit als
ihrer selbst. Das Gesetztsein ist daher als solches Negation; aber als vorausgesetztes ist sie als in sich reflektierte.
So ist das Gesetztsein Reflexionsbestimmung.

Die Reflexionsbestimmung ist von der Bestimmtheit des
Seins, der Qualität, unterschieden; diese ist unmittelbare Beziehung auf anderes überhaupt; auch das Gesetztsein ist Beziehung auf anderes, aber auf das Reflektiertsein in sich. Die
Negation als Qualität ist Negation als seiend; das Sein macht
ihren Grund und Element aus. Die Reflexionsbestimmung hingegen hat zu diesem Grunde das Reflektiertsein in sich selbst.
Das Gesetztsein fixiert sich zur Bestimmung eben darum, weil
die Reflexion die Gleichheit mit sich selbst in ihrem Negiertsein ist; ihr Negiertsein ist daher selbst Reflexion in sich.
Die Bestimmung besteht hier nicht durch das Sein, sondern
durch ihre Gleichheit mit sich. Weil das Sein, das die Qualität trägt, das der Negation ungleiche ist, so ist die Qualität in
sich selbst ungleich, daher übergehendes, im Andern verschwindendes Moment. Hingegen die Reflexionsbestimmung ist
das Gesetztsein als Negation, Negation, die zu ihrem Grunde
das Negiertsein hat, also sich in sich selbst nicht ungleich
ist, somit wesentliche, nicht übergehende Bestimmtheit. Die
Sich-selbst-Gleichheit der Reflexion, welche das Negative nur als Negatives, als Aufgehobenes oder Gesetztes
hat, ist es, welche demselben Bestehen gibt.

Um dieser Reflexion in sich willen erscheinen die
Reflexionsbestimmungen als freie, im Leeren ohne Anziehung

oder Abstoßung gegeneinander schwebende Wesenheiten. In ihnen hat sich die Bestimmtheit durch die Beziehung auf sich befestigt und unendlich fixiert. Es ist das Bestimmte, das sein Übergehen und sein bloßes Gesetztsein sich unterworfen oder seine Reflexion in anderes in Reflexion in sich umgebogen hat. Diese Bestimmungen machen hiedurch den bestimmten Schein aus, wie er im Wesen ist, den wesentlichen Schein. Aus diesem Grunde ist die bestimmende Reflexion die außer sich gekommene Reflexion; die Gleichheit des Wesens mit sich selbst ist in die Negation verloren, die das Herrschende ist.

Es sind also an der Reflexionsbestimmung zwei Seiten, die zunächst sich unterscheiden. Erstlich ist sie das Gesetztsein, die Negation als solche; zweitens ist sie die Reflexion in sich. Nach dem Gesetztsein ist sie die Negation als Negation; dies ist somit bereits ihre Einheit mit sich selbst. Aber sie ist dies nur erst an sich, oder sie ist das Unmittelbare als sich an ihm aufhebend, als das Andere seiner selbst. — Insofern ist die Reflexion in sich bleibendes Bestimmen. Das Wesen geht darin nicht außer sich; die Unterschiede sind schlechthin gesetzt, in das Wesen zurückgenommen. Aber nach der andern Seite sind sie nicht gesetzte, sondern in sich selbst reflektiert; die Negation als Negation ist in Gleichheit mit ihr selbst, nicht in ihr Anderes, nicht in ihr Nichtsein reflektiert.

3. Indem nun die Reflexionsbestimmung sowohl reflektierte Beziehung in sich selbst als auch Gesetztsein ist, so erhellt unmittelbar daraus ihre Natur näher. Als Gesetztsein nämlich ist sie die Negation als solche, ein Nichtsein gegen ein anderes, nämlich gegen die absolute Reflexion in sich oder gegen das Wesen. Aber als Beziehung auf sich ist sie in sich reflektiert. — Diese ihre Reflexion und jenes Gesetztsein sind verschieden; ihr Gesetztsein ist vielmehr ihr Aufgehobensein; ihr Reflektiertsein in sich aber ist ihr Bestehen. Insofern es nun also das Gesetztsein ist, das zugleich Reflexion in sich selbst ist, so ist die Reflexionsbestimmtheit die Beziehung auf ihr Anderssein an ihr selbst. — Sie ist nicht als eine seiende, ruhende Bestimmtheit, welche bezogen würde auf ein Anderes, so daß das Bezogene und dessen Beziehung verschieden voneinander sind, jenes ein Insichseien-

des, ein Etwas, welches sein Anderes und seine Beziehung auf dies Andere von sich ausschließt. Sondern die Reflexionsbestimmung ist an ihr selbst die bestimmte Seite und die Beziehung dieser bestimmten Seite als bestimmter, d. h., auf ihre Negation. — Die Qualität geht durch ihre Beziehung in anderes über; in ihrer Beziehung beginnt ihre Veränderung. Die Reflexionsbestimmung hingegen hat ihr Anderssein in sich zurückgenommen. Sie ist Gesetztsein, Negation, welche aber die Beziehung auf anderes in sich zurückbeugt, und Negation, die sich selbst gleich, die Einheit ihrer selbst und ihres Andern und nur dadurch Wesenheit ist. Sie ist also Gesetztsein, Negation, aber als Reflexion in sich ist sie zugleich das Aufgehobensein dieses Gesetztseins, unendliche Beziehung auf sich.

Zweites Kapitel.

Die Wesenheiten oder die Reflexionsbestimmungen.

Die Reflexion ist bestimmte Reflexion; somit ist das Wesen bestimmtes Wesen, oder es ist Wesenheit.

Die Reflexion ist das Scheinen des Wesens in sich selbst. Das Wesen als unendliche Rückkehr in sich ist nicht unmittelbare, sondern negative Einfachheit; es ist eine Bewegung durch unterschiedene Momente, absolute Vermittlung mit sich. Aber es scheint in diese seine Momente; sie sind daher selbst in sich reflektierte Bestimmungen.

Das Wesen ist zuerst einfache Beziehung auf sich selbst, reine Identität. Dies ist seine Bestimmung, nach der es vielmehr Bestimmungslosigkeit ist.

Zweitens die eigentliche Bestimmung ist der Unterschied, und zwar teils als äußerlicher oder gleichgültiger Unterschied, die Verschiedenheit überhaupt, teils aber als entgegengesetzte Verschiedenheit oder als Gegensatz.

Drittens als Widerspruch reflektiert sich der Gegensatz in sich selbst und geht in seinen Grund zurück.

Anmerkung.

Die Reflexions-Bestimmungen pflegten sonst in die Form von Sätzen aufgenommen zu werden, worin von ihnen ausgesagt wurde, daß sie von allem gelten. Diese Sätze gal-

ten als die allgemeinen Denkgesetze, die allem Denken
zum Grunde liegen, an ihnen selbst absolut und unbeweisbar
seien, aber von jedem Denken, wie es ihren Sinn fasse, unmittelbar und unwidersprochen als wahr anerkannt und angenommen werden.

So wird die wesentliche Bestimmung der Identität in
dem Satze ausgesprochen: Alles ist sich selbst gleich,
$A = A$. Oder negativ: A kann nicht zugleich A und nicht
A sein.

Es ist zunächst nicht abzusehen, warum nur diese einfachen Bestimmungen der Reflexion in diese besondere Form
gefaßt werden sollen, und nicht auch die andern Kategorien
wie alle Bestimmtheiten der Sphäre des Seins. Es ergäben sich
die Sätze z. B. Alles ist, alles hat ein Dasein usf. oder alles
hat eine Qualität, Quantität usw. Denn Sein, Dasein usf.
sind als logische Bestimmungen überhaupt Prädikate von
allem. Die Kategorie ist, ihrer Etymologie und der Definition des Aristoteles nach, dasjenige, was von dem Seienden gesagt, behauptet wird. — Allein eine Bestimmtheit des Seins
ist wesentlich ein Übergehen ins Entgegengesetzte; die negative einer jeden Bestimmtheit ist so notwendig als sie selbst;
als unmittelbaren Bestimmtheiten steht jeder die andere unmittelbar gegenüber. Wenn diese Kategorien daher in solche
Sätze gefaßt werden, so kommen ebensosehr die entgegengesetzten Sätze zum Vorschein; beide bieten sich mit gleicher
Notwendigkeit dar und haben als unmittelbare Behauptungen
wenigstens gleiches Recht. Der eine erforderte dadurch einen
Beweis gegen den andern, und diesen Behauptungen könnte daher nicht mehr der Charakter von unmittelbar wahren und un-
widersprechlichen Sätzen des Denkens zukommen.

Die Reflexionsbestimmungen dagegen sind nicht von qualitativer Art. Sie sind sich auf sich beziehende und damit der
Bestimmtheit gegen anderes zugleich entnommene Bestimmungen. Ferner indem es Bestimmtheiten sind, welche Beziehungen an sich selbst sind, so enthalten sie insofern die
Form des Satzes schon in sich. Denn der Satz unterscheidet
sich vom Urteil vornehmlich dadurch, daß in jenem der Inhalt die Beziehung selbst ausmacht, oder daß er eine bestimmte Beziehung ist. Das Urteil dagegen verlegt den
Inhalt in das Prädikat als eine allgemeine Bestimmtheit, die

für sich, und von ihrer Beziehung, der einfachen *Copula*, unterschieden ist. Wenn ein Satz in ein Urteil verwandelt werden soll, so wird der bestimmte Inhalt, wenn er z. B. in einem Zeitworte liegt, in ein Partizip verwandelt, um auf diese Art die Bestimmung selbst und ihre Beziehung auf ein Subjekt zu trennen. Den Reflexionsbestimmungen dagegen als in sich reflektiertem Gesetztsein liegt die Form des Satzes selbst nahe. — Allein indem sie als allgemeine Denkgesetze ausgesprochen werden, so bedürfen sie noch eines Subjekts ihrer Beziehung, und dies Subjekt ist: Alles, oder ein *A*, was ebensoviel als alles und jedes Sein bedeutet.

Einesteils ist diese Form von Sätzen etwas Überflüssiges; die Reflexionsbestimmungen sind an und für sich zu betrachten. Ferner haben diese Sätze die schiefe Seite, das Sein, alles Etwas, zum Subjekte zu haben. Sie erwecken damit das Sein wieder und sprechen die Reflexionsbestimmungen, die Identität usf. von dem Etwas als eine Qualität aus, die es an ihm habe, nicht in spekulativem Sinne, sondern daß Etwas als Subjekt in einer solchen Qualität bleibe als seiendes, nicht daß es in die Identität usf. als in seine Wahrheit und sein Wesen übergegangen sei.

Endlich aber haben die Reflexionsbestimmungen zwar die Form, sich selbst gleich und daher unbezogen auf anderes und ohne Entgegensetzung zu sein; aber wie sich aus ihrer nähern Betrachtung ergeben wird, — oder wie unmittelbar an ihnen als der Identität, der Verschiedenheit, der Entgegensetzung erhellt — sind sie bestimmte gegeneinander; sie sind also durch ihre Form der Reflexion, dem Übergehen und dem Widerspruche nicht entnommen. Die mehrern Sätze, die als absolute Denkgesetze aufgestellt werden, sind daher, näher betrachtet, einander entgegengesetzt, sie widersprechen einander und heben sich gegenseitig auf. — Wenn alles identisch mit sich ist, so ist es nicht verschieden, nicht entgegengesetzt, hat keinen Grund. Oder wenn angenommen wird, es gibt nicht zwei gleiche Dinge, d. h. alles ist voneinander verschieden, so ist *A* nicht gleich *A*, so ist *A* auch nicht entgegengesetzt usf. Die Annahme eines jeden von diesen Sätzen läßt die Annahme der andern nicht zu. — Die gedankenlose Betrachtung derselben zählt sie nacheinander auf, so daß sie in keiner Beziehung aufeinander erscheinen; sie hat bloß ihr Reflektiertsein in sich im Sinne, ohne ihr anderes Moment, das Gesetztsein oder ihre Bestimmtheit als solche zu beachten, welche sie in den Übergang und in ihre Negation fortreißt.

A. Die Identität.

1. Das Wesen ist die einfache Unmittelbarkeit als aufgehobene Unmittelbarkeit. Seine Negativität ist sein Sein; es ist sich selbst gleich in seiner absoluten Negativität, durch die das Anderssein und die Beziehung auf Anderes schlechthin an sich selbst in die reine Sichselbstgleichheit verschwunden ist. Das Wesen ist also einfache Identität mit sich.

Diese Identität mit sich ist die Unmittelbarkeit der Reflexion. Sie ist nicht diejenige Gleichheit mit sich, welche das Sein oder auch das Nichts ist, sondern die Gleichheit mit sich, welche als sich zur Einheit herstellende ist, nicht ein Wiederherstellen aus einem Andern, sondern dies reine Herstellen aus und in sich selbst, die wesentliche Identität. Sie ist insofern nicht abstrakte Identität oder nicht durch ein relatives Negieren entstanden, das außerhalb ihrer vorgegangen wäre, und das Unterschiedene nur von ihr abgetrennt, übrigens aber dasselbe außer ihr als seiend gelassen hätte vor wie nach. Sondern das Sein und alle Bestimmtheit des Seins hat sich nicht relativ, sondern an sich selbst aufgehoben: und diese einfache Negativität des Seins an sich ist die Identität selbst.

Anmerkung 1.

Sie ist insofern noch überhaupt dasselbe als das Wesen.

Das Denken, das sich in der äußern Reflexion hält und von keinem andern Denken weiß als der äußern Reflexion, kommt nicht dazu, die Identität, wie sie soeben gefaßt worden ist, oder das Wesen, was dasselbe ist, zu erkennen. Solches Denken hat immer nur die abstrakte Identität vor sich und außer und neben derselben den Unterschied. Es meint, die Vernunft sei weiter nichts als ein Webstuhl, auf dem sie den Zettel, etwa die Identität, und dann den Eintrag, den Unterschied, äußerlich miteinander verbinde und verschlinge; oder auch wieder analysierend jetzt die Identität besonders herausziehe und dann auch wieder den Unterschied daneben er-

halte, jetzt ein Gleichsetzen und dann auch wieder ein Ungleichsetzen sei, — ein Gleichsetzen, indem man vom Unterschiede, — ein Ungleichsetzen, indem man vom Gleichsetzen
abstrahiere. — Man muß diese Versicherungen und Mei-
nungen von dem, was die Vernunft tue, ganz beiseite gestellt
lassen, indem sie gewissermaßen bloß historische sind,
und vielmehr die Betrachtung von allem, was ist, an ihm selbst
zeigt, daß es in seiner Gleichheit mit sich sich ungleich und
widersprechend, und in seiner Verschiedenheit, in seinem Widerspruche, mit sich identisch, und an ihm selbst diese Bewegung des Übergehens einer dieser Bestimmungen in die andere
ist, und dies darum, weil jede an ihr selbst das Gegenteil
ihrer selbst ist. Der Begriff der Identität, einfache sich auf
sich beziehende Negativität zu sein, ist nicht ein Produkt der
äußern Reflexion, sondern hat sich an dem Sein selbst ergeben. Da hingegen jene Identität, die außer dem Unterschied, und der Unterschied, der außer der Identität sei, Produkte der äußern Reflexion und der Abstraktion sind, die sich
willkürlicherweise auf diesem Punkte der gleichgültigen Verschiedenheit festhält.

2. Diese Identität ist zunächst das Wesen selbst, noch
keine Bestimmung desselben, die ganze Reflexion, nicht ein
unterschiedenes Moment derselben. Als absolute Negation ist
sie die Negation, die unmittelbar sich selbst negiert, ein Nichtsein und Unterschied, der in seinem Entstehen verschwindet,
oder ein Unterscheiden, wodurch nichts unterschieden wird,
sondern das unmittelbar in sich selbst zusammenfällt. Das
Unterscheiden ist das Setzen des Nichtseins als des Nichtseins des Andern. Aber das Nichtsein des Andern ist Aufheben
des Andern und somit des Unterscheidens selbst. So ist aber
das Unterscheiden hier vorhanden als sich auf sich beziehende
Negativität, als ein Nichtsein, das das Nichtsein seiner selbst
ist, ein Nichtsein, das sein Nichtsein nicht an einem andern,
sondern an sich selbst hat. Es ist also der sich auf sich beziehende, der reflektierte Unterschied vorhanden, oder der
reine, absolute Unterschied.

Oder die Identität ist die Reflexion in sich selbst, welche
dies nur ist als innerliches Abstoßen, und dies Abstoßen ist
es als Reflexion in sich, unmittelbar sich in sich zurücknehmen-
des Abstoßen. Sie ist somit die Identität als der mit sich

identische Unterschied.   Der Unterschied ist aber nur identisch mit sich, insofern er nicht die Identität, sondern absolute Nichtidentität ist.   Absolut aber ist die Nichtidentität,
insofern sie nichts von ihr Anderes enthält, sondern nur sich
selbst, d. h., insofern sie absolute Identität mit sich ist.
  Die Identität ist also an ihr selbst absolute Nichtidentität. Aber sie ist auch die Bestimmung der Identität dagegen. Denn als Reflexion in sich setzt sie sich als ihr eigenes Nichtsein; sie ist das Ganze, aber als Reflexion setzt sie
sich als ihr eigenes Moment, als Gesetztsein, aus welchem
sie die Rückkehr in sich ist. So als ihr Moment ist sie erst
die Identität als solche als Bestimmung der einfachen Gleichheit mit sich selbst, gegen den absoluten Unterschied.

Anmerkung 2.

  Ich werde in dieser Anmerkung die Identität als den Satz
der Identität näher betrachten, der als das erste Denkgesetz aufgeführt zu werden pflegt.
  Dieser Satz in seinem positiven Ausdrucke $A = A$ ist zunächst nichts weiter als der Ausdruck der leeren Tautologie. Es ist daher richtig bemerkt worden, daß dieses Denkgesetz ohne Inhalt sei und nicht weiter führe. So ist [es]
die leere Identität, an welcher diejenigen festhangen bleiben, welche sie als solche für etwas Wahres nehmen und immer vorzubringen pflegen, die Identität sei nicht die Verschiedenheit, sondern die Identität und die Verschiedenheit
seien verschieden. Sie sehen nicht, daß sie schon hierin selbst
sagen, daß die Identität ein Verschiedenes ist; denn
sie sagen, die Identität sei verschieden von der Verschiedenheit; indem dies zugleich als die Natur der Identität zugegeben werden muß, so liegt darin, daß die Identität nicht
äußerlich, sondern an ihr selbst, in ihrer Natur dies sei, verschieden zu sein. — Ferner aber, indem sie an dieser unbeweg-
ten Identität festhalten, welche ihren Gegensatz an der Verschiedenheit hat, so sehen sie nicht, daß sie hiemit dieselbe
zu einer einseitigen Bestimmtheit machen, die als solche keine
Wahrheit hat. Es wird zugegeben, daß der Satz der Identität
nur eine einseitige Bestimmtheit ausdrücke, daß er nur die
formelle, eine abstrakte, unvollständige Wahrheit enthalte. — In diesem richtigen Urteil liegt aber unmittelbar,

daß die Wahrheit nur in der Einheit der Identität
mit der Verschiedenheit vollständig ist, und somit nur
in dieser Einheit bestehe. Indem behauptet wird, daß jene
Identität unvollkommen ist, so schwebt diese Totalität, an
der gemessen die Identität unvollkommen ist, als das Vollkommene dem Gedanken vor; indem aber auf der andern Seite
die Identität als absolut getrennt von der Verschiedenheit festgehalten und in dieser Trennung als ein Wesentliches, Geltendes, Wahres genommen wird, so ist in diesen widerstrei-
tenden Behauptungen nichts zu sehen als der Mangel, diese
Gedanken, daß die Identität als abstrakte wesentlich, und daß
sie als solche ebenso unvollkommen ist, zusammenzubringen:
der Mangel des Bewußtseins über die negative Bewegung, als
welche in diesen Behauptungen die Identität selbst dargestellt
wird. — Oder indem sich so ausgedrückt wird, die Identität
sei wesentliche Identität als Trennung von der Verschiedenheit, oder in der Trennung von der Verschiedenheit, so ist dies unmittelbar die ausgesprochene Wahrheit
derselben, daß sie darin besteht, Trennung als solche zu
zu sein, oder in der Trennung wesentlich, d. i., nichts für
sich, sondern Moment der Trennung zu sein.

Was nun die sonstige Beglaubigung der absoluten Wahrheit des Satzes der Identität betrifft, so wird sie insofern
auf die Erfahrung gegründet, als sich auf die Erfahrung
jedes Bewußtseins berufen wird, daß es, wie man ihm diesen
Satz, A ist A, ein Baum ist ein Baum, ausspreche, es denselben unmittelbar zugebe und darin befriedigt sei, daß der
Satz als unmittelbar klar durch sich selbst keiner andern
Begründung und Beweises bedürfe.

Einesteils ist diese Berufung auf die Erfahrung, daß allgemein jedes Bewußtsein ihn anerkenne, bloße Redensart.
Denn man will nicht sagen, daß man das Experiment mit dem
abstrakten Satze $A = A$ an jedem Bewußtsein gemacht habe.
Es ist insofern weiter nicht Ernst mit jener Berufung auf wirklich gemachte Erfahrung, sondern sie ist nur die Versicherung, daß wenn man die Erfahrung machte, sich das Resultat des allgemeinen Anerkennens ergeben würde. — Wäre aber
nicht der abstrakte Satz als solcher, sondern der Satz in konkreter Anwendung gemeint, aus der jener erst entwickelt
werden sollte, so bestünde die Behauptung von seiner Allge-

meinheit und Unmittelbarkeit darin, daß jedes Bewußtsein, und
selbst in jeder seiner Äußerungen ihn zugrunde lege, oder
daß er implizite in jeder liege. Allein das Konkrete und
die Anwendung ist ja eben die Beziehung des einfachen
Identischen auf ein von ihm verschiedenes Mannigfaltiges. Als Satz ausgedrückt, wäre das Konkrete zunächst
ein synthetischer Satz. Aus dem Konkreten selbst oder seinem
synthetischen Satze würde die Abstraktion den Satz der Identität wohl durch Analyse herausbringen können; aber in der
Tat hätte sie die Erfahrung nicht gelassen, wie sie ist, sondern verändert; denn die Erfahrung enthielt vielmehr die
Identität in Einheit mit der Verschiedenheit, und ist die unmittelbare Widerlegung von der Behauptung, daß die abstrakte Identität als solche etwas Wahres sei, denn das gerade
Gegenteil, nämlich die Identität nur vereinigt mit der Verschiedenheit, kommt in jeder Erfahrung vor.

Auf der andern Seite wird aber auch die Erfahrung mit
dem reinen Satze der Identität nur zu oft gemacht, und es
zeigt sich in dieser Erfahrung klar genug, wie die Wahrheit,
die er enthält, angesehen wird. Wenn nämlich z. B. auf die
Frage: was ist eine Pflanze? die Antwort gegeben wird:
eine Pflanze ist — eine Pflanze, so wird die Wahrheit
eines solchen Satzes von der ganzen Gesellschaft, an der sie
erprobt wird, zugleich zugegeben, und zugleich ebenso einstimmig gesagt werden, daß damit Nichts gesagt ist. Wenn
einer den Mund auftut und anzugeben verspricht, was Gott sei,
nämlich Gott sei — Gott, so findet sich die Erwartung getäuscht, denn sie sah einer verschiedenen Bestimmung
entgegen; und wenn dieser Satz absolute Wahrheit ist, wird
solche absolute Rednerei sehr gering geachtet; es wird nichts
für langweiliger und lästiger gehalten werden als eine nur dasselbe wiederkäuende Unterhaltung, als solches Reden, das doch
Wahrheit sein soll.

Näher diese Wirkung der Langeweile bei solcher Wahrheit
betrachtet, so macht der Anfang: die Pflanze ist, — An-
stalten, etwas zu sagen, eine weitere Bestimmung vorzubringen. Indem aber nur dasselbe wiederkehrt, so ist vielmehr
das Gegenteil geschehen, es ist Nichts herausgekommen. Solches identische Reden widerspricht sich also selbst. Die
Identität, statt an ihr die Wahrheit und absolute Wahrheit zu

sein, ist daher vielmehr das Gegenteil; statt das unbewegte
Einfache zu sein, ist sie das Hinausgehen über sich in die Auflösung ihrer selbst.

Es liegt also in der Form des Satzes, in der die Identität ausgedrückt ist, mehr als die einfache, abstrakte Identität; es liegt diese reine Bewegung der Reflexion darin, in der
das Andere nur als Schein, als unmittelbares Verschwinden auftritt; *A* ist, ist ein Beginnen, dem ein Verschiedenes vorschwebt, zu dem hinausgegangen werde; aber es kommt nicht
zu dem Verschiedenen; *A* ist — *A*; die Verschiedenheit ist
nur ein Verschwinden; die Bewegung geht in sich selbst zurück. — Die Form des Satzes kann als die verborgene Notwendigkeit angesehen werden, noch das Mehr jener Bewegung zu
der abstrakten Identität hinzuzufügen. — So kommt auch ein
A oder eine Pflanze oder sonst ein Substrat hinzu, das als
ein unnützer Inhalt keine Bedeutung hat; aber er macht die
Verschiedenheit aus, die sich zufälligerweise beizugesellen
scheint. Wenn statt des *A* und jedes andern Substrats die Identität selbst genommen wird, — die Identität ist die Identität,
— so ist ebenso zugegeben, daß statt dieser gleichfalls jedes
andere Substrat genommen werden könne. Wenn sich daher
einmal darauf berufen werden soll, was die Erscheinung zeigt,
so zeigt sie dies, daß in dem Ausdrucke der Identität auch unmittelbar die Verschiedenheit vorkommt, — oder bestimmter
nach dem Obigen, daß diese Identität das Nichts, daß sie die
Negativität, der absolute Unterschied von sich selbst ist.

Der andre Ausdruck des Satzes der Identität: *A* kann
nicht zugleich *A* und Nicht-*A* sein, hat negative Form;
er heißt der Satz des Widerspruchs. Es pflegt darüber,
wie die Form der Negation, wodurch sich dieser Satz vom
vorigen unterscheidet, an die Identität komme, keine Rechtfertigung gegeben zu werden. — Diese Form liegt aber darin,
daß die Identität als die reine Bewegung der Reflexion die
einfache Negativität ist, welche der angeführte zweite Ausdruck des Satzes entwickelter enthält. Es ist *A* ausgesprochen
und ein Nicht-*A*, das Rein-Andere des *A*; aber es zeigt sich
nur, um zu verschwinden. Die Identität ist also in diesem
Satze ausgedrückt — als Negation der Negation. *A* und Nicht-
A sind unterschieden, diese Unterschiedenen sind auf ein und
dasselbe *A* bezogen. Die Identität ist also als diese Unter-

schiedenheit in Einer Beziehung oder als der einfache
Unterschied an ihnen selbst hier dargestellt.

Es erhellt hieraus, daß der Satz der Identität selbst und
noch mehr der Satz des Widerspruchs nicht bloß analytischer, sondern synthetischer Natur ist. Denn der letztere
enthält in seinem Ausdrucke nicht nur die leere, einfache
Gleichheit mit sich, sondern nicht allein das Andre derselben
überhaupt, sondern sogar die absolute Ungleichheit,
den Widerspruch an sich. Der Satz der Identität selbst
aber enthält, wie an ihm gezeigt wurde, die Reflexionsbewe-
gung, die Identität als Verschwinden des Andersseins.

Was sich also aus dieser Betrachtung ergibt, ist, daß erstens der Satz der Identität oder des Widerspruchs, wie er
nur die abstrakte Identität, im Gegensatz gegen den Unterschied, als Wahres ausdrücken soll, kein Denkgesetz, sondern
vielmehr das Gegenteil davon ist; zweitens, daß diese Sätze
mehr, als mit ihnen gemeint wird, nämlich dieses Gegenteil, den absoluten Unterschied selbst, enthalten.

B. Der Unterschied.

1. Der absolute Unterschied.

Der Unterschied ist die Negativität, welche die Reflexion
in sich hat, das Nichts, das durch das identische Sprechen
gesagt wird, das wesentliche Moment der Identität selbst, die
zugleich als Negativität ihrer selbst sich bestimmt und unterschieden vom Unterschied ist.

1. Dieser Unterschied ist der Unterschied an und für
sich, der absolute Unterschied, der Unterschied des Wesens. — Er ist der Unterschied an und für sich, nicht Unterschied durch ein Äußerliches, sondern sich auf sich beziehender, also einfacher Unterschied. — Es ist wesentlich,
den absoluten Unterschied als einfachen zu fassen. Im
absoluten Unterschiede des A und Nicht-A voneinander ist es
das einfache Nicht, was als solches denselben ausmacht.
Der Unterschied selbst ist einfacher Begriff. Darin, drückt
man sich aus, sind zwei Dinge unterschieden, daß sie usw.
— Darin, d. h., in einer und derselben Rücksicht, in demselben Bestimmungsgrunde. Er ist der Unterschied der Reflexion, nicht das Anderssein des Daseins. Ein Dasein

und ein anderes Dasein sind gesetzt als außereinanderfallend, jedes der gegeneinander bestimmten Dasein hat ein unmittelbares Sein für sich. Das Andre des Wesens dagegen ist das Andre an und für sich, nicht das Andre als eines Andern, außer ihm Befindlichen, die einfache Bestimmtheit an sich. Auch in der Sphäre des Daseins erwies sich das Anderssein und die Bestimmtheit von dieser Natur, einfache Bestimmtheit, identischer Gegensatz zu sein; aber diese Identität zeigte sich nur als das Übergehen einer Bestimmtheit in die andere. Hier in der Sphäre der Reflexion tritt der Unterschied als reflektierter auf, der so gesetzt ist, wie er an sich ist.

2. Der Unterschied an sich ist der sich auf sich beziehende Unterschied; so ist er die Negativität seiner selbst, der Unterschied nicht von einem Andern, sondern seiner von sich selbst; er ist nicht er selbst, sondern sein Anderes. Das Unterschiedene aber vom Unterschiede ist die Identität. Er ist also er selbst und die Identität. Beide zusammen machen den Unterschied aus; er ist das Ganze und sein Moment. — Es kann ebenso gesagt werden, der Unterschied als einfacher ist kein Unterschied; er ist dies erst in Beziehung auf die Identität; aber vielmehr enthält er als Unterschied ebenso sie und diese Beziehung selbst. — Der Unterschied ist das Ganze und sein eigenes Moment, wie die Identität ebensosehr ihr Ganzes und ihr Moment ist. — Dies ist als die wesentliche Natur der Reflexion und als bestimmter Urgrund aller Tätigkeit und Selbstbewegung zu betrachten. — Unterschied wie die Identität machen sich zum Momente oder zum Gesetztsein, weil sie als Reflexion die negative Beziehung auf sich selbst sind.

Der Unterschied, so als Einheit seiner und der Identität, ist an sich selbst bestimmter Unterschied. Er ist nicht Übergehen in ein Anderes, nicht Beziehung auf anderes außer ihm; er hat sein Anderes, die Identität, an ihm selbst, so wie diese, indem sie in die Bestimmung des Unterschieds getreten, nicht in ihn als ihr Anderes sich verloren hat, sondern in ihm sich erhält, seine Reflexion in sich und sein Moment ist.

3. Der Unterschied hat die beiden Momente, Identität und Unterschied; beide sind so ein Gesetztsein, Bestimmtheit. Aber in diesem Gesetztsein ist jedes Beziehung auf sich selbst. Das eine, die Identität ist unmittelbar selbst das Moment

der Reflexion in sich; ebenso ist aber das andere der Unterschied, Unterschied an sich, der reflektierte Unterschied. Der Unterschied, indem er zwei solche Momente hat, die selbst die Reflexionen in sich sind, ist Verschiedenheit.

2. Die Verschiedenheit.

1. Die Identität zerfällt an ihr selbst in Verschiedenheit, weil sie als absoluter Unterschied in sich selbst sich als das Negative ihrer setzt, und diese ihre Momente, sie selbst und das Negative ihrer, Reflexionen in sich, identisch mit sich sind; oder eben weil sie ihr Negieren unmittelbar selbst aufhebt und in ihrer Bestimmung in sich reflektiert ist. Das Unterschiedne besteht als gegeneinander gleichgültig Verschiedenes, weil es identisch mit sich ist, weil die Identität seinen Boden und Element ausmacht; oder das Verschiedene ist das, was es ist, eben nur in seinem Gegenteile, der Identität.

Die Verschiedenheit macht das Anderssein als solches der Reflexion aus. Das Andere des Daseins hat das unmittelbare Sein zu seinem Grunde, in welchem das Negative besteht. In der Reflexion aber macht die Identität mit sich, die reflektierte Unmittelbarkeit, das Bestehen des Negativen und die Gleichgültigkeit desselben aus.

Die Momente des Unterschiedes sind die Identität und der Unterschied selbst. Verschiedene sind sie als in sich selbst reflektierte, sich auf sich beziehende; so sind sie in der Bestimmung der Identität Beziehungen nur auf sich; die Identität ist nicht bezogen auf den Unterschied, noch ist der Unterschied bezogen auf die Identität; indem so jedes dieser Momente nur auf sich bezogen ist, sind sie nicht bestimmt gegeneinander. — Weil sie nun auf diese Weise nicht an ihnen selbst unterschiedene sind, so ist der Unterschied ihnen äußerlich. Die Verschiedenen verhalten sich also nicht als Identität und Unterschied zueinander, sondern nur als Verschiedene überhaupt, die gleichgültig gegeneinander und gegen ihre Bestimmtheit sind.

2. In der Verschiedenheit als der Gleichgültigkeit des Unterschieds ist sich überhaupt die Reflexion äußerlich geworden; der Unterschied ist nur ein Gesetztsein oder als aufgehobener, aber er ist selbst die ganze Reflexion. — Dies

näher betrachtet, so sind beide, die Identität und der Unterschied, wie sich soeben bestimmt hat, Reflexionen, jedes Einheit seiner selbst und seines Andern; jedes ist das Ganze. Damit aber ist die Bestimmtheit, nur Identität oder nur Unterschied zu sein, ein Aufgehobenes. Sie sind darum keine Qualitäten, weil ihre Bestimmtheit durch die Reflexion in sich zugleich nur als Negation ist. Es ist also dies Gedoppelte vorhanden, die Reflexion in sich als solche und die Bestimmtheit als Negation oder das Gesetztsein. Das Gesetztsein ist die sich äußerliche Reflexion; es ist die Negation als Negation, — hiemit an sich zwar die sich auf sich beziehende Negation und Reflexion in sich, aber nur an sich; es ist die Beziehung darauf als auf ein Äußerliches.

Die Reflexion an sich und die äußere Reflexion sind somit die zwei Bestimmungen, in die sich die Momente des Unterschiedes, Identität und Unterschied, setzten. Sie sind diese Momente selbst, insofern sie sich nunmehr bestimmt haben. — Die Reflexion an sich ist die Identität, aber bestimmt, gleichgültig gegen den Unterschied zu sein, nicht den Unterschied gar nicht zu haben, sondern sich als mit sich identisch gegen ihn zu verhalten; sie ist die Verschiedenheit. Es ist die Identität, die sich so in sich reflektiert hat, daß sie eigentlich die Eine Reflexion der beiden Momente in sich ist; beide sind Reflexionen in sich. Die Identität ist diese eine Reflexion beider, die den Unterschied nur als einen gleichgültigen an ihr hat und Verschiedenheit überhaupt ist. — Die äußere Reflexion dagegen ist der bestimmte Unterschied derselben nicht als absolute Reflexion in sich, sondern als Bestimmung, wogegen die an sich seiende Reflexion gleichgültig ist; seine beiden Momente, die Identität und der Unterschied selbst, sind so äußerlich gesetzte, nicht an und für sich seiende Bestimmungen.

Diese äußerliche Identität nun ist die Gleichheit, und der äußerliche Unterschied die Ungleichheit. — Die Gleichheit ist zwar Identität, aber nur als ein Gesetztsein, eine Identität, die nicht an und für sich ist. — Ebenso die Ungleichheit ist Unterschied, aber als ein äußerlicher, der nicht an und für sich der Unterschied des Ungleichen selbst ist. Ob etwas einem andern Etwas gleich ist oder nicht, geht weder das eine noch das andere an; jedes derselben ist nur auf sich bezogen, ist an und für sich selbst, was es ist; die Identität oder Nichtidentität als Gleichheit und Ungleichheit ist die Rücksicht eines Dritten, die außer ihnen fällt.

3. Die äußere Reflexion bezieht das Verschiedene auf die Gleichheit und Ungleichheit. Diese Beziehung, das Vergleichen, geht von der Gleichheit zur Ungleichheit und von dieser zu jener herüber und hinüber. Aber dieses herüber- und hinübergehende Beziehen der Gleichheit und Ungleichheit ist diesen Bestimmungen selbst äußerlich; auch werden sie nicht aufeinander, sondern jede für sich nur auf ein Drittes bezogen. Jede tritt in dieser Abwechslung unmittelbar für sich hervor. — Die äußerliche Reflexion ist als solche sich selbst äußerlich; der bestimmte Unterschied ist der negierte absolute Unterschied; er ist somit nicht einfach, nicht die Reflexion in sich, sondern diese hat er außer ihm; seine Momente fallen daher auseinander und beziehen sich auch als gegeneinander äußerliche auf die ihnen gegenüber stehende Reflexion in sich.

An der sich entfremdeten Reflexion kommen also die Gleichheit und Ungleichheit als gegeneinander selbst unbezogene hervor, und sie trennt sie, indem sie sie auf ein und dasselbe bezieht, durch die Insoferns, Seiten und Rücksichten. Die Verschiedenen, die das eine und dasselbe sind, worauf beide, die Gleichheit und Ungleichheit, bezogen werden, sind also nach der einen Seite einander gleich, nach der andern Seite aber ungleich, und insofern sie gleich sind, insofern sind sie nicht ungleich. Die Gleichheit bezieht sich nur auf sich, und die Ungleichheit ist ebenso nur Ungleichheit.

Durch diese ihre Trennung voneinander aber heben sie sich nur auf. Gerade, was den Widerspruch und die Auflösung von ihnen abhalten soll, daß nämlich etwas einem Andern in einer Rücksicht gleich, in einer andern aber ungleich sei, — dies Auseinanderhalten der Gleichheit und Ungleichheit ist ihre Zerstörung. Denn beide sind Bestimmungen des Unterschiedes; sie sind Beziehungen aufeinander, das Eine, zu sein, was das Andere nicht ist; gleich ist nicht ungleich, und ungleich ist nicht gleich; und beide haben wesentlich diese Beziehung, und außer ihr keine Bedeutung; als Bestimmungen des Unterschiedes ist jedes das, was es ist, als unterschieden von seinem Andern. Durch ihre Gleichgültigkeit aber gegeneinander ist die Gleichheit nur bezogen auf sich, die Ungleichheit ist ebenso eine eigene Rücksicht und Reflexion für sich; jede ist somit sich selbst gleich; der Unterschied ist verschwunden, da sie keine Bestimmtheit gegeneinander haben; oder jede ist hiemit nur Gleichheit.

Diese gleichgültige Rücksicht oder der äußerliche Unterschied hebt somit sich selbst auf und ist die Negativität seiner an sich selbst. Er ist diejenige Negativität, welche in dem Vergleichen dem Vergleichenden zukommt. Das Vergleichende geht von der Gleichheit zur Ungleichheit und von dieser zu jener zurück, läßt also das Eine im Andern verschwinden und ist in der Tat die negative Einheit beider. Sie ist zunächst jenseits des Verglichenen sowie jenseits der Momente der Vergleichung, als ein subjektives, außerhalb ihrer fallendes Tun. Aber diese negative Einheit ist in der Tat die Natur der Gleichheit und Ungleichheit selbst, wie sich ergeben hat. Eben die selbständige Rücksicht, die eine jede ist, ist vielmehr die ihre Unterschiedenheit und damit sie selbst aufhebende Beziehung auf sich.

Nach dieser Seite, als Momente der äußern Reflexion und als sich selbst äußerlich, verschwinden die Gleichheit und Ungleichheit in ihre Gleichheit zusammen. Aber diese ihre negative Einheit ist ferner auch an ihnen gesetzt; sie haben nämlich die an sich seiende Reflexion außer ihnen oder sind die Gleichheit und Ungleichheit eines Dritten, eines Andern, als sie selbst sind. So ist das Gleiche nicht das Gleiche seiner selbst, und das Ungleiche als das Ungleiche nicht seiner selbst, sondern eines ihm Ungleichen ist selbst das Gleiche. Das Gleiche und das Ungleiche ist also das Ungleiche seiner selbst. Jedes ist somit diese Reflexion, die Gleichheit, daß sie sie selbst und die Ungleichheit, die Ungleichheit, daß sie sie selbst und die Gleichheit ist.

Gleichheit und Ungleichheit machten die Seite des Gesetztseins, gegen das Verglichene oder das Verschiedene aus, das sich als die an sich seiende Reflexion gegen sie bestimmt hatte. Aber dieses hat damit seine Bestimmtheit gegen sie ebenfalls verloren. Eben die Gleichheit und die Ungleichheit, die Bestimmungen der äußerlichen Reflexion, sind die nur an sich seiende Reflexion, welche das Verschiedene

als solches sein sollte, sein nur unbestimmter Unterschied. Die
an sich seiende Reflexion ist die Beziehung auf sich ohne
Negation, die abstrakte Identität mit sich, damit eben das Gesetztsein selbst. — Das bloß Verschiedene geht also durch
das Gesetztsein über in die negative Reflexion. Das Verschiedene ist der bloß gesetzte Unterschied, also der Unterschied,
der keiner ist, also die Negation seiner an ihm selbst. So
die Gleichheit und Ungleichheit selbst, das Gesetztsein, geht
durch die Gleichgültigkeit oder die an sich seiende Reflexion
zurück in die negative Einheit mit sich, in die Reflexion,
welche der Unterschied der Gleichheit und Ungleichheit an
sich selbst ist. Die Verschiedenheit, deren gleichgültige
Seiten ebensosehr schlechthin nur Momente als Einer negativen Einheit sind, ist der Gegensatz.

Anmerkung.

Die Verschiedenheit wird wie die Identität in einem eigenen Satze ausgedrückt. Übrigens bleiben diese beiden Sätze in
der gleichgültigen Verschiedenheit gegeneinander gehalten,
so daß jeder für sich gilt ohne Rücksicht auf den andern.

Alle Dinge sind verschieden, oder: Es gibt nicht
zwei Dinge, die einander gleich sind. — Dieser Satz ist
in der Tat dem Satze der Identität entgegengesetzt, denn er
sagt aus: A ist ein Verschiedenes, also A ist auch nicht A;
oder A ist einem andern ungleich, so ist es nicht A überhaupt, sondern vielmehr ein bestimmtes A. An die Stelle des
A im identischen Satze kann jedes andere Substrat gesetzt,
aber A als Ungleiches nicht mehr mit jedem andern vertauscht
werden. Es soll zwar nicht ein Verschiedenes von sich, sondern nur von Anderem sein; aber diese Verschiedenheit
ist seine eigene Bestimmung. Als mit sich identisches A ist
es das Unbestimmte; aber als Bestimmtes ist es das Gegenteil
hievon; es hat nicht mehr nur die Identität mit sich, sondern
auch eine Negation, somit eine Verschiedenheit seiner selbst
von sich an ihm.

Daß alle Dinge verschieden sind voneinander, ist ein sehr
überflüssiger Satz, denn im Plural der Dinge liegt unmittelbar
die Mehrheit und die ganz unbestimmte Verschiedenheit. —
Der Satz aber: es gibt nicht zwei Dinge, die einander vollkommen gleich sind, drückt mehr, nämlich die bestimmte

Verschiedenheit aus. Zwei Dinge sind nicht bloß zwei, — die numerische Vielheit ist nur die Einerleiheit, — sondern sie sind **durch eine Bestimmung** verschieden. Der Satz, daß es nicht zwei Dinge gibt, die einander gleich sind, fällt dem Vorstellen, — auch nach der Anekdote an einem Hofe auf, wo ihn Leibniz vorgebracht und die Damen veranlaßt haben soll, unter Baumblättern zu suchen, ob sie nicht zwei gleiche finden. — Glückliche Zeiten für die Metaphysik, wo man sich am Hofe mit ihr beschäftigte, und wo es keiner andern Anstrengung bedurfte, ihre Sätze zu prüfen, als Baumblätter zu vergleichen! — Der Grund, daß jener Satz auffallend ist, liegt in dem Gesagten, daß **zwei** oder die numerische Mehrheit noch keine **bestimmte** Verschiedenheit enthält, und daß die Verschiedenheit als solche in ihrer Abstraktion zunächst gleichgültig gegen die Gleichheit und Ungleichheit ist. Das Vorstellen, indem es auch zur Bestimmung übergeht, nimmt diese Momente selbst als gegeneinander gleichgültige auf, so daß das eine ohne das andere, **die bloße Gleichheit** der **Dinge ohne die Ungleichheit** zur Bestimmung hinreiche, oder daß die Dinge verschieden seien, wenn sie auch nur numerische Viele, verschiedene überhaupt, nicht ungleiche sind. Der Satz der Verschiedenheit hingegen drückt aus, daß die Dinge durch die Ungleichheit voneinander verschieden sind, daß ihnen die Bestimmung der Ungleichheit so sehr zukomme als die der Gleichheit, denn erst beide zusammen machen den bestimmten Unterschied aus.

Dieser Satz nun, daß allen Dingen die Bestimmung der Ungleichheit zukommt, bedürfte eines Beweises; er kann nicht als unmittelbarer Satz aufgestellt werden, denn die gewöhnliche Weise des Erkennens selbst fordert für die Verknüpfung verschiedener Bestimmungen in einem synthetischen Satze einen Beweis oder das Aufzeigen eines Dritten, worin sie vermittelt sind. Dieser Beweis müßte den Übergang der Identität in die Verschiedenheit und dann den Übergang dieser in die bestimmte Verschiedenheit, in die Ungleichheit dartun. Dies pflegt aber nicht geleistet zu werden; es ergab sich darin, daß die Verschiedenheit oder der äußerliche Unterschied in Wahrheit in sich reflektierter, Unterschied an ihm selbst ist, daß das gleichgültige Bestehen des Verschiedenen das bloße Gesetztsein, und damit nicht äußerlicher, gleichgültiger Unterschied, sondern Eine Beziehung der beiden Momente ist.

Es liegt darin auch die Auflösung und Nichtigkeit des Satzes der Verschiedenheit. Zwei Dinge sind nicht vollkommen gleich; so sind sie gleich und ungleich zugleich; gleich schon darin, daß sie Dinge oder zwei überhaupt sind, — denn jedes ist ein Ding und ein Eins so gut als das andere, jedes also dasselbe, was das andere, — ungleich aber sind sie durch die Annahme. Es ist somit die Bestimmung vorhanden, daß beide Momente, die Gleichheit und die Ungleichheit, in Einem und demselben verschieden, oder daß der außereinanderfallende Unterschied zugleich eine und dieselbe Beziehung ist. Somit ist sie in Entgegensetzung übergegangen.

Das Zugleich der beiden Prädikate wird zwar durch das Insofern auseinander gehalten: daß zwei Dinge insofern sie gleich, insofern nicht ungleich, oder nach einer Seite und Rücksicht gleich, nach der andern Seite und Rücksicht aber ungleich sind. Damit wird die Einheit der Gleichheit und Ungleichheit aus dem Dinge entfernt, und was seine eigene und die Reflexion der Gleichheit und Ungleichheit an sich wäre, als eine dem Dinge äußerliche Reflexion festgehalten. Diese ist es aber somit, die in einer und derselben Tätigkeit die zwei Seiten der Gleichheit und Ungleichheit unterscheidet, somit in Einer Tätigkeit beide enthält, die eine in die andere scheinen läßt und reflektiert. — Die gewöhnliche Zärtlichkeit für die Dinge aber, die nur dafür sorgt, daß diese sich nicht widersprechen, vergißt hier wie sonst, daß damit der Widerspruch nicht aufgelöst, sondern nur anderswohin, in die subjektive oder äußere Reflexion überhaupt geschoben wird, und daß diese in der Tat die beiden Momente, welche durch diese Entfernung und Versetzung als bloßes Gesetztsein ausgesprochen werden, als aufgehobene und aufeinander bezogene in Einer Einheit enthält.

3. Der Gegensatz.

Im Gegensatze ist die bestimmte Reflexion, der Unterschied vollendet. Er ist die Einheit der Identität und der Verschiedenheit; seine Momente sind in Einer Identität verschiedene; so sind sie entgegengesetzte.

Die Identität und der Unterschied sind die Momente des Unterschiedes innerhalb seiner selbst gehalten; sie sind reflektierte Momente seiner Einheit. Gleichheit und Ungleichheit aber sind die entäußerte Reflexion; ihre Identität mit sich ist nicht nur die Gleichgültigkeit eines jeden gegen das von ihm Unterschiedene, sondern gegen das An-und-Fürsichsein als solches, eine Identität mit sich gegen die in sich reflektierte; sie ist also die nicht in sich reflektierte Unmittelbarkeit. Das Gesetztsein der Seiten der äußerlichen Reflexion ist daher ein Sein, so wie ihr Nichtgesetztsein ein Nichtsein.

Die Momente des Gegensatzes näher betrachtet, so sind sie das in sich reflektierte Gesetztsein oder Bestimmung überhaupt. Das Gesetztsein ist die Gleichheit und Ungleichheit; sie beide in sich reflektiert machen die Bestimmungen des Gegensatzes aus. Ihre Reflexion in sich besteht darin, daß jedes an ihm selbst die Einheit der Gleichheit und Ungleichheit ist. Die Gleichheit ist nur in der Reflexion, welche nach der Ungleichheit vergleicht, somit durch ihr anderes gleichgültiges Moment vermittelt; ebenso die Ungleichheit ist nur in derselben reflektierenden Beziehung, in welcher die Gleichheit ist. — Jedes dieser Momente ist also in seiner Bestimmtheit das Ganze. Es ist das Ganze, insofern es auch sein anderes Moment enthält; aber dies sein anderes ist ein gleichgültig seiendes; so enthält jedes die Beziehung auf sein Nichtsein und ist nur die Reflexion in sich oder das Ganze als sich wesentlich auf sein Nichtsein beziehend.

Diese in sich reflektierte Gleichheit mit sich, die in ihr selbst die Beziehung auf die Ungleichheit enthält, ist das Positive; so die Ungleichheit, die in ihr selbst die Beziehung auf ihr Nichtsein, die Gleichheit enthält, ist das Negative. — Oder beide sind das Gesetztsein; insofern nun die unterschiedene Bestimmtheit als unterschiedene bestimmte Beziehung des Gesetztseins auf sich genommen wird, so ist der Gegensatz einesteils das Gesetztsein in seine Gleichheit mit sich reflektiert; andernteils dasselbe in seine Ungleichheit mit sich reflektiert, das Positive und Negative. — Das Positive ist das Gesetztsein als in die Gleichheit mit sich reflektiert; aber das Reflektierte ist das Gesetztsein, d. i. die Negation als Negation; so hat diese Reflexion in sich die Beziehung auf das Andere zu ihrer Bestimmung. Das Negative ist das

Gesetztsein als in die Ungleichheit reflektiert; aber das Gesetztsein ist die Ungleichheit selbst; so ist diese Reflexion somit
die Identität der Ungleichheit mit sich selbst und absolute Beziehung auf sich. — Beide also, das in die Gleichheit mit sich
reflektierte Gesetztsein hat die Ungleichheit, und das in die
Ungleichheit mit sich reflektierte Gesetztsein hat auch die
Gleichheit an ihm.

Das Positive und das Negative sind so die selbständig gewordenen Seiten des Gegensatzes. Sie sind selbständig, indem
sie die Reflexion des Ganzen in sich sind, und sie gehören
dem Gegensatze an, insofern es die Bestimmtheit ist, die als
Ganzes in sich reflektiert ist. Um ihrer Selbständigkeit willen
machen sie den an sich bestimmten Gegensatz aus. Jedes ist
es selbst und sein Anderes; dadurch hat jedes seine Bestimmtheit nicht an einem Andern, sondern an ihm selbst.
— Jedes bezieht sich auf sich selbst, nur als sich beziehend
auf sein Anderes. Dies hat die doppelte Seite; jedes ist Beziehung auf sein Nichtsein als Aufheben dieses Andersseins in
sich; so ist sein Nichtsein nur ein Moment in ihm. Aber andernteils ist hier das Gesetztsein ein Sein, ein gleichgültiges
Bestehen geworden; das Andere seiner, das jedes enthält, ist daher auch das Nichtsein dessen, in welchem es nur als Moment
enthalten sein soll. Jedes ist daher nur, insofern sein Nichtsein ist, und zwar in einer identischen Beziehung.

Die Bestimmungen, welche das Positive und Negative konstituieren, bestehen also darin, daß das Positive und das Negative erstens absolute Momente des Gegensatzes sind; ihr Bestehen ist untrennbar Eine Reflexion; es ist Eine Vermittlung,
in welcher jedes durch das Nichtsein seines Andern, damit
durch sein Anderes oder sein eigenes Nichtsein ist. — So sind
sie Entgegengesetzte überhaupt; oder jedes ist nur das
Entgegengesetzte des Andern, das eine ist noch nicht positiv,
und das andere noch nicht negativ, sondern beide sind negativ
gegeneinander. Jedes ist so überhaupt erstens, insofern
das Andre ist; es ist durch das Andre, durch sein eigenes
Nichtsein, das, was es ist; es ist nur Gesetztsein; zweitens es ist, insofern das Andre nicht ist; es ist durch
das Nichtsein des Andern das, was es ist; es ist Reflexion in
sich. — Dieses Beides ist aber die eine Vermittlung des Gegensatzes überhaupt, in der sie überhaupt nur Gesetzte sind.

Aber ferner dies bloße Gesetztsein ist in sich reflektiert überhaupt; das Positive und Negative ist nach diesem Momente der äußern Reflexion gleichgültig gegen jene erste Identität, worin sie nur Momente sind; oder indem jene erste Reflexion die eigne Reflexion des Positiven und Negativen in sich selbst, jedes sein Gesetztsein an ihm selbst ist, so ist jedes gleichgültig gegen diese seine Reflexion in sein Nichtsein, gegen sein eigenes Gesetztsein. Die beiden Seiten sind so bloß verschiedene, und insofern ihre Bestimmtsein, positiv und negativ zu sein, ihr Gesetztsein gegeneinander ausmacht, so ist jede nicht an ihr selbst so bestimmt, sondern ist nur Bestimmtheit überhaupt; jeder Seite kommt daher zwar eine der Bestimmtheiten von Positivem und Negativem zu; aber sie können verwechselt werden, und jede Seite ist von der Art, daß sie ebensogut als positiv wie als negativ genommen werden kann.

Aber das Positive und Negative ist drittens nicht nur ein Gesetztes, noch bloß ein Gleichgültiges, sondern ihr Gesetztsein oder die Beziehung auf das Andere in einer Einheit, die nicht sie selbst sind, ist in jedes zurückgenommen. Jedes ist an ihm selbst positiv und negativ; das Positive und Negative ist die Reflexionsbestimmung an und für sich; erst in dieser Reflexion des Entgegengesetzten in sich ist es positiv und negativ. Das Positive hat die Beziehung auf das Andere, in der die Bestimmtheit des Positiven ist, an ihm selbst; ebenso das Negative ist nicht Negatives als gegen ein Anderes, sondern hat die Bestimmtheit, wodurch es negativ ist, gleichfalls in ihm selbst.

So ist jedes [das Positive sowohl wie das Negative] selbständige, für sich seiende Einheit mit sich. Das Positive ist wohl ein Gesetztsein, aber so, daß für es das Gesetztsein nur Gesetztsein als aufgehobenes ist. Es ist das Nichtentgegengesetzte, der aufgehobene Gegensatz, aber als Seite des Gegensatzes selbst. — Als positiv ist zwar etwas bestimmt in Beziehung auf ein Anderssein, aber so, daß seine Natur dies ist, nicht ein Gesetztes zu sein; es ist die das Anderssein negierende Reflexion in sich. Aber das Andere seiner, das Negative, ist selbst nicht mehr Gesetztsein oder Moment, sondern ein selbständiges Sein; so ist die negierende Reflexion des Positiven in sich bestimmt, dies sein Nichtsein von sich auszuschließen.

So das Negative als absolute Reflexion ist nicht das unmittelbare Negative, sondern dasselbe als aufgehobenes Gesetztsein, das Negative an und für sich, das positiv auf sich selbst beruht. Als Reflexion in sich negiert es seine Beziehung auf Anderes; sein Anderes ist das Positive, ein selbständiges Sein; — seine negative Beziehung darauf ist daher, es aus sich auszuschließen. Das Negative ist das für sich bestehende Entgegengesetzte, gegen das Positive, das die Bestimmung des aufgehobenen Gegensatzes ist, — der auf sich beruhende ganze Gegensatz, entgegengesetzt dem mit sich identischen Gesetztsein.

Das Positive und Negative ist hiemit nicht nur an sich positiv und negativ, sondern an und für sich. An sich sind sie es, insofern von ihrer ausschließenden Beziehung auf Anderes abstrahiert [wird] und sie nur nach ihrer Bestimmung genommen werden. An sich ist etwas positiv oder negativ, indem es nicht bloß gegen anderes so bestimmt sein soll. Aber das Positive oder Negative nicht als Gesetztsein und damit nicht als Entgegengesetztes, ist es jedes das Unmittelbare, Sein und Nichtsein. Das Positive und Negative sind aber die Momente des Gegensatzes; das Ansichsein derselben macht nur die Form ihres Reflektiertseins in sich aus. Es ist etwas an sich positiv, außer der Beziehung auf das Negative; und es ist etwas an sich negativ, außer der Beziehung auf das Negative; in dieser Bestimmung wird bloß an dem abstrakten Momente dieses Reflektiertseins festgehalten. Allein das ansichseiende Positive oder Negative heißt wesentlich, daß entgegengesetzt zu sein nicht bloß Moment sei, noch der Vergleichung angehöre, sondern die eigene Bestimmung der Seiten des Gegensatzes ist. An sich positiv oder negativ sind sie also nicht außer der Beziehung auf anderes, sondern daß diese Beziehung, und zwar als ausschließende, die Bestimmung oder das Ansichsein derselben ausmacht; hierin sind sie es also zugleich an und für sich.

Anmerkung.

Es ist hier der Begriff des Positiven und Negativen anzuführen, wie er in der Arithmetik vorkommt. Er wird darin als bekannt vorausgesetzt; weil er aber nicht in seinem bestimmten Unterschiede aufgefaßt wird, entgeht er nicht unauflösbaren Schwierigkeiten und Verwicklungen. Es haben sich soeben die beiden realen Bestimmungen des Positiven und Negativen ergeben, — außer dem einfachen Begriffe ihrer Entgegensetzung, — daß nämlich das erstemal ein nur verschiedenes, unmittelbares Dasein zugrunde liegt, dessen einfache Reflexion in sich unterschieden wird von seinem Gesetztsein, der Entgegensetzung selbst. Diese gilt daher nur als nicht an und für sich seiend und dem Verschiedenen zwar zukommend, so daß jedes ein Entgegengesetztes überhaupt ist, aber auch gleichgültig dagegen für sich besteht, und es einerlei ist, welches der beiden entgegengesetzten Verschiedenen als positiv oder als negativ betrachtet werde. — Das andere Mal aber ist das Positive das an sich selbst Positive, das Negative das an sich selbst Negative, so daß das Verschiedene nicht gleichgültig dagegen, sondern dies seine Bestimmung an und für sich ist. — Diese beiden Formen des Positiven und Negativen kommen gleich in den ersten Bestimmungen vor, in denen sie in der Arithmetik gebraucht werden.

Das $+ a$ und $- a$ sind zuerst entgegengesetzte Größen überhaupt; a ist die beiden zum Grunde liegende ansichseiende Einheit, das gegen die Entgegensetzung selbst Gleichgültige, das hier ohne weitern Begriff als tote Grundlage dient. Das $- a$ ist zwar als das Negative, das $+ a$ als das Positive bezeichnet, aber das eine ist so gut ein Entgegengesetztes als das andere.

Ferner ist a nicht nur die einfache zum Grunde liegende Einheit, sondern als $+ a$ und $- a$ ist sie die Reflexion dieser Entgegengesetzten in sich; es sind zwei verschiedene a vorhanden, und es ist gleichgültig, welches von beiden man als das positive oder negative bezeichnen will; beide haben ein besonderes Bestehen und sind positiv.

Nach jener ersten Seite ist $+ y - y = 0$; oder in $- 8$ $+ 3$, sind die 3 positiven negative im 8. Die Entgegengesetzten heben sich in ihrer Verbindung auf. Eine Stunde Wegs nach Osten gemacht und ebensoviel zurück nach Westen hebt den erst gemachten Weg auf; so viel Schulden, um so viel weniger Vermögen, und so viel Vermögen vorhanden ist, so viel hebt sich von den Schulden auf. Die Stunde Wegs nach Osten ist zugleich nicht der positive Weg an sich, noch der nach Westen der negative Weg; sondern diese Richtungen sind gleichgültig gegen diese Bestimmtheit des Gegensatzes; nur eine dritte außer ihnen fallende Rücksicht macht die eine zur positiven, die andere zur negativen. So auch die Schulden sind nicht an und für sich das Negative; sie sind es nur in Beziehung auf den Schuldner; für den Gläubiger sind sie sein positives Vermögen; sie sind eine Summe Geld, oder was es sei von einem gewissen Wert, das nach außerhalb seiner fallenden Rücksichten Schulden oder Vermögen ist.

Die Entgegengesetzten heben sich zwar in ihrer Beziehung auf, so daß das Resultat gleich Null ist; aber es ist in ihnen auch ihre identische Beziehung vorhanden, die gegen den Gegensatz selbst gleichgültig ist; so machen sie Eines aus. Wie so eben von der Summe Geld erinnert worden, die nur Eine Summe ist, oder das a, das nur Ein a ist im $+a$ und $-a$; auch der Weg, der nur Ein Stück Wegs ist, nicht zwei Wege, deren einer nach Osten, der andere nach Westen ginge. So auch eine Ordinate y, die dasselbe ist, auf dieser oder jener Seite der Achse genommen; insofern ist $+y$ $-y=y$; sie ist nur die Ordinate, es ist nur Eine Bestimmung und Gesetz derselben.

Ferner aber sind die Entgegengesetzten nicht nur Ein Gleichgültiges, sondern auch zwei Gleichgültige. Sie sind nämlich als Entgegengesetzte auch in sich Reflektierte und bestehen so als Verschiedene.

So sind in $-8+3$ überhaupt eilf Einheiten vorhanden; $+y$, $-y$, sind Ordinaten auf der entgegengesetzten Seite der Achse, wo jede ein gegen diese Grenze und gegen ihren Gegensatz gleichgültiges Dasein ist; so ist $+y-y=2y$. — Auch der nach Osten und nach Westen zurückgelegte Weg ist die Summe einer zweifachen Bemühung oder die Summe von zwei Zeitperioden. Ebenso ist in der Staatsökonomie ein Quantum von Geld oder von Wert nicht nur dies Eine Quantum als Mittel der Subsistenz, sondern es ist ein verdoppeltes; es ist Mittel der Subsistenz sowohl für den Gläubiger als den Schuldner. Das Staatsvermögen berechnet sich nicht bloß als Summe des baren Gelds und des sonstigen Werts von den Immobilien und Mobilien, der im Staate vorhanden ist, noch weniger aber als Summe, die übrigbliebe nach Abzug des passiven Vermögens vom aktiven, sondern das Kapital, wenn seine aktive und passive Bestimmung sich auch zur Null reduzierten, bleibt **erstens** positives Kapital als $+a-a=a$; aber zweitens, indem es auf vielfältige Weise passives, verliehenes und wieder verliehenes ist, ist es dadurch ein sehr vervielfältigtes Mittel.

Nicht nur aber sind die entgegengesetzten Größen einerseits bloß entgegengesetzte überhaupt, andererseits reale oder gleichgültige. Sondern ob zwar das Quantum selbst das gleichgültig begrenzte Sein ist, so kommt doch an ihm auch das an sich Positive und das an sich Negative vor. Das a z. B., insofern es kein Zeichen hat, gilt dafür, daß es als positives zu nehmen sei, wenn es zu bezeichnen ist. Wenn es nur überhaupt ein entgegengesetztes werden sollte, so könnte es ebensogut als $-a$ genommen werden. Aber das positive Zeichen wird ihm unmittelbar gegeben, weil das Positive für sich die eigentümliche Bedeutung des Unmittelbaren, als mit sich identischen, gegen die Entgegensetzung hat.

Ferner indem positive und negative Größen addiert oder subtrahiert werden, gelten sie als solche, die für sich positiv und negativ seien und es nicht bloß durch die Beziehung des Addierens oder Subtrahierens, auf diese äußerliche Weise werden. In $8-(-3)$ heißt das erste Minus entgegengesetzt **gegen** 8, das zweite Minus aber (-3) gilt als entgegengesetztes **an sich**, außer dieser Beziehung.

Näher tritt dies bei der Multiplikation und Division hervor; hier ist das Positive wesentlich als das **Nichtentgegengesetzte**, das Negative hingegen als das **Entgegengesetzte** zu nehmen, nicht beide Bestimmungen auf gleiche Weise nur als Entgegengesetzte überhaupt. Indem die Lehrbücher in den Beweisen, wie sich die Zeichen in diesen beiden Rechnungsarten verhalten, bei dem Begriffe der entgegengesetzten Größen überhaupt stehenbleiben, so sind diese Beweise unvollständig und verwickeln sich in Widersprüche. — Plus und Minus erhalten aber bei der Multiplikation und Division die bestimmtere Bedeutung von Positivem und Negativem an sich, weil das Verhältnis der Faktoren, Einheit und Anzahl gegeneinander zu sein, nicht ein bloßes Verhältnis des Mehrens und Minderns ist wie bei dem Addieren und Subtrahieren, sondern ein qualitatives, womit auch Plus und Minus die qualitative Bedeutung des Positiven und Negativen erhält. — Ohne diese Bestimmung und bloß aus dem Begriffe entgegengesetzter

Größen kann leicht die schiefe Folgerung gezogen werden, daß wenn $-a \cdot + a = -a^2$ ist, umgekehrt $+a \cdot -a = +a^2$ gebe. Indem der eine Faktor die Anzahl und der andere die Einheit, und zwar die erstere wie gewöhnlich der voranstehende bedeutet, so unterscheiden sich die beiden Ausdrücke $-a \cdot + a$ und $+a \cdot -a$ dadurch, daß im erstern $+a$ die Einheit und $-a$ die Anzahl, und im andern es umgekehrt ist. Es pflegt nun beim erstern gesagt zu werden, wenn ich $+a$ nehmen soll $-a$ mal, so nehme ich $+a$ nicht bloß a mal, sondern zugleich auf die ihm entgegengesetzte Weise, $+a$ mal $-a$; also da es Plus ist, so habe ich es negativ zu nehmen, und das Produkt ist $-a^2$. — Wenn aber im zweiten Falle $-a$ zu nehmen ist $+a$ mal, so soll $-a$ gleichfalls nicht $-a$ mal genommen werden, sondern in der ihm entgegengesetzten Bestimmung nämlich $+a$ mal. Nach dem Räsonnement des ersten Falles folgt also, daß das Produkt $+a^2$ sein müsse. Ebenso bei der Division.

Diese Konsequenz ist notwendig, insofern Plus und Minus nur als entgegengesetzte Größen überhaupt genommen werden; dem Minus wird im ersten Falle die Kraft zugeschrieben, das Plus zu verändern; aber im andern sollte Plus nicht dieselbe Kraft über Minus haben, ungeachtet es so gut eine entgegengesetzte Größebestimmung ist als dieses. In der Tat hat Plus diese Kraft nicht, denn es ist hier nach seiner qualitativen Bestimmung gegen Minus zu nehmen, indem die Faktoren ein qualitatives Verhältnis zueinander haben. Insofern ist also das Negative hier das an sich Entgegengesetzte als solches, das Positive aber ist das Unbestimmte, Gleichgültige überhaupt; es ist wohl auch das Negative, aber des Andern, nicht an ihm selbst. — Eine Bestimmung als Negation kommt also allein durch das Negative herein, nicht durch das Positive.

So ist denn auch $-a \cdot -a = +a^2$, darum weil das negative a nicht bloß auf die entgegengesetzte Weise (so würde es zu nehmen sein, mit $-a$ multipliziert), sondern weil es negativ genommen werden soll. Die Negation der Negation aber ist das Positive.

C. Der Widerspruch.

1. Der Unterschied überhaupt enthält seine beiden Seiten als Momente; in der Verschiedenheit fallen sie

gleichgültig auseinander; im Gegensatze als solchem
sind sie Seiten des Unterschiedes, eines nur durchs andere bestimmt, somit nur Momente; aber sie sind ebensosehr bestimmt
an ihnen selbst, gleichgültig gegeneinander und sich gegenseitig ausschließend: die selbständigen Reflexionsbestimmungen.

Die eine ist das Positive, die andere das Negative,
aber jene als das an ihm selbst Positive, diese als das an ihm
selbst Negative. Die gleichgültige Selbständigkeit für sich hat
jedes dadurch, daß es die Beziehung auf sein anderes Moment an ihm selbst hat; so ist es der ganze in sich geschlossene Gegensatz. — Als dieses Ganze ist jedes vermittelt durch
sein Anderes mit sich und enthält dasselbe. Aber es ist
ferner durch das Nichtsein seines Andern mit sich vermittelt; so ist es für sich seiende Einheit und schließt das
Andere aus sich aus.

Indem die selbständige Reflexionsbestimmung in derselben
Rücksicht, als sie die andere enthält und dadurch selbständig
ist, die andere ausschließt, so schließt sie in ihrer Selbständigkeit ihre eigene Selbständigkeit aus sich aus; denn diese
besteht darin, die ihr andere Bestimmung in sich zu enthalten und dadurch allein nicht Beziehung auf ein Äußerliches
zu sein, — aber ebensosehr unmittelbar darin, sie selbst zu sein
und die ihr negative Bestimmung von sich auszuschließen.
Sie ist so der Widerspruch.

Der Unterschied überhaupt ist schon der Widerspruch an
sich; denn er ist die Einheit von solchen, die nur sind, insofern sie nicht eins sind, — und die Trennung solcher,
die nur sind als in derselben Beziehung getrennte. Das
Positive und Negative aber sind der gesetzte Widerspruch,
weil sie als negative Einheiten selbst das Setzen ihrer, und
darin jedes das Aufheben seiner und das Setzen seines Gegenteils ist. — Sie machen die bestimmende Reflexion als ausschließende aus; weil das Ausschließen Ein Unterscheiden
und jedes der Unterschiedenen als Ausschließendes selbst das
ganze Ausschließen ist, so schließt jedes in ihm selbst sich aus.

Die beiden selbständigen Reflexionsbestimmungen für sich
betrachtet, so ist das Positive das Gesetztsein als in die
Gleichheit mit sich reflektiert, das Gesetztsein, das nicht
Beziehung auf ein anderes ist, das Bestehen also, insofern das

Gesetztsein aufgehoben und ausgeschlossen ist. Damit
aber macht sich das Positive zur Beziehung eines Nichtseins, — zu einem Gesetztsein. — So ist es der Widerspruch, daß es als das Setzen der Identität mit sich durch Ausschließen des Negativen sich selbst zum Negativen von
einem macht, also zu dem Andern, das es von sich ausschließt.
Dieses ist als Ausgeschlossenes frei von dem Ausschließenden gesetzt, hiemit als in sich reflektiert und selbst ausschließend. So ist die ausschließende Reflexion Setzen des Positiven als ausschließend das Andere, so daß dies Setzen unmittelbar das Setzen seines Andern, es ausschließenden, ist.

Dies ist der absolute Widerspruch des Positiven, aber er
ist unmittelbar der absolute Widerspruch des Negativen; das
Setzen beider ist Eine Reflexion. — Das Negative für sich betrachtet gegen das Positive ist das Gesetztsein als in die Ungleichheit mit sich reflektiert, das Negative als Negatives.
Aber das Negative ist selbst das Ungleiche, das Nichtsein
eines Andern; somit ist die Reflexion in seine Ungleichheit
vielmehr seine Beziehung auf sich selbst. — Die Negation
überhaupt ist das Negative als Qualität, oder unmittelbare Bestimmtheit; das Negative aber als Negatives, ist
es bezogen auf das Negative seiner, auf sein Anderes. Wird
dies Negative nur als identisch mit dem ersten genommen, so
ist es, wie auch das erstere, nur unmittelbar; sie werden so
nicht genommen als Andere gegeneinander, somit nicht als
Negative; das Negative ist überhaupt nicht ein Unmittelbares.
— Indem nun ferner aber ebensosehr jedes dasselbe ist, was
das Andere, so ist diese Beziehung der Ungleichen ebensosehr
ihre identische Beziehung.

Dies ist also derselbe Widerspruch, der das Positive ist,
nämlich Gesetztsein oder Negation als Beziehung auf sich.
Aber das Positive ist nur an sich dieser Widerspruch, das Negative dagegen der gesetzte Widerspruch; denn in seiner Reflexion in sich, an und für sich Negatives oder als Negatives
identisch mit sich zu sein, hat es die Bestimmung, daß es
Nichtidentisches, Ausschließen der Identität sei. Es ist dies,
gegen die Identität identisch mit sich zu sein, hiemit
durch seine ausschließende Reflexion sich selbst von sich auszuschließen.

Das Negative ist also die ganze, als Entgegensetzung auf

sich beruhende Entgegensetzung, der absolute sich nicht auf
anderes beziehende Unterschied; er schließt als Entgegensetzung die Identität von sich aus, — aber somit sich selbst; denn
als Beziehung auf sich bestimmt er sich als die Identität
selbst, die er ausschließt.

2. Der Widerspruch löst sich auf.

In der sich selbst ausschließenden Reflexion, die betrachtet wurde, hebt das Positive und das Negative jedes in seiner
Selbständigkeit sich selbst auf; jedes ist schlechthin das Übergehen oder vielmehr das sich Übersetzen seiner in sein Gegenteil. Dies rastlose Verschwinden der Entgegengesetzten in
ihnen selbst ist die nächste Einheit, welche durch den Widerspruch zustande kommt; sie ist die Null.

Der Widerspruch enthält aber nicht bloß das Negative,
sondern auch das Positive; oder die sich selbst ausschließende
Reflexion ist zugleich setzende Reflexion; das Resultat des
Widerspruchs ist nicht nur Null. — Das Positive und Negative
machen das Gesetztsein der Selbständigkeit aus; die Negation ihrer durch sie selbst hebt das Gesetztsein der Selbständigkeit auf. Dies ist es, was in Wahrheit im Widerspruche zugrund geht.

Die Reflexion in sich, wodurch die Seiten des Gegensatzes
sich zu selbständigen Beziehungen auf sich machen, ist zunächst ihre Selbständigkeit als unterschiedener Momente;
sie sind so nur an sich diese Selbständigkeit, denn sie sind
noch entgegengesetzte, und daß sie es an sich sind, macht
ihr Gesetztsein aus. Aber ihre ausschließende Reflexion hebt
dies Gesetztsein auf, macht sie zu fürsichseienden Selbständigen, zu solchen, die nicht nur an sich, sondern durch ihre
negative Beziehung auf ihr Anderes selbständig sind; ihre
Selbständigkeit ist auf diese Weise auch gesetzt. Aber ferner
machen sie sich durch dies ihr Setzen zu einem Gesetztsein.
Sie richten sich zugrunde, indem sie sich bestimmen als
das mit sich Identische, aber darin vielmehr als das Negative,
als ein mit sich Identisches, das Beziehung auf anderes ist.

Allein diese ausschließende Reflexion ist näher betrachtet
nicht nur diese formelle Bestimmung. Sie ist ansichseiende
Selbständigkeit und ist das Aufheben dieses Gesetztseins und
durch dies Aufheben erst fürsichseiende und in der Tat selbständige Einheit. Durch das Aufheben des Andersseins oder

Gesetztseins ist zwar wieder das Gesetztsein, das Negative
eines Andern, vorhanden. Aber in der Tat ist diese Negation
nicht wieder nur erste unmittelbare Beziehung auf anderes,
nicht Gesetztsein als aufgehobene Unmittelbarkeit, sondern als
aufgehobenes Gesetztsein. Die ausschließende Reflexion der
Selbständigkeit, indem sie ausschließend ist, macht sich zum
Gesetztsein, aber ist ebensosehr Aufheben ihres Gesetztseins.
Sie ist aufhebende Beziehung auf sich; sie hebt darin erstens
das Negative auf, und zweitens setzt sie sich als Negatives,
und dies ist erst dasjenige Negative, das sie aufhebt; im Aufheben des Negativen setzt und hebt sie zugleich es auf. Die
ausschließende Bestimmung selbst ist auf diese Weise
sich das Andre, dessen Negation sie ist; das Aufheben dieses
Gesetztseins ist daher nicht wieder Gesetztsein als das Negative eines Andern, sondern ist das Zusammengehen mit sich
selbst, das positive Einheit mit sich ist. Die Selbständigkeit
ist so durch ihre eigene Negation in sich zurückkehrende Einheit, indem sie durch die Negation ihres Gesetztseins in sich
zurückkehrt. Sie ist die Einheit des Wesens, durch die Negation nicht eines Andern, sondern ihrer selbst identisch mit
sich zu sein.

3. Nach dieser positiven Seite, daß die Selbständigkeit im
Gegensatze als ausschließende Reflexion sich zum Gesetztsein
macht und es ebensosehr aufhebt, Gesetztsein zu sein, ist der
Gegensatz nicht nur zugrunde, sondern in seinen Grund
zurückgegangen. — Die ausschließende Reflexion des selbständigen Gegensatzes macht ihn zu einem Negativen, nur Gesetzten; sie setzt dadurch ihre zunächst selbständigen Bestimmungen, das Positive und Negative, zu solchen herab, welche
nur Bestimmungen sind; und indem so das Gesetztsein zum
Gesetztsein gemacht wird, ist es überhaupt in seine Einheit
mit sich zurückgekehrt; es ist das einfache Wesen, aber das
Wesen als Grund. Durch das Aufheben der sich an sich
selbst widersprechenden Bestimmungen des Wesens ist dieses
wiederhergestellt, jedoch mit der Bestimmung, ausschließende
Reflexionseinheit zu sein, — einfache Einheit, welche sich
selbst als Negatives bestimmt, aber in diesem Gesetztsein unmittelbar sich selbst gleich und mit sich zusammengegangen ist.

Zunächst geht also der selbständige Gegensatz durch seinen Widerspruch in den Grund zurück; jener ist das Erste,

Unmittelbare, von dem angefangen wird, und der aufgehobene Gegensatz oder das aufgehobene Gesetztsein ist selbst ein Gesetztsein. Somit ist das Wesen als Grund ein Gesetztsein, ein gewordenes. Aber umgekehrt hat sich nur dies gesetzt, daß der Gegensatz oder das Gesetztsein ein aufgehobenes, nur als Gesetztsein ist. Das Wesen ist also als Grund so ausschließende Reflexion, daß es sich selbst zum Gesetztsein macht, daß der Gegensatz, von dem vorhin der Anfang gemacht wurde und der das Unmittelbare war, die nur gesetzte, bestimmte Selbständigkeit des Wesens ist, und daß er nur das sich an ihm selbst Aufhebende, das Wesen aber das in seiner Bestimmtheit in sich reflektierte ist. Das Wesen schließt als Grund sich von sich selbst aus, es setzt sich; sein Gesetztsein, — welches das Ausgeschlossene ist, — ist nur als Gesetztsein, als Identität des Negativen mit sich selbst. Dies Selbständige ist das Negative, gesetzt als Negatives; ein sich selbst Widersprechendes, das daher unmittelbar im Wesen als seinem Grunde bleibt.

Der aufgelöste Widerspruch ist also der Grund, das Wesen als Einheit des Positiven und Negativen. Im Gegensatze ist die Bestimmung zur Selbständigkeit gediehen; der Grund aber ist diese vollendete Selbständigkeit; das Negative ist in ihm selbständiges Wesen, aber als Negatives; so ist er ebensosehr das Positive als das in dieser Negativität mit sich Identische. Der Gegensatz und sein Widerspruch ist daher im Grunde so sehr aufgehoben als erhalten. Der Grund ist das Wesen als die positive Identität mit sich, aber die sich zugleich als die Negativität auf sich bezieht, sich also bestimmt und zum ausgeschlossenen Gesetztsein macht; dies Gesetztsein aber ist das ganze selbständige Wesen, und das Wesen ist Grund, als in dieser seiner Negation identisch mit sich selbst und positiv. Der sich widersprechende selbständige Gegensatz war also bereits selbst der Grund; es kam nur die Bestimmung der Einheit mit sich selbst hinzu, welche dadurch hervortritt, daß die selbständigen Entgegengesetzten jedes sich selbst aufhebt und sich zu dem Andern seiner macht, somit zugrunde geht, aber darin zugleich nur mit sich selbst zusammengeht, also in seinem Untergange, das ist in seinem Gesetztsein oder in der Negation, vielmehr erst das in sich reflektierte, mit sich identische Wesen ist.

Anmerkung 1.

Das Positive und Negative ist dasselbe. Dieser
Ausdruck gehört der äußern Reflexion an, insofern sie mit
diesen beiden Bestimmungen eine Vergleichung anstellt.
Es ist aber nicht eine äußere Vergleichung, welche zwischen
denselben, ebensowenig als zwischen andern Kategorien an-
zustellen ist, sondern sie sind an ihnen selbst zu betrachten,
d. h. es ist zu betrachten, was ihre eigene Reflexion ist. An
dieser aber hat es sich gezeigt, daß jedes wesentlich das Scheinen seiner im Andern und selbst das Setzen seiner als des Andern ist.

Das Vorstellen, insofern es das Positive und Negative
nicht betrachtet, wie sie an und für sich sind, kann aber allerdings an das Vergleichen verwiesen werden, um [auf] das Haltlose dieser Unterschiedenen, die von ihm als fest einander
gegenüber angenommen sind, aufmerksam zu werden. Eine ge-
ringe Erfahrung in dem reflektierenden Denken wird es schon
wahrnehmen, daß wenn etwas als positiv bestimmt worden, indem man nun von dieser Grundlage weiter geht, sich dasselbe
unmittelbar unter der Hand in Negatives verkehrt hat, und
umgekehrt das negative Bestimmte in Positives, daß das reflektierende Denken sich in diesen Bestimmungen verwirrt und sich
widersprechend wird. Die Unbekanntschaft mit der Natur
derselben ist der Meinung, diese Verwirrung sei etwas Un-
rechtes, das nicht geschehen soll, und schreibt sie einem subjektiven Fehler zu. Dieses Übergehen bleibt in der Tat auch
bloße Verwirrung, insofern das Bewußtsein über die Notwendigkeit der Verwandlung nicht vorhanden ist. — Es ist aber,
auch für die äußere Reflexion, eine einfache Betrachtung, daß
fürs erste das Positive nicht ein unmittelbar Identisches ist,
sondern teils ein Entgegengesetztes gegen das Negative, und
daß es nur in dieser Beziehung Bedeutung hat, also das Negative selbst in seinem Begriffe liegt, teils aber, daß es an
ihm selbst die sich auf sich beziehende Negation des bloßen
Gesetztseins oder des Negativen, also selbst die absolute
Negation in sich ist. — Ebenso das Negative, das dem Positiven gegenüber steht, hat nur Sinn in dieser Beziehung auf
dies sein Anderes; es enthält also dasselbe in seinem Begriffe. Das Negative hat aber auch ohne Beziehung auf das

Positive ein eigenes Bestehen; es ist mit sich identisch; so ist es aber selbst das, was das Positive sein sollte.

Vornehmlich wird der Gegensatz vom Positiven und Negativen in dem Sinne genommen, daß jenes (ob es gleich seinem Namen nach das Poniertsein, Gesetztsein ausdrückt) ein Objektives sein soll, dieses aber ein Subjektives, welches nur einer äußern Reflexion angehöre, das an und für sich seiende Objektive nichts angehe und ganz und gar nicht für dasselbe vorhanden sei. In der Tat, wenn das Negative nichts anders als die Abstraktion einer subjektiven Willkür oder eine Bestimmung einer äußerlichen Vergleichung ausdrückt, so ist es freilich für das objektive Positive nicht vorhanden, d. h. dieses ist nicht an ihm selbst auf eine solche leere Abstraktion bezogen; aber dann ist ihm die Bestimmung, daß es ein Positives sei, gleichfalls nur äußerlich. — So gilt, um ein Beispiel von dem fixen Gegensatze dieser Reflexionsbestimmungen anzuführen, das Licht überhaupt für das nur Positive, die Finsternis aber für das nur Negative. Aber das Licht hat in seiner unendlichen Expansion und der Kraft seiner aufschließenden und belebenden Wirksamkeit wesentlich die Natur absoluter Negativität. Die Finsternis dagegen, als Unmannigfaltiges oder der sich nicht selbst in sich unterscheidende Schoß der Erzeugung, ist das einfache mit sich Identische, das Positive. Sie wird als das nur Negative in dem Sinne genommen, daß sie als bloße Abwesenheit des Lichts für dasselbe ganz und gar nicht vorhanden sei, — so daß dieses, indem es sich auf sie bezieht, sich nicht auf ein Anderes, sondern rein auf sich selbst beziehen, also diese nur vor ihm verschwinden soll. Aber bekanntlich wird das Licht durch die Finsternis zum Grau getrübt; und außer dieser bloß quantitativen Veränderung erleidet es auch die qualitative, durch die Beziehung darauf zur Farbe bestimmt zu werden. — So ist z. B. auch die Tugend nicht ohne Kampf; sie ist vielmehr der höchste, vollendete Kampf; so ist sie nicht nur das Positive, sondern absolute Negativität; sie ist auch nicht nur in Vergleichung mit dem Laster Tugend, sondern ist an ihr selbst Entgegensetzung und Bekämpfung. Oder das Laster ist nicht nur der Mangel der Tugend, — auch die Unschuld ist dieser Mangel, — und nicht nur für eine äußere Reflexion von der Tugend unterschieden, sondern an sich selbst ihr entgegengesetzt, es ist böse. Das Böse besteht in dem Beruhen auf sich gegen das Gute; es ist die positive Negativität. Die Unschuld aber, als Mangel sowohl des Guten als des Bösen, ist gleichgültig gegen beide Bestimmungen, weder positiv noch negativ. Aber zugleich ist dieser Mangel auch als Bestimmtheit zu nehmen, und einerseits ist sie als die positive Natur von etwas zu betrachten, als sie sich andererseits auf ein Entgegengesetztes bezieht und alle Naturen aus ihrer Unschuld, aus ihrer gleichgültigen Identität mit sich, heraustreten, sich durch sich selbst auf ihr Anderes beziehen und dadurch zugrunde richten oder, im positiven Sinne, in ihren Grund zurückgehen. — Auch die Wahrheit ist das Positive als das mit dem Objekte übereinstimmende Wissen; aber sie ist nur diese Gleichheit mit sich, insofern das Wissen sich negativ gegen das Andere verhalten, das Objekt durchdrungen und die Negation, die es ist, aufgehoben hat. Der Irrtum ist ein Positives als eine Meinung des nicht an und für sich Seienden, die sich weiß und behauptet. Die Unwissenheit aber ist entweder das gegen Wahrheit und Irrtum Gleichgültige, somit weder als positiv noch als negativ bestimmt, und die Bestimmung derselben als ein Mangel gehört der äußern Reflexion an; oder aber als objektiv, als eigene Bestimmung einer Natur, ist sie der Trieb, der gegen sich gerichtet ist, ein Negatives, das eine positive Richtung in sich enthält. — Es ist eine der wichtigsten Erkenntnisse, diese Natur der betrachteten Reflexionsbestimmungen, daß ihre Wahrheit nur in ihrer Beziehung aufeinander und damit darin besteht, daß jede in ihrem Begriffe selbst die andere enthält, einzusehen und festzuhalten; ohne diese Erkenntnis läßt sich eigentlich kein Schritt in der Philosophie tun.

Anmerkung 2.

Die Bestimmung der Entgegensetzung ist gleichfalls zu einem Satze gemacht worden, dem sogenannten Satze des ausgeschlossenen Dritten.

Etwas ist entweder *A* oder Nicht-*A*; es gibt kein Drittes.

Dieser Satz enthält zuerst, daß Alles ein Entgegengesetztes ist, ein entweder als positiv oder als negativ Bestimmtes. — Ein wichtiger Satz, der darin seine Notwendigkeit hat, daß die Identität in Verschiedenheit und diese in Entgegensetzung übergeht. Allein er pflegt nicht in diesem Sinne verstanden zu werden, sondern soll gewöhnlich so viel heißen, daß einem Dinge von allen Prädikaten entweder dieses Prädikat selbst oder sein Nichtsein zukomme. Das Entgegengesetzte bedeutet hier bloß den Mangel oder vielmehr die Unbestimmtheit; und der Satz ist so unbedeutend, daß es nicht der Mühe wert ist, ihn zu sagen. Wenn die Bestimmungen süß, grün, viereckig genommen, — und es sollen alle Prädikate genommen werden — und nun vom Geiste gesagt wird, er sei entweder süß oder nicht süß, grün oder nicht grün usf., so ist dies eine Trivialität, die zu nichts führt. Die Bestimmtheit, das Prädikat, wird auf etwas bezogen; das Etwas ist bestimmt, sagt der Satz aus; nun soll er wesentlich dies enthalten, daß die Bestimmtheit sich näher bestimme, zur Bestimmtheit an sich, zur Entgegensetzung werde. Statt dessen geht er aber in jenem trivialen Sinne von der Bestimmtheit nur über zu ihrem Nichtsein überhaupt, zurück zur Unbestimmtheit.

Der Satz des ausgeschlossenen Dritten unterscheidet sich ferner vom oben betrachteten Satze der Identität oder des Widerspruchs, der so hieß: es gibt nicht etwas, das zugleich A und Nicht-A ist. Er enthält, daß es nicht etwas gebe, welches weder A noch Nicht-A, daß es nicht ein Drittes gebe, das gegen den Gegensatz gleichgültig sei. In der Tat aber gibt es in diesem Satze selbst das Dritte, das gleichgültig gegen den Gegensatz ist, nämlich A selbst ist darin vorhanden. Dies A ist weder $+A$ noch $-A$, und ebensowohl auch $+A$ als $-A$. — Das Etwas, das entweder $+A$ oder Nicht-A sein sollte, ist hiemit auf $+A$ sowohl als Nicht-A bezogen; und wieder, indem es auf A bezogen ist, solle es nicht auf Nicht-A bezogen sein, so wie nicht auf A, indem es auf Nicht-A bezogen ist. Das Etwas selbst ist also das Dritte, welches ausgeschlossen sein sollte. Indem die entgegengesetzten Bestimmungen im Etwas ebensosehr gesetzt als in diesem Setzen aufgehobene sind, so ist das Dritte, das hier die Gestalt eines toten Etwas hat, tiefer genommen die Einheit der Reflexion, in welche als in den Grund die Entgegensetzung zurückgeht.

Anmerkung 3.

Wenn nun die ersten Reflexionsbestimmungen, die Identität, die Verschiedenheit und die Entgegensetzung, in einem
Satze aufgestellt worden, so sollte noch vielmehr diejenige, in
welche sie als in ihre Wahrheit übergehen, nämlich der Widerspruch, in einen Satz gefaßt und gesagt werden: Alle
Dinge sind an sich selbst widersprechend, und zwar
in dem Sinne, daß dieser Satz gegen die übrigen vielmehr die
Wahrheit und das Wesen der Dinge ausdrücke. — Der Widerspruch, der an der Entgegensetzung hervortritt, ist nur das
entwickelte Nichts, das in der Identität enthalten ist und in
dem Ausdrucke vorkam, daß der Satz der Identität nichts
sage. Diese Negation bestimmt sich weiter zur Verschiedenheit und zur Entgegensetzung, welche nun der gesetzte Widerspruch ist.

Es ist aber eines der Grundvorurteile der bisherigen Logik und des gewöhnlichen Vorstellens, als ob der Widerspruch
nicht eine so wesenhafte und immanente Bestimmung sei als
die Identität; ja wenn von Rangordnung die Rede und beide Bestimmungen als getrennte festzuhalten wären, so wäre der Widerspruch für das Tiefere und Wesenhaftere zu nehmen.
Denn die Identität ihm gegenüber ist nur die Bestimmung des
einfachen Unmittelbaren, des toten Seins; er aber ist die Wurzel aller Bewegung und Lebendigkeit; nur insofern etwas in
sich selbst einen Widerspruch hat, bewegt es sich, hat Trieb
und Tätigkeit.

Der Widerspruch wird gewöhnlich fürs erste von den
Dingen, von dem Seienden und Wahren überhaupt, entfernt;
es wird behauptet, daß es nichts Widersprechendes
gebe. Er wird fürs andre dagegen in die subjektive Reflexion geschoben, die durch ihre Beziehung und Vergleichung
ihn erst setze. Aber auch in dieser Reflexion sei er nicht
eigentlich vorhanden, denn das Widersprechende könne
nicht vorgestellt noch gedacht werden. Er gilt überhaupt, sei es am Wirklichen oder in der denkenden Reflexion,
für eine Zufälligkeit, gleichsam für eine Abnormität und vor-
übergehenden Krankheitsparoxysmus.

Was nun die Behauptung betrifft, daß es den Widerspruch nicht gebe, daß er nicht ein Vorhandenes sei, so

brauchen wir uns um eine solche Versicherung nicht zu be-
kümmern; eine absolute Bestimmung des Wesens muß sich in
aller Erfahrung finden, in allem Wirklichen wie in jedem
Begriffe. Oben beim Unendlichen, das der Widerspruch
ist, wie er in der Sphäre des Seins sich zeigt, ist das gleiche
bereits erinnert worden. Die gemeine Erfahrung aber spricht
es selbst aus, daß es wenigstens eine Menge widersprechender Dinge, widersprechender Einrichtungen usf. gebe, deren
Widerspruch nicht bloß in einer äußerlichen Reflexion, sondern in ihnen selbst vorhanden ist. Er ist aber ferner nicht
bloß als eine Abnormität zu nehmen, die nur hier und da vor-
käme, sondern ist das Negative in seiner wesenhaften Bestimmung, das Prinzip aller Selbstbewegung, die in nichts weiter
besteht, als in einer Darstellung desselben. Die äußerliche
sinnliche Bewegung selbst ist sein unmittelbares Dasein. Es
bewegt sich etwas nur, nicht indem es in diesem Jetzt hier
ist und in einem andern Jetzt dort, sondern indem es in einem
und demselben Jetzt hier und nicht hier, indem es in diesem
Hier zugleich ist und nicht ist. Man muß den alten Dialek-
tikern die Widersprüche zugeben, die sie in der Bewegung aufzeigen; aber daraus folgt nicht, daß darum die Bewegung nicht
ist, sondern vielmehr, daß die Bewegung der daseiende Widerspruch selbst ist.
    Ebenso ist die innere, die eigentliche Selbstbewegung,
der Trieb überhaupt (Appetit oder Nisus der Monade, die
Entelechie des absolut einfachen Wesens) nichts anderes, als
daß etwas in sich selbst, und der Mangel, das Negative
seiner selbst, in einer und derselben Rücksicht ist. Die abstrakte Identität mit sich ist noch keine Lebendigkeit, sondern
daß das Positive an sich selbst die Negativität ist, dadurch
geht es außer sich und setzt sich in Veränderung. Etwas ist
also lebendig, nur insofern es den Widerspruch in sich enthält, und zwar diese Kraft ist, den Widerspruch in sich zu
fassen und auszuhalten. Wenn aber ein Existierendes nicht
in seiner positiven Bestimmung zugleich über seine negative
überzugreifen und eine in der andern festzuhalten, den Widerspruch nicht in ihm selbst zu haben vermag, so ist es nicht
die lebendige Einheit selbst, nicht Grund, sondern geht in dem
Widerspruche zugrunde. — Das spekulative Denken besteht nur darin, daß das Denken den Widerspruch und in

ihm sich selbst festhält, nicht aber daß es sich, wie es dem
Vorstellen geht, von ihm beherrschen und durch ihn sich seine
Bestimmungen nur in andere oder in Nichts auflösen läßt.

Wenn in der Bewegung, dem Triebe und dergleichen der
Widerspruch in die Einfachheit dieser Bestimmungen für das
Vorstellen verhüllt ist, so stellt sich hingegen in den Verhältnisbestimmungen der Widersprch unmittelbar dar. Die
trivialsten Beispiele, von oben und unten, rechts und links,
Vater und Sohn und so fort ins Unendliche, enthalten alle
den Gegensatz in Einem. Oben ist, was nicht unten ist;
oben ist bestimmt nur dies, nicht unten zu sein, und ist nur,
insofern ein Unten ist, und umgekehrt; in der einen Bestimmung liegt ihr Gegenteil. Vater ist das Andere des Sohnes
und Sohn das Andere des Vaters, und jedes ist nur als dies
Andere des Andern; und zugleich ist die eine Bestimmung nur
in Beziehung auf die andere; ihr Sein ist Ein Bestehen. Der
Vater ist außer der Beziehung auf Sohn auch etwas für sich;
aber so ist er nicht Vater, sondern ein Mann überhaupt; wie
oben und unten, rechts und links auch in sich Reflektierte,
außer der Beziehung etwas sind, aber nur Orte überhaupt.
— Die Entgegengesetzten enthalten insofern den Widerspruch,
als sie in derselben Rücksicht sich negativ aufeinander beziehende oder sich gegenseitig aufhebende und gegeneinander gleichgültige sind. Die Vorstellung, indem sie
zum Momente der Gleichgültigkeit der Bestimmungen übergeht, vergißt darin ihre negative Einheit und behält sie somit
nur als Verschiedene überhaupt, in welcher Bestimmung rechts
nicht mehr rechts, links nicht mehr links usf. ist. Indem sie
aber rechts und links in der Tat vor sich hat, so hat sie diese
Bestimmungen vor sich als sich negierend, die eine in der andern, und in dieser Einheit zugleich sich nicht negierend, sondern jede gleichgültig für sich seiend.

Das Vorstellen hat daher wohl allenthalben den Widerspruch zu seinem Inhalte, kommt aber nicht zum Bewußtsein
desselben; es bleibt äußerliche Reflexion, die von der Gleichheit zur Ungleichheit, oder von der negativen Beziehung zum
Reflektiertsein der Unterschiedenen in sich übergeht. Sie
hält diese beiden Bestimmungen einander äußerlich gegenüber
und hat nur sie, nicht aber das Übergehen, welches das
Wesentliche ist und den Widerspruch enthält, im Sinne. —

Die geistreiche Reflexion, um diese hier zu erwähnen, besteht dagegen im Auffassen und Aussprechen des Widerspruchs. Ob sie zwar den Begriff der Dinge und ihrer Verhältnisse nicht ausdrückt und nur Vorstellungsbestimmungen zu ihrem Material und Inhalt hat, so bringt sie dieselben in eine Beziehung, die ihren Widerspruch enthält und durch diesen hindurch ihren Begriff scheinen läßt. — Die denkende Vernunft aber spitzt, sozusagen, den abgestumpften Unterschied des Verschiedenen, die bloße Mannigfaltigkeit der Vorstellung, zum wesentlichen Unterschiede, zum Gegensatze, zu. Die Mannigfaltigen werden erst, auf die Spitze des Widerspruchs getrieben, regsam und lebendig gegeneinander und erhalten in ihm die Negativität, welche die inwohnende Pulsation der Selbstbewegung und Lebendigkeit ist.

Es ist schon über den ontologischen Beweis vom Dasein Gottes erinnert worden, daß die darin zugrunde gelegte Bestimmung der Inbegriff aller Realitäten ist. Von dieser Bestimmung pflegt zuerst gezeigt zu werden, daß sie möglich sei, weil sie keinen Widerspruch enthalte, indem die Realität nur als Realität ohne Schranken genommen werde. Es wurde erinnert, daß damit jener Inbegriff zum einfachen unbestimmten Sein, oder wenn die Realitäten in der Tat als mehrere Bestimmte genommen werden, zum Inbegriff aller Negationen wird. Näher den Unterschied der Realität genommen, so wird er aus der Verschiedenheit zum Gegensatze und damit zum Widerspruch, und der Inbegriff aller Realitäten überhaupt zum absoluten Widerspruch in sich selbst. Der gewöhnliche *Horror*, den das vorstellende, nicht spekulative Denken, wie die Natur vor dem *Vacuum*, vor dem Widerspruche hat, verwirft diese Konsequenz; denn es bleibt bei der einseitigen Betrachtung der Auflösung des Widerspruchs in Nichts stehen und erkennt die positive Seite desselben nicht, nach welcher er absolute Tätigkeit und absoluter Grund wird.

Es ist überhaupt aus der Betrachtung der Natur des Widerspruchs hervorgegangen, daß es für sich noch, sozusagen, kein Schaden, Mangel oder Fehler einer Sache ist, wenn an ihr ein Widerspruch aufgezeigt werden kann. Vielmehr jede Bestimmung, jedes Konkrete, jeder Begriff ist wesentlich eine Einheit unterschiedener und unterscheidbarer Momente, die durch den bestimmten, wesentlichen Unterschied in widersprechende übergehen. Dieses Widersprechende löst sich allerdings in nichts auf, es geht in seine negative Einheit zurück. Das Ding, das Subjekt, der Begriff ist nun eben diese negative Einheit selbst; es ist ein an sich selbst Widersprechendes, aber ebensosehr der aufgelöste Widerspruch: es ist der Grund, der seine Bestimmungen enthält und trägt. Das Ding, das Subjekt, oder der Begriff ist als in seiner Sphäre in sich reflektiert sein aufgelöster Widerspruch, aber seine ganze Sphäre ist auch wieder eine bestimmte, verschiedene; so ist sie eine endliche, und dies heißt eine widersprechende. Von diesem höhern Widerspruche ist nicht sie selbst die Auflösung, sondern hat eine höhere Sphäre zu ihrer negativen Einheit, zu ihrem Grunde. Die endlichen Dinge in ihrer gleichgültigen Mannigfaltigkeit sind daher überhaupt dies, widersprechend an sich selbst, in sich gebrochen zu sein und in ihren Grund zurückzugehen. — Wie weiterhin betrachtet werden wird, so besteht der wahre Schluß von einem Endlichen und Zufälligen auf ein absolut-notwendiges Wesen nicht darin, daß von dem Endlichen und Zufälligen als dem zum Grunde liegenden und liegen bleibenden Sein, sondern daß, was auch unmittelbar in der Zufälligkeit liegt, von einem nur fallenden, sich an sich selbst widersprechenden Sein aus auf ein absolut Notwendiges geschlossen, oder daß vielmehr aufgezeigt wird, das zufällige Sein gehe an sich selbst in seinen Grund zurück, worin es sich aufhebt, — ferner daß es durch dies Zurückgehen den Grund nur so setze, daß es sich selbst vielmehr zum Gesetzten macht. Im gewöhnlichen Schließen erscheint das Sein des Endlichen als Grund des Absoluten; darum weil Endliches ist, ist das Absolute. Die Wahrheit aber ist, daß darum weil das Endliche der an sich selbst widersprechende Gegensatz, weil es nicht ist, das Absolute ist. In jenem Sinne lautet der Satz des Schlusses so: Das Sein des Endlichen ist das Sein des Absoluten; in diesem Sinne aber so: Das Nichtsein des Endlichen ist das Sein des Absoluten.

Drittes Kapitel.

Der Grund.

Das Wesen bestimmt sich selbst als Grund.

Wie das Nichts zuerst mit dem Sein in einfacher unmittelbarer Einheit, so ist auch hier zuerst die einfache Identität des Wesens mit seiner absoluten Negativität in unmittelbarer Einheit. Das Wesen ist nur diese seine Negativität, welche die reine Reflexion ist. Es ist diese reine Negativität als die Rückkehr des Seins in sich; so ist es an sich oder für uns bestimmt, als der Grund, in dem sich das Sein auflöst. Aber diese Bestimmtheit ist nicht durch es selbst gesetzt; oder es ist nicht Grund, eben insofern es diese seine Bestimmtheit nicht selbst gesetzt hat. Seine Reflexion aber besteht darin, sich als das, was es an sich ist, als Negatives zu setzen und sich zu bestimmen. Das Positive und Negative machen die wesenhafte Bestimmung aus, in die es als in seine Negation verloren ist. Diese selbständigen Reflexionsbestimmungen heben sich auf, und die zugrunde gegangene Bestimmung ist die wahrhafte Bestimmung des Wesens.

Der Grund ist daher selbst eine der Reflexionsbestimmungen des Wesens, aber die letzte, vielmehr nur die Bestimmung, daß sie aufgehobene Bestimmung ist. Die Reflexionsbestimmung, indem sie zugrunde geht, erhält ihre wahrhafte Bedeutung, der absolute Gegenstoß ihrer in sich selbst zu sein, nämlich daß das Gesetztsein, das dem Wesen zukommt, nur als aufgehobenes Gesetztsein ist, und umgekehrt, daß nur das sich aufhebende Gesetztsein das Gesetztsein des Wesens ist. Das Wesen, indem es sich als Grund bestimmt, bestimmt sich als das Nichtbestimmte, und nur das Aufheben seines Bestimmtseins ist sein Bestimmen. — In diesem Bestimmtsein als dem sich selbst aufhebenden ist es nicht aus anderem herkommendes, sondern in seiner Negativität mit sich identisches Wesen.

Insofern von der Bestimmung aus als dem Ersten, Unmittelbaren zum Grunde fortgegangen wird (durch die Natur der Bestimmung selbst, die durch sich zugrunde geht), so ist der Grund zunächst ein durch jenes Erste Bestimmtes. Allein dies Bestimmen ist einesteils als Aufheben des Bestimmens die

nur wiederhergestellte, gereinigte oder geoffenbarte Identität
des Wesens, welche die Reflexionsbestimmung an sich ist; —
andernteils ist diese negierende Bewegung als Bestimmen erst
das Setzen jener Reflexionsbestimmtheit, welche als die unmittelbare erschien, die aber nur von der sich selbst ausschließenden Reflexion des Grundes gesetzt und hierin als nur Gesetztes
oder Aufgehobenes gesetzt ist. — So kommt das Wesen, indem es sich als Grund bestimmt, nur aus sich her. Als Grund
also setzt es sich als Wesen, und daß es sich als Wesen
setzt, darin besteht sein Bestimmen. Dies Setzen ist die Reflexion des Wesens, die in ihrem Bestimmen sich selbst
aufhebt, nach jener Seite Setzen, nach dieser das Setzen
des Wesens, somit beides in einem Tun ist.

Die Reflexion ist die reine Vermittlung überhaupt, der
Grund ist die reale Vermittlung des Wesens mit sich. Jene,
die Bewegung des Nichts durch nichts zu sich selbst zurück,
ist das Scheinen seiner in einem Andern; aber weil der Gegensatz in dieser Reflexion noch keine Selbständigkeit hat,
so ist weder jenes Erste, das Scheinende, ein Positives, noch
das Andere, in dem es scheint, ein Negatives. Beide sind
Substrate, eigentlich nur der Einbildungskraft; sie sind noch
nicht sich auf sich selbst Beziehende. Die reine Vermittlung
ist nur reine Beziehung, ohne Bezogene. Die bestimmende
Reflexion setzt zwar solche, die identisch mit sich, aber zugleich nur bestimmte Beziehungen sind. Der Grund dagegen ist die reale Vermittlung, weil er die Reflexion als aufgehobene Reflexion enthält; er ist das durch sein Nichtsein in sich zurückkehrende und sich setzende Wesen.
Nach diesem Momente der aufgehobenen Reflexion erhält das
Gesetzte die Bestimmung der Unmittelbarkeit, eines solchen, das außer der Beziehung oder seinem Scheine identisch
mit sich ist. Dies Unmittelbare ist das durch das Wesen wiederhergestellte Sein, das Nichtsein der Reflexion, durch das
das Wesen sich vermittelt. In sich kehrt das Wesen zurück
als negierendes; es gibt sich also in seiner Rückkehr in sich
die Bestimmtheit, die eben darum das mit sich identische Negative, das aufgehobene Gesetztsein, und somit ebensosehr
seiendes als die Identität des Wesens mit sich als Grund ist.

Der Grund ist zuerst absoluter Grund, in dem das
Wesen zunächst als Grundlage überhaupt für die Grundbe-

ziehung ist; näher bestimmt er sich aber als Form und Materie und gibt sich einen Inhalt.

Zweitens ist er bestimmter Grund als Grund von einem bestimmten Inhalt; indem die Grundbeziehung sich in ihrer Realisierung überhaupt äußerlich wird, geht sie in die bedingende Vermittlung über.

Drittens, der Grund setzt eine Bedingung voraus; aber die Bedingung setzt ebensosehr den Grund voraus; das Unbedingte ist ihre Einheit, die Sache an sich, die durch die Vermittlung der bedingenden Beziehung in die Existenz übergeht.

Anmerkung.

Der Grund ist wie die andern Reflexionsbestimmungen in einem Satze ausgedrückt worden: Alles hat seinen zureichenden Grund. — Dies heißt im allgemeinn nichts anderes als: was ist, ist nicht als seiendes Unmittelbares, sondern als Gesetztes zu betrachten; es ist nicht bei dem unmittelbaren Dasein oder bei der Bestimmtheit überhaupt stehen zu bleiben, sondern davon zurückzugehen in seinen Grund, in welcher Reflexion es als Aufgehobenes und in seinem An- und Fürsichsein ist. In dem Satze des Grundes wird also die Wesentlichkeit der Reflexion in sich gegen das bloße Sein ausgesprochen. — Daß der Grund zureichend sei, ist eigentlich sehr überflüssig hinzuzusetzen, denn es versteht sich von selbst; das, für was der Grund nicht zureicht, hätte keinen Grund, aber alles soll einen Grund haben. Allein Leibniz, dem das Prinzip des zureichenden Grundes vornehmlich am Herzen lag, und der es sogar zum Grundsatz seiner ganzen Philosophie machte, verband damit einen tiefern Sinn und wichtigern Begriff, als gewöhnlich damit verbunden wird, indem man nur bei dem unmittelbaren Ausdruck stehen bleibt; obgleich der Satz auch nur in diesem Sinne schon für wichtig anzusehen ist, daß nämlich das Sein als solches in seiner Unmittelbarkeit für das Unwahre und wesentlich für ein Gesetztes, der Grund aber für das wahrhafte Unmittelbare erklärt wird. Leibniz aber stellte das Zureichende des Grundes vornehmlich der Kausalität in ihrem strengen Sinne, als der mechanischen Wirkungsweise, entgegen. Indem diese eine äußerliche, ihrem Inhalte nach auf Eine Bestimmtheit beschränkte

Tätigkeit überhaupt ist, so treten die durch sie gesetzten Bestimmungen äußerlich und zufällig in eine Verbindung; die Teilbestimmungen werden durch ihre Ursachen begriffen; aber die Beziehung derselben, welche das Wesentliche einer Existenz ausmacht, ist nicht in den Ursachen des Mechanismus enthalten. Diese Beziehung, das Ganze als wesentliche Einheit, liegt nur im Begriffe, im Zwecke. Für diese Einheit sind die mechanischen Ursachen nicht zureichend, weil ihnen nicht der Zweck als die Einheit der Bestimmungen zugrunde liegt. Unter dem zureichenden Grunde hat Leibniz daher einen solchen verstanden, der auch für diese Einheit zureichte, daher nicht die bloßen Ursachen, sondern die Endursachen in sich begriffe. Diese Bestimmung des Grundes gehört aber noch nicht hieher; der teleologische Grund ist ein Eigentum des Begriffs und der Vermittlung durch denselben, welche die Vernunft ist.

A. Der absolute Grund.

a) Form und Wesen.

Die Reflexionsbestimmung, insofern sie in den Grund zurückgeht, ist ein erstes, ein unmittelbares Dasein überhaupt, von dem angefangen wird. Aber das Dasein hat nur noch die Bedeutung des Gesetztseins und setzt wesentlich einen Grund voraus, — in dem Sinne, daß es ihn vielmehr nicht setzt, daß dies Setzen ein Aufheben seiner selbst, das Unmittelbare vielmehr das Gesetzte und der Grund das Nichtgesetzte ist. Wie es sich ergeben hat, ist dies Voraussetzen das auf das Setzende rückschlagende Setzen; der Grund ist als das aufgehobene Bestimmtsein nicht das Unbestimmte, sondern das durch sich selbst bestimmte Wesen, aber als unbestimmt oder als aufgehobenes Gesetztsein Bestimmtes. Er ist das Wesen, das in seiner Negativität mit sich identisch ist.

Die Bestimmtheit des Wesens als Grund wird hiemit die gedoppelte, des Grundes und des Begründeten. Sie ist erstens das Wesen als Grund, bestimmt, das Wesen zu sein gegen das Gesetztsein, als Nichtgesetztsein. Zweitens ist sie das Begründete, das Unmittelbare, das aber nicht an und für sich ist, das Gesetztsein als Gesetztsein. Dieses ist somit gleichfalls mit sich identisch, aber die Identität des Negativen mit sich. Das mit sich identische Negative und das mit sich identische Positive ist nun eine und dieselbe Identität. Denn der Grund ist Identität des Positiven oder selbst auch des Gesetztseins mit sich; das Begründete ist das Gesetztsein als Gesetztsein, diese seine Reflexion in sich aber ist die Identität des Grundes. — Diese einfache Identität ist also nicht selbst der Grund, denn der Grund ist das Wesen gesetzt, als das Nichtgesetzte gegen das Gesetztsein. Sie ist als die Einheit dieser bestimmten Identität (des Grundes) und der negativen Identität (des Begründeten) das Wesen überhaupt, unterschieden von seiner Vermittlung.

Diese Vermittlung, mit den vorhergehenden Reflexionen verglichen, aus denen sie herkommt, ist erstlich nicht die reine Reflexion, als welche nicht vom Wesen unterschieden ist und das Negative, damit auch die Selbständigkeit der Bestimmungen, noch nicht an ihr hat. Im Grunde als der aufgehobenen Reflexion aber haben diese Bestimmungen ein Bestehen. — Auch ist sie nicht die bestimmende Reflexion, deren Bestimmungen wesentliche Selbständigkeit haben; denn diese ist im Grunde zugrunde gegangen, in dessen Einheit sind sie nur gesetzte. — Diese Vermittlung des Grundes ist daher die Einheit der reinen und der bestimmenden Reflexion; ihre Bestimmungen oder das Gesetzte hat Bestehen, und umgekehrt das Bestehen derselben ist ein Gesetztes. Weil dies ihr Bestehen selbst ein Gesetztes ist oder Bestimmtheit hat, so sind sie somit von ihrer einfachen Identität unterschieden, und machen die Form aus gegen das Wesen.

Das Wesen hat eine Form und Bestimmungen derselben. Erst als Grund hat es eine feste Unmittelbarkeit oder ist Substrat. Das Wesen als solches ist eins mit seiner Reflexion, und ununterschieden ihre Bewegung selbst. Es ist daher nicht das Wesen, welches sie durchläuft; auch ist es nicht dasjenige, von dem sie als von einem Ersten anfängt. Dieser Umstand erschwert die Darstellung der Reflexion überhaupt; denn man kann eigentlich nicht sagen, das Wesen geht in sich selbst zurück, das Wesen scheint in sich, weil es nicht vor oder in seiner Bewegung ist und diese keine Grundlage hat, an der sie sich verläuft. Ein Bezogenes tritt erst im Grund nach dem Momente der aufgehobenen Reflexion hervor. Das Wesen als

das bezogene Substrat aber ist das bestimmte Wesen; um dieses
Gesetztseins willen hat es wesentlich die Form an ihm. — Die
Formbestimmungen dagegen sind nun die Bestimmungen als
an dem Wesen; es liegt ihnen zugrunde als das Unbestimmte, das in seiner Bestimmung gleichgültig gegen sie ist;
sie haben an ihm ihre Reflexion in sich. Die Reflexionsbestimmungen sollten ihr Bestehen an ihnen selbst haben und selbständig sein; aber ihre Selbständigkeit ist ihre Auflösung; so
haben sie dieselbe an einem Andern; aber diese Auflösung ist
selbst diese Identität mit sich oder der Grund des Bestehens,
den sie sich geben.

Der Form gehört überhaupt alles Bestimmte an; es ist
Formbestimmung, insofern es ein Gesetztes, hiemit von einem
solchen, dessen Form es ist, Unterschiedenes ist; die Bestimmtheit als Qualität ist eins mit ihrem Substrat, dem
Sein; das Sein ist das unmittelbar Bestimmte, das von seiner
Bestimmtheit noch nicht unterschieden, — oder das in ihr noch
nicht in sich reflektiert, so wie diese daher eine seiende, noch
nicht eine gesetzte ist. Die Formbestimmungen des Wesens
sind ferner als die Reflexionsbestimmtheiten, ihrer nähern
Bestimmtheit nach, die oben betrachteten Momente der Reflexion, die Identität und der Unterschied, dieser teils
als Verschiedenheit, teils als Gegensatz. Ferner aber gehört
auch die Grundbeziehung dazu, insofern sie zwar die aufgehobene Reflexionsbstimmung, aber dadurch das Wesen zugleich als Gesetztes ist. Dagegen gehört zur Form nicht die
Identität, welche der Grund in sich hat, nämlich daß das Gesetztsein als aufgehobenes und das Gesetztsein als solches, —
der Grund und das Begründete, — Eine Reflexion ist, welche
das Wesen als einfache Grundlage ausmacht, die das Bestehen der Form ist. Allein dies Bestehen ist im Grunde gesetzt; oder dies Wesen ist selbst wesentlich als bestimmtes;
somit ist es auch wieder das Moment der Grundbeziehung und
Form. — Dies ist die absolute Wechselbeziehung der Form
und des Wesens, daß dieses einfache Einheit des Grundes und
des Begründeten, darin aber eben selbst bestimmt oder Negatives ist, und sich als Grundlage von der Form unterscheidet,
aber so zugleich selbst Grund und Moment der Form wird.

Die Form ist daher das vollendete Ganze der Reflexion;
sie enthält auch diese Bestimmung derselben, aufgehobene zu

sein; daher ist sie ebensosehr, als sie eine Einheit ihres Bestimmens ist, auch bezogen auf ihr Aufgehobensein, auf ein
Anderes, das nicht selbst Form, sondern an dem sie sei.
Als die wesentliche sich auf sich selbst beziehende Negativität gegen dies einfache Negative ist sie das Setzende und
Bestimmende; das einfache Wesen hingegen ist die unbestimmte und untätige Grundlage, an welcher die Formbestimmungen das Bestehen oder die Reflexion in sich haben. — Bei
dieser Unterscheidung des Wesens und der Form pflegt die
äußere Reflexion stehen zu bleiben; sie ist notwendig, aber
dieses Unterscheiden selbst ist ihre Einheit, so wie diese Grund-
einheit das sich von sich abstoßende und zum Gesetztsein
machende Wesen ist. Die Form ist die absolute Negativität
selbst oder die negative absolute Identität mit sich, wodurch
eben das Wesen nicht Sein, sondern Wesen ist. Diese Identität
abstrakt genommen, ist das Wesen gegen die Form; so wie die
Negativität abstrakt genommen als das Gesetztsein, die einzelne Formbestimmung ist. Die Bestimmung aber, wie sie sich
gezeigt hat, ist in ihrer Wahrheit die totale, sich auf sich beziehende Negativität, die somit als diese Identität das einfache
Wesen an ihr selbst ist. Die Form hat daher an ihrer eigenen
Identität das Wesen wie das Wesen an seiner negativen Natur die absolute Form. Es kann also nicht gefragt werden,
wie die Form zum Wesen hinzukomme, denn sie ist nur
das Scheinen desselben in sich selbst, die eigene ihm inwohnende Reflexion. Die Form ebenso an ihr selbst ist die in sich
zurückkehrende Reflexion oder das identische Wesen; in ihrem
Bestimmen macht sie die Bestimmung zum Gesetztsein als Gesetztsein. — Sie bestimmt also nicht das Wesen, als ob sie
wahrhaft vorausgesetzt, getrennt vom Wesen sei, denn so ist
sie die unwesentliche, rastlos zugrunde gehende Reflexionsbestimmung; hiemit ist sie so selbst vielmehr der Grund ihres
Aufhebens oder die identische Beziehung ihrer Bestimmungen.
Die Form bestimmt das Wesen, heißt also, die Form in ihrem
Unterscheiden hebt dies Unterscheiden selbst auf und ist die
Identität mit sich, welche das Wesen als das Bestehen der
Bestimmung ist; sie ist der Widerspruch, in ihrem Gesetztsein
aufgehoben zu sein und an diesem Aufgehobensein das Be-
stehen zu haben, — somit der Grund als das im Bestimmt- oder
Negiertsein mit sich identische Wesen.

Diese Unterschiede, der Form und des Wesens, sind daher nur Momente der einfachen Formbeziehung selbst. Aber sie sind näher zu betrachten und festzuhalten. Die bestimmende Form bezieht sich auf sich als aufgehobenes Gesetztsein, sie bezieht sich damit auf ihre Identität als auf ein Andres. Sie setzt sich als aufgehoben; sie setzt damit ihre Identität voraus; das Wesen ist nach diesem Momente das Unbestimmte, dem die Form ein Anderes ist. So ist es nicht das Wesen, das die absolute Reflexion an ihm selbst ist, sondern bestimmt als die formlose Identität; es ist die Materie.

b) Form und Materie.

Das Wesen wird zur Materie, indem seine Reflexion sich bestimmt, zu demselben als zu dem formlosen Unbestimmten sich zu verhalten. Die Materie ist also die einfache unterschiedslose Identität, welche das Wesen ist, mit der Bestimmung, das Andere der Form zu sein. Sie ist daher die eigentliche Grundlage oder Substrat der Form, weil sie die Reflexion in sich der Formbestimmungen oder das Selbständige ausmacht, auf das sie sich als auf ihr positives Bestehen beziehen.

Wenn von allen Bestimmungen, aller Form eines Etwas abstrahiert wird, so bleibt die unbestimmte Materie übrig. Die Materie ist ein schlechthin Abstraktes. (— Man kann die Materie nicht sehen, fühlen usf. — was man sieht, fühlt, ist eine bestimmte Materie, d. h. eine Einheit der Materie und der Form.) Diese Abstraktion, aus der die Materie hervorgeht, ist aber nicht nur ein äußerliches Wegnehmen und Aufheben der Form, sondern die Form reduziert sich durch sich selbst, wie sich ergeben hat, zu dieser einfachen Identität.

Ferner setzt die Form eine Materie voraus, auf welche sie sich bezieht. Aber darum finden sich beide nicht äußerlich und zufällig einander gegenüber; weder die Materie noch die Form ist aus sich selbst, oder in anderer Sprache ewig. Die Materie ist das gegen die Form Gleichgültige, aber diese Gleichgültigkeit ist die Bestimmtheit der Identität mit sich, in welche als in ihre Grundlage die Form zurückgeht. Die Form setzt die Materie voraus, eben darin, daß sie sich als Aufgehobenes setzt, somit sich auf diese ihre Identität als auf ein Anderes bezieht. Umgekehrt ist die Form von der Materie vor-

ausgesetzt; denn diese ist nicht das einfache Wesen, das unmittelbar selbst die absolute Reflexion ist, sondern dasselbe bestimmt als das Positive, nämlich das nur ist als aufgehobene
Negation. — Aber von der andern Seite, weil die Form sich
nur als Materie setzt, insofern sie sich selbst aufhebt, somit
dieselbe voraussetzt, ist die Materie auch bestimmt als
grundloses Bestehen. Ebenso ist die Materie nicht bestimmt
als der Grund der Form; sondern, indem die Materie sich setzt
als die abstrakte Identität der aufgehobenen Formbestimmung,
ist sie nicht die Identität als Grund, und die Form insofern
gegen sie grundlos. Form und Materie sind somit bestimmt,
die eine wie die andere, nicht gesetzt durcheinander, nicht
Grund voneinander zu sein. Die Materie ist vielmehr die Identität des Grundes und des Begründeten, als Grundlage, welche
dieser Formbeziehung gegenüber steht. Diese ihre gemeinschaftliche Bestimmung der Gleichgültigkeit ist die Bestimmung der Materie als solcher und macht auch die Beziehung
beider aufeinander aus. Ebenso die Bestimmung der Form, die
Beziehung als Unterschiedener zu sein, ist auch das andere
Moment des Verhaltens beider zueinander. — Die Materie,
das als gleichgültig Bestimmte, ist das Passive gegen die
Form als Tätiges. Diese ist als das sich auf sich beziehende
Negative der Widerspruch in sich selbst, das sich Auflösende,
sich von sich Abstoßende und Bestimmende. Sie bezieht sich
auf die Materie, und sie ist gesetzt, sich auf dies ihr Bestehen als auf ein Anderes zu beziehen. Die Materie hingegen ist gesetzt, sich nur auf sich selbst zu beziehen und
gleichgültig gegen Anderes zu sein; aber sie bezieht sich an
sich auf die Form; denn sie enthält die aufgehobene Negativität und ist nur Materie durch diese Bestimmung. Sie bezieht sich auf sie nur darum als auf ein Anderes, weil die
Form nicht an ihr gesetzt, weil sie dieselbe nur an sich ist.
Sie enthält die Form in sich verschlossen und ist die absolute
Empfänglichkeit für sie, nur darum weil sie dieselbe absolut
in ihr hat, weil dies ihre an sich seiende Bestimmung ist. Die
Materie muß daher formiert werden und die Form muß
sich materialisieren, sich an der Materie die Identität mit
sich oder das Bestehen geben.

2. Die Form bestimmt daher die Materie, und die Materie wird von der Form bestimmt. — Weil die Form selbst

die absolute Identität mit sich ist, also die Materie in sich enthält, ebenso weil die Materie in ihrer reinen Abstraktion oder absoluten Negativität die Form in ihr selbst hat, so ist die Tätigkeit der Form auf die Materie und das Bestimmtwerden dieser durch jene vielmehr nur das Aufheben des Scheines ihrer Gleichgültigkeit und Unterschiedenheit. Diese Beziehung des Bestimmens ist so die Vermittlung jeder der beiden mit sich durch ihr eigenes Nichtsein, — aber diese beiden Vermittlungen sind Eine Bewegung und die Wiederherstellung ihrer ursprünglichen Identität, — die Erinnerung ihrer Entäußerung.

Zuerst setzen Form und Materie sich gegenseitig voraus. Wie sich ergeben hat, heißt dies so viel: die eine wesentliche Einheit ist negative Beziehung auf sich selbst, so entzweit sie sich in die wesentliche Identität, bestimmt als die gleichgültige Grundlage, und in den wesentlichen Unterschied oder Negativität als die bestimmende Form. Jene Einheit des Wesens und der Form, die sich als Form und Materie gegenübersetzen, ist der absolute Grund, der sich bestimmt. Indem sie sich zu einem Verschiedenen macht, wird die Beziehung um der zugrunde liegenden Identität der Verschiedenen willen zur gegenseitigen Voraussetzung.

Zweitens, die Form als selbständig ist ohnehin der sich selbst aufhebende Widerspruch; aber sie ist auch als solcher gesetzt, denn sie ist zugleich selbständig und zugleich wesentlich auf ein Anderes bezogen; — sie hebt sich somit auf. Da sie selbst zweiseitig ist, so hat auch dies Aufheben die gedoppelte Seite, erstlich, sie hebt ihre Selbständigkeit auf, sie macht sich zu einem Gesetzten, zu einem, das an einem Andern ist, und dies ihr Anderes ist die Materie. Zweitens sie hebt ihre Bestimmtheit gegen die Materie, ihre Beziehung auf dieselbe, somit ihr Gesetztsein auf und gibt sich dadurch Bestehen. Indem sie ihr Gesetztsein aufhebt, so ist diese ihre Reflexion die eigene Identität, in welche sie übergeht; indem sie aber diese Identität zugleich entäußert und als Materie sich gegenübersetzt, so ist jene Reflexion des Gesetztseins in sich als Vereinigung mit einer Materie, an der sie Bestehen erhält; sie geht also in der Vereinigung ebensosehr mit der Materie als einem Andern, — nach der ersten Seite, daß sie sich zu einem Gesetzten macht, — als auch darin mit ihrer eigenen Identität zusammen.

Die Tätigkeit der Form also, wodurch die Materie bestimmt wird, besteht in einem negativen Verhalten der Form gegen sich selbst. Aber umgekehrt verhält sie sich damit auch negativ gegen die Materie; allein dies Bestimmtwerden der Materie ist ebensosehr die eigene Bewegung der Form selbst. Diese ist frei von der Materie, aber sie hebt diese ihre Selbständigkeit auf; aber ihre Selbständigkeit ist die Materie selbst, denn an dieser hat sie ihre wesentliche Identität. Indem sie sich also zum Gesetzten macht, so ist dies ein und dasselbe, daß sie die Materie zu einem Bestimmten macht. — Aber von der andern Seite betrachtet, ist die eigene Identität der Form zugleich sich entäußert, und die Materie ihr Anderes; insofern wird die Materie auch nicht bestimmt, dadurch, daß die Form ihre eigne Selbständigkeit aufhebt. Allein die Materie ist nur selbständig der Form gegenüber; indem das Negative sich aufhebt, hebt sich auch das Positive auf. Indem die Form also sich aufhebt, so fällt auch die Bestimmtheit der Materie weg, welche sie gegen die Form hat, nämlich das unbestimmte Bestehen zu sein.

Dies, was als Tätigkeit der Form erscheint, ist ferner ebensosehr die eigne Bewegung der Materie selbst. Die ansichseiende Bestimmung oder das Sollen der Materie ist ihre absolute Negativität. Durch diese bezieht sich die Materie schlechthin nicht nur auf die Form als auf ein Anderes, sondern dieses Äußere ist die Form, welche sie selbst als verschlossen in sich enthält. Die Materie ist derselbe Widerspruch an sich, welchen die Form enthält, und dieser Widerspruch ist wie seine Auflösung nur Einer. Die Materie ist aber in sich selbst widersprechend, weil sie als die unbestimmte Identität mit sich zugleich die absolute Negativität ist; sie hebt sich daher an ihr selbst auf, und ihre Identität zerfällt in ihrer Negativität, und diese erhält an jener ihr Bestehen. Indem also die Materie von der Form als von einem Äußern bestimmt wird, so erreicht damit sie ihre Bestimmung, und die Äußerlichkeit des Verhaltens sowohl für die Form als für die Materie besteht darin, daß jede oder vielmehr ihre ursprüngliche Einheit in ihrem Setzen zugleich voraussetzend ist, wodurch die Beziehung auf sich zugleich Beziehung auf sich als Aufgehobenes oder Beziehung auf sein Anderes ist.

Drittens, durch diese Bewegung der Form und Materie

ist ihre ursprüngliche Einheit einerseits hergestellt, andererseits nunmehr eine gesetzte. Die Materie bestimmt ebensowohl sich selbst, als dies Bestimmen ein für sie äußerliches Tun der Form ist; umgekehrt die Form bestimmt ebensosehr nur sich oder hat die Materie, die von ihr bestimmt wird, an ihr selbst, als sie in ihrem Bestimmen sich gegen ein Anderes verhält; und beides, das Tun der Form und die Bewegung der Materie ist dasselbe, nur daß jenes ein Tun ist, d. h. die Negativität als gesetzte, dies aber Bewegung oder Werden, die Negativität als ansichseiende Bestimmung. Das Resultat ist daher die Einheit des Ansichseins und des Gesetztseins. Die Materie ist als solche bestimmt oder hat notwendig eine Form, und die Form ist schlechthin materielle, bestehende Form.

Die Form, insofern sie eine Materie als das ihr Andere voraussetzt, ist endlich. Sie ist nicht Grund, sondern nur das Tätige. Ebenso ist die Materie, insofern sie die Form als ihr Nichtsein voraussetzt, die endliche Materie; sie ist ebensowenig Grund ihrer Einheit mit der Form, sondern nur die Grundlage für die Form. Aber sowohl diese endliche Materie als die endliche Form hat keine Wahrheit; jede bezieht sich auf die andere, oder nur ihre Einheit ist ihre Wahrheit. In diese Einheit gehen diese beiden Bestimmungen zurück und heben darin ihre Selbständigkeit auf; sie erweist sich damit als ihr Grund. Die Materie ist daher nur insofern Grund ihrer Formbestimmung, als sie nicht Materie als Materie, sondern die absolute Einheit des Wesens und der Form ist; ebenso die Form ist nur Grund des Bestehens ihrer Bestimmungen, insofern sie dieselbe eine Einheit ist. Aber diese eine Einheit als die absolute Negativität und bestimmter als ausschließende Einheit ist in ihrer Reflexion voraussetzend; oder es ist Ein Tun, im Setzen sich als Gesetztes in der Einheit zu erhalten und sich von sich selbst abzustoßen, sich auf sich als sich, und sich auf sich als auf ein Anderes zu beziehen. Oder das Bestimmtwerden der Materie durch die Form ist die Vermittlung des Wesens als Grund mit sich in einer Einheit, durch sich selbst und durch die Negation seiner selbst.

Die formierte Materie oder die Bestehen habende Form ist nun nicht nur jene absolute Einheit des Grundes mit sich, sondern auch die gesetzte Einheit. Die betrachtete Bewegung ist es, in welcher der absolute Grund seine Momente zugleich als sich aufhebende und somit als gesetzte dargestellt hat. Oder die wiederhergestellte Einheit hat in ihrem Zusammengehen mit sich, sich ebensosehr von sich selbst abgestoßen und sich bestimmt; denn ihre Einheit ist, als durch Negation zustande gekommen, auch negative Einheit. Sie ist daher die Einheit der Form und der Materie als ihre Grundlage, aber als ihre bestimmte Grundlage, welche formierte Materie, aber gegen Form und Materie zugleich als gegen Aufgehobene und Unwesentliche gleichgültig ist. Sie ist der Inhalt.

c) Form und Inhalt.

Die Form steht zuerst dem Wesen gegenüber; so ist sie Grundbeziehung überhaupt, und ihre Bestimmungen [sind] der Grund und das Begründete. Alsdann steht sie der Materie gegenüber; so ist sie bestimmende Reflexion, und ihre Bestimmungen sind die Reflexionsbestimmung selbst und das Bestehen derselben. Endlich steht sie dem Inhalte gegenüber: so sind ihre Bestimmungen wieder sie selbst und die Materie. Was vorher das mit sich Identische war, zuerst der Grund, dann das Bestehen überhaupt und zuletzt die Materie, tritt unter die Herrschaft der Form und ist wieder eine ihrer Bestimmungen.

Der Inhalt hat erstlich eine Form und eine Materie, die ihm angehören und wesentlich sind; er ist ihre Einheit. Aber indem diese Einheit zugleich bestimmte oder gesetzte Einheit ist, so steht er der Form gegenüber; diese macht das Gesetztsein aus und ist gegen ihn das Unwesentliche. Er ist daher gleichgültig gegen sie; sie begreift sowohl die Form als solche, als auch die Materie; und er hat also eine Form und eine Materie, deren Grundlage er ausmacht, und die ihm als bloßes Gesetztsein sind.

Der Inhalt ist zweitens das in Form und Materie Identische, so daß diese nur gleichgültige äußerliche Bestimmungen wären. Sie sind das Gesetztsein überhaupt, das aber in dem Inhalte in seine Einheit oder seinen Grund zurückgegangen ist. Die Identität des Inhalts mit sich selbst ist daher das eine Mal jene gegen die Form gleichgültige Identität; das andere Mal aber ist sie die Identität des Grundes. Der Grund ist in dem Inhalte zunächst verschwunden; der Inhalt aber ist zugleich die negative Reflexion der Formbestimmungen in sich; seine Einheit, welche zunächst nur die gegen die Form gleichgültige ist, ist daher auch die formelle Einheit oder die Grundbeziehung als solche. Der Inhalt hat daher diese zu seiner wesentlichen Form, und der Grund umgekehrt hat einen Inhalt.

Der Inhalt des Grundes ist also der in seine Einheit mit sich zurückgekehrte Grund; der Grund ist zunächst das Wesen, das in seinem Gesetztsein mit sich identisch ist; als verschieden und gleichgültig gegen sein Gesetztsein ist es die unbestimmte Materie; aber als Inhalt ist es zugleich die formierte Identität, und diese Form wird darum Grundbeziehung, weil die Bestimmungen ihres Gegensatzes im Inhalte auch als negierte gesetzt sind. — Der Inhalt ist ferner bestimmt an ihm selbst, nicht nur wie die Materie als das Gleichgültige überhaupt, sondern als die formierte Materie, so daß die Bestimmungen der Form ein materielles, gleichgültiges Bestehen haben. Einerseits ist der Inhalt die wesentliche Identität des Grundes mit sich in seinem Gesetztsein, andererseits die gesetzte Identität gegen die Grundbeziehung; dies Gesetztsein, das als Formbestimmung an dieser Identität ist, ist dem freien Gesetztsein, d. h. der Form als ganzer Beziehung von Grund und Begründetem, gegenüber; diese Form ist das totale, in sich zurückkehrende Gesetztsein, jene daher nur das Gesetztsein als unmittelbares, die Bestimmtheit als solche.

Der Grund hat sich damit überhaupt zum bestimmten Grunde gemacht, und die Bestimmtheit selbst ist die gedoppelte: erstens der Form und zweitens des Inhalts. Jene ist seine Bestimmtheit, dem Inhalte überhaupt äußerlich zu sein, der gegen diese Beziehung gleichgültig ist. Diese ist die Bestimmtheit des Inhalts, den der Grund hat.

B. Der bestimmte Grund.

a) Der formelle Grund.

Der Grund hat einen bestimmten Inhalt. Die Bestimmtheit des Inhalts ist, wie sich ergeben, die Grundlage für die Form; das einfache Unmittelbare gegen die Vermittlung der Form. Der Grund ist negativ sich auf sich beziehende

Identität, welche sich dadurch zum Gesetztsein macht; sie bezieht sich negativ auf sich, indem sie identisch in dieser ihrer Negativität mit sich ist; diese Identität ist die Grundlage oder der Inhalt, der auf diese Weise die gleichgültige oder positive Einheit der Grundbeziehung ausmacht und das Vermittelnde derselben ist.

In diesem Inhalt ist zunächst die Bestimmtheit des Grundes und des Begründeten gegeneinander verschwunden. Die Vermittlung ist aber ferner negative Einheit. Das Negative als an jener gleichgültigen Grundlage ist die unmittelbare Bestimmtheit derselben, wodurch der Grund einen bestimmten Inhalt hat. Alsdann aber ist das Negative die negative Beziehung der Form auf sich selbst. Das Gesetzte einerseits hebt sich selbst auf und geht in seinen Grund zurück; der Grund aber, die wesentliche Selbständigkeit, bezieht sich negativ auf sich selbst und macht sich zum Gesetzten. Diese negative Vermittlung des Grundes und des Begründeten ist die eigentümliche Vermittlung der Form als solcher, die formelle Vermittlung. Die beiden Seiten der Form nun, weil die eine in die andere übergeht, setzen sich damit gemeinschaftlich in Einer Identität als aufgehobene; sie setzen dieselbe hiedurch zugleich voraus. Sie ist der bestimmte Inhalt, auf den sich also die formelle Vermittlung als auf das positive Vermittelnde durch sich selbst bezieht. Er ist das Identische beider, und indem sie unterschieden, jedes aber in seinem Unterschiede die Beziehung auf das Andere ist, ist er das Bestehen derselben, eines Jeden als das Ganze selbst.

Hiernach ergibt sich, daß im bestimmten Grunde dies vorhanden ist: erstens, ein bestimmter Inhalt wird nach zwei Seiten betrachtet, das eine Mal, insofern er als Grund, das andere Mal, insofern er als Begründetes gesetzt ist. Er selbst ist gleichgültig gegen diese Form; er ist in beiden überhaupt nur Eine Bestimmung. Zweitens ist der Grund selbst so sehr Moment der Form als das durch ihn Gesetzte; dies ist ihre Identität der Form nach. Es ist gleichgültig, welche von beiden Bestimmungen zum Ersten gemacht wird, von dem als dem Gesetzten zum Andern als zum Grunde, oder von dem als dem Grunde zum Andern als zum Gesetzten übergegangen wird. Das Begründete für sich betrachtet, ist das Aufheben seiner selbst; damit macht es sich einerseits zum Gesetzten und

ist zugleich Setzen des Grundes. Dieselbe Bewegung ist der
Grund als solcher, er macht sich zum Gesetzten, dadurch wird
er Grund von etwas, d. h. darin ist er sowohl als Gesetztes, wie
auch erst als Grund vorhanden. Daß ein Grund ist, davon ist
das Gesetzte der Grund, und umgekehrt ist hiemit der Grund
Gesetztes. Die Vermittlung fängt ebensosehr von dem Einen
als von dem Andern an, jede Seite ist sosehr Grund als Gesetztes, und jede die ganze Vermittlung oder die ganze Form.
— Diese ganze Form ist ferner selbst als das mit sich Identische die Grundlage der Bestimmungen, welche die beiden
Seiten des Grundes und des Begründeten sind, Form und Inhalt sind so selbst eine und dieselbe Identität.

Um dieser Identität des Grundes und Begründeten willen,
sowohl dem Inhalte als der Form nach, ist der Grund zureichend (das Zureichende auf dies Verhältnis eingeschränkt);
es ist nichts im Grunde, was nicht im Begründeten ist,
so wie nichts im Begründeten, was nicht im Grunde
ist. Wenn nach einem Grunde gefragt wird, will man dieselbe Bestimmung, die der Inhalt ist, doppelt sehen, das
eine Mal in der Form des Gesetzten, das andere Mal in der des
in sich reflektierten Daseins, der Wesentlichkeit.

Insofern nun im bestimmten Grunde Grund und Begründetes beide die ganze Form, und ihr Inhalt zwar ein bestimmter, aber einer und derselbe ist, so ist der Grund in seinen beiden Seiten noch nicht real bestimmt, sie haben keinen verschiedenen Inhalt; die Bestimmtheit ist erst einfache, noch
nicht an die Seiten übergegangene Bestimmtheit; es ist der
bestimmte Grund erst in seiner reinen Form, der formelle
Grund, vorhanden. — Weil der Inhalt nur diese einfache
Bestimmtheit ist, die nicht die Form der Grundbeziehung an
ihr selbst hat, so ist sie der mit sich identische Inhalt, gegen
die Form gleichgültig und diese ihm äußerlich; er ist ein Anderes als sie.

Anmerkung.

Wenn die Reflexion über bestimmte Gründe sich an diejenige Form des Grundes hält, welche sich hier ergeben hat, so
bleibt die Angabe eines Grundes ein bloßer Formalismus und
leere Tautologie, welche denselben Inhalt in der Form der
Reflexion in sich, der Wesentlichkeit, ausdrückt, der schon

in der Form des unmittelbaren, als gesetzt betrachteten Daseins vorhanden ist. Ein solches Angeben von Gründen ist deswegen von derselben Leerheit begleitet als das Reden nach dem Satze der Identität. Die Wissenschaften, vornehmlich die physikalischen, sind mit den Tautologien dieser Art angefüllt, welche gleichsam ein Vorrecht der Wissenschaft ausmachen. — Es wird z. B. als der Grund, daß die Planeten sich um die Sonne bewegen, die anziehende Kraft der Erde und Sonne gegeneinander angegeben. Es ist damit dem Inhalt nach nichts anders ausgesprochen, als was das Phänomen, nämlich die Beziehung dieser Körper aufeinander in ihrer Bewegung, enthält, nur in der Form von in sich reflektierter Bestimmung, von Kraft. Wenn danach gefragt wird, was die anziehende Kraft für eine Kraft sei, so ist die Antwort, daß sie die Kraft ist, welche macht, daß sich die Erde um die Sonne bewegt; das heißt, sie hat durchaus denselben Inhalt als das Dasein, dessen Grund sie sein soll; die Beziehung der Erde und der Sonne in Rücksicht der Bewegung ist die identische Grundlage des Grundes und des Begründeten. — Wenn eine Kristallisationsform dadurch erklärt wird, daß sie ihren Grund in dem besondern Arrangement habe, in das die Molekules zueinander treten, so ist die daseiende Kristallisation dies Arrangement selbst, welches als Grund ausgedrückt wird. Im gewöhnlichen Leben gelten diese Ätiologien, auf welche die Wissenschaften das Privilegium haben, für das, was sie sind, für ein tautologisches, leeres Gerede. Wenn auf die Frage, warum dieser Mensch in die Stadt reise, der Grund angegeben wird, weil in der Stadt sich eine anziehende Kraft befinde, die ihn dahin treibe, so gilt diese Art des Antwortens für abgeschmackt, die in den Wissenschaften sanktioniert ist. — Leibniz warf der Newtonischen anziehenden Kraft vor, daß sie eine solche verborgene Qualität sei, als die Scholastiker zum Behuf des Erklärens gebrauchten. Man müßte ihr eher das Gegenteil zum Vorwurf machen, daß sie eine zu bekannte Qualität sei; denn sie hat keinen andern Inhalt, als die Erscheinung selbst. — Wodurch sich diese Erklärungsweise eben empfiehlt, ist ihre große Deutlichkeit und Begreiflichkeit; denn es ist nichts deutlicher und begreiflicher, als daß z. E. eine Pflanze ihren Grund in einer vegetativen, d. h. Pflanzen hervorbringenden Kraft habe. — Eine okkulte Qualität könnte

sie nur in dem Sinne genannt werden, als der Grund einen
andern Inhalt haben soll, als das zu Erklärende; ein solcher ist nicht angegeben; insofern ist jene zum Erklären ge-
brauchte Kraft allerdings ein verborgener Grund, als ein
Grund, wie er gefordert wird, nicht angegeben ist. Es wird
durch diesen Formalismus so wenig etwas erklärt, als die Natur einer Pflanze erkannt wird, wenn ich sage, daß sie eine
Pflanze ist, oder daß sie ihren Grund in einer Pflanzen hervorbringenden Kraft habe; bei aller Deutlichkeit dieses Satzes
kann man dies deswegen eine sehr okkulte Erklärungsweise nennen.

Zweitens, der Form nach, kommen in dieser Erklärungsweise die beiden entgegengesetzten Richtungen der
Grundbeziehung vor, ohne in ihrem bestimmten Verhältnisse
erkannt zu sein. Der Grund ist einesteils Grund als die in sich
reflektierte Inhaltsbestimmung des Daseins, das er begründet;
andernteils ist er das Gesetzte. Er ist das, woraus das Dasein
begriffen werden soll; umgekehrt aber wird von diesem
auf ihn geschlossen und er aus dem Dasein begriffen. Das
Hauptgeschäfte dieser Reflexion besteht nämlich darin, aus
dem Dasein die Gründe zu finden, d. h. das unmittelbare Dasein in die Form des Reflektiertseins umzusetzen; der Grund,
statt an und für sich und selbständig zu sein, ist somit vielmehr das Gesetzte und Abgeleitete. Weil er nun durch dies
Verfahren nach dem Phänomen eingerichtet ist und seine
Bestimmungen auf diesem beruhen, so fließt dieses freilich
ganz glatt und mit günstigem Winde aus seinem Grunde aus.
Aber die Erkenntnis ist hiedurch nicht vom Flecke gekommen; sie treibt sich in einem Unterschiede der Form herum,
den dies Verfahren selbst umkehrt und aufhebt. Eine der
Hauptschwierigkeiten, sich in die Wissenschaften einzustu-
dieren, worin dies Verfahren herrschend ist, beruht deswegen
auf dieser Verkehrtheit der Stellung, das als Grund voraus-
zuschicken, was in der Tat abgeleitet ist, und indem zu den
Folgen fortgegangen wird, in ihnen in der Tat erst den Grund
jener sein sollenden Gründe anzugeben. Es wird in der Darstellung mit den Gründen angefangen, sie werden als Prinzipien und erste Begriffe in die Luft hingestellt; sie sind einfache Bestimmungen, ohne alle Notwendigkeit an und für sich
selbst; das Folgende soll auf sie gegründet werden. Wer daher

in dergleichen Wissenschaften eindringen will, muß damit anfangen, sich jene Gründe zu inkulkieren, ein Geschäft, das der Vernunft sauer ankommt, weil sie Grundloses als Grundlage gelten lassen soll. Am besten kommt derjenige fort, der sich ohne vieles Nachdenken die Prinzipien als gegebene gefallen läßt und sie von nun an als Grundregeln seines Verstandes gebraucht. Ohne diese Methode kann man den Anfang nicht gewinnen; ebensowenig läßt sich ohne sie ein Fortgang machen. Dieser aber hindert sich nun dadurch, daß in ihm der Gegenstoß der Methode zum Vorschein kommt, die im Folgenden das Abgeleitete aufzeigen will, das aber in der Tat erst die Gründe zu jenen Voraussetzungen enthält. Ferner, weil das Folgende sich als das Dasein zeigt, aus welchem der Grund abgeleitet wurde, so gibt dies Verhältnis, in dem das Phänomen aufgeführt wird, ein Mißtrauen gegen die Darstellung desselben; denn es zeigt sich nicht in seiner Unmittelbarkeit ausgedrückt, sondern als Beleg des Grundes. Weil aber dieser hinwieder aus jenem hergeleitet ist, verlangt man es vielmehr in seiner Unmittelbarkeit zu sehen, um den Grund aus ihm beurteilen zu können. Man weiß daher in solcher Darstellung, worin das eigentlich Begründende als Abgeleitetes vorkommt, nicht, weder wie man mit dem Grunde, noch wie man mit dem Phänomen daran ist. Die Ungewißheit wird dadurch vermehrt, — besonders wenn der Vortrag nicht streng konsequent, sondern mehr ehrlich ist, — daß sich allenthalben Spuren und Umstände des Phänomens verraten, die auf mehreres und oft ganz anderes hindeuten, als bloß in den Prinzipien enthalten ist. Die Verwirrung wird endlich noch größer, indem reflektierte und bloß hypothetische Bestimmungen mit unmittelbaren Bestimmungen des Phänomens selbst vermischt werden, wenn jene auf eine Art ausgesprochen sind, als ob sie der unmittelbaren Erfahrung angehörten. So kann wohl mancher, der mit ehrlichem Glauben zu diesen Wissenschaften hinzutritt, der Meinung sein, die Molecules, die leeren Zwischenräume, die Fliehkraft, der Äther, der vereinzelte Lichtstrahl, die elektrische, magnetische Materie und noch eine Menge dergleichen seien Dinge oder Verhältnisse, die nach der Art, wie von ihnen als unmittelbaren Daseinsbestimmungen gesprochen wird, in der Tat in der Wahrnehmung vorhanden seien. Sie dienen als erste Gründe für anderes,

werden als Wirklichkeiten ausgesprochen und zuversichtlich
angewendet; man läßt sie auf guten Glauben hin dafür gelten,
ehe man inne wird, daß sie vielmehr aus dem, was sie begründen sollen, geschlossene Bestimmungen, von einer un-
kritischen Reflexion abgeleitete Hypothesen und Erdichtungen
sind. In der Tat befindet man sich in einer Art von Hexen-
kreise, worin Bestimmungen des Daseins und Bestimmungen
der Reflexion, Grund und Begründetes, Phänomene und Phan-
tome in unausgeschiedener Gesellschaft durcheinanderlaufen
und gleichen Rang miteinander genießen.

Bei dem formellen Geschäfte dieser Erklärungsweise aus
Gründen hört man zugleich auch wieder, alles Erklärens aus
den wohlbekannten Kräften und Materien ungeachtet, sagen,
daß wir das innere Wesen dieser Kräfte und Materien selbst
nicht kennen. Es ist hierin nur das Geständnis zu sehen,
daß dieses Begründen sich selbst völlig ungenügend ist, daß es
selbst etwas ganz anderes fordere als solche Gründe. Es
ist dann nur nicht abzusehen, wozu sich denn diese Bemühung
mit diesem Erklären gemacht, warum nicht das Andere gesucht oder jenes Erklären wenigstens beiseite getan und bei
den einfachen Tatsachen stehen geblieben wird.

b) Der reale Grund.

Die Bestimmtheit des Grundes ist, wie sich gezeigt hat,
einesteils Bestimmtheit der Grundlage oder Inhaltsbestimmung, andernteils das Anderssein in der Grundbeziehung
selbst, nämlich die Unterschiedenheit ihres Inhalts und der
Form; die Beziehung von Grund und Begründetem verläuft
sich als eine äußerliche Form an dem Inhalt, der gegen diese
Bestimmungen gleichgültig ist. — In der Tat aber sind beide
einander nicht äußerlich; denn der Inhalt ist dies, die Identität des Grundes mit sich selbst im Begründeten, und
des Begründeten im Grunde zu sein. Die Seite des Grundes hat sich gezeigt, selbst ein Gesetztes, und die Seite des
Begründeten, selbst Grund zu sein; jede ist an ihr selbst diese
Identität des Ganzen. Weil sie aber zugleich der Form angehören und ihre bestimmte Unterschiedenheit ausmachen, so ist
jede in ihrer Bestimmtheit die Identität des Ganzen mit
sich. Jede hat somit einen gegen die andere verschiedenen
Inhalt. — Oder von Seite des Inhalts betrachtet, weil er die

Identität als [die] der Grundbeziehung mit sich ist, hat
er wesentlich diesen Formunterschied an ihm selbst und ist
als Grund ein anderer denn als Begründetes.

Darin nun, daß Grund und Begründetes einen verschiedenen Inhalt haben, hat die Grundbeziehung aufgehört, eine
formale zu sein; der Rückgang in den Grund und das Hervorgehen aus ihm zum Gesetzten ist nicht mehr die Tautologie;
der Grund ist realisiert. Man verlangt daher, wenn man nach
einem Grund fragt, eigentlich für den Grund eine andere Inhaltsbestimmung, als diejenige ist, nach deren Grund man fragt.

Diese Beziehung bestimmt sich nun weiter. Insofern nämlich ihre beiden Seiten verschiedener Inhalt sind, sind sie
gleichgültig gegeneinander; jede ist eine unmittelbare, mit
sich identische Bestimmung. Ferner als Grund und Begründetes aufeinander bezogen, ist der Grund das in dem Andern
als in seinem Gesetztsein in sich Reflektierte; der Inhalt also,
welchen die Seite des Grundes hat, ist ebenso im Begründeten;
dieses als das Gesetzte hat nur in jenem seine Identität mit
sich und sein Bestehen. Außer diesem Inhalte des Grundes hat
aber das Begründete nunmehr auch seinen eigentümlichen und
ist somit die Einheit von einem zweifachen Inhalt. Diese
nun ist zwar als Einheit Unterschiedener deren negative Einheit, aber weil es gegeneinander gleichgültige Inhaltsbestimmungen sind, ist sie nur ihre leere, an ihr selbst inhaltslose
Beziehung, nicht ihre Vermittlung, — ein Eins oder Etwas
als äußerliche Verknüpfung derselben.

Es ist also in der realen Grundbeziehung das Doppelte
vorhanden, einmal die Inhaltsbestimmung, welche Grund ist,
in dem Gesetztsein mit sich selbst kontinuiert, so daß sie das
einfach Identische des Grundes und Begründeten ausmacht;
das Begründete enthält so den Grund vollkommen in sich; ihre
Beziehung ist unterschiedslose wesentliche Gediegenheit. Was
im Begründeten zu diesem einfachen Wesen noch hinzukommt, ist daher nur eine unwesentliche Form, äußerliche
Inhaltsbestimmungen, die als solche vom Grunde frei und eine
unmittelbare Mannigfaltigkeit sind. Von diesem Unwesentlichen
ist also jenes Wesentliche nicht der Grund, noch ist es Grund
von der Beziehung beider aufeinander in dem Begründeten.
Es ist ein positiv Identisches, das dem Begründeten inwohnt,
aber sich darin in keinen Formunterschied setzt, sondern als

sich auf sich selbst beziehender Inhalt gleichgültige positive
G r u n d l a g e ist. F ü r s a n d e r e ist das mit dieser Grundlage
im Etwas Verknüpfte ein gleichgültiger Inhalt, aber als die
unwesentliche Seite. Die Hauptsache ist die B e z i e h u n g der
Grundlage und der unwesentlichen Mannigfaltigkeit. Diese
Beziehung aber, weil die bezogenen Bestimmungen gleichgültiger Inhalt sind, ist auch n i c h t G r u n d; eine ist zwar als wesentlicher, das Andere nur als unwesentlicher oder gesetzter
Inhalt bestimmt, aber als sich auf sich beziehender Inhalt ist
beiden diese Form äußerlich. Das E i n s d e s E t w a s, das ihre
Beziehung ausmacht, ist deswegen nicht Formbeziehung, sondern nur ein äußerliches Band, das den unwesentlichen mannigfaltigen Inhalt nicht als g e s e t z t e n enthält; es ist also
gleichfalls nur G r u n d l a g e.

Der Grund, wie er als realer sich bestimmt, zerfällt hiemit um der Inhaltsverschiedenheit willen, die seine Realität
ausmacht, in äußerliche Bestimmungen. Die beiden Beziehun-
gen, der w e s e n t l i c h e I n h a l t als die einfache u n m i t t e l -
b a r e I d e n t i t ä t des Grundes und des Begründeten und dann
das E t w a s als die Beziehung des unterschiedenen Inhalts,
sind z w e i v e r s c h i e d e n e G r u n d l a g e n; die mit sich identische Form des Grundes, daß dasselbe das eine Mal als Wesentliches, das andere Mal als Gesetztes sei, ist verschwunden;
die Grundbeziehung ist so sich selbst ä u ß e r l i c h geworden.

Es ist daher nun ein äußerlicher Grund, welcher verschiedenen Inhalt in Verknüpfung bringt und es bestimmt, welcher der Grund und welcher das durch ihn Gesetzte sei; in dem
beiderseitigen Inhalte selbst liegt diese Bestimmung nicht.
Der reale Grund ist daher B e z i e h u n g a u f a n d e r e s, einerseits des Inhalts auf andern Inhalt, andererseits der Grundbeziehung selbst (der Form) auf anderes, nämlich auf ein U n -
m i t t e l b a r e s, nicht durch sie Gesetztes.

Die formelle Grundbeziehung enthält nur Einen Inhalt für
Grund und Begründetes; in dieser Identität liegt ihre Notwendigkeit, aber zugleich ihre Tautologie. Der reale Grund enthält
einen verschiedenen Inhalt; damit tritt aber die Zufälligkeit
und Äußerlichkeit der Grundbeziehung ein. Einerseits ist dasjenige, was als das Wesentliche und deswegen als die Grund-

bestimmung betrachtet wird, nicht Grund der andern Bestimmungen, die mit ihr verknüpft sind. Andererseits ist es auch unbestimmt, welche von mehrern Inhaltsbestimmungen eines konkreten Dinges als die wesentliche und als Grund angenommen werden soll; die Wahl ist daher zwischen ihnen frei. So ist in ersterer Rücksicht z. B. der Grund eines Hauses die Unterlage desselben; wodurch diese Grund ist, ist die der sinnlichen Materie inwohnende Schwere, das sowohl in dem Grunde als dem begründeten Hause schlechthin Identische. Daß an der schweren Materie nun ein solcher Unterschied ist wie der einer Unterlage und einer davon unterschiedenen Modifikation, wodurch sie eine Wohnung ausmacht, ist dem Schweren selbst vollkommen gleichgültig; seine Beziehung auf die andern Inhaltsbestimmungen des Zwecks, der Einrichtung des Hauses usf. ist ihm äußerlich; es ist daher wohl Grundlage, aber nicht Grund derselben. Die Schwere ist sosehr als Grund, daß ein Haus steht, auch Grund, daß ein Stein fällt; der Stein hat diesen Grund, die Schwere, in sich; aber daß er eine weitere Inhaltsbestimmung hat, wodurch er nicht bloß ein Schweres, sondern Stein ist, ist der Schwere äußerlich; es ist ferner durch ein Anderes gesetzt, daß er von dem Körper vorher entfernt worden sei, auf welchen er fällt, wie auch die Zeit und der Raum und deren Beziehung, die Bewegung, ein anderer Inhalt als die Schwere sind und ohne sie (wie man zu sprechen pflegt) vorgestellt werden können, folglich nicht wesentlich durch sie gesetzt sind. — Sie ist auch sosehr Grund, daß ein Projektil die dem Fallen entgegengesetzte Wurfbewegung macht. — Aus der Verschiedenheit der Bestimmungen, deren Grund sie ist, erhellt, daß ein Anderes zugleich erfordert wird, welches sie zum Grunde dieser oder einer andern Bestimmung macht. —

Wenn von der Natur gesagt wird, daß sie der Grund der Welt ist, so ist das, was Natur genannt wird, einerseits eins mit der Welt, und die Welt nichts als die Natur selbst. Aber sie sind auch unterschieden, so daß die Natur mehr das Unbestimmte oder wenigstens nur das in den allgemeinen Unterschieden, welche Gesetze sind, bestimmte, mit sich identische Wesen der Welt ist, und zur Natur, um Welt zu sein, noch eine Mannigfaltigkeit von Bestimmungen äußerlich hinzukommt. Diese aber haben ihren Grund nicht in der Natur als solcher;

sie ist vielmehr das gegen sie als Zufälligkeiten Gleichgültige.
— Es ist dasselbe Verhältnis, wenn Gott als Grund der Natur bestimmt wird. Als Grund ist er ihr Wesen, sie enthält
es in ihr und ist ein Identisches mit ihm; aber sie hat noch eine
weitere Mannigfaltigkeit, die von dem Grunde selbst unterschieden ist; sie ist das Dritte, worin dieses beides Verschiedene verknüpft ist; jener Grund ist weder Grund der von ihm
verschiedenen Mannigfaltigkeit noch seiner Verknüpfung mit
ihr. Die Natur wird daher nicht aus Gott als dem Grunde erkannt, denn so wäre er nur ihr allgemeines Wesen, der sie
nicht, wie sie bestimmtes Wesen und Natur ist, enthält.

Das Angeben von realen Gründen wird also um dieser Inhaltsverschiedenheit des Grundes oder eigentlich der Grundlage
und dessen [willen], was mit ihm im Begründeten verbunden ist,
ebensosehr ein Formalismus als der formale Grund selbst. In
diesem ist der mit sich identische Inhalt gleichgültig gegen die
Form; im realen Grunde findet dies gleichfalls statt. Dadurch
ist nun ferner der Fall, daß er es nicht an ihm selbst enthält,
welche der mannigfaltigen Bestimmungen als die wesentliche
genommen werden soll. Etwas ist ein Konkretes von solchen mannigfaltigen Bestimmungen, die sich gleich beständig
und bleibend an ihm zeigen. Die eine kann daher so sehr wie
die andere als Grund bestimmt werden, nämlich als die wesentliche, in Vergleichung mit welcher alsdann die andere
nur ein Gesetztes sei. Es verbindet sich damit das vorhin
Erwähnte, daß, wenn eine Bestimmung vorhanden ist, die in
einem Falle als Grund einer andern angesehen wird, daraus
nicht folgt, daß diese andere, in einem andern Falle oder überhaupt, mit ihr gesetzt sei. — Die Strafe z. B. hat die mannigfaltigen Bestimmungen, daß sie Wiedervergeltung, ferner ab-
schreckendes Beispiel, daß sie ein vom Gesetz zur Abschreckung
Angedrohtes, auch ein den Verbrecher zur Besinnung und Bes-
serung Bringendes ist. Jede dieser verschiedenen Bestimmungen ist als Grund der Strafe betrachtet worden, weil
jede eine wesentliche Bestimmung ist und dadurch die andern
als von ihr unterschieden gegen sie nur als Zufälliges bestimmt
werden. Diejenige aber, die als Grund angenommen wird, ist
noch nicht die ganze Strafe selbst; dieses Konkrete enthält
auch jene andern, die mit ihr darin nur verknüpft sind, ohne
daß sie in ihr ihren Grund hätten. — Oder ein Beamter hat

Amtsgeschicklichkeit, steht als Individuum in Verwandtschaft, hat diese und jene Bekanntschaft, einen besondern Charakter, war in diesen und jenen Umständen und Gelegenheiten, sich zu zeigen usf. Es kann jede dieser Eigenschaften Grund sein oder als solcher angesehen werden, daß er dies Amt hat; sie sind ein verschiedener Inhalt, der in einem Dritten verbunden ist; die Form, als das Wesentliche und als das Gesetzte gegeneinander bestimmt zu sein, ist demselben äußerlich. Jede dieser Eigenschaften ist dem Beamten wesentlich, weil er durch sie das bestimmte Individuum ist, welches er ist; insofern das Amt als eine äußerliche, gesetzte Bestimmung betrachtet werden kann, kann jede gegen dieses als Grund bestimmt, aber auch selbst umgekehrt können jene als gesetzte, und das Amt als Grund derselben angesehen werden. Wie sie sich wirklich, d. h. im einzelnen Fall, verhalten, dies ist eine der Grundbeziehung und dem Inhalte selbst äußerliche Bestimmung; es ist ein Drittes, was ihnen die Form von Grund und Begründetem erteilt.

So kann überhaupt jedes Dasein mancherlei Gründe haben; jede seiner Inhaltsbestimmungen durchdringt als mit sich identisch das konkrete Ganze und läßt sich daher als wesentlich betrachten; den mancherlei Rücksichten, d. h. Bestimmungen, die außer der Sache selbst liegen, ist um der Zufälligkeit der Verknüpfungsweise Tür und Tor unendlich aufgetan. — Ob ein Grund diese oder jene Folge habe, ist deswegen ebenso zufällig. Die moralischen Beweggründe z. B. sind wesentliche Bestimmungen der sittlichen Natur, aber das, was aus ihnen folgt, ist zugleich eine von ihnen verschiedene Äußerlichkeit, die aus ihnen folgt und auch nicht folgt; erst durch ein Drittes kommt sie zu ihnen hinzu. Genauer ist dies so zu nehmen, daß es der moralischen Bestimmung, wenn sie Grund ist, nicht zufällig sei, eine Folge oder ein Begründetes zu haben, aber ob sie überhaupt zum Grund gemacht werde oder nicht. Allein da auch wieder der Inhalt, der ihre Folge ist, wenn sie zum Grund gemacht worden, die Natur der Äußerlichkeit hat, kann er unmittelbar durch eine andere Äußerlichkeit aufgehoben werden. Aus einem moralischen Beweggrunde kann also eine Handlung hervorgehen oder auch nicht. Umgekehrt kann eine Handlung mancherlei Gründe haben; sie enthält als ein Konkretes man-

nigfaltige wesentliche Bestimmungen, deren jede deswegen
als Grund angegeben werden kann. Das Aufsuchen und Angeben von Gründen, worin vornehmlich das Räsonnement
besteht, ist darum ein endloses Herumtreiben, das keine letzte
Bestimmung enthält; es kann von allem und jedem einer und
mehrere gute Gründe angegeben werden sowie von seinem
Entgegengesetzten, und es können eine Menge Gründe vorhanden sein, ohne daß aus ihnen etwas erfolgt. Was Sokrates
und Plato Sophisterei nennen, ist nichts anderes als das Räsonnement aus Gründen; Plato setzt demselben die Betrachtung
der Idee, d. h. der Sache an und für sich selbst oder in ihrem
Begriffe entgegen. Die Gründe sind nur von wesentlichen
Inhaltsbestimmungen, Verhältnissen und Rücksichten genommen, deren jede Sache, gerade wie auch ihr Gegenteil, mehrere hat; in ihrer Form der Wesentlichkeit gilt die eine so gut
als die andere; weil sie nicht den ganzen Umfang der Sache
enthält, ist sie einseitiger Grund, deren die andern besondern
Seiten wieder besondere haben, und wovon keiner die Sache,
welche ihre Verknüpfung ausmacht und sie alle enthält, erschöpft; keiner ist zureichender Grund, d. h. der Begriff.

c) Der vollständige Grund.

1. Im realen Grunde sind der Grund als Inhalt und als
Beziehung nur Grundlagen. Jener ist nur gesetzt als wesentlich und als Grund; die Beziehung ist das Etwas des Begründeten als das unbestimmte Substrat eines verschiedenen
Inhalts, eine Verknüpfung desselben, die nicht seine eigene
Reflexion, sondern eine äußerliche und somit nur eine gesetzte
ist. Die reale Grundbeziehung ist daher vielmehr der Grund
als aufgehobener; sie macht somit vielmehr die Seite des Begründeten oder des Gesetztseins aus. Als Gesetztsein aber
ist nun der Grund selbst in seinen Grund zurückgegangen; er
ist nun ein Begründetes, das einen andern Grund hat. Dieser bestimmt sich hiedurch so, daß er erstlich das mit dem
realen Grunde als seinem Begründeten Identische ist; beide
Seiten haben nach dieser Bestimmung einen und denselben
Inhalt; die zwei Inhaltsbestimmungen und deren Verknüpfung
im Etwas befinden sich gleichfalls im neuen Grunde. Aber
zweitens der neue Grund, in welchen sich jene nur gesetzte
äußerliche Verknüpfung aufgehoben hat, ist als ihre Reflexion

in sich die absolute Beziehung der zwei Inhaltsbestimmungen.

Dadurch, daß der reale Grund selbst in seinen Grund zurückgegangen ist, stellt sich an ihm die Identität des Grundes und Begründeten oder der formelle Grund wieder her.
Die entstandene Grundbeziehung ist darum die vollständige,
die den formellen und realen Grund zugleich in sich enthält
und die im letztern gegeneinander unmittelbaren Inhaltsbestimmungen vermittelt.

2. Die Grundbeziehung hat sich hiemit folgendermaßen
näher bestimmt. Erstens, etwas hat einen Grund; es enthält
die Inhaltsbestimmung, welche der Grund ist, und noch
eine zweite als durch ihn gesetzte. Aber als gleichgültiger
Inhalt ist die eine nicht an ihr selbst Grund, die andere nicht
an ihr selbst das Begründete von jener, sondern diese Beziehung ist in der Unmittelbarkeit des Inhalts als eine aufgehobene oder gesetzte und hat als solche in einer andern
ihren Grund. Diese zweite Beziehung als nur der Form nach
unterschieden hat denselben Inhalt als die erstere, nämlich die
beiden Inhaltsbestimmungen, ist aber die unmittelbare Verknüpfung derselben. Indem jedoch das Verknüpfte überhaupt
verschiedener Inhalt, somit gegeneinander gleichgültige Bestimmung ist, ist sie nicht ihre wahrhaft absolute Beziehung,
daß die eine der Bestimmungen das im Gesetztsein mit sich
Identische, die andere nur dies Gesetztsein desselben Identischen wäre; sondern ein Etwas trägt sie und macht ihre nicht
reflektierte, sondern nur unmittelbare Beziehung aus, welche
daher nur relativer Grund gegen die Verknüpfung im andern
Etwas ist. Die beiden Etwas sind also die zwei unterschiedenen Beziehungen von Inhalt, die sich ergeben haben. Sie stehen
in der identischen Grundbeziehung der Form; sie sind ein und
derselbe ganze Inhalt, nämlich die zwei Inhaltsbestimmungen
und deren Beziehung; unterschieden sind sie nur durch die Art
dieser Beziehung, die in dem einen unmittelbare, in dem andern
gesetzte Beziehung ist, wodurch sich das eine von dem andern nur der Form nach als Grund und Begründetes unterscheidet. — Zweitens ist diese Grundbeziehung nicht nur
formell, sondern auch real. Der formelle Grund geht in den
realen über, wie sich gezeigt hat; die Momente der Form reflektieren sich in sich selbst; sie sind ein selbständiger Inhalt,

und die Grundbeziehung enthält auch einen eigentümlichen Inhalt als Grund und einen als Begründetes. Der Inhalt macht zuerst die unmittelbare Identität der beiden Seiten des formellen Grundes aus; so haben sie einen und denselben Inhalt. Aber er hat auch die Form an ihm selbst und ist so gedoppelter Inhalt, der sich als Grund und Begründetes verhält. Die eine der zwei Inhaltsbestimmungen der beiden Etwas ist daher bestimmt, als ihnen nicht bloß gemeinschaftlich nach äußerer Vergleichung, sondern ihr identisches Substrat und die Grundlage ihrer Beziehung zu sein. Gegen die andere Inhaltsbestimmung ist sie die wesentliche und Grund derselben als der gesetzten, nämlich in dem Etwas, dessen Beziehung die begründete ist. Im ersten Etwas, das die Grundbeziehung ist, ist auch diese zweite Inhaltsbestimmung unmittelbar und an sich mit der ersten verknüpft. Das andere Etwas aber enthält nur die eine an sich als das, worin es mit dem ersten Etwas unmittelbar identisch ist, die andere aber als die in ihm gesetzte. Die erstere Inhaltsbestimmung ist Grund derselben dadurch, daß sie in dem ersten Etwas ursprünglich mit der andern Inhaltsbestimmung verknüpft ist.

Die Grundbeziehung der Inhaltsbestimmungen im zweiten Etwas ist so durch die erste an sich seiende Beziehung des ersten Etwas vermittelt. Der Schluß ist, weil in einem Etwas die Bestimmung B mit der Bestimmung A an sich verknüpft ist, so ist im zweiten Etwas, dem nur die eine Bestimmung A unmittelbar zukommt, auch B damit verknüpft. Im zweiten Etwas ist nicht nur diese zweite Bestimmung mittelbar; sondern auch daß seine unmittelbare Grund ist, ist vermittelt, nämlich durch ihre ursprüngliche Beziehung auf B im ersten Etwas. Diese Beziehung ist somit Grund des Grundes A, und die ganze Grundbeziehung ist im zweiten Etwas als Gesetztes oder Begründetes.

3. Der reale Grund zeigt sich als die sich äußerliche Reflexion des Grundes; die vollständige Vermittlung desselben ist die Wiederherstellung seiner Identität mit sich. Aber indem diese dadurch zugleich die Äußerlichkeit des realen Grundes erhalten hat, so ist die formelle Grundbeziehung in dieser Einheit ihrer selbst und des realen Grundes ebensosehr sich setzender als sich aufhebender Grund; die Grundbeziehung vermittelt sich durch ihre Negation mit sich. Erst-

lich ist der Grund, als die ursprüngliche Beziehung, Beziehung von unmittelbaren Inhaltsbestimmungen. Die Grundbeziehung hat als wesentliche Form zu ihren Seiten solche, welche aufgehobene oder Momente sind. Daher als Form unmittelbarer Bestimmungen ist sie die mit sich identische Beziehung zugleich als Beziehung ihrer Negation; somit ist sie Grund nicht an und für sich selbst, sondern als Beziehung auf die aufgehobene Grundbeziehung. — Zweitens die aufgehobene Beziehung oder das Unmittelbare, das in der ursprünglichen und der gesetzten Beziehung die identische Grundlage ist, ist realer Grund gleichfalls nicht an und für sich selbst, sondern es ist durch jene ursprüngliche Verknüpfung gesetzt, daß es Grund sei. —·

Die Grundbeziehung in ihrer Totalität ist somit wesentlich voraussetzende Reflexion; der formelle Grund setzt die unmittelbare Inhaltsbestimmung voraus, und diese als realer Grund setzt die Form voraus. Der Grund ist also die Form als unmittelbare Verknüpfung; aber so, daß sie sich von sich selbst abstößt und die Unmittelbarkeit vielmehr voraussetzt, sich darin auf sich als auf ein Anderes bezieht. Dieses Unmittelbare ist die Inhaltsbestimmung, der einfache Grund; aber er ist als dies, nämlich als Grund, ebenso von sich abgestoßen und bezieht sich auf sich gleichfalls als auf ein Anderes. — So hat sich die totale Grundbeziehung zur bedingenden Vermittlung bestimmt.

C. Die Bedingung.

a) Das relativ Unbedingte.

1. Der Grund ist das Unmittelbare, und das Begründete das Vermittelte. Aber er ist setzende Reflexion; als solche macht er sich zum Gesetztsein und ist voraussetzende Reflexion; so bezieht er sich auf sich als auf ein Aufgehobenes, auf ein Unmittelbares, wodurch er selbst vermittelt ist. Diese Vermittlung als Fortgehen vom Unmittelbaren zum Grunde ist nicht eine äußere Reflexion, sondern, wie sich ergeben, das eigne Tun des Grundes, oder, was dasselbe ist, die Grundbeziehung ist als Reflexion in die Identität mit sich ebenso wesentlich sich entäußernde Reflexion. Das Unmittelbare, auf das der Grund sich als auf seine wesentliche Voraussetzung bezieht, ist

die Bedingung; der reale Grund ist daher wesentlich bedingt. Die Bestimmtheit, die er enthält, ist das Anderssein seiner selbst.

Die Bedingung ist also erstens ein unmittelbares, mannigfaltiges Dasein. Zweitens ist dieses Dasein bezogen auf ein anderes, auf etwas, das Grund ist, nicht dieses Daseins, sondern in anderer Rücksicht; denn das Dasein selbst ist unmittelbar und ohne Grund. Nach jener Beziehung ist es ein Gesetztes; das unmittelbare Dasein soll als Bedingung nicht für sich, sondern für anderes sein. Aber zugleich ist dies, daß es so für anderes ist, selbst nur ein Gesetztsein; daß es ein Gesetztes ist, ist in seiner Unmittelbarkeit aufgehoben, und ein Dasein ist dagegen, Bedingung zu sein, gleichgültig. Drittens ist die Bedingung so ein Unmittelbares, daß sie die Voraussetzung des Grundes ausmacht. Sie ist in dieser Bestimmung die in die Identität mit sich zurückgegangene Formbeziehung des Grundes, hiemit der Inhalt desselben. Aber der Inhalt als solcher ist nur die gleichgültige Einheit des Grundes als in der Form, — ohne Form kein Inhalt. Er befreit sich noch von derselben, indem die Grundbeziehung im vollständigen Grunde zu einer gegen ihre Identität äußerlichen Beziehung wird, wodurch der Inhalt die Unmittelbarkeit erhält. Insofern daher die Bedingung das ist, worin die Grundbeziehung ihre Identität mit sich hat, macht sie seinen Inhalt aus; aber weil er das gegen diese Form Gleichgültige ist, ist er nur an sich ihr Inhalt, ein solches, das erst Inhalt werden soll, hiemit das Material für den Grund ausmacht. Als Bedingung gesetzt, hat das Dasein nach dem zweiten Momente die Bestimmung, seine gleichgültige Unmittelbarkeit zu verlieren und Moment eines Andern zu werden. Durch seine Unmittelbarkeit ist es gleichgültig gegen diese Beziehung; insofern es aber in dieselbe tritt, macht es das Ansichsein des Grundes aus und ist das Unbedingte für denselben. Um Bedingung zu sein, hat es am Grunde seine Voraussetzung und ist selbst bedingt; aber diese Bestimmung ist ihm äußerlich.

2. Etwas ist nicht durch seine Bedingung; seine Bedingung ist nicht sein Grund. Sie ist das Moment der unbedingten Unmittelbarkeit für den Grund, aber ist nicht selbst die Bewegung und das Setzen, das sich negativ auf sich bezieht und sich zum Gesetztsein macht. Der Bedingung steht daher die Grundbe-

ziehung gegenüber. Etwas hat außer seiner Bedingung auch
einen Grund. — Dieser ist die leere Bewegung der Reflexion,
weil sie die Unmittelbarkeit als ihre Voraussetzung außer ihr
hat. Sie ist aber die ganze Form und das selbständige Vermitteln; denn die Bedingung ist nicht ihr Grund. Indem dieses
Vermitteln sich als Setzen auf sich bezieht, ist es nach dieser
Seite gleichfalls ein Unmittelbares und Unbedingtes; es setzt
sich zwar voraus, aber als entäußertes oder aufgehobenes Setzen; das, was es hingegen seiner Bestimmung nach ist, ist es
an und für sich selbst. — Insofern so die Grundbeziehung
selbständige Beziehung auf sich ist und die Identität der Reflexion an ihr selbst hat, hat sie einen eigentümlichen Inhalt gegen den Inhalt der Bedingung. Jener ist Inhalt des
Grundes und darum wesentlich formiert; dieser hingegen ist
nur unmittelbares Material, dem die Beziehung auf den Grund
zugleich ebenso äußerlich ist, als es auch das Ansichsein desselben ausmacht; es ist somit eine Vermischung von selbständi-
gem Inhalt, der keine Beziehung auf den Inhalt der Grundbestimmung hat, und von solchem, der in sie eingeht, und als
ihr Material, Moment derselben werden soll.

3. Die beiden Seiten des Ganzen, Bedingung und Grund,
sind also einerseits gleichgültige und unbedingte gegeneinander, das eine als das Unbezogene, dem die Beziehung, in
welcher es Bedingung ist, äußerlich ist, das andere als die
Beziehung oder Form, für welche das bestimmte Dasein der Bedingung nur als Material ist, als ein Passives, dessen Form, die
es für sich an ihm hat, eine unwesentliche ist. Ferner sind auch
beide vermittelte. Die Bedingung ist das Ansichsein des
Grundes; sie ist so sehr wesentliches Moment der Grundbeziehung, daß sie die einfache Identität desselben mit sich ist.
Aber dies ist auch aufgehoben; dies Ansichsein ist nur ein gesetztes; das unmittelbare Dasein ist gleichgültig dagegen, Bedingung zu sein. Daß die Bedingung das Ansichsein für den
Grund ist, macht also ihre Seite aus, nach welcher sie eine vermittelte ist. Ebenso die Grundbeziehung hat in ihrer Selbständigkeit auch eine Voraussetzung, und ihr Ansichsein außer sich.
— Somit ist jede der beiden Seiten der Widerspruch der gleichgültigen Unmittelbarkeit und der wesentlichen Vermittlung, beides in Einer Beziehung, — oder der Widerspruch des selbständigen Bestehens und der Bestimmung, nur Moment zu sein.

b) Das absolute Unbedingte.

Die beiden relativ-Unbedingten scheinen zunächst jedes in das andere; die Bedingung als Unmittelbares in die Formbeziehung des Grundes, und diese in das unmittelbare Dasein als sein Gesetztsein; aber jedes ist außer diesem Scheine seines Andern an ihm selbständig und hat seinen eigentümlichen Inhalt.

Zuerst ist die Bedingung unmittelbares Dasein; seine Form hat die zwei Momente, das Gesetztsein, nach welchem es als Bedingung Material und Moment des Grundes ist, und das Ansichsein, nach welchem es die Wesentlichkeit des Grundes oder seine einfache Reflexion in sich ausmacht. Beide Seiten der Form sind dem unmittelbaren Dasein äußerlich; denn es ist die aufgehobene Grundbeziehung. — Aber erstens ist das Dasein an ihm selbst nur dies, in seiner Unmittelbarkeit sich aufzuheben und zugrunde zu gehen. Das Sein ist überhaupt nur das Werden zum Wesen; es ist seine wesentliche Natur sich zum Gesetzten und zur Identität zu machen, die durch die Negation ihrer das Unmittelbare ist. Die Formbestimmungen also des Gesetztseins und des mit sich identischen Ansichseins, die Form, wodurch das unmittelbare Dasein Bedingung ist, sind ihm daher nicht äußerlich, sondern es ist diese Reflexion selbst. Zweitens, als Bedingung ist das Sein nun auch als das gesetzt, was es wesentlich ist, nämlich als Moment, somit eines Andern, und zugleich als das Ansichsein, gleichfalls eines Andern; es ist an sich aber nur durch die Negation seiner, nämlich durch den Grund und durch dessen sich aufhebende und damit voraussetzende Reflexion; das Ansichsein des Seins ist somit nur ein Gesetztes. Dies Ansichsein der Bedingung hat die zwei Seiten, einerseits ihre Wesentlichkeit als des Grundes, andererseits aber die Unmittelbarkeit ihres Daseins zu sein. Oder vielmehr beides ist dasselbe. Das Dasein ist ein Unmittelbares, aber die Unmittelbarkeit ist wesentlich das Vermittelte, nämlich durch den sich selbst aufhebenden Grund. Als diese durch das sich aufhebende Vermitteln vermittelte Unmittelbarkeit ist es zugleich das Ansichsein des Grundes und das Unbedingte desselben; aber dies Ansichsein ist zugleich selbst wieder ebensosehr nur Moment oder Gesetztsein, denn es ist vermittelt. — Die Bedingung ist daher die ganze Form der Grundbeziehung; sie ist das vorausgesetzte Ansichsein derselben, aber damit selbst ein Gesetztsein, und ihre Unmittelbarkeit [ist] dies, sich zum Gesetztsein zu machen, sich somit von sich selbst so abzustoßen, daß sie sowohl zugrunde geht, als sie Grund ist, der sich zum Gesetztsein macht und hiemit auch zum Begründeten, und beides ist ein und dasselbe.

Ebenso ist an dem bedingten Grunde das Ansichsein nicht nur als Scheinen eines Andern an ihm. Er ist die selbständige, d. h. die sich auf sich beziehende Reflexion des Setzens, und hiemit das mit sich Identische, oder [er] ist in ihm selbst sein Ansichsein und sein Inhalt. Aber zugleich ist er voraussetzende Reflexion; er bezieht sich negativ auf sich selbst und setzt sich sein Ansichsein als ihm Anderes entgegen, und die Bedingung sowohl nach ihrem Momente des Ansichseins als des unmittelbaren Daseins ist das eigene Moment der Grundbeziehung: das unmittelbare Dasein ist wesentlich nur durch seinen Grund und ist das Moment seiner als Voraussetzens. Dieser ist daher ebenso das Ganze selbst.

Es ist somit überhaupt nur Ein Ganzes der Form vorhanden, aber ebensosehr nur Ein Ganzes des Inhalts. Denn der eigentümliche Inhalt der Bedingung ist nur wesentlicher Inhalt, insofern er die Identität der Reflexion mit sich in der Form, oder als dies unmittelbare Dasein an ihm selbst die Grundbeziehung ist. Dieses ist ferner nur Bedingung durch die voraussetzende Reflexion des Grundes; es ist dessen Identität mit sich selbst oder sein Inhalt, dem er sich gegenüber setzt. Das Dasein ist daher nicht bloß formloses Material für die Grundbeziehung, sondern weil es an ihm selbst diese Form hat, ist es formierte Materie, und als zugleich das in der Identität mit ihr gegen sie Gleichgültige ist es Inhalt. Es ist endlich derselbe Inhalt, den der Grund hat, denn es ist eben Inhalt als das in der Formbeziehung mit sich Identische.

Die beiden Seiten des Ganzen, Bedingung und Grund, sind also Eine wesentliche Einheit, sowohl als Inhalt, wie als Form. Sie gehen durch sich selbst ineinander über, oder indem sie Reflexionen sind, so setzen sie sich selbst als aufgehobene, beziehen sich auf diese ihre Negation und setzen sich gegenseitig voraus. Aber dies ist zugleich nur Eine Reflexion beider, ihr Voraussetzen daher auch nur eines; die

Gegenseitigkeit desselben geht vielmehr darein über, daß sie
ihre Eine Identität als ihr Bestehen und ihre Grundlage voraussetzen. Diese, der eine Inhalt und Formeinheit beider, ist
das **wahrhaft Unbedingte; die Sache an sich selbst.**
— Die Bedingung ist, wie sich oben ergeben hat, nur das
relativ Unbedingte. Man pflegt sie daher selbst als ein Bedingtes zu betrachten und nach einer neuen Bedingung zu fragen,
womit der gewöhnliche **Progreß ins Unendliche** von Bedingung zu Bedingung eingeleitet ist. Warum wird nun bei
einer Bedingung nach einer neuen Bedingung gefragt, d. h.
warum wird sie als Bedingtes angenommen? Weil sie irgendein endliches Dasein ist. Aber dies ist eine weitere Bestimmung der Bedingung, die nicht in ihrem Begriffe liegt. Allein
die Bedingung als solche ist darum ein Bedingtes, weil sie das
gesetzte Ansichsein ist; sie ist daher im absolut Unbedingten
aufgehoben.

Dieses nun enthält die beiden Seiten, die Bedingung und
den Grund, als seine Momente in sich; es ist die Einheit, in
welche sie zurückgegangen sind. Sie beide zusammen machen
die Form oder das Gesetztsein desselben aus. Die unbedingte
Sache ist Bedingung beider, aber die absolute, das heißt, die
Bedingung, welche selbst Grund ist. — Als **Grund** ist sie nun
die negative Identität, die sich in jene beiden Momente abgestoßen hat; — **erstens** in die Gestalt der aufgehobenen Grundbeziehung, einer unmittelbaren, einheitslosen, sich selbst äußerlichen Mannigfaltigkeit, welche sich auf den Grund als ein ihr
Anderes bezieht und zugleich das Ansichsein desselben ausmacht; **zweitens** in die Gestalt einer innerlichen, einfachen
Form, welche Grund ist, aber sich auf das mit sich identische
Unmittelbare als auf ein Anderes bezieht und dasselbe als Bedingung, d. h. dies ihr Ansich als ihr eigenes Moment bestimmt.
— Diese beiden Seiten setzen die Totalität so **voraus**, daß
sie das Setzende derselben ist. Umgekehrt, weil sie die Totalität
voraussetzen, so scheint diese auch wieder durch jene
bedingt zu sein und die Sache aus ihrer Bedingung und aus
ihrem Grunde zu entspringen. Aber indem diese beiden Seiten sich als das Identische gezeigt haben, so ist das Verhältnis von Bedingung und Grund verschwunden; sie sind zu
einem **Scheine** herabgesetzt; das absolut Unbedingte ist in
seiner Bewegung des Setzens und Voraussetzens nur die Be-

wegung, in welcher dieser **Schein** sich aufhebt. Es ist das
Tun der Sache, sich zu bedingen und ihren Bedingungen sich
als Grund gegenüber zu stellen; ihre Beziehung als der Bedingungen und des Grundes ist aber ein Scheinen in sich,
und ihr Verhalten zu ihnen ihr Zusammengehen mit sich
selbst.

c) Hervorgang der Sache in die Existenz.

Das absolut Unbedingte ist der absolute mit seiner Bedingung identische Grund, die unmittelbare Sache, als die wahrhaft wesenhafte. Als **Grund** bezieht sie sich negativ auf sich
selbst, macht sich zum Gesetztsein, aber zum Gesetztsein, das
die in ihren Seiten vollständige Reflexion und die in ihnen mit
sich identische Formbeziehung ist, wie sich ihr Begriff ergeben
hat. Dies Gesetztsein ist daher **erstlich** der aufgehobene
Grund, die Sache als das reflexionslose Unmittelbare, — die Seite
der Bedingungen. Diese ist die **Totalität** der Bestimmungen
der Sache, — die Sache selbst, aber in die Äußerlichkeit des
Seins hinausgeworfen, der wiederhergestellte Kreis des Seins.
In der Bedingung entläßt das Wesen die Einheit seiner Reflexion-in-sich als eine Unmittelbarkeit, die aber nunmehr
die Bestimmung hat, bedingende Voraussetzung zu sein und
wesentlich nur eine seiner Seiten auszumachen. Die Bedingungen sind darum der ganze Inhalt der Sache, weil sie das
Unbedingte in der Form des formlosen Seins sind. Sie haben
aber um dieser Form willen auch noch eine andere Gestalt als
die Bestimmungen des Inhalts, wie er in der Sache als solcher
ist. Sie erscheinen als eine einheitslose Mannigfaltigkeit, vermischt mit Außerwesentlichem und andern Umständen, die zu
dem Kreise des Daseins, insofern es die Bedingungen dieser
bestimmten Sache ausmacht, nicht gehören. — Für die
absolute uneingeschränkte Sache ist die **Sphäre des Seins**
selbst die Bedingung. Der Grund, der in sich zurückgeht,
setzt sie als die erste Unmittelbarkeit, worauf er sich als auf
sein Unbedingtes bezieht. Diese Unmittelbarkeit als die aufgehobene Reflexion ist die **Reflexion in dem Elemente des**
Seins, das also sich als solches zu einem Ganzen ausbildet; die
Form wuchert als Bestimmtheit des Seins fort und erscheint
so als ein mannigfaltiger, von der Reflexionsbestimmung verschiedener und gegen sie gleichgültiger Inhalt. Das Unwesent-

liche, welches die Sphäre des Seins an ihr hat, und was sie, insofern sie Bedingung ist, abstreift, ist die Bestimmtheit der Unmittelbarkeit, in welche die Formeinheit versenkt ist. Diese Formeinheit als die Beziehung des Seins ist an ihm zunächst als das Werden, — das Übergehen einer Bestimmtheit des Seins in eine andere. Aber das Werden des Seins ist ferner Werden zum Wesen und das Zurückgehen in den Grund. Das Dasein also, welches die Bedingungen ausmacht, wird in Wahrheit nicht von einem Andern als Bedingung bestimmt und als Material gebraucht; sondern es macht sich durch sich selbst zum Momente eines Andern. — Sein Werden ist ferner nicht ein Anfangen von sich als dem wahrhaft Ersten und Unmittelbaren; sondern seine Unmittelbarkeit ist nur das Vorausgesetzte, und die Bewegung seines Werdens ist das Tun der Reflexion selbst. Die Wahrheit des Daseins ist daher, Bedingung zu sein; seine Unmittelbarkeit ist allein durch die Reflexion der Grundbeziehung, welche sich selbst als aufgehobene setzt. Das Werden ist somit wie die Unmittelbarkeit nur der Schein des Unbedingten, indem dieses sich selbst voraussetzt und darin seine Form hat; und die Unmittelbarkeit des Seins ist daher wesentlich nur Moment der Form.

Die andere Seite dieses Scheinens des Unbedingten ist die Grundbeziehung als solche, als Form bestimmt gegen die Unmittelbarkeit der Bedingungen und des Inhalts. Aber sie ist die Form der absoluten Sache, welche die Einheit ihrer Form mit sich selbst oder ihren Inhalt an ihr selbst hat und, indem sie ihn zur Bedingung bestimmt, in diesem Setzen selbst seine Verschiedenheit aufhebt und ihn zum Momente macht, so wie sie umgekehrt sich als wesenloser Form in dieser Identität mit sich die Unmittelbarkeit des Bestehens gibt. Die Reflexion des Grundes hebt die Unmittelbarkeit der Bedingungen auf und bezieht sie zu Momenten in der Einheit der Sache; aber die Bedingungen sind das von der unbedingten Sache selbst Vorausgesetzte; sie hebt damit also ihr eigenes Setzen auf, oder ihr Setzen macht sich somit unmittelbar selbst ebensosehr zum Werden. — Beides ist daher Eine Einheit; die Bewegung der Bedingungen an ihnen selbst ist Werden, Zurückgehen in den Grund zum Setzen des Grundes; aber der Grund als gesetzter, das heißt als aufgehobener, ist das Unmittelbare. Der Grund bezieht sich negativ auf sich selbst, macht sich zum Gesetztsein und begründet die Bedingungen; aber darin, daß so das unmittelbare Dasein als ein Gesetztes bestimmt ist, hebt der Grund es auf und macht sich erst zum Grunde. — Diese Reflexion also ist die Vermittlung der unbedingten Sache durch ihre Negation mit sich. Oder vielmehr die Reflexion des Unbedingten ist zuerst Voraussetzen, — aber dies Aufheben ihrer selbst ist unmittelbar bestimmendes Setzen —; zweitens ist sie darin unmittelbar Aufheben des Vorausgesetzten und Bestimmen aus sich; somit ist dies Bestimmen wieder Aufheben des Setzens und ist das Werden an sich selbst. Darin ist die Vermittlung, als Rückkehr zu sich durch die Negation, verschwunden; sie ist einfache, in sich scheinende Reflexion und grundloses absolutes Werden. Die Bewegung der Sache, durch ihre **Bedingungen** einerseits und andererseits durch ihren Grund gesetzt zu werden, ist nur das **Verschwinden des Scheins der Vermittlung.** Das Gesetztwerden der Sache ist hiemit ein **Hervortreten, das einfache sich Herausstellen in die Existenz,** reine Bewegung der Sache zu sich selbst.

Wenn alle Bedingungen einer Sache vorhanden sind, so tritt sie in die Existenz. Die Sache ist, eh' sie existiert; und zwar ist sie erstens als **Wesen** oder als Unbedingtes; zweitens hat sie **Dasein** oder ist bestimmt, und dies auf die betrachtete gedoppelte Weise, einerseits in ihren Bedingungen, andererseits in ihrem Grunde. In jenen hat sie sich die Form des äußerlichen, grundlosen Seins gegeben, weil sie als absolute Reflexion die negative Beziehung auf sich ist und sich zu ihrer Voraussetzung macht. Dies vorausgesetzte Unbedingte ist daher das grundlose Unmittelbare, dessen Sein nichts ist, denn als Grundloses da zu sein. Wenn also alle Bedingungen der Sache vorhanden sind, d. h. wenn die Totalität der Sache als grundloses Unmittelbares gesetzt ist, so erinnert sich diese zerstreute Mannigfaltigkeit an ihr selbst. — Die ganze Sache muß in ihren Bedingungen da sein, oder es gehören alle Bedingungen zu ihrer Existenz, denn Alle machen die Reflexion aus; oder das Dasein, weil es Bedingung ist, ist durch die Form bestimmt, seine Bestimmungen sind daher Reflexionsbestimmungen und mit einer wesentlich die andern gesetzt. — Die **Erinnerung** der Bedingungen ist zunächst das Zugrundegehen des unmittelbaren Daseins und das Werden des

Grundes. Aber damit ist der Grund ein gesetzter, d. h. er ist,
so sehr er als Grund ist, so sehr als Grund aufgehoben und
unmittelbares Sein. Wenn also alle Bedingungen der Sache
vorhanden sind, so heben sie sich als unmittelbares Dasein und
Voraussetzung, und ebensosehr hebt sich der Grund auf. Der
Grund zeigt sich nur, als ein Schein, der unmittelbar verschwindet; dies Hervortreten ist somit die tautologische Bewegung der Sache zu sich, und ihre Vermittlung durch die Bedingungen und durch den Grund ist das Verschwinden beider.
Das Hervortreten in die Existenz ist daher so unmittelbar, daß
es nur durch das Verschwinden der Vermittlung vermittelt ist.

Die Sache geht aus dem Grunde hervor. Sie wird
nicht durch ihn so begründet oder gesetzt, daß er noch unten
bliebe; sondern das Setzen ist die Herausbewegung des Grundes zu sich selbst und das einfache Verschwinden desselben.
Er erhält durch die Vereinigung mit den Bedingungen die
äußerliche Unmittelbarkeit und das Moment des Seins. Aber
er erhält sie nicht als ein Äußerliches noch durch eine äußerliche Beziehung; sondern als Grund macht er sich zum Gesetztsein, seine einfache Wesentlichkeit geht im Gesetztsein
mit sich zusammen und ist in diesem Aufheben seiner selbst
das Verschwinden seines Unterschiedes von seinem Gesetztsein, somit einfache wesentliche Unmittelbarkeit. Er bleibt
also nicht als ein Verschiedenes vom Begründeten zurück, sondern die Wahrheit des Begründens ist, daß der Grund darin
mit sich selbst sich vereint und somit seine Reflexion in anderes seine Reflexion in sich selbst ist. Die Sache ist hiemit
ebenso wie sie das Unbedingte ist, auch das Grundlose,
und tritt aus dem Grunde nur, insofern er zugrunde gegangen
und keiner ist, aus dem Grundlosen, d. h. aus der eigenen wesentlichen Negativität oder reinen Form hervor.

Diese durch Grund und Bedingung vermittelte und durch
das Aufheben der Vermittlung mit sich identische Unmittelbarkeit ist die Existenz.

Zweiter Abschnitt.

Die Erscheinung.

Das Wesen muß erscheinen.

Das Sein ist die absolute Abstraktion; diese Negativität ist ihm nicht ein Äußerliches, sondern es ist Sein und sonst nichts als Sein nur als diese absolute Negativität. Um derselben willen ist Sein nur als sich aufhebendes Sein, und ist Wesen. Das Wesen aber ist als die einfache Gleichheit mit sich umgekehrt ebenfalls Sein. Die Lehre vom Sein enthält den ersten Satz: Das Sein ist Wesen. Der zweite Satz: Das Wesen ist Sein, macht den Inhalt des ersten Abschnittes der Lehre vom Wesen aus. Dieses Sein aber, zu dem das Wesen sich macht, ist das wesentliche Sein, die Existenz; ein Herausgegangensein aus der Negativität und Innerlichkeit.

So erscheint das Wesen. Die Reflexion ist das Scheinen des Wesens in ihm selbst. Die Bestimmungen derselben sind in die Einheit eingeschlossen schlechthin nur als gesetzte, aufgehobene; oder sie ist das in seinem Gesetztsein unmittelbar mit sich identische Wesen. Indem dieses aber Grund ist, bestimmt es sich real durch seine sich selbst aufhebende oder in sich zurückkehrende Reflexion; indem weiter diese Bestimmung oder das Anderssein der Grundbeziehung sich in der Reflexion des Grundes aufhebt und Existenz wird, so haben die Formbestimmungen hieran ein Element des selbständigen Bestehens. Ihr Schein vervollständigt sich zur Erscheinung.

Die zur Unmittelbarkeit fortgegangene Wesenheit ist zunächst Existenz, und Existierendes oder Ding, — als unterschiedne Einheit des Wesens mit seiner Unmittelbarkeit. Das Ding enthält zwar die Reflexion, aber ihre Negativität ist in seiner Unmittelbarkeit zunächst erloschen; allein weil sein

Grund wesentlich die Reflexion ist, hebt sich seine Unmittelbarkeit auf; es macht sich zu einem Gesetztsein.

So ist es zweitens Erscheinung. Die Erscheinung
ist das, was das Ding an sich ist, oder seine Wahrheit. Diese
nur gesetzte, in das Anderssein reflektierte Existenz ist aber
ebenso das Hinausgehen über sich in ihrer Unendlichkeit; der
Welt der Erscheinung stellt sich die in sich reflektierte, an
sich seiende Welt gegenüber.

Aber das erscheinende und das wesentliche Sein stehen
schlechthin in Beziehung aufeinander. So ist die Existenz
drittens wesentliches Verhältnis; das Erscheinende zeigt
das Wesentliche, und dieses ist in seiner Erscheinung. — Das
Verhältnis ist die noch unvollkommene Vereinigung der Reflexion in das Anderssein und der Reflexion in sich; die vollkommene Durchdringung beider ist die Wirklichkeit.

Erstes Kapitel.

Die Existenz.

Wie der Satz des Grundes ausdrückt: Alles was ist, hat
einen Grund oder ist ein Gesetztes, ein Vermitteltes,
so müßte auch ein Satz der Existenz aufgestellt und so ausgedrückt werden: Alles, was ist, existiert. Die Wahrheit
des Seins ist, nicht ein erstes Unmittelbares, sondern das in
die Unmittelbarkeit hervorgegangene Wesen zu sein.

Wenn aber ferner auch gesagt wurde, was existiert,
hat einen Grund und ist bedingt, so müßte auch ebenso
gesagt werden: es hat keinen Grund und ist unbedingt.
Denn die Existenz ist die aus dem Aufheben der durch Grund
und Bedingung beziehenden Vermittlung hervorgegangene Unmittelbarkeit, die im Hervorgehen eben dies Hervorgehen
selbst aufhebt.

Insofern die Beweise von der Existenz Gottes hier
erwähnt werden können, ist zum voraus zu erinnern, daß es
außer dem unmittelbaren Sein erstens, und zweitens der
Existenz, dem Sein, das aus dem Wesen hervorgeht, noch
ein ferneres Sein gibt, welches aus dem Begriffe hervorgeht,
die Objektivität. — Das Beweisen ist überhaupt die ver-

mittelte Erkenntnis. Die verschiedenen Arten des Seins fordern oder enthalten ihre eigene Art der Vermittlung; so wird auch die Natur des Beweisens in Ansehung einer jeden verschieden. Der ontologische Beweis will vom Begriffe ausgehen; er legt den Inbegriff aller Realitäten zugrunde und subsumiert alsdann auch die Existenz unter die Realität. Er ist also die Vermittlung, welche Schluß ist, und die hier noch nicht zu betrachten ist. Es ist bereits oben auf das, was Kant hiegegen erinnert, Rücksicht genommen und bemerkt worden, daß Kant unter Existenz das bestimmte Dasein versteht, wodurch etwas in den Kontext der gesamten Erfahrung, d. h. in die Bestimmung eines Andersseins und in die Beziehung auf anderes tritt. So ist als Existierendes etwas vermittelt durch anderes, und die Existenz überhaupt die Seite seiner Vermittlung. Nun liegt in dem, was Kant den Begriff nennt, nämlich in etwas, insofern es als nur einfach auf sich bezogen genommen wird, oder in der Vorstellung als solcher nicht seine Vermittlung; in der abstrakten Identität mit sich ist die Entgegensetzung weggelassen. Der ontologische Beweis hätte nun darzustellen, daß der absolute Begriff, nämlich der Begriff Gottes, zum bestimmten Dasein, zur Vermittlung komme, oder wie das einfache Wesen sich mit der Vermittlung vermittle. Dies geschieht durch die angegebene Subsumtion der Existenz unter ihr Allgemeines, nämlich die Realität, welche als das Mittlere zwischen Gott in seinem Begriffe einerseits und zwischen der Existenz anderseits angenommen wird. — Von dieser Vermittlung, insofern sie die Form des Schlusses hat, ist, wie gesagt, hier nicht die Rede. Wie aber jene Vermittlung des Wesens mit der Existenz in Wahrheit beschaffen ist, dies hat die bisherige Darstellung enthalten. Die Natur des Beweisens selbst ist in der Lehre von der Erkenntnis zu betrachten. Hier ist nur anzugeben, was sich auf die Natur der Vermittlung überhaupt bezieht.

Die Beweise vom Dasein Gottes geben einen Grund für dieses Dasein an. Er soll nicht ein objektiver Grund des Daseins Gottes sein; denn dieses ist an und für sich selbst. So ist er bloß ein Grund für die Erkenntnis. Damit gibt er sich zugleich für ein solches aus, das in dem Gegenstande, der zunächst als begründet dadurch erscheint, verschwindet. Der Grund nun, der von der Zufälligkeit der Welt hergenom-

men ist, enthält den Rückgang derselben in das absolute Wesen; denn das Zufällige ist das an sich selbst Grundlose und
sich Aufhebende. Das absolute Wesen geht somit in dieser
Weise in der Tat aus dem Grundlosen hervor; der Grund hebt
sich selbst auf, somit verschwindet auch der Schein des Verhältnisses, das Gott gegeben wurde, ein in einem Andern
Begründetes zu sein. Diese Vermittlung ist hiemit die wahrhafte. Allein jene beweisende Reflexion kennt diese Natur
ihrer Vermittlung nicht; sie nimmt sich einerseits für ein
bloß Subjektives und entfernt hiemit ihre Vermittlung von
Gott selbst, andernteils aber erkennt sie deswegen nicht die
vermittelnde Bewegung, daß und wie sie im Wesen selbst
ist. Ihr wahrhaftes Verhältnis besteht darin, daß sie beides in
einem ist, die Vermittlung als solche, aber zugleich allerdings
eine subjektive, äußerliche, nämlich die sich äußerliche Vermittlung, welche sich an ihr selbst wieder aufhebt.
In jener Darstellung aber erhält die Existenz das schiefe Verhältnis, nur als Vermitteltes oder Gesetztes zu erscheinen.

So kann auf der andern Seite die Existenz auch nicht bloß
als Unmittelbares betrachtet werden. In der Bestimmung
einer Unmittelbarkeit genommen, ist das Auffassen der Existenz Gottes für etwas Unbeweisbares, und das Wissen von
ihr als ein nur unmittelbares Bewußtsein, als ein Glauben
ausgedrückt worden. Das Wissen soll zu diesem Resultate
kommen, daß es nichts weiß, d. h. daß es seine vermittelnde Bewegung und die in ihr vorkommenden Bestimmungen
selbst wieder aufgibt. Dies hat sich auch im Vorhergehenden ergeben; allein es ist hinzuzusetzen, daß die Reflexion,
indem sie mit dem Aufheben ihrer selbst endigt, darum nicht
das Nichts zum Resultat hat, so daß nun das positive Wissen
vom Wesen als unmittelbare Beziehung auf dasselbe, von
jenem Resultate getrennt und ein eigenes Hervorgehen, ein
nur von sich anfangender Akt wäre; sondern dies Ende selbst,
dies Zugrundegehen der Vermittlung, ist zugleich der
Grund, aus dem das Unmittelbare hervorgeht. Die Sprache
vereinigt, wie oben bemerkt, die Bedeutung dieses Untergangs und des Grundes; man sagt, das Wesen Gottes sei
der Abgrund für die endliche Vernunft. Er ist es in der
Tat, insofern sie darin ihre Endlichkeit aufgibt und ihre vermittelnde Bewegung versenkt; aber dieser Abgrund, der ne-

gative Grund, ist zugleich der positive des Hervorgehens
des Seienden, des an sich selbst unmittelbaren Wesens; die
Vermittlung ist wesentliches Moment. Die Vermittlung
durch den Grund hebt sich auf, läßt aber nicht den Grund
unten, so daß das aus ihm Hervorgehende ein Gesetztes
wäre, das sein Wesen anderswo, nämlich im Grunde hätte,
sondern dieser Grund ist als Abgrund die verschwundene Vermittlung; und umgekehrt ist nur die verschwundene Vermittlung zugleich der Grund, und nur durch diese Negation das
sich selbst Gleiche und Unmittelbare.

So ist die Existenz hier nicht als ein Prädikat oder als
Bestimmung des Wesens zu nehmen, daß ein Satz davon
hieße: Das Wesen existiert, oder hat Existenz; — sondern
das Wesen ist in die Existenz übergegangen; die Existenz ist
seine absolute Entäußerung, jenseits deren es nicht zurück-
geblieben ist. Der Satz also hieße: Das Wesen ist die Existenz;
es ist nicht von seiner Existenz unterschieden. — Das Wesen
ist in die Existenz übergegangen, insofern das Wesen als
Grund sich von sich als dem Begründeten nicht mehr unterscheidet, oder jener Grund sich aufgehoben hat. Aber diese
Negation ist ebenso wesentlich seine Position, oder schlechthin
positive Kontinuität mit sich selbst; die Existenz ist die Reflexion des Grundes in sich, seine in seiner Negation zustande gekommene Identität mit sich selbst, also die Vermittlung, die sich mit sich identisch gesetzt hat und dadurch Unmittelbarkeit ist.

Weil nun die Existenz wesentlich die mit sich identische Vermittlung ist, so hat sie die Bestimmungen
der Vermittlung an ihr, aber so, daß sie zugleich in sich reflektierte sind und das wesentliche und unmittelbare Bestehen
haben. Als die durch Aufheben sich setzende Unmittelbarkeit
ist die Existenz negative Einheit und Insichsein; sie bestimmt
sich daher unmittelbar als ein Existierendes und als Ding.

A. Das Ding und seine Eigenschaften.

Die Existenz als Existierendes ist gesetzt in der Form
der negativen Einheit, welche sie wesentlich ist. Aber diese
negative Einheit ist zunächst nur unmittelbare Bestimmung,
somit das Eins des Etwas überhaupt. Das existierende Etwas

ist aber unterschieden von dem seienden Etwas. Jenes ist wesentlich eine solche Unmittelbarkeit, die durch die Reflexion
der Vermittlung in sich selbst entstanden ist. So ist das existierende Etwas ein Ding.

Das Ding wird von seiner Existenz unterschieden, wie
das Etwas von seinem Sein unterschieden werden kann. Das
Ding und das Existierende ist unmittelbar eins und dasselbe.
Aber weil die Existenz nicht die erste Unmittelbarkeit des
Seins ist, sondern das Moment der Vermittlung an ihr selbst
hat, so ist ihre Bestimmung zum Dinge und die Unterscheidung
beider nicht ein Übergang, sondern eigentlich eine Analyse,
und die Existenz als solche enthält diese Unterscheidung selbst
in dem Momente ihrer Vermittlung, — den Unterschied von
Ding-an-sich und von äußerlicher Existenz.

a) Ding an sich und Existenz.

1. Das Ding an sich ist das Existierende als das durch
die aufgehobene Vermittlung vorhandene, wesentliche Unmittelbare. Darin ist dem Ding an sich die Vermittlung
ebenso wesentlich; aber dieser Unterschied in dieser ersten
oder unmittelbaren Existenz fällt in gleichgültige Bestimmungen auseinander. Die eine Seite, nämlich die Vermittlung
des Dinges, ist seine nicht reflektierte Unmittelbarkeit, also sein Sein überhaupt, das, weil es zugleich als Vermittlung bestimmt ist, ein sich selbst anderes, in sich mannigfaltiges und äußerliches Dasein ist. Es ist aber nicht
nur Dasein, sondern [ist] in Beziehung auf die aufgehobene
Vermittlung und wesentliche Unmittelbarkeit; es ist daher das
Dasein als Unwesentliches, als Gesetztsein. — (Wenn das
Ding von seiner Existenz unterschieden wird, so ist es das
Mögliche, das Ding der Vorstellung oder das Gedankending,
welches als solches nicht zugleich existieren soll. Die Bestimmung der Möglichkeit und der Gegensatz des Dings gegen
seine Existenz ist jedoch später.) — Aber das Ding-an-sich
und sein vermitteltes Sein sind beide in der Existenz enthalten
und beide selbst Existenzen; das Ding-an-sich existiert und ist
die wesentliche, das vermittelte Sein aber die unwesentliche
Existenz des Dinges.

Das Ding an sich, als das einfache Reflektiertsein der

Existenz in sich, ist nicht der Grund des unwesentlichen Daseins; es ist die unbewegte, unbestimmte Einheit, weil es eben
die Bestimmung hat, die aufgehobene Vermittlung zu sein,
und daher nur die Grundlage desselben. Darum fällt auch
die Reflexion als das sich durch anderes vermittelnde Dasein
außer dem Dinge-an-sich. Dieses soll keine bestimmte
Mannigfaltigkeit an ihm selbst haben und erhält sie deswegen
erst an die äußerliche Reflexion gebracht, aber bleibt
gleichgültig dagegen. (Das Ding-an-sich hat Farbe erst an
das Auge gebracht, Geruch an die Nase usf.) Seine Verschiedenheit sind Rücksichten, welche ein Anderes nimmt,
bestimmte Beziehungen, die sich dieses auf das Ding-an-sich
gibt, und die nicht eigene Bestimmungen desselben sind.

2. Dies Andere ist nun die Reflexion, welche bestimmt
als äußerlich erstens sich selbst äußerlich und die bestimmte Mannigfaltigkeit ist. Alsdann ist sie dem wesentlich
Existierenden äußerlich und bezieht sich darauf als auf seine
absolute Voraussetzung. Diese beiden Momente der äußerlichen Reflexion aber, ihre eigene Mannigfaltigkeit und ihre
Beziehung auf das ihr andere Ding-an-sich, sind ein und dasselbe. Denn diese Existenz ist nur äußerlich, insofern sie sich
auf die wesentliche Identität als auf ein Anderes bezieht.
Die Mannigfaltigkeit hat daher nicht jenseits des Dinges-an-sich
ein eigenes selbständiges Bestehen, sondern ist erst als Schein
gegen dieses, in ihrer notwendigen Beziehung darauf, als der
sich an ihm brechende Reflex. Die Verschiedenheit ist also
vorhanden als die Beziehung eines Andern auf das Ding-an-
sich; aber dieses Andere ist nichts für sich Bestehendes, sondern ist erst als Beziehung auf das Ding-an-sich; zugleich aber
ist es nur als das Abstoßen von diesem; es ist so der haltlose
Gegenstoß seiner in sich selbst.

Dem Ding-an-sich nun, da es die wesentliche Identität
der Existenz ist, kommt daher diese wesenlose Reflexion nicht
zu, sondern sie fällt ihm äußerlich in sich selbst zusammen.
Sie geht zugrunde und wird damit selbst zur wesentlichen
Identität oder zum Ding-an-sich. — Dies kann auch so betrachtet werden: Die wesenlose Existenz hat am Ding-an-sich
ihre Reflexion in sich; sie bezieht sich darauf zunächst als auf
ihr Anderes; aber als das Andre gegen das, was an sich ist,
ist sie nur das Aufheben ihrer selbst und das Werden zum

An-sich-sein. Das Ding-an-sich ist somit identisch mit der
äußerlichen Existenz.

Dies stellt sich am Ding-an-sich so dar. Das Ding-an-sich
ist die sich auf sich beziehende, wesentliche Existenz; es
ist nur insofern die Identität mit sich, als es die Negativität
der Reflexion in sich selbst enthält; das, was als ihm äußerliche Existenz erschien, ist daher Moment in ihm selbst. Es
ist deswegen auch sich von sich abstoßendes Ding-an-sich,
das sich also zu sich als zu einem Andern verhält. Somit sind nun mehrere Dinge-an-sich vorhanden, die in der
Beziehung der äußerlichen Reflexion aufeinander stehen. Diese
unwesentliche Existenz ist ihr Verhältnis zueinander als zu
andern; aber sie ist ihnen ferner selbst wesentlich, — oder
diese unwesentliche Existenz, indem sie in sich zusammenfällt, ist Ding-an-sich, aber ein anderes, als jenes erste;
denn jenes erste ist unmittelbare Wesentlichkeit, dieses aber
das aus der unwesentlichen Existenz hervorgehende. Allein
dieses andere Ding-an-sich ist nur ein anderes überhaupt;
denn als mit sich identisches Ding hat es weiter keine Bestimmtheit gegen das erste; es ist die Reflexion der unwesentlichen Existenz in sich wie das erste. Die Bestimmtheit der verschiedenen Dinge-an-sich gegeneinander fällt daher in die äußerliche Reflexion.

3. Diese äußerliche Reflexion ist nunmehr ein Verhalten
der Dinge-an-sich zueinander, ihre gegenseitige Vermittlung als anderer. Die Dinge-an-sich sind so die Extreme
eines Schlusses, dessen Mitte ihre äußerliche Existenz ausmacht, die Existenz, durch welche sie andere füreinander und
unterschiedene sind. Dieser ihr Unterschied fällt nur in ihre
Beziehung; sie schicken gleichsam nur von ihrer Oberfläche
Bestimmungen in die Beziehung, gegen welche sie als absolut
in sich reflektierte gleichgültig bleiben. — Dieses Verhältnis
macht nun die Totalität der Existenz aus. Das Ding-an-sich
steht in Beziehung auf eine ihm äußerliche Reflexion, worin
es mannigfaltige Bestimmungen hat; es ist dies das Abstoßen
seiner von sich selbst in ein anderes Ding-an-sich; dies Abstoßen ist der Gegenstoß seiner in sich selbst, indem jedes
nur ein Anderes ist als sich aus dem Andern wiederscheinend;
es hat sein Gesetztsein nicht an ihm selbst, sondern an dem
Andern, ist bestimmt nur durch die Bestimmtheit des Andern;

dies Andere ist ebenso bestimmt nur durch die Bestimmtheit
des ersten. Aber die beiden Dinge-an-sich, da sie hiemit
nicht die Verschiedenheit an ihnen selbst haben, sondern jedes
nur an dem andern, sind keine unterschiedene; das Ding-an-
sich verhält sich, indem es sich auf das andere Extrem als
ein anderes Ding-an sich verhalten soll, zu einem von ihm
Ununterschiedenen, und die äußerliche Reflexion, welche die
vermittelnde Beziehung zwischen Extremen ausmachen sollte,
ist ein Verhalten des Dings-an-sich nur zu sich selbst oder
wesentlich seine Reflexion in sich; sie ist somit an sich seiende
Bestimmtheit, oder die Bestimmtheit des Dings-an-sich. Dieses
hat dieselbe also nicht in einer ihm äußerlichen Beziehung
auf ein anderes Ding-an-sich, und des andern auf es; die Bestimmtheit ist nicht nur eine Oberfläche desselben, sondern
ist die wesentliche Vermittlung seiner mit sich als mit einem
Andern. — Die beiden Dinge-an-sich, welche die Extreme der
Beziehung ausmachen sollen, indem sie an sich keine Bestimmtheit gegeneinander haben sollen, **fallen in der Tat in eins
zusammen**; es ist nur Ein Ding-an-sich, das in der äußerlichen Reflexion sich zu sich selbst verhält, und es ist dessen
eigene Beziehung auf sich als auf ein anderes, was
dessen Bestimmtheit ausmacht.

Diese Bestimmtheit des Dings-an-sich ist die **Eigenschaft des Dings.**

b) Die Eigenschaft.

Die Qualität ist die unmittelbare Bestimmtheit des
Etwas, das Negative selbst, wodurch das Sein Etwas ist. So
ist die Eigenschaft des Dings die Negativität der Reflexion,
wodurch die Existenz überhaupt ein Existierendes, und, als
einfache Identität mit sich, Ding-an-sich ist. Die Negativität der Reflexion, die aufgehobene Vermittlung, ist aber wesentlich selbst Vermittlung und Beziehung, nicht auf ein
Anderes überhaupt, wie die Qualität als die nicht reflektierte
Bestimmtheit, sondern Beziehung auf sich als auf ein Anderes
oder Vermittlung, die unmittelbar ebensosehr Identität
mit sich ist. Das abstrakte Ding an-sich ist selbst dies aus
anderem in sich zurückkehrende Verhalten; es ist dadurch
an sich selbst bestimmt; aber seine Bestimmtheit ist
Beschaffenheit, die als solche selbst Bestimmung ist

und als Verhalten zu Anderem **nicht** in das Anderssein **übergeht und der Veränderung entnommen ist.**

Ein Ding hat **Eigenschaften**; sie sind **erstlich** seine
bestimmten Beziehungen auf **anderes**; die Eigenschaft ist
nur vorhanden als eine Weise des Verhaltens zueinander; sie
ist daher die äußerliche Reflexion und die Seite des Gestzt-
seins des Dings. Aber **zweitens** ist das Ding in diesem Gesetztsein **an sich**; es erhält sich in der Beziehung auf anderes;
es ist also allerdings nur eine Oberfläche, mit der die Existenz
sich dem Werden des Seins und der Veränderung preisgibt;
die Eigenschaft verliert sich darin nicht. Ein Ding hat die
Eigenschaft, dies oder jenes im Andern zu bewirken und auf
eine eigentümliche Weise sich in seiner Beziehung zu äußern.
Es beweist diese Eigenschaft nur unter der Bedingung einer
entsprechenden Beschaffenheit des andern Dinges, aber sie
ist ihm zugleich **eigentümlich** und seine mit sich identische
Grundlage; — diese reflektierte Qualität heißt darum **Eigenschaft**. Es geht darin in eine Äußerlichkeit über, aber die
Eigenschaft erhält sich darin.   Das Ding wird durch seine
Eigenschaften Ursache, und die Ursache ist dies, als Wirkung
sich zu erhalten. Jedoch ist hier das Ding nur erst das ruhige
Ding von vielen Eigenschaften, noch nicht als wirkliche Ursache bestimmt; es ist nur erst die ansichseiende, noch nicht
selbst die setzende Reflexion seiner Bestimmungen.

Das **Ding-an-sich** ist also, wie sich ergeben hat, wesentlich nicht nur so Ding-an-sich, daß seine Eigenschaften
Gesetztsein einer äußerlichen Reflexion sind, sondern sie sind
seine eigenen Bestimmungen, durch die es sich auf bestimmte
Weise verhält; es ist nicht eine jenseits seiner äußerlichen
Existenz befindliche bestimmungslose Grundlage, sondern ist
in seinen Eigenschaften, als Grund vorhanden, d. h. die Identität mit sich in seinem Gesetztsein, — aber zugleich als be-
dingter Grund, d. h. sein Gesetztsein ist ebensosehr sich
äußerliche Reflexion; es ist nur insofern in sich reflektiert
und an sich, insofern es äußerlich ist. — Durch die Existenz
tritt das Ding-an-sich in äußerliche Beziehungen, und die
Existenz besteht in dieser Äußerlichkeit; sie ist die Unmittelbarkeit des Seins, und das Ding dadurch der Veränderung
unterworfen; aber sie ist auch die reflektierte Unmittelbarkeit
des Grundes, das Ding somit **an sich** in seiner Veränderung.

— Diese Erwähnung der Grundbeziehung ist jedoch hier nicht so zu nehmen, daß das Ding überhaupt als Grund seiner Eigenschaften bestimmt sei; die Dingheit selbst ist als solche die Grundbestimmung, die Eigenschaft ist nicht von ihrem Grunde unterschieden, noch macht sie bloß das Gesetztsein aus, sondern ist der in seine Äußerlichkeit übergegangene und damit wahrhaft in sich reflektierte Grund; die Eigenschaft selbst als solche ist der Grund, an sich seiendes Gesetztsein, oder er macht die **Form** ihrer **Identität** mit sich aus; ihre **Bestimmtheit** ist die sich äußerliche Reflexion des Grundes; und das Ganze [ist] der in seinem Abstoßen und Bestimmen, in seiner äußerlichen Unmittelbarkeit sich auf sich beziehende Grund. — Das **Ding-an-sich** existiert also wesentlich, und daß es existiert, heißt umgekehrt: die Existenz ist als äußerliche Unmittelbarkeit zugleich **Ansichsein.**

Anmerkung.

Es ist schon oben (1. Teil 1. Abt. S. 108) bei dem Momente des Daseins, dem Ansichsein, des **Dings-an-sich** erwähnt und dabei bemerkt worden, daß das Ding-an-sich als solches nichts anderes als die leere Abstraktion von aller Bestimmtheit ist, von dem man allerdings **nichts wissen** kann, eben darum weil es die Abstraktion von aller Bestimmung sein soll. — Nachdem so das Ding-an-sich als das Unbestimmte vorausgesetzt wird, so fällt alle Bestimmung außerhalb desselben, in eine ihm fremde Reflexion, gegen welche es gleichgültig ist. Dem **transzendentalen Idealismus** ist diese äußerliche Reflexion das **Bewußtsein.** Indem dieses philosophische System alle Bestimmtheit der Dinge sowohl der Form als dem Inhalte nach in das Bewußtsein verlegt, so fällt es nach diesem Standpunkt in **mich,** in das Subjekt, daß ich die Baumblätter nicht als schwarz, sondern als grün, die Sonne rund und nicht viereckig sehe, den Zucker süß und nicht bitter schmecke; daß ich den ersten und zweiten Schlag einer Uhr als sukzedierend, und nicht nebeneinander, noch den ersten als Ursache, auch nicht als Wirkung des zweiten bestimme usf. — Dieser grellen Darstellung des subjektiven Idealismus widerspricht unmittelbar das Bewußtsein der Freiheit, nach welchem Ich mich vielmehr als das Allgemeine und Unbestimmte weiß, jene mannigfaltigen und notwendigen Bestimmungen von mir abtrenne und sie als ein für mich Äußerliches, nur den Dingen Zukommendes erkenne. — Ich ist in diesem Bewußtsein seiner Freiheit sich diejenige wahrhafte, in sich reflektierte Identität, welche das Ding-an-sich sein sollte. — Anderwärts habe ich gezeigt, daß jener transzendentale Idealismus über die Beschränktheit des Ich durch das Objekt, überhaupt über die endliche Welt nicht hinauskommt, sondern allein die Form der Schranke, die ihm ein Absolutes bleibt, ändert, indem er sie nämlich nur aus der objektiven Gestalt in die subjektive übersetzt und dasjenige zu Bestimmtheiten des Ich und einem in diesem als einem Dinge vorgehenden wilden Wechsel derselben macht, was das gewöhnliche Bewußtsein als eine ihm nur äußerlichen Dingen angehörige Mannigfaltigkeit und Veränderung weiß. — In der gegenwärtigen Betrachtung steht nur das Ding-an-sich und die ihm zunächst äußerliche Reflexion gegenüber; diese hat sich noch nicht als Bewußtsein bestimmt, wie auch das Ding-an-sich nicht als Ich. Aus der Natur des Dinges-an-sich und der äußerlichen Reflexion hat sich ergeben, daß dieses Äußerliche selbst sich zum Dinge-an-sich bestimmt, oder umgekehrt zur eigenen Bestimmung jenes ersten Dinges-an-sich wird. Das Wesentliche der Unzulänglichkeit des Standpunkts, auf dem jene Philosophie stehen bleibt, besteht nun darin, daß sie an dem abstrakten Dinge-an-sich als einer letzten Bestimmung festhält und die Reflexion oder die Bestimmtheit und Mannigfaltigkeit der Eigenschaften dem Dinge-an-sich gegenüberstellt, indem in der Tat das Ding-an-sich wesentlich jene äußerliche Reflexion an ihm selbst hat, und sich zu einem mit eigenen Bestimmungen, mit Eigenschaften begabten bestimmt, wodurch sich die Abstraktion des Dinges, reines Ding-an-sich zu sein, als eine unwahre Bestimmung erweist.

c) Die Wechselwirkung der Dinge.

Das Ding-an-sich existiert wesentlich; die äußerliche Unmittelbarkeit und die Bestimmtheit gehört zu seinem Ansichsein oder zu seiner Reflexion-in-sich. Das Ding an-sich ist dadurch ein Ding, das Eigenschaften hat, und es sind dadurch mehrere Dinge, die nicht durch eine ihnen fremde Rücksicht, sondern sich durch sich selbst voneinander unterscheiden.

Diese mehrern verschiedenen Dinge stehen in wesentlicher Wechselwirkung durch ihre Eigenschaften; die Eigenschaft ist diese Wechselbeziehung selbst, und das Ding ist nichts außer derselben; die gegenseitige Bestimmung, die Mitte der Dinge-an-sich, die als Extreme gleichgültig gegen diese ihre Beziehung bleiben sollten, ist selbst die mit sich identische Reflexion und das Ding-an-sich, das jene Extreme sein sollten. Die Dingheit ist damit zur Form der unbestimmten Identität mit sich herabgesetzt, die ihre Wesentlichkeit nur in ihrer Eigenschaft hat. Wenn daher von einem Dinge oder von Dingen überhaupt ohne die bestimmte Eigenschaft die Rede ist, so ist ihr Unterschied ein bloß gleichgültiger, quantitativer. Dasselbe, was als ein Ding betrachtet wird, kann ebensosehr zu mehrern Dingen gemacht oder als mehrere Dinge betrachtet werden; es ist eine äußerliche Trennung oder Vereinigung. — Ein Buch ist ein Ding, und jedes seiner Blätter ist auch ein Ding, und ebenso jedes Stückchen seiner Blätter und so fort ins Unendliche. Die Bestimmtheit, wodurch ein Ding nur dieses Ding ist, liegt allein in seinen Eigenschaften. Es unterscheidet sich durch sie von andern Dingen, weil die Eigenschaft die negative Reflexion und das Unterscheiden ist; das Ding hat daher nur in seiner Eigenschaft den Unterschied seiner von andern an ihm selbst. Sie ist der in sich reflektierte Unterschied, wodurch das Ding in seinem Gesetztsein, d. h. in seiner Beziehung auf anderes zugleich gleichgültig gegen das Andere und gegen seine Beziehung ist. Dem Dinge ohne seine Eigenschaften bleibt deswegen nichts als das abstrakte An-sich-sein, ein unwesentlicher Umfang und äußerliches Zusammenfassen. Das wahrhafte Ansichsein ist das Ansichsein in seinem Gesetztsein; dieses ist die Eigenschaft. Damit ist die Dingheit in die Eigenschaft übergegangen.

Das Ding sollte sich als an-sich-seiendes Extrem gegen die Eigenschaft verhalten und diese die Mitte zwischen den in Beziehung stehenden Dingen ausmachen. Allein diese Beziehung ist das, worin die Dinge sich als die sich von sich selbst abstoßende Reflexion begegnen, worin sie unterschieden und bezogen sind. Dieser ihr Unterschied und ihre Beziehung ist Eine Reflexion und Eine Kontinuität derselben. Die Dinge selbst fallen hiemit nur in diese Kontinuität,

welche die Eigenschaft ist, und verschwinden als bestehende
Extreme, die außer dieser Eigenschaft eine Existenz hätten.

Die Eigenschaft, welche die Beziehung der selbständigen Extreme ausmachen sollte, ist daher das Selbständige
selbst. Die Dinge dagegen sind das Unwesentliche. Sie
sind ein Wesentliches nur als die, als sich unterscheidend
sich auf sich beziehende Reflexion; aber dies ist die Eigenschaft. Diese ist also nicht das im Dinge Aufgehobene oder
sein bloßes Moment; sondern das Ding ist in Wahrheit nur
jener unwesentliche Umfang, der zwar negative Einheit ist,
aber nur wie das Eins des Etwas, nämlich ein unmittelbares Eins. Wenn vorhin das Ding als unwesentlicher Umfang insofern bestimmt wurde, als es durch eine äußerliche
Abstraktion, welche die Eigenschaft von demselben wegläßt,
dazu gemacht werde, so ist nunmehr diese Abstraktion durch
das Übergehen des Dings-an-sich in die Eigenschaft selbst
geschehen, aber mit umgekehrtem Werte, so daß, wenn jenem
Abstrahieren das abstrakte Ding ohne seine Eigenschaft noch
als das Wesentliche, die Eigenschaft aber als eine äußerliche
Bestimmung vorschwebt, hier das Ding als solches sich durch
sich selbst zu einer gleichgültigen äußerlichen Form der
Eigenschaft bestimmt. — Diese ist somit nunmehr befreit
von der unbestimmten und kraftlosen Verbindung, die das
Eins des Dinges ist; sie ist das, was das Bestehen desselben
ausmacht, eine selbständige Materie. — Indem sie einfache Kontinuität mit sich ist, hat sie die Form zunächst nur
als Verschiedenheit an ihr; es gibt daher mannigfaltige dergleichen selbständige Materien, und das Ding besteht aus ihnen.

B. Das Bestehen des Dings aus Materien.

Der Übergang der Eigenschaft in eine Materie oder
in einen selbständigen Stoff ist der bekannte Übergang, den
an der sinnlichen Materie die Chemie macht, indem sie die
Eigenschaften der Farbe, des Geruchs, des Geschmacks usf.
als Lichtstoff, Färbestoff, Riechstoff, sauren, bittern
usf. Stoff darzustellen sucht oder andere wie den Wärmestoff, die elektrische, magnetische Materie geradezu nur
annimmt und damit die Eigenschaften in ihrer Wahrhaftigkeit

zu handhaben überzeugt ist. — Ebenso geläufig ist der Ausdruck, daß die Dinge aus verschiedenen Materien oder Stoffen **bestehen**. Man hütet sich, diese **Materien** oder Stoffe **Dinge** zu nennen, ob man wohl auch einräumen wird, daß z. B. ein Pigment ein Ding ist; ich weiß aber nicht, ob z. B. auch der Lichtstoff, der Wärmestoff, oder die elektrische Materie usf. Dinge genannt werden. Man unterscheidet die Dinge und ihre Bestandteile, ohne genau anzugeben, ob diese und inwieweit sie auch Dinge oder etwa nur Halbdinge seien; aber **Existierende** überhaupt sind sie wenigstens.

Die Notwendigkeit, von den Eigenschaften zu Materien überzugehen, oder daß die Eigenschaften in Wahrheit Materien sind, hat sich daraus ergeben, daß sie das Wesentliche und damit das wahrhaft Selbständige der Dinge sind. — Zugleich aber macht die Reflexion der Eigenschaft in sich nur die eine Seite der ganzen Reflexion aus, nämlich das Aufheben des Unterschieds und die Kontinuität der Eigenschaft, die eine Existenz für anderes sein sollte, mit sich selbst. Die Dingheit als die negative Reflexion in sich und das sich von anderem abstoßende Unterscheiden ist dadurch zu einem unwesentlichen Momente herabgesetzt; zugleich aber hat es sich damit weiter bestimmt. Dies negative Moment hat sich **erstens erhalten**; denn die Eigenschaft ist nur insofern mit sich kontinuierlich und selbständige Materie geworden, als sich der Unterschied der Dinge **aufgehoben** hat; die Kontinuität der Eigenschaft in das Anderssein enthält also selbst das Moment des Negativen, und ihre Selbständigkeit ist zugleich als diese **negative Einheit** das wiederhergestellte **Etwas** der Dingheit; die negative Selbständigkeit gegen die positive des Stoffes. **Zweitens** ist hiedurch das Ding aus seiner Unbestimmtheit zur vollkommenen Bestimmtheit gediehen. Als **Ding an sich** ist es die abstrakte Identität, die **einfach negative** Existenz, oder sie bestimmt als das **Unbestimmte**; alsdann ist es bestimmt durch seine Eigenschaften, durch welche es sich von andern unterscheiden soll; aber indem es durch die Eigenschaft vielmehr kontinuierlich mit andern ist, so hebt sich dieser unvollkommene Unterschied auf; das Ding ist dadurch in sich zurückgegangen und nun bestimmt als bestimmt; es ist an sich bestimmt oder **dieses** Ding. —

Aber drittens ist diese Rückkehr in sich zwar die sich auf sich beziehende Bestimmung, aber sie ist zugleich unwesentlich; das mit sich kontinuierliche Bestehen macht die selbständige Materie aus, in welcher der Unterschied der Dinge, ihre an und für sich seiende Bestimmtheit aufgehoben und ein Äußerliches ist. Das Ding als dieses ist also zwar vollkommene Bestimmtheit, aber es ist dies die Bestimmtheit im Elemente der Unwesentlichkeit.

Dies von Seite der Bewegung der Eigenschaft aus betrachtet, ergibt sich so. Die Eigenschaft ist nicht nur äußerliche Bestimmung, sondern an sich seiende Existenz. Diese Einheit der Äußerlichkeit und Wesentlichkeit stößt sich, weil sie die Reflexion-in-sich und die Reflexion in anderes enthält, von sich selbst ab und ist einerseits die Bestimmung als einfaches, sich identisch auf sich beziehendes Selbständiges, in welchem die negative Einheit, das Eins des Dinges ein Aufgehobenes ist, anderseits diese Bestimmung gegen Anderes, aber ebenfalls als in sich reflektiertes, an sich bestimmtes Eins, — die Materien also, und dieses Ding. Dies sind die zwei Momente der mit sich identischen Äußerlichkeit oder der in sich reflektierten Eigenschaft. — Die Eigenschaft war das, wodurch sich die Dinge unterscheiden sollten; indem sie sich von dieser ihrer negativen Seite, einem Andern zu inhärieren, befreit hat, so ist damit auch das Ding von seinem Bestimmtsein durch andere Dinge befreit worden und aus der Beziehung auf anderes in sich zurückgegangen; aber es ist zugleich nur das sich Anderes gewordene Ding-an-sich, weil die mannigfaltigen Eigenschaften ihrerseits selbständig, hierin also ihre negative Beziehung in dem Eins des Dinges nur eine aufgehobene geworden ist; es ist darum die mit sich identische Negation nur gegen die positive Kontinuität des Stoffes.

Das Diese macht also so die vollkommene Bestimmtheit des Dinges aus, daß sie zugleich eine äußerliche ist. Das Ding besteht aus selbständigen Materien, die gegen ihre Beziehung im Dinge gleichgültig sind. Diese Beziehung ist daher nur eine unwesentliche Verknüpfung derselben, und der Unterschied eines Dinges von andern beruht darauf, ob mehrere der besondern Materien und in welcher Menge sie sich in ihm befinden. Sie gehen über dieses Ding hinaus, kontinuieren

sich in andere, und diesem Dinge anzugehören ist keine
Schranke derselben. Ebensowenig sind sie ferner eine Beschränkung füreinander, weil ihre negative Beziehung nur
das kraftlose Diese ist. Sie heben sich daher, indem sie in
ihm verbunden werden, nicht auf; sie sind als Selbständige
undurchdringlich füreinander, beziehen sich in ihrer Bestimmtheit nur auf sich und sind eine gegeneinander gleichgültige
Mannigfaltigkeit des Bestehens; sie sind nur einer quantitativen Grenze fähig. — Das Ding als dieses ist diese ihre
bloß quantitative Beziehung, eine bloße Sammlung, das Auch
derselben. Es besteht aus irgendeinem Quantum von einem
Stoffe, auch aus dem eines andern, auch andern; diesen Zusammenhang, keinen Zusammenhang zu haben, macht allein
das Ding aus.

C. Die Auflösung des Dinges.

Dieses Ding, wie es sich bestimmt hat als der bloß quantitative Zusammenhang der freien Stoffe, ist das schlechthin
veränderliche. Seine Veränderung besteht darin, daß eine
oder mehrere Materien aus der Sammlung ausgeschieden oder
zu diesem Auch hinzugefügt werden, oder daß ihr Mengen-
verhältnis zueinander verändert wird. Das Entstehen und Vergehen dieses Dings ist die äußerliche Auflösung solcher
äußerlichen Verbindung oder die Verbindung solcher, denen
es gleichgültig ist, verbunden zu sein oder nicht. Die Stoffe
zirkulieren aus diesem Dinge unaufgehalten hinaus oder herein; es selbst ist die absolute Porosität ohne eigenes Maß
oder Form.

So ist das Ding in seiner absoluten Bestimmtheit, wodurch es dieses ist, das schlechthin auflösbare. Diese Auflösung ist ein äußerliches Bestimmtwerden, so wie auch das
Sein desselben; aber seine Auflösung und die Äußerlichkeit
seines Seins ist das Wesentliche dieses Seins; es ist nur das
Auch; es besteht nur in dieser Äußerlichkeit. Aber es besteht
auch aus seinen Materien, und nicht nur das abstrakte Dieses
als solches, sondern das ganze diese Ding ist die Auflösung
seiner selbst. Das Ding ist nämlich bestimmt als eine äußerliche Sammlung selbständiger Materien; diese Materien sind
nicht Dinge, sie haben nicht die negative Selbständigkeit;

sondern sind die Eigenschaften als das Selbständige, nämlich
das Bestimmtsein, das als solches in sich reflektiert ist. Die
Materien sind daher zwar einfach und beziehen sich nur auf
sich selbst; aber ihr Inhalt ist eine Bestimmtheit; die Reflexion-in-sich ist nur die Form dieses Inhalts, der nicht als
solcher in sich reflektiert ist, sondern nach seiner Bestimmtheit sich auf Anderes bezieht. Das Ding ist daher nicht
nur das Auch derselben, — die Beziehung derselben als gegeneinander gleichgültiger, — sondern ebensosehr ihre negative
Beziehung; um ihrer Bestimmtheit [willen] sind die Materien
selbst diese ihre negative Reflexion, welche die Punktualität
des Dinges ist. Die eine Materie ist nicht, was die andere ist,
nach der Bestimmtheit ihres Inhalts gegeneinander; und die
eine ist nicht, insofern die andere ist, nach ihrer Selbständigkeit.

Das Ding ist daher so die Beziehung der Materien, aus
denen es besteht, aufeinander, daß in ihm die eine und die
andere auch bestehen, aber daß darin zugleich die eine
nicht besteht, insofern die andere besteht. Insofern also die
eine Materie in dem Dinge ist, so ist die andere dadurch aufgehoben; aber das Ding ist zugleich das Auch oder das Bestehen der andern. In dem Bestehen der einen Materie besteht daher die andere nicht, und ebensosehr besteht sie
auch in der erstern, und so gegenseitig alle diese verschiedenen Materien. Indem also in derselben Rücksicht, als die eine
besteht, auch die andern bestehen, welches Eine Bestehen derselben die Punktualität oder negative Einheit des Dings ist,
so durchdringen sie sich schlechthin; und indem das Ding
zugleich nur das Auch derselben, und die Materien in ihre
Bestimmtheit reflektiert sind, so sind sie gleichgültig gegeneinander und berühren sich in ihrer Durchdringung nicht.
Die Materien sind daher wesentlich porös, so daß die eine
besteht in den Poren oder in dem Nichtbestehen der andern;
aber diese andern sind selbst porös; in ihren Poren oder ihrem
Nichtbestehen besteht auch die erste und alle die übrigen;
ihr Bestehen ist zugleich ihr Aufgehobensein, und das
Bestehen von andern; und dies Bestehen der andern ist ebensosehr dieser ihr Aufgehobensein und das Bestehen der
erstern und auf gleiche Weise aller andern. Das Ding ist
daher die sich widersprechende Vermittlung des selbständigen

Bestehens mit sich durch sein Gegenteil, nämlich durch seine
Negation, oder ein er selbständigen Materie durch das Bestehen und Nichtbestehen einer andern. — Die Existenz
hat in diesem Dinge ihre Vollständigkeit erreicht, nämlich
in Einem an sich seiendes Sein oder selbständiges Bestehen, und unwesentliche Existenz zu sein; die Wahrheit
der Existenz ist daher, ihr Ansichsein in der Unwesentlichkeit
oder ihr Bestehen in einem Andern und zwar dem absolut
Andern, oder zu ihrer Grundlage ihre Nichtigkeit zu haben.
Sie ist daher Erscheinung.

Anmerkung.

Es ist eine der geläufigsten Bestimmungen des Vorstellens, daß ein Ding aus vielen selbständigen Materien bestehe. Einerseits wird das Ding betrachtet, daß es
Eigenschaften habe, deren Bestehen das Ding ist. Anderseits aber werden diese verschiedenen Bestimmungen als Materien genommen, deren Bestehen nicht das Ding ist, sondern
umgekehrt besteht das Ding aus ihnen; es selbst ist nur ihre
äußerliche Verbindung und quantitative Grenze. Beides, die
Eigenschaften und die Materien, sind dieselben Inhaltsbestimmungen, nur daß sie dort Momente, in ihre negative
Einheit als in eine von ihnen selbst unterschiedene Grundlage,
die Dingheit, reflektierte sind, hier selbständige Verschiedene, deren jedes in seine eigene Einheit mit sich reflektiert
ist. Diese Materien nun bestimmen sich ferner als selbständiges Bestehen; aber sie sind auch zusammen in einem Dinge.
Dieses Ding hat die zwei Bestimmungen, erstlich dieses zu
sein, und zweitens das Auch zu sein. Das Auch ist dasjenige,
was in der äußern Anschauung als Raumausdehnung vorkommt; Dieses aber, die negative Einheit, ist die Punktualität des Dinges. Die Materien sind zusammen in der Punktualität, und ihr Auch oder die Ausdehnung ist allenthalben
diese Punktualität; denn das Auch als Dingheit ist wesentlich
auch als negative Einheit bestimmt. Wo daher die eine dieser
Materien ist, in einem und demselben Punkte ist die
andere; das Ding hat nicht an einem andern Orte seine Farbe,
an einem andern seinen Riechstoff, an einem dritten seinen
Wärmestoff usf., sondern in dem Punkte, in dem es warm ist,
ist es auch farbig, sauer, elektrisch usw. Weil nun diese

Stoffe nicht außereinander, sondern in Einem Diesen sind, werden sie als porös angenommen, so daß die eine [Materie] in den Zwischenräumen der andern existiert. Diejenige, die sich in den Zwischenräumen der andern befindet, ist aber auch selbst porös; in ihren Poren existiert daher umgekehrt die andere; aber nicht nur diese, sondern auch die dritte, zehnte usf. Alle sind porös und in den Zwischenräumen einer jeden befinden sich alle andern, wie sie sich mit den übrigen in diesen Poren einer jeden befindet. Sie sind daher eine Menge, die sich so gegenseitig durchdringt, daß die durchdringenden von den anderen ebenso durchdrungen werden, daß somit jede ihr eigenes Durchdrungensein wieder durchdringt. Jede ist als ihre Negation gesetzt, und diese Negation ist das Bestehen einer andern; aber dies Bestehen ist ebensosehr die Negation dieser andern und das Bestehen der ersten.

Die Ausrede, durch welche das Vorstellen den Widerspruch des selbständigen Bestehens der mehrern Materien in Einem oder die Gleichgültigkeit derselben gegeneinander in ihrer Durchdringung abhält, pflegt bekanntlich die Kleinheit der Teile und der Poren zu sein. Wo der Unterschied-an-sich, der Widerspruch und die Negation der Negation eintritt, überhaupt wo begriffen werden soll, läßt das Vorstellen sich in den äußerlichen, den quantitativen Unterschied herunterfallen; in Ansehung des Entstehens und Vergehens nimmt es seine Zuflucht zur Allmählichkeit und in Ansehung des Seins zur Kleinheit, worin das Verschwindende zum Unbemerkbaren, der Widerspruch zu einer Verwirrung herabgesetzt und das wahre Verhältnis in ein unbestimmtes Vorstellen hinübergespielt wird, dessen Trübheit das sich Aufhebende rettet.

Näher aber diese Trübheit beleuchtet, so zeigt sie sich als der Widerspruch, teils als der subjektive des Vorstellens, teils als der objektive des Gegenstands; das Vorstellen selbst enthält vollständig die Elemente desselben. Was es nämlich erstlich selbst tut, ist der Widerspruch, sich an die Wahrnehmung halten und Dinge des Daseins vor sich haben zu wollen, und anderseits dem Nichtwahrnehmbaren, durch die Reflexion Bestimmten, sinnliches Dasein zuzuschreiben; — die kleinen Teile und Poren sollen zugleich ein sinnliches Dasein sein, und es wird von ihrem Gesetztsein als von derselben

Weise der Realität gesprochen, welche der Farbe, Wärme usf. zukommt. Wenn ferner das Vorstellen diesen gegenständlichen Nebel, die Poren und die kleinen Teilchen, näher betrachtete, so erkännte es darin nicht nur eine Materie und auch deren Negation, so daß hier die Materie und daneben ihre Negation, der Porus, und neben diesem wieder Materie und so fort sich befände, sondern daß es in diesem Dinge 1. die selbständige Materie, 2. ihre Negation oder Porosität und die andere selbständige Materie in einem und demselben Punkte hat, daß diese Porosität und das selbständige Bestehen der Materien ineinander als in Einem eine gegenseitige Negation und Durchdringen des Durchdringens ist. — Die neuern Darstellungen der Physik über die Verbreitung des Wasserdampfes in der atmosphärischen Luft und der Gasarten durcheinander, heben eine Seite des Begriffs, der sich hier über die Natur des Dinges ergeben hat, bestimmter heraus. Sie zeigen nämlich, daß z. B. ein gewisses Volumen ebensoviel Wasserdampf aufnimmt, es sei leer von atmosphärischer Luft oder damit erfüllt; auch daß die Gasarten so sich ineinander verbreiten, daß jede für die andere so gut als ein Vakuum ist, wenigstens daß sie in keiner chemischen Verbindung miteinander sind, jedes ununterbrochen durch das andere mit sich kontinuierlich bleibt und sich in seiner Durchdringung mit den andern gleichgültig gegen sie erhält. — Aber das weitere Moment im Begriffe des Dinges ist, daß im Diesen die eine Materie sich befindet, wo die andere, und das Durchdringende in demselben Punkte auch durchdrungen ist oder das Selbständige unmittelbar die Selbständigkeit eines Andern ist. Dies ist widersprechend; aber das Ding ist nichts anderes als dieser Widerspruch selbst; darum ist es Erscheinung.

Eine ähnliche Bewandtnis, als es mit diesen Materien hat, hat es im Geistigen mit der Vorstellung der Seelenkräfte oder Seelenvermögen. Der Geist ist in viel tieferem Sinne Dieses, die negative Einheit, in welcher sich seine Bestimmungen durchdringen. Aber als Seele vorgestellt, pflegt er häufig als ein Ding genommen zu werden. Wie man den Menschen überhaupt aus Seele und Leib bestehen läßt, deren jedes als ein Selbständiges für sich gilt, so läßt man die Seele aus sogenannten Seelenkräften bestehen, deren jede eine

für sich bestehende Selbständigkeit hat oder eine unmittelbare,
für sich nach ihrer Bestimmtheit wirkende Tätigkeit ist. Man
stellt sich so vor, daß hier der Verstand, hier die Einbildungskraft für sich wirke, daß man den Verstand, das Gedächtnis
usf. jede für sich kultiviere und einstweilen die andern Kräfte
in Untätigkeit linker Hand liegen lasse, bis die Reihe vielleicht,
vielleicht auch nicht an sie komme. Indem sie in das ma-
teriell-einfache Seelending verlegt werden, welches als einfach immateriell sei, so werden die Vermögen zwar nicht
als besondere Materien vorgestellt; aber als Kräfte werden
sie gleich indifferent gegeneinander angenommen als jene
Materien. Aber der Geist ist nicht jener Widerspruch, welcher das Ding ist, das sich auflöst und in Erscheinung übergeht; sondern er ist schon an ihm selbst der in seine absolute
Einheit nämlich den Begriff, zurückgegangene Widerspruch,
worin die Unterschiede nicht mehr als selbständige, sondern
nur als besondere Momente im Subjekte, der einfachen Individualität, zu denken sind.

Zweites Kapitel.

Die Erscheinung.

Die Existenz ist die Unmittelbarkeit des Seins, zu der
sich das Wesen wieder hergestellt hat. Diese Unmittelbarkeit
ist an sich die Reflexion des Wesens in sich. Das Wesen ist als
Existenz aus seinem Grunde heraufgetreten, der selbst in sie
übergegangen ist. Die Existenz ist diese reflektierte Unmittelbarkeit, insofern sie an ihr selbst die absolute Negativität ist. Sie ist nunmehr auch als dies gesetzt, indem sie sich
als Erscheinung bestimmt hat.

Die Erscheinung ist daher zunächst das Wesen in seiner
Existenz; das Wesen ist unmittelbar an ihr vorhanden. Daß
sie nicht als unmittelbare, sondern die reflektierte Existenz
ist, dies macht das Moment des Wesens an ihr aus; oder die
Existenz als wesentliche Existenz ist Erscheinung.

Es ist etwas nur Erscheinung, — in dem Sinne, daß die
Existenz als solche nur ein Gesetztes, nicht an- und für-sich-
Seiendes ist. Dies macht ihre Wesentlichkeit aus, an ihr

selbst die Negativität der Reflexion, die Natur des Wesens zu haben. Es ist dies nicht eine fremde, äußerliche Reflexion, welcher das Wesen zugehörte, und die durch Vergleichung desselben mit der Existenz diese für Erscheinung erklärte. Sondern, wie sich ergeben hat, ist diese Wesentlichkeit der Existenz, Erscheinung zu sein, die eigne Wahrheit der Existenz. Die Reflexion, wodurch sie dies ist, gehört ihr selbst an.

Wenn aber gesagt wird, Etwas sei nur Erscheinung in dem Sinne, als ob dagegen die unmittelbare Existenz die Wahrheit wäre, so ist vielmehr die Erscheinung die höhere Wahrheit; denn sie ist die Existenz wie sie als wesentliche, dahingegen die [unmittelbare] Existenz die noch wesenlose Erscheinung ist, weil sie nur das eine Moment der Erscheinung, nämlich die Existenz als unmittelbare, noch nicht ihre negative Reflexion, an ihr hat. Wenn die Erscheinung wesenlos genannt wird, so wird an das Moment ihrer Negativität so gedacht, als ob das Unmittelbare dagegen das Positive und Wahrhafte wäre; aber vielmehr enthält dies Unmittelbare die wesentliche Wahrheit noch nicht an ihm. Die Existenz hört vielmehr auf, wesenlos zu sein, darin, daß sie in Erscheinung übergeht.

Das Wesen scheint zunächst in ihm selbst, in seiner einfachen Identität; so ist es die abstrakte Reflexion, die reine Bewegung von nichts durch nichts zu sich selbst zurück. Das Wesen erscheint, so ist es nunmehr realer Schein, indem die Momente des Scheins Existenz haben. Die Erscheinung ist, wie sich ergeben hat, das Ding als die negative Vermittlung seiner mit sich selbst; die Unterschiede, welche es enthält, sind selbständige Materien, die der Widerspruch sind, ein unmittelbares Bestehen zu sein und zugleich nur in fremder Selbständigkeit, also in der Negation der eigenen ihr Bestehen zu haben, und wieder eben darum auch nur in der Negation jener fremden oder in der Negation ihrer eigenen Negation. Der Schein ist dieselbe Vermittlung, aber seine haltlosen Momente haben in der Erscheinung die Gestalt unmittelbarer Selbständigkeit. Dagegen ist die unmittelbare Selbständigkeit, die der Existenz zukommt, ihrerseits zum Momente herabgesetzt. Die Erscheinung ist daher Einheit des Scheins und der Existenz.

Die Erscheinung bestimmt sich nun näher. Sie ist die

wesentliche Existenz; die Wesentlichkeit derselben unterscheidet sich von ihr als unwesentlicher, und diese beiden Seiten treten in Beziehung miteinander. — Sie ist daher zuerst einfache Identität mit sich, die zugleich verschiedene Inhaltsbestimmungen enthält, welche sowohl selbst als deren Beziehung das im Wechsel der Erscheinung sich gleich Bleibende ist, — das Gesetz der Erscheinung.

Zweitens aber geht das in seiner Verschiedenheit einfache Gesetz in den Gegensatz über; das Wesentliche der Erscheinung wird ihr selbst entgegengesetzt, und der erscheinenden Welt tritt die an sich seiende Welt gegenüber.

Drittens geht dieser Gegensatz in seinen Grund zurück; das Ansichseiende ist in der Erscheinung, und umgekehrt ist das Erscheinende bestimmt als in sein Ansichsein aufgenommen; die Erscheinung wird Verhältnis.

A, Das Gesetz der Erscheinung.

1. Die Erscheinung ist das Existierende vermittelt durch seine Negation, welche sein Bestehen ausmacht. Diese seine Negation ist zwar ein anderes Selbständiges; aber dies ist ebenso wesentlich ein aufgehobenes. Das Existierende ist daher die Rückkehr seiner in sich selbst durch seine Negation und durch die Negation dieser seiner Negation; es hat also wesentliche Selbständigkeit; so wie es gleich unmittelbar schlechthin Gesetztsein ist, das einen Grund und ein Anderes zu seinem Bestehen hat. — Fürs erste ist also die Erscheinung die Existenz zugleich mit ihrer Wesentlichkeit, das Gesetztsein mit seinem Grunde; aber dieser Grund ist die Negation, und das andere Selbständige, der Grund des ersten, ist gleichfalls nur ein Gesetztsein. Oder das Existierende ist als Erscheinendes in ein Anderes reflektiert und hat es zu seinem Grunde, welches selbst nur dies ist, in ein Anderes reflektiert zu sein. Die wesentliche Selbständigkeit die ihm zukommt, weil es Rückkehr in sich selbst ist, ist um der Negativität der Momente willen, die Rückkehr des Nichts durch Nichts zu sich selbst zurück; die Selbständigkeit des Existierenden ist daher nur der wesentliche Schein. Der Zusammenhang des sich gegenseitig begründenden Existierenden besteht darum in dieser gegenseitigen Negation, daß das

Bestehen des einen nicht das Bestehen des andern, sondern dessen Gesetztsein ist, welche Beziehung des Gesetztseins allein ihr Bestehen ausmacht. Der Grund ist vorhanden, wie er in seiner Wahrheit ist, nämlich ein Erstes zu sein, das nur ein Vorausgesetztes ist.

Dies macht nun die negative Seite der Erscheinung aus. Aber in dieser negativen Vermittlung ist unmittelbar die positive Identität des Existierenden mit sich enthalten. Denn es ist nicht Gesetztsein gegen einen wesentlichen Grund, oder ist nicht der Schein an einem Selbständigen, sondern ist Gesetztsein, das sich auf ein Gesetztsein bezieht, oder ist ein Schein nur in einem Scheine. Es bezieht sich in dieser seiner Negation oder in seinem Andern, das selbst ein Aufgehobenes ist, auf sich selbst; ist also mit sich identische oder positive Wesentlichkeit. — Dieses Identische ist nicht die Unmittelbarkeit, die der Existenz als solcher zukommt und nur das Unwesentliche ist, sein Bestehen in einem Andern zu haben. Sondern es ist der wesentliche Inhalt der Erscheinung, welcher zwei Seiten hat, erstens in der Form des Gesetztseins oder der äußerlichen Unmittelbarkeit, zweitens das Gesetztsein als mit sich Identisches zu sein. Nach der ersten Seite ist er als ein Dasein, aber als ein zufälliges, unwesentliches, das nach seiner Unmittelbarkeit dem Übergehen, Entstehen und Vergehen unterworfen ist. Nach der andern Seite ist er die einfache, jenem Wechsel entnommene Inhaltsbestimmung, das Bleibende desselben.

Außerdem, daß dieser Inhalt überhaupt das Einfache des Vergänglichen ist, ist er auch bestimmter, in sich verschiedener Inhalt. Er ist die Reflexion der Erscheinung, des negativen Daseins, in sich, enthält also die Bestimmtheit wesentlich. Die Erscheinung aber ist die seiende vielfache Verschiedenheit, die sich in unwesentlicher Mannigfaltigkeit herumwirft; ihr reflektierter Inhalt dagegen ist ihre Mannigfaltigkeit auf den einfachen Unterschied reduziert. Der bestimmte wesentliche Inhalt ist nämlich näher nicht nur bestimmt überhaupt, sondern als das Wesentliche der Erscheinung die vollständige Bestimmtheit: eines und sein Anderes. In der Erscheinung hat jedes dieser beiden sein Bestehen so in dem Andern, daß es zugleich nur in dessen Nichtbestehen ist. Dieser Widerspruch hebt sich auf, und die Reflexion desselben in sich ist die **Identität ihres beiderseitigen Bestehens, daß das Gesetztsein des Einen auch das Gesetztsein des Andern ist.** Sie machen **Ein Bestehen** aus, zugleich als **verschiedener, gegeneinander gleichgültiger** Inhalt. In der wesentlichen Seite der Erscheinung ist somit das **Negative** des unwesentlichen Inhalts, sich aufzuheben, in die Identität zurückgegangen; er ist ein gleichgültiges Bestehen, welches nicht das Aufgehobensein, sondern vielmehr **das Bestehen des Andern** ist.

Diese Einheit ist das **Gesetz der Erscheinung.**

2. Das Gesetz ist also das **Positive** der Vermittlung des Erscheinenden. Die Erscheinung ist zunächst die Existenz als die **negative** Vermittlung mit sich, so daß das Existierende durch sein **eigenes Nichtbestehen,** durch ein Anderes, und wieder durch das **Nichtbestehen dieses Andern** mit sich vermittelt ist. Darin ist enthalten **erstens** das bloße Scheinen und das Verschwinden beider, die unwesentliche Erscheinung, **zweitens** auch das Bleiben oder das **Gesetz;** denn **jedes der beiden existiert** in jenem Aufheben des Andern, und ihr Gesetztsein als ihre Negativität ist zugleich das **identische, positive** Gesetztsein beider.

Dies bleibende Bestehen, welches die Erscheinung im Gesetze hat, ist somit, wie es sich bestimmt hat, **erstlich entgegengesetzt** der **Unmittelbarkeit** des Seins, welche die Existenz hat. Diese Unmittelbarkeit ist zwar **an sich** die reflektierte, nämlich der in sich zurückgegangene Grund; aber in der Erscheinung ist nun diese einfache Unmittelbarkeit von der reflektierten unterschieden, welche im Dinge erst sich zu trennen anfingen. Das existierende Ding ist in seiner Auflösung dieser Gegensatz geworden; das **Positive** seiner Auflösung ist jene Identität des Erscheinenden als Gesetztseins mit sich in seinem andern Gesetztsein. — **Zweitens** ist diese reflektierte Unmittelbarkeit selbst bestimmt als das **Gesetztsein** gegen die seiende Unmittelbarkeit der Existenz. Dies Gesetztsein ist nunmehr das Wesentliche und wahrhaft Positive. Der deutsche Ausdruck **Gesetz** enthält diese Bestimmung gleichfalls. In diesem Gesetztsein liegt die wesentliche **Beziehung** der beiden Seiten des Unterschiedes, die das Gesetz enthält; sie sind verschiedener, gegeneinander unmittelbarer Inhalt und sind dies als die Reflexion des der Erscheinung an-

gehörigen, verschwindenden Inhalts. Als wesentliche Verschiedenheit sind die Verschiedenen einfache, sich auf sich beziehende Inhaltsbestimmungen. Aber ebensosehr ist keine für
sich unmittelbar, sondern jede ist wesentlich Gesetztsein
oder ist nur, insofern die andere ist.

Drittens, Erscheinung und Gesetz haben einen und denselben Inhalt. Das Gesetz ist die Reflexion der Erscheinung
in die Identität mit sich; so steht die Erscheinung als das
nichtige Unmittelbare dem Insichreflektierten gegenüber, und sie sind nach dieser Form unterschieden. Aber die
Reflexion der Erscheinung, wodurch dieser Unterschied ist,
ist auch die wesentliche Identität der Erscheinung selbst und
ihrer Reflexion, was überhaupt die Natur der Reflexion ist;
sie ist das im Gesetztsein Identische mit sich und gleichgültig
gegen jenen Unterschied, welcher die Form oder das Gesetztsein
ist, also ein Inhalt, der sich aus der Erscheinung in das Gesetz
kontinuiert, der Inhalt des Gesetzes und der Erscheinung.

Dieser Inhalt macht hiemit die Grundlage der Erscheinung aus; das Gesetz ist diese Grundlage selbst, die Erscheinung ist derselbe Inhalt, aber enthält noch mehr, nämlich den
unwesentlichen Inhalt ihres unmittelbaren Seins. Auch die
Formbestimmung, wodurch die Erscheinung als solche von
dem Gesetze unterschieden ist, ist nämlich ein Inhalt und
gleichfalls ein vom Inhalte des Gesetzes unterschiedener. Denn
die Existenz ist als Unmittelbarkeit überhaupt gleichfalls ein
mit sich Identisches der Materie und Form, das gegen seine
Formbestimmungen gleichgültig und daher Inhalt ist; sie ist
die Dingheit mit ihren Eigenschaften und Materien. Aber sie
ist der Inhalt, dessen selbständige Unmittelbarkeit zugleich
nur als ein Nichtbestehen ist. Die Identität desselben mit sich
in diesem seinem Nichtbestehen aber ist der andere, wesentliche Inhalt. Diese Identität, die Grundlage der Erscheinung,
welche das Gesetz ausmacht, ist ihr eigenes Moment; es ist
die positive Seite der Wesentlichkeit, wodurch die Existenz
Erscheinung ist.

Das Gesetz ist daher nicht jenseits der Erscheinung, sondern in ihr unmittelbar gegenwärtig; das Reich der Gesetze ist das ruhige Abbild der existierenden oder erscheinenden Welt. Aber vielmehr ist beides Eine Totalität, und die
existierende Welt ist selbst das Reich der Gesetze, das als das

einfache Identische, zugleich als in dem Gesetztsein oder in
der sich selbst auflösenden Selbständigkeit der Existenz identisch mit sich ist. Die Existenz geht in das Gesetz als in seinen
Grund zurück; die Erscheinung enthält dies beides, den einfachen Grund und die auflösende Bewegung des erscheinenden
Universums, deren Wesentlichkeit er ist.

3. Das Gesetz ist also die wesentliche Erscheinung; es
ist die Reflexion derselben in sich in ihrem Gesetztsein, der
identische Inhalt seiner und der unwesentlichen Existenz.
Erstlich ist nun diese Identität des Gesetzes mit seiner Existenz nur erst die unmittelbare, einfache Identität, und das
Gesetz ist gleichgültig gegen seine Existenz; die Erscheinung
hat noch einen andern Inhalt gegen den Inhalt des Gesetzes.
Jener ist zwar der unwesentliche und das Zurückgehen in
diesen; aber für das Gesetz ist er ein Erstes, das nicht durch
dieses gesetzt ist; er ist daher als Inhalt äußerlich mit dem
Gesetze verbunden. Die Erscheinung ist eine Menge näherer Bestimmungen, die dem Diesen oder dem Konkreten
angehören und nicht im Gesetze enthalten, sondern durch ein
Anderes bestimmt sind. — Zweitens das, was die Erscheinung
von dem Gesetze Verschiedenes enthält, bestimmte sich als ein
Positives oder als ein anderer Inhalt; aber es ist wesentlich
ein Negatives; es ist die Form und ihre Bewegung als solche,
die der Erscheinung zukommt. Das Reich der Gesetze ist der
ruhige Inhalt der Erscheinung; diese ist derselbe, aber sich
im unruhigen Wechsel und als die Reflexion in anderes darstellend. Sie ist das Gesetz als die negative, sich schlechthin
verändernde Existenz, die Bewegung des Übergehens in Entgegengesetzte, des sich Aufhebens und des Zurückgehens in
die Einheit. Diese Seite der unruhigen Form oder der Negativität
enthält das Gesetz nicht; die Erscheinung ist daher gegen das
Gesetz die Totalität, denn sie enthält das Gesetz, aber auch
noch mehr, nämlich das Moment der sich selbst bewegenden
Form. — Dieser Mangel ist drittens am Gesetze so vorhanden, daß dessen Inhalt nur erst ein verschiedener, damit
ein gegen sich gleichgültiger ist, daher die Identität seiner
Seiten miteinander nur erst eine unmittelbare und damit
innere, oder noch nicht notwendige ist. Im Gesetze sind
zwei Inhaltsbestimmungen als wesentlich verbunden (z. B. im
Gesetze der Bewegung des Falls die Raumgröße und die Zeit-

größe; die durchlaufenen Räume verhalten sich wie die Quadrate der verflossenen Zeiten); sie sind verbunden; diese Beziehung ist nur erst eine unmittelbare. Sie ist daher gleichfalls nur erst eine gesetzte, wie in der Erscheinung das Unmittelbare überhaupt die Bedeutung des Gesetztseins erhalten hat. Die wesentliche Einheit der beiden Seiten des Gesetzes wäre ihre Negativität, daß nämlich die eine an ihr selbst ihre andere enthielte; aber diese wesentliche Einheit ist noch nicht am Gesetze hervorgetreten. (—So ist es nicht im Begriffe des im Falle durchlaufenen Raumes enthalten, daß ihm die Zeit als Quadrat entspricht. Weil der Fall eine sinnliche Bewegung ist, ist er die Beziehung von Zeit und Raum; aber erstens liegt es in der Bestimmung der Zeit selbst nicht, — d. h. wie die Zeit nach ihrer Vorstellung genommen wird, — daß sie sich auf den Raum bezieht und umgekehrt; man sagt, man könne sich die Zeit sehr wohl ohne den Raum und den Raum ohne die Zeit vorstellen; das eine tritt also äußerlich zu dem andern hinzu, welche äußerliche Beziehung die Bewegung ist. Zweitens ist die nähere Bestimmung gleichgültig, nach welchen Größen sich in der Bewegung Raum und Zeit zueinander verhalten. Das Gesetz hierüber wird aus der Erfahrung erkannt; insofern ist es nur unmittelbar; es erfordert noch einen Beweis, d. h. eine Vermittlung für das Erkennen, daß das Gesetz nicht nur statthat, sondern notwendig ist; diesen Beweis und seine objektive Notwendigkeit enthält das Gesetz als solches nicht. —) Das Gesetz ist daher nur die positive Wesentlichkeit der Erscheinung, nicht ihre negative, nach welcher die Inhaltsbestimmungen Momente der Form sind, als solche in ihr Anderes übergehen und an ihnen selbst ebensosehr nicht sie, sondern ihr Anderes sind. Im Gesetze ist also zwar das Gesetztsein der einen Seite desselben das Gesetztsein der andern; aber ihr Inhalt ist gleichgültig gegen diese Beziehung, er enthält nicht an ihm selbst dies Gesetztsein. Das Gesetz ist daher wohl die wesentliche Form, aber noch nicht die in ihre Seiten als Inhalt reflektierte, reale Form.

B. Die erscheinende und die an sich seiende Welt.

1. Die existierende Welt erhebt sich ruhig zu einem Reiche von Gesetzen; der nichtige Inhalt ihres mannigfaltigen Daseins hat in einem Andern sein Bestehen; sein Bestehen ist

daher seine Auflösung. Aber in diesem Andern geht das Erscheinende auch mit sich selbst zusammen; so ist die Erscheinung in ihrem Wandel auch ein Bleiben, und ihr Gesetztsein ist Gesetz. Das Gesetz ist diese einfache Identität
der Erscheinung mit sich, daher die Grundlage, nicht der
Grund derselben; denn es ist nicht die negative Einheit der
Erscheinung, sondern als ihre einfache Identität die unmittelbare, — als abstrakte Einheit, neben welcher daher auch der
andere Inhalt derselben statthat. Der Inhalt ist dieser, hängt
in sich zusammen oder hat seine negative Reflexion innerhalb seiner selbst. Er ist in ein Anderes reflektiert; dies
Andere ist selbst eine Existenz der Erscheinung; die erscheinenden Dinge haben ihre Gründe und Bedingungen an andern
erscheinenden Dingen.

In der Tat aber ist das Gesetz auch das Andere der
Erscheinung als solcher und ihre negative Reflexion als
in ihr Anderes. Der Inhalt der Erscheinung, der vom Inhalt
des Gesetzes verschieden ist, ist das Existierende, das seine
Negativität zu seinem Grunde hat oder in sein Nichtsein reflektiert ist. Aber dies Andere, das auch ein Existierendes
ist, ist gleichfalls ein solches in sein Nichtsein Reflektiertes;
es ist also dasselbe, und das Erscheinende ist darin in der
Tat nicht in ein Anderes, sondern in sich reflektiert; eben
diese Reflexion des Gesetztseins in sich ist das Gesetz. Aber
als Erscheinendes ist es wesentlich in sein Nichtsein reflektiert, oder seine Identität ist selbst wesentlich ebensosehr
seine Negativität und sein Anderes. Die Reflexion-in-sich der
Erscheinung, das Gesetz, ist also auch nicht nur ihre identische Grundlage, sondern sie hat an ihm ihren Gegensatz,
und es ist ihre negative Einheit.

Dadurch hat sich nun die Bestimmung des Gesetzes an
ihm selbst verändert. Zunächst ist es nur ein verschiedener
Inhalt und die formale Reflexion des Gesetztseins in sich, so
daß das Gesetztsein der einen seiner Seiten das Gesetztsein
der andern ist. Weil es aber auch die negative Reflexion in
sich ist, so verhalten sich seine Seiten nicht nur als verschiedene, sondern als negativ sich aufeinander beziehende. —
Oder das Gesetz bloß für sich betrachtet, so sind die Seiten
seines Inhalts gleichgültige gegeneinander; aber ebensosehr
sind sie durch ihre Identität aufgehobene; das Gesetztsein der

einen ist das Gesetztsein der andern; also ist das Bestehen einer jeden auch das Nichtbestehen ihrer selbst. Dies Gesetztsein der einen in der andern ist ihre negative Einheit, und jedes ist nicht nur das Gesetztsein ihrer, sondern auch der andern, oder jede ist selbst diese negative Einheit. Die positive Identität, welche sie im Gesetze als solchem haben, ist nur erst ihre innere Einheit, welche des Beweises und der Vermittlung bedarf, weil diese negative Einheit noch nicht an ihnen gesetzt ist. Aber indem die verschiedenen Seiten des Gesetzes nunmehr bestimmt sind, als in ihrer negativen Einheit verschiedene zu sein, oder als solche, deren jedes sein Anderes an ihm selbst enthält und zugleich als Selbständiges dies sein Anderssein von sich abstößt, so ist die Identität des Gesetzes nunmehr auch eine gesetzte und reale.

Damit hat also das Gesetz das mangelnde Moment der negativen Form seiner Seiten gleichfalls erhalten; das Moment, das vorhin noch der Erscheinung angehörte; die Existenz ist somit vollständig in sich zurückgegangen und hat sich in ihr absolutes an- und für-sichseiendes Anderssein reflektiert. Das, was vorher Gesetz war, ist daher nicht mehr nur Eine Seite des Ganzen, dessen andere die Erscheinung als solche war, sondern ist selbst das Ganze. Sie ist die wesentliche Totalität der Erscheinung, so daß sie nun auch das Moment der Unwesentlichkeit, das noch dieser zukam, enthält, aber als die reflektierte, an sich seiende Unwesentlichkeit, d. h. als die wesentliche Negativität. — Das Gesetz ist als unmittelbarer Inhalt, bestimmt überhaupt, unterschieden von andern Gesetzen, und es gibt deren eine unbestimmbare Menge. Aber indem es die wesentliche Negativität nun an ihm selbst hat, enthält es nicht mehr eine solche nur gleichgültige, zufällige Inhaltsbestimmung; sondern sein Inhalt ist alle Bestimmtheit überhaupt in wesentlicher, sich zur Totalität machender Beziehung. So ist die in sich reflektierte Erscheinung nun eine Welt, die sich als an und für sich seiende über der erscheinenden Welt auftut.

Das Reich der Gesetze enthält nur den einfachen, wandellosen, aber verschiedenen Inhalt der existierenden Welt. Indem es nun aber die totale Reflexion von dieser ist, enthält es auch das Moment ihrer wesenlosen Mannigfaltigkeit. Dieses Moment der Veränderlichkeit und Veränderung als in sich

reflektiertes, wesentliches, ist die absolute Negativität oder
die Form überhaupt als solche, deren Momente aber in der
an- und für-sich-seienden Welt die Realität selbständiger, aber
reflektierter Existenz haben, — so wie umgekehrt diese reflektierte Selbständigkeit nunmehr die Form an ihr selbst hat, und
dadurch ihr Inhalt nicht ein bloß mannigfaltiger, sondern ein
wesentlich mit sich zusammenhängender ist.

— Diese an und für sich seiende Welt heißt auch die
übersinnliche Welt; insofern die existierende Welt als
sinnliche, nämlich als solche bestimmt wird, die für die Anschauung, [für] das unmittelbare Verhalten des Bewußtseins,
ist. — Die übersinnliche Welt hat gleichfalls Unmittelbarkeit,
Existenz, aber reflektierte, wesentliche Existenz. Das Wesen
hat noch kein Dasein; aber es ist, und in tieferem Sinne als
das Sein; das Ding ist der Beginn der reflektierten Existenz;
es ist eine Unmittelbarkeit, die noch nicht gesetzt ist als
wesentliche oder reflektierte; es ist aber in Wahrheit nicht
ein seiendes Unmittelbares. Die Dinge erst, als Dinge einer
andern, übersinnlichen Welt sind gesetzt erstens als wahrhafte Existenzen und zweitens als das Wahre gegen das
Seiende; — in ihnen ist es anerkannt, daß es ein von dem unmittelbaren Sein unterschiedenes Sein gibt, das wahrhafte
Existenz ist. Einesteils ist in dieser Bestimmung die sinnliche Vorstellung überwunden, welche nur dem unmittelbaren
Sein des Gefühls und der Anschauung Existenz zuschreibt;
andernteils aber auch die bewußtlose Reflexion, welche zwar
die Vorstellung von Dingen, Kräften, Innerlichem usf.
hat, ohne zu wissen, daß solche Bestimmungen nicht sinnliche oder seiende Unmittelbarkeiten, sondern reflektierte Existenzen sind.

2. Die an und für sich seiende Welt ist die Totalität der
Existenz; es ist nichts anderes außer ihr. Indem sie aber
an ihr selbst die absolute Negativität oder Form ist, so ist
ihre Reflexion-in-sich negative Beziehung auf sich. Sie
enthält den Gegensatz und stößt sich ab in sich als die wesentliche Welt und in sich als die Welt des Andersseins oder
die Welt der Erscheinung. So ist sie darum, weil sie die Totalität ist, auch nur als eine Seite derselben und macht in
dieser Bestimmung eine gegen die Welt der Erscheinung verschiedene Selbständigkeit aus. Die erscheinende Welt hat an

der wesentlichen Welt ihre negative Einheit, in der sie zugrunde und in die sie als in ihren Grund zurückgeht. Ferner
ist die wesentliche Welt auch der setzende Grund der erscheinenden Welt; denn, die absolute Form in ihrer Wesentlichkeit enthaltend, hebt sich ihre Identität mit sich auf, macht
sich zum Gesetztsein und ist als diese gesetzte Unmittelbarkeit die erscheinende Welt.

Sie ist ferner nicht nur überhaupt Grund der erscheinen-
den Welt, sondern ihr bestimmter Grund. Schon als das
Reich der Gesetze ist sie mannigfaltiger Inhalt, und zwar
der wesentliche der erscheinenden Welt, und als inhaltsvoller
Grund der bestimmte Grund der andern, aber nur diesem
Inhalt nach; denn die erscheinende Welt hatte noch mannigfaltigen andern Inhalt als jenes Reich, weil ihr noch das negative Moment eigentümlich zukam. Aber indem das Reich der
Gesetze dies Moment nun gleichfalls an ihm hat, so ist es die
Totalität des Inhalts der erscheinenden Welt und der Grund
aller ihrer Mannigfaltigkeit. Aber sie ist zugleich das Negative derselben, so ist sie die derselben entgegengesetzte
Welt. — Nämlich in der Identität beider Welten, und indem
die eine der Form nach bestimmt ist als die wesentliche und
die andere als dieselbe, aber als gesetzte und unwesentliche,
hat sich zwar die Grundbeziehung wiederhergestellt, aber
zugleich als die Grundbeziehung der Erscheinung, nämlich als Beziehung nicht eines identischen Inhalts, noch auch
eines bloß verschiedenen, wie das Gesetz ist, sondern als totale
Beziehung oder als negative Identität und wesentliche Beziehung des Inhalts als entgegengesetzten. — Das
Reich der Gesetze ist nicht nur dies, daß das Gesetztsein eines
Inhalts das Gesetztsein eines Andern ist, sondern diese Identität ist wesentlich, wie sich ergeben hat, auch negative Einheit; jede der beiden Seiten des Gesetzes ist in der negativen
Einheit an ihr selbst ihr anderer Inhalt; das Andere ist
daher nicht unbestimmt ein Anderes überhaupt, sondern es
ist ihr Anderes, oder es enthält gleichfalls die Inhaltsbestimmung von jener; so sind die beiden Seiten entgegengesetzte.
Indem das Reich der Gesetze nun dies negative Moment und
den Gegensatz an ihm hat und sich somit, als die Totalität, von
sich selbst in eine an und für sich seiende und eine erscheinende Welt abstößt, so ist die Identität beider die wesent-

liche Beziehung der Entgegensetzung. — Die Grundbeziehung als solche ist der in seinem Widerspruch zugrunde
gegangene Gegensatz und die Existenz der mit sich selbst
zusammengehende Grund. Aber die Existenz wird zur Erscheinung; der Grund ist in der Existenz aufgehoben; er stellt
sich, als Rückkehr der Erscheinung in sich, wieder her; aber
zugleich als aufgehobener, nämlich als Grundbeziehung entgegengesetzter Bestimmungen; die Identität solcher aber ist
wesentlich Werden und Übergehen, nicht mehr die Grundbeziehung als solche.

Die an und für sich seiende Welt ist also selbst eine in
sich, in die Totalität des mannigfaltigen Inhalts unterschiedene
Welt; sie ist identisch mit der erscheinenden oder gesetzten,
insofern Grund derselben; aber ihr identischer Zusammenhang
ist zugleich als Entgegensetzung bestimmt, weil die Form der
erscheinenden Welt die Reflexion in ihr Anderssein ist, sie
also in der an und für sich seienden Welt wahrhaft so in sich
selbst zurückgegangen ist, als diese ihre entgegengesetzte
ist. Die Beziehung ist also bestimmt diese, daß die an und für
sich seiende Welt die verkehrte der erscheinenden ist.

C. Auflösung der Erscheinung.

Die an und für sich seiende Welt ist der bestimmte
Grund der erscheinenden Welt und ist dies nur, insofern sie
an ihr selbst das negative Moment und damit die Totalität der
Inhaltsbestimmungen und ihrer Veränderungen ist, welche der
erscheinenden Welt entspricht, aber zugleich ihre durchaus
entgegengesetzte Seite ausmacht. Beide Welten verhalten sich
also so zueinander, daß, was in der erscheinenden Welt positiv,
in der an und für sich seienden Welt negativ, umgekehrt was
in jener negativ, in dieser positiv ist. Der Nordpol in der erscheinenden Welt ist an und für sich der Südpol und umgekehrt; die positive Elektrizität ist an sich negative usf.
Was im erscheinenden Dasein böse, Unglück usf. ist, ist an
und für sich gut und ein Glück*).

In der Tat ist gerade in diesem Gegensatz beider Welten
ihr Unterschied verschwunden, und was an und für
sich seiende Welt sein sollte, ist selbst erscheinende Welt,

---

*) Vgl. Phänomenologie des Geistes. Phil. Bibl., Bd. 114, S. 105ff

und diese umgekehrt an ihr selbst wesentliche Welt. — Die erscheinende Welt ist zunächst bestimmt als die Reflexion in das Anderssein, so daß ihre Bestimmungen und Existenzen in einem Andern ihren Grund und Bestehen haben; aber indem dies Andere gleichfalls ein solches in ein Anderes reflektiertes ist, so beziehen sie sich darin nur auf ein sich aufhebendes Anderes, somit auf sich selbst; die erscheinende Welt ist hiemit an ihr selbst sich selbst gleiches Gesetz. — Umgekehrt die an und für sich seiende Welt ist zunächst der mit sich identische, dem Anderssein und Wechsel entnommene Inhalt; aber dieser, als vollständige Reflexion der erscheinenden Welt in sich selbst, oder weil seine Verschiedenheit in sich reflektierter und absoluter Unterschied ist, so enthält er das negative Moment und die Beziehung auf sich als auf das Anderssein; er wird dadurch sich selbst entgegengesetzter, sich verkehrender, wesenloser Inhalt. Ferner hat dieser Inhalt der an und für sich seienden Welt damit auch die Form unmittelbarer Existenz erhalten. Denn sie ist zunächst Grund der erscheinenden; aber indem sie die Entgegensetzung an ihr selbst hat, ist sie ebensosehr aufgehobener Grund und unmittelbare Existenz.

Die erscheinende und die wesentliche Welt sind hiemit jede an ihr selbst die Totalität der mit sich identischen Reflexion und der Reflexion-in-Anderes, oder des An-und-für-sich-seins und des Erscheinens. Sie sind beide die selbständigen Ganzen der Existenz; die eine sollte nur die reflektierte Existenz, die andere die unmittelbare Existenz sein; aber jede kontinuiert sich in ihrer andern und ist daher an ihr selbst die Identität dieser beiden Momente. Was also vorhanden ist, ist diese Totalität, welche sich von sich selbst in zwei Totalitäten abstößt, die eine die reflektierte Totalität und die andere die unmittelbare. Beide sind erstlich Selbständige, aber sie sind dies nur als Totalitäten, und dies sind sie insofern, daß jede wesentlich das Moment der andern an ihr hat. Die unterschiedene Selbständigkeit einer jeden, der als unmittelbar und der als reflektiert bestimmten, ist daher nunmehr so gesetzt, nur als wesentliche Beziehung auf die andere zu sein und ihre Selbständigkeit in dieser Einheit beider zu haben.

Es wurde vom Gesetz der Erscheinung ausgegangen; dieses ist die Identität eines verschiedenen Inhalts mit einem

andern Inhalte, so daß das Gesetztsein des einen das Gesetztsein des andern ist. Im Gesetze ist noch dieser Unterschied
vorhanden, daß die Identität seiner Seiten nur erst eine innere
ist und diese Seiten sie noch nicht an ihnen selbst haben; damit
ist einesteils jene Identität nicht realisiert; der Inhalt des Gesetzes ist nicht als identischer, sondern ein gleichgültiger,
verschiedener Inhalt; — andernteils ist er damit nur an sich
so bestimmt, daß das Gesetztsein des einen das Gesetztsein des
andern ist; dies ist noch nicht an ihm vorhanden. Nunmehr
aber ist das Gesetz realisiert; seine innere Identität ist zugleich daseiende, und umgekehrt ist der Inhalt des Gesetzes in
die Idealität erhoben; denn er ist an ihm selbst aufgehobener,
in sich reflektierter, indem jede Seite an ihr ihre andere hat
und damit wahrhaft mit ihr und mit sich identisch ist.

So ist das Gesetz wesentliches Verhältnis. Die Wahrheit der unwesentlichen Welt ist zunächst eine ihr andere,
an und für sich seiende Welt; aber diese ist die Totalität, indem sie sie selbst und jene erste ist; so sind beide unmittelbare Existenzen und damit Reflexionen in ihr Anderssein, als
auch eben damit wahrhaft in sich reflektierte. Welt drückt
überhaupt die formlose Totalität der Mannigfaltigkeit aus;
diese Welt, sowohl als wesentliche wie als erscheinende ist zugrunde gegangen, indem die Mannigfaltigkeit aufgehört hat,
eine bloß verschiedene zu sein; so ist sie noch Totalität oder
Universum, aber als wesentliches Verhältnis. Es sind
zwei Totalitäten des Inhalts in der Erscheinung entstanden; zunächst sind sie als gleichgültige Selbständige gegeneinander
bestimmt und haben zwar die Form jede an ihr selbst, aber
nicht gegeneinander; diese aber hat sich auch als ihre Beziehung gezeigt, und das wesentliche Verhältnis ist die Vollendung ihrer Formeinheit.

Drittes Kapitel.

Das wesentliche Verhältnis.

Die Wahrheit der Erscheinung ist das wesentliche Verhältnis. Sein Inhalt hat unmittelbare Selbständigkeit und zwar
die seiende Unmittelbarkeit und die reflektierte Unmittel-

barkeit oder die mit sich identische Reflexion. Zugleich ist
er in dieser Selbständigkeit ein relativer, schlechthin nur als
Reflexion in sein Anderes oder als Einheit der Beziehung mit
seinem Andern. In dieser Einheit ist der selbständige Inhalt
ein Gesetztes, Aufgehobenes; aber eben diese Einheit macht
seine Wesentlichkeit und Selbständigkeit aus; diese Reflexion
in anderes ist Reflexion in sich selbst. Das Verhältnis hat
Seiten, weil es Reflexion in anderes ist; so hat es den Unterschied seiner selbst an ihm, und die Seiten sind selbständiges
Bestehen, indem sie in ihrer gleichgültigen Verschiedenheit
gegeneinander in sich selbst gebrochen sind, so daß das Bestehen einer jeden ebensosehr nur seine Bedeutung in der Beziehung auf die andere oder in ihrer negativen Einheit hat.

Das wesentliche Verhältnis ist daher zwar noch nicht das
wahrhafte Dritte zum Wesen und zur Existenz, aber enthält bereits die bestimmte Vereinigung beider. Das Wesen ist
in ihm so realisiert, daß es selbständig-Existierende zu seinem
Bestehen hat; und diese sind aus ihrer Gleichgültigkeit in ihre
wesentliche Einheit zurückgegangen, so daß sie nur diese zu
ihrem Bestehen haben. Die Reflexionsbestimmungen des Positiven und Negativen sind gleichfalls in sich reflektierte
nur als reflektiert in ihr Entgegengesetztes; aber sie haben
keine andere Bestimmung als diese ihre negative Einheit; das
wesentliche Verhältnis hingegen hat solche zu seinen Seiten,
welche als selbständige Totalitäten gesetzt sind. Es ist dieselbe Entgegensetzung als die des Positiven und Negativen,
aber zugleich als eine verkehrte Welt. Die Seite des wesentlichen Verhältnisses ist eine Totalität, die aber als wesentlich
ein Entgegengesetztes, ein Jenseits seiner hat; es ist nur
Erscheinung; seine Existenz ist vielmehr nicht die seinige,
sondern die seines Andern. Es ist daher ein in sich selbst Gebrochenes; aber dies sein Aufgehobensein besteht darin, daß
es die Einheit seiner selbst und seines Andern, also Ganzes ist,
und eben darum hat es selbständige Existenz und ist wesentliche Reflexion in sich.

Dies ist der Begriff des Verhältnisses. Zunächst aber
ist die Identität, die es enthält, noch nicht vollkommen; die
Totalität, welche jedes Relative an ihm selbst ist, ist erst ein
Inneres; die Seite des Verhältnisses ist zunächst gesetzt in
einer der Bestimmungen der negativen Einheit; die eigene

Selbständigkeit jeder der beiden Seiten ist dasjenige, was die Form des Verhältnisses ausmacht. Seine Identität ist daher nur eine Beziehung, außerhalb welcher ihre Selbständigkeit fällt, nämlich in die Seiten; es ist noch nicht die reflektierte Einheit jener Identität und der selbständigen Existenzen vorhanden, noch nicht die Substanz. — Der Begriff des Verhältnisses hat sich daher zwar ergeben, Einheit der reflektierten und der unmittelbaren Selbständigkeit zu sein. Aber zuerst ist dieser Begriff selbst noch unmittelbar, seine Momente daher unmittelbare gegeneinander, und die Einheit deren wesentliche Beziehung, die erst dann die wahrhafte, dem Begriff entsprechende Einheit ist, insofern sie sich realisiert, nämlich durch ihre Bewegung als jene Einheit gesetzt hat.

Das wesentliche Verhältnis ist daher unmittelbar das Verhältnis des Ganzen und der Teile, — die Beziehung der reflektierten und der unmittelbaren Selbständigkeit, so daß beide zugleich nur sind als sich gegenseitig bedingend und voraussetzend.

In diesem Verhältnisse ist noch keine der Seiten als Moment der andern gesetzt, ihre Identität ist daher selbst eine Seite; oder sie ist nicht ihre negative Einheit. Es geht darum zweitens darein über, daß die eine Moment der andern und in ihr als in ihrem Grunde, dem wahrhaft Selbständigen von beiden ist, — Verhältnis der Kraft und ihrer Äußerung.

Drittens hebt sich die noch vorhandene Ungleichheit dieser Beziehung auf, und das letzte Verhältnis ist das des Innern und Äußern. — In diesem ganz formell gewordenen Unterschiede geht das Verhältnis selbst zugrunde, und die Substanz oder das Wirkliche tritt hervor, als die absolute Einheit der unmittelbaren und der reflektierten Existenz.

A. Das Verhältnis des Ganzen und der Teile.

Das wesentliche Verhältnis enthält erstens die in sich reflektierte Selbständigkeit der Existenz; so ist es die einfache Form, deren Bestimmungen zwar auch Existenzen, aber zugleich gesetzte — Momente in der Einheit gehalten — sind. Diese in sich reflektierte Selbständigkeit ist zugleich Reflexion in ihr Entgegengesetztes, nämlich die unmittelbare Selbständigkeit, und ihr Bestehen ist wesentlich ebensosehr, als es eigene Selbständigkeit ist, diese Identität mit seinem Ent-

gegengesetzten. — Eben damit ist auch unmittelbar **zweitens** die andere Seite gesetzt, die unmittelbare Selbständigkeit,
welche als das **Andere** bestimmt, eine vielfache Mannigfaltigkeit in sich ist, aber so, daß diese Mannigfaltigkeit wesentlich
auch die Beziehung der andern Seite, die Einheit der reflektierten Selbständigkeit an ihr hat. Jene Seite, das **Ganze**, ist
die Selbständigkeit, welche die an und für sich seiende Welt
ausmachte; die andere Seite, **die Teile**, ist die unmittelbare
Existenz, welche die erscheinende Welt war. Im Verhältnisse
des Ganzen und der Teile sind die beiden Seiten diese Selb-
ständigkeiten, aber so, daß jede die andere in ihr scheinen
hat und nur ist zugleich als diese Identität beider. Weil nun
das wesentliche Verhältnis nur erst das erste, unmittelbare ist,
so ist die negative Einheit und die positive Selbständigkeit
durch das **Auch** verbunden; beide Seiten sind zwar als **Momente** gesetzt, aber **ebensosehr als existierende Selb-
ständigkeiten.** — Daß beide als Momente gesetzt sind,
dies ist daher so verteilt, daß erstens das **Ganze**, die reflektierte Selbständigkeit, als Existierendes und in ihr die andere,
die unmittelbare, als Moment ist; — hier macht das **Ganze**
die Einheit beider Seiten, die **Grundlage** aus, und die unmittelbare Existenz ist als **Gesetztsein.** — Umgekehrt ist
auf der andern Seite, nämlich der Seite der **Teile**, die unmittelbare, in sich mannigfaltige Existenz die selbständige
Grundlage; die reflektierte Einheit dagegen, das Ganze ist
nur äußerliche Beziehung.

2. Dies Verhältnis enthält somit die Selbständigkeit der
Seiten und ebensosehr ihr Aufgehobensein, und beides schlechthin in Einer Beziehung. Das Ganze ist das Selbständige, die
Teile sind nur Momente dieser Einheit; aber ebensosehr sind
sie auch das Selbständige und ihre reflektierte Einheit nur ein
Moment; und jedes ist in seiner **Selbständigkeit** schlechthin das **Relative** eines Andern. Dies Verhältnis ist daher der
unmittelbare Widerspruch an ihm selbst und hebt sich auf.

Dies näher betrachtet, so ist das **Ganze** die reflektierte
Einheit, welche selbständiges Bestehen für sich hat; aber dies
ihr Bestehen ist ebensosehr von ihr abgestoßen; das Ganze ist
als die negative Einheit negative Beziehung auf sich selbst;
so ist sie sich entäußert; sie hat ihr **Bestehen** an ihrem Entgegengesetzten, der mannigfaltigen Unmittelbarkeit, den Tei-

len. Das Ganze besteht daher aus den Teilen; so daß
es nicht etwas ist ohne sie. Es ist also das ganze Verhältnis
und die selbständige Totalität; aber gerade aus demselben
Grunde ist es nur ein Relatives, denn was es zur Totalität
macht, ist vielmehr sein Anderes, die Teile; und es hat nicht
an sich selbst, sondern an seinem Andern sein Bestehen.

So sind die Teile gleichfalls das ganze Verhältnis. Sie
sind die unmittelbare Selbständigkeit gegen die reflektierte
und bestehen nicht im Ganzen, sondern sind für sich. Sie haben
ferner dies Ganze als ihr Moment an ihnen; es macht ihre Beziehung aus; ohne Ganzes gibt es keine Teile. Aber weil sie
das Selbständige sind, so ist diese Beziehung nur ein äußerliches Moment, gegen welches sie an und für sich gleichgültig
sind. Zugleich aber fallen die Teile als mannigfaltige Existenz
in sich selbst zusammen, denn diese ist das reflexionslose
Sein; sie haben ihre Selbständigkeit nur in der reflektierten
Einheit, welche sowohl diese Einheit als auch die existierende
Mannigfaltigkeit ist; das heißt, sie haben Selbständigkeit nur
im Ganzen, das aber zugleich die den Teilen andere Selbständigkeit ist.

Das Ganze und die Teile bedingen sich daher gegenseitig; aber das hier betrachtete Verhältnis steht zugleich
höher als die Beziehung des Bedingten und der Bedingung
aufeinander, wie sie sich oben bestimmt hatte. Diese Beziehung ist hier realisiert: nämlich es ist gesetzt, daß die
Bedingung so die wesentliche Selbständigkeit des Bedingten
ist, daß sie durch dieses vorausgesetzt wird. Die Bedingung
als solche ist nur das Unmittelbare und nur an sich vorausgesetzt. Das Ganze aber ist die Bedingung zwar der Teile,
aber es enthält zugleich unmittelbar selbst, daß auch es nur
ist, insofern es die Teile zur Voraussetzung hat. Indem so
beide Seiten des Verhältnisses gesetzt sind als sich gegenseitig bedingend, ist jede eine unmittelbare Selbständigkeit an
ihr selbst, aber ihre Selbständigkeit ist ebensosehr vermittelt
oder gesetzt durch die andere. Das ganze Verhältnis ist
durch diese Gegenseitigkeit die Rückkehr des Bedingens in
sich selbst, das nicht Relative, das Unbedingte.

Indem nun die Seiten des Verhältnisses jede nicht in ihr
selbst ihre Selbständigkeit, sondern in ihrer andern hat, so ist
nur Eine Identität beider vorhanden, in welcher beide nur Mo-

mente sind; aber indem jede an ihr selbst selbständig ist, so sind sie zwei selbständige Existenzen, die gegeneinander gleichgültig sind.

Nach der ersten Rücksicht, der wesentlichen Identität dieser Seiten, ist das Ganze den Teilen und die Teile dem Ganzen gleich. Es ist nichts im Ganzen, was nicht in den Teilen, und nichts in den Teilen, was nicht im Ganzen ist. Das Ganze ist nicht abstrakte Einheit, sondern die Einheit als einer verschiedenen Mannigfaltigkeit; diese Einheit aber als das, worin das Mannigfaltige sich aufeinander bezieht, ist die Bestimmtheit desselben, wodurch es Teil ist. Das Verhältnis hat also eine untrennbare Identität und nur Eine Selbständigkeit.

Aber ferner ist das Ganze den Teilen gleich; allein nicht denselben als Teilen; das Ganze ist die reflektierte Einheit, die Teile aber machen das bestimmte Moment oder das Anderssein der Einheit aus, und sind das verschiedene Mannigfaltige. Das Ganze ist ihnen nicht gleich als diesem selbständigen Verschiedenen, sondern als ihnen zusammen. Dies ihr Zusammen aber ist nichts anderes als ihre Einheit, das Ganze als solches. Das Ganze ist also in den Teilen nur sich selbst gleich, und die Gleichheit desselben und der Teile drückt nur die Tautologie aus, daß das Ganze als Ganzes nicht den Teilen, sondern dem Ganzen gleich ist.

Umgekehrt sind die Teile dem Ganzen gleich; aber weil sie das Moment des Andersseins an ihnen selbst sind, so sind sie ihm nicht gleich als der Einheit, sondern so daß eine seiner mannigfaltigen Bestimmungen auf den Teil kommt, oder daß sie ihm als Mannigfaltigem gleich sind; d. h. sie sind ihm als geteiltem Ganzen d. i. als den Teilen gleich. Es ist hiemit dieselbe Tautologie vorhanden, daß die Teile als Teile nicht dem Ganzen als solchem, sondern in ihm sich selbst, den Teilen, gleich sind.

Das Ganze und die Teile fallen auf diese Weise gleichgültig auseinander; jede dieser Seiten bezieht sich nur auf sich. Aber so auseinander gehalten zerstören sie sich selbst. Das Ganze, das gleichgültig ist gegen die Teile, ist die abstrakte, in sich nicht unterschiedene Identität; diese ist Ganzes nur als in sich selbst unterschieden, und zwar so in sich unterschieden, daß diese mannigfaltigen Bestimmungen in sich

reflektiert sind und unmittelbare Selbständigkeit haben. Und
die Reflexionsidentität hat sich durch ihre Bewegung gezeigt,
diese Reflexion in ihr Anderes zu ihrer Wahrheit zu haben.
— Ebenso sind die Teile als gleichgültig gegen die Einheit
des Ganzen nur das unbezogene Mannigfaltige, das in sich
Andre, welches als solches das Andre seiner selbst und sich
nur Aufhebende ist. — Diese Beziehung-auf-sich jeder der
beiden Seiten ist ihre Selbständigkeit; aber diese ihre Selbständigkeit, die jede für sich hat, ist vielmehr die Negation
ihrer selbst. Jede hat daher ihre Selbständigkeit nicht an
ihr selbst, sondern an der andern; diese andere, die das Bestehen ausmacht, ist ihr vorausgesetztes Unmittelbare, das
Erstes und ihr Anfang sein soll; aber dieses Erste einer
jeden ist selbst nur ein solches, das nicht Erstes ist, sondern
an dem Andern seinen Anfang hat.

Die Wahrheit des Verhältnisses besteht also in der Vermittlung; sein Wesen ist die negative Einheit, in welcher
ebensowohl die reflektierte als die seiende Unmittelbarkeit
aufgehoben sind. Das Verhältnis ist der Widerspruch, der in
seinen Grund zurückgeht, in die Einheit, welche als rück-
kehrend die reflektierte Einheit ist, aber indem diese ebensosehr sich als aufgehobene gesetzt hat, bezieht sie sich negativ
auf sich selbst, hebt sich auf und macht sich zur seienden Unmittelbarkeit. Aber diese ihre negative Beziehung, insofern sie
ein Erstes und Unmittelbares ist, ist nur vermittelt durch ihr
Anderes und ebensosehr ein Gesetztes. Dies Andere, die seiende
Unmittelbarkeit, ist ebensosehr nur als aufgehobene; ihre Selbständigkeit ist ein Erstes, aber nur um zu verschwinden, und
hat ein Dasein, das gesetzt und vermittelt ist.

In dieser Bestimmung ist das Verhältnis nicht mehr das
des Ganzen und der Teile; die Unmittelbarkeit, welche seine
Seiten hatten, ist in Gesetztsein und Vermittlung übergegangen;
es ist jede gesetzt, insofern sie unmittelbar ist, als sich aufhebend und in die andere übergehend und, insofern sie selbst
negative Beziehung ist, zugleich durch die andere als durch
ihr Positives bedingt zu sein; wie auch ihr unmittelbares Übergehen ebensosehr ein Vermitteltes ist, ein Aufheben nämlich,
das durch die andere gesetzt wird. — So ist das Verhältnis
des Ganzen und der Teile in das Verhältnis der Kraft und
ihrer Äußerung übergegangen.

Anmerkung.

Es ist oben (1. Bd. S. 183 ff.) die Antinomie der unendlichen Teilbarkeit der Materie beim Begriffe der Quantität betrachtet worden. Die Quantität ist die Einheit der Kontinuität und der Diskretion; sie enthält im selbständigen Eins sein Zusammengeflossensein mit andern und in dieser sich ohne Unterbrechung fortsetzenden Identität mit sich ebenso die Negation derselben. Indem die unmittelbare Beziehung dieser Momente der Quantität als das wesentliche Verhältnis des Ganzen und der Teile, das Eins der Quantität als Teil, die Kontinuität desselben aber als Ganzes, das zusammengesetzt ist aus Teilen, ausgedrückt wird, so besteht die Antinomie in dem Widerspruche, der am Verhältnisse des Ganzen und der Teile vorgekommen und aufgelöst worden ist. — Ganzes und Teile sind nämlich ebenso wesentlich aufeinander bezogen und machen nur Eine Identität aus, als sie gleichgültig gegeneinander sind und selbständiges Bestehen haben. Das Verhältnis ist daher diese Antinomie, daß das Eine Moment, darin, daß es sich vom andern befreit, unmittelbar das andere herbeiführt.

Das Existierende also als Ganzes bestimmt, so hat es Teile, und die Teile machen sein Bestehen aus; die Einheit des Ganzen ist nur eine gesetzte Beziehung, eine äußere Zusammensetzung, welche das selbständig Existierende nichts angeht. Insofern dieses nun Teil ist, so ist es nicht Ganzes, nicht Zusammengesetztes, somit Einfaches. Aber indem ihm die Beziehung auf ein Ganzes äußerlich ist, so geht sie dasselbe nichts an; das Selbständige ist somit auch nicht an sich Teil; denn Teil ist es nur durch jene Beziehung. Aber indem es nun nicht Teil ist, so ist es Ganzes, denn es ist nur dies Verhältnis von Ganzem und von Teilen vorhanden, und das Selbständige ist eins von beiden. Indem es aber Ganzes ist, so ist es wieder zusammengesetzt; es besteht wieder aus Teilen und so fort ins Unendliche. — Diese Unendlichkeit besteht in nichts anderem als in der perennierenden Abwechslung der beiden Bestimmungen des Verhältnisses, in deren jeder die andere unmittelbar entsteht, so daß das Gesetztsein jeder das Verschwinden ihrer selbst ist. Die Materie als Ganzes bestimmt, so besteht sie aus Teilen und an diesen wird das Ganze zur unwesentlichen Beziehung und verschwindet. Der

Teil aber so für sich, ist er auch nicht Teil, sondern das
Ganze. — Die Antinomie dieses Schlusses ganz nahe zusammen-
gerückt, ist eigentlich diese: Weil das Ganze nicht das Selbständige ist, ist der Teil das Selbständige; aber weil er nur
ohne das Ganze selbständig ist, so ist er selbständig, nicht
als Teil, sondern vielmehr als Ganzes. Die Unendlichkeit des
Progresses, der entsteht, ist die Unfähigkeit, die beiden Gedanken zusammen zu bringen, welche die Vermittlung enthält,
daß nämlich jede der beiden Bestimmungen durch ihre Selbständigkeit und Trennung von der andern in Unselbständigkeit
und in die andre übergeht.

B. Das Verhältnis der Kraft und ihrer Äußerung.

Die Kraft ist die negative Einheit, in welche sich der
Widerspruch des Ganzen und der Teile aufgelöst hat, die Wahrheit jenes ersten Verhältnisses. Das Ganze und die Teile ist
das gedankenlose Verhältnis, auf welches die Vorstellung zunächst verfällt; oder objektiv ist es das tote, mechanische Aggregat, das zwar Formbestimmungen hat, wodurch die Mannigfaltigkeit seiner selbständigen Materie in einer Einheit bezogen
wird, welche aber derselben äußerlich ist. — Das Verhältnis
der Kraft aber ist die höhere Rückkehr in sich, worin die Einheit des Ganzen, welche die Beziehung des selbständigen Andersseins ausmachte, aufhört, dieser Mannigfaltigkeit ein Äußerliches und Gleichgültiges zu sein.

Wie sich das wesentliche Verhältnis nunmehr bestimmt
hat, sind die unmittelbare und die reflektierte Selbständigkeit
in derselben als aufgehobene oder als Momente gesetzt, die im
vorhergehenden Verhältnisse für sich bestehende Seiten oder
Extreme waren. Es ist darin enthalten erstens, daß die reflektierte Einheit und ihr unmittelbares Dasein, insofern beide
erste und unmittelbare sind, sich an sich selbst aufheben und
in ihr Anderes übergehen; jene, die Kraft, geht in ihre
Äußerung über, und das Äußerliche ist ein Verschwindendes,
das in die Kraft, als in ihren Grund zurückgeht und nur ist,
als von derselben getragen und gesetzt. Zweitens ist dies
Übergehen nicht nur ein Werden und Verschwinden, sondern
es ist negative Beziehung auf sich, oder das seine Bestimmung Ändernde ist darin zugleich in sich reflektiert und er-

hält sich; die Bewegung der Kraft ist nicht so sehr ein Übergehen, als daß sie sich selbst über setzt und in dieser durch
sie selbst gesetzten Veränderung bleibt, was sie ist. — Drittens ist diese reflektierte, sich auf sich beziehende Einheit
selbst auch aufgehoben und Moment; sie ist vermittelt durch
ihr Anderes und hat dasselbe zur Bedingung; ihre negative
Beziehung auf sich, die Erstes ist und die Bewegung ihres
Übergehens aus sich anfängt, hat ebensosehr eine Voraussetzung, von der sie sollizitiert wird, und ein Anderes, von
der sie anfängt.

a) Das Bedingtsein der Kraft.

In ihren nähern Bestimmungen betrachtet, hat erstens
die Kraft das Moment der seienden Unmittelbarkeit an ihr; sie
selbst ist dagegen bestimmt als die negative Einheit. Aber
diese in der Bestimmung des unmittelbaren Seins ist ein existierendes Etwas. Dies Etwas erscheint, weil es die negative Einheit als Unmittelbares ist, als das Erste, die Kraft dagegen, weil sie das Reflektierte ist, als das Gesetztsein und
insofern als angehörig dem existierenden Dinge oder einer
Materie. Nicht daß sie die Form dieses Dings und das Ding
durch sie bestimmt wäre; sondern das Ding ist als Unmittelbares gleichgültig gegen sie. — Es liegt in ihm nach dieser
Bestimmung kein Grund, eine Kraft zu haben; die Kraft hingegen als die Seite des Gesetztseins hat wesentlich das Ding
zu seiner Voraussetzung. Wenn daher gefragt wird, wie das
Ding oder die Materie dazu komme, eine Kraft zu haben, so
erscheint diese als äußerlich damit verbunden und dem Dinge
durch eine fremde Gewalt eingedrückt.

Als dies unmittelbare Bestehen ist die Kraft eine ruhige
Bestimmtheit des Dings überhaupt, nicht ein sich Äußern-
des, sondern unmittelbar ein Äußerliches. So wird die Kraft
auch als Materie bezeichnet und statt magnetischer, elektri-
scher usf. Kraft eine magnetische, elektrische usf. Materie angenommen oder statt der berühmten anziehenden Kraft ein
feiner Äther, der alles zusammenhalte. — Es sind die Materien, in welche sich die untätige, kraftlose, negative Einheit des Dings auflöst, und die oben betrachtet wurden.

Aber die Kraft enthält die unmittelbare Existenz als Moment, als ein solches, das zwar Bedingung ist, aber übergeht

und sich aufhebt, also nicht als ein existierendes Ding. Sie
ist ferner nicht die Negation als Bestimmtheit, sondern negative, sich in sich reflektierende Einheit. Das Ding, an dem die
Kraft sein sollte, hat somit hier keine Bedeutung mehr; sie
selbst ist vielmehr Setzen der Äußerlichkeit, welche als Existenz erscheint. Sie ist also auch nicht bloß eine bestimmte
Materie; solche Selbständigkeit ist längst in das Gesetztsein
und in die Erscheinung übergegangen.

Zweitens, die Kraft ist die Einheit des reflektierten und
des unmittelbaren Bestehens, oder der Formeinheit und der
äußerlichen Selbständigkeit. Sie ist beides in einem; sie ist die
Berührung solcher, deren das eine ist, insofern das andere
nicht ist, die mit sich identische positive und die negierte
Reflexion. Die Kraft ist so der sich von sich selbst abstoßende
Widerspruch; sie ist tätig, oder sie ist die sich auf sich beziehende negative Einheit, in welcher die reflektierte Unmittelbarkeit oder das wesentliche Insichsein gesetzt ist, nur als
Aufgehobenes oder Moment zu sein, somit, insofern sie sich
von der unmittelbaren Existenz unterscheidet, in diese überzugehen. Die Kraft also als die Bestimmung der reflektierten
Einheit des Ganzen ist gesetzt als zur existierenden äußerlichen Mannigfaltigkeit aus sich selbst zu werden.

Aber drittens ist die Kraft nur erst ansichseiende
und unmittelbare Tätigkeit; sie ist die reflektierte Einheit und
ebenso wesentlich die Negation derselben; indem sie von
dieser verschieden, aber nur als die Identität ihrer selbst und
ihrer Negation ist, so ist sie auf diese als eine ihr äußerliche
Unmittelbarkeit wesentlich bezogen und hat dieselbe zur Voraussetzung und Bedingung.

Diese Voraussetzung nun ist nicht ein ihr gegenüber be-
findliches Ding; diese gleichgültige Selbständigkeit ist in der
Kraft aufgehoben; als ihre Bedingung ist es ein ihr anderes
Selbständiges. Weil es aber nicht Ding ist, sondern die
selbständige Unmittelbarkeit hier sich zugleich als sich auf
sich selbst beziehende negative Einheit bestimmt hat, so ist
es selbst Kraft. — Die Tätigkeit der Kraft ist durch sich
selbst als durch das sich Andere, durch eine Kraft bedingt.

Die Kraft ist auf diese Weise Verhältnis, in welchem
jede Seite dasselbe ist als die andere. Es sind Kräfte, die im
Verhältnisse stehen und zwar wesentlich sich aufeinander be-

ziehen. — Sie sind ferner zunächst nur verschiedene überhaupt; die Einheit ihres Verhältnisses ist nur erst die innere, an sich seiende Einheit. Das Bedingtsein durch eine andere Kraft ist so an sich das Tun der Kraft selbst, oder sie ist insofern erst voraussetzendes, sich nur negativ auf sich beziehendes Tun; diese andere Kraft liegt noch jenseits ihrer setzenden Tätigkeit, nämlich der in ihrem Bestimmen unmittelbar in sich zurückkehrenden Reflexion.

b) Die Sollizitation der Kraft.

Die Kraft ist bedingt, weil das Moment der unmittelbaren Existenz, das sie enthält, nur als ein Gesetztes, — aber, weil es zugleich Unmittelbares ist, ein Vorausgesetztes ist, in welchem die Kraft sich selbst negiert. Die für die Kraft vorhandene Äußerlichkeit ist daher ihre eigene voraussetzende Tätigkeit selbst, welche zunächst als eine andre Kraft gesetzt ist.

Dieses Voraussetzen ist ferner gegenseitig. Jede der beiden Kräfte enthält die in sich reflektierte Einheit als aufgehoben und ist daher voraussetzend; sie setzt sich selbst als äußerlich; dies Moment der Äußerlichkeit ist ihr eigenes; aber weil sie ebensosehr in sich reflektierte Einheit ist, setzt sie zugleich diese ihre Äußerlichkeit nicht in ihr selbst, sondern als eine andere Kraft.

Aber das Äußerliche als solches ist das sich selbst aufhebende; ferner die sich in sich reflektierende Tätigkeit ist wesentlich bezogen auf jenes Äußerliche als auf das ihr Andere, aber ebensosehr als auf ein an sich Nichtiges und mit ihr Identisches. Da die voraussetzende Tätigkeit ebensosehr Reflexion in sich ist, ist sie das Aufheben jener ihrer Negation und setzt dieselbe als sich selbst oder als ihr Äußerliches. So ist die Kraft als bedingend gegenseitig ein Anstoß für die andere Kraft, gegen den sie tätig ist. Ihr Verhalten ist nicht die Passivität des Bestimmtwerdens, so daß dadurch etwas anderes in sie käme; sondern der Anstoß sollizitiert sie nur. Sie ist an ihr selbst die Negativität ihrer; das Abstoßen ihrer von sich ist ihr eigenes Setzen. Ihr Tun besteht also darin, dies aufzuheben, daß jener Anstoß ein Äußerliches sei; sie macht es zu einem bloßen Anstoß und setzt es als das eigene Abstoßen ihrer selbst von sich, als ihre eigene Äußerung.

Die sich äußernde Kraft ist also dasselbe, was zuerst nur die voraussetzende Tätigkeit war, nämlich sich äußerlich machend; aber die Kraft als sich äußernd ist zugleich die Äußerlichkeit negierende und sie als das Ihrige setzende Tätigkeit. Insofern nun in dieser Betrachtung von der Kraft angefangen wird, als sie die negative Einheit ihrer selbst und damit voraussetzende Reflexion ist, so ist es dasselbe, als wenn in der Äußerung der Kraft vom sollizitierenden Anstoße angefangen wird. Die Kraft ist so in ihrem Begriffe zuerst bestimmt als sich aufhebende Identität, und in ihrer Realität [ist] die eine der beiden Kräfte als sollizitierend und die andere als sollizitiert werdend [bestimmt]. Aber der Begriff der Kraft ist überhaupt die Identität der setzenden und [der] voraussetzenden Reflexion oder der reflektierten und der unmittelbaren Einheit, und jede dieser Bestimmungen schlechthin nur Moment, in Einheit, und somit als vermittelt durch die andere. Aber ebenso ist keine Bestimmung an den beiden in Wechselbeziehung stehenden Kräften vorhanden, welche die sollizitierende oder die sollizitiert werdende sei, oder vielmehr jeder kommen auf gleiche Weise beide Formbestimmungen zu. Aber diese Identität ist nicht nur eine äußerliche der Vergleichung, sondern eine wesentliche Einheit derselben.

Die eine Kraft nämlich ist zunächst bestimmt als sollizitierende und die andere als sollizitiert-werdende; diese Formbestimmungen erscheinen auf diese Weise als unmittelbare, an sich vorhandene Unterschiede der beiden Kräfte. Aber sie sind wesentlich vermittelt. Die eine Kraft wird sollizitiert; dieser Anstoß ist eine in sie von außen gesetzte Bestimmung. Aber die Kraft ist selbst das Voraussetzende; sie ist wesentlich sich in sich reflektierend und es aufhebend, daß der Anstoß ein Äußerliches sei. Daß sie sollizitiert wird, ist daher ihr eigenes Tun, oder es ist durch sie selbst bestimmt, daß die andere Kraft eine andere überhaupt und die sollizitierende ist. Die sollizitierende bezieht sich auf ihre andere negativ, so daß sie die Äußerlichkeit derselben aufhebt, sie ist insofern setzend; aber sie ist dies nur durch die Voraussetzung, sich eine andere gegenüber zu haben; d. i. sie ist sollizitierend selbst nur, insofern sie eine Äußerlichkeit an ihr hat, somit insofern sie sollizitiert wird. Oder sie ist sollizitierend nur insofern, als sie dazu sollizitiert wird, sollizitierend zu sein.

Somit wird umgekehrt die erste sollizitiert, nur insofern als sie selbst die andere dazu sollizitiert, sie, nämlich die erstere, zu sollizitieren. Jede von beiden erhält also den Anstoß von der andern; aber der Anstoß, den sie als tätige gibt, besteht darin, daß sie von der andern einen Anstoß erhalte; der Anstoß, den sie erhält, ist von ihr selbst sollizitiert. Beides, der gegebene und der empfangene Anstoß, oder die tätige Äußerung und die passive Äußerlichkeit ist daher nicht ein Unmittelbares, sondern vermittelt, und zwar ist jede der beiden Kräfte hiemit selbst die Bestimmtheit, welche die andere gegen sie hat, ist vermittelt durch die andere, und dies vermittelnde Andre ist wieder ihr eigenes bestimmendes Setzen.

So ist also dies, daß auf die Kraft ein Anstoß durch eine andere Kraft geschieht, daß sie sich insofern passiv verhält, aber hinwieder von dieser Passivität in die Aktivität übergeht, — der Rückgang der Kraft in sie selbst. Sie äußert sich. Die Äußerung ist Reaktion in dem Sinne, daß sie die Äußerlichkeit als ihr eigenes Moment setzt und somit es aufhebt, daß sie durch eine andere Kraft sollizitiert worden sei. Beides ist daher eines, die Äußerung der Kraft, wodurch sie sich durch ihre negative Tätigkeit auf sich selbst ein Dasein-für-Anderes gibt, und die unendliche Rückkehr in dieser Äußerlichkeit auf sich selbst, so daß sie darin sich nur auf sich bezieht. Die voraussetzende Reflexion, welcher das Bedingtsein und der Anstoß angehört, ist daher unmittelbar auch die in sich zurückkehrende Reflexion, und die Tätigkeit ist wesentlich reagierende, gegen sich. Das Setzen des Anstoßes oder Äußerlichen ist selbst das Aufheben desselben, und umgekehrt ist das Aufheben des Anstoßes das Setzen der Äußerlichkeit.

c) Die Unendlichkeit der Kraft.

Die Kraft ist endlich, insofern ihre Momente noch die Form der Unmittelbarkeit haben; ihre voraussetzende und ihre sich auf sich beziehende Reflexion sind in dieser Bestimmung unterschieden; jene erscheint als eine für sich bestehende äußerliche Kraft, und die andere in der Beziehung auf sie als passiv. Die Kraft ist so der Form nach bedingt und dem Inhalte nach gleichfalls beschränkt; denn eine Bestimmtheit der Form nach enthält auch eine Beschränkung des Inhalts. Aber die Tätigkeit der Kraft besteht darin, sich zu äußern, d. h. wie sich ergeben hat, die Äußerlichkeit aufzuheben und sie als das zu bestimmen, worin sie identisch mit sich ist. Was also die Kraft in Wahrheit äußert, ist dies, daß ihre Beziehung auf anderes ihre Beziehung auf sich selbst ist, daß ihre Passivität in ihrer Aktivität selbst besteht. Der Anstoß, wodurch sie zur Tätigkeit sollizitiert wird, ist ihr eigenes Sollizitieren; die Äußerlichkeit, welche an sie kommt, ist kein Unmittelbares, sondern ein durch sie Vermitteltes; so wie ihre eigene wesentliche Identität mit sich nicht unmittelbar, sondern durch ihre Negation vermittelt ist; oder die Kraft äußert dies, daß ihre Äußerlichkeit identisch ist mit ihrer Innerlichkeit.

C. Verhältnis des Äußern und Innern.

1. Das Verhältnis des Ganzen und der Teile ist das unmittelbare; die reflektierte und die seiende Unmittelbarkeit haben daher in ihm jede eine eigene Selbständigkeit; aber indem sie im wesentlichen Verhältnisse stehen, so ist ihre Selbständigkeit nur ihre negative Einheit. Dies ist nun in der Äußerung der Kraft gesetzt; die reflektierte Einheit ist wesentlich das Anderswerden als Übersetzen ihrer selbst in die Äußerlichkeit; aber diese ist ebenso unmittelbar in jene zurückgenommen; der Unterschied der selbständigen Kräfte hebt sich auf; die Äußerung der Kraft ist nur eine Vermittlung der reflektierten Einheit mit sich selbst. Es ist nur ein leerer, durchsichtiger Unterschied, der Schein, vorhanden, aber dieser Schein ist die Vermittlung, welche das selbständige Bestehen selbst ist. Es sind nicht nur entgegengesetzte Bestimmungen, die sich an ihnen selbst aufheben, und ihre Bewegung [ist] nicht nur ein Übergehen, sondern teils ist die Unmittelbarkeit, von der angefangen und ins Anderssein übergegangen wurde, selbst nur als gesetzte, teils ist dadurch jede der Bestimmungen in ihrer Unmittelbarkeit schon die Einheit mit ihrer andern und das Übergehen dadurch schlechthin ebensosehr die sich setzende Rückkehr in sich.

Das Innere ist als die Form der reflektierten Unmittelbarkeit oder des Wesens gegen das Äußere als die Form des Seins bestimmt, aber beide sind nur Eine Identität.

— Diese Identität ist erstens die gediegene Einheit beider als inhaltsvolle Grundlage, oder die absolute Sache, an der die beiden Bestimmungen gleichgültige, äußerliche Momente sind. Insofern ist sie Inhalt und die Totalität, welche das Innere ist, das ebensosehr äußerlich wird, aber darin nicht ein Gewordenes oder Übergegangenes, sondern sich selbst gleich ist. Das Äußere ist nach dieser Bestimmung dem Innern, dem Inhalte nach, nicht nur gleich, sondern beide sind nur Eine Sache. — Aber diese Sache als einfache Identität mit sich ist verschieden von ihren Formbestimmungen, oder diese sind ihr äußerlich; sie ist insofern selbst ein Inneres, das von ihrer Äußerlichkeit verschieden ist. Diese Äußerlichkeit aber besteht darin, daß die beiden Bestimmungen selbst, nämlich das Innere und Äußere, sie ausmachen. Aber die Sache ist selbst nichts anderes als die Einheit beider. Somit sind beide Seiten dem Inhalte nach wieder dasselbe. Aber in der Sache sind sie als sich durchdringende Identität, als inhaltsvolle Grundlage. Aber in der Äußerlichkeit, als Formen der Sache, sind sie gegen jene Identität und somit gegeneinander gleichgültig.

2. Sie sind auf diese Weise die verschiedenen Formbestimmungen, welche nicht an ihnen selbst, sondern an einem Andern eine identische Grundlage haben, Reflexionsbestimmungen, die für sich sind, das Innere als die Form der Reflexion-in-sich, der Wesentlichkeit, das Äußere aber als die Form der in anderes reflektierten Unmittelbarkeit oder der Unwesentlichkeit. Allein die Natur des Verhältnisses hat gezeigt, daß diese Bestimmungen schlechthin nur eine Identität ausmachen. Die Kraft ist in ihrer Äußerung dies, daß das voraussetzende und das in sich zurückkehrende Bestimmen eines und dasselbe ist. Insofern daher Inneres und Äußeres als Formbestimmungen betrachtet worden, so sind sie erstlich nur die einfache Form selbst, und zweitens, weil sie darin zugleich als entgegengesetzte bestimmt sind, so ist ihre Einheit die reine abstrakte Vermittlung, in welcher die eine unmittelbar die andere und darum die andere ist, weil sie die eine ist. So ist das Innere unmittelbar nur das Äußere, und es ist darum die Bestimmtheit der Äußerlichkeit, weil es das Innre ist; umgekehrt das Äußere ist nur ein Inneres, weil es nur ein Äußeres ist. — Indem nämlich diese Formeinheit ihre beiden

Bestimmungen als entgegengesetzte enthält, ist ihre Identität
nur dies Übergehen, und darin nur die andere von beiden,
nicht ihre inhaltsvolle Identität. Oder dies Festhalten der
Form ist überhaupt die Seite der Bestimmtheit. Was nach
derselben gesetzt ist, ist nicht die reale Totalität des Ganzen,
sondern die Totalität oder die Sache selbst nur in der Bestimmtheit der Form; weil diese die schlechthin zusammen-
gebundene Einheit beider entgegengesetzter Bestimmungen ist,
so ist, indem die eine zuerst genommen wird, — und es ist
gleichgültig, welche es sei, — von der Grundlage oder Sache
zu sagen, daß sie darum ebenso wesentlich in der andern Bestimmtheit, aber gleichfalls nur in der andern ist, so wie zuerst
gesagt wurde, daß sie nur in der erstern ist. —

So ist Etwas, das nur erst ein Inneres ist, eben darum
nur ein Äußeres. Oder umgekehrt, etwas, das nur ein Äußeres ist, ist eben darum nur ein Inneres. Oder indem das
Innere als Wesen, das Äußere aber als Sein bestimmt ist, so
ist eine Sache, insofern sie nur in ihrem Wesen ist, eben
darum nur ein unmittelbares Sein; oder eine Sache, welche
nur ist, ist eben darum nur erst noch in ihrem Wesen. —
Das Äußere und Innere sind die Bestimmtheit so gesetzt, daß
jede dieser beiden Bestimmungen nicht nur die andere voraussetzt und in sie als in ihre Wahrheit übergeht, sondern daß
sie, insofern sie diese Wahrheit der andern ist, als Bestimmtheit gesetzt bleibt und auf die Totalität beider hinweist. — Das Innere ist somit die Vollendung des Wesens
der Form nach. Das Wesen, indem es nämlich als Inneres bestimmt ist, enthält es, daß es mangelhaft und nur ist als Beziehung auf sein Anderes, das Äußere; aber dieses ist ebenso
nicht nur Sein oder auch Existenz, sondern als auf das Wesen
oder das Innere sich beziehend. Aber es ist nicht nur die
Beziehung beider aufeinander, sondern die bestimmte der absoluten Form, daß jedes unmittelbar sein Gegenteil ist, und
ihre gemeinschaftliche Beziehung auf ihr Drittes oder vielmehr auf ihre Einheit vorhanden. Ihre Vermittlung entbehrt
aber noch dieser sie beide enthaltenden identischen Grundlage;
ihre Beziehung ist deswegen die unmittelbare Umkehrung des
einen in das andre, und diese negative Einheit, die sie zu-
sammenknüpft, ist der einfache, inhaltslose Punkt.

Anmerkung.

Die Bewegung des Wesens ist überhaupt das **Werden zum Begriffe.** In dem Verhältnisse des Innern und Äußern tritt das wesentliche Moment desselben hervor, daß nämlich seine Bestimmungen gesetzt sind, so in der negativen Einheit zu sein, daß jede unmittelbar nicht nur als ihre andere, sondern auch als die Totalität des Ganzen ist. Aber diese Totalität ist im Begriffe als solchem das **Allgemeine,** — eine Grundlage, die im Verhältnis des Innern und Äußern noch nicht vorhanden ist. — In der negativen Identität des Innern und Äußern, welche die **unmittelbare Umkehrung** der einen dieser Bestimmungen in die andere ist, fehlt auch diejenige Grundlage, welche vorhin die **Sache** genannt wurde. —

Die unvermittelte **Identität der Form,** wie sie hier noch ohne die inhaltsvolle Bewegung der Sache selbst gesetzt ist, ist sehr wichtig bemerkt zu werden. Sie kommt an der Sache vor, wie diese in ihrem **Anfange** ist. So ist das **reine Sein** unmittelbar das **Nichts.** Überhaupt ist alles Reale in seinem Anfange eine solche nur unmittelbare Identität; denn in seinem Anfange hat es die Momente noch nicht entgegengesetzt und entwickelt, einerseits aus der Äußerlichkeit sich noch nicht **erinnert,** andererseits sich aus der Innerlichkeit durch seine Tätigkeit noch nicht **entäußert** und hervorgebracht; es ist daher nur das Innere als **Bestimmtheit** gegen das Äußere und nur das Äußere als **Bestimmtheit** gegen das Innere. Somit ist es teils **nur** ein unmittelbares Sein; teils insofern es ebensosehr die Negativität ist, welche die Tätigkeit der Entwicklung werden soll, ist es als solches wesentlich erst **nur** ein **Inneres.** — In aller natürlichen, wissenschaftlichen und geistigen Entwicklung überhaupt bietet sich dies dar, und es ist wesentlich dies zu erkennen, daß das Erste, indem Etwas nur erst **innerlich** oder auch in seinem **Begriffe** ist, eben darum nur sein unmittelbares, passives Dasein ist. So — um gleich das nächste Beispiel zu nehmen, — ist das hier betrachtete wesentliche **Verhältnis,** eh es sich durch die Vermittlung, das Verhältnis der **Kraft,** hindurch bewegt und realisiert hat, nur das Verhältnis **an sich,** sein Begriff oder erst **innerlich.** Deswegen aber ist es nur das **äußerliche,** unmittelbare Verhältnis, das Verhältnis des **Ganzen** und der **Teile,** in welchem die Seiten ein gleichgültiges Bestehen gegeneinander haben. Ihre Identität ist an ihnen selbst noch nicht; sie ist erst innerlich, und deswegen fallen sie auseinander, haben ein unmittelbares, äußerliches Bestehen. — So ist die Sphäre des Seins überhaupt nur erst das schlechthin noch Innre, und deswegen ist sie die Sphäre der seienden Unmittelbarkeit oder der Äußerlichkeit. — Das Wesen ist nur erst das Innre; darum wird es auch für eine ganz äußerliche, systemlose Gemeinschaftlichkeit genommen; man sagt, das Schulwesen, Zeitungswesen, und versteht darunter ein Gemeinschaftliches, das durch äußeres Zusammennehmen von existierenden Gegenständen, insofern sie ohne alle wesentliche Verbindung, ohne Organisation [sind], gemacht ist. — Oder an konkreten Gegenständen, so ist der Keim der Pflanze, das Kind, nur erst innere Pflanze, innerlicher Mensch. Aber darum ist die Pflanze oder der Mensch als Keim ein Unmittelbares, ein Äußeres, das sich noch nicht die negative Beziehung auf sich selbst gegeben hat, ein Passives, dem Anderssein Preisgegebenes. — So ist auch Gott in seinem unmittelbaren Begriffe nicht Geist; der Geist ist nicht das Unmittelbare, der Vermittlung Entgegengesetzte, sondern vielmehr das seine Unmittelbarkeit ewig setzende und ewig aus ihr in sich zurückkehrende Wesen. Unmittelbar ist daher Gott nur die Natur. Oder die Natur ist nur der innere, nicht als Geist wirkliche und damit nicht der wahrhafte Gott. — Oder Gott ist im Denken, als erstem Denken, nur das reine Sein, oder auch das Wesen, das abstrakte Absolute, nicht aber Gott als absoluter Geist, als welcher allein die wahrhafte Natur Gottes ist.

3. Die erste der betrachteten Identitäten des Innern und Äußern ist die gegen den Unterschied dieser Bestimmungen als gegen eine ihr äußere Form gleichgültige Grundlage, oder sie als Inhalt. Die zweite ist die unvermittelte Identität ihres Unterschiedes, die unmittelbare Umkehrung jeder in ihre entgegengesetzte, oder sie als reine Form. Aber diese beiden Identitäten sind nur die Seiten Einer Totalität; oder sie selbst ist nur die Umkehrung der einen in die andere. Die Totalität als Grundlage und Inhalt ist diese in sich reflektierte Unmittelbarkeit nur durch die voraussetzende Reflexion der Form, die ihren Unterschied aufhebt und sich als gleichgültige Identität, als reflektierte Einheit gegen ihn setzt. Oder der

Inhalt ist die Form selbst, insofern sie sich als Verschiedenheit bestimmt und sich selbst zu einer ihrer Seiten, als Äußerlichkeit, zu der andern aber als in sich reflektierte Unmittelbarkeit, oder zum Innern macht.

Dadurch sind also umgekehrt die Unterschiede der Form, das Innre und das Äußere, jedes an ihm selbst gesetzt als die Totalität seiner und seines Andern; das Innre ist als einfache in sich reflektierte Identität das Unmittelbare und daher so sehr Sein und Äußerlichkeit als Wesen; und das Äußere ist als das mannigfaltige, bestimmte Sein nur Äußeres, d. h. gesetzt als unwesentlich und in seinen Grund zurückgegangen, somit als Inneres. Dieses Übergehen beider ineinander ist ihre unmittelbare Identität als Grundlage; aber es ist auch ihre vermittelte Identität; nämlich jedes ist eben durch sein Anderes, was es an sich ist, die Totalität des Verhältnisses. Oder umgekehrt die Bestimmtheit einer jeden Seite ist dadurch, daß sie an ihr die Totalität ist, mit der andern Bestimmtheit vermittelt; die Totalität vermittelt sich so durch die Form oder die Bestimmtheit mit sich selbst, und die Bestimmtheit vermittelt sich durch ihre einfache Identität mit sich.

Was Etwas ist, das ist es daher ganz in seiner Äußerlichkeit; seine Äußerlichkeit ist seine Totalität, sie ist ebensosehr seine in sich reflektierte Einheit. Seine Erscheinung ist nicht nur die Reflexion in anderes, sondern in sich, und seine Äußerlichkeit daher die Äußerung dessen, was es an sich ist; und indem so sein Inhalt und seine Form schlechthin identisch sind, so ist es nichts an und für sich als dies, sich zu äußern. Es ist das Offenbaren seines Wesens, so daß dies Wesen eben nur darin besteht, das sich Offenbarende zu sein.

Das wesentliche Verhältnis hat sich in dieser Identität der Erscheinung mit dem Innern oder dem Wesen zur Wirklichkeit bestimmt.

Dritter Abschnitt.

Die Wirklichkeit.

Die Wirklichkeit ist die Einheit des Wesens und der Existenz; in ihr hat das gestaltlose Wesen und die haltlose Erscheinung oder das bestimmungslose Bestehen und die bestandlose Mannigfaltigkeit ihre Wahrheit. Die Existenz ist zwar die aus dem Grunde hervorgegangene Unmittelbarkeit, aber sie hat die Form noch nicht an ihr gesetzt; indem sie sich bestimmt und formiert, ist sie die Erscheinung; und indem sich dies nur als Reflexion-in-anderes bestimmte Bestehen zur Reflexion-in-sich fortbildet, wird es zu zwei Welten, zwei Totalitäten des Inhalts, deren die eine als in sich, die andere als in anderes reflektierte bestimmt ist. Das wesentliche Verhältnis aber stellt ihre Formbeziehung dar, deren Vollendung das Verhältnis des Innern und Äußern ist, daß der Inhalt beider nur Eine identische Grundlage und ebensosehr nur Eine Identität der Form ist. — Dadurch daß sich auch diese Identität in Ansehung der Form ergeben hat, ist die Formbestimmung ihrer Verschiedenheit aufgehoben, und es ist gesetzt, daß sie Eine absolute Totalität sind.

Diese Einheit des Innern und Äußern ist die absolute Wirklichkeit. Diese Wirklichkeit aber ist zunächst das Absolute als solches, — insofern sie als Einheit gesetzt ist, in der sich die Form aufgehoben und zu dem leeren oder äußern Unterschiede eines Äußern und Innern gemacht hat. Die Reflexion verhält sich gegen dies Absolute als äußerliche, welche es vielmehr nur betrachtet, als daß sie seine eigene Bewegung wäre. Indem sie aber wesentlich dies ist, ist sie als seine negative Rückkehr in sich.

Zweitens die eigentliche Wirklichkeit. Wirklichkeit, Möglichkeit und Notwendigkeit machen die formellen Momente des Absoluten oder die Reflexion desselben aus.

Drittens, die Einheit des Absoluten und seiner Reflexion ist das absolute Verhältnis oder vielmehr das Absolute als Verhältnis zu sich selbst, — Substanz.

Erstes Kapitel.

Das Absolute.

Die einfache gediegene Identität des Absoluten ist unbestimmt, oder in ihr hat sich vielmehr alle Bestimmtheit des Wesens und der Existenz oder des Seins überhaupt sowohl als der Reflexion aufgelöst. Insofern fällt das Bestimmen dessen, was das Absolute sei, negativ aus, und das Absolute selbst erscheint nur als die Negation aller Prädikate und als das Leere. Aber indem es ebensosehr als die Position aller Prädikate ausgesprochen werden muß, erscheint es als der formellste Widerspruch. Insofern jenes Negieren und dieses Setzen der äußern Reflexion angehört, so ist es eine formelle, unsystematische Dialektik, die mit leichter Mühe die mancherlei Bestimmungen hieher und dorther aufgreift und mit ebenso leichter Mühe einerseits ihre Endlichkeit und bloße Relativität aufzeigt, als andererseits, indem es ihr als die Totalität vorschwebt, auch das Inwohnen aller Bestimmungen von ihm ausspricht, — ohne diese Positionen und jene Negationen zu einer wahrhaften Einheit erheben zu können. — Es soll aber dargestellt werden, was das Absolute ist; aber dies Darstellen kann nicht ein Bestimmen noch äußere Reflexion sein, wodurch Bestimmungen desselben würden, sondern es ist die Auslegung und zwar die eigene Auslegung des Absoluten und nur ein Zeigen dessen, was es ist.

A. Die Auslegung des Absoluten.

Das Absolute ist nicht nur das Sein, noch auch das Wesen. Jene ist die erste unreflektierte Unmittelbarkeit, diese die reflektierte; jedes ist ferner Totalität an ihm selbst, aber

eine bestimmte. Am Wesen tritt das Sein als Existenz hervor; und die Beziehung von Sein und Wesen hat sich bis zum
Verhältnisse des Innern und Äußern fortgebildet. Das
Innere ist das Wesen, aber als die Totalität, welche wesentlich die Bestimmung hat, auf das Sein bezogen und unmittelbar Sein zu sein. Das Äußere ist das Sein, aber mit
der wesentlichen Bestimmung, auf die Reflexion bezogen,
unmittelbar ebenso verhältnislose Identität mit dem Wesen zu
sein. Das Absolute selbst ist die absolute Einheit beider; es ist
dasjenige, was überhaupt den Grund des wesentlichen Verhältnisses ausmacht, das als Verhältnis nur noch nicht in diese
seine Identität zurückgegangen und dessen Grund noch nicht
gesetzt ist.

Hieraus ergibt sich, daß die Bestimmung des Absoluten
ist, die absolute Form zu sein, aber zugleich nicht als die
Identität, deren Momente nur einfache Bestimmtheiten sind,
— sondern [als] die Identität, deren Momente jedes an ihm
selbst die Totalität und somit, als gleichgültig gegen die
Form, der vollständige Inhalt des Ganzen ist. Aber umgekehrt
ist das Absolute so der absolute Inhalt, daß der Inhalt, der als
solcher gleichgültige Mannigfaltigkeit ist, die negative Formbeziehung an ihm hat, wodurch seine Mannigfaltigkeit nur
Eine gediegene Identität ist.

Die Identität des Absoluten ist somit dadurch die abso-
lute, daß jeder seiner Teile selbst das Ganze oder jede Bestimmtheit die Totalität ist, d. h. daß die Bestimmtheit überhaupt ein schlechthin durchsichtiger Schein, ein in seinem
Gesetztsein verschwundener Unterschied geworden ist,
Wesen, Existenz, an sich seiende Welt, Ganzes, Teile,
Kraft, — diese reflektierten Bestimmungen erscheinen dem
Vorstellen als an und für sich geltendes, wahres Sein; das
Absolute aber ist gegen sie der Grund, in dem sie untergegangen sind. — Weil nun im Absoluten die Form nur die einfache Identität mit sich ist, so bestimmt sich das Absolute
nicht; denn die Bestimmung ist ein Formunterschied, der zunächst als solcher gilt. Weil es aber zugleich allen Unterschied
und Formbestimmung überhaupt enthält, oder weil es selbst
die absolute Form und Reflexion ist, so muß auch die Verschiedenheit des Inhalts an ihm hervortreten. Aber das
Absolute selbst ist die absolute Identität; dies ist seine Be-

stimmung, indem alle Mannigfaltigkeit der an sich seienden und der erscheinenden Welt oder der innerlichen und äußerlichen Totalität in ihm aufgehoben ist. — In ihm selbst ist kein Werden, denn es ist nicht das Sein; noch ist es das sich reflektierende Bestimmen, denn es ist nicht das sich nur in sich bestimmende Wesen; es ist auch nicht ein sich Äußern, denn es ist als die Identität des Innern und Äußern. — Aber so steht die Bewegung der Reflexion seiner absoluten Identität gegenüber. Sie ist in dieser aufgehoben, so ist sie nur deren Inneres; hiemit aber ist sie ihr äußerlich. — Sie besteht daher zunächst nur darin, ihr Tun im Absoluten aufzuheben. Sie ist das Jenseits der mannigfaltigen Unterschiede und Bestimmungen und deren Bewegung, welches dem Absoluten im Rücken liegt; sie ist daher zwar das Aufnehmen derselben, aber zugleich ihr Untergehen; so ist sie die negative Auslegung des Absoluten, die vorhin erwähnt wurde. — In ihrer wahrhaften Darstellung ist diese Auslegung das bisherige Ganze der logischen Bewegung der Sphäre des Seins und des Wesens, deren Inhalt nicht von außen als ein gegebener und zufälliger aufgerafft, noch durch eine ihm äußere Reflexion in den Abgrund des Absoluten versenkt worden [ist], sondern sich an ihm durch seine innere Notwendigkeit bestimmt [hat] und als eigenes Werden des Seins und als Reflexion des Wesens in das Absolute als in seinen Grund zurückgegangen ist.

Diese Auslegung hat aber selbst zugleich eine positive Seite; insofern nämlich das Endliche darin, daß es zugrunde geht, diese Natur beweist, auf das Absolute bezogen zu sein oder das Absolute an ihm selbst zu enthalten. Aber diese Seite ist nicht so sehr die positive Auslegung des Absoluten selbst als vielmehr die Auslegung der Bestimmungen, daß sie nämlich das Absolute zu ihrem Abgrunde, aber auch zu ihrem Grunde haben, oder daß das, was ihnen, dem Schein, ein Bestehen gibt, das Absolute selbst ist. — Der Schein ist nicht das Nichts, sondern er ist Reflexion, Beziehung auf das Absolute; oder er ist Schein, insofern das Absolute in ihm scheint. Diese positive Auslegung hält so noch das Endliche vor seinem Verschwinden auf und betrachtet es als einen Ausdruck und Abbild des Absoluten. Aber die Durchsichtigkeit des Endlichen, das nur das Absolute durch sich hindurchblicken läßt, endigt in gänzliches Verschwinden; denn es ist nichts am

Endlichen, was ihm einen Unterschied gegen das Absolute erhalten könnte; es ist ein Medium, das von dem, was durch es scheint, absorbiert wird.

Diese positive Auslegung des Absoluten ist daher selbst nur ein Scheinen; denn das wahrhaft Positive, was sie und der ausgelegte Inhalt enthält, ist das Absolute selbst. Was für weitere Bestimmungen vorkommen, die Form, worin das Absolute scheint, ist ein Nichtiges, das die Auslegung von außen her aufnimmt, und woran sie einen Anfang zu ihrem Tun gewinnt. Eine solche Bestimmung hat nicht im Absoluten ihren Anfang, sondern nur ihr Ende. Dieses Auslegen ist daher zwar absolutes Tun durch seine Beziehung auf das Absolute, in das es zurückgeht, aber nicht nach seinem Ausgangspunkte, der eine dem Absoluten äußerliche Bestimmung ist.

In der Tat aber ist das Auslegen des Absoluten sein eigenes Tun, und das bei sich anfängt, wie es bei sich ankommt. Das Absolute, nur als absolute Identität, ist es bestimmt, nämlich als Identisches; es ist durch die Reflexion so gesetzt gegen die Entgegensetzung und Mannigfaltigkeit; oder es ist nur das Negative der Reflexion und des Bestimmens überhaupt. — Nicht nur jenes Auslegen des Absoluten ist daher ein Unvollkommenes, sondern auch dies Absolute selbst, bei welchem nur angekommen wird. Oder jenes Absolute, das nur als absolute Identität ist, ist nur das Absolute einer äußern Reflexion. Es ist daher nicht das Absolut-Absolute, sondern das Absolute in einer Bestimmtheit, oder es ist Attribut.

Aber das Absolute ist nicht nur Attribut, weil es Gegenstand einer äußern Reflexion und somit ein durch sie Bestimmtes ist. — Oder die Reflexion ist nicht nur ihm äußerlich; sondern unmittelbar darum, weil sie ihm äußerlich ist, ist sie ihm innerlich. Das Absolute ist nur das Absolute, weil es nicht die abstrakte Identität, sondern die Identität des Seins und Wesens oder die Identität des Innern und Äußern ist. Es ist also selbst die absolute Form, welche es in sich scheinen macht und es zum Attribut bestimmt.

B. Das absolute Attribut.

Der Ausdruck, der gebraucht worden ist: das Absolut-Absolute, bezeichnet das in seiner Form in sich zurück-

gekehrte Absolute, oder dessen Form seinem Inhalte gleich
ist. Das Attribut ist das nur relative Absolute, eine Verknüpfung, welche nichts anderes bedeutet als das Absolute
in einer Formbestimmung. Die Form ist nämlich zuerst vor
ihrer vollendeten Auslegung nur erst innerlich, oder was
dasselbe ist, nur äußerlich, überhaupt zuerst bestimmte
Form oder Negation überhaupt. Aber weil sie zugleich als
Form des Absoluten ist, so ist das Attribut der ganze Inhalt des
Absoluten; es ist die Totalität, welche früher als eine Welt
erschien oder als eine der Seiten des wesentlichen Verhältnisses, deren jede selbst das Ganze ist. Aber die beiden
Welten, die erscheinende und die an und für sich seiende,
sollten jede in ihrem Wesen einander entgegengesetzt sein.
Die eine Seite des wesentlichen Verhältnisses war zwar der
andern gleich, das Ganze so viel als die Teile, die Äußerung
der Kraft derselbe Inhalt als diese selbst, und das Äußere überhaupt dasselbe was das Innere. Aber zugleich sollten diese Seiten jede noch ein eigenes unmittelbares Bestehen haben,
die eine als die seiende, die andere als die reflektierte Unmittelbarkeit. Im Absoluten dagegen sind diese unterschiedenen
Unmittelbarkeiten zum Scheine herabgesetzt, und die Totalität, welche das Attribut ist, ist gesetzt als sein wahres
und einziges Bestehen; die Bestimmung aber, in der es
ist, als das unwesentliche.

Das Absolute ist darum Attribut, weil es als einfache absolute Identität in der Bestimmung der Identität ist; an die Bestimmung überhaupt können nun andere Bestimmungen ange-
knüpft werden, z. B. auch daß mehrere Attribute seien. Aber
weil die absolute Identität nur diese Bedeutung hat, nicht nur
daß alle Bestimmungen aufgehoben sind, sondern daß sie auch
die Reflexion ist, die sich selbst aufgehoben hat, so sind an ihr
alle Bestimmungen gesetzt als aufgehobene. Oder die Totalität ist gesetzt als die absolute, oder das Attribut hat das
Absolute zu seinem Inhalt und Bestehen; seine Formbestimmung, wodurch es Attribut ist, ist daher auch gesetzt, unmittelbar als bloßer Schein, — das Negative als Negatives. Der
positive Schein, den die Auslegung sich durch das Attribut gibt,
indem sie das Endliche in seiner Schranke nicht als ein an
und für sich Seiendes nimmt, sondern sein Bestehen in das Absolute auflöst und es zum Attribut erweitert, hebt dies selbst

auf, daß es Attribut sei; sie versenkt dasselbe und ihr unterscheidendes Tun in das einfache Absolute.

Aber indem die Reflexion von ihrem Unterscheiden so
nur zur Identität des Absoluten zurückkehrt, ist sie zugleich
nicht aus ihrer Äußerlichkeit heraus- und zum wahrhaften Absoluten gekommen. Sie hat nur die bestimmte, abstrakte Identität erreicht, d. h. diejenige, welche in der Bestimmtheit
der Identität ist. — Oder die Reflexion, indem sie als innre
Form das Absolute zum Attribut bestimmt, so ist dieses Bestimmen ein noch von der Äußerlichkeit Verschiedenes; die
innere Bestimmung durchdringt das Absolute nicht; seine
Äußerung ist, als ein bloß Gesetztes am Absoluten zu verschwinden.

Die Form also, sie werde als äußere oder innere genommen, wodurch das Absolute Attribut wäre, ist zugleich gesetzt,
ein an sich selbst Nichtiges, ein äußerlicher Schein, oder bloße
Art und Weise zu sein.

C. Der Modus des Absoluten.

Das Attribut ist erstlich das Absolute als in der einfachen Identität mit sich. Zweitens ist es Negation,
und diese als Negation ist die formelle Reflexion-in-sich. Diese
beiden Seiten machen zunächst die zwei Extreme des Attributs
aus, deren Mitte es selbst ist, indem es sowohl das Absolute als
die Bestimmtheit ist. — Das zweite dieser Extreme ist das
Negative als Negatives, die dem Absoluten äußerliche
Reflexion. — Oder insofern es als das Innre des Absoluten genommen wird und seine eigene Bestimmung es ist, sich als
Modus zu setzen, so ist er das Außersichsein des Absoluten,
der Verlust seiner in die Veränderlichkeit und Zufälligkeit des
Seins, sein Übergegangensein ins Entgegengesetzte ohne Rückkehr in sich; die totalitätslose Mannigfaltigkeit der Form und
Inhaltsbestimmungen. —

Der Modus, die Äußerlichkeit des Absoluten, ist aber
nicht nur dies, sondern die als Äußerlichkeit gesetzte Äußerlichkeit, eine bloße Art und Weise, somit der Schein als
Schein oder die Reflexion der Form in sich, — somit die
Identität mit sich, welche das Absolute ist. In der Tat
ist also erst im Modus das Absolute als absolute Identität ge-

setzt; es ist nur, was es ist, nämlich Identität mit sich, als sich auf sich beziehende Negativität, als S c h e i n e n, das als S c h e i - n e n gesetzt ist.

Insofern daher die A u s l e g u n g des Absoluten von seiner absoluten Identität anfängt und zu dem Attribute und von da zum Modus übergeht, so hat sie darin vollständig ihre Momente durchlaufen. Aber erstlich ist sie darin nicht ein bloß negatives Verhalten gegen diese Bestimmungen, sondern dies ihr Tun ist die r e f l e k t i e r e n d e Bewegung selbst, als welche das A b s o l u t e nur wahrhaft die absolute I d e n - t i t ä t ist. — Z w e i t e n s hat sie es dabei nicht bloß mit Ä u ß e r - l i c h e m zu tun, und der Modus ist nicht nur die äußerste Äußerlichkeit, sondern weil er der Schein als Schein ist, so ist er die Rückkehr in sich, die sich selbst auflösende Reflexion, als welche das Absolute absolutes Sein ist. — D r i t t e n s scheint die auslegende Reflexion von ihren eigenen Bestimmungen und von Äußerlichem anzufangen, die Modos oder auch die Bestimmungen des Attributs als sonst außer dem Absoluten v o r g e - f u n d e n e aufzunehmen, und ihr Tun darin zu bestehen, daß sie dieselben in die indifferente Identität nur zurückführt. In der Tat aber hat sie an dem Absoluten selbst die Bestimmtheit, von der sie anfängt. Denn das Absolute als e r s t e indifferente Identität ist selbst nur das b e s t i m m t e A b s o l u t e oder Attri- but, weil es das unbewegte, noch unreflektierte Absolute ist. Diese B e s t i m m t h e i t, weil sie Bestimmtheit ist, gehört der reflektierenden Bewegung an; nur durch sie ist es bestimmt als das e r s t e I d e n t i s c h e, ebenso nur durch sie hat es die absolute Form und ist nicht das sich G l e i c h s e i e n d e, son- dern das sich selbst G l e i c h s e t z e n d e.

Die wahrhafte Bedeutung des Modus ist daher, daß er die reflektierende eigene Bewegung des Absoluten ist, ein B e - s t i m m e n, aber nicht, wodurch es ein A n d e r e s würde, son- dern nur dessen, was es schon ist, die durchsichtige Äußer- lichkeit, welche das Z e i g e n seiner selbst ist, eine Bewegung aus sich h e r a u s, aber so, daß dies Sein-nach-Außen ebenso- sehr die Innerlichkeit selbst ist und damit ebensosehr ein Setzen, das nicht bloß Gesetztsein, sondern absolutes Sein ist.

Wenn daher nach einem I n h a l t der Auslegung gefragt wird, w a s denn das Absolute zeige? so ist der Unterschied von Form und Inhalt im Absoluten ohnehin aufgelöst. Oder eben

dies ist der Inhalt des Absoluten, **sich zu manifestieren**. Das
Absolute ist die absolute Form, welche als die Entzweiung ihrer
schlechthin identisch mit sich ist, das Negative **als Negatives**,
— oder das mit sich zusammengeht und nur so die absolute Identität mit sich ist, die ebensosehr **gleichgültig gegen ihre
Unterschiede** oder absoluter **Inhalt** ist; der Inhalt ist daher nur diese Auslegung selbst.

Das Absolute als diese sich selbst tragende Bewegung der
Auslegung, als **Art** und **Weise**, welche seine absolute Identität mit sich selbst ist, ist Äußerung, nicht eines Innern, nicht
gegen ein Anderes, sondern ist nur als absolutes sich für sich
selbst Manifestieren; es ist so **Wirklichkeit**.

Anmerkung.

Dem Begriffe des Absoluten und dem Verhältnisse der Reflexion zu demselben, wie es sich hier dargestellt hat, entspricht **der Begriff der spinozistischen Substanz**. Der
Spinozismus ist darin eine mangelhafte Philosophie, daß die
Reflexion und deren mannigfaltiges Bestimmen **ein äußerliches Denken** ist. — Die Substanz dieses Systems ist **Eine
Substanz**, Eine untrennbare Totalität; es gibt keine Bestimmtheit, die nicht in diesem Absoluten enthalten und aufgelöst
wäre; und es ist wichtig genug, daß alles, was dem natürlichen
Vorstellen oder dem bestimmenden Verstande als Selbständiges
erscheint und vorschwebt, in jenem notwendigen Begriffe gänzlich zu einem bloßen **Gesetztsein** herabgesetzt ist. — **Die
Bestimmtheit ist Negation** — ist das absolute Prinzip der
spinozistischen Philosophie; diese wahrhafte und einfache Einsicht begründet die absolute Einheit der Substanz. Aber Spinoza
bleibt bei der **Negation als Bestimmtheit** oder Qualität
stehen; er geht nicht zur Erkenntnis derselben als absoluter,
d. h. **sich negierender Negation** fort; somit enthält
seine Substanz nicht selbst die absolute **Form**, und das
Erkennen derselben ist kein immanentes Erkennen. Zwar ist die
Substanz absolute Einheit des **Denkens** und [des] **Seins** oder der
Ausdehnung; sie enthält also das Denken selbst, aber nur in
seiner **Einheit** mit der Ausdehnung, d. h. nicht als sich von
der Ausdehnung **trennend**, somit überhaupt nicht als Bestimmen und Formieren, noch auch als die zurückkehrende und aus
sich selbst anfangende Bewegung. Teils fehlt dadurch der

Substanz das Prinzip der Persönlichkeit, — ein Mangel. welcher vornehmlich gegen das spinozistische System empört hat, — teils ist das Erkennen die äußerliche Reflexion, welche das, was als Endliches erscheint, die Bestimmtheit des Attributs und den Modus, wie auch überhaupt sich selbst, nicht aus der Substanz begreift und ableitet, sondern als ein äußerlicher Verstand tätig ist, die Bestimmungen als gegebene aufnimmt und sie auf das Absolute zurückführt, nicht aber von diesem ihre Anfänge hernimmt.

Die Begriffe, die Spinoza von der Substanz gibt, sind die Begriffe der Ursache seiner selbst, — daß sie das ist, dessen Wesen die Existenz in sich schließe, — daß der Begriff des Absoluten nicht des Begriffs eines Andern bedürfe, von dem er gebildet werden müsse, — diese Begriffe, so tief und richtig sie sind, sind Definitionen, welche vornen in der Wissenschaft unmittelbar angenommen werden. Mathematik und andere untergeordnete Wissenschaften müssen mit einem Vorausgesetzten anfangen, das ihr Element und positive Grundlage ausmacht. Aber das Absolute kann nicht ein Erstes, Unmittelbares sein, sondern das Absolute ist wesentlich sein Resultat.

Nach der Definition des Absoluten tritt bei Spinoza ferner die Definition des Attributs auf, und es wird als dasjenige bestimmt, wie der Verstand dessen Wesen begreift. Außerdem daß der Verstand seiner Natur nach als später angenommen wird als das Attribut, — denn Spinoza bestimmt ihn als Modus, — so wird das Attribut, die Bestimmung als Bestimmung des Absoluten, von einem Andern, dem Verstande, abhängig gemacht, welches der Substanz gegenüber äußerlich und unmittelbar auftritt.

Die Attribute bestimmt Spinoza ferner als unendlich, und zwar unendlich auch im Sinne einer unendlichen Vielheit. Es kommen zwar weiterhin nur die zwei vor, Denken und Ausdehnung, und es ist nicht gezeigt, wie die unendliche Vielheit sich notwendig nur auf den Gegensatz und zwar diesen bestimmten, des Denkens und der Ausdehnung, reduziert. — Diese beiden Attribute sind deswegen empirisch aufgenommen. Denken und Sein stellen das Absolute in einer Determination vor; das Absolute selbst ist ihre absolute Einheit, so daß sie nur unwesentliche Formen sind, die Ordnung der

Dinge dieselbe ist als die der Vorstellungen oder Gedanken,
und das Eine Absolute nur von der äußerlichen Reflexion,
einem Modus, unter jenen beiden Bestimmungen, das eine Mal
als eine Totalität von Vorstellungen, das andere Mal als eine
Totalität von Dingen und deren Veränderungen betrachtet
wird. Wie es diese äußere Reflexion ist, welche jenen Unterschied macht, so ist sie es auch, die ihn in die absolute Identität zurückführt und versenkt. Diese ganze Bewegung aber
geht außer dem Absoluten vor. Zwar ist dieses selbst auch das
Denken, und sofern [ist] diese Bewegung nur im Absoluten;
aber, wie bemerkt, ist sie im Absoluten nur als Einheit mit
der Ausdehnung, somit nicht als diese Bewegung, welche wesentlich auch das Moment der Entgegensetzung ist. — Spinoza
macht die erhabene Forderung an das Denken, alles unter
der Gestalt der Ewigkeit, *sub specie aeterni*, zu betrachten, das heißt, wie es im Absoluten ist. Aber in jenem Absoluten, das nur die unbewegte Identität ist, ist das Attribut
wie der Modus nur als verschwindend, nicht als werdend, so daß hiemit auch jenes Verschwinden seinen positiven
Anfang nur von außen nimmt.

Das Dritte, der Modus, ist bei Spinoza Affektion
der Substanz, die bestimmte Bestimmtheit, was in einem Andern ist und durch dies Andere gefaßt wird. Die Attribute haben eigentlich nur die unbestimmte Verschiedenheit zu
ihrer Bestimmung; jedes soll die Totalität der Substanz ausdrücken und aus sich selbst begriffen werden; insofern es aber
das Absolute als bestimmt ist, so enthält es das Anderssein
und ist nicht nur aus sich selbst zu begreifen. In dem Modus ist daher erst eigentlich die Bestimmung des Attributs
gesetzt. Dies Dritte bleibt ferner bloßer Modus, einerseits
ist er unmittelbar Gegebenes, andererseits wird seine Nichtigkeit nicht als Reflexion in sich erkannt. — Die spinozistische
Auslegung des Absoluten ist daher insofern wohl vollständig, als sie von dem Absoluten anfängt, hierauf das Attribut
folgen läßt und mit dem Modus endigt; aber diese drei werden
nur nacheinander ohne innere Folge der Entwicklung auf-
gezählt, und das Dritte ist nicht die Negation als Negation,
nicht sich negativ auf sich beziehende Negation, wodurch sie
an ihr selbst die Rückkehr in de erste Identität und diese,
wahrhafte Identität wäre. Es fehlt daher die Notwendigkeit

des Fortgangs des Absoluten zur Unwesentlichkeit, sowie ihre Auflösung an und für sich selbst in die Identität; oder es mangelt sowohl das Werden der Identität als ihrer Bestimmungen.

Auf gleiche Weise ist in der orientalischen Vorstellung der Emanation das Absolute das sich selbst erleuchtende Licht. Allein es erleuchtet sich nicht nur, sondern strömt auch aus. Seine Ausströmungen sind Entfernungen von seiner ungetrübten Klarheit; die folgenden Ausgeburten sind unvollkommener als die vorhergehenden, aus denen sie entstehen. Das Ausströmen ist nur als ein Geschehen genommen, das Werden nur als ein fortgehender Verlust. So verdunkelt sich das Sein immer mehr, und die Nacht, das Negative, ist das Letzte der Linie, das nicht in das erste Licht zuerst kehrt.

Der Mangel der Reflexion in sich, den die spinozistische Auslegung des Absoluten wie die Emanationslehre an ihr hat, ist in dem Begriffe der Leibnizischen Monade ergänzt. — Der Einseitigkeit eines philosophischen Prinzips pflegt sich die entgegengesetzte gegenüber zu stellen und, wie in allem, die Totalität wenigstens als eine zerstreute Vollständigkeit vorhanden zu sein. — Die Monade ist nur Eins, ein in sich reflektiertes Negatives; sie ist die Totalität des Inhalts der Welt; das verschiedene Mannigfaltige ist in ihr nicht nur verschwunden, sondern auf negative Weise aufbewahrt: (die spinozistische Substanz ist die Einheit alles Inhalts; aber dieser mannigfaltige Inhalt der Welt ist nicht als solcher in ihr, sondern in der ihr äußerlichen Reflexion). Die Monade ist daher wesentlich vorstellend; sie hat aber, ob sie wohl eine endliche ist, keine Passivität, sondern die Veränderungen und Bestimmungen in ihr sind Manifestationen ihrer in ihr selbst. Sie ist Entelechie; das Offenbaren ist ihr eigenes Tun. — Dabei ist die Monade auch bestimmt, von andern unterschieden; die Bestimmtheit fällt in den besondern Inhalt und die Art und Weise der Manifestation. Die Monade ist daher an sich, ihrer Substanz nach, die Totalität, nicht in ihrer Manifestation. Diese Beschränkung der Monade fällt notwendig nicht in die sich selbst setzende oder vorstellende Monade, sondern in ihr Ansichsein, oder ist absolute Grenze, eine Prädestination, welche durch ein anderes We-

sen, als sie ist, gesetzt wird. Ferner da Begrenzte nur sind,
als sich auf andere Begrenzte beziehend, die Monade aber zugleich ein in sich geschlossenes Absolutes ist, so fällt die Harmonie dieser Begrenzungen, nämlich die Beziehung der Monaden aufeinander, außer ihnen und ist gleichfalls von einem
andern Wesen oder an sich prästabiliert.

Es erhellt, daß durch das Prinzip der Reflexion-in-
sich, welches die Grundbestimmung der Monade ausmacht,
zwar das Anderssein und die Einwirkung von außen überhaupt
entfernt ist und die Veränderungen der Monade ihr eigenes
Setzen sind, — daß aber auf der andern Seite die Passivität
durch anderes nur in eine absolute Schranke, in eine Schranke
des Ansichseins verwandelt ist. Leibniz schreibt den Monaden eine gewisse Vollendung in sich zu, eine Art von Selbständigkeit; sie sind geschaffene Wesen. — Näher ihre
Schranke betrachtet, so ergibt sich aus dieser Darstellung, daß
die Manifestation ihrer selbst, die ihnen zukommt, die Totalität der Form ist. Es ist ein höchst wichtiger Begriff, daß die
Veränderungen der Monade als passivitätslose Aktionen, als
Manifestationen ihrer selbst vorgestellt [werden] und das
Prinzip der Reflexion in sich oder der Individuation als
wesentlich hervorsteht. Ferner ist es notwendig, die Endlichkeit darin bestehen zu lassen, daß der Inhalt oder die Substanz von der Form unterschieden und dann weiter jene
beschränkt, diese aber unendlich ist. Aber nun wäre im Begriffe der absoluten Monade nicht nur jene absolute Einheit der Form und des Inhalts, sondern auch die Natur der
Reflexion, als die sich auf sich selbst beziehende Negativität
sich von sich abzustoßen, wodurch sie setzend und schaffend
ist, zu finden. Es ist zwar im Leibnizischen Systeme das Weitere gleichfalls vorhanden, daß Gott die Quelle der Existenz und des Wesens der Monaden ist, d. h. daß jene absoluten Schranken im Ansichsein der Monaden nicht an und
für sich seiende sind, sondern im Absoluten verschwinden.
Aber es zeigen sich in diesen Bestimmungen nur die gewöhnlichen Vorstellungen, die ohne philosophische Entwicklung gelassen und nicht zu spekulativen Begriffen erhoben sind. So
erhält das Prinzip der Individuation seine tiefere Ausführung
nicht; die Begriffe über die Unterscheidungen der verschiedenen endlichen Monaden und über ihr Verhältnis zu ihrem Ab-

soluten entspringen nicht aus diesem Wesen selbst oder nicht auf absolute Weise, sondern gehören der räsonnierenden, dogmatischen Reflexion an und sind daher zu keiner innern Kohärenz gediehen.

Zweites Kapitel.

Die Wirklichkeit.

Das Absolute ist die Einheit des Innern und Äußern als erste, ansichseiende Einheit. Die Auslegung erschien als äußere Reflexion, die auf ihrer Seite das Unmittelbare als ein Vorgefundenes hat, aber zugleich die Bewegung und Beziehung desselben auf das Absolute ist und als solche es in dieses zurückführt und als eine bloße Art und Weise bestimmt. Aber diese Art und Weise ist die Bestimmung des Absoluten selbst, nämlich seine erste Identität oder seine bloß an sich seiende Einheit. Und zwar wird durch diese Reflexion nicht nur jenes erste Ansichsein gesetzt als wesenlose Bestimmung, sondern weil sie negative Beziehung auf sich ist, wird erst durch sie jener Modus. Diese Reflexion, als sich selbst in ihren Bestimmungen aufhebend, und überhaupt als die in sich zurückkehrende Bewegung, ist erst wahrhaft absolute Identität, und zugleich ist sie das Bestimmen des Absoluten oder die Modalität desselben. Der Modus ist daher die Äußerlichkeit des Absoluten, aber ebensosehr nur als dessen Reflexion in sich; — oder er ist die eigne Manifestation desselben, so daß diese Äußerung seine Reflexion-in-sich und damit sein An-und-für-sich-sein ist.

So als die Manifestation, daß es sonst nichts ist und keinen Inhalt hat, als die Manifestation seiner zu sein, ist das Absolute die absolute Form. Die Wirklichkeit ist als diese reflektierte Absolutheit zu nehmen. Das Sein ist noch nicht wirklich: es ist die erste Unmittelbarkeit; seine Reflexion ist daher Werden und Übergehen in anderes; oder seine Unmittelbarkeit ist nicht Anundfürsichsein. Die Wirklichkeit steht auch höher als die Existenz. Diese ist zwar die aus dem Grunde und den Bedingungen, oder aus dem Wesen und dessen Reflexion hervorgegangene Unmittelbarkeit. Sie ist daher an sich das, was die Wirklichkeit ist, reale Reflexion.

aber ist noch nicht die gesetzte Einheit der Reflexion und der Unmittelbarkeit. Die Existenz geht daher in Erscheinung über, indem sie die Reflexion, welche sie enthält, entwickelt. Sie ist der zugrunde gegangene Grund; ihre Bestimmung ist die Wiederherstellung desselben; so wird sie wesentliches Verhältnis, und ihre letzte Reflexion ist, daß ihre Unmittelbarkeit gesetzt ist als die Reflexion-in-sich und umgekehrt; diese Einheit, in welcher Existenz oder Unmittelbarkeit, und das Ansichsein, der Grund oder das Reflektierte schlechthin Momente sind, ist nun die Wirklichkeit. Das Wirkliche ist darum Manifestation; es wird durch seine Äußerlichkeit nicht in die Sphäre der Veränderung gezogen, noch ist es Scheinen seiner in einem Andern, sondern es manifestiert sich; d. h. es ist in seiner Äußerlichkeit es selbst, und ist nur in ihr, nämlich nur als sich von sich unterscheidende und bestimmende Bewegung, es selbst.

In der Wirklichkeit nun als dieser absoluten Form sind die Momente nur als aufgehobene oder formelle, noch nicht realisiert; ihre Verschiedenheit gehört so zunächst der äußern Reflexion an und ist nicht als Inhalt bestimmt.

Die Wirklichkeit als selbst unmittelbare Formeinheit des Innern und Äußern ist damit in der Bestimmung der Unmittelbarkeit gegen die Bestimmung der Reflexion in sich; oder sie ist eine Wirklichkeit gegen eine Möglichkeit. Die Beziehung beider aufeinander ist das Dritte, das Wirkliche bestimmt ebensosehr als in sich reflektiertes Sein, und dieses zugleich als unmittelbar existierendes. Dieses Dritte ist die Notwendigkeit.

Aber zunächst, indem Wirkliches und Mögliches formelle Unterschiede sind, ist ihre Beziehung gleichfalls nur formell und besteht nur darin, daß das Eine wie das Andere ein Gesetztsein ist, oder in der Zufälligkeit.

Damit nun, daß in der Zufälligkeit das Wirkliche wie das Mögliche das Gesetztsein ist, haben sie die Bestimmung an ihnen erhalten; es wird dadurch zweitens die reale Wirklichkeit, womit ebenso reale Möglichkeit und die relative Notwendigkeit hervorgeht.

Die Reflexion der relativen Notwendigkeit in sich gibt drittens die absolute Notwendigkeit, welche absolute Möglichkeit und Wirklichkeit ist.

A. Zufälligkeit oder formelle Wirklichkeit, Möglichkeit und Notwendigkeit.

1. Die Wirklichkeit ist formell, insofern sie als erste Wirklichkeit nur un mittelbare, unreflektierte Wirklichkeit, somit nur in dieser Formbestimmung, aber nicht als Totalität der Form ist. Sie ist so weiter nichts als ein Sein oder Existenz überhaupt. Aber weil sie wesentlich nicht bloße unmittelbare Existenz, sondern als Formeinheit des Ansichseins oder der Innerlichkeit und der Äußerlichkeit ist, so enthält sie unmittelbar das Ansichsein oder die Möglichkeit. Was wirklich ist, ist möglich.

2. Diese Möglichkeit ist die in sich reflektierte Wirklichkeit. Aber dies selbst erste Reflektiertsein ist ebenfalls das Formelle und hiemit überhaupt nur die Bestimmung der Identität mit sich oder des Ansichseins überhaupt.

Weil aber die Bestimmung hier Totalität der Form ist, ist dieses Ansichsein bestimmt als Aufgehobenes oder als wesentlich nur in Beziehung auf die Wirklichkeit, als das Negative von dieser, gesetzt als Negatives. Die Möglichkeit enthält daher die zwei Momente: erstlich das positive, daß es ein Reflektiertsein in sich selbst ist; aber indem es in der absoluten Form herabgesetzt ist zu einem Momente, so gilt das Reflektiertsein-in-sich nicht mehr als Wesen, sondern hat zweitens die negative Bedeutung, daß die Möglichkeit ein Mangelhaftes ist, auf ein Anderes, die Wirklichkeit, hinweist und an dieser sich ergänzt.

Nach der ersten, der bloß positiven Seite ist die Möglichkeit also die bloße Formbestimmung der Identität mit sich oder die Form der Wesentlichkeit. So ist sie der verhältnislose, unbestimmte Behälter für alles überhaupt. — Im Sinne dieser formellen Möglichkeit ist alles möglich, was sich nicht widerspricht; das Reich der Möglichkeit ist daher die grenzenlose Mannigfaltigkeit. Aber jedes Mannigfaltige ist in sich und gegen anderes bestimmt und hat die Negation an ihm; überhaupt geht die gleichgültige Verschiedenheit in die Entgegensetzung über; die Entgegensetzung aber ist der Widerspruch. Daher ist alles ebensosehr ein Widersprechendes und daher Unmögliches.

— Dies bloß formelle von etwas Aussagen, — es ist möglich, — ist daher ebenso flach und leer als der Satz des Widerspruchs und jeder in ihn aufgenommene Inhalt. A ist möglich, heißt so viel als A ist A. Insofern man sich nicht auf die Entwicklung des Inhalts einläßt, so hat dieser die Form der Einfachheit; erst durch die Auflösung desselben in seine Bestimmungen kommt der Unterschied an ihm hervor. Indem man sich an jene einfache Form hält, so bleibt der Inhalt ein mit sich Identisches und daher ein Mögliches. Es ist aber damit ebenso nichts gesagt als mit dem formellen identischen Satze.

Das Mögliche enthält jedoch mehr als der bloß identische Satz. Das Mögliche ist das reflektierte In-sich-reflektiertsein oder das Identische schlechthin als Moment der Totalität, somit auch bestimmt, nicht an sich zu sein; es hat daher die zweite Bestimmung, nur ein Mögliches zu sein, und das Sollen der Totalität der Form. Die Möglichkeit ohne dieses Sollen ist die Wesentlichkeit als solche; aber die absolute Form enthält dies, daß das Wesen selbst nur Moment [ist] und ohne Sein seine Wahrheit nicht hat. Die Möglichkeit ist diese bloße Wesentlichkeit, so gesetzt, daß sie nur Moment und der absoluten Form nicht gemäß ist. Sie ist das Ansichsein, bestimmt, als nur ein Gesetztes, oder ebensosehr als nicht an sich zu sein. — Die Möglichkeit ist daher an ihr selbst auch der Widerspruch, oder sie ist die Unmöglichkeit.

Zunächst drückt sich dies so aus, daß die Möglichkeit als aufgehoben gesetzte Formbestimmung einen Inhalt überhaupt an ihr hat. Dieser ist als möglich ein Ansichsein, das zugleich ein aufgehobenes oder ein Anderssein ist. Weil er also nur ein möglicher ist, ist ebensosehr ein anderer und sein Gegenteil möglich. A ist A; ebenso $-A$ ist $-A$. Diese beiden Sätze drücken jeder die Möglichkeit seiner Inhaltsbestimmung aus. Aber als diese identischen Sätze sind sie gleichgültig gegeneinander; es ist mit dem einen nicht gesetzt, daß auch der andere hinzukomme. Die Möglichkeit ist die vergleichende Beziehung beider; sie enthält es in ihrer Bestimmung als eine Reflexion der Totalität, daß auch das Gegenteil möglich sei. Sie ist daher der beziehende Grund, daß darum, weil $A = A$, auch $-A = -A$ ist; in dem möglichen A ist auch das mögliche Nicht-A enthalten, und diese Beziehung selbst ist es, welche beide als mögliche bestimmt.

Als diese Beziehung aber, daß in dem einen Möglichen auch sein Anderes enthalten ist, ist sie der Widerspruch, der sich aufhebt. Da sie nun ihrer Bestimmung nach das Reflektierte, und wie sich gezeigt hat, das sich aufhebende Reflektierte ist, so ist sie somit auch das Unmittelbare, und damit wird sie Wirklichkeit.

3. Diese Wirklichkeit ist nicht die erste, sondern die reflektierte, gesetzt als Einheit ihrer selbst und der Möglichkeit. Das Wirkliche als solches ist möglich; es ist in unmittelbarer positiver Identität mit der Möglichkeit; aber diese hat sich bestimmt als nur Möglichkeit; somit ist auch das Wirkliche bestimmt als nur ein Mögliches. Und unmittelbar darum, weil die Möglichkeit in der Wirklichkeit unmittelbar enthalten ist, ist sie darin als aufgehobene, als nur Möglichkeit. Umgekehrt die Wirklichkeit, die in Einheit ist mit der Möglichkeit, ist nur die aufgehobene Unmittelbarkeit; — oder darum weil die formelle Wirklichkeit nur unmittelbare erste ist, ist sie nur Moment, nur aufgehobene Wirklichkeit oder nur Möglichkeit.

Hiemit ist zugleich näher die Bestimmung ausgedrückt, inwiefern die Möglichkeit Wirklichkeit ist. Die Möglichkeit ist nämlich noch nicht alle Wirklichkeit, — von der realen und absoluten Wirklichkeit ist noch nicht die Rede gewesen; — sie ist nur erst diejenige, welche zuerst vorkam, nämlich die formelle, die sich bestimmt hat, nur Möglichkeit zu sein, also die formelle Wirklichkeit, welche nur Sein oder Existenz überhaupt ist. Alles Mögliche hat daher überhaupt ein Sein oder eine Existenz.

Diese Einheit der Möglichkeit und Wirklichkeit ist die Zufälligkeit. — Das Zufällige ist ein Wirkliches, das zugleich nur als möglich bestimmt, dessen Anderes oder Gegenteil ebensosehr ist. Diese Wirklichkeit ist daher bloßes Sein oder Existenz, aber in seiner Wahrheit gesetzt, den Wert eines Gesetztseins oder der Möglichkeit zu haben. Umgekehrt ist die Möglichkeit als die Reflexion-in-sich oder das Ansichsein gesetzt als Gesetztsein; was möglich ist, ist ein Wirkliches in diesem Sinne der Wirklichkeit; es hat nur so viel Wert als die zufällige Wirklichkeit; es ist selbst ein Zufälliges.

Das Zufällige bietet daher die zwei Seiten dar; erstens

insofern es die Möglichkeit unmittelbar an ihm hat, oder,
was dasselbe ist, insofern sie in ihm aufgehoben ist, ist es
nicht Gesetztsein noch vermittelt, sondern unmittelbare
Wirklichkeit; es hat keinen Grund. — Weil auch dem Möglichen diese unmittelbare Wirklichkeit zukommt, so ist es sosehr als das Wirkliche bestimmt als zufällig und ebenfalls ein
Grundloses.

Das Zufällige ist aber zweitens das Wirkliche als ein
nur Mögliches oder als ein Gesetztsein; so auch das Mögliche ist als formelles An-sich-sein nur Gesetztsein. Somit ist
beides nicht an und für sich selbst, sondern hat seine wahrhafte Reflexion-in-sich in einem Andern, oder es hat einen
Grund.

Das Zufällige hat also darum keinen Grund, weil es zufällig ist; und ebensowohl hat es einen Grund, darum weil es
zufällig ist.

Es ist das gesetzte, unvermittelte Umschlagen des Innern und Äußern oder des In-sich-reflektiert-seins und des Seins
ineinander, — gesetzt dadurch, daß Möglichkeit und Wirklichkeit, jede an ihr selbst diese Bestimmung hat, dadurch daß
sie Momente der absoluten Form sind. — So ist die Wirklichkeit in ihrer unmittelbaren Einheit mit der Möglichkeit
nur die Existenz und bestimmt als Grundloses, das nur ein
Gesetztes oder nur Mögliches ist; — oder als reflektiert und
bestimmt gegen die Möglichkeit, so ist sie von der Möglichkeit, von dem In-sich-reflektiert-sein getrennt und somit ebenso unmittelbar auch nur ein Mögliches. — Ebenso die Möglichkeit, als einfaches Ansichsein, ist es ein Unmittelbares,
nur ein Seiendes überhaupt, — oder entgegengesetzt gegen
die Wirklichkeit, ebenso ein wirklichkeitsloses Ansichsein, nur
ein Mögliches, aber eben darum wieder nur eine nicht in sich
reflektierte Existenz überhaupt.

Diese absolute Unruhe des Werdens dieser beiden
Bestimmungen ist die Zufälligkeit. Aber darum weil jede
unmittelbar in die entgegengesetzte umschlägt, so geht sie in
dieser ebenso schlechthin mit sich selbst zusammen, und
diese Identität derselben, einer in der andern, ist die Notwendigkeit.

Das Notwendige ist ein Wirkliches; so ist es als Unmittelbares, Grundloses; es hat aber ebensosehr seine Wirk-

lichkeit durch ein Anderes oder in seinem Grunde, aber ist zugleich das Gesetztsein dieses Grundes und die Reflexion desselben in sich; die Möglichkeit des Notwendigen ist eine aufgehobene. Das Zufällige ist also notwendig, darum weil das Wirkliche als Mögliches bestimmt, damit seine Unmittelbarkeit aufgehoben und in Grund oder Ansichsein und in Begründetes abgestoßen ist, als auch weil diese seine Möglichkeit, die Grundbeziehung, schlechthin aufgehoben und als Sein gesetzt ist. Das Notwendige ist, und dies Seiende ist selbst das Notwendige. Zugleich ist es an sich; diese Reflexion-in-sich ist ein Anderes als jene Unmittelbarkeit des Seins, und die Notwendigkeit des Seienden ist ein Anderes. Das Seiende selbst ist so nicht das Notwendige; aber dieses Ansichsein ist selbst nur Gesetztsein; es ist aufgehoben und selbst unmittelbar. So ist die Wirklichkeit in ihrem Unterschiedenen, der Möglichkeit, identisch mit sich selbst. Als diese Identität ist sie Notwendigkeit.

B. Relative Notwendigkeit oder reale Wirklichkeit, Möglichkeit und Notwendigkeit.

1. Die Notwendigkeit, die sich ergeben hat, ist formell, weil ihre Momente formell sind, nämlich einfache Bestimmungen, die nur als unmittelbare Einheit oder als unmittelbares Umschlagen des einen in das andere Totalität sind und somit nicht die Gestalt der Selbständigkeit haben. — In dieser formellen Notwendigkeit ist daher die Einheit zunächst einfach und gegen ihre Unterschiede gleichgültig. Als unmittelbare Einheit der Formbestimmungen ist diese Notwendigkeit Wirklichkeit; aber eine solche, die, — weil ihre Einheit nunmehr bestimmt ist als gleichgültig gegen den Unterschied der Formbestimmungen, nämlich ihrer selbst und der Möglichkeit, — einen Inhalt hat. Dieser als gleichgültige Identität enthält auch die Form als gleichgültige, d. h. als bloß verschiedene Bestimmungen, und ist mannigfaltiger Inhalt überhaupt. Diese Wirklichkeit ist reale Wirklichkeit.

Die reale Wirklichkeit als solche ist zunächst das Ding von vielen Eigenschaften, die existierende Welt; aber sie ist nicht die Existenz, welche sich in Erscheinung auflöst, sondern als Wirklichkeit ist sie zugleich Ansichsein und Reflexion-in-sich; sie erhält sich in der Mannigfaltigkeit der bloßen Existenz; ihre Äußerlichkeit ist innerliches Verhalten nur zu sich selbst. Was wirklich ist, kann wirken; seine Wirklichkeit gibt etwas kund durch das, was es hervorbringt. Sein Verhalten zu anderem ist die Manifestation seiner: weder ein Übergehen, — so bezieht das seiende Etwas sich auf anderes, — noch ein Erscheinen, — so ist das Ding nur im Verhältnis zu andern, ist ein Selbständiges, das aber seine Reflexion-in-sich, seine bestimmte Wesentlichkeit in einem andern Selbständigen hat.

Die reale Wirklichkeit hat nun gleichfalls die Möglichkeit unmittelbar an ihr selbst. Sie enthält das Moment des Ansichseins; aber als nur erst die unmittelbare Einheit ist sie in einer der Bestimmungen der Form, hiemit als das Seiende von dem Ansichsein oder der Möglichkeit unterschieden.

2. Diese Möglichkeit als das Ansichsein der realen Wirklichkeit ist selbst reale Möglichkeit, zunächst das inhaltsvolle Ansichsein. — Die formelle Möglichkeit ist die Reflexion-in-sich nur als die abstrakte Identität, daß Etwas sich in sich nicht widerspreche. Insofern man sich aber auf die Bestimmungen, Umstände, Bedingungen einer Sache einläßt, um daraus ihre Möglichkeit zu erkennen, bleibt man nicht mehr bei der formellen stehen, sondern betrachtet ihre reale Möglichkeit.

Diese reale Möglichkeit ist selbst unmittelbare Existenz, nicht mehr aber darum, weil die Möglichkeit als solche, als formelles Moment, unmittelbar ihr Gegenteil, eine nicht reflektierte Wirklichkeit ist; sondern weil sie reale Möglichkeit ist, hat sie sogleich diese Bestimmung an ihr selbst. Die reale Möglichkeit einer Sache ist daher die daseiende Mannigfaltigkeit von Umständen, die sich auf sie beziehen.

Diese Mannigfaltigkeit des Daseins ist also zwar sowohl Möglichkeit als Wirklichkeit, aber ihre Identität ist nur erst der Inhalt, der gegen diese Formbestimmungen gleichgültig ist; sie machen daher die Form aus bestimmt gegen ihre Identität. — Oder die unmittelbare reale Wirklichkeit, darum weil sie unmittelbare ist, ist gegen ihre Möglichkeit bestimmt; als diese bestimmte, somit reflektierte, ist sie die reale Möglichkeit. Diese ist nun zwar das gesetzte Ganze der Form, aber der Form in ihrer Bestimmtheit, nämlich der Wirklichkeit als formeller oder unmittelbarer und ebenso der Möglichkeit als des abstrakten Ansichseins. Diese Wirklichkeit, welche die Möglichkeit einer Sache ausmacht, ist daher nicht ihre eigene Möglichkeit, sondern das Ansichsein eines andern Wirklichen; sie selbst ist die Wirklichkeit, die aufgehoben werden soll, die Möglichkeit als nur Möglichkeit. — So macht die reale Möglichkeit das Ganze von Bedingungen aus, eine nicht in sich reflektierte, zerstreute Wirklichkeit, welche aber bestimmt ist, das Ansichsein, aber eines Andern zu sein und in sich zurückgehen zu sollen.

Was real möglich ist, ist also nach seinem Ansichsein ein formelles Identisches, das nach seiner einfachen Inhaltsbestimmung sich nicht widerspricht; aber auch nach seinen entwickelten und unterschiedenen Umständen und allem, womit es im Zusammenhange steht, muß es als das mit sich Identische sich nicht widersprechen. Aber zweitens, weil es in sich mannigfaltig und mit anderem in mannigfaltigem Zusammenhange ist, die Verschiedenheit aber an sich selbst in Entgegensetzung übergeht, ist es ein Widersprechendes. Wenn von einer Möglichkeit die Rede ist und deren Widerspruch aufgezeigt werden soll, so hat man sich nur an die Mannigfaltigkeit, die sie als Inhalt oder als ihre bedingte Existenz enthält, zu halten, woraus sich leicht ihr Widerspruch auffinden läßt. — Dies ist aber nicht ein Widerspruch der Vergleichung, sondern die mannigfaltige Existenz ist an sich selbst dies, sich aufzuheben und zugrunde zu gehen, und hat darin wesentlich die Bestimmung, nur ein Mögliches zu sein, an ihr selbst. — Wenn alle Bedingungen einer Sache vollständig vorhanden sind, so tritt sie in Wirklichkeit; — die Vollständigkeit der Bedingungen ist die Totalität als am Inhalte, und die Sache selbst ist dieser Inhalt, bestimmt, ebenso ein Wirkliches als Mögliches zu sein. In der Sphäre des bedingten Grundes haben die Bedingungen die Form, nämlich den Grund oder die für sich seiende Reflexion, außer ihnen, welche sie zu Momenten der Sache bezieht und die Existenz an ihnen hervorbringt. Hier hingegen ist die unmittelbare Wirklichkeit nicht durch eine voraussetzende Reflexion bestimmt, Bedingung zu sein, sondern es ist gesetzt, daß sie selbst die Möglichkeit ist.

In der sich aufhebenden realen Möglichkeit ist es nun ein
Gedoppeltes, das aufgehoben wird; denn sie ist selbst das Gedoppelte, Wirklichkeit und Möglichkeit zu sein. 1. Die Wirklichkeit ist die formelle, oder eine Existenz, die als selbständige unmittelbare erschien und durch ihr Aufheben zum reflektierten Sein, zum Moment eines Andern wird und somit das
Ansichsein an ihr erhält. 2. Jene Existenz war auch bestimmt als Möglichkeit oder als das Ansichsein, aber
eines Andern. Indem es sich also aufhebt, so wird auch dies
Ansichsein aufgehoben und geht in Wirklichkeit über. —
Diese Bewegung der sich selbst aufhebenden realen Möglichkeit bringt also dieselben schon vorhandenen Momente
hervor, nur jedes aus dem andern werdend; sie ist daher in
dieser Negation auch nicht ein Übergehen, sondern ein Zusammengehen mit sich selbst. — Nach der formellen Möglichkeit war darum, weil etwas möglich war, auch — nicht es
selbst sondern — sein Anderes möglich. Die reale Möglichkeit hat nicht mehr ein solches Anderes sich gegenüber, denn
sie ist real, insofern sie selbst auch die Wirklichkeit ist. Indem
sich also die unmittelbare Existenz derselben, der Kreis
der Bedingungen, aufhebt, so macht sie sich zum Ansichsein,
welches sie selbst schon ist, nämlich als das Ansichsein eines
Andern. Und indem umgekehrt dadurch zugleich ihr Moment
des Ansichseins sich aufhebt, wird sie zur Wirklichkeit, also
zu dem Momente, das sie gleichfalls selbst schon ist. — Was
verschwindet, ist damit dies, daß die Wirklichkeit bestimmt
war als die Möglichkeit oder das Ansichsein eines Andern,
und umgekehrt die Möglichkeit als eine Wirklichkeit, die
nicht diejenige ist, deren Möglichkeit sie ist.
    3. Die Negation der realen Möglichkeit ist somit ihre
Identität mit sich; indem sie so in ihrem Aufheben der Gegenstoß dieses Aufhebens in sich selbst ist, ist sie die reale Notwendigkeit.
    Was notwendig ist, kann nicht anders sein; aber wohl
was überhaupt möglich ist; denn die Möglichkeit ist das Ansichsein, das nur Gesetztsein und daher wesentlich Anderssein
ist. Die formelle Möglichkeit ist diese Identität als Übergehen
in schlechthin anderes; die reale aber, weil sie das andere Moment, die Wirklichkeit, an ihr hat, ist schon selbst die Notwendigkeit. Was daher real möglich ist, das kann nicht mehr

anders sein; unter diesen Bedingungen und Umständen kann nicht etwas anderes erfolgen. Reale Möglichkeit und die Notwendigkeit sind daher nur scheinbar unterschieden; diese ist eine Identität, die nicht erst wird, sondern schon vorausgesetzt ist und zugrunde liegt. Die reale Notwendigkeit ist daher inhaltsvolle Beziehung; denn der Inhalt ist jene ansichseiende Identität, die gegen die Formunterschiede gleichgültig ist.

Diese Notwendigkeit aber ist zugleich relativ. — Sie hat nämlich eine Voraussetzung, von der sie anfängt, sie hat an dem Zufälligen ihren Ausgangspunkt. Das reale Wirkliche als solches ist nämlich das bestimmte Wirkliche und hat zunächst seine Bestimmtheit als unmittelbares Sein darin, daß es eine Mannigfaltigkeit existierender Umstände ist; aber dies unmittelbare Sein als Bestimmtheit, ist es auch das Negative seiner, ist Ansichsein oder Möglichkeit; so ist es reale Möglichkeit. Als diese Einheit der beiden Momente ist sie die Totalität der Form, aber die sich noch äußerliche Totalität; sie ist so Einheit der Möglichkeit und Wirklichkeit, daß 1. die mannigfaltige Existenz unmittelbar oder positiv die Möglichkeit ist, — ein Mögliches, mit sich Identisches überhaupt, darum weil sie ein Wirkliches ist; 2. insofern diese Möglichkeit der Existenz gesetzt ist, ist sie bestimmt als nur Möglichkeit, als unmittelbares Umschlagen der Wirklichkeit in ihr Gegenteil, — oder als Zufälligkeit. Daher ist diese Möglichkeit, welche die unmittelbare Wirklichkeit, indem sie Bedingung ist, an ihr hat, nur das Ansichsein als die Möglichkeit eines Andern. Dadurch daß, wie gezeigt, dies Anderssein sich aufhebt und dies Gesetztsein selbst gesetzt wird, wird die reale Möglichkeit zwar Notwendigkeit; aber diese fängt somit von jener noch nicht in sich reflektierten Einheit des Möglichen und Wirklichen an; — dieses Voraussetzen und die in sich zurückkehrende Bewegung ist noch getrennt; — oder die Notwendigkeit hat sich noch nicht aus sich selbst zur Zufälligkeit bestimmt.

Die Relativität der realen Notwendigkeit stellt sich an dem Inhalte so dar, daß er nur erst die gegen die Form gleichgültige Identität, daher von ihr unterschieden und ein bestimmter Inhalt überhaupt ist. Das real Notwendige ist deswegen irgendeine beschränkte Wirklichkeit, die um dieser

Beschränktheit willen in anderer Rücksicht auch nur ein Zufälliges ist.

In der Tat ist somit die **reale Notwendigkeit an sich**
auch **Zufälligkeit**. — Dies erscheint zunächst so, daß das
real Notwendige der **Form nach** zwar ein Notwendiges, aber
dem Inhalte nach ein Beschränktes sei und durch ihn seine
Zufälligkeit habe. Allein auch in der Form der realen Notwendigkeit ist die Zufälligkeit enthalten; denn wie sich gezeigt,
ist die reale Möglichkeit nur **an sich** das Notwendige, gesetzt
aber ist sie als das **Anderssein** der Wirklichkeit und Möglichkeit gegeneinander. Die reale Notwendigkeit enthält daher
die Zufälligkeit; sie ist die Rückkehr in sich aus jenem unruhigen **Anderssein** der Wirklichkeit und Möglichkeit gegeneinander, aber nicht aus sich selbst zu sich.

An sich ist also hier die Einheit der Notwendigkeit und
Zufälligkeit vorhanden; diese Einheit ist die **absolute Wirklichkeit** zu nennen.

C. Absolute Notwendigkeit.

Die reale Notwendigkeit ist **bestimmte** Notwendigkeit;
die formelle hat noch keinen Inhalt und Bestimmtheit an ihr.
Die Bestimmtheit der Notwendigkeit besteht darin, daß sie
ihre Negation, die Zufälligkeit, an ihr hat. So hat sie sich
ergeben.

Diese Bestimmtheit aber in **ihrer ersten Einfachheit**
ist Wirklichkeit; die **bestimmte** Notwendigkeit ist daher unmittelbar **wirkliche Notwendigkeit**. Diese Wirklichkeit,
die selbst als solche notwendig ist, indem sie nämlich
die Notwendigkeit als ihr **Ansichsein** enthält, ist **absolute
Wirklichkeit**; — Wirklichkeit, die nicht mehr anders sein
kann, denn ihr **Ansichsein** ist nicht die Möglichkeit, sondern
die Notwendigkeit selbst.

Aber damit ist diese **Wirklichkeit**, — weil sie gesetzt
ist, **absolut**, d. h. selbst die Einheit ihrer und der Möglichkeit zu sein, — nur eine **leere** Bestimmung, oder sie
ist **Zufälligkeit**. — Dies Leere ihrer Bestimmung macht
sie zu einer **bloßen Möglichkeit**, zu einem, das ebensosehr
auch **anders** sein und als Mögliches bestimmt werden kann.
Diese Möglichkeit aber ist selbst die **absolute**; denn sie ist

eben die Möglichkeit, ebensosehr als Möglichkeit wie als Wirklichkeit bestimmt zu werden. Damit, daß sie diese Gleichgültigkeit gegen sich selbst ist, ist sie gesetzt als leere, zufällige Bestimmung.

So enthält die reale Notwendigkeit nicht nur an sich die Zufälligkeit, sondern diese wird auch an ihr; aber dies Werden als die Äußerlichkeit ist selbst nur das Ansichsein derselben, weil es nur ein unmittelbares Bestimmtsein ist. Aber es ist nicht nur dies, sondern ihr eigenes Werden, — oder die Voraussetzung, welche sie hatte, ist ihr eigenes Setzen. Denn als reale Notwendigkeit ist sie das Aufgehobensein der Wirklichkeit in der Möglichkeit und umgekehrt; — indem sie dies einfache Umschlagen des einen dieser Momente in das andere ist, ist sie auch ihre einfache positive Einheit, indem jedes, wie sich zeigte, in dem andern nur mit sich selbst zusammengeht. So ist sie aber die Wirklichkeit; jedoch eine solche, die nur ist als dieses einfache Zusammengehen der Form mit sich selbst. Ihr negatives Setzen jener Momente ist dadurch selbst das Voraussetzen oder Setzen ihrer selbst als aufgehobener oder der Unmittelbarkeit.

Eben darin aber ist diese Wirklichkeit bestimmt als Negatives; sie ist ein Zusammengehen aus der Wirklichkeit, welche reale Möglichkeit war, mit sich; also wird diese neue Wirklichkeit nur aus ihrem Ansichsein, aus der Negation ihrer selbst. — Damit ist sie zugleich unmittelbar als Möglichkeit bestimmt, als Vermitteltes durch ihre Negation. Diese Möglichkeit aber ist somit unmittelbar nichts als dies Vermitteln, in welchem das Ansichsein, nämlich sie selbst und die Unmittelbarkeit, beide auf gleiche Weise Gesetztsein sind. — So ist es die Notwendigkeit, welche ebensosehr Aufheben dieses Gesetztseins oder Setzen der Unmittelbarkeit und des Ansichseins, so wie eben darin Bestimmen dieses Aufhebens als Gesetztseins ist. Sie ist daher es selbst, welche sich als Zufälligkeit bestimmt, — in ihrem Sein sich von sich abstößt, in diesem Abstoßen selbst nur in sich zurückgekehrt ist und in dieser Rückkehr als ihrem Sein sich von sich selbst abgestoßen hat.

So hat die Form in ihrer Realisierung alle ihre Unterschiede durchdrungen und sich durchsichtig gemacht und ist

als absolute Notwendigkeit nur diese einfache Identität des Seins in seiner Negation oder in dem Wesen
mit sich selbst. — Der Unterschied von dem Inhalte und
der Form selbst ist ebenso verschwunden; denn jene Einheit
der Möglichkeit in der Wirklichkeit und umgekehrt ist die
in ihrer Bestimmtheit oder im Gesetztsein gegen sich selbst
gleichgültige Form, die inhaltsvolle Sache, an der sich die
Form der Notwendigkeit äußerlich verlief. Aber so ist sie diese
reflektierte Identität beider Bestimmungen als gegen sie
gleichgültig, somit die Formbestimmung des Ansichseins
gegen das Gesetztsein, und diese Möglichkeit macht die
Beschränktheit des Inhalts aus, den die reale Notwendigkeit
hatte. Die Auflösung dieses Unterschieds aber ist die absolute Notwendigkeit, deren Inhalt dieser in ihr sich durchdringende Unterschied ist.

Die absolute Notwendigkeit ist also die Wahrheit, in
welche Wirklichkeit und Möglichkeit überhaupt, sowie die
formelle und reale Notwendigkeit zurückgeht. — Sie ist, wie
sich ergeben hat, das Sein, das in seiner Negation, im Wesen,
sich auf sich bezieht und Sein ist. Sie ist ebensosehr einfache
Unmittelbarkeit oder reines Sein, als einfache Reflexion-in-
sich oder reines Wesen; sie ist dies, daß dies beides ein
und dasselbe ist. — Das schlechthin Notwendige ist nur, weil
es ist; es hat sonst keine Bedingung noch Grund. — Es ist
aber ebenso reines Wesen; sein Sein ist die einfache Reflexion-in-sich; es ist, weil es ist. Als Reflexion hat es Grund
und Bedingung, aber es hat nur sich zum Grunde und Bedingung. Es ist Ansichsein, aber sein Ansichsein ist seine Unmittelbarkeit, seine Möglichkeit ist seine Wirklichkeit. — Es
ist also, weil es ist; als das Zusammengehen des Seins
mit sich ist es Wesen; aber weil dies Einfache ebenso die unmittelbare Einfachheit ist, ist es Sein.

Die absolute Notwendigkeit ist so die Reflexion oder
Form des Absoluten; Einheit des Seins und Wesens, einfache Unmittelbarkeit, welche absolute Negativität ist. Einerseits sind ihre Unterschiede daher nicht als Reflexionsbestimmungen, sondern als seiende Mannigfaltigkeit, als
unterschiedene Wirklichkeit, welche die Gestalt von selbständigen Anderen gegeneinander hat. Andererseits, da ihre Beziehung die absolute Identität ist, ist sie das absolute Um-

kehren ihrer Wirklichkeit in ihre Möglichkeit und ihrer Möglichkeit in Wirklichkeit. — Die absolute Notwendigkeit ist daher blind. Einerseits haben die Unterschiedenen, welche als Wirklichkeit und als die Möglichkeit bestimmt sind, die Gestalt der Reflexion-in-sich als des Seins; sie sind daher beide als freie Wirklichkeiten, deren keins im Andern scheint, keins eine Spur seiner Beziehung auf das Andere an ihm zeigen will; in sich gegründet ist jedes das Notwendige an ihm selbst. Die Notwendigkeit als Wesen ist in diesem Sein verschlossen; die Berührung dieser Wirklichkeiten durcheinander erscheint daher als eine leere Äußerlichkeit; die Wirklichkeit des einen in dem Andern ist die nur Möglichkeit, die Zufälligkeit. Denn das Sein ist gesetzt als absolut notwendig, als die Vermittlung mit sich, welche absolute Negation der Vermittlung durch anderes ist, oder als Sein, das nur mit dem Sein identisch ist; ein Anderes, das im Sein Wirklichkeit hat, ist daher als schlechthin nur Mögliches, leeres Gesetztsein bestimmt.

Aber diese Zufälligkeit ist vielmehr die absolute Notwendigkeit; sie ist das Wesen jener freien, an sich notwendigen Wirklichkeiten. Dieses Wesen ist das Lichtscheue, weil an diesen Wirklichkeiten kein Scheinen, kein Reflex ist, weil sie nur rein in sich gegründet, für sich gestaltet sind, sich nur sich selbst manifestieren, — weil sie nur Sein sind. — Aber ihr Wesen wird an ihnen hervorbrechen und offenbaren, was es ist und was sie sind. Die Einfachheit ihres Seins, ihres Beruhens auf sich, ist die absolute Negativität; sie ist die Freiheit ihrer scheinlosen Unmittelbarkeit. Dieses Negative bricht an ihnen hervor, weil das Sein durch dies sein Wesen der Widerspruch mit sich selbst ist, — und zwar gegen dies Sein in der Form des Seins, also als die Negation jener Wirklichkeiten, welche absolut verschieden ist von ihrem Sein, als ihr Nichts, als ein ebenso freies Anderssein gegen sie, als ihr Sein es ist. — Jedoch war es an ihnen nicht zu verkennen. Sie sind in ihrer auf sich beruhenden Gestaltung gleichgültig gegen die Form, ein Inhalt, damit unterschiedene Wirklichkeiten und ein bestimmter Inhalt; dieser ist das Maal, das die Notwendigkeit, — indem sie, welche absolute Rückkehr in sich selbst in ihrer Bestimmung ist, dieselben frei als absolut wirkliche entließ, — ihnen auf-

drückte, worauf sie als den Zeugen ihres Rechts sich beruft, und
an dem sie ergriffen nun untergehen. Diese Manifestation dessen, was die Bestimmtheit in Wahrheit ist, negative Beziehung auf sich selbst, ist blinder Untergang im Anderssein;
das hervorbrechende Scheinen oder die Reflexion ist an
den Seienden als Werden oder Übergehen des Seins in
Nichts. Aber das Sein ist umgekehrt ebensosehr Wesen,
und das Werden ist Reflexion oder Scheinen. So ist die
Äußerlichkeit ihre Innerlichkeit, ihre Beziehung ist absolute
Identität; und das Übergehen des Wirklichen in Mögliches, des
Seins in Nichts ein Zusammengehen mit sich selbst; die
Zufälligkeit ist absolute Notwendigkeit, sie selbst ist das Vor-
aussetzen jener ersten absoluten Wirklichkeit.

Diese Identität des Seins in seiner Negation mit sich
selbst, ist sie nun Substanz. Sie ist diese Einheit als in
ihrer Negation oder als in der Zufälligkeit; so ist sie
die Substanz als Verhältnis zu sich selbst. Das blinde
Übergehen der Notwendigkeit ist vielmehr die eigene Auslegung des Absoluten, die Bewegung desselben in sich, welches
in seiner Entäußerung vielmehr sich selbst zeigt.

Drittes Kapitel.

Das absolute Verhältnis.

Die absolute Notwendigkeit ist nicht sowohl das Notwendige, noch weniger ein Notwendiges, sondern Notwendigkeit, — Sein schlechthin als Reflexion. Sie ist Verhältnis,
weil sie Unterscheiden ist, dessen Momente selbst ihre ganze
Totalität sind, die also absolut bestehen, so daß dies aber
nur Ein Bestehen und der Unterschied nur der Schein des
Auslegens, und dieser das Absolute selbst ist. — Das Wesen
als solches ist die Reflexion oder das Scheinen; das Wesen
als absolutes Verhältnis aber ist der als Schein gesetzte
Schein, der als dies Beziehen auf sich die absolute Wirklichkeit ist. — Das Absolute, zuerst von der äußern Reflexion ausgelegt, legt nun als absolute Form oder als Notwendigkeit sich selbst aus; dies Auslegen seiner selbst ist
sein Sich-selbst-setzen, und es ist nur dies Sich-setzen. —

Wie das Licht der Natur nicht Etwas, noch Ding, sondern sein Sein nur sein Scheinen ist, so ist die Manifestation die sich selbst gleiche absolute Wirklichkeit.

Die Seiten des absoluten Verhältnisses sind daher keine Attribute. Im Attribute scheint das Absolute nur in einem seiner Momente, als einem vorausgesetzten und von der äußern Reflexion aufgenommenen. Die Auslegerin des Absoluten aber ist die absolute Notwendigkeit, die identisch mit sich ist, als sich selbst bestimmend. Da sie das Scheinen ist, das als Schein gesetzt ist, so sind die Seiten dieses Verhältnisses Totalitäten, weil sie als Schein sind; denn als Schein sind die Unterschiede sie selbst und ihr Entgegengesetztes, oder [sie sind] das Ganze; — umgekehrt sind sie so Schein, weil sie Totalitäten sind. Dies Unterscheiden oder Scheinen des Absoluten ist so nur das identische Setzen seiner selbst.

Dies Verhältnis in seinem unmittelbaren Begriff ist das Verhältnis der Substanz und der Akzidenzen, das unmittelbare Verschwinden und Werden des absoluten Scheines in sich selbst. Indem die Substanz sich zum Fürsichsein gegen ein Anderes bestimmt, oder das absolute Verhältnis als reales, ist das Verhältnis der Kausalität. Endlich indem dieses als sich auf sich Beziehendes in Wechselwirkung übergeht, so ist damit das absolute Verhältnis nach den Bestimmungen, welche es enthält, auch gesetzt; diese gesetzte Einheit seiner in seinen Bestimmungen, die als das Ganze selbst und damit ebensosehr als Bestimmungen gesetzt sind, ist alsdann der Begriff.

A. Das Verhältnis der Substantialität.

Die absolute Notwendigkeit ist absolutes Verhältnis, weil sie nicht das Sein als solches ist, sondern das Sein, das ist, weil es ist, das Sein als die absolute Vermittlung seiner mit sich selbst. Dieses Sein ist die Substanz; als die letzte Einheit des Wesens und Seins ist sie das Sein in allem Sein, weder das unreflektierte Unmittelbare, noch auch ein abstraktes, hinter der Existenz und Erscheinung stehendes, sondern die unmittelbare Wirklichkeit selbst, und diese als absolutes Reflektiertsein in sich, als an und fürsichseiendes Bestehen. — Die

Substanz als diese Einheit des Seins und der Reflexion ist wesentlich das Scheinen und Gesetztsein ihrer. Das Scheinen ist das sich auf sich beziehende Scheinen, so ist es;
dies Sein ist die Substanz als solche. Umgekehrt ist dieses
Sein nur das mit sich identische Gesetztsein, so ist es scheinende Totalität, die Akzidentalität.

Dies Scheinen ist die Identität als der Form, — die Einheit der Möglichkeit und Wirklichkeit. Sie ist erstlich Werden, die Zufälligkeit als die Sphäre des Entstehens und Vergehens; denn nach der Bestimmung der Unmittelbarkeit
ist die Beziehung der Möglichkeit und Wirklichkeit unmittelbares Umschlagen derselben als Seiender ineinander,
eines jeden als in sein ihm nur Anderes. — Aber weil das
Sein Schein ist, so ist die Beziehung derselben auch als identischer oder scheinender aneinander, Reflexion. Die Bewegung
der Akzidentalität stellt daher an jedem ihrer Momente das
Scheinen der Kategorien des Seins und der Reflexionsbestimmungen des Wesens ineinander dar. — Das unmittelbare Etwas hat einen Inhalt; seine Unmittelbarkeit ist zugleich reflektierte Gleichgültigkeit gegen die Form. Dieser
Inhalt ist bestimmt, und indem dies Bestimmtheit des Seins
ist, geht das Etwas über in ein Anderes. Aber die Qualität
ist auch Bestimmtheit der Reflexion; so ist sie gleichgültige
Verschiedenheit. Aber diese begeistet sich zur Entgegensetzung und geht in den Grund zurück, der das Nichts,
aber auch Reflexion-in-sich ist. Diese hebt sich auf;
aber sie ist selbst reflektiertes Ansichsein, so ist sie Möglichkeit, und dies Ansichsein ist in seinem Übergehen, das ebensosehr Reflexion-in-sich ist, das notwendige Wirkliche.

Diese Bewegung der Akzidentalität ist die Aktuosität
der Substanz als ruhiges Hervorgehen ihrer selbst. Sie
ist nicht tätig gegen Etwas, sondern nur gegen sich als einfaches widerstandsloses Element. Das Aufheben eines Vorausgesetzten ist der verschwindende Schein; erst in dem
das Unmittelbare aufhebenden Tun wird dies Unmittelbare
selbst, oder ist jenes Scheinen; das Anfangen von sich selbst
ist erst das Setzen dieses Selbsts, von dem das Anfangen ist.

Die Substanz als diese Identität des Scheinens ist die Totalität des Ganzen und begreift die Akzidentalität in sich, und
die Akzidentalität ist die ganze Substanz selbst. Der Unter-

schied ihrer in die einfache Identität des Seins und in
den Wechsel der Akzidenzen an derselben ist eine Form
ihres Scheins. Jenes ist die formlose Substanz des Vorstellens, dem der Schein sich nicht als Schein bestimmt hat,
sondern das als an einem Absoluten an solcher unbestimmten
Identität festhält, die keine Wahrheit hat, nur die Bestimmtheit der unmittelbaren Wirklichkeit oder ebenso des Ansichseins oder der Möglichkeit ist, — Formbestimmungen,
welche in die Akzidentalität fallen. —

Die andere Bestimmung, der Wechsel der Akzidenzen, ist die absolute Formeinheit der Akzidentalität, die
Substanz als die absolute Macht. — Das Vergehen der Akzidenz ist Zurückgehen ihrer als Wirklichkeit in sich als in
ihr Ansichsein oder in ihre Möglichkeit; aber dies ihr Ansichsein ist selbst nur ein Gesetztsein, daher ist es auch Wirklichkeit, und weil diese Formbestimmungen ebensosehr Inhaltsbestimmungen sind, ist dies Mögliche auch dem Inhalte nach
ein anders bestimmtes Wirkliches. Die Substanz manifestiert
sich durch die Wirklichkeit mit ihrem Inhalte, in die sie das
Mögliche übersetzt, als schaffende, durch die Möglichkeit,
in die sie das Wirkliche zurückführt, als zerstörende Macht.
Aber beides ist identisch, das Schaffen zerstörend, die Zerstörung schaffend; denn das Negative und Positive, die Möglichkeit und Wirklichkeit sind in der substantiellen Notwendigkeit absolut vereint.

Die Akzidenzen als solche, — und es sind mehrere,
indem die Mehrheit eine der Bestimmungen des Seins ist, —
haben keine Macht übereinander. Sie sind das seiende oder
für sich seiende Etwas, existierende Dinge von mannigfaltigen
Eigenschaften oder Ganze, die aus Teilen bestehen, selbständige Teile, Kräfte, die der Sollizitation durcheinander bedürfen und einander zur Bedingung haben. Insofern ein solches
Akzidentelles über ein Anderes eine Macht auszuüben scheint,
ist es die Macht der Substanz, welche beide in sich begreift,
als Negativität einen ungleichen Wert setzt, das eine als Ver-
gehendes, das Andere mit anderem Inhalte und als Entstehen-
des, oder jenes in seine Möglichkeit, dieses daran in Wirklichkeit übergehend bestimmt, — ewig sich in die Unterschiede der
Form und des Inhalts entzweit und ewig sich von dieser Einseitigkeit reinigt, aber in dieser Reinigung selbst in die Bestim-

mung und Entzweiung zurückgefallen ist. — Eine Akzidenz
vertreibt also eine andere nur darum, weil ihr eigenes Sub-
sistieren diese Totalität der Form und des Inhalts selbst
ist, in der sie wie ihre andere ebensosehr untergeht.

Um dieser unmittelbaren Identität und Gegenwart
der Substanz in den Akzidenzen willen ist noch kein realer
Unterschied vorhanden. In dieser ersten Bestimmung ist die
Substanz noch nicht nach ihrem ganzen Begriffe manifestiert.
Wenn die Substanz als das mit sich identische An- und Fürsichsein von ihr selbst als Totalität der Akzidenzen unterschieden wird, so ist sie als Macht das Vermittelnde. Diese
ist die Notwendigkeit, das in der Negativität der Akzidenzen
positive Beharren derselben und ihr bloßes Gesetztsein in
ihrem Bestehen; diese Mitte ist somit Einheit der Substantialität und Akzidentalität selbst, und ihre Extreme haben kein
eigentümliches Bestehen. Die Substantialität ist daher nur das
Verhältnis als unmittelbar verschwindend, sie bezieht sich auf
sich nicht als Negatives, ist als die unmittelbare Einheit
der Macht mit sich selbst in der Form nur ihrer Identität,
nicht ihres negativen Wesens; nur das eine Moment, nämlich das Negative oder der Unterschied, ist das schlechthin verschwindende, nicht aber das andere, das Identische. — Dies
ist auch so zu betrachten. Der Schein oder die Akzidentalität
ist an sich wohl Substanz durch die Macht, aber er ist nicht
so gesetzt als dieser mit sich identische Schein; so hat die
Substanz nur die Akzidentalität zu ihrer Gestalt oder Gesetztsein, nicht sich selbst, ist nicht Substanz als Substanz. Das
Substantialitätsverhältnis ist also zunächst sie nur, daß sie
sich als formelle Macht offenbart, deren Unterschiede
nicht substantiell sind; sie ist in der Tat nur als Inneres der
Akzidenzen, und diese sind nur an der Substanz. Oder dies
Verhältnis ist nur die scheinende Totalität als Werden; aber
sie ist ebensosehr Reflexion; die Akzidentalität, die an sich
Substanz ist, ist eben darum auch gesetzt als solche; so ist
sie bestimmt als sich auf sich beziehende Negativität,
gegen sich, — bestimmt als sich auf sich beziehende einfache
Identität mit sich, und ist für-sich-seiende, mächtige
Substanz. So geht das Substantialitätsverhältnis in das
Kausalitätsverhältnis über.

B. Das Kausalitätsverhältnis.

Die Substanz ist Macht, und in sich reflektierte, nicht bloß übergehende, sondern die Bestimmungen setzende und von sich unterscheidende Macht. Als in ihrem Bestimmen sich auf sich selbst beziehend, ist sie selbst das, was sie als Negatives setzt oder zum Gesetztsein macht. Dieses ist somit überhaupt die aufgehobene Substantialität, das nur Gesetzte, die Wirkung; die für sich seiende Substanz aber ist die Ursache.

Dies Kausalitätsverhältnis ist zunächst nur dies Verhältnis von Ursache und Wirkung; so ist es das formelle Kausalitätsverhältnis.

a) Die formelle Kausalität.

1. Die Ursache ist das Ursprüngliche gegen die Wirkung. — Die Substanz ist als Macht das Scheinen oder hat Akzidentalität. Aber sie ist als Macht ebensosehr Reflexion-in-sich in ihrem Scheine; so legt sie ihr Übergehen aus. und dies Scheinen ist bestimmt als Schein, oder die Akzidenz ist gesetzt als das, daß sie nur ein Gesetztes sei. — Die Substanz geht aber in ihrem Bestimmen nicht von der Akzidentalität aus, als ob diese voraus ein Anderes wäre und nun erst als Bestimmtheit gesetzt würde, sondern beides ist Eine Aktuosität. Die Substanz als Macht bestimmt sich; aber dies Bestimmen ist unmittelbar selbst das Aufheben des Bestimmens und die Rückkehr. Sie bestimmt sich, — sie, das Bestimmende ist so das Unmittelbare und das selbst schon Bestimmte; — indem sie sich bestimmt, setzt sie also dies schon Bestimmte als bestimmt, hat so das Gesetztsein aufgehoben und ist in sich zurückgekehrt. — Umgekehrt ist diese Rückkehr, weil sie die negative Beziehung der Substanz auf sich ist, selbst ein Bestimmen oder Abstoßen ihrer von sich; durch diese Rückkehr wird das Bestimmte, von dem sie anzufangen und es als vorgefundenes Bestimmtes nun als solches zu setzen scheint. — So ist die absolute Aktuosität Ursache, die Macht der Substanz in ihrer Wahrheit als Manifestation, die das, was an sich ist, die Akzidenz, die das Gesetztsein ist, unmittelbar im Werden derselben auch auslegt, sie setzt als Gesetztsein, — die Wirkung. — Diese ist also

erstlich dasselbe, was die Akzidentalität des Substantialitätsverhältnisses ist, nämlich die Substanz als Gesetztsein;
aber zweitens ist die Akzidenz als solche substantiell nur
durch ihr Verschwinden, als Übergehendes; als Wirkung aber
ist sie das Gesetztsein als mit sich identisch; die Ursache ist
in der Wirkung als ganze Substanz manifestiert, nämlich als
an dem Gesetztsein selbst als solchem in sich reflektiert.

2. Diesem in sich reflektierten Gesetztsein, dem Bestimmten als Bestimmten, steht die Substanz als nicht gesetztes Ursprüngliches gegenüber. Weil sie als absolute
Macht Rückkehr in sich, aber diese Rückkehr selbst Bestimmen ist, so ist sie nicht mehr bloß das An-sich ihrer Akzidenz, sondern ist auch gesetzt als dies Ansichsein. Die Substanz hat daher erst als Ursache Wirklichkeit. Aber diese
Wirklichkeit, daß ihr Ansichsein, ihre Bestimmtheit im
Substantialitätsverhältnisse, nunmehr als Bestimmtheit gesetzt ist, ist die Wirkung; die Substanz hat daher die Wirklichkeit, die sie als Ursache hat, nur in ihrer Wirkung.
— Dies ist die Notwendigkeit, welche die Ursache ist. —
Sie ist die wirkliche Substanz, weil die Substanz als Macht
sich selbst bestimmt, aber ist zugleich Ursache, weil sie diese
Bestimmtheit auslegt oder als Gesetztsein setzt; so setzt sie
ihre Wirklichkeit als das Gesetztsein oder als die Wirkung.
Diese ist das Andere der Ursache, das Gesetztsein gegen das
Ursprüngliche und durch dieses vermittelt. Aber die Ursache
hebt als Notwendigkeit ebenso dies ihr Vermitteln auf und
ist in dem Bestimmen ihrer selbst als das ursprünglich sich
auf sich Beziehende gegen das Vermittelte die Rückkehr
in sich; denn das Gesetztsein ist als Gesetztsein bestimmt, somit identisch mit sich; die Ursache ist daher erst in ihrer Wirkung das wahrhaft Wirkliche und mit sich Identische. — Die
Wirkung ist daher notwendig, weil sie eben Manifestation der
Ursache oder diese Notwendigkeit ist, welche die Ursache ist.
— Nur als diese Notwendigkeit ist die Ursache selbst bewe-
gend, aus sich anfangend, ohne von einem Andern sollizitiert zu
werden, und selbständige Quelle des Hervorbringens
aus sich; — sie muß wirken; ihre Ursprünglichkeit ist dies,
daß ihre Reflexion-in-sich bestimmendes Setzen, und umgekehrt beides eine Einheit ist.

Die Wirkung enthält daher überhaupt nichts,

was nicht die Ursache enthält. Umgekehrt enthält die
Ursache nichts, was nicht in ihrer Wirkung ist. Die
Ursache ist nur Ursache, insofern sie eine Wirkung hervorbringt, und die Ursache ist nichts als diese Bestimmung, eine Wirkung zu haben, und die Wirkung nichts,
als dies, eine Ursache zu haben. In der Ursache als solcher selbst liegt ihre Wirkung, und in der Wirkung die Ursache; insofern die Ursache noch nicht wirkte, oder insofern sie
aufgehört hätte zu wirken, so wäre sie nicht Ursache, — und
die Wirkung, insofern ihre Ursache verschwunden ist, ist nicht
mehr Wirkung, sondern eine gleichgültige Wirklichkeit. —

3. In dieser Identität der Ursache und Wirkung ist
nun die Form, wodurch sie als das an sich Seiende und als
das Gesetztsein sich unterscheiden, aufgehoben. Die Ursache
erlischt in ihrer Wirkung; damit ist ebenso die Wirkung erloschen, denn sie ist nur die Bestimmtheit der Ursache. Diese
in der Wirkung erloschene Kausalität ist somit eine Unmittelbarkeit, welche gegen das Verhältnis von Ursache und Wirkung gleichgültig ist und es äußerlich an ihr hat.

b) Das bestimmte Kausalitätsverhältnis.

1. Die Identität der Ursache in ihrer Wirkung mit sich
ist das Aufheben ihrer Macht und Negativität, daher die gegen
die Formunterschiede gleichgültige Einheit, der Inhalt. —
Er ist daher nur an sich auf die Form, hier die Kausalität, bezogen. Sie sind somit als verschieden gesetzt, und die Form
gegen den Inhalt eine selbst nur unmittelbar wirkliche, eine
zufällige Kausalität.

Ferner der Inhalt so als Bestimmtes ist ein verschiedener
Inhalt an ihm selbst; und die Ursache ist ihrem Inhalte nach
bestimmt, damit ebenso die Wirkung. — Der Inhalt, da das
Reflektiertsein hier auch unmittelbare Wirklichkeit ist, ist insofern wirkliche, aber die endliche Substanz.

Dies ist nunmehr das Kausalitätsverhältnis in seiner Realität und Endlichkeit. Als formell ist es das
unendliche Verhältnis der absoluten Macht, deren Inhalt die
reine Manifestation oder Notwendigkeit ist. Als endliche Kausalität hingegen hat es einen gegebenen Inhalt und verläuft
sich als ein äußerlicher Unterschied an diesem Identischen,
das in seinen Bestimmungen eine und dieselbe Substanz ist.

Durch diese Identität des Inhalts ist diese Kausalität ein analytischer Satz. Es ist dieselbe Sache, welche sich das eine Mal als Ursache, das andere Mal als Wirkung darstellt, dort als eigentümliches Bestehen, hier als Gesetztsein oder Bestimmung an einem Andern. Da diese Bestimmungen der Form äußerliche Reflexion sind, so ist es die der Sache nach tautologische Betrachtung eines subjektiven Verstandes, eine Erscheinung als Wirkung zu bestimmen und davon zu ihrer Ursache aufzusteigen, um sie zu begreifen und zu erklären; es wird nur ein und derselbe Inhalt wiederholt; man hat in der Ursache nichts anderes als in der Wirkung. — Der Regen z. B. ist Ursache der Feuchtigkeit, welche seine Wirkung ist; — der Regen macht naß, dies ist ein analytischer Satz; dasselbe Wasser, was der Regen ist, ist die Feuchtigkeit; als Regen ist dies Wasser nur in der Form einer Sache für sich, als Wässerigkeit oder Feuchtigkeit dagegen ist es ein Adjektives, ein Gesetztes, das nicht mehr sein Bestehen an ihm selbst haben soll; und die eine Bestimmung, wie die andere, ist ihm äußerlich. — So ist die Ursache dieser Farbe ein Färbendes, ein Pigment, welches eine und dieselbe Wirklichkeit ist, das eine Mal in der ihm äußern Form eines Tätigen, das heißt, mit einem von ihm verschiedenen Tätigen äußerlich verbunden, das andere Mal aber in der ihm ebenso äußerlichen Bestimmung einer Wirkung. — Die Ursache einer Tat ist die innere Gesinnung in einem tätigen Subjekt, die als äußeres Dasein, das sie durch die Handlung erhält, derselbe Inhalt und Wert ist. Wenn die Bewegung eines Körpers als Wirkung betrachtet wird, so ist die Ursache derselben eine stoßende Kraft; aber es ist dasselbe Quantum der Bewegung, das vor und nach dem Stoß vorhanden ist, dieselbe Existenz, welche der stoßende Körper enthielt und dem gestoßenen mitteilte; und so viel er mitteilt, so viel verliert er selbst.

Die Ursache, z. B. der Maler, oder der stoßende Körper hat wohl noch einen andern Inhalt, jener als die Farben und deren sie zum Gemälde verbindende Form, dieser als eine Bewegung von bestimmter Stärke und Richtung. Allein dieser weitere Inhalt ist ein zufälliges Beiwesen, das die Ursache nichts angeht; was der Maler sonst für Qualitäten enthält, abstrahiert davon, daß er Maler dieses Gemäldes ist, — dies tritt nicht in dieses Gemälde ein; nur was von seinen Eigenschaften sich in der Wirkung darstellt, ist in ihm als Ursache vorhanden, nach seinen übrigen Eigenschaften ist er nicht Ursache. So, ob der stoßende Körper Stein oder Holz, grün, gelb ist usf., dies tritt nicht in seinen Stoß ein; insofern ist er nicht Ursache.

Es ist in Rücksicht dieser Tautologie des Kausalitätsverhältnisses zu bemerken, daß es dieselbe dann nicht zu enthalten scheint, wenn nicht die nächste, sondern die entfernte Ursache einer Wirkung angegeben wird. Die Formveränderung, welche die zugrunde liegende Sache in diesem Durchgange durch mehrere Mittelglieder erleidet, versteckt die Identität, die sie darin behält. Sie verknüpft sich zugleich in dieser Vervielfältigung der Ursachen, welche zwischen sie und die letzte Wirkung eingetreten sind, mit andern Dingen und Umständen, so daß nicht jenes Erste, was als Ursache ausgesprochen wird, sondern nur diese mehrere Ursachen zusammen die vollständige Wirkung enthalten. — So wenn z. B. ein Mensch dadurch unter Umstände kam, in denen sich sein Talent entwickelte, daß er seinen Vater verlor, den in einer Schlacht eine Kugel traf, so könnte dieser Schuß (oder noch weiter zurück der Krieg oder eine Ursache des Kriegs und so fort ins Unendliche) als Ursache der Geschicklichkeit jenes Menschen angegeben werden. Allein es erhellt, daß z. B. jener Schuß nicht für sich diese Ursache ist, sondern nur die Verknüpfung desselben mit andern wirkenden Bestimmungen. Oder vielmehr ist er überhaupt nicht Ursache, sondern nur ein einzelnes Moment, das zu den Umständen der Möglichkeit gehörte.

Dann hauptsächlich ist noch die unstatthafte Anwendung des Kausalitätsverhältnisses auf Verhältnisse des physisch-organischen und des geistigen Lebens zu bemerken. Hier zeigt sich das, was als Ursache genannt wird, freilich von anderem Inhalte als die Wirkung, darum aber, weil das, was auf das Lebendige wirkt, von diesem selbständig bestimmt, verändert und verwandelt wird, weil das Lebendige die Ursache nicht zu ihrer Wirkung kommen läßt, d. h., sie als Ursache aufhebt. So ist es unstatthaft gesprochen, daß die Nahrung die Ursache des Bluts, oder diese Speisen oder Kälte, Nässe Ursachen des Fiebers usf. seien; so unstatthaft es ist, das jonische Klima als die Ursache der Homerischen Werke oder Cäsars Ehrgeiz als die Ursache des Untergangs der republikanischen Verfassung Roms anzugeben. In der Geschichte überhaupt sind geistige Massen und Individuen im Spiele und in der Wechselbestimmung miteinander; die Natur des Geistes ist es aber noch in viel höherem Sinne als der Charakter des Lebendigen überhaupt, vielmehr nicht ein anderes Ursprüngliches in sich aufzunehmen oder nicht eine Ursache sich in ihn kontinuieren zu lassen, sondern sie abzubrechen und zu verwandeln. — Welche Verhältnisse aber der Idee angehören und bei ihr erst zu betrachten sind. — Dies kann hier noch bemerkt werden, daß, insofern das Verhältnis von Ursache und Wirkung, obwohl in uneigentlichem Sinne, zugelassen wird, die Wirkung nicht größer sein könne als die Ursache; denn die Wirkung ist nichts weiter als die Manifestation der Ursache. Es ist ein gewöhnlich gewordener Witz in der Geschichte, aus kleinen Ursachen große Wirkungen entstehen zu lassen und für die umfassende und tiefe Begebenheit eine Anekdote als erste Ursache aufzuführen. Eine solche sogenannte Ursache ist für nichts weiteres als eine Veranlassung, als äußere Erregung anzusehen, deren der innere Geist der Begebenheit nicht bedurft hätte, oder deren er eine unzählige Menge anderer hätte gebrauchen können, um von ihnen in der Erscheinung anzufangen, sich Luft zu machen und seine Manifestation zu geben. Vielmehr ist umgekehrt so etwas für sich Kleinliches und Zufälliges erst von ihm zu seiner Veranlassung bestimmt worden. Jene Arabesken-Malerei der Geschichte, die aus einem schwanken Stengel eine große Gestalt hervorgehen läßt, ist daher wohl eine geistreiche, aber höchst oberflächliche Behandlung. Es ist in diesem Entspringen des Großen aus dem Kleinen zwar überhaupt die Umkehrung vorhanden, die der Geist mit dem Äußerlichen vornimmt; aber eben darum ist dieses nicht Ursache in ihm, oder diese Umkehrung hebt selbst das Verhältnis der Kausalität auf.

2. Diese Bestimmtheit des Kausalitätsverhältnisses aber, daß Inhalt und Form verschieden und gleichgültig sind, erstreckt sich weiter. Die Formbestimmung ist auch Inhaltsbestimmung; Ursache und Wirkung, die beiden Seiten des Verhältnisses, sind daher auch ein anderer Inhalt. Oder der Inhalt, weil er nur als Inhalt einer Form ist, hat

ihren Unterschied an ihm selbst und ist wesentlich verschieden. Aber indem diese seine Form das Kausalitätsverhältnis ist, das ein in Ursache und Wirkung identischer Inhalt ist, so ist der verschiedene Inhalt äußerlich mit der Ursache einerseits und andererseits mit der Wirkung verbunden; er tritt somit nicht selbst in das Wirken und in das Verhältnis ein.

Dieser äußerliche Inhalt ist also verhältnislos, eine unmittelbare Existenz; oder weil er als Inhalt die ansichseiende Identität der Ursache und Wirkung ist, ist auch er unmittelbare, seiende Identität. Dies ist daher irgendein Ding, das mannigfaltige Bestimmungen seines Daseins hat, unter anderem auch diese, daß es in irgendeiner Rücksicht Ursache oder auch Wirkung ist. Die Formbestimmungen, Ursache und Wirkung, haben an ihm ihr Substrat, das heißt ihr wesentliches Bestehen, und jede ein besonderes —, denn ihre Identität ist ihr Bestehen; — zugleich aber ist es ihr unmittelbares Bestehen, nicht ihr Bestehen als Formeinheit oder als Verhältnis.

Aber dieses Ding ist nicht nur Substrat, sondern auch Substanz, denn es ist das identische Bestehen nur als des Verhältnisses. Ferner ist sie endliche Substanz, denn sie ist bestimmt als unmittelbare gegen ihre Ursachlichkeit. Aber sie hat zugleich Kausalität, weil sie ebensosehr nur das Identische als dieses Verhältnisses ist. — Als Ursache nun ist dieses Substrat die negative Beziehung auf sich. Aber es selbst, worauf es sich bezieht, ist erstens ein Gesetztsein, weil es als unmittelbar Wirkliches bestimmt ist; dies Gesetztsein als Inhalt ist irgendeine Bestimmung überhaupt. — Zweitens ist ihm die Kausalität äußerlich; diese macht somit selbst sein Gesetztsein aus. Indem es nun ursachliche Substanz ist, besteht seine Kausalität darin, sich negativ auf sich, also auf sein Gesetztsein und äußere Kausalität, zu beziehen. Das Wirken dieser Substanz fängt daher von einem Äußern an, befreit sich von dieser äußern Bestimmung, und seine Rückkehr in sich ist die Erhaltung seiner unmittelbaren Existenz und das Aufheben seiner gesetzten, und damit seiner Kausalität überhaupt.

So ist ein Stein, der sich bewegt, Ursache; seine Bewegung ist eine Bestimmung, die er hat, außer welcher er aber noch viele andere Bestimmungen der Farbe, Gestalt usf. enthält, welche nicht in seine Ursachlichkeit eingehen. Weil seine unmittelbare Existenz getrennt ist von seiner Formbeziehung, nämlich der Kausalität, so ist diese ein Äußerliches; seine Bewegung und die Kausalität, die ihm in ihr zukommt, ist an ihm nur Gesetztsein. — Aber die Kausalität ist auch seine eigene; dies ist darin vorhanden, daß sein substantielles Bestehen seine identische Beziehung auf sich ist, diese aber ist nunmehr als Gesetztsein bestimmt, sie ist also zugleich negative Beziehung auf sich. — Seine Kausalität, welche sich auf sich als auf das Gesetztsein oder als ein Äußeres richtet, besteht daher darin, es aufzuheben und durch die Entfernung desselben in sich zurückzukehren, somit insofern nicht in seinem Gesetztsein identisch mit sich zu sein, sondern nur seine abstrakte Ursprünglichkeit wiederherzustellen. — Oder der Regen ist Ursache der Nässe, welche dasselbe Wasser ist als jener. Dieses Wasser hat die Bestimmung, Regen und Ursache zu sein, dadurch daß sie von einem Andern in ihm gesetzt ist; — eine andere Kraft oder was es sei, hat es in die Luft erhoben und in eine Masse zusammengebracht, deren Schwere es fallen macht. Seine Entfernung von der Erde ist eine seiner ursprünglichen Identität mit sich, der Schwere, fremde Bestimmung; seine Ursachlichkeit besteht darin, dieselbe zu entfernen und jene Identität wieder herzustellen, damit aber auch seine Kausalität aufzuheben.

Die jetzt betrachtete zweite Bestimmtheit der Kausalität geht die Form an; dies Verhältnis ist die Kausalität als sich selbst äußerlich, als die Ursprünglichkeit welche ebensosehr an ihr selbst Gesetztsein oder Wirkung ist. Diese Vereinigung der entgegengesetzten Bestimmungen als im seienden Substrat macht den unendlichen Regreß von Ursachen zu Ursachen aus. — Es wird von der Wirkung angefangen; sie hat als solche eine Ursache, diese hat wieder eine Ursache und so fort. Warum hat die Ursache wieder eine Ursache? das heißt, warum wird dieselbe Seite, die vorher als Ursache bestimmt war, nunmehr als Wirkung bestimmt und damit nach einer neuen Ursache gefragt? — Aus dem Grunde, weil die Ursache ein Endliches, Bestimmtes überhaupt ist; bestimmt als Ein Moment der Form gegen die Wirkung; so hat sie ihre Bestimmtheit oder Negation außer ihr;

eben damit aber ist sie selbst endlich, hat ihre Bestimmtheit an ihr und ist somit Gesetztsein oder Wirkung.
Diese ihre Identität ist auch gesetzt, aber sie ist ein Drittes,
das unmittelbare Substrat; die Kausalität ist darum sich selbst
äußerlich, weil hier ihre Ursprünglichkeit eine Unmittelbarkeit ist. Der Formunterschied ist daher erste Bestimmtheit, noch nicht die Bestimmtheit als Bestimmtheit gesetzt,
er ist seiendes Anderssein. Die endliche Reflexion bleibt
einerseits bei diesem Unmittelbaren stehen, entfernt die Formeinheit davon und läßt es in anderer Rücksicht Ursache
und in anderer Wirkung sein; andererseits verlegt sie die
Formeinheit in das Unendliche und drückt durch das peren-
nierende Fortgehen ihre Ohnmacht aus, sie erreichen und festhalten zu können.

Mit der Wirkung ist es unmittelbar der nämliche Fall,
oder vielmehr der unendliche Progreß von Wirkung zu
Wirkung ist ganz und gar dasselbe was der Regreß von
Ursache zu Ursache ist. In diesem wurde die Ursache zur
Wirkung, welche wieder eine andere Ursache hat; ebenso
wird umgekehrt die Wirkung zur Ursache, die wieder
eine andere Wirkung hat. — Die betrachtete bestimmte Ursache fängt von einer Äußerlichkeit an und kehrt in ihrer
Wirkung nicht als Ursache in sich zurück, sondern verliert
vielmehr die Kausalität darin. Aber umgekehrt kommt die
Wirkung an ein Substrat, welches Substanz, ursprünglich sich
auf sich beziehendes Bestehen ist; an ihm wird daher dies
Gesetztsein zum Gesetztsein; d. h. diese Substanz, indem
eine Wirkung in ihr gesetzt wird, verhält sich als Ursache.
Aber jene erste Wirkung, das Gesetztsein, das an sie äußerlich kommt, ist ein Anderes als die zweite, die von ihr hervorgebracht wird; denn diese zweite ist bestimmt, als ihre
Reflexion-in-sich, jene aber als eine Äußerlichkeit an
ihr. — Aber weil die Kausalität hier die sich selbst äußerliche
Ursachlichkeit ist, so kehrt sie auch ebensosehr in ihrer Wirkung nicht in sich zurück, wird sich darin äußerlich:
ihre Wirkung wird wieder Gesetztsein an einem Substrate, —
als einer andern Substanz, die aber ebenso es zum Gesetztsein macht oder sich als Ursache manifestiert, ihre Wirkung
wieder von sich abstößt und so fort in das Schlecht-Unendliche.

3. Es ist nun zu sehen, was durch die Bewegung des be-

stimmten Kausalitätsverhältnisses geworden ist. — Die formelle Kausalität erlischt in der Wirkung; dadurch ist das Identische dieser beiden Momente geworden; aber damit nur als an sich die Einheit von Ursache und Wirkung, woran die Formbeziehung äußerlich ist. — Dies Identische ist dadurch auch unmittelbar nach den beiden Bestimmungen der Unmittelbarkeit, erstens als Ansichsein, ein Inhalt, an dem die Kausalität sich äußerlich verläuft, zweitens als ein existierendes Substrat, dem die Ursache und die Wirkung inhärieren als unterschiedene Formbestimmungen. Diese sind darin an sich eins, aber jede ist um dieses Ansichseins oder der Äußerlichkeit der Form willen sich selbst äußerlich, somit in ihrer Einheit mit der andern auch als andre gegen sie bestimmt. Daher hat zwar die Ursache eine Wirkung und ist zugleich selbst Wirkung, und die Wirkung hat nicht nur eine Ursache, sondern ist auch selbst Ursache. Aber die Wirkung, welche die Ursache hat, und die Wirkung, die sie ist, — ebenso die Ursache, welche die Wirkung hat, und die Ursache, die sie ist, — sind verschieden.

Durch die Bewegung des bestimmten Kausalitätsverhältnisses ist aber nun dies geworden, daß die Ursache nicht nur in der Wirkung erlischt und damit auch die Wirkung, — wie in der formellen Kausalität, — sondern daß die Ursache in ihrem Erlöschen, in der Wirkung wieder wird, daß die Wirkung in Ursache verschwindet, aber in ihr ebenso wieder wird. Jede dieser Bestimmungen hebt sich in ihrem Setzen auf und setzt sich in ihrem Aufheben; es ist nicht ein äußerliches Übergehen der Kausalität von einem Substrat an ein anderes vorhanden, sondern dies Anderswerden derselben ist zugleich ihr eigenes Setzen. Die Kausalität setzt also sich selbst voraus oder bedingt sich. Die vorher nur an sich seiende Identität, das Substrat, ist daher nunmehr bestimmt als Voraussetzung oder gesetzt gegen die wirkende Kausalität, und die vorhin dem Identischen nur äußerliche Reflexion steht nun im Verhältnisse zu demselben.

c) Wirkung und Gegenwirkung.

Die Kausalität ist voraussetzendes Tun. Die Ursache ist bedingt; sie ist die negative Beziehung auf sich als vorausgesetztes, als äußerliches Anderes, welches an sich aber nur an sich die Kausalität selbst ist. Es ist, wie sich ergeben hat, die substantielle Identität, in welche die formelle Kausalität übergeht, die sich nunmehr gegen dieselbe als ihr Negatives bestimmt hat. Oder es ist dasselbe, was die Substanz des Kausalitätsverhältnisses [ist], aber welcher die Macht der Akzidentalität als selbst substantielle Tätigkeit gegenüber steht. — Es ist die passive Substanz. — Passiv ist das Unmittelbare oder Ansichseiende, das nicht auch für sich ist, das reine Sein oder das Wesen, das nur in dieser Bestimmtheit der abstrakten Identität mit sich ist. — Der passiven steht die als negativ sich auf sich beziehende, die wirkende Substanz gegenüber. Sie ist die Ursache, insofern sie sich in der bestimmten Kausalität durch die Negation ihrer selbst aus der Wirkung wiederhergestellt hat [, ein Reflektiertes], das in seinem Anderssein oder als Unmittelbares sich wesentlich als setzend verhält und durch seine Negation sich mit sich vermittelt. Die Kausalität hat deswegen hier kein Substrat mehr, dem sie inhärierte, und ist nicht Formbestimmung gegen diese Identität, sondern selbst die Substanz, oder das Ursprüngliche ist nur die Kausalität. — Das Substrat ist die passive Substanz, die sich vorausgesetzt hat.

Diese Ursache wirkt nun; denn sie ist die negative Macht auf sich selbst; zugleich ist sie ihr Vorausgesetztes; so wirkt sie auf sich als auf ein Anderes, auf die passive Substanz. — Somit hebt sie erstlich das Anderssein derselben auf und kehrt in ihr in sich zurück; zweitens bestimmt sie dieselbe, sie setzt dies Aufheben ihres Andersseins oder die Rückkehr in sich als eine Bestimmtheit. Dies Gesetztsein, weil es zugleich ihre Rückkehr in sich ist, ist zunächst ihre Wirkung. Aber umgekehrt weil sie als voraussetzend sich selbst als ihr Anderes bestimmt, so setzt sie die Wirkung in der andern, der passiven Substanz. — Oder weil die passive Substanz selbst das Gedoppelte ist, nämlich ein selbständiges Anderes und zugleich ein Vorausgesetztes und an sich schon mit der wirkenden Ursache Identisches, so ist das Wirken von dieser selbst ein Gedoppeltes; es ist beides in Einem, das Aufheben ihres Bestimmtseins, nämlich ihrer Bedingung, oder das Aufheben der Selbständigkeit der passiven Substanz, — und daß sie ihre Identität mit derselben aufhebt, somit sich **voraus** oder als **Anderes** setzt. — Durch das letztere Moment wird die passive Substanz **erhalten**; jenes erste Aufheben derselben erscheint in Beziehung hierauf zugleich auch so, daß nur **einige Bestimmungen** an ihr aufgehoben werden und die Identität ihrer mit der ersten in der Wirkung äußerlich an ihr geschieht.

Insofern leidet sie **Gewalt**. — Die Gewalt ist **die Erscheinung der Macht** oder die **Macht als Äußerliches**. Äußerliches ist aber die Macht nur, insofern die ursachliche Substanz in ihrem Wirken, d. h. im Setzen ihrer selbst zugleich voraussetzend ist, d. h. sich selbst als Aufgehobenes setzt. Umgekehrt ist daher ebensosehr das Tun der Gewalt ein Tun der Macht. Es ist nur ein von ihr selbst vorausgesetztes Anderes, auf welches die gewaltige Ursache wirkt, ihre Wirkung auf dasselbe ist negative Beziehung **auf sich** oder die Manifestation **ihrer selbst**. Das Passive ist das Selbständige, das nur ein **Gesetztes** ist, ein in sich selbst Gebrochenes, — eine Wirklichkeit, welche Bedingung ist, und zwar die Bedingung nunmehr in ihrer Wahrheit, nämlich eine Wirklichkeit, welche nur eine **Möglichkeit** ist, oder umgekehrt ein **Ansichsein**, das nur die **Bestimmtheit des Ansichseins**, nur passiv ist. Demjenigen daher, dem Gewalt geschieht, ist es nicht nur möglich, Gewalt anzutun, sondern es **muß** ihm auch angetan werden; was Gewalt über das Andere hat, hat sie nur, weil es die Macht desselben ist, die sich darin und das Andere **manifestiert**. Die passive Substanz wird durch die Gewalt nur gesetzt als das, was sie in **Wahrheit** ist, nämlich weil sie das einfache Positive oder unmittelbare Substanz ist, eben darum nur ein **Gesetztes** zu sein; das **Voraus**, das sie als Bedingung ist, ist der Schein der Unmittelbarkeit, den die wirkende Kausalität ihr abstreift.

Der passiven Substanz wird daher durch die Einwirkung einer andern Gewalt nur ihr **Recht** angetan. Was sie **verliert**, ist jene **Unmittelbarkeit**, die ihr **fremde** Substantialität. Was sie als ein **Fremdes erhält**, nämlich als ein **Gesetztsein** bestimmt zu werden, ist ihre eigene Bestimmung. — Indem sie nun aber in ihrem Gesetztsein oder in **ihrer eigenen** Bestimmung gesetzt wird, wird sie dadurch vielmehr nicht aufgehoben, sondern **geht so** nur **mit sich selbst zusammen** und ist also in ihrem Bestimmtwerden Ursprünglichkeit. — Die passive Substanz wird also einerseits durch die aktive erhalten oder gesetzt, nämlich insofern diese sich selbst zur aufgehobenen macht; — andererseits aber ist es das Tun des Passiven selbst, mit sich zusammenzugehen und somit sich zum Ursprünglichen und zur Ursache zu machen. Das Gesetztwerden durch ein Anderes und das eigene Werden ist ein und dasselbe.

Hiedurch, daß die passive Substanz nun selbst in Ursache verkehrt ist, wird erstlich die Wirkung in ihr aufgehoben; darin besteht ihre Gegenwirkung überhaupt. Sie ist an sich das Gesetztsein, als passive Substanz; auch ist das Gesetztsein durch die andere Substanz in ihr gesetzt worden, insofern sie nämlich die Wirkung derselben an ihr bekam. Ihre Gegenwirkung enthält daher ebenso das Gedoppelte, daß nämlich erstlich, was sie an sich ist, gesetzt wird, zweitens, als was sie gesetzt wird, sich als ihr Ansichsein darstellt; sie ist an sich Gesetztsein: daher erhält sie eine Wirkung an ihr durch die andere; aber dies Gesetztsein ist umgekehrt ihr eigenes Ansichsein: so ist dies ihre Wirkung, sie selbst stellt sich als Ursache dar.

Zweitens geht die Gegenwirkung gegen die erste wirkende Ursache. Die Wirkung, welche die vorher passive Substanz in sich aufhebt, ist nämlich eben jene Wirkung der ersten. Die Ursache hat aber ihre substantielle Wirklichkeit nur in ihrer Wirkung; indem diese aufgehoben wird, so wird ihre ursächliche Substantialität aufgehoben. Dies geschieht erstlich an sich durch sich selbst, indem sie sich zur Wirkung macht; in dieser Identität verschwindet ihre negative Bestimmung und sie wird Passives; zweitens geschieht es durch die vorhin passive, nun rückwirkende Substanz, welche deren Wirkung aufhebt. — In der bestimmten Kausalität wird die Substanz, auf welche gewirkt wird, zwar auch wieder Ursache, sie wirkt hiemit dagegen, daß eine Wirkung in ihr gesetzt wurde. Aber sie wirkte nicht zurück gegen jene Ursache, sondern setzte ihre Wirkung wieder in eine andere Substanz, wodurch der Progreß von Wirkungen ins Unendliche zum Vorschein kam; weil hier die Ursache in ihrer Wirkung nur erst an sich mit sich identisch ist, daher einerseits in einer unmittelbaren Identität in ihrer Ruhe verschwindet, andererseits in einer andern Substanz sich

wieder erweckt. — In der bedingten Kausalität hingegen bezieht die Ursache in der Wirkung sich auf sich selbst,
weil sie ihr Anderes als Bedingung, als Vorausgesetztes ist,
und ihr Wirken dadurch ebensosehr Werden als Setzen und
Aufheben des Andern ist.

Ferner verhält sie sich hiemit als passive Substanz; aber,
wie sich ergab, entsteht diese durch die auf sie geschehene
Wirkung als ursachliche Substanz. Jene erste Ursache, welche
zuerst wirkt und ihre Wirkung als Gegenwirkung in sich zurück erhält, tritt damit wieder als Ursache auf, wodurch das in
der endlichen Kausalität in den schlecht-unendlichen Progreß
auslaufende Wirken umgebogen und zu einem in sich zurückkehrenden, einem unendlichen Wechselwirken wird.

C. Die Wechselwirkung.

In der endlichen Kausalität sind es Substanzen, die sich
wirkend zueinander verhalten. Der Mechanismus besteht in
dieser Äußerlichkeit der Kausalität, daß die Reflexion der
Ursache in ihrer Wirkung in sich zugleich ein abstoßendes
Sein ist, oder daß in der Identität, welche die ursachliche
Substanz in ihrer Wirkung mit sich hat, sie sich ebenso unmittelbar Äußerliches bleibt und die Wirkung in eine andere Substanz übergegangen ist. In der Wechselwirkung
ist nun dieser Mechanismus aufgehoben; denn sie enthält erstens das Verschwinden jenes ursprünglichen Beharrens
der unmittelbaren Substantialität, zweitens das Entstehen
der Ursache, und damit die Ursprünglichkeit als durch
ihre Negation sich mit sich vermittelnd.

Zunächst stellt die Wechselwirkung sich dar als eine
gegenseitige Kausalität von vorausgesetzten, sich bedingenden Substanzen; jede ist gegen die andere zugleich
aktive und zugleich passive Substanz. Indem beide hiemit
sowohl passiv als aktiv sind, so hat sich bereits jeder Unterschied derselben aufgehoben; er ist ein völlig durchsichtiger
Schein; sie sind Substanzen nur darin, daß sie die Identität des
Aktiven und Passiven sind. Die Wechselwirkung selbst ist
daher nur noch leere Art und Weise, und es bedarf bloß
noch eines äußern Zusammenfassens dessen, was bereits sowohl
an sich als gesetzt ist. Fürs erste sind es keine Substrate

mehr, welche miteinander in Beziehung stehen, sondern Substanzen; in der Bewegung der bedingten Kausalität hat sich
die noch übrige vorausgesetzte Unmittelbarkeit aufgehoben, und das Bedingende der ursachlichen Aktivität
ist nur noch die Einwirkung oder die eigene Passivität.
Diese Einwirkung kommt aber ferner nicht von einer andern
ursprünglichen Substanz her; sondern eben von einer Ursachlichkeit, welche durch Einwirkung bedingt oder ein Vermitteltes ist. Dies zunächst Äußerliche, das an die Ursache
kommt und die Seite ihrer Passivität ausmacht, ist daher durch
sie selbst vermittelt; es ist durch ihre eigene Aktivität hervorgebracht, somit die durch ihre Aktivität selbst gesetzte Passivität. — Die Kausalität ist bedingt und bedingend; das Bedingende ist das Passive, aber ebensosehr
ist das Bedingte passiv. Dies Bedingen oder die Passivität
ist die Negation der Ursache durch sich selbst, indem sie
sich wesentlich zur Wirkung macht, und eben dadurch Ursache ist. Die Wechselwirkung ist daher nur die Kausalität selbst; die Ursache hat nicht nur eine Wirkung, sondern
in der Wirkung steht sie als Ursache mit sich selbst in
Beziehung.

Hiedurch ist die Kausalität zu ihrem absoluten Begriffe zurückgekehrt und zugleich zum Begriffe selbst
gekommen. Sie ist zunächst die reale Notwendigkeit, absolute
Identität mit sich, so daß der Unterschied der Notwendigkeit
und die in ihr sich aufeinander beziehenden Bestimmungen,
Substanzen, freie Wirklichkeiten, gegeneinander, sind. Die
Notwendigkeit ist auf diese Weise die innre Identität; die
Kausalität ist die Manifestation derselben, worin ihr Schein
des substantiellen Andersseins sich aufgehoben hat und
die Notwendigkeit zur Freiheit erhoben ist. — In der Wechselwirkung stellt die ursprüngliche Kausalität sich als ein Entstehen aus ihrer Negation, der Passivität, und als Vergehen
in dieselbe, als ein Werden dar; aber so, daß dies Werden
zugleich ebensosehr nur Scheinen ist; das Übergehen in anderes ist Reflexion-in-sich selbst; die Negation, welche
Grund der Ursache ist, ist ihr positives Zusammengehen
mit sich selbst.

Notwendigkeit und Kausalität sind also darin verschwunden; sie enthalten beides, die unmittelbare Identität als

Zusammenhang und Beziehung und die absolute Substantialität der Unterschiedenen, somit die absolute
Zufälligkeit derselben, — die ursprüngliche Einheit sub-
stantieller Verschiedenheit, also den absoluten Widerspruch.
Die Notwendigkeit ist das Sein, weil es ist, — die Einheit des
Seins mit sich selbst, das sich zum Grunde hat; aber umgekehrt, weil es einen Grund hat, ist es nicht Sein, ist es schlechthin nur Schein, Beziehung oder Vermittlung. Die Kausalität ist dies gesetzte Übergehen des ursprünglichen
Seins, der Ursache, in Schein oder bloßes Gesetztsein,
umgekehrt des Gesetztseins in Ursprünglichkeit; aber die Identität selbst des Seins und Scheins ist noch die innre Notwendigkeit. Diese Innerlichkeit oder dies Ansichsein hebt
die Bewegung der Kausalität auf; damit verliert sich die Substantialität der im Verhältnisse stehenden Seiten, und die Notwendigkeit enthüllt sich. Die Notwendigkeit wird nicht dadurch
zur Freiheit, daß sie verschwindet, sondern daß nur ihre
noch innre Identität manifestiert wird, — eine Manifestation,
welche die identische Bewegung des Unterschiedenen in sich
selbst, die Reflexion des Scheins als Scheins in sich ist. — Umgekehrt wird zugleich dadurch die Zufälligkeit zur Freiheit, indem die Seiten der Notwendigkeit, welche die Gestalt
für sich freier, nicht ineinander scheinender Wirklichkeiten
haben, nunmehr gesetzt sind als Identität, so daß diese
Totalitäten der Reflexion-in-sich in ihrem Unterschiede nun
auch als identische scheinen oder gesetzt sind nur als
eine und dieselbe Reflexion.

Die absolute Substanz, als absolute Form sich von sich
unterscheidend, stößt sich daher nicht mehr als Notwendigkeit
von sich ab, noch fällt sie als Zufälligkeit in gleichgültige, sich
äußerliche Substanzen auseinander, sondern unterscheidet
sich einerseits in die Totalität, welche, — die vorhin passive
Substanz —, Ursprüngliches ist als die Reflexion aus der Bestimmtheit in sich, als einfaches Ganzes, das sein Gesetztsein
in sich selbst enthält und als identisch darin mit sich gesetzt ist, das Allgemeine, — andererseits in die Totalität, — die vorhin ursachliche Substanz, — als in die Reflexion
ebenso aus der Bestimmtheit in sich zur negativen Bestimmtheit, welche so als die mit sich identische Bestimmtheit
ebenfalls das Ganze, aber als die mit sich identische Nega-

tivität gesetzt ist: das Einzelne. Unmittelbar aber, weil das Allgemeine nur identisch mit sich ist, indem es die Bestimmtheit als aufgehoben in sich enthält, also das Negative als Negatives ist, ist es dieselbe Negativität, welche die Einzelnheit ist; — und die Einzelnheit, weil sie ebenso das bestimmte Bestimmte, das Negative als Negatives ist, ist sie unmittelbar dieselbe Identität, welche die Allgemeinheit ist. Diese ihre einfache Identität ist die Besonderheit, welche vom Einzelnen das Moment der Bestimmtheit, vom Allgemeinen das Moment der Reflexion-in-sich in unmittelbarer Einheit enthält. Diese drei Totalitäten sind daher Eine und dieselbe Reflexion, welche als negative Beziehung auf sich in jene beiden sich unterscheidet, aber als in einen vollkommen durchsichtigen Unterschied, nämlich in die bestimmte Einfachheit oder in die einfache Bestimmtheit, welche ihre Eine und dieselbe Identität ist. — Dies ist der Begriff, das Reich der Subjektivität oder der Freiheit.

Wissenschaft der Logik

Zweiter Band

Wissenschaft

der

Logik.

Von

Dr. Ge. Wilh. Friedr. Hegel,

Professor und Rector am Königl. Bayerischen Gymnasium
Zu Nürnberg.

Zweiter Band:

Die subjective Logik

oder

Lehre vom Begriff.

Nürnberg

bey Johann Leonhard Schrag

1816.

Wissenschaft

der

subjectiven Logik

oder

die Lehre
vom Begriff

———————

Von

Dr. Georg Wilh. Friedr. Hegel,

Professor und Rector am Königl. Bayerischen Gymnasium
Zu Nürnberg.

———————

Nürnberg
bey Johann Leonhard Schrag
1816.

Vorbericht.

Dieser Teil der Logik, der die Lehre vom Begriffe enthält und den dritten Teil des Ganzen ausmacht, wird auch unter dem besondern Titel: System der subjektiven Logik, zur Bequemlichkeit derjenigen Freunde dieser Wissenschaft ausgegeben, die für die hier abgehandelten, in dem Umfange der gewöhnlich sogenannten Logik befaßten Materien ein größeres Interesse zu haben gewöhnt sind als für die weitern logischen Gegenstände, die in den beiden ersten Teilen abgehandelt worden. — Für diese frühern Teile konnte ich auf die Nachsicht billiger Beurteiler wegen der wenigen Vorarbeiten Anspruch machen, die mir einen Anhalt, Materialien und einen Faden des Fortgangs hätten gewähren können. Bei dem gegenwärtigen darf ich diese Nachsicht vielmehr aus dem entgegengesetzten Grunde ansprechen, indem sich für die Logik des Begriffs ein völlig fertiges und festgewordenes, man kann sagen, verknöchertes Material vorfindet und die Aufgabe darin besteht, dasselbe in Flüssigkeit zu bringen und den lebendigen Begriff in solchem toten Stoffe wieder zu entzünden; wenn es seine Schwierigkeiten hat, in einem öden Lande eine neue Stadt zu erbauen, so findet sich zwar Material genug, aber desto mehr Hindernisse anderer Art, wenn es darum zu tun ist, einer alten, festgebauten, in fortwährendem Besitz und Bewohnung erhaltenen Stadt eine neue Anlage zu geben; man muß sich unter anderem auch entschließen, von vielem sonst Wertgeachteten des Vorrats gar keinen Gebrauch zu machen. — Vornehmlich aber darf die Größe des Gegenstandes selbst zur Entschuldigung der unvollkommenen Ausführung angeführt werden. Denn welcher Gegenstand ist erhabener für die Erkenntnis, als die Wahrheit selbst! — Der Zweifel aber, ob nicht dieser Gegenstand es eben sei, der einer Entschuldigung bedürfe, liegt nicht aus dem Wege, wenn man sich des Sinn erinnert, in welchem Pilatus die Frage: was ist Wahrheit? sagte; — nach dem Dichter:

— — — — mit der Miene des Hofmanns,
die kurzsichtig, doch lächelnd des Ernstes Sache verdammet.[1]

Jene Frage schließt dann den Sinn, der als ein Moment der Höflichkeit angesehen werden kann, und die Erinnerung daran in sich, daß das Ziel, die Wahrheit zu erkennen, etwas bekanntlich Aufgegebenes, längst Abgetanes, und die Unerreichbarkeit der Wahrheit auch unter Philosophen und Logikern von Profession etwas Anerkanntes sei! — Wenn aber die Frage der Religion nach dem Werte der Dinge, der Einsichten und Handlungen, die dem Inhalte nach einen gleichen Sinn hat, in unsern Zeiten ihr Recht sich wieder mehr vindiziert, so muß wohl die Philosophie hoffen, daß es auch nicht mehr so auffallend gefunden werde, wenn sie wieder, zunächst in ihrem unmittelbaren Felde, ihr wahrhaftes Ziel geltend macht und nachdem sie in die Art und Weise und in die Anspruchslosigkeit anderer Wissenschaften auf Wahrheit herabgefallen, sich wieder zu demselben zu erheben strebt. Wegen dieses Versuchs kann es eigentlich nicht erlaubt sein, eine Entschuldigung zu machen; aber wegen der Ausführung desselben darf ich für eine solche noch erwähnen, daß meine Amtsverhältnisse und andere persönliche Umstände mir nur eine zerstreute Arbeit in einer Wissenschaft gestatteten, welche einer unzerstreuten und ungeteilten Anstrengung bedarf und würdig ist.

Nürnberg, den 21. Jul. 1816.

---

[1] Klopstock, Der Messias, 7. Gesang

Vom Begriff im allgemeinen.

Was die Natur des Begriffes sei, kann so wenig unmittelbar angegeben werden, als der Begriff irgendeines andern Gegenstandes unmittelbar aufgestellt werden kann. Es könnte etwa scheinen, daß, um den Begriff eines Gegenstandes anzugeben, das Logische vorausgesetzt werde und dieses somit nicht wieder etwas anderes zu seinem Voraus haben, noch ein Abgeleitetes sein könne, wie in der Geometrie logische Sätze, wie sie in Anwendung auf die Größe erscheinen und in dieser Wissenschaft gebraucht werden, in der Form von Axiomen, unabgeleiteten und unableitbaren Erkenntnisbestimmungen vorangeschickt werden. Ob nun wohl der Begriff nicht nur als eine subjektive Voraussetzung, sondern als absolute Grundlage anzusehen ist, so kann er dies doch nicht sein, als insofern er sich zur Grundlage gemacht hat. Das abstrakt Unmittelbare ist wohl ein Erstes; als dies Abstrakte ist es aber vielmehr ein Vermitteltes, von dem also, wenn es in seiner Wahrheit gefaßt werden soll, seine Grundlage erst zu suchen ist. Diese muß daher zwar ein Unmittelbares sein, aber so, daß es aus der Aufhebung der Vermittlung sich zum Unmittelbaren gemacht hat.

Der Begriff ist von dieser Seite zunächst überhaupt als das Dritte zum Sein und Wesen, zum Unmittelbaren und zur Reflexion anzusehen. Sein und Wesen sind insofern die Momente seines Werdens; er aber ist ihre Grundlage und Wahrheit als die Identität, in welcher sie untergegangen und enthalten sind. Sie sind in ihm, weil er ihr Resultat ist, enthalten, aber nicht mehr als Sein und als Wesen; diese Bestimmung haben sie nur, insofern sie noch nicht in diese ihre Einheit zurückgegangen sind.

Die objektive Logik, welche das Sein und Wesen betrachtet, macht daher eigentlich die genetische Exposition des Begriffes aus. Näher ist die Substanz schon das reale

Wesen, oder das Wesen, insofern es mit dem Sein vereinigt und in Wirklichkeit getreten ist. Der Begriff hat daher die Substanz zu seiner unmittelbaren Voraussetzung, sie ist das an sich, was er als Manifestiertes ist. Die dialektische Bewegung der Substanz durch die Kausalität und Wechselwirkung hindurch ist daher die unmittelbare Genesis des Begriffes, durch welche sein Werden dargestellt wird. Aber sein Werden hat, wie das Werden überall, die Bedeutung, daß es die Reflexion des Übergehenden in seinen Grund ist, und daß das zunächst anscheinend Andere, in welches das erstere übergegangen, dessen Wahrheit ausmacht. So ist der Begriff die Wahrheit der Substanz, und indem die bestimmte Verhältnisweise der Substanz die Notwendigkeit ist, zeigt sich die Freiheit als die Wahrheit der Notwendigkeit und als die Verhältnisweise des Begriffs.

Die eigene, notwendige Fortbestimmung der Substanz ist das Setzen dessen, was an und für sich ist; der Begriff nun ist diese absolute Einheit des Seins und der Reflexion, daß das An- und Fürsichsein erst dadurch ist, daß es ebensosehr Reflexion oder Gesetztsein ist, und daß das Gesetztsein das An- und Fürsichsein ist. — Dies abstrakte Resultat erläutert sich durch die Darstellung seiner konkreten Genesis; sie enthält die Natur des Begriffes; sie muß aber dessen Abhandlung vorangegangen sein. Die Hauptmomente dieser Exposition (welche im zweiten Buch der objektiven Logik ausführlich abgehandelt worden ist) sind daher hier kürzlich zusammenzustellen:

Die Substanz ist das Absolute, das an- und für-sichseiende Wirkliche, — an sich, als die einfache Identität der Möglichkeit und Wirklichkeit, absolutes, alle Wirklichkeit und Möglichkeit in sich enthaltendes Wesen, — für sich diese Identität als absolute Macht oder schlechthin sich auf sich beziehende Negativität. — Die Bewegung der Substantialität, welche durch diese Momente gesetzt ist, besteht darin,

1. daß die Substanz als absolute Macht oder sich auf sich beziehende Negativität sich zu einem Verhältnisse unterscheidet, worin jene zunächst nur einfachen Momente als Substanzen und als ursprüngliche Voraussetzungen sind. — Das bestimmte Verhältnis derselben ist das einer passiven Substanz, der Ursprünglichkeit des einfachen An-sich-seins,

welches machtlos sich nicht selbst setzend, nur ursprüngliches
Gesetztsein ist, — und von aktiver Substanz, der sich auf
sich beziehenden Negativität, welche als solche sich als andres gesetzt hat und auf dies Andre bezieht. Dies Andre ist
eben die passive Substanz, welche sie sich in der Ursprünglichkeit ihrer Macht als Bedingung vorausgesetzt hat. — Dies
Voraussetzen ist so zu fassen, daß die Bewegung der Substanz
selbst zunächst unter der Form des einen Moments ihres Begriffs, des An-sich-seins ist, daß die Bestimmtheit der
einen der im Verhältnis stehenden Substanzen auch Bestimmtheit dieses Verhältnisses selbst ist.

2. Das andere Moment ist das Fürsichsein, oder daß
die Macht sich als sich auf sich selbst beziehende Negativität setzt, wodurch sie das Vorausgesetzte wieder aufhebt. — Die aktive Substanz ist die Ursache; sie wirkt, d. h.
sie ist nun das Setzen, wie sie vorher das Voraussetzen
war, daß a) der Macht auch der Schein der Macht, dem Gesetztsein auch der Schein des Gesetztseins gegeben wird. Das,
was in der Voraussetzung Ursprüngliches war, wird in der
Kausalität durch die Beziehung auf Anderes das, was es
an sich ist; die Ursache bringt eine Wirkung, und zwar an einer
andern Substanz hervor; sie ist nunmehr Macht in Beziehung
auf ein Anderes; erscheint insofern als Ursache, aber ist
es erst durch dies Erscheinen. — b) An die passive Substanz
tritt die Wirkung, wodurch sie als Gesetztsein nun auch erscheint, aber erst darin passive Substanz ist.

3. Aber es ist noch mehr hierin vorhanden, als nur diese
Erscheinung, nämlich a) die Ursache wirkt auf die passive Substanz, sie verändert deren Bestimmung; aber diese
ist das Gesetztsein, sonst ist nichts an ihr zu verändern; die
andere Bestimmung aber, die sie erhält, ist die Ursachlichkeit;
die passive Substanz wird also zur Ursache, Macht und Tätigkeit, — b) es wird die Wirkung an ihr gesetzt von der Ursache; das aber von der Ursache Gesetzte ist die im Wirken
mit sich identische Ursache selbst; es ist diese, welche sich an
die Stelle der passiven Substanz setzt. — Ebenso in Ansehung
der aktiven Substanz ist a) das Wirken das Übersetzen der Ursache in die Wirkung, in ihr Anderes, das Gesetztsein, und
b) in der Wirkung zeigt sich die Ursache als das, was sie ist;
die Wirkung ist identisch mit der Ursache, nicht ein Anderes;

die Ursache zeigt also im Wirken das Gesetztsein als das, was
sie wesentlich ist. — Nach beiden Seiten also, des identischen
sowohl als des negativen Beziehens der andern auf sie,
wird jede das Gegenteil ihrer selbst; dies Gegenteil aber wird
jede, [so] daß die andere, also auch jede, identisch mit sich
selbst bleibt. — Aber beides, das identische und das negative
Beziehen, ist ein und dasselbe; die Substanz ist nur in ihrem
Gegenteil identisch mit sich selbst, und dies macht die absolute Identität der als zwei gesetzten Substanzen aus. Die aktive
Substanz wird durch das Wirken, d. h. indem sie sich als das
Gegenteil ihrer selbst setzt, was zugleich das Aufheben ihres
vorausgesetzten Andersseins, der passiven Substanz ist,
als Ursache oder ursprüngliche Substantialität manifestiert.
Umgekehrt wird durch das Einwirken das Gesetztsein als Gesetztsein, das Negative als Negatives, somit die passive Substanz als sich auf sich beziehende Negativität manifestiert,
und die Ursache geht in diesem Andern ihrer selbst schlechthin nur mit sich zusammen. Durch dies Setzen wird also die
vorausgesetzte oder an sich seiende Ursprünglichkeit
für sich; aber dies An- und Fürsichsein ist nur dadurch, daß
dies Setzen ebensosehr ein Aufheben des Vorausgesetzten ist,
oder die absolute Substanz nur aus und in ihrem Gesetztsein zu sich selbst zurückgekommen und dadurch absolut ist.
Diese Wechselwirkung ist hiemit die sich wieder aufhebende
Erscheinung, die Offenbarung des Scheins der Kausalität,
worin die Ursache als Ursache ist, daß er Schein ist. Diese
unendliche Reflexion in sich selbst, daß das An- und Fürsichsein erst dadurch ist, daß es Gesetztsein ist, ist die Vollendung der Substanz. Aber diese Vollendung ist nicht mehr
die Substanz selbst, sondern ist ein Höheres, der Begriff,
das Subjekt. Der Übergang des Substantialitätsverhältnisses
geschieht durch seine eigene immanente Notwendigkeit und
ist weiter nichts als die Manifestation ihrer selbst, daß der
Begriff ihre Wahrheit, und die Freiheit die Wahrheit der Notwendigkeit ist.

　　Es ist schon früher im zweiten Buch der objektiven Logik
S. 164 Anm. erinnert worden, daß die Philosophie, welche sich
auf den Standpunkt der Substanz stellt und darauf stehen
bleibt, das System des Spinoza ist. Es ist daselbst zugleich
der Mangel dieses Systems sowohl der Form als der Materie

nach aufgezeigt worden. Ein Anderes aber ist die Widerlegung desselben. In Rücksicht auf die Widerlegung eines philosophischen Systems ist anderwärts gleichfalls die allgemeine Bemerkung gemacht worden, daß daraus die schiefe Vorstellung zu verbannen ist, als ob das System als durchaus falsch dargestellt werden solle, und als ob das wahre System dagegen dem falschen nur entgegengesetzt sei. Aus dem Zusammenhange, in welchem hier das spinozistische System vorkommt, geht von selbst der wahre Standpunkt desselben und der Frage, ob es wahr oder falsch sei, hervor. Das Substantialitätsverhältnis erzeugte sich durch die Natur des Wesens; dies Verhältnis, so wie seine zu einem Ganzen erweiterte Darstellung in einem Systeme ist daher ein notwendiger Standpunkt, auf welchen das Absolute sich stellt. Ein solcher Standpunkt ist daher nicht als eine Meinung, eine subjektive, beliebige Vorstellungs- und Denkweise eines Individuums, als eine Verirrung der Spekulation anzusehen; diese findet sich vielmehr auf ihrem Wege notwendig darauf versetzt, und insofern ist das System vollkommen wahr. — Aber es ist nicht der höchste Standpunkt. Allein insofern kann das System nicht als falsch, als der Widerlegung bedürftig und fähig angesehen werden; sondern nur dies daran ist als das Falsche zu betrachten, daß es der höchste Standpunkt sei. Das wahre System kann daher auch nicht das Verhältnis zu ihm haben, ihm nur entgegengesetzt zu sein; denn so wäre dies Entgegengesetzte selbst ein Einseitiges. Vielmehr als das Höhere muß es das Untergeordnete in sich enthalten.

Ferner muß die Widerlegung nicht von außen kommen, d. h. nicht von Annahmen ausgehen, welche außer jenem Systeme liegen, denen es nicht entspricht. Es braucht jene Annahmen nur nicht anzuerkennen; der Mangel ist nur für den ein Mangel, welcher von den auf sie gegründeten Bedürfnissen und Forderungen ausgeht. Insofern ist gesagt worden, daß wer die Freiheit und Selbständigkeit des selbstbewußten Subjekts nicht für sich als entschieden voraussetze, für den könne keine Widerlegung des Spinozismus stattfinden. Ohnehin ignoriert ein so hoher und in sich schon so reicher Standpunkt als das Substantialitätsverhältnis jene Annahmen nicht, sondern enthält sie auch; eins der Attribute der spinozistischen Substanz ist das Denken. Er versteht vielmehr die Bestimmungen, unter welchen diese Annahmen ihm widerstreiten, aufzulösen und in sich zu ziehen, so daß sie in demselben, aber in den ihm angemessenen Modifikationen, erscheinen. Der Nerv des äußerlichen Widerlegens beruht dann allein darauf, die entgegengesetzten Formen jener Annahmen, z. B. das absolute Selbstbestehen des denkenden Individuums gegen die Form des Denkens, wie es in der absoluten Substanz mit der Ausdehnung identisch gesetzt wird, seinerseits steif und fest zu halten. Die wahrhafte Widerlegung muß in die Kraft des Gegners eingehen und sich in den Umkreis seiner Stärke stellen; ihn außerhalb seiner selbst angreifen und da recht zu behalten, wo er nicht ist, fördert die Sache nicht. Die einzige Widerlegung des Spinozismus kann daher nur darin bestehen, daß sein Standpunkt zuerst als wesentlich und notwendig anerkannt werde, daß aber zweitens dieser Standpunkt aus sich selbst auf den höhern gehoben werde. Das Substantialitätsverhältnis, ganz nur an und für sich selbst betrachtet, führt sich zu seinem Gegenteil, dem Begriffe, über. Die im letzten Buch enthaltene Exposition der Substanz, welche zum Begriffe überführt, ist daher die einzige und wahrhafte Widerlegung des Spinozismus. Sie ist die Enthüllung der Substanz, und diese ist die Genesis des Begriffs, deren Hauptmomente oben zusammengestellt worden. — Die Einheit der Substanz ist ihr Verhältnis der Notwendigkeit; aber so ist sie nur innre Notwendigkeit; indem sie sich durch das Moment der absoluten Negativität sich setzt, wird sie manifestierte oder gesetzte Identität und damit die Freiheit, welche die Identität des Begriffs ist. Dieser, die aus der Wechselwirkung resultierende Totalität, ist die Einheit der beiden Substanzen der Wechselwirkung, so daß sie aber nunmehr der Freiheit angehören, indem sie nicht mehr ihre Identität als ein Blindes, das heißt Innerliches, sondern daß sie wesentlich die Bestimmung haben, als Schein oder Reflexionsmomente zu sein, wodurch jede mit ihrem Andern oder ihrem Gesetztsein ebenso unmittelbar zusammengegangen [ist] und jede ihr Gesetztsein in sich selbst enthält, somit in ihrem Andern schlechthin nur als identisch mit sich gesetzt ist.

Im Begriffe hat sich daher das Reich der Freiheit eröffnet. Er ist das freie, weil die an und für sich seiende Identität, welche die Notwendigkeit der Substanz ausmacht,

zugleich als aufgehoben oder als Gesetztsein ist, und dies
Gesetztsein, als sich auf sich selbst beziehend, eben jene Identität ist. Die Dunkelheit der im Kausalverhältnisse stehenden
Substanzen füreinander ist verschwunden, denn die Ursprünglichkeit ihres Selbstbestehens ist in Gesetztsein übergegangen
und dadurch zur sich selbst durchsichtigen Klarheit geworden; die ursprüngliche Sache ist dies, indem sie nur die
Ursache ihrer selbst ist, und dies ist die zum Begriffe
befreite Substanz.

Es ergibt sich hieraus für den Begriff sogleich folgende
nähere Bestimmung. Weil das An- und Fürsichsein unmittelbar als Gesetztsein ist, ist der Begriff in seiner einfachen
Beziehung auf sich selbst absolute Bestimmtheit; aber welche
ebenso als sich nur auf sich beziehend unmittelbar einfache
Identität ist. Aber diese Beziehung der Bestimmtheit auf
sich selbst, als das Zusammengehen derselben mit sich,
ist ebensosehr die Negation der Bestimmtheit, und der Begriff ist als diese Gleichheit mit sich selbst das Allgemeine.
Aber diese Identität hat so sehr die Bestimmung der Negativität; sie ist die Negation oder Bestimmtheit, welche sich auf
sich bezieht; so ist der Begriff Einzelnes. Jedes von ihnen
ist die Totalität, jedes enthält die Bestimmung des Andern in
sich, und darum sind diese Totalitäten ebenso schlechthin nur
Eine, als diese Einheit die Diremtion ihrer selbst in den freien
Schein dieser Zweiheit ist, — einer Zweiheit, welche in dem
Unterschied des Einzelnen und Allgemeinen als vollkommener Gegensatz erscheint, der aber so sehr Schein ist, daß,
indem das eine begriffen und ausgesprochen wird, darin das
Andere unmittelbar begriffen und ausgesprochen ist.

Das soeben Vorgetragene ist als der Begriff des Begriffes zu betrachten. Wenn derselbe von demjenigen abzu-
weichen scheinen kann, was man sonst unter Begriff verstehe,
so könnte verlangt werden, daß aufgezeigt würde, wie dasselbe,
was hier als der Begriff sich ergeben hat, in andern Vorstellungen oder Erklärungen enthalten sei. Einerseits kann es jedoch nicht um eine durch die Autorität des gewöhnlichen
Verstehens begründete Bestätigung zu tun sein; in der Wissenschaft des Begriffes kann dessen Inhalt und Bestimmung allein
durch die immanente Deduktion bewährt werden, welche
seine Genesis enthält, und welche bereits hinter uns liegt. Auf

der andern Seite muß wohl an sich in demjenigen, was sonst
als der Begriff des Begriffs vorgelegt wird, der hier deduzierte
zu erkennen sein. Aber es ist nicht so leicht, das aufzufinden,
was andere von der Natur des Begriffes gesagt haben. Denn
meistens befassen sie sich mit dieser Aufsuchung gar nicht
und setzen voraus, daß jeder es schon von selbst verstehe,
wenn man von dem Begriffe spreche. Neuerlich konnte man
sich der Bemühung mit dem Begriffe um so mehr überhoben
glauben, da, wie es eine Zeitlang Ton war, der Einbildungskraft, dann dem Gedächtnisse alles mögliche Schlimme nach-
zusagen, es in der Philosophie seit geraumer Zeit zur Gewohnheit geworden und zum Teil noch gegenwärtig ist, auf den Begriff alle üble Nachrede zu häufen, ihn, der das Höchste des
Denkens ist, verächtlich zu machen und dagegen für den höchsten sowohl szientifischen als moralischen Gipfel das Unbe-
greifliche und das Nichtbegreifen anzusehen.

Ich beschränke mich hier auf eine Bemerkung, die für
das Auffassen der hier entwickelten Begriffe dienen kann und
es erleichtern mag, sich darein zu finden. Der Begriff, insofern er zu einer solchen Existenz gediehen ist, welche selbst
frei ist, ist nichts anderes als Ich oder das reine Selbstbewußtsein. Ich habe wohl Begriffe, das heißt, bestimmte Begriffe; aber Ich ist der reine Begriff selbst, der als Begriff
zum Dasein gekommen ist. Wenn man daher an die Grund-
bestimmungen, welche die Natur des Ich ausmachen, erinnert,
so darf man voraussetzen, daß an etwas Bekanntes, d. i. der
Vorstellung Geläufiges, erinnert wird. Ich aber ist diese erstlich reine, sich auf sich beziehende Einheit, und dies nicht
unmittelbar, sondern indem es von aller Bestimmtheit und Inhalt abstrahiert und in die Freiheit der schrankenlosen Gleichheit mit sich selbst zurückgeht. So ist es Allgemeinheit;
Einheit, welche nur durch jenes negative Verhalten, welches
als das Abstrahieren erscheint, Einheit mit sich ist, und dadurch alles Bestimmtsein in sich aufgelöst enthält. Zweitens
ist Ich ebenso unmittelbar als die sich auf sich selbst beziehende Negativität Einzelheit, absolutes Bestimmtsein, welches sich Anderem gegenüberstellt und es ausschließt; individuelle Persönlichkeit. Jene absolute Allgemeinheit, die ebenso unmittelbar absolute Vereinzelung
ist, und ein An- und Fürsichsein, welches schlechthin Gesetzt-

sein und nur dies An- und Fürsichsein durch die Einheit
mit dem Gesetztsein ist, macht ebenso die Natur des Ich
als des Begriffes aus; von dem einen und dem andern ist
nichts zu begreifen, wenn nicht die angegebenen beiden Momente zugleich in ihrer Abstraktion und zugleich in ihrer
vollkommenen Einheit aufgefaßt werden.

Wenn nach der gewöhnlichen Weise von dem Verstande,
den Ich habe, gesprochen wird, so versteht man darunter ein
Vermögen oder Eigenschaft, die in dem Verhältnisse zu
Ich stehe wie die Eigenschaft des Dings zum Dinge selbst,
— einem unbestimmten Substrate, welches nicht der wahrhafte
Grund und das Bestimmende seiner Eigenschaft sei. Nach dieser Vorstellung habe Ich Begriffe und den Begriff, wie ich
auch einen Rock, Farbe und andere äußerliche Eigenschaften
habe. — Kant ist über dieses äußerliche Verhältnis des Verstandes als des Vermögens der Begriffe und des Begriffes
selbst zum Ich hinausgegangen. Es gehört zu den tiefsten
und richtigsten Einsichten, die sich in der Kritik der Vernunft
finden, daß die Einheit, die das Wesen des Begriffs ausmacht, als die ursprünglich-synthetische Einheit der
Apperzeption, als Einheit des: Ich denke, oder des Selbstbewußtseins erkannt wird. — Dieser Satz macht die sogenannte
transzendentale Deduktion der Kategorie aus; sie hat aber
von jeher für eines der schwersten Stücke der Kantischen
Philosophie gegolten, — wohl aus keinem andern Grunde,
als weil sie fordert, daß über die bloße Vorstellung des
Verhältnisses, in welchem Ich und der Verstand oder die
Begriffe zu einem Ding und seinen Eigenschaften und Akzidenzen stehen, zum Gedanken hinausgegangen werden soll.
Objekt, sagt Kant, Kritik der r. V. S. 137, 2. Ausg., ist das,
in dessen Begriff das Mannigfaltige einer gegebenen Anschauung vereinigt ist. Alle Vereinigung der Vorstellungen
erfordert aber Einheit des Bewußtseins in der Synthesis
derselben. Folglich ist diese Einheit des Bewußtseins
dasjenige, was allein die Beziehung der Vorstellungen auf einen
Gegenstand, mithin ihre objektive Gültigkeit, ausmacht,
und worauf selbst die Möglichkeit des Verstands beruht.
Kant unterscheidet die subjektive Einheit des Bewußtseins
hievon, die Einheit der Vorstellung, ob ich mir eines Mannigfaltigen als zugleich oder nacheinander bewußt bin, was

von empirischen Bedingungen abhänge. Die Prinzipien dagegen der **objektiven** Bestimmung der Vorstellungen seien allein aus dem Grundsatze der **transzendentalen Einheit der Apperzeption** abzuleiten. Durch die Kategorien, welche diese objektiven Bestimmungen sind, werde das Mannigfaltige gegebener Vorstellungen so bestimmt, daß es zur **Einheit des Bewußtseins** gebracht werde. — Nach dieser Darstellung ist die Einheit des Begriffs dasjenige, wodurch etwas nicht bloße **Gefühlsbestimmung, Anschauung** oder auch bloße **Vorstellung,** sondern **Objekt** ist, welche objektive Einheit die Einheit des Ich mit sich selbst ist. — Das **Begreifen** eines Gegenstandes besteht in der Tat in nichts anderem, als daß Ich denselben sich zu **eigen** macht, ihn durchdringt und ihn in seine eigene **Form,** d. i. in die **Allgemeinheit,** welche unmittelbar **Bestimmtheit,** oder Bestimmtheit, welche unmittelbar **Allgemeinheit** ist, bringt. Der Gegenstand in der Anschauung oder auch in der Vorstellung ist noch ein **Äußerliches, Fremdes.** Durch das Begreifen wird das **An-** und **Fürsichsein,** das er im Anschauen und Vorstellen hat, in ein **Gesetztsein** verwandelt; Ich durchdringe ihn **denkend.** Wie er aber im Denken ist, so ist er erst **an und für sich;** wie er in der Anschauung oder Vorstellung ist, ist er **Erscheinung;** das Denken hebt seine **Unmittelbarkeit,** mit der er zunächst vor uns kommt, auf und macht so ein **Gesetztsein** aus ihm; dies sein Gesetztsein aber ist sein **An-** und **Fürsichsein** oder seine **Objektivität.** Diese Objektivität hat der Gegenstand somit im **Begriffe,** und dieser ist die **Einheit des Selbstbewußtseins,** in die er aufgenommen worden; seine Objektivität oder der Begriff ist daher selbst nichts anderes als die Natur des Selbstbewußtseins, hat keine andere Momente oder Bestimmungen als das Ich selbst.

Hienach rechtfertigt es sich durch einen Hauptsatz der Kantischen Philosophie, daß, um das zu erkennen, was der **Begriff** sei, an die Natur des Ich erinnert wird. Umgekehrt aber ist hiezu notwendig, den **Begriff** des Ich aufgefaßt zu haben, wie er vorhin angeführt worden. Wenn bei der bloßen **Vorstellung** des Ich stehengeblieben wird, wie sie unserm gewöhnlichen Bewußtsein vorschwebt, so ist Ich nur das einfache **Ding,** welches auch **Seele** genannt wird, dem der Begriff als ein **Besitz** oder Eigenschaft **inhäriert.** Diese Vorstellung, welche sich nicht damit einläßt, weder Ich noch den Begriff zu begreifen, kann nicht dazu dienen, das Begreifen des Begriffs zu erleichtern oder näher zu bringen.

Die angeführte Kantische Darstellung enthält noch zwei Seiten, die den Begriff betreffen und einige weitere Bemerkungen notwendig machen. Vors erste sind der Stufe des Verstands die Stufen des Gefühls und der Anschauung vorausgeschickt, und es ist ein wesentlicher Satz der Kantischen Transzendentalphilosophie, daß die Begriffe ohne Anschauung leer sind und allein als Beziehungen des durch die Anschauung gegebenen Mannigfaltigen Gültigkeit haben. Zweitens ist der Begriff als das Objektive der Erkenntnis angegeben worden, somit als die Wahrheit. Aber auf der andern Seite wird derselbe als etwas bloß Subjektives genommen, aus dem sich die Realität, unter welcher, da sie der Subjektivität gegenübergestellt wird, die Objektivität zu verstehen ist, nicht herausklauben lasse; und überhaupt wird der Begriff und das Logische für etwas nur Formelles erklärt, das, weil es von dem Inhalt abstrahiere, die Wahrheit nicht enthalte.

Was nun erstens jenes Verhältnis des Verstands oder Begriffs zu den ihm vorausgesetzten Stufen betrifft, so kommt es darauf an, welches die Wissenschaft ist, die abgehandelt wird, um die Form jener Stufen zu bestimmen. In unserer Wissenschaft, als der reinen Logik, sind diese Stufen Sein und Wesen. In der Psychologie sind es das Gefühl und die Anschauung, und dann die Vorstellung überhaupt, welche dem Verstande vorausgeschickt werden. In der Phänomenologie des Geistes als der Lehre vom Bewußtsein wurde durch die Stufen des sinnlichen Bewußtseins und dann des Wahrnehmens zum Verstande aufgestiegen. Kant schickt ihm nur Gefühl und Anschauung voraus. Wie unvollständig zunächst diese Stufenleiter ist, gibt er schon selbst dadurch zu erkennen, daß er als Anhang zu der transzendentalen Logik oder Verstandeslehre noch eine Abhandlung über die Reflexionsbegriffe hinzufügt, — eine Sphäre, welche zwischen der Anschauung und dem Verstande oder dem Sein und Begriffe liegt.

Über die Sache selbst ist vors erste zu bemerken, daß jene Gestalten von Anschauung, Vorstellung und der-

gleichen dem **selbstbewußten Geiste** angehören, der als
solcher nicht in der logischen Wissenschaft betrachtet wird.
Die reinen Bestimmungen von Sein, Wesen und Begriff machen
zwar auch die Grundlage und das innere einfache Gerüste der
Formen des Geistes aus; der Geist als **anschauend**, ebenso
als **sinnliches Bewußtsein** ist in der Bestimmtheit des
unmittelbaren Seins, so wie der Geist als **vorstellend**, wie
auch als **wahrnehmendes Bewußtsein** sich vom Sein auf die
Stufe des Wesens oder der Reflexion erhoben hat. Allein diese
konkreten Gestalten gehen die logische Wissenschaft so wenig
an als die konkreten Formen, welche die logischen Bestimmungen in der Natur annehmen, und welche **Raum und Zeit**,
alsdann der sich erfüllende Raum und Zeit als **unorganische
Natur**, und die **organische Natur** sein würden. Ebenso ist
hier auch der Begriff nicht als Aktus des selbstbewußten Verstandes, nicht der **subjektive Verstand** zu betrachten, sondern der Begriff an und für sich, welcher ebensowohl eine
Stufe der Natur als des Geistes ausmacht. Das Leben oder
die organische Natur ist diese Stufe der Natur, auf welcher
der Begriff hervortritt; aber als blinder, sich selbst nicht fas-
sender, d. h. nicht denkender Begriff; als solcher kommt er
nur dem Geiste zu. Von jener ungeistigen aber sowohl als
von dieser geistigen Gestalt des Begriffs ist seine logische
Form unabhängig, es ist hierüber schon in der·**Einleitung** die
nötige Vorerinnerung gemacht worden; es ist dies eine Bedeutung, welche nicht erst innerhalb der **Logik** zu rechtfertigen
ist, sondern mit der man **vor** derselben im reinen sein muß.

Wie nun aber auch die Formen gestaltet sein möchten,
welche dem Begriffe vorangehen, so kommt es **zweitens** auf
das **Verhältnis** an, in welchem der **Begriff zu denselben
gedacht** wird. Dies Verhältnis wird sowohl in der gewöhnlichen psychologischen Vorstellung als auch in der Kantischen
Transzendentalphilosophie so angenommen, daß der empirische
Stoff, das Mannigfaltige der Anschauung und Vorstellung zuerst **für sich da ist**, und daß dann der Verstand dazu **hin-
trete**, Einheit in denselben bringe, und ihn durch **Abstraktion** in die Form der **Allgemeinheit** erhebe. Der Verstand
ist auf diese Weise eine für sich leere **Form**, welche teils
nur durch jenen gegebenen Inhalt Realität erhält, teils von
ihm **abstrahiert**, nämlich ihn als etwas, aber nur für den Be-

griff Unbrauchbares wegläßt. Der Begriff ist in dem einen
und dem andern Tun nicht das Unabhängige, nicht das Wesentliche und Wahre jenes vorausgehenden Stoffes, welches vielmehr die Realität an und für sich ist, die sich aus dem Begriffe
nicht herausklauben läßt.

Es muß nun allerdings zugegeben werden, daß der Begriff als solcher noch nicht vollständig ist, sondern in die
Idee sich erheben muß, welche erst die Einheit des Begriffs
und der Realität ist; wie sich in dem Verfolge durch die Natur des Begriffes selbst ergeben muß. Denn die Realität,
die er sich gibt, darf nicht als ein Äußerliches aufgenommen,
sondern muß nach wissenschaftlicher Forderung aus ihm selbst
abgeleitet werden. Aber es ist wahrhaftig nicht jener durch
die Anschauung und die Vorstellung gegebene Stoff, welcher
gegen den Begriff als das Reale geltend gemacht werden darf.
„Es ist nur ein Begriff", pflegt man zu sagen, indem man
nicht nur die Idee, sondern das sinnliche, räumliche und zeitliche handgreifliche Dasein als etwas gegenüberstellt, das vor-
trefflicher sei als der Begriff. Das Abstrakte hält man dann
darum für geringer als das Konkrete, weil aus jenem so viel
dergleichen Stoff weggelassen worden sei. Das Abstrahieren
hat in dieser Meinung die Bedeutung, daß aus dem Konkreten
nur zu unserem subjektiven Behuf ein oder das andere Merkmal so herausgenommen werden, daß mit dem
Weglassen so vieler anderer Eigenschaften und Beschaffenheiten des Gegenstandes denselben an ihrem Werte und
ihrer Würde nichts benommen sein solle; sondern sie als das
Reelle, nur auf der andern Seite drüben, noch immer als völlig Geltendes gelassen werden, so daß es nur das Unvermö-
gen des Verstandes sei, solchen Reichtum nicht aufzunehmen
und sich mit der dürftigen Abstraktion begnügen zu müssen.
Wenn nun der gegebene Stoff der Anschauung und das Mannigfaltige der Vorstellung als das Reelle gegen das Gedachte
und den Begriff genommen wird, so ist dies eine Ansicht,
welche abgelegt zu haben nicht nur Bedingung des Philoso-
phierens ist, sondern schon von der Religion vorausgesetzt
wird; wie ist ein Bedürfnis und der Sinn derselben möglich,
wenn die flüchtige und oberflächliche Erscheinung des Sinnlichen und Einzelnen noch für das Wahre gehalten wird?
Die Philosophie aber gibt die begriffene Einsicht, was es

mit der Realität des sinnlichen Seins für eine Bewandtnis habe,
und schickt jene Stufen des Gefühls und der Anschauung, des
sinnlichen Bewußtseins usf. insofern dem Verstande voraus,
als sie in dessen Werden seine Bedingungen, aber nur so sind,
daß der Begriff aus ihrer Dialektik und Nichtigkeit als
ihr Grund hervorgeht, nicht aber, daß er durch ihre Realität bedingt wäre. Das abstrahierende Denken ist daher nicht
als bloßes Auf-die-Seite-stellen des sinnlichen Stoffes zu betrachten, welcher dadurch in seiner Realität keinen Eintrag
leide, sondern es ist vielmehr das Aufheben und die Reduktion desselben als bloßer Erscheinung auf das Wesentliche, welches nur im Begriff sich manifestiert. Wenn das
freilich nur als ein Merkmal oder Zeichen dienen soll, was
von der konkreten Erscheinung in den Begriff aufzunehmen
sei, so darf es allerdings auch irgendeine nur sinnliche einzelne Bestimmung des Gegenstandes sein, die wegen irgendeines äußerlichen Interesses aus den anderen herausgewählt
wird und von gleicher Art und Natur wie die übrigen, ist.

Ein hauptsächlicher Mißverstand, welcher hiebei obwaltet,
ist, als ob das natürliche Prinzip oder der Anfang, von dem
in der natürlichen Entwicklung oder in der Geschichte
des sich bildenden Individuums ausgegangen wird, das Wahre
und im Begriffe Erste sei. Anschauung oder Sein sind wohl
der Natur nach das Erste oder die Bedingung für den Begriff,
aber sie sind darum nicht das an und für sich Unbedingte, im
Begriffe hebt sich vielmehr ihre Realität und damit zugleich
der Schein auf, den sie als das bedingende Reelle hatten.
Wenn es nicht um die Wahrheit, sondern nur um die Historie zu tun ist, wie es im Vorstellen und dem erscheinenden Denken zugehe, so kann man allerdings bei der Erzählung
stehenbleiben, daß wir mit Gefühlen und Anschauungen anfangen und der Verstand aus dem Mannigfaltigen derselben
eine Allgemeinheit oder ein Abstraktes herausziehe und begreiflich jene Grundlage dazu nötig habe, welche bei diesem
Abstrahieren noch in der ganzen Realität, mit welcher sie sich
zuerst zeigte, dem Vorstellen stehenbleibe. Aber die Philosophie soll keine Erzählung dessen sein, was geschieht, sondern eine Erkenntnis dessen, was wahr darin ist, und aus dem
Wahren soll sie ferner das begreifen, was in der Erzählung
als ein bloßes Geschehen erscheint.

Wenn in der oberflächlichen Vorstellung von dem, was der Begriff ist, alle Mannigfaltigkeit au ß er dem Begriffe steht, und diesem nur die Form der abstrakten Allgemeinheit oder der leeren Reflexionsidentität zukommt, so kann schon zunächst daran erinnert werden, daß auch sonst für die Angabe eines Begriffs oder die Definition zu der Gattung, welche selbst schon eigentlich nicht rein abstrakte Allgemeinheit ist, ausdrücklich auch die spezifische Bestimmtheit gefordert wird. Wenn nur mit etwas denkender Betrachtung darauf reflektiert würde, was dies sagen will, so würde sich ergeben, daß damit das Unterscheiden als ein ebenso wesentliches Moment des Begriffes angesehen wird. Kant hat diese Betrachtung durch den höchst wichtigen Gedanken eingeleitet, daß es synthetische Urteile a priori gebe. Diese ursprüngliche Synthesis der Apperzeption ist eines der tiefsten Prinzipien für die spekulative Entwicklung; sie enthält den Anfang zum wahrhaften Auffassen der Natur des Begriffs und ist jener leeren Identität oder abstrakten Allgemeinheit, welche keine Synthesis in sich ist, vollkommen entgegengesetzt. — Diesem Anfange entspricht jedoch die weitere Ausführung wenig. Schon der Ausdruck: Synthesis leitet leicht wieder zur Vorstellung einer äußerlichen Einheit und bloßen Verbindung von solchen, die an und für sich getrennt sind. Alsdann ist die Kantische Philosophie nur bei dem psychologischen Reflexe des Begriffs stehen geblieben und ist wieder zur Behauptung der bleibenden Bedingtheit des Begriffs durch ein Mannigfaltiges der Anschauung zurückgegangen. Sie hat die Verstandeserkenntnisse und die Erfahrung nicht darum als einen erscheinenden Inhalt ausgesprochen, weil die Kategorien selbst nur endliche sind, sondern aus dem Grunde eines psychologischen Idealismus, weil sie nur Bestimmungen seien, die vom Selbstbewußtsein herkommen. Auch gehört hieher, daß der Begriff wieder ohne das Mannigfaltige der Anschauung inhaltslos und leer sein soll, ungeachtet er a priori eine Synthesis sei; indem er dies ist, hat er ja die Bestimmtheit und den Unterschied in sich selbst. Indem sie die Bestimmtheit des Begriffs, damit die absolute Bestimmtheit, die Einzelheit, ist, ist der Begriff Grund und Quelle aller endlichen Bestimmtheit und Mannigfaltigkeit.

Die formelle Stellung, welche er als Verstand behält, wird

in der Kantischen Darstellung dessen, was **Vernunft** sei,
vollendet. In der Vernunft, der höchsten Stufe des Denkens,
sollte man erwarten, der Begriff werde die Bedingtheit, in welcher er auf der Stufe des Verstandes noch erscheint, verlieren
und zur vollendeten Wahrheit kommen. Diese Erwartung wird
aber getäuscht. Dadurch, daß Kant das Verhalten der Vernunft zu den Kategorien als nur **dialektisch** bestimmt, und
zwar das Resultat dieser Dialektik schlechthin nur als das **unendliche Nichts** auffaßt, so verliert die unendliche Einheit
der Vernunft auch noch die Synthesis und damit jenen Anfang
eines spekulativen, wahrhaft unendlichen Begriffs; sie wird
zu der bekannten, ganz formellen, bloß **regulativen Einheit** des **systematischen Verstandesgebrauchs**. Es
wird für einen Mißbrauch erklärt, daß die Logik, die bloß ein
Kanon der Beurteilung sein solle, als ein **Organon** zur
Hervorbringung **objektiver** Einsichten angesehen werde. Die
Vernunftbegriffe, in denen man eine höhere Kraft und tiefern
Inhalt ahnen mußte, haben nichts **Konstitutives** mehr wie
noch die Kategorien; sie sind **bloße** Ideen; es soll **ganz wohl
erlaubt** sein, sie zu gebrauchen, aber mit diesen intelligibeln
Wesen, in denen sich alle **Wahrheit** ganz aufschließen sollte,
soll weiter nichts gemeint sein als **Hypothesen**, denen eine
Wahrheit an und für sich zuzuschreiben eine völlige Willkür
und Tollkühnheit sein würde, da sie — **in keiner Erfahrung vorkommen können**. — Hätte man es je denken sollen, daß die Philosophie den intelligibeln Wesen darum die
Wahrheit absprechen würde, weil sie des räumlichen und zeitlichen Stoffes der Sinnlichkeit entbehren?

Es hängt hiemit unmittelbar der Gesichtspunkt zusammen,
in Rücksicht auf welchen der Begriff und die Bestimmung der
Logik überhaupt zu betrachten ist, und der in der Kantischen
Philosophie auf die gleiche Weise wie insgemein genommen
wird: das **Verhältnis** nämlich des **Begriffs und seiner
Wissenschaft zur Wahrheit** selbst. Es ist vorhin aus der
Kantischen Deduktion der Kategorien angeführt worden, daß
nach derselben das **Objekt**, als in welchem das Mannigfaltige der Anschauung **vereinigt** ist, nur diese Einheit ist
durch die Einheit des Selbstbewußtseins. Die **Objektivität des Denkens** ist also hier bestimmt ausgesprochen,
eine Identität des Begriffs und des Dinges, welche die **Wahr-**

heit ist. Auf gleiche Weise wird auch insgemein zugegeben,
daß, indem das Denken einen gegebenen Gegenstand sich aneignet, dieser dadurch eine Veränderung erleidet und aus
einem sinnlichen zu einem gedachten gemacht werde, daß
aber diese Veränderung nicht nur nichts an seiner Wesentlichkeit ändere, sondern daß er vielmehr erst in seinem Begriffe
in seiner Wahrheit, in der Unmittelbarkeit, in welcher er
gegeben ist, aber nur Erscheinung und Zufälligkeit,
daß die Erkenntnis des Gegenstandes, welche ihn begreift, die
Erkenntnis desselben, wie er an und für sich ist, und der Begriff seine Objektivität selbst sei. Auf der andern Seite wird
aber ebenso wieder behauptet, wir können die Dinge doch
nicht erkennen, wie sie an und für sich seien, und die
Wahrheit sei für die erkennende Vernunft unzugäng-
lich; jene Wahrheit, welche in der Einheit des Objekts und
des Begriffs besteht, sei doch nur Erscheinung, und zwar nun
wieder aus dem Grunde, weil der Inhalt nur das Mannigfaltige
der Anschauung sei. Es ist hierüber schon daran erinnert worden, daß eben im Begriffe vielmehr diese Mannigfaltigkeit,
insofern sie der Anschauung im Gegensatze gegen den Begriff angehört, aufgehoben werde und der Gegenstand durch
den Begriff in seine nicht zufällige Wesenheit zurückgeführt
sei; diese tritt in die Erscheinung, darum eben ist die Erscheinung nicht bloß ein Wesenloses, sondern Manifestation des
Wesens. Die aber ganz frei gewordene Manifestation desselben
ist der Begriff. — Diese Sätze, an welche hier erinnert wird,
sind darum keine dogmatischen Assertionen, weil sie aus der
ganzen Entwicklung des Wesens durch sich selbst hervorgegangene Resultate sind. Der jetzige Standpunkt, auf welchen
diese Entwicklung geführt hat, ist, daß die Form des Absoluten, welche höher als Sein und Wesen, der Begriff ist.
Indem er nach dieser Seite Sein und Wesen, wozu auch bei
andern Ausgangspunkten Gefühl und Anschauung und Vorstellung gehören, und welche als seine vorangehenden Bedingungen
erschienen, sich unterworfen und sich als ihren unbedingten Grund erwiesen hat, so ist nun noch die zweite
Seite übrig, deren Abhandlung dieses dritte Buch der Logik
gewidmet ist, die Darstellung nämlich, wie er die Realität,
welche in ihm verschwunden, in und aus sich bildet. Es ist
daher allerdings zugegeben worden, daß die Erkenntnis, welche

nur bei dem Begriff rein als solchem steht, noch unvollständig ist und nur erst zur abstrakten Wahrheit gekommen
ist. Aber ihre Unvollständigkeit liegt nicht darin, daß sie jener
vermeintlichen Realität, die im Gefühl und Anschauung gegeben
sei, entbehre, sondern daß der Begriff noch nicht seine eigene,
aus ihm selbst erzeugte Realität sich gegeben hat. Darin
besteht die gegen und an dem empirischen Stoff und genauer
an seinen Kategorien und Reflexionsbestimmungen erwiesene
Absolutheit des Begriffes, daß derselbe nicht, wie er außer
und vor dem Begriffe erscheint, Wahrheit habe, sondern
allein in seiner Identität oder [seiner] Identität mit dem Begriffe. Die Herleitung des Reellen aus ihm, wenn man es
Herleitung nennen will, besteht zunächst wesentlich darin, daß
der Begriff in seiner formellen Abstraktion sich als unvollen-
det zeigt und durch die in ihm selbst gegründete Dialektik zur
Realität so übergeht, daß er sie aus sich erzeugt, aber nicht,
daß er zu einer fertigen, ihm gegenüber gefundenen Realität
wieder zurückfällt und zu etwas, das sich als das Unwesentliche der Erscheinung kund getan, seine Zuflucht nimmt, weil
er, nachdem er sich um ein Besseres umgesehen, doch dergleichen nicht gefunden habe. — Es wird immer als etwas
Verwundernswürdiges ausgezeichnet werden, wie die Kantische
Philosophie, die dasjenige Verhältnis des Denkens zum sinnlichen Dasein, bei dem sie stehen blieb, für ein nur relatives
Verhältnis der bloßen Erscheinung erkannte und eine höhere
Einheit beider in der Idee überhaupt, und z. B. in der Idee
eines anschauenden Verstandes sehr wohl anerkannte und
aussprach, doch bei jenem relativen Verhältnisse und bei der
Behauptung stehen geblieben ist, daß der Begriff schlechthin
von der Realität getrennt sei und bleibe, — somit als die
Wahrheit dasjenige behauptete, was sie als endliche Erkenntnis aussprach, und das für überschwenglich, uner-
laubt und für Gedankendinge erklärte, was sie als Wahrheit erkannte, und wovon sie den bestimmten Begriff aufstellte.

Indem es zunächst hier die Logik, nicht die Wissenschaft
überhaupt ist, von deren Verhältnisse zur Wahrheit die Rede
ist, so muß ferner noch zugegeben werden, daß jene als die
formelle Wissenschaft nicht auch diejenige Realität enthalten könne und solle, welche der Inhalt weiterer Teile der

Philosophie, der **Wissenschaften der Natur und des Geistes**, ist. Diese konkreten Wissenschaften treten allerdings
zu einer reellern Form der Idee heraus als die Logik, aber zugleich nicht so, daß sie zu jener Realität sich wieder umwen-
deten, welche das über seine Erscheinung zur Wissenschaft
erhobene Bewußtsein aufgegeben [hat], oder auch zum Gebrauch von Formen, wie die Kategorien und Reflexionsbestimmungen sind, deren Endlichkeit und Unwahrheit sich in der
Logik dargestellt hat, wieder zurückkehrten. Vielmehr zeigt
die Logik die Erhebung der **Idee** zu der Stufe, von der aus
sie die Schöpferin der Natur wird und zur Form einer konkreten
Unmittelbarkeit überschreitet, deren Begriff aber auch
diese Gestalt wieder zerbricht, um zu sich selbst als **konkreter Geist** zu werden. Gegen diese konkreten Wissenschaften,
welche aber das Logische oder den Begriff zum innern Bild-
ner haben und behalten, wie sie es zum Vorbildner hatten, ist
die Logik selbst allerdings die **formelle Wissenschaft**, aber
die Wissenschaft der **absoluten Form**, welche in sich Totalität ist und die **reine Idee der Wahrheit** selbst enthält.
Diese absolute Form hat an ihr selbst ihren Inhalt oder Realität; der Begriff, indem er nicht die triviale, leere Identität ist,
hat in dem Momente seiner Negativität oder des absoluten
Bestimmens die unterschiedenen Bestimmungen; der Inhalt
ist überhaupt nichts anderes als solche Bestimmungen der
absoluten Form, — der durch sie selbst gesetzte und daher auch
ihr angemessene Inhalt. — Diese Form ist darum auch von
ganz anderer Natur, als gewöhnlich die logische Form genommen wird. Sie ist schon **für sich selbst die Wahrheit**,
indem dieser Inhalt seiner Form oder diese Realität ihrem Begriffe angemessen ist, und die **reine Wahrheit**, weil dessen
Bestimmungen noch nicht die Form eines absoluten Andersseins
oder der absoluten Unmittelbarkeit haben. — Kant, indem er
Kr. der r. Vern. S. 83 in Beziehung auf die Logik auf die alte
und berühmte Frage: **Was die Wahrheit sei?** zu reden
kommt, schenkt vors erste als etwas Triviales die Namenerklärung, daß sie die Übereinstimmung der Erkenntnis mit ihrem
Gegenstande sei, — eine Definition, die von großem, ja von
dem höchsten Werte ist. Wenn man sich derselben bei der
Grundbehauptung des transzendentalen Idealismus erinnert, daß
die **Vernunfterkenntnis die Dinge an sich** zu erfassen

nicht vermögend sei, daß die Realität schlechthin außer
dem Begriffe liege, so zeigt sich sogleich, daß eine solche
Vernunft, die sich mit ihrem Gegenstande, den Dingen an
sich, nicht in Übereinstimmung zu setzen vermag, und
die Dinge an sich, die nicht mit dem Vernunftbegriffe, der
Begriff, der nicht mit der Realität, eine Realität, die nicht mit
dem Begriffe in Übereinstimmung ist, unwahre Vorstellungen sind. Wenn Kant die Idee eines anschauenden Verstandes an jene Definition der Wahrheit gehalten hätte, so
würde er diese Idee, welche die geforderte Übereinstimmung
ausdrückt, nicht als ein Gedankending, sondern vielmehr als
Wahrheit behandelt haben.

„Das, was man zu wissen verlange,“ gibt Kant ferner an,
„sei ein allgemeines und sicheres Kriterium der Wahrheit einer jeden Erkenntnis; es würde ein solches sein,
welches von allen Erkenntnissen, ohne Unterschied ihrer
Gegenstände, gültig wäre; da man aber bei demselben von
allem Inhalt der Erkenntnis (Beziehung auf ihr Objekt)
abstrahiert, und Wahrheit gerade diesen Inhalt angeht, so würde es ganz unmöglich und ungereimt sein, nach
einem Merkmal der Wahrheit dieses Inhalts der Erkenntnisse zu fragen.“ — Es ist hier die gewöhnliche Vorstellung
von der formellen Funktion der Logik sehr bestimmt ausgedrückt, und das angeführte Räsonnement scheint sehr einleuchtend zu sein. Vors erste aber ist zu bemerken, daß es
solchem formellen Räsonnement gewöhnlich so geht, in seinem
Reden die Sache zu vergessen, die es zur Grundlage gemacht
und von der es spricht. Es würde ungereimt sein, heißt es,
nach einem Kriterium der Wahrheit des Inhalts der Erkenntnis zu fragen; — aber nach der Definition macht nicht
der Inhalt die Wahrheit aus, sondern die Übereinstimmung desselben mit dem Begriffe. Ein Inhalt, wie von ihm
hier gesprochen wird, ohne den Begriff, ist ein Begriffloses,
somit Wesenloses; nach dem Kriterium der Wahrheit eines solchen kann freilich nicht gefragt werden, aber aus dem entgegengesetzten Grunde, darum nämlich nicht, weil er um seiner Begrifflosigkeit willen nicht die geforderte Übereinstimmung ist, sondern weiter nichts als ein der wahrheits-
losen Meinung Angehöriges sein kann. — Lassen wir die Erwähnung des Inhalts beiseite, der hier die Verwirrung verur-

sacht, — in welche aber der Formalismus jedesmal verfällt
und die ihn das Gegenteil dessen sagen läßt, was er vorbringen
will, so oft er sich auf Erläuterung einläßt, — und bleiben
bei der abstrakten Ansicht stehen, daß das Logische nur formell
sei und von allem Inhalt vielmehr abstrahiere, so haben wir
eine einseitige Erkenntnis, welche keinen Gegenstand enthalten
soll, eine leere, bestimmungslose Form, die also ebensowenig
eine Übereinstimmung, — da zur Übereinstimmung wesentlich zwei gehören, — ebensowenig Wahrheit ist. — An der
*a priori*schen Synthesis des Begriffs hatte Kant ein höheres
Prinzip, worin die Zweiheit in der Einheit, somit dasjenige erkannt werden konnte, was zur Wahrheit gefordert wird; aber
der sinnliche Stoff, das Mannigfaltige der Anschauung war
ihm zu mächtig, um davon weg zur Betrachtung des Begriffs
und der Kategorien an und für sich und zu einem spekulativen Philosophieren kommen zu können.

Indem die Logik Wissenschaft der absoluten Form ist, so
muß dies Formelle, damit es ein Wahres sei, an ihm selbst
einen Inhalt haben, welcher seiner Form gemäß sei, und um
so mehr, da das logische Formelle die reine Form, also das logische Wahre die reine Wahrheit selbst sein muß. Dieses
Formelle muß daher in sich viel reicher an Bestimmungen und
Inhalt, sowie auch von unendlich größerer Wirksamkeit auf das
Konkrete gedacht werden, als es gewöhnlich genommen wird.
Die logischen Gesetze für sich (das ohnehin Heterogene, die
angewandte Logik und das übrige psychologische und anthropologische Material weggerechnet) werden gewöhnlich außer
dem Satze des Widerspruchs auf einige dürftige Sätze, die
Umkehrung der Urteile und die Formen der Schlüsse betref-
fend, beschränkt. Die selbst hiebei vorkommenden Formen,
sowie weitere Bestimmungen derselben werden nur gleichsam
historisch aufgenommen, nicht der Kritik, ob sie an und für
sich ein Wahres seien, unterworfen. So gilt z. B. die Form des
positiven Urteils für etwas an sich völlig Richtiges, wobei es
ganz allein auf den Inhalt ankomme, ob ein solches Urteil wahr
sei. Ob diese Form an und für sich eine Form der Wahrheit,
ob der Satz, den sie ausspricht, das Einzelne ist ein Allgemeines, nicht in sich dialektisch sei, an diese Untersuchung
wird nicht gedacht. Es wird geradezu dafür gehalten, daß dies
Urteil für sich fähig, Wahrheit zu enthalten, und jener Satz,

den jedes positive Urteil ausspricht, ein wahrer sei, obschon unmittelbar erhellt, daß ihm dasjenige fehlt, was die Definition der Wahrheit fordert, nämlich die Übereinstimmung des Begriffs und seines Gegenstandes; das Prädikat, welches hier das Allgemeine ist, als den Begriff, das Subjekt, welches das Einzelne ist, als den Gegenstand genommen, so stimmt das eine mit dem andern nicht überein. Wenn aber das abstrakte Allgemeine, welches das Prädikat ist, noch nicht einen Begriff ausmacht, als zu welchem allerdings mehr gehört, — so wie auch solches Subjekt noch nicht viel weiter als ein grammatisches ist, — wie sollte das Urteil Wahrheit enthalten können, da sein Begriff und Gegenstand nicht übereinstimmen, oder ihm der Begriff, wohl auch der Gegenstand, gar fehlt? — Dies ist daher vielmehr das Unmögliche und Ungereimte, in dergleichen Formen, wie ein positives Urteil und wie das Urteil überhaupt ist, die Wahrheit fassen zu wollen. So wie die Kantische Philosophie die Kategorien nicht an und für sich betrachtete, sondern sie nur aus dem schiefen Grunde, weil sie subjektive Formen des Selbstbewußtseins seien, für endliche Bestimmungen, die das Wahre zu enthalten unfähig seien, erklärte, so hat sie noch weniger die Formen des Begriffs, welche der Inhalt der gewöhnlichen Logik sind, der Kritik unterworfen; sie hat vielmehr einen Teil derselben, nämlich die Funktionen der Urteile für die Bestimmung der Kategorie aufgenommen und sie als gültige Voraussetzungen gelten lassen. Soll in den logischen Formen auch weiter nichts gesehen werden als formelle Funktionen des Denkens, so wären sie schon darum der Untersuchung, inwiefern sie für sich der Wahrheit entsprechen, würdig. Eine Logik, welche dies nicht leistet, kann höchstens auf den Wert einer naturhistorischen Beschreibung der Erscheinungen des Denkens, wie sie sich vorfinden, Anspruch machen. Es ist ein unendliches Verdienst des Aristoteles, welches uns mit der höchsten Bewunderung für die Stärke dieses Geistes erfüllen muß, diese Beschreibung zuerst unternommen zu haben. Aber es ist nötig, daß weitergegangen und teils der systematische Zusammenhang, teils aber der Wert der Formen erkannt werde.

Einteilung.

Der Begriff zeigt sich obenhin betrachtet als die Einheit des Seins und Wesens. Das Wesen ist die erste Negation des Seins, das dadurch zum Schein geworden ist; der Begriff ist die zweite oder die Negation dieser Negation, also das wiederhergestellte Sein, aber als die unendliche Vermittlung und Negativität desselben in sich selbst. — Sein und Wesen haben daher im Begriffe nicht mehr die Bestimmung, in welcher sie als Sein und Wesen sind, noch sind sie nur in solcher Einheit, daß jedes in dem andern scheine. Der Begriff unterscheidet sich daher nicht in diese Bestimmungen. Er ist die Wahrheit des substantiellen Verhältnisses, in welchem Sein und Wesen ihre erfüllte Selbständigkeit und Bestimmung durcheinander erreichen. Als die Wahrheit der Substantialität erwies sich die substantielle Identität, welche ebensosehr und nur als das Gesetztsein ist. Das Gesetztsein ist das Dasein und Unterscheiden; das An- und Fürsichsein hat daher im Begriffe ein sich gemäßes und wahres Dasein erreicht, denn jenes Gesetztsein ist An- und Fürsichsein selbst. Dies Gesetztsein macht den Unterschied des Begriffes in ihm selbst aus; seine Unterschiede, weil es unmittelbar das An- und Fürsichsein ist, sind selbst der ganze Begriff; in ihrer Bestimmtheit allgemeine, und identisch mit ihrer Negation.

Dies ist nun der Begriff selbst des Begriffes. Aber es ist nur erst sein Begriff; — oder er ist selbst auch nur der Begriff. Weil er das An- und Fürsichsein ist, insofern es Gesetztsein ist, oder die absolute Substanz, insofern sie die Notwendigkeit unterschiedener Substanzen als Identität offenbart, so muß diese Identität das, was sie ist, selbst setzen. Die Momente der Bewegung des Substantialitätsverhältnisses, wodurch der Begriff geworden ist, und die dadurch dargestellte Realität ist erst im Übergange zum Begriffe; sie ist noch nicht als seine eigene, aus ihm hervorgegangene Bestimmung; sie fiel in die Sphäre der Notwendigkeit; die seinige kann nur seine freie Bestimmung, ein Dasein sein, in welchem er als identisch mit sich [ist], dessen Momente Begriffe und durch ihn selbst gesetzte sind.

Zuerst ist also der Begriff nur an sich die Wahrheit; weil er nur ein Inneres ist, so ist er ebensosehr nur ein Äußeres. Er ist zuerst überhaupt ein Unmittelbares, und in dieser Gestalt haben seine Momente die Form von unmittelbaren, festen Bestimmungen. Er erscheint als der bestimmte Begriff, als die Sphäre des bloßen Verstandes. — Weil diese Form der Unmittelbarkeit ein seiner Natur noch nicht angemessenes Dasein ist, da er das sich nur auf sich selbst beziehende Freie ist, so ist sie eine äußerliche Form, in der der Begriff nicht als An- und Fürsichseiendes, sondern als nur Gesetztes oder ein Subjektives gelten kann. — Die Gestalt des unmittelbaren Begriffes macht den Standpunkt aus, nach welchem der Begriff ein subjektives Denken, eine der Sache äußerliche Reflexion ist. Diese Stufe macht daher die Subjektivität oder den formellen Begriff aus. Die Äußerlichkeit desselben erscheint in dem festen Sein seiner Bestimmungen, wodurch jede für sich als ein Isoliertes, Qualitatives auftritt, das nur in äußerer Beziehung auf sein Anderes ist. Die Identität des Begriffes aber, die eben das innre oder subjektive Wesen derselben ist, setzt sie in dialektische Bewegung, durch welche sich ihre Vereinzelung und damit die Trennung des Begriffs von der Sache aufhebt und als ihre Wahrheit die Totalität hervorgeht, welche der objektive Begriff ist.

Zweitens. Der Begriff in seiner Objektivität ist die an- und fürsichseiende Sache selbst. Durch seine notwendige Fortbestimmung macht der formelle Begriff sich selbst zur Sache und verliert dadurch das Verhältnis der Subjektivität und Äußerlichkeit gegen sie. Oder umgekehrt ist die Objektivität der aus seiner Innerlichkeit hervorgetretene und in das Dasein übergegangene reelle Begriff. — In dieser Identität mit der Sache hat er somit eigenes und freies Dasein. Aber es ist dies noch eine unmittelbare, noch nicht negative Freiheit. Eins mit der Sache ist er in sie versenkt; seine Unterschiede sind objektive Existenzen, in denen er selbst wieder das Innre ist. Als die Seele des objektiven Daseins muß er sich die Form der Subjektivität geben, die er als formeller Begriff unmittelbar hatte; so tritt er in der Form des Freien, die er in der Objektivität noch nicht hatte, ihr gegenüber und macht darin die Identität

mit ihr, die er an und für sich als objektiver Begriff mit
ihr hat, zu einer auch gesetzten.

In dieser Vollendung, worin er in seiner Objektivität ebenso die Form der Freiheit hat, ist der adäquate Begriff die
Idee. Die Vernunft, welche die Sphäre der Idee ist, ist
die sich selbst enthüllte Wahrheit, worin der Begriff die
schlechthin ihm angemessene Realisation hat und insofern frei
ist, als er diese seine objektive Welt in seiner Subjektivität und
diese in jener erkennt.

Erster Abschnitt.

Die Subjektivität.

Der Begriff ist zuerst der formelle, der Begriff im Anfang oder der als unmittelbarer ist. — In der unmittelbaren Einheit ist sein Unterschied oder Gesetztsein zuerst zunächst selbst einfach und nur ein Schein, so daß die Momente des Unterschiedes unmittelbar die Totalität des Begriffes sind und nur der Begriff als solcher sind.

Zweitens aber, weil er die absolute Negativität ist, so dirimiert er sich und setzt sich als das Negative oder als das Andre seiner selbst; und zwar, weil er erst der unmittelbare ist, hat dies Setzen oder Unterscheiden die Bestimmung, daß die Momente gleichgültig gegeneinander und jedes für sich wird; seine Einheit ist in dieser Teilung nur noch äußere Beziehung. So als Beziehung seiner als selbständig und gleichgültig gesetzten Momente ist er das Urteil.

Drittens, das Urteil enthält wohl die Einheit des in seine selbständigen Momente verlorenen Begriffs, aber sie ist nicht gesetzt. Sie wird dies durch die dialektische Bewegung des Urteils, das hiedurch der Schluß geworden ist, zum vollständig gesetzten Begriff, indem im Schluß ebensowohl die Momente desselben als selbständige Extreme, wie auch deren vermittelnde Einheit gesetzt ist.

Indem aber unmittelbar diese Einheit selbst als die vereinigende Mitte, und die Momente als selbständige Extreme zunächst einander gegenüberstehen, so hebt dies widersprechende Verhältnis, das im formalen Schlusse stattfindet, sich auf, und die Vollständigkeit des Begriffs geht in die Einheit der Totalität über, die Subjektivität des Begriffes in seine Objektivität.

Erstes Kapitel.

Der Begriff.

Durch den Verstand pflegt das Vermögen der Begriffe überhaupt ausgedrückt zu werden; er wird insofern von der Urteilskraft und dem Vermögen der Schlüsse als der formellen Vernunft unterschieden. Vornehmlich aber wird er der Vernunft entgegengesetzt; insofern aber bedeutet er nicht das Vermögen des Begriffs überhaupt, sondern der bestimmten Begriffe, wobei die Vorstellung herrscht, als ob der Begriff nur ein Bestimmtes sei. Wenn der Verstand in dieser Bedeutung von der formellen Urteilskraft und der formellen Vernunft unterschieden wird, so ist er als Vermögen des einzelnen bestimmten Begriffs zu nehmen. Denn das Urteil und der Schluß oder die Vernunft sind selbst als Formales nur ein Verständiges, indem sie unter der Form der abstrakten Begriffsbestimmtheit stehen. Der Begriff gilt aber hier überhaupt nicht als bloß abstrakt Bestimmtes; der Verstand ist daher von der Vernunft nur so zu unterscheiden, daß jener nur das Vermögen des Begriffes überhaupt sei.

Dieser allgemeine Begriff, der nun hier zu betrachten ist, enthält die drei Momente: Allgemeinheit, Besonderheit und Einzelheit. Der Unterschied und die Bestimmungen, die er sich in dem Unterscheiden gibt, machen die Seite aus, welche vorhin Gesetztsein genannt wurde. Da dieses in dem Begriff identisch mit dem An- und Fürsichsein ist, so ist jedes jener Momente so sehr ganzer Begriff als bestimmter Begriff und als eine Bestimmung des Begriffs.

Zuerst ist er reiner Begriff oder die Bestimmung der Allgemeinheit. Der reine oder allgemeine Begriff ist aber auch nur ein bestimmter oder besonderer Begriff, der sich auf die Seite neben die andern stellt. Weil der Begriff die Totalität ist, also in seiner Allgemeinheit oder reinen identischen Beziehung auf sich selbst wesentlich das Bestimmen und Unterscheiden ist, so hat er in ihm selbst den Maßstab, wodurch diese Form seiner Identität mit sich, indem sie alle Momente durchdringt und in sich faßt, ebenso unmittelbar sich bestimmt, nur das Allgemeine gegen die Unterschiedenheit der Momente zu sein.

Zweitens ist der Begriff dadurch als dieser besondere oder als der bestimmte Begriff, welcher als gegen andere unterschieden gesetzt ist.

Drittens, die Einzelheit ist der aus dem Unterschiede in die absolute Negativität sich reflektierende Begriff. Dies ist zugleich das Moment, worin er aus seiner Identität in sein Anderssein übergetreten ist und zum Urteil wird.

A. Der allgemeine Begriff.

Der reine Begriff ist das absolut Unendliche, Unbedingte und Freie. Es ist hier, wo die Abhandlung, welche den Begriff zu ihrem Inhalte hat, beginnt, noch einmal nach seiner Genesis zurückzusehen. Das Wesen ist aus dem Sein, und der Begriff aus dem Wesen, somit auch aus dem Sein geworden. Dies Werden hat aber die Bedeutung des Gegenstoßes seiner selbst, so daß das Gewordene vielmehr das Unbedingte und Ursprüngliche ist. Das Sein ist in seinem Übergange zum Wesen zu einem Schein oder Gesetztsein, und das Werden oder das Übergehen in anderes zu einem Setzen geworden, und umgekehrt hat das Setzen oder die Reflexion des Wesens sich aufgehoben und sich zu einem Nichtgesetzten, einem ursprünglichen Sein hergestellt. Der Begriff ist die Durchdringung dieser Momente, daß das Qualitative und ursprünglich Seiende nur als Setzen und nur als Rückkehr-in-sich ist und diese reine Reflexion-in-sich schlechthin das Anderswerden oder die Bestimmtheit ist, welche ebenso daher unendliche, sich auf sich beziehende Bestimmtheit ist.

Der Begriff ist daher zuerst so die absolute Identität mit sich, daß sie dies nur ist als die Negation der Negation oder als die unendliche Einheit der Negativität mit sich selbst. Diese reine Beziehung des Begriffs auf sich, welche dadurch diese Beziehung ist, als durch die Negativität sich setzend, ist die Allgemeinheit des Begriffs.

Die Allgemeinheit, da sie die höchst einfache Bestimmung ist, scheint keiner Erklärung fähig zu sein; denn eine Erklärung muß sich auf Bestimmungen und Unterscheidungen einlassen und von ihrem Gegenstande prädizieren; das Einfache aber wird hiedurch vielmehr verändert, als erklärt. Es ist aber gerade die Natur des Allgemeinen, ein solches Einfaches zu sein, welches durch die absolute Negativität den höchsten Unterschied und Bestimmtheit in sich enthält. Das Sein ist einfaches als unmittelbares; deswegen ist es ein nur Gemeintes und kann man von ihm nicht sagen, was es ist; es ist daher unmittelbar eins mit seinem Andern, dem Nichtsein. Eben dies ist sein Begriff, ein solches Einfaches zu sein, das in seinem Gegenteil unmittelbar verschwindet; er ist das Werden. Das Allgemeine dagegen ist das Einfache, welches ebensosehr das Reichste in sich selbst ist, weil es der Begriff ist.

Es ist daher erstens die einfache Beziehung auf sich selbst; es ist nur in sich. Aber diese Identität ist zweitens in sich absolute Vermittlung, nicht aber ein Vermitteltes. Vom Allgemeinen, welches ein vermitteltes, nämlich das abstrakte, dem Besondern und Einzelnen entgegengesetzte Allgemeine ist, ist erst bei dem bestimmten Begriffe zu reden. — Aber auch schon das Abstrakte enthält dies, daß, um es zu erhalten, erfordert werde, andere Bestimmungen des Konkreten wegzulassen. Diese Bestimmungen sind als Determinationen überhaupt Negationen; ebenso ist ferner das Weglassen derselben ein Negieren. Es kommt also beim Abstrakten gleichfalls die Negation der Negation vor. Diese gedoppelte Negation aber wird vorgestellt, als ob sie demselben äußerlich sei und sowohl die weggelassenen weitern Eigenschaften des Konkreten von der beibehaltenen, welche der Inhalt des Abstrakten ist, verschieden seien, als auch diese Operation des Weglassens der übrigen und des Beibehaltens der einen außer derselben vorgehe. Zu solcher Äußerlichkeit hat sich das Allgemeine gegen jene Bewegung noch nicht bestimmt; es ist noch selbst in sich jene absolute Vermittlung, welche eben die Negation der Negation oder absolute Negativität ist.

Nach dieser ursprünglichen Einheit ist vors erste das erste Negative oder die Bestimmung keine Schranke für das Allgemeine, sondern es erhält sich darin und ist positiv mit sich identisch. Die Kategorien des Seins waren, als Begriffe, wesentlich diese Identitäten der Bestimmungen mit sich selbst, in ihrer Schranke oder ihrem Anderssein; diese Identität war aber nur an sich der Begriff; sie war noch nicht manifestiert. Daher die qualitative Bestimmung als solche in ihrer andern unterging und eine von ihr verschiedene Bestimmung zu ihrer Wahrheit hatte. Das Allgemeine hingegen, wenn es sich auch in eine Bestimmung setzt, bleibt es darin, was es ist. Es ist die Seele des Konkreten, dem es inwohnt, ungehindert und sich selbst gleich in dessen Mannigfaltigkeit und Verschiedenheit. Es wird nicht mit in das Werden gerissen, sondern kontinuiert sich ungetrübt durch dasselbe und hat die Kraft unveränderlicher, unsterblicher Selbsterhaltung.

Ebenso scheint es aber nicht nur in sein Anderes wie die Reflexions-Bestimmung. Diese als ein Relatives bezieht sich nicht nur auf sich, sondern ist ein Verhalten. Sie gibt sich in ihrem Andern kund; aber scheint nur erst an ihm, und das Scheinen eines jeden an dem Andern oder ihr gegenseitiges Bestimmen hat bei ihrer Selbständigkeit die Form eines äußerlichen Tuns. — Das Allgemeine dagegen ist gesetzt als das Wesen seiner Bestimmung, die eigene positive Natur derselben. Denn die Bestimmung, die sein Negatives ausmacht, ist im Begriffe schlechthin nur als ein Gesetztsein oder wesentlich nur zugleich als das Negative des Negativen, und sie ist nur als diese Identität des Negativen mit sich, welche das Allgemeine ist. Dieses ist insofern auch die Substanz seiner Bestimmungen; aber so, daß das, was für die Substanz als solche ein Zufälliges war, die eigene Vermittlung des Begriffes mit sich selbst, seine eigene immanente Reflexion ist. Diese Vermittlung, welche das Zufällige zunächst zur Notwendigkeit erhebt, ist aber die manifestierte Beziehung; der Begriff ist nicht der Abgrund der formlosen Substanz oder die Notwendigkeit als die innre Identität voneinander verschiedener und sich beschränkender Dinge oder Zustände, sondern als absolute Negativität das Formierende und Erschaffende, und weil die Bestimmung nicht als Schranke, sondern schlechthin so sehr als aufgehobene, als Gesetztsein ist, so ist der Schein die Erscheinung als des Identischen.

Das Allgemeine ist daher die freie Macht; es ist es selbst und greift über sein Anderes über; aber nicht als ein Gewaltsames, sondern das vielmehr in demselben ruhig und bei sich selbst ist. Wie es die freie Macht genannt worden, so könnte es auch die freie Liebe und schrankenlose Seligkeit genannt werden, denn es ist ein Verhalten seiner zu dem Unterschiedenen nur als zu sich selbst; in demselben ist es zu sich selbst zurückgekehrt.

Es ist soeben der Bestimmtheit erwähnt worden, obgleich der Begriff nur erst als das Allgemeine und nur mit sich Identische noch nicht dazu fortgegangen ist. Es kann aber von dem Allgemeinen nicht ohne die Bestimmtheit, welche näher die Besonderheit und Einzelheit ist, gesprochen werden; denn es enthält sie in seiner absoluten Negativität an und für sich; die Bestimmtheit wird also nicht von außen dazu genommen, wenn beim Allgemeinen von ihr gesprochen wird. Als Negativität überhaupt oder nach der ersten, unmittelbaren Negation hat es die Bestimmtheit überhaupt als Besonderheit an ihm; als Zweites, als Negation der Negation ist es absolute Bestimmtheit oder Einzelheit und Konkretion. — Das Allgemeine ist somit die Totalität des Begriffes; es ist Konkretes, ist nicht ein Leeres, sondert hat vielmehr durch seinen Begriff Inhalt, — einen Inhalt, in dem es sich nicht nur erhält, sondern der ihm eigen und immanent ist. Es kann von dem Inhalte wohl abstrahiert werden; so erhält man aber nicht das Allgemeine des Begriffs, sondern das Abstrakte, welches ein isoliertes, unvollkommenes Moment des Begriffes ist und keine Wahrheit hat.

Näher ergibt sich das Allgemeine so als diese Totalität. Insofern es die Bestimmtheit in sich hat, ist sie nicht nur die erste Negation, sondern auch die Reflexion derselben in sich. Mit jener ersten Negation für sich genommen, ist es Besonderes, wie es sogleich wird betrachtet werden; aber es ist in dieser Bestimmtheit wesentlich noch Allgemeines; diese Seite muß hier noch aufgefaßt werden. — Diese Bestimmtheit ist nämlich als im Begriffe die totale Reflexion, der Doppelschein, einmal der Schein nach außen, die Reflexion in anderes, das andere Mal der Schein nach innen, die Reflexion in sich. Jenes äußerliche Scheinen macht einen Unterschied gegen anderes; das Allgemeine hat hienach eine Besonderheit, welche ihre Auflösung in einem höhern Allgemeinen hat. Insofern es nun auch nur ein relativ Allgemeines ist, verliert es seinen Charakter des Allgemeinen nicht; es erhält sich in seiner Bestimmtheit, nicht nur so,

daß es in der Verbindung mit ihr nur gleichgültig gegen sie
bliebe, — so wäre es nur mit ihr zusammengesetzt, —
sondern daß es das ist, was soeben das Scheinen nach
innen genannt wurde. Die Bestimmtheit ist als bestimmter
Begriff aus der Äußerlichkeit in sich zurückgebogen;
sie ist der eigne, immanente Charakter, der dadurch ein
Wesentliches ist, daß er in die Allgemeinheit aufgenommen
und von ihr durchdrungen, von gleichem Umfange, identisch
mit ihr, sie ebenso durchdringt; es ist der Charakter, welcher
der Gattung angehört als die von dem Allgemeinen unge-
trennte Bestimmtheit. Es ist insofern nicht eine nach außen
gehende Schranke, sondern positiv, indem er durch die
Allgemeinheit in der freien Beziehung auf sich selbst steht.
Auch der bestimmte Begriff bleibt so in sich unendlich freier
Begriff.

In Ansehung der andern Seite aber, nach welcher die
Gattung durch ihren bestimmten Charakter begrenzt ist, ist
bemerkt worden, daß sie als niedrigere Gattung in einem
höhern Allgemeinern ihre Auflösung habe. Dieses kann auch
wieder als Gattung, aber als eine abstraktere aufgefaßt werden, gehört aber immer wieder nur der Seite des bestimmten
Begriffes an, die nach außen geht. Das wahrhaft höhere Allgemeine ist, worin diese nach außen gehende Seite nach
innen zurückgenommen ist, die zweite Negation, in welcher
die Bestimmtheit schlechthin nur als Gesetztes oder als Schein
ist. Leben, Ich, Geist, absoluter Begriff sind nicht Allgemeine
nur als höhere Gattungen, sondern Konkrete, deren Bestimmtheiten auch nicht nur Arten oder niedrige Gattungen sind,
sondern die in ihrer Realität schlechthin nur in sich und davon
erfüllt sind. Insofern Leben, Ich, endlicher Geist wohl auch
nur bestimmte Begriffe sind, so ist ihre absolute Auflösung
in demjenigen Allgemeinen, welches als wahrhaft absoluter
Begriff, als Idee des unendlichen Geistes zu fassen ist, dessen
Gesetztsein die unendliche, durchsichtige Realität ist, worin
er seine Schöpfung und in ihr sich selbst anschaut.

Das wahrhafte, unendliche Allgemeine, welches unmittelbar ebensosehr Besonderheit als Einzelheit in sich ist, ist
nun zunächst näher als Besonderheit zu betrachten. Es
bestimmt sich frei; seine Verendlichung ist kein Übergehen,
das nur in der Sphäre des Seins statthat; es ist schöpfe-

rische Macht als die absolute Negativität, die sich auf sich selbst bezieht. Es ist als solche das Unterscheiden in sich, und dieses ist Bestimmen dadurch, daß das Unterscheiden mit der Allgemeinheit eins ist. Somit ist es ein Setzen der Unterschiede selbst als allgemeiner, sich auf sich beziehender. Hiedurch werden sie fixierte, isolierte Unterschiede. Das isolierte Bestehen des Endlichen, das sich früher als sein Fürsichsein, auch als Dingheit, als Substanz bestimmte, ist in seiner Wahrheit die Allgemeinheit, mit welcher Form der unendliche Begriff seine Unterschiede bekleidet, — eine Form, die eben einer seiner Unterschiede selbst ist. Hierin besteht das Schaffen des Begriffs, das nur in diesem Innersten desselben selbst zu begreifen ist.

B. Der besondere Begriff.

Die Bestimmtheit als solche gehört dem Sein und dem Qualitativen an; als Bestimmtheit des Begriffs ist sie Besonderheit. Sie ist keine Grenze, so daß sie sich zu einem Andern als einem Jenseits ihrer verhielte, vielmehr, wie sich soeben zeigte, das eigene immanente Moment des Allgemeinen; dieses ist daher in der Besonderheit nicht bei einem Andern, sondern schlechthin bei sich selbst.

Das Besondere enthält die Allgemeinheit, welche dessen Substanz ausmacht; die Gattung ist unverändert in ihren Arten; die Arten sind nicht von dem Allgemeinen, sondern nur gegen einander verschieden. Das Besondere hat mit den andern Besondern, zu denen es sich verhält, eine und dieselbe Allgemeinheit. Zugleich ist die Verschiedenheit derselben um ihrer Identität mit dem Allgemeinen willen als solche allgemein; sie ist Totalität. — Das Besondre enthält also nicht nur das Allgemeine, sondern stellt dasselbe auch durch seine Bestimmtheit dar; dieses macht insofern eine Sphäre aus, welche das Besondere erschöpfen muß. Diese Totalität erscheint, insofern die Bestimmtheit des Besondern als bloße Verschiedenheit genommen wird, als Vollständigkeit. Vollständig sind in dieser Rücksicht die Arten, insofern es deren eben nicht mehrere gibt. Es ist für sie kein innerer Maßstab oder Prinzip vorhanden, weil die Verschiedenheit eben der einheitslose Unterschied ist, an welchem die Allgemeinheit, die für sich absolute Einheit ist,

bloß äußerlicher Reflex und eine unbeschränkte, zufällige
Vollständigkeit ist. Die Verschiedenheit aber geht in Entgegensetzung, in eine immanente Beziehung der Verschiedenen über. Die Besonderheit aber ist als Allgemeinheit
an und für sich selbst, nicht durch Übergehen solche immanente Beziehung; sie ist Totalität an ihr selbst und einfache
Bestimmtheit, wesentlich Prinzip. Sie hat keine andere Bestimmtheit, als welche durch das Allgemeine selbst gesetzt ist
und sich aus demselben folgendermaßen ergibt.

Das Besondre ist das Allgemeine selbst, aber es ist dessen
Unterschied oder Beziehung auf ein Anderes, sein Scheinen
nach außen; es ist aber kein Anderes vorhanden, wovon das
Besondere unterschieden wäre, als das Allgemeine selbst. —
Das Allgemeine bestimmt sich, so ist es selbst das Besondere;
die Bestimmtheit ist sein Unterschied; es ist nur von sich
selbst unterschieden. Seine Arten sind daher nur a) das Allgemeine selbst und b) das Besondere. Das Allgemeine als der
Begriff ist es selbst und sein Gegenteil, was wieder es selbst
als seine gesetzte Bestimmtheit ist; es greift über dasselbe über
und ist in ihm bei sich. So ist es die Totalität und Prinzip
seiner Verschiedenheit, die ganz nur durch es selbst bestimmt ist.

Es ist daher keine andere wahrhafte Einteilung, als daß
der Begriff sich selbst auf die Seite stellt als die unmittelbare, unbestimmte Allgemeinheit; eben dies Unbestimmte
macht seine Bestimmtheit, oder daß er ein Besonderes ist.
Beides ist das Besondere und ist daher koordiniert. Beides
ist auch als Besonderes das Bestimmte gegen das Allgemeine; es heißt demselben insofern subordiniert. Aber eben
dies Allgemeine, gegen welches das Besondere bestimmt ist,
ist damit vielmehr selbst auch nur eines der Gegenüberstehenden. Wenn wir von zwei Gegenüberstehenden
sprechen, so müssen wir also auch wieder sagen, daß sie beide
das Besondre ausmachen, nicht nur zusammen, daß sie nur
für die äußere Reflexion darin gleich wären, Besondre zu
sein, sondern ihre Bestimmtheit gegeneinander ist wesentlich zugleich nur Eine Bestimmtheit, die Negativität, welche
im Allgemeinen einfach ist.

Wie sich der Unterschied hier zeigt, ist er in seinem Begriffe und damit in seiner Wahrheit. Aller frühere Unter-

schied hat diese Einheit im Begriffe. Wie er unmittelbarer Unterschied im Sein ist, ist er als die Grenze eines Andern; wie er in der Reflexion ist, ist er relativer, gesetzt als sich auf sein Anderes wesentlich beziehend; hier beginnt somit die Einheit des Begriffs gesetzt zu werden, aber zunächst ist sie nur der Schein an einem Andern. — Das Übergehen und die Auflösung dieser Bestimmungen hat nur diesen wahren Sinn, daß sie ihren Begriff, ihre Wahrheit erreichen; Sein, Dasein, Etwas, oder Ganzes und Teile usf., Substanz und Akzidenzen, Ursache und Wirkung sind für sich Gedankenbestimmungen; als bestimmte Begriffe werden sie aufgefaßt, insofern jede in der Einheit mit ihrer andern oder entgegengesetzten erkannt wird. — Das Ganze und die Teile, Ursache und Wirkung z. B. usf. sind noch nicht Verschiedene, die als Besondere gegeneinander bestimmt wären, weil sie an sich zwar Einen Begriff ausmachen, aber ihre Einheit noch nicht die Form der Allgemeinheit erreicht hat; so hat auch der Unterschied, der in diesen Verhältnissen ist, noch nicht die Form, daß er Eine Bestimmtheit ist. Ursache und Wirkung z. B. sind nicht zwei verschiedene Begriffe, sondern nur Ein bestimmter Begriff, und die Kausalität ist, wie jeder Begriff, ein einfacher.

In Absicht auf Vollständigkeit hat sich ergeben, daß das Bestimmte der Besonderheit vollständig in dem Unterschiede des Allgemeinen und Besondern ist, und daß nur diese beide die besondern Arten ausmachen. In der Natur finden sich freilich in einer Gattung mehr als zwei Arten, so wie diese vielen Arten auch nicht das aufgezeigte Verhältnis zueinander haben können. Es ist dies die Ohnmacht der Natur, die Strenge des Begriffs nicht festhalten und darstellen zu können und in diese begrifflose blinde Mannigfaltigkeit sich zu verlaufen. Wir können die Natur in der Mannigfaltigkeit ihrer Gattungen und Arten und der unendlichen Verschiedenheit ihrer Gestaltungen bewundern, denn die Bewunderung ist ohne Begriff, und ihr Gegenstand ist das Vernunftlose. Der Natur, weil sie das Außersichsein des Begriffes ist, ist es freigegeben, in dieser Verschiedenheit sich zu ergehen, wie der Geist, ob er gleich den Begriff in der Gestalt des Begriffes hat, auch aufs Vorstellen sich einläßt und in einer unendlichen Mannigfaltigkeit desselben sich herumtreibt. Die vielfachen Natur-

gattungen oder Arten müssen für nichts Höheres geachtet werden als die willkürlichen Einfälle des Geistes in seinen Vorstellungen. Beide zeigen wohl allenthalben Spuren und Ahnungen des Begriffs, aber stellen ihn nicht in treuem Abbild
dar, weil sie die Seite seines freien Außersichseins sind; er
ist die absolute Macht gerade darum, daß er seinen Unterschied
frei zur Gestalt selbständiger Verschiedenheit, äußerlicher
Notwendigkeit, Zufälligkeit, Willkür, Meinung entlassen kann,
welche aber für nicht mehr als die abstrakte Seite der Nichtigkeit genommen werden muß.

Die Bestimmtheit des Besondern ist einfach als Prinzip, wie wir gesehen haben, aber sie ist es auch als Moment
der Totalität, als Bestimmtheit gegen die andere Bestimmtheit.
Der Begriff, insofern er sich bestimmt oder unterscheidet, ist
er negativ auf seine Einheit gerichtet und gibt sich die Form
eines seiner ideellen Momente des Seins; als bestimmter Begriff hat er ein Dasein überhaupt. Dies Sein hat aber nicht
mehr den Sinn der bloßen Unmittelbarkeit, sondern der
Allgemeinheit, der durch die absolute Vermittlung sich selbst
gleichen Unmittelbarkeit, die ebensosehr auch das andere Moment, das Wesen oder die Reflexion in sich enthält. Diese
Allgemeinheit, mit welcher das Bestimmte bekleidet ist, ist
die abstrakte. Das Besondre hat die Allgemeinheit in ihm
selbst als sein Wesen; insofern aber die Bestimmtheit des
Unterschieds gesetzt ist und dadurch Sein hat, ist sie Form
an demselben, und die Bestimmtheit als solche ist der Inhalt.
Zur Form wird die Allgemeinheit, insofern der Unterschied als
das Wesentliche ist, wie er im Gegenteil im rein Allgemeinen
nur als absolute Negativität, nicht als Unterschied ist, der als
solcher gesetzt ist.

Die Bestimmtheit ist nun zwar das Abstrakte gegen die
andere Bestimmtheit, die andere ist aber nur die Allgemeinheit selbst; diese ist insofern auch die abstrakte, und die
Bestimmtheit des Begriffs oder die Besonderheit ist wieder
weiter nichts als die bestimmte Allgemeinheit. Der Begriff
ist in ihr außer sich; insofern er es ist, der darin außer sich
ist, so enthält das abstrakt-Allgemeine alle Momente des Begriffs, es ist α) Allgemeinheit, β) Bestimmtheit, γ) die einfache Einheit von beiden; aber diese Einheit ist unmittelbare, und die Besonderheit ist darum nicht als die Totalität.

An sich ist sie auch diese Totalität und Vermittlung; sie ist wesentlich ausschließende Beziehung auf anderes oder Aufhebung der Negation, nämlich der andern Bestimmtheit, — der andern, die aber nur als Meinung vorschwebt, denn unmittelbar verschwindet sie, und zeigt sich als dasselbe, was die ihr andre sein sollte. Dies macht also diese Allgemeinheit zur abstrakten, daß die Vermittlung nur Bedingung ist oder nicht an ihr selbst gesetzt ist. Weil sie nicht gesetzt ist, hat die Einheit des Abstrakten die Form der Unmittelbarkeit, und der Inhalt [hat] die Form der Gleichgültigkeit gegen seine Allgemeinheit, weil er nicht als diese Totalität ist, welche die Allgemeinheit der absoluten Negativität ist. Das abstrakt Allgemeine ist somit zwar der Begriff, aber als Begriffloses, als Begriff, der nicht als solcher gesetzt ist.

Wenn vom bestimmten Begriffe die Rede ist, so ist es gewöhnlich rein nur ein solches abstrakt-Allgemeines, was gemeint ist. Auch unter dem Begriffe überhaupt wird meist nur dieser begrifflose Begriff verstanden, und der Verstand bezeichnet das Vermögen solcher Begriffe. Die Demonstration gehört diesem Verstande an, insofern sie an Begriffen fortgehe, das heißt nur an Bestimmungen. Solches Fortgehen an Begriffen kommt daher nicht über die Endlichkeit und Notwendigkeit hinaus; ihr Höchstes ist das negative Unendliche, die Abstraktion des höchsten Wesens, welches selbst die Bestimmtheit der Unbestimmtheit ist. Auch die absolute Substanz ist zwar nicht diese leere Abstraktion, dem Inhalte nach vielmehr die Totalität, aber sie ist darum abstrakt, weil sie ohne die absolute Form ist; ihre innerste Wahrheit macht nicht der Begriff aus; ob sie zwar die Identität der Allgemeinheit und Besonderheit oder des Denkens und des Außereinander ist, so ist diese Identität nicht die Bestimmtheit des Begriffes; außer ihr ist vielmehr ein — und zwar eben weil er außer ihr ist, ein zufälliger — Verstand, in und für welchen sie in verschiedenen Attributen und Modis ist.

Leer ist übrigens die Abstraktion nicht, wie sie gewöhnlich genannt wird; sie ist der bestimmte Begriff; sie hat irgendeine Bestimmtheit zum Inhalte; auch das höchste Wesen, die reine Abstraktion, hat, wie erinnert, die Bestimmtheit

der Unbestimmtheit; eine Bestimmtheit aber ist die Unbestimmtheit, weil sie dem Bestimmten gegenüber stehen soll.
Indem man aber ausspricht, was sie ist, hebt sich dies selbst
auf, was sie sein soll; sie wird als eins mit der Bestimmtheit
ausgesprochen und auf diese Weise aus der Abstraktion der
Begriff und ihre Wahrheit hergestellt. — Insofern aber ist
jeder bestimmte Begriff allerdings leer, als er nicht die Totalität, sondern nur eine einseitige Bestimmtheit enthält. Wenn
er auch sonst konkreten Inhalt hat, z. B. Mensch, Staat, Tier usf.,
so bleibt er ein leerer Begriff, insofern seine Bestimmtheit
nicht das Prinzip seiner Unterschiede ist; das Prinzip enthält den Anfang und das Wesen seiner Entwicklung und Realisation; irgendeine andere Bestimmtheit des Begriffs aber ist
unfruchtbar. Wenn der Begriff daher überhaupt als leer ge-
scholten ist, so wird jene absolute Bestimmtheit desselben
verkannt, welche der Begriffsunterschied und der einzig wahre
Inhalt in seinem Element ist.

Hieher gehört der Umstand, um dessen willen der Verstand in neuern Zeiten gering geachtet und gegen die Vernunft
so sehr zurückgesetzt wird; es ist die Festigkeit, welche
den Bestimmtheiten und somit den Endlichkeiten erteilt. Dies
Fixe besteht in der betrachteten Form der abstrakten Allgemeinheit; durch sie werden sie unveränderlich. Denn die
qualitative Bestimmtheit sowie die Reflexionsbestimmung sind
wesentlich als begrenzte und haben durch ihre Schranke
eine Beziehung auf ihr Anderes, somit die Notwendigkeit
des Übergehens und Vergehens. Die Allgemeinheit aber,
welche sie im Verstande haben, gibt ihnen die Form der
Reflexion in sich, wodurch sie der Beziehung auf anderes
entnommen und unvergänglich geworden sind. Wenn nun
am reinen Begriffe diese Ewigkeit zu seiner Natur gehört,
so wären seine abstrakten Bestimmungen nur ihrer Form
nach ewige Wesenheiten; aber ihr Inhalt ist dieser Form
nicht angemessen; sie sind daher nicht Wahrheit und Unvergänglichkeit. Ihr Inhalt ist der Form nicht angemessen,
weil er nicht die Bestimmtheit selbst als allgemein, d. i. nicht
als Totalität des Begriffsunterschieds oder nicht selbst die
ganze Form ist; die Form des beschränkten Verstandes ist
aber selbst die unvollkommene, nämlich abstrakte Allgemeinheit. — Es ist aber ferner als die unendliche Kraft des Ver-

standes zu achten, das Konkrete in die abstrakten Bestimmtheiten zu trennen und die Tiefe des Unterschieds zu fassen,
welche allein zugleich die Macht ist, die ihren Übergang be-
wirkt. Das Konkrete der Anschauung ist Totalität, aber
die sinnliche, — ein realer Stoff, der in Raum und Zeit
gleichgültig außereinander besteht; diese Einheitslosigkeit
des Mannigfaltigen, in der es der Inhalt der Anschauung ist,
sollte ihm doch wohl nicht als Verdienst und Vorzug vor dem
Verständigen angerechnet werden. Die Veränderlichkeit, die
es in der Anschauung zeigt, deutet schon auf das Allgemeine
hin; was davon zur Anschauung kommt, ist nur ein anderes
ebenso Veränderliches, also nur das Nämliche; es ist nicht
das Allgemeine, das an dessen Stelle träte und erschiene. Am
wenigsten aber sollte der Wissenschaft, z. B. der Geometrie
und Arithmetik, das Anschauliche, das ihr Stoff mit sich
bringt, zu einem Verdienst angerechnet und ihre Sätze als
hiedurch begründet vorgestellt werden. Vielmehr ist der Stoff
solcher Wissenschaften darum von niedrigerer Natur; das Anschauen der Figuren oder Zahlen verhilft nicht zur Wissenschaft derselben; nur das Denken darüber vermag eine solche
hervorzubringen. — Insofern aber unter Anschauung nicht
bloß das Sinnliche, sondern die objektive Totalität verstanden wird, so ist sie eine intellektuelle, d. i. sie hat das
Dasein nicht in seiner äußerlichen Existenz zum Gegenstande,
sondern das, was in ihm unvergängliche Realität und Wahrheit ist, — die Realität, nur insofern sie wesentlich im Begriffe und durch ihn bestimmt ist, die Idee, deren nähere
Natur sich später zu ergeben hat. Was die Anschauung als
solche vor dem Begriffe voraushaben soll, ist die äußerliche
Realität, das Begrifflose, das erst einen Wert durch ihn erhält.

Indem daher der Verstand die unendliche Kraft darstellt,
welche das Allgemeine bestimmt oder umgekehrt dem an und
für sich Haltungslosen der Bestimmtheit durch die Form der
Allgemeinheit das fixe Bestehen erteilt, so ist es nun nicht
Schuld des Verstandes, wenn nicht weiter gegangen wird. Es
ist eine subjektive Ohnmacht der Vernunft, welche diese
Bestimmtheiten so gelten läßt und sie nicht durch die jener
abstrakten Allgemeinheit entgegengesetzte dialektische Kraft,
d. h. durch die eigentümliche Natur, nämlich durch den Begriff jener Bestimmtheiten, zur Einheit zurückzuführen ver-

mag. Der Verstand gibt ihnen zwar durch die Form der abstrakten Allgemeinheit, sozusagen, eine solche Härte des Seins, als sie in der qualitativen Sphäre und in der Sphäre der Reflexion nicht haben; aber durch diese Vereinfachung begeistet er sie zugleich und schärft sie so zu, daß sie eben nur auf dieser Spitze die Fähigkeit erhalten, sich aufzulösen und in ihr Entgegengesetztes überzugehen. Die höchste Reife und Stufe, die irgend Etwas erreichen kann, ist diejenige, in welcher sein Untergang beginnt. Das Feste der Bestimmtheit, in welche sich der Verstand einzurennen scheint, die Form des Unvergänglichen ist die der sich auf sich beziehenden Allgemeinheit. Aber sie gehört dem Begriffe zu eigen an; und daher liegt in ihr selbst die Auflösung des Endlichen ausgedrückt, und in unendlicher Nähe. Diese Allgemeinheit arguiert unmittelbar die Bestimmtheit des Endlichen und drückt seine Unangemessenheit zu ihr aus. — Oder vielmehr ist seine Angemessenheit schon vorhanden; das abstrakte Bestimmte ist als eins mit der Allgemeinheit gesetzt, — eben darum als nicht für sich, insofern es nur Bestimmtes wäre, sondern nur als Einheit seiner und des Allgemeinen, d. i. als Begriff.

Es ist daher in jeder Rücksicht zu verwerfen, Verstand und Vernunft so, wie gewöhnlich geschieht, zu trennen. Wenn der Begriff als vernunftlos betrachtet wird, so muß es vielmehr als eine Unfähigkeit der Vernunft betrachtet werden, sich in ihm zu erkennen. Der bestimmte und abstrakte Begriff ist die Bedingung oder vielmehr wesentliches Moment der Vernunft; er ist begeistete Form, in welcher das Endliche durch die Allgemeinheit, in der es sich auf sich bezieht, sich in sich entzündet, als dialektisch gesetzt und hiemit der Anfang selbst der Erscheinung der Vernunft ist.

Indem der bestimmte Begriff in dem Bisherigen in seiner Wahrheit dargestellt ist, so ist nur noch übrig, anzuzeigen, als was er hiemit schon gesetzt ist. — Der Unterschied, welcher wesentliches Moment des Begriffs, aber im rein Allgemeinen noch nicht als solcher gesetzt ist, erhält im bestimmten Begriffe sein Recht. Die Bestimmtheit in der Form der Allgemeinheit ist zum Einfachen mit derselben verbunden; dies bestimmte Allgemeine ist die sich auf sich selbst beziehende Bestimmtheit; die bestimmte Bestimmtheit oder absolute Negativität für sich gesetzt. Die sich auf sich selbst beziehende Bestimmtheit aber ist die Einzelheit. So unmittelbar die Allgemeinheit schon an und für sich selbst Besonderheit ist, so unmittelbar an und für sich ist die Besonderheit auch Einzelheit, welche zunächst als drittes Moment des Begriffes, insofern sie gegen die beiden ersten festgehalten wird, aber auch als die absolute Rückkehr desselben in sich, und zugleich als der gesetzte Verlust seiner selbst zu betrachten ist.

Anmerkung.

Allgemeinheit, Besonderheit und Einzelheit sind nach dem Bisherigen die drei bestimmten Begriffe, wenn man sie nämlich zählen will. Es ist schon früher gezeigt worden, daß die Zahl eine unpassende Form ist, um Begriffsbestimmungen darein zu fassen, aber am unpassendsten vollends für Bestimmungen des Begriffs selbst; die Zahl, da sie das Eins zum Prinzip hat, macht die gezählten zu ganz abgesonderten und einander ganz gleichgültigen. Es hat sich im Bisherigen ergeben, daß die verschiedenen bestimmten Begriffe schlechthin vielmehr nur Einer und derselbe Begriff sind, als daß sie in die Zahl auseinanderfallen.

In der sonst gewöhnlichen Abhandlung der Logik kommen mancherlei Einteilungen und Arten von Begriffen vor. Es fällt sogleich die Inkonsequenz daran in die Augen, daß die Arten so eingeführt werden: Es gibt der Quantität, Qualität usf. nach folgende Begriffe. Es gibt, drückt keine andere Berechtigung aus, als die, daß man solche Arten vorfindet, und sie sich nach der Erfahrung zeigen. Man erhält auf diese Weise eine empirische Logik, — eine sonderbare Wissenschaft, eine irrationelle Erkenntnis des Rationellen. Die Logik gibt hierdurch ein sehr übles Beispiel der Befolgung ihrer eigenen Lehren; sie erlaubt sich für sich selbst das Gegenteil dessen zu tun, was sie als Regel vorschreibt, daß die Begriffe abgeleitet und die wissenschaftlichen Sätze (also auch der Satz: es gibt so und so vielerlei Arten von Begriffen) bewiesen werden sollen. — Die Kantische Philosophie begeht hierin eine weitere Inkonsequenz: sie entlehnt für die transzendentale Logik die Kategorien als sogenannte Stammbegriffe aus der subjektiven Logik, in welcher sie empirisch aufgenommen worden. Da sie letzteres zugibt, so ist nicht

abzusehen, warum die transzendentale Logik sich zum Ent-
lehnen aus solcher Wissenschaft entschließt und nicht gleich
selbst empirisch zugreift.

Um Einiges hievon anzuführen, so werden die Begriffe
vornehmlich nach ihrer Klarheit eingeteilt, und zwar in
klare und dunkle, deutliche und undeutliche, in adäquate und nichtadäquate. Auch können hieher die vollständigen, überfließenden und andere dergleichen Über-
flüssigkeiten genommen werden. — Was jene Einteilung nach
der Klarheit betrifft, so zeigt sich bald, daß dieser Gesichtspunkt und die sich auf ihn beziehenden Unterschiede
aus psychologischen, nicht aus logischen Bestimmungen
genommen sind. Der sogenannte klare Begriff soll hinreichen,
einen Gegenstand von einem andern zu unterscheiden; ein
solches ist noch kein Begriff zu nennen, es ist weiter nichts
als die subjektive Vorstellung. Was ein dunkler Begriff sei, muß auf sich beruhen bleiben, denn sonst wäre er
kein dunkler, er würde ein deutlicher Begriff. — Der deutliche Begriff soll ein solcher sein, von welchem man die
Merkmale angeben könne. Sonach ist er eigentlich der bestimmte Begriff. Das Merkmal, wenn nämlich das, was
darin Richtiges liegt, aufgefaßt wird, ist nichts anderes als
die Bestimmtheit oder der einfache Inhalt des Begriffs, insofern er von der Form der Allgemeinheit unterschieden wird.
Aber das Merkmal hat zunächst nicht gerade diese genauere
Bedeutung, sondern ist überhaupt nur eine Bestimmung, wodurch ein Dritter sich einen Gegenstand oder den Begriff
merkt; es kann daher ein sehr zufälliger Umstand sein. Überhaupt drückt es nicht sowohl die Immanenz und Wesentlichkeit der Bestimmung aus, sondern deren Beziehung auf einen
äußern Verstand. Ist dieser wirklich ein Verstand, so hat
er den Begriff vor sich und merkt sich denselben durch nichts
anderes als durch das, was im Begriffe ist. Soll es aber
hievon unterschieden sein, so ist es ein Zeichen oder sonst
eine Bestimmung, welche zur Vorstellung der Sache, nicht
zu ihrem Begriffe gehört. — Was der undeutliche Begriff
sei, kann als überflüssig übergangen werden.

Der adäquate Begriff aber ist ein Höheres; es schwebt
dabei eigentlich die Übereinstimmung des Begriffs mit der Realität vor, was nicht der Begriff als solcher, sondern die Idee ist.

Wenn das Merkmal des deutlichen Begriffs wirklich die Begriffsbestimmung selbst sein sollte, so würde die Logik mit den einfachen Begriffen in Verlegenheit kommen, welche nach einer andern Einteilung den zusammengesetzten gegenübergestellt werden. Denn wenn vom einfachen Begriffe ein wahres, d. i. ein immanentes Merkmal angegeben werden sollte, so würde man ihn nicht als einen einfachen ansehen wollen; insofern aber keines von ihm angegeben würde, wäre er kein deutlicher Begriff. Da hilft aber nun der klare Begriff aus. Einheit, Realität und dergleichen Bestimmungen sollen einfache Begriffe sein, wohl nur aus dem Grunde, daß die Logiker nicht damit zustande kamen, die Bestimmung derselben aufzufinden, sich daher begnügten, einen bloß klaren Begriff, d. h. gar keinen davon zu haben. Zur Definition, d. i. zur Angabe des Begriffs wird allgemein die Angabe der Gattung und der spezifischen Differenz gefordert. Sie gibt also den Begriff nicht als etwas Einfaches, sondern in zwei zählbaren Bestandstücken. Aber darum wird solcher Begriff doch wohl nicht ein Zusammengesetztes sein sollen. — Es scheint beim einfachen Begriffe die abstrakte Einfachheit vorzuschweben, eine Einheit, welche den Unterschied und die Bestimmtheit nicht in sich enthält, welche daher auch nicht diejenige ist, die dem Begriffe zukommt. Sofern ein Gegenstand in der Vorstellung, insbesondere im Gedächtnisse ist oder auch die abstrakte Gedankenbestimmung ist, kann er ganz einfach sein. Selbst der in sich reichste Gegenstand: z. B. Geist, Natur, Welt, auch Gott, ganz begrifflos in die einfache Vorstellung des ebenso einfachen Ausdruckes: Geist, Natur, Welt, Gott, gefaßt, ist wohl etwas Einfaches, bei dem das Bewußtsein stehen bleiben kann, ohne sich die eigentümliche Bestimmung oder ein Merkmal weiter herauszuheben; aber die Gegenstände des Bewußtseins sollen nicht diese einfachen, nicht Vorstellungen oder abstrakte Gedankenbestimmungen bleiben, sondern begriffen werden, d. h. ihre Einfachheit soll mit ihrem innern Unterschied bestimmt sein. — Der zusammengesetzte Begriff aber ist wohl nicht mehr als ein hölzernes Eisen. Von etwas Zusammengesetztem kann man wohl einen Begriff haben; aber ein zusammengesetzter Begriff wäre etwas Schlimmeres als der Materialismus, welcher nur die Substanz der Seele als ein Zusammengesetztes

annimmt, aber das Denken doch als einfach auffaßt. Die
ungebildete Reflexion verfällt zunächst auf die Zusammensetzung als die ganz äußerliche Beziehung, die schlechteste
Form, in der die Dinge betrachtet werden können; auch die
niedrigsten Naturen müssen eine innre Einheit sein. Daß
vollends die Form des unwahrsten Daseins auf Ich, auf den Begriff übergetragen wird, ist mehr, als zu erwarten war, ist
als unschicklich und barbarisch zu betrachten.

    Die Begriffe werden ferner vornehmlich in konträre und
kontradiktorische eingeteilt. — Wenn es bei der Abhandlung des Begriffs darum zu tun wäre, anzugeben, was es für
bestimmte Begriffe gebe, so wären alle möglichen Bestimmungen anzuführen, — denn alle Bestimmungen sind Begriffe,
somit bestimmte Begriffe, — und alle Kategorien des Seins
wie alle Bestimmungen des Wesens wären unter den Arten
der Begriffe aufzuführen. Wie denn auch in den Logiken,
in der einen nach Belieben mehr, in der andern weniger
erzählt wird, daß es bejahende, verneinende, identische,
bedingte, notwendige usf. Begriffe gebe. Da solche Bestimmungen der Natur des Begriffes selbst schon im
Rücken liegen und daher, wenn sie bei demselben aufgeführt
werden, nicht in ihrer eigentümlichen Stelle vorkommen, so
lassen sie nur oberflächliche Worterklärungen zu und erscheinen hier ohne alles Interesse. — Den konträren und
kontradiktorischen Begriffen, — ein Unterschied, der
hier vornehmlich beachtet wird, — liegt die Reflexionsbestimmung der Verschiedenheit und Entgegensetzung
zugrunde. Sie werden als zwei besondere Arten angesehen,
d. h. jeder als fest für sich und gleichgültig gegen den andern
ohne allen Gedanken der Dialektik und der innern Nichtigkeit
dieser Unterschiede, — als ob das, was konträr ist, nicht ebensosehr als kontradiktorisch bestimmt werden müßte. Die
Natur und der wesentliche Übergang der Reflexionsformen,
die sie ausdrücken, ist an ihrer Stelle betrachtet worden. In
dem Begriffe ist die Identität zur Allgemeinheit, der Unterschied zur Besonderheit, die Entgegensetzung, die in den
Grund zurückgeht, zur Einzelheit fortgebildet. In diesen Formen sind jene Reflexionsbestimmungen, wie sie in ihrem Begriffe sind. Das Allgemeine erwies sich nicht nur als das Identische, sondern zugleich als das Verschiedene oder Konträre

gegen das Besondere und Einzelne, ferner auch als ihnen
entgegengesetzt oder kontradiktorisch; in dieser Entgegensetzung aber ist es identisch mit ihnen und ihr wahrhafter
Grund, in welchem sie aufgehoben sind. Ein Gleiches gilt von
der Besonderheit und Einzelheit, welche ebenso die Totalität
der Reflexionsbestimmungen sind.

Weiter werden die Begriffe in subordinierte und ko-
ordinierte eingeteilt, — ein Unterschied, der die Begriffsbestimmung näher angeht, nämlich das Verhältnis von Allgemeinheit und Besonderheit, wo diese Ausdrücke auch beiläufig
erwähnt worden sind. Nur pflegen sie gewöhnlich gleichfalls
als ganz feste Verhältnisse betrachtet, und hiernach mehrfache
unfruchtbare Sätze von denselben aufgestellt zu werden. Die
weitläufigste Verhandlung darüber betrifft wieder die Beziehung der Kontrarietät und Kontradiktorietät auf die Sub-
und Koordination. Indem das Urteil die Beziehung der
bestimmten Begriffe ist, so hat sich erst bei demselben
das wahre Verhältnis zu ergeben. Jene Manier, diese Bestimmungen zu vergleichen ohne Gedanken an ihre Dialektik
und an die fortgehende Änderung ihrer Bestimmung oder vielmehr an die in ihnen vorhandene Verknüpfung entgegengesetzter Bestimmungen, macht die ganze Betrachtung, was in ihnen
einstimmig sei oder nicht, gleichsam als ob diese Ein-
stimmigkeit oder Nichteinstimmigkeit etwas Gesondertes und
Bleibendes sei, zu etwas nur Unfruchtbarem und Gehaltlosem.
— Der große, in dem Auffassen und Kombinieren der tiefern
Verhältnisse der algebraischen Größen unendlich fruchtbare
und scharfsinnige Euler, besonders der trocken verständige
Lambert und andere haben für diese Art von Verhältnissen
der Begriffsbestimmungen eine Bezeichnung durch Linien,
Figuren und dergleichen versucht; man beabsichtigte überhaupt, die logischen Beziehungsweisen zu einem Kalkul zu
erheben — oder vielmehr in der Tat herabzusetzen. Schon
der Versuch der Bezeichnung stellt sich sogleich als an und
für sich nichtig dar, wenn man die Natur des Zeichens und
dessen, was bezeichnet werden soll, miteinander vergleicht.
Die Begriffsbestimmungen, Allgemeinheit, Besonderheit und
Einzelnheit sind allerdings verschieden, wie Linien oder die
Buchstaben der Algebra; — sie sind ferner auch entgegengesetzt und ließen insofern auch die Zeichen von *plus* und

minus zu. Aber sie selbst und vollends deren Beziehungen, — wenn auch nur bei der Subsumtion und Inhärenz stehen geblieben wird, — sind von ganz anderer wesentlicher Natur als die Buchstaben und Linien und deren Beziehungen, die Gleichheit oder Verschiedenheit der Größe, das *plus* und *minus*, oder eine Stellung der Linien übereinander oder ihre Verbindung zu Winkeln und die Stellungen von Räumen, die sie einschließen. Dergleichen Gegenstände haben gegen sie das Eigentümliche, daß sie einander äußerlich sind, eine fixe Bestimmung haben. Wenn Begriffe nun in der Weise genommen worden, daß sie solchen Zeichen entsprechen, so hören sie auf, Begriffe zu sein. Ihre Bestimmungen sind nicht so ein Totliegendes wie Zahlen und Linien, denen ihre Beziehung nicht selbst angehört; sie sind lebendige Bewegungen; die unterschiedene Bestimmtheit der einen Seite ist unmittelbar auch der andern innerlich; was bei Zahlen und Linien ein vollkommener Widerspruch wäre, ist der Natur des Begriffes wesentlich. — Die höhere Mathematik, welche auch zum Unendlichen fortgeht und sich Widersprüche erlaubt, kann für die Darstellung solcher Bestimmungen ihre sonstigen Zeichen nicht mehr gebrauchen; für Bezeichnung der noch sehr begrifflosen Vorstellung der unendlichen Annäherung zweier Ordinaten, oder wenn sie einen Bogen einer unendlichen Anzahl von unendlich kleinen geraden Linien gleichsetzt, tut sie weiter nichts als die zwei geraden Linien außereinander zu zeichnen und in einen Bogen gerade Linien, aber als verschieden von ihm zu ziehen; für das Unendliche, worauf es dabei ankommt, verweist sie an das Vorstellen.

Was zu jenem Versuche zunächst verleitet hat, ist vornehmlich das quantitative Verhältnis, in welchem Allgemeinheit, Besonderheit und Einzelheit zueinander stehen sollen; das Allgemeine heißt weiter als das Besondere und Einzelne, und das Besondere weiter als das Einzelne. Der Begriff ist das Konkrete und Reichste, weil er der Grund und die Totalität der frühern Bestimmungen, der Kategorien des Seins und der Reflexionsbestimmungen ist; dieselben kommen daher wohl auch an ihm hervor. Aber seine Natur wird gänzlich verkannt, wenn sie an ihm noch in jener Abstraktion festgehalten werden; wenn der weitere Umfang des Allgemeinen so genommen wird, daß es ein Mehreres oder ein größeres Quantum sei als das Besondere und Einzelne. Als absoluter Grund ist er die Möglichkeit der Quantität, aber ebensosehr der Qualität, d. h. seine Bestimmungen sind ebensowohl qualitativ unterschieden; sie werden daher dann schon gegen ihre Wahrheit betrachtet, wenn sie unter der Form der Quantität allein gesetzt werden. So ist ferner die Reflexionsbestimmung ein Relatives, in der ihr Gegenteil scheint; sie ist nicht im äußerlichen Verhältnisse wie ein Quantum. Aber der Begriff ist mehr als alles dieses; seine Bestimmungen sind bestimmte Begriffe, wesentlich selbst die Totalität aller Bestimmungen. Es ist daher völlig unpassend, um solche innige Totalität zu fassen, Zahlen- und Raumverhältnisse anwenden zu wollen, in welchen alle Bestimmungen auseinanderfallen; sie sind vielmehr das letzte und schlechteste Medium, welches gebraucht werden könnte. Naturverhältnisse wie z. B. Magnetismus, Farbenverhältnisse würden unendlich höhere und wahrere Symbole dafür sein. Da der Mensch die Sprache hat als das der Vernunft eigentümliche Bezeichnungsmittel, so ist es ein müßiger Einfall, sich nach einer unvollkommnern Darstellungsweise umsehen und damit quälen zu wollen. Der Begriff kann als solcher wesentlich nur mit dem Geiste aufgefaßt werden, dessen Eigentum nicht nur, sondern dessen reines Selbst er ist. Es ist vergeblich, ihn durch Raumfiguren und algebraische Zeichen zum Behufe des äußerlichen Auges und einer begrifflosen, mechanischen Behandlungsweise, eines Kalkuls, festhalten zu wollen. Auch jedes Andere, was als Symbol dienen sollte, kann höchstens wie Symbole für die Natur Gottes Ahnungen und Anklänge des Begriffes erregen; aber wenn es Ernst sein sollte, den Begriff dadurch auszudrücken und zu erkennen, so ist die äußerliche Natur aller Symbole unangemessen dazu, und vielmehr ist das Verhältnis umgekehrt, daß, was in den Symbolen Anklang einer höhern Bestimmung ist, erst durch den Begriff erkannt und allein durch die Absonderung jenes sinnlichen Beiwesens ihm genähert werden [kann], das ihn ausdrücken sollte.

C. Das Einzelne.

Die Einzelheit ist, wie sich ergeben, schon durch die Besonderheit gesetzt; diese ist die bestimmte Allgemeinheit, also die sich auf sich beziehende Bestimmtheit, das bestimmte Bestimmte.

1. Zunächst erscheint daher die Einzelheit als die Reflexion des Begriffs aus seiner Bestimmtheit in sich selbst.
Sie ist die Vermittlung desselben durch sich, insofern sein
Anderssein sich wieder zu einem Andern gemacht, wodurch der Begriff als sich selbst Gleiches hergestellt, aber in
der Bestimmung der absoluten Negativität ist. — Das Negative am Allgemeinen, wodurch dieses ein Besonderes ist,
wurde vorhin als der Doppelschein bestimmt; insofern es Scheinen nach innen ist, bleibt das Besondere ein Allgemeines;
durch das Scheinen nach außen ist es Bestimmtes; die Rückkehr dieser Seite in das Allgemeine ist die gedoppelte, entweder durch die Abstraktion, welche dasselbe wegläßt
und zur höhern und höchsten Gattung aufsteigt, oder aber
durch die Einzelheit, zu welcher das Allgemeine in der
Bestimmtheit selbst heruntersteigt. — Hier geht der Abweg
ab, auf welchem die Abstraktion vom Wege des Begriffs abkommt und die Wahrheit verläßt. Ihr höheres und höchstes
Allgemeine, zu dem sie sich erhebt, ist nur die immer inhaltsloser werdende Oberfläche; die von ihr verschmähte Einzelheit ist die Tiefe, in der der Begriff sich selbst erfaßt, und
als Begriff gesetzt ist.

Die Allgemeinheit und die Besonderheit erschienen
einerseits als die Momente des Werdens der Einzelheit.
Aber es ist schon gezeigt worden, daß sie an ihnen selbst der
totale Begriff sind, somit in der Einzelheit nicht in ein
Anderes übergehen, sondern daß darin nur gesetzt ist, was
sie an und für sich sind. Das Allgemeine ist für sich, weil
es an ihm selbst die absolute Vermittlung, Beziehung auf sich
nur als absolute Negativität ist. Es ist abstraktes Allgemeines, insofern dies Aufheben ein äußerliches Tun und hiedurch ein Weglassen der Bestimmtheit ist. Diese Negativität
ist daher wohl an dem Abstrakten, aber sie bleibt außerhalb
als eine bloße Bedingung desselben; sie ist die Abstraktion
selbst, welche ihr Allgemeines sich gegenüber hält, das daher die Einzelheit nicht in sich selbst hat und begrifflos bleibt.
— Leben, Geist, Gott — sowie den reinen Begriff, vermag
die Abstraktion deswegen nicht zu fassen, weil sie von ihren
Erzeugnissen die Einzelheit, das Prinzip der Individualität

und Persönlichkeit, abhält und so zu nichts als leb- und geist-
losen, farb- und gehaltlosen Allgemeinheiten kommt.

Aber die Einheit des Begriffs ist so untrennbar, daß auch
diese Produkte der Abstraktion, indem sie die Einzelheit weglassen sollen, selbst vielmehr einzelne sind. Indem sie das
Konkrete in die Allgemeinheit erhebt, das Allgemeine aber
nur als bestimmte Allgemeinheit faßt, so ist eben dies die
Einzelheit, welche sich als die sich auf sich beziehende Bestimmtheit ergeben hat. Die Abstraktion ist daher eine Trennung des Konkreten und eine Vereinzelung seiner Bestimmungen; durch sie werden nur einzelne Eigenschaften
und Momente aufgefaßt; denn ihr Produkt muß das enthalten,
was sie selbst ist. Der Unterschied aber dieser Einzelheit
ihrer Produkte und der Einzelheit des Begriffs ist, daß in
jenen das Einzelne als Inhalt und das Allgemeine als Form
voneinander verschieden sind, — weil eben jener nicht als die
absolute Form, als der Begriff selbst, oder diese nicht als die
Totalität der Form ist. — Diese nähere Betrachtung aber zeigt
das Abstrakte selbst als Einheit des einzelnen Inhalts und der
abstrakten Allgemeinheit, somit als Konkretes, als das Gegenteil dessen, was es sein will.

Das Besondere ist aus demselben Grunde, weil es nur
das bestimmte Allgemeine ist, auch Einzelnes, und umgekehrt, weil das Einzelne das bestimmte Allgemeine ist, ist es
ebensosehr ein Besonderes. Wenn an dieser abstrakten Bestimmtheit festgehalten wird, so hat der Begriff die drei besondern Bestimmungen, das Allgemeine, Besondere und Einzelne; nachdem vorhin nur das Allgemeine und Besondere als
die Arten des Besondern angegeben wurden. Indem die Einzelheit die Rückkehr des Begriffs als des Negativen in sich
ist, so kann diese Rückkehr selbst von der Abstraktion, die
darin eigentlich aufgehoben ist, als ein gleichgültiges Moment
neben die andern gestellt und gezählt werden.

Wenn die Einzelheit als eine der besondern Begriffsbestimmungen aufgeführt wird, so ist die Besonderheit die
Totalität, welche alle in sich begreift; als diese Totalität
eben ist sie das Konkrete derselben oder die Einzelheit selbst.
Sie ist das Konkrete aber auch nach der vorhin bemerkten
Seite als bestimmte Allgemeinheit; so ist sie als die unmittelbare Einheit, in welcher keines dieser Momente als

unterschieden oder als das Bestimmende gesetzt ist, und in dieser Form wird sie die Mitte des formalen Schlusses ausmachen.

Es fällt von selbst auf, daß jede Bestimmung, die in der bisherigen Exposition des Begriffs gemacht worden, sich unmittelbar aufgelöst und in ihre andere verloren hat. Jede Unterscheidung konfondiert sich in der Betrachtung, welche sie isolieren und festhalten soll. Nur die bloße Vorstellung, für welche sie das Abstrahieren isoliert hat, vermag sich das Allgemeine, Besondere und Einzelne fest auseinander zu halten; so sind sie zählbar, und für einen weitern Unterschied hält sie sich an den völlig äußerlichen des Seins, die Quantität, die nirgend weniger als hieher gehört. — In der Einzelheit ist jenes wahre Verhältnis, die Untrennbarkeit der Begriffsbestimmungen, gesetzt; denn als Negation der Negation enthält sie den Gegensatz derselben und ihn zugleich in seinem Grunde oder Einheit, das Zusammengegangensein einer jeden mit ihrer andern. Weil in dieser Reflexion an und für sich die Allgemeinheit ist, ist sie wesentlich die Negativität der Begriffsbestimmungen nicht nur so, daß sie nur ein drittes Verschiedenes gegen sie wäre, sondern es ist dies nunmehr gesetzt, daß das Gesetztsein das An- und Fürsichsein ist; d. h. daß die dem Unterschiede angehörigen Bestimmungen selbst jede die Totalität ist. Die Rückkehr des bestimmten Begriffes in sich ist, daß er die Bestimmung hat, in seiner Bestimmtheit der ganze Begriff zu sein.

2. Die Einzelheit ist aber nicht nur die Rückkehr des Begriffes in sich selbst, sondern unmittelbar sein Verlust. Durch die Einzelheit, wie er darin in sich ist, wird er außer sich und tritt in Wirklichkeit. Die Abstraktion, welche als die Seele der Einzelheit die Beziehung des Negativen auf das Negative ist, ist, wie sich gezeigt, dem Allgemeinen und Besondern nichts Äußerliches, sondern immanent, und sie sind durch sie Konkretes, Inhalt, Einzelnes. Die Einzelheit aber ist als diese Negativität die bestimmte Bestimmtheit, das Unterscheiden als solches; durch diese Reflexion des Unterschiedes in sich wird er ein fester; das Bestimmen des Besondern ist erst durch die Einzelheit; denn sie ist jene Abstraktion, die nunmehr, eben als Einzelheit, gesetzte Abstraktion ist.

Das Einzelne also ist als sich auf sich beziehende Negativität unmittelbare Identität des Negativen mit sich; es ist **Fürsichseiendes.** Oder es ist die Abstraktion, welche den Begriff nach seinem ideellen Momente des **Seins** als ein **Unmittelbares** bestimmt. — So ist das Einzelne ein qualitatives **Eins** oder **Dieses.** Nach dieser Qualität ist es erstlich Repulsion seiner von **sich selbst,** wodurch die vielen **andern** Eins vorausgesetzt werden; **zweitens** ist es nun gegen diese vorausgesetzten **Andern** negative Beziehung, und das Einzelne insofern **ausschließend.** Die Allgemeinheit auf diese Einzelnen als gleichgültige Eins bezogen, — und bezogen muß sie darauf werden, weil sie Moment des Begriffes der Einzelheit ist, — ist sie nur das **Gemeinsame** derselben. Wenn unter dem Allgemeinen das verstanden wird, was mehrern Einzelnen **gemeinschaftlich** ist, so wird von dem **gleichgültigen** Bestehen derselben ausgegangen und in die Begriffsbestimmung die Unmittelbarkeit des **Seins** eingemischt. Die niedrigste Vorstellung, welche man vom Allgemeinen haben kann, wie es in der Beziehung auf das Einzelne ist, ist dies äußerliche Verhältnis desselben als eines bloß **Gemeinschaftlichen.**

Das Einzelne, welches in der Reflexionssphäre der Existenz als **Dieses** ist, hat nicht die **ausschließende** Beziehung auf anderes Eins, welche dem qualitativen Fürsichsein zukommt. **Dieses** ist als das in sich **reflektierte** Eins für sich ohne Repulsion; oder die Repulsion ist in dieser Reflexion mit der Abstraktion in eins und ist die reflektierende **Vermittlung,** welche so an ihm ist, daß dasselbe eine **gesetzte,** von einem **Äußerlichen gezeigte** Unmittelbarkeit ist. **Dieses ist;** es ist **unmittelbar;** es ist aber nur **Dieses,** insofern es **monstriert** wird. Das Monstrieren ist die reflektierende Bewegung, welche sich in sich zusammennimmt und die Unmittelbarkeit setzt, aber als ein sich **Äußerliches.** — Das Einzelne nun ist wohl auch Dieses als das aus der Vermittlung hergestellte Unmittelbare; es hat sie aber nicht außer ihm, — es ist selbst repellierende Abscheidung, **die gesetzte Abstraktion,** aber in seiner Abscheidung selbst positive Beziehung.

Dieses Abstrahieren des Einzelnen ist als die Reflexion des Unterschiedes in sich erstlich ein Setzen der Unterschiedenen als **selbständiger,** in sich reflektierter. **Sie sind** unmittelbar; aber ferner ist dieses Trennen Reflexion überhaupt, das Scheinen des einen im andern; so stehen sie in wesentlicher Beziehung. Sie sind ferner nicht bloß seiende Einzelne gegeneinander; solche Vielheit gehört dem Sein an; die sich als bestimmt setzende Einzelheit setzt sich nicht in einem äußerlichen, sondern im Begriffsunterschiede; sie schließt also das Allgemeine von sich aus, aber da dieses Moment ihrer selbst ist, so bezieht es sich ebenso wesentlich auf sie.

Der Begriff als diese Beziehung seiner selbständigen Bestimmungen hat sich verloren; denn so ist er nicht mehr die gesetzte Einheit derselben, und sie nicht mehr als Momente, als der Schein desselben, sondern als an und für sich bestehende. — Als Einzelheit kehrt er in der Bestimmtheit in sich zurück; damit ist das Bestimmte selbst Totalität geworden. Seine Rückkehr in sich ist daher die absolute, ursprüngliche Teilung seiner, oder als Einzelheit ist er als Urteil gesetzt.

Zweites Kapitel.

Das Urteil.

Das Urteil ist die am Begriffe selbst gesetzte Bestimmtheit desselben. Die Begriffsbestimmungen, oder was, wie sich gezeigt hat, dasselbe ist, die bestimmten Begriffe sind schon für sich betrachtet worden; aber diese Betrachtung war mehr eine subjektive Reflexion oder subjektive Abstraktion. Der Begriff ist aber selbst dieses Abstrahieren; das Gegeneinanderstellen seiner Bestimmungen ist sein eigenes Bestimmen. Das Urteil ist dies Setzen der bestimmten Begriffe durch den Begriff selbst.

Das Urteilen ist insofern eine andere Funktion als das Begreifen oder vielmehr die andere Funktion des Begriffes, als es das Bestimmen des Begriffes durch sich selbst ist, und der weitere Fortgang des Urteils in die Verschiedenheit der Urteile ist diese Fortbestimmung des Begriffes. Was es für bestimmte Begriffe gibt, und wie sich diese Bestimmungen desselben notwendig ergeben, dies hat sich im Urteil zu zeigen.

Das Urteil kann daher die nächste Realisierung des Begriffs genannt werden, insofern die Realität das Treten ins

Dasein als bestimmtes Sein überhaupt bezeichnet. Näher hat sich die Natur dieser Realisierung so ergeben, daß vors erste die Momente des Begriffs durch seine Reflexion-in-sich oder seine Einzelheit selbständige Totalitäten sind, vors andere aber die Einheit des Begriffes als deren Beziehung ist. Die in sich reflektierten Bestimmungen sind bestimmte Totalitäten, ebenso wesentlich in gleichgültigem beziehungslosem Bestehen, als durch die gegenseitige Vermittlung miteinander. Das Bestimmen selbst ist nur die Totalität, indem es diese Totalitäten und deren Beziehung enthält. Diese Totalität ist das Urteil. — Es enthält erstlich also die beiden Selbständigen, welche Subjekt und Prädikat heißen. Was jedes ist, kann eigentlich noch nicht gesagt werden; sie sind noch unbestimmt, denn erst durch das Urteil sollen sie bestimmt werden. Indem es der Begriff als bestimmter ist, so ist nur der allgemeine Unterschied gegeneinander vorhanden, daß das Urteil den bestimmten Begriff gegen den noch unbestimmten enthält. Das Subjekt kann also zunächst gegen das Prädikat als das Einzelne gegen das Allgemeine, oder auch als das Besondere genommen werden; insofern sie nur überhaupt als das Bestimmtere und das Allgemeinere einander gegenüberstehen.

Es ist daher passend und Bedürfnis, für die Urteilsbestimmungen diese Namen, Subjekt und Prädikat, zu haben; als Namen sind sie etwas Unbestimmtes, das erst noch seine Bestimmung erhalten soll; und mehr als Namen sind sie daher nicht. Begriffsbestimmungen selbst könnten für die zwei Seiten des Urteils teils aus diesem Grunde nicht gebraucht werden, teils aber noch mehr darum nicht, weil die Natur der Begriffsbestimmung sich hervortut, nicht ein Abstraktes und Festes zu sein, sondern ihre entgegengesetzte in sich zu haben und an sich zu setzen; indem die Seiten des Urteils selbst Begriffe, also die Totalität seiner Bestimmungen sind, so müssen sie dieselben alle durchlaufen und an sich zeigen, es sei in abstrakter oder konkreter Form. Um nun doch bei dieser Veränderung ihrer Bestimmung die Seiten des Urteils auf eine allgemeine Weise festzuhalten, sind Namen am dienlichsten, die sich darin gleich bleiben. — Der Name aber steht der Sache oder dem Begriffe gegenüber; diese Unterscheidung kommt an dem Urteile als solchem selbst vor; indem das Subjekt überhaupt das Bestimmte, und daher mehr das unmittelbar Seiende, das Prädikat aber das Allgemeine, das Wesen oder den Begriff ausdrückt, so ist das Subjekt als solches zunächst nur eine Art von Name; denn was es ist, drückt erst das Prädikat aus, welches das Sein im Sinne des Begriffs enthält. Was ist dies, oder was ist dies für eine Pflanze usf.? unter dem Sein, nach welchem gefragt wird, wird oft bloß der Name verstanden, und wenn man denselben erfahren, ist man befriedigt und weiß nun, was die Sache ist. Dies ist das Sein im Sinne des Subjekts. Aber der Begriff, oder wenigstens das Wesen und das Allgemeine überhaupt gibt erst das Prädikat, und nach diesem wird im Sinne des Urteils gefragt. — Gott, Geist, Natur oder was es sei, ist daher als das Subjekt eines Urteils nur erst der Name; was ein solches Subjekt ist, dem Begriffe nach, ist erst im Prädikate vorhanden. Wenn gesucht wird, was solchem Subjekte für ein Prädikat zukomme, so müßte für die Beurteilung schon ein Begriff zum Grunde liegen; aber diesen spricht erst das Prädikat selbst aus. Es ist deswegen eigentlich die bloße Vorstellung, welche die vorausgesetzte Bedeutung des Subjekts ausmacht und die zu einer Namenerklärung führt, wobei es zufällig und ein historisches Faktum ist, was unter einem Namen verstanden werde oder nicht. So viele Streitigkeiten, ob einem gewissen Subjekte ein Prädikat zukomme oder nicht, sind darum nichts mehr als Wortstreitigkeiten, weil sie von jener Form ausgehen; das zugrunde Liegende (*subjectum*, ὑποκείμενον) ist noch nichts weiter als der Name.

Es ist nun näher zu betrachten, wie zweitens die Beziehung des Subjekts und Prädikats im Urteile, und wie sie selbst eben dadurch zunächst bestimmt sind. Das Urteil hat zu seinen Seiten überhaupt Totalitäten, welche zunächst als wesentlich selbständig sind. Die Einheit des Begriffes ist daher nur erst eine Beziehung von Selbständigen; noch nicht die konkrete, aus dieser Realität in sich zurückgekehrte, erfüllte Einheit, sondern außer der sie als nicht in ihr aufgehobene Extreme bestehen. — Es kann nun die Betrachtung des Urteils von der ursprünglichen Einheit des Begriffes oder von der Selbständigkeit der Extreme ausgehen. Das Urteil ist die Diremtion des Begriffs durch sich selbst; diese Einheit ist daher der Grund, von welchem aus es nach seiner wahrhaften Objektivität betrachtet wird. Es ist insofern die ursprüngliche Teilung des ursprünglich Einen; das Wort Urteil bezieht sich hiemit auf das, was es an und für sich ist. Daß aber der Begriff im Urteil als Erscheinung ist, indem seine Momente darin Selbständigkeit erlangt haben, — an diese Seite der Äußerlichkeit hält sich mehr die Vorstellung.

Nach dieser subjektiven Betrachtung werden daher Subjekt und Prädikat, jedes als außer dem andern für sich fertig, betrachtet; das Subjekt als ein Gegenstand, der auch wäre, wenn er dieses Prädikat nicht hätte; das Prädikat als eine allgemeine Bestimmung, die auch wäre, wenn sie diesem Subjekte nicht zukäme. Mit dem Urteilen ist hernach die Reflexion verbunden, ob dieses oder jenes Prädikat, das im Kopfe ist, dem Gegenstande, der draußen für sich ist, beigelegt werden könne und solle; das Urteilen selbst besteht darin, daß erst durch dasselbe ein Prädikat mit dem Subjekte verbunden wird, so daß, wenn diese Verbindung nicht stattfände, Subjekt und Prädikat, jedes für sich doch bliebe, was es ist, jenes ein existierender Gegenstand, dieses eine Vorstellung im Kopfe — Das Prädikat, welches dem Subjekte beigelegt wird, soll ihm aber auch zukommen, d. h. an und für sich identisch mit demselben sein. Durch diese Bedeutung des Beilegens wird der subjektive Sinn des Urteilens und das gleichgültige äußere Bestehen des Subjekts und Prädikats wieder aufgehoben: diese Handlung ist gut; die *Copula* zeigt an, daß das Prädikat zum Sein des Subjekts gehört und nicht bloß äußerlich damit verbunden wird. Im grammatischen Sinne hat jenes subjektive Verhältnis, in welchem von der gleichgültigen Äußerlichkeit des Subjekts und Prädikats ausgegangen wird, sein vollständiges Gelten; denn es sind Worte, die hier äußerlich verbunden werden. — Bei dieser Gelegenheit kann auch angeführt werden, daß ein Satz zwar im grammatischen Sinne ein Subjekt und Prädikat hat, aber darum noch kein Urteil ist. Zu letzterem gehört, daß das Prädikat sich zum Subjekt nach dem Verhältnis von Begriffsbestimmungen, also als ein Allgemeines zu einem Besondern oder Einzelnen verhalte. Drückt das, was vom einzelnen Subjekte gesagt wird, selbst nur etwas Einzelnes aus, so ist dies ein bloßer Satz. Z. B. Aristoteles ist im 73. Jahre seines Alters, in dem 4. Jahre der 115. Olympiade gestorben, — ist ein bloßer

Satz, kein Urteil. Es wäre von letzterem nur dann etwas darin, wenn einer der Umstände, die Zeit des Todes oder das Alter jenes Philosophen in Zweifel gestellt gewesen, aus irgendeinem Grunde aber die angegebenen Zahlen behauptet würden. Denn in diesem Falle würden dieselben als etwas Allgemeines als die auch ohne jenen bestimmten Inhalt des Todes des Aristoteles bestehende, mit anderem erfüllte oder auch leere Zeit genommen. So ist die Nachricht: mein Freund N. ist gestorben, ein Satz; und wäre nur dann ein Urteil, wenn die Frage wäre, ob er wirklich tot oder nur scheintot wäre.

Wenn das Urteil gewöhnlich so erklärt wird, daß es die **Verbindung** zweier **Begriffe** sei, so kann man für die äußerliche *Copula* wohl den unbestimmten Ausdruck **Verbindung** gelten lassen, ferner daß die Verbundenen wenigstens Begriffe sein **sollen**. Sonst aber ist diese Erklärung wohl höchst oberflächlich; nicht nur daß z. B. im disjunktiven Urteile mehr als **zwei** sogenannte Begriffe verbunden sind, sondern daß vielmehr die Erklärung viel besser ist als die Sache; denn es sind überhaupt keine Begriffe, die gemeint sind, kaum Begriffs-, eigentlich nur **Vorstellungsbestimmungen**; beim Begriffe überhaupt, und beim bestimmten Begriff ist bemerkt worden, daß das, was man so zu benennen pflegt, keineswegs den Namen von Begriffen verdient; wo sollten nun beim Urteile Begriffe herkommen? — Vornehmlich ist in jener Erklärung das Wesentliche des Urteils, nämlich der Unterschied seiner Bestimmungen übergangen; noch weniger das Verhältnis des Urteils zum Begriffe berücksichtigt.

Was die weitere Bestimmung des Subjekts und Prädikats betrifft, so ist erinnert worden, daß sie im Urteil eigentlich erst ihre Bestimmung zu erhalten haben. Insofern dasselbe die gesetzte Bestimmtheit des Begriffs ist, so hat sie die angegebenen Unterschiede **unmittelbar** und **abstrakt** als **Einzelheit** und **Allgemeinheit**. — Insofern es aber überhaupt das **Dasein** oder das **Anderssein** des Begriffs [ist], welcher sich noch nicht zu der Einheit, wodurch er **als Begriff** ist, wieder hergestellt hat, so tritt auch die Bestimmtheit hervor, welche begrifflos ist, der Gegensatz des **Seins** und der Reflexion oder des **Ansichseins**. Indem aber der Begriff den **wesentlichen Grund** des Urteils ausmacht, so sind jene Bestimmungen wenigstens so gleichgültig, daß indem jede, die

eine dem Subjekte, die andere dem Prädikate zukommt, dies
Verhältnis umgekehrt ebensosehr statthat. Das Subjekt als
das Einzelne erscheint zunächst als das Seiende oder Fürsichseiende nach der bestimmten Bestimmtheit des Einzelnen
— als ein wirklicher Gegenstand, wenn er auch nur Gegenstand in der Vorstellung ist, — wie z. B. die Tapferkeit, das
Recht, Übereinstimmung usf. — über welchen geurteilt wird;
— das Prädikat dagegen als das Allgemeine erscheint
als diese Reflexion über ihn oder auch vielmehr als dessen
Reflexion-in-sich-selbst, welche über jene Unmittelbarkeit hinausgeht und die Bestimmtheiten als bloß seiende aufhebt, —
als sein Ansichsein. — Insofern wird vom Einzelnen als
dem Ersten, Unmittelbaren ausgegangen und dasselbe durch
das Urteil in die Allgemeinheit erhoben, so wie umgekehrt das nur an sich seiende Allgemeine im Einzelnen ins
Dasein heruntersteigt oder ein Für-sich-seiendes wird.

Diese Bedeutung des Urteils ist als der objektive Sinn
desselben, und zugleich als die wahre der früheren Formen
des Übergangs zu nehmen. Das Seiende wird und verändert
sich, das Endliche geht im Unendlichen unter; das Existierende geht aus seinem Grunde hervor in die Erscheinung
und geht zugrunde; die Akzidenz manifestiert den Reichtum der Substanz sowie deren Macht; im Sein ist Übergang
in anderes, im Wesen Scheinen an einem Andern, wodurch
die notwendige Beziehung sich offenbart. Dies Übergehen
und Scheinen ist nun in das ursprüngliche Teilen des Begriffes übergegangen, welcher, indem er das Einzelne in das
Ansichsein seiner Allgemeinheit zurückführt, ebensosehr das
Allgemeine als Wirkliches bestimmt. Dies beides ist ein und
dasselbe, daß die Einzelheit in ihre Reflexion-in-sich und das
Allgemeine als Bestimmtes gesetzt wird.

Zu dieser objektiven Bedeutung gehört nun aber ebensowohl, daß die angegebenen Unterschiede, indem sie in der
Bestimmtheit des Begriffes wieder hervortreten, zugleich nur
als Erscheinende gesetzt seien, d. h. daß sie nichts Fixes sind,
sondern der einen Begriffsbestimmung ebensogut zukommen
als der andern. Das Subjekt ist daher ebensowohl als das
Ansichsein, das Prädikat dagegen als das Dasein zu nehmen. Das Subjekt ohne Prädikat ist, was in der Erscheinung das Ding ohne Eigenschaften, das Ding-an-sich

ist, ein leerer unbestimmter Grund; es ist so der Begriff in sich selbst, welcher erst am Prädikate eine Unterscheidung und Bestimmtheit erhält; dieses macht hiemit die Seite des Daseins des Subjekts aus. Durch diese bestimmte Allgemeinheit steht das Subjekt in Beziehung auf Äußerliches, ist für den Einfluß anderer Dinge offen und tritt dadurch in Tätigkeit gegen sie. Was da ist, tritt aus seinem In-sich-sein in das allgemeine Element des Zusammenhanges und der Verhältnisse, in die negativen Beziehungen und das Wechselspiel der Wirklichkeit, was eine Kontinuation des Einzelnen in Andere, und daher Allgemeinheit ist.

Die soeben aufgezeigte Identität, daß die Bestimmung des Subjekts ebensowohl auch dem Prädikat zukommt und umgekehrt, fällt jedoch nicht nur in unsere Betrachtung; sie ist nicht nur an sich, sondern ist auch im Urteile gesetzt; denn das Urteil ist die Beziehung beider; die *Copula* drückt aus, daß das Subjekt das Prädikat ist. Das Subjekt ist die bestimmte Bestimmtheit, und das Prädikat ist diese gesetzte Bestimmtheit desselben; das Subjekt ist nur in seinem Prädikat bestimmt, oder nur in demselben ist es Subjekt; es ist im Prädikat in sich zurückgekehrt und ist darin das Allgemeine. — Insofern nun aber das Subjekt das Selbständige ist, so hat jene Identität das Verhältnis, daß das Prädikat nicht ein selbständiges Bestehen für sich, sondern sein Bestehen nur in dem Subjekte hat; es inhäriert diesem. Insofern hiernach das Prädikat vom Subjekte unterschieden wird, so ist es nur eine vereinzelte Bestimmtheit desselben, nur Eine seiner Eigenschaften; das Subjekt selbst aber ist das Konkrete, die Totalität von mannigfaltigen Bestimmtheiten, wie das Prädikat Eine enthält; es ist das Allgemeine. — Aber anderseits ist auch das Prädikat selbständige Allgemeinheit und das Subjekt umgekehrt nur eine Bestimmung desselben. Das Prädikat subsumiert insofern das Subjekt; die Einzelheit und Besonderheit [ist] nicht für sich, sondern hat ihr Wesen und ihre Substanz im Allgemeinen. Das Prädikat drückt das Subjekt in seinem Begriffe aus; das Einzelne und Besondere sind zufällige Bestimmungen an demselben; es ist deren absolute Möglichkeit. Wenn beim Subsumieren an eine äußerliche Beziehung des Subjekts und Prädikats gedacht und das Subjekt als ein Selbständiges vorgestellt wird, so bezieht sich das Subsumieren auf das oben erwähnte subjektive Urteilen, worin von der Selbständigkeit beider ausgegangen wird. Die Subsumtion ist hiernach nur die Anwendung des Allgemeinen auf ein Besonderes oder Einzelnes, das unter dasselbe nach einer unbestimmten Vorstellung als von minderer Qualität gesetzt wird.

Wenn die Identität des Subjekts und Prädikats so betrachtet worden, daß das eine Mal jenem die eine Begriffsbestimmung zukommt und diesem die andere, aber das andere Mal ebensosehr umgekehrt, so ist die Identität hiemit immer noch erst eine an sich seiende; um der selbständigen Verschiedenheit der beiden Seiten des Urteils willen hat ihre gesetzte Beziehung auch diese zwei Seiten, zunächst als verschiedene. Aber die unterschiedslose Identität macht eigentlich die wahre Beziehung des Subjekts auf das Prädikat aus. Die Begriffsbestimmung ist wesentlich selbst Beziehung, denn sie ist ein Allgemeines; dieselben Bestimmungen also, welche das Subjekt und Prädikat hat, hat damit auch ihre Beziehung selbst. Sie ist allgemein, denn sie ist die positive Identität beider, des Subjekts und Prädikats; sie ist aber auch bestimmte, denn die Bestimmtheit des Prädikats ist die des Subjekts; sie ist ferner auch einzelne, denn in ihr sind die selbständigen Extreme als in ihrer negativen Einheit aufgehoben. — Im Urteile aber ist diese Identität noch nicht gesetzt; die *Copula* ist als die noch unbestimmte Beziehung des Seins überhaupt: *A* ist *B*; denn die Selbständigkeit der Bestimmtheiten des Begriffs oder [der] Extreme ist im Urteile die Realität, welche der Begriff in ihm hat. Wäre das Ist der *Copula* schon gesetzt als jene bestimmte und erfüllte Einheit des Subjekts und Prädikats, als ihr Begriff, so wäre es bereits der Schluß.

Diese Identität des Begriffs wieder herzustellen oder vielmehr zu setzen, ist das Ziel der Bewegung des Urteils. Was im Urteil schon vorhanden ist, ist teils die Selbständigkeit, aber auch die Bestimmtheit des Subjekts und Prädikats gegeneinander, teils aber ihre, jedoch abstrakte Beziehung. Das Subjekt ist das Prädikat, ist zunächst das, was das Urteil aussagt; aber da das Prädikat nicht das sein soll, was das Subjekt ist, so ist ein Widerspruch vorhanden, der sich auflösen, in ein Resultat übergehen muß. Vielmehr aber,

da an und für sich Subjekt und Prädikat die Totalität des
Begriffes sind und das Urteil die Realität des Begriffes ist,
so ist seine Fortbewegung nur Entwicklung; es ist in ihm
dasjenige schon vorhanden, was in ihm hervortritt, und die
Demonstration ist insofern nur eine Monstration, eine
Reflexion als Setzen desjenigen, was in den Extremen des
Urteils schon vorhanden ist; aber auch dies Setzen selbst ist
schon vorhanden; es ist die Beziehung der Extreme.

Das Urteil, wie es unmittelbar ist, ist es zunächst
das Urteil des Daseins; unmittelbar ist sein Subjekt ein abstraktes, seiendes Einzelnes, das Prädikat eine unmittelbare Bestimmtheit oder Eigenschaft desselben, ein
abstrakt Allgemeines.

Indem sich dies Qualitative des Subjekts und Prädikats
aufhebt, scheint zunächst die Bestimmung des einen an dem
andern; das Urteil ist nun zweitens Urteil der Reflexion.

Dieses mehr äußerliche Zusammentreffen aber geht in die
wesentliche Identität eines substantiellen, notwendigen
Zusammenhangs über; so ist es drittens das Urteil der
Notwendigkeit.

Viertens, indem in dieser wesentlichen Identität der
Unterschied des Subjekts und Prädikats zu einer Form geworden, so wird das Urteil subjektiv; es enthält den Gegensatz des Begriffes und seiner Realität und die Vergleichung beider; es ist das Urteil des Begriffs.

Dieses Hervortreten des Begriffs begründet den Übergang des Urteils in den Schluß.

A. Das Urteil des Daseins.

Im subjektiven Urteil will man einen und denselben
Gegenstand doppelt sehen, das eine Mal in seiner einzelnen
Wirklichkeit, das andere Mal in seiner wesentlichen Identität
oder in seinem Begriffe: das Einzelne in seine Allgemeinheit
erhoben oder, was dasselbe ist, das Allgemeine in seine Wirklichkeit vereinzelt. Das Urteil ist in dieser Weise Wahrheit;
denn es ist die Übereinstimmung des Begriffs und der Realität.
So aber ist zuerst das Urteil nicht beschaffen; denn zuerst
ist es unmittelbar, indem sich an ihm noch keine Reflexion
und Bewegung der Bestimmungen ergeben hat. Diese Unmit-

telbarkeit macht das erste Urteil zu einem Urteile des
Daseins, das auch das qualitative genannt werden kann,
jedoch nur insofern, als die Qualität nicht nur der Bestimmtheit des Seins zukommt, sondern auch die abstrakte Allgemeinheit darin begriffen ist, die um ihrer Einfachheit willen
gleichfalls die Form der Unmittelbarkeit hat.

Das Urteil des Daseins ist auch das Urteil der Inhärenz;
weil die Unmittelbarkeit seine Bestimmung, im Unterschiede
des Subjekts und Prädikats aber jenes das Unmittelbare, hiedurch das Erste und Wesentliche in diesem Urteile ist, so hat
das Prädikat die Form eines Unselbständigen, das am Subjekte
seine Grundlage hat.

a) Das positive Urteil.

1. Das Subjekt und Prädikat sind, wie erinnert worden,
zunächst Namen, deren wirkliche Bestimmung erst durch den
Verlauf des Urteils erhalten wird. Als Seiten des Urteils aber,
welches der gesetzte bestimmte Begriff ist, haben sie die Bestimmung der Momente desselben, aber um der Unmittelbarkeit
willen die noch ganz einfache, teils nicht durch Vermittlung
bereicherte, teils zunächst nach dem abstrakten Gegensatze
als abstrakte Einzelheit und Allgemeinheit. — Das
Prädikat, um von diesem zuerst zu sprechen, ist das abstrakte
Allgemeine; da das Abstrakte aber durch die Vermittlung des
Aufhebens des Einzelnen oder Besondern bedingt ist, so ist
sie insofern nur eine Voraussetzung. In der Sphäre des Begriffs kann es keine andere Unmittelbarkeit geben als eine
solche, die an und für sich die Vermittlung enthält und nur
durch deren Aufheben entstanden ist, d. i. die allgemeine.
So ist auch das qualitative Sein selbst in seinem Begriffe
ein Allgemeines; als Sein aber ist die Unmittelbarkeit noch
nicht so gesetzt; erst als Allgemeinheit ist sie die Begriffsbestimmung, an welcher gesetzt ist, daß ihr die Negativität wesentlich angehört. Diese Beziehung ist im Urteil
vorhanden, worin sie Prädikat eines Subjekts ist. — Ebenso ist
das Subjekt ein abstrakt Einzelnes oder das Unmittelbare,
das als solches sein soll; es soll daher das Einzelne als ein
Etwas überhaupt sein. Das Subjekt macht insofern die abstrakte Seite am Urteil aus, nach welcher in ihm der Begriff
in die Äußerlichkeit übergegangen ist. — Wie die beiden

Begriffsbestimmungen bestimmt sind, so ist es auch ihre Beziehung, das I s t, *Copula*; sie kann ebenso nur die Bedeutung eines unmittelbaren, abstrakten S e i n s haben. Von der Beziehung, welche noch keine Vermittlung oder Negation enthält, wird dies Urteil das p o s i t i v e genannt.

2. Der nächste reine Ausdruck des positiven Urteils ist daher der Satz: D a s E i n z e l n e i s t a l l g e m e i n.

Dieser Ausdruck muß nicht gefaßt werden: *A* ist *B*; denn *A* und *B* sind gänzlich formlose und daher bedeutungslose Namen; das Urteil überhaupt aber, und daher selbst schon das Urteil des Daseins, hat Begriffsbestimmungen zu seinen Extremen. *A* ist *B*, kann ebensogut jeden bloßen S a t z vorstellen als ein U r t e i l. In jedem, auch dem in seiner Form reicher bestimmten Urteile aber wird der Satz von diesem bestimmten Inhalt behauptet: d a s E i n z e l n e i s t a l l g e m e i n, — insofern nämlich jedes Urteil auch abstraktes Urteil überhaupt ist. Von dem negativen Urteile, inwiefern es unter diesen Ausdruck gleichfalls gehöre, wird sogleich die Rede sein. — Wenn sonst eben nicht daran gedacht wird, daß mit jedem, zunächst wenigstens positiven Urteile die Behauptung gemacht werde, daß das Einzelne ein Allgemeines sei, so geschieht dies, weil teils die b e s t i m m t e F o r m, wodurch sich Subjekt und Prädikat unterscheiden, übersehen wird, — indem das Urteil nichts als die Beziehung z w e i e r Begriffe sein soll, — teils etwa auch, weil der sonstige I n h a l t des Urteils: C a j u s i s t g e l e h r t, oder d i e R o s e i s t r o t, dem Bewußtsein vorschwebt, das, mit der Vorstellung des C a j u s usf. beschäftigt, auf die Form nicht reflektiert, — obgleich wenigstens solcher Inhalt, wie der l o g i s c h e C a j u s, der gewöhnlich zum Beispiel herhalten muß, ein sehr wenig interessanter Inhalt ist und vielmehr geradeso uninteressant gewählt wird, um nicht die Aufmerksamkeit von der Form ab auf sich zu ziehen.

Nach der objektiven Bedeutung bezeichnet der Satz: d a ß d a s E i n z e l n e a l l g e m e i n i s t, wie vorhin gelegentlich erinnert, teils die Vergänglichkeit der einzelnen Dinge, teils ihr positives Bestehen in dem Begriffe überhaupt. Der Begriff selbst ist unsterblich, aber das in seiner Teilung aus ihm Heraustretende ist der Veränderung und dem Rückgange in seine a l l g e m e i n e Natur unterworfen. Aber umgekehrt gibt sich das Allgemeine ein D a s e i n. Wie das Wesen zum S c h e i n in seinen Bestimmungen, der Grund in die Erscheinung der Existenz, die Substanz in die Offenbarung, in ihre Akzidenzen herausgeht, so entschließt sich das Allgemeine zum Einzelnen; das Urteil ist dieser sein Aufschluß, die Entwicklung der Negatívität, die es an sich schon ist. — Das letztere drückt der umgekehrte Satz aus: das Allgemeine ist einzeln, der ebensowohl im positiven Urteile ausgesprochen ist. Das Subjekt, zunächst das unmittelbar Einzelne, ist im Urteile selbst auf sein Anderes, nämlich das Allgemeine, bezogen; es ist somit als das Konkrete gesetzt, — nach dem Sein als ein Etwas von vielen Qualitäten oder als das Konkrete der Reflexion, ein Ding von mannigfaltigen Eigenschaften, ein Wirkliches von mannigfaltigen Möglichkeiten, eine Substanz von eben solchen Akzidenzen. Weil diese Mannigfaltigen hier dem Subjekte des Urteils angehören, so ist das Etwas oder das Ding usf. in seinen Qualitäten, Eigenschaften oder Akzidenzen in sich reflektiert oder sich durch dieselben hindurch kontinuierend, sich in ihnen und sie ebenso in sich erhaltend. Das Gesetztsein oder die Bestimmtheit gehört zum An- und Fürsichsein. Das Subjekt ist daher an ihm selbst das Allgemeine. — Das Prädikat dagegen, als diese nicht reale oder konkrete, sondern abstrakte Allgemeinheit, ist gegen jenes die Bestimmtheit und enthält nur Ein Moment der Totalität desselben mit Ausschluß der andern. Um dieser Negativität willen, welche zugleich als Extrem des Urteils sich auf sich bezieht, ist das Prädikat ein abstrakt Einzelnes. — Es drückt z. B. in dem Satze: die Rose ist wohlriechend, nur eine der vielen Eigenschaften der Rose aus; es vereinzelt sie, die im Subjekte mit den andern zusammengewachsen ist, wie in der Auflösung des Dings die mannigfaltigen Eigenschaften, die ihm inhärieren, indem sie sich zu Materien verselbständigen, vereinzelt werden. Der Satz des Urteils lautet daher nach dieser Seite so: das Allgemeine ist einzeln.

Indem wir diese Wechselbestimmung des Subjekts und Prädikats im Urteile zusammenstellen, so ergibt sich also das Gedoppelte: 1. daß das Subjekt zwar unmittelbar als das Seiende oder Einzelne, das Prädikat aber das Allgemeine ist. Weil aber das Urteil die Beziehung beider, und das Subjekt durch das Prädikat als Allgemeines bestimmt ist, so ist

das Subjekt das Allgemeine; 2. ist das Prädikat im Subjekte
bestimmt; denn es ist nicht eine Bestimmung überhaupt, sondern des Subjekts; die Rose ist wohlriechend; dieser Wohlgeruch ist nicht irgendein unbestimmter Wohlgeruch, sondern
der der Rose; das Prädikat ist also ein Einzelnes. — Weil
nun Subjekt und Prädikat im Verhältnisse des Urteils stehen,
sollen sie nach den Begriffsbestimmungen entgegengesetzt
bleiben, wie in der Wechselwirkung der Kausalität, ehe sie
ihre Wahrheit erreicht, die beiden Seiten gegen die Gleichheit ihrer Bestimmung noch selbständige und entgegengesetzte
bleiben sollen. Wenn daher das Subjekt als Allgemeines bestimmt ist, so ist vom Prädikate nicht auch seine Bestimmung
der Allgemeinheit aufzunehmen, — sonst wäre kein Urteil vorhanden, — sondern nur seine Bestimmung der Einzelheit; sowie insofern das Subjekt als Einzelnes bestimmt ist, das Prädikat als Allgemeines zu nehmen ist. — Wenn auf jene bloße
Identität reflektiert wird, so stellen sich die zwei identischen
Sätze dar:

Das Einzelne ist Einzelnes,

Das Allgemeine ist Allgemeines,

worin die Urteilsbestimmungen ganz auseinander gefallen, nur
ihre Beziehung auf sich ausgedrückt, die Beziehung derselben
aufeinander aber aufgelöst und das Urteil somit aufgehoben
wäre. — Von jenen beiden Sätzen drückt der eine: das Allgemeine ist einzeln, das Urteil seinem Inhalte nach aus,
der im Prädikate eine vereinzelte Bestimmung, im Subjekte
aber die Totalität derselben ist, der andere: das Einzelne ist
allgemein, die Form, die durch ihn selbst unmittelbar angegeben ist. — Im unmittelbaren positiven Urteile sind die
Extreme noch einfach: Form und Inhalt sind daher noch vereinigt. Oder es besteht nicht aus zwei Sätzen; die gedoppelte
Beziehung, welche sich in ihm ergab, macht unmittelbar das
eine positive Urteil aus. Denn seine Extreme sind a) als die
selbständigen, abstrakten Urteilsbestimmungen, b) ist jede
Seite durch die andere bestimmt vermöge der sie beziehenden
Copula. An sich aber ist deswegen der Form- und Inhalts-
unterschied in ihm vorhanden, wie sich ergeben hat; und
zwar gehört das, was der erste Satz: das Einzelne ist allgemein, enthält, zur Form, weil er die unmittelbare Bestimmtheit des Urteils ausdrückt. Das Verhältnis dagegen,

das der andere Satz ausdrückt: das Allgemeine ist einzeln, oder daß das Subjekt als allgemeines, das Prädikat dagegen als besonderes oder einzelnes bestimmt ist, betrifft den Inhalt, weil sich seine Bestimmungen erst durch die Reflexion-in-sich erheben, wodurch die unmittelbaren Bestimmtheiten aufgehoben werden und hiemit die Form sich zu einer in sich gegangenen Identität, die gegen den Formunterschied besteht, zum Inhalte macht.

3. Wenn nun die beiden Sätze der Form und des Inhalts.

Subjekt)   (Prädikat)
Das Einzelne ist allgemein
Das Allgemeine ist einzeln

darum, weil sie in dem einen positiven Urteile enthalten sind, vereinigt würden, so daß somit beide, sowohl das Subjekt als das Prädikat, als Einheit der Einzelheit und Allgemeinheit bestimmt wären, so wären beide das Besondere, was an sich als ihre innere Bestimmung anzuerkennen ist. Allein teils wäre diese Verbindung nur durch eine äußere Reflexion zustande gekommen, teils wäre der Satz: das Besondere ist das Besondere, der daraus resultierte, kein Urteil mehr, sondern ein leerer identischer Satz, wie die bereits darin gefundenen Sätze: das Einzelne ist einzeln, und das Allgemeine ist allgemein, waren. — Einzelheit und Allgemeinheit können noch nicht in die Besonderheit vereinigt werden, weil sie im positiven Urteile noch als unmittelbare gesetzt sind. — Oder es muß das Urteil seiner Form und seinem Inhalte nach noch unterschieden werden, weil eben Subjekt und Prädikat noch als Unmittelbarkeit und Vermitteltes unterschieden sind, oder weil das Urteil nach seiner Beziehung beides ist, Selbständigkeit der Bezogenen und ihre Wechselbestimmung oder Vermittlung.

Das Urteil also erstens nach seiner Form betrachtet, heißt es:

Das Einzelne ist allgemein. Vielmehr aber ist ein solches unmittelbares Einzelnes nicht allgemein; sein Prädikat ist von weiterem Umfang, es entspricht ihm also nicht. Das Subjekt ist ein unmittelbar für sich seiendes und daher das Gegenteil jener Abstraktion, der durch Vermittlung gesetzten Allgemeinheit, die von ihm ausgesagt werden sollte.

Zweitens das Urteil nach seinem Inhalt betrachtet oder
als der Satz: Das Allgemeine ist einzeln, so ist das Subjekt ein Allgemeines von Qualitäten, ein Konkretes, das unendlich bestimmt ist, und indem seine Bestimmtheiten nur erst
Qualitäten, Eigenschaften oder Akzidenzen sind, so ist seine
Totalität die schlecht unendliche Vielheit derselben. Ein
solches Subjekt ist daher vielmehr nicht eine einzelne solche
Eigenschaft, als sein Prädikat aussagt. Beide Sätze müssen
daher verneint werden und das positive Urteil vielmehr als
negatives gesetzt werden.

b) Negatives Urteil.

1. Es ist schon oben von der gewöhnlichen Vorstellung
die Rede gewesen, daß es nur vom Inhalte des Urteils abhänge,
ob es wahr sei oder nicht, indem die logische Wahrheit nichts
als die Form betreffe und nichts fordere, als daß jener Inhalt
sich nicht widerspreche. Zur Form des Urteils selbst wird
nichts gerechnet, als daß es die Beziehung zweier Begriffe
sei. Es hat sich aber ergeben, daß diese beiden Begriffe nicht
bloß die verhältnislose Bestimmung einer Anzahl haben, sondern als Einzelnes und Allgemeines sich verhalten. Diese
Bestimmungen machen den wahrhaft logischen Inhalt, und
zwar in dieser Abstraktion den Inhalt des positiven Urteils aus;
was für anderer Inhalt (die Sonne ist rund, Cicero war
ein großer Redner in Rom, jetzt ist's Tag usf.) in einem
Urteil vorkommt, geht das Urteil als solches nichts an; es
spricht nur dies aus: Das Subjekt ist Prädikat, oder, da
dies nur Namen sind, bestimmter: das Einzelne ist allgemein und umgekehrt. — Um dieses rein logischen Inhalts willen ist das positive Urteil nicht wahr, sondern hat
seine Wahrheit im negativen Urteil. — Der Inhalt, fordert
man, soll sich im Urteile nur nicht widersprechen; er widerspricht sich aber in jenem Urteile, wie sich gezeigt hat. —
Es ist jedoch völlig gleichgültig, jenen logischen Inhalt auch
Form zu nennen, und unter Inhalt nur die sonstige empirische
Erfüllung zu verstehen, so enthält die Form nicht bloß die
leere Identität, außer welcher die Inhaltsbestimmung läge.
Das positive Urteil hat alsdann durch seine Form als positives
Urteil keine Wahrheit; wer die Richtigkeit einer Anschau-
ung oder Wahrnehmung, die Übereinstimmung der Vor-

stellung mit dem Gegenstand Wahrheit nennte, hat wenigstens keinen Ausdruck mehr für dasjenige, was Gegenstand und Zweck der Philosophie ist. Man müßte den letztern wenigstens Vernunftwahrheit nennen, und man wird wohl zugeben, daß solche Urteile [wie] daß Cicero ein großer Redner gewesen, daß es jetzt Tag ist usf. keine Vernunftwahrheiten sind. Aber sie sind dies nicht, nicht weil sie gleichsam zufällig einen empirischen Inhalt haben, sondern weil sie nur positive Urteile sind, die keinen andern Inhalt als ein unmittelbar Einzelnes und eine abstrakte Bestimmung zum Inhalte haben können und sollen.

Das positive Urteil hat seine Wahrheit zunächst in dem negativen: Das Einzelne ist nicht abstrakt allgemein, — sondern das Prädikat des Einzelnen ist darum, weil es solches Prädikat oder, für sich ohne die Beziehung auf das Subjekt betrachtet, weil es abstrakt-Allgemeines ist, selbst ein Bestimmtes; das Einzelne ist daher zunächst ein Besonderes. Ferner nach dem andern Satze, der im positiven Urteile enthalten ist, heißt das negative Urteil: das Allgemeine ist nicht abstrakt einzeln, sondern dies Prädikat, schon weil es Prädikat ist, oder weil es in Beziehung auf ein allgemeines Subjekt steht, ist ein Weiteres als bloße Einzelheit, und das Allgemeine ist daher gleichfalls zunächst ein Besonderes. — Indem dies Allgemeine, als Subjekt, selbst in der Urteilsbestimmung der Einzelnheit ist, so reduzieren sich beide Sätze auf den einen: Das Einzelne ist ein Besonderes.

Es kann bemerkt werden, a) daß sich hier die Besonderheit für das Prädikat ergibt, von der vorhin schon die Rede war; allein hier ist sie nicht durch äußerliche Reflexion gesetzt, sondern vermittelst der am Urteil aufgezeigten negativen Beziehung entstanden. b) Diese Bestimmung ergibt sich hier nur für das Prädikat. Im unmittelbaren Urteile, dem Urteile des Daseins, ist das Subjekt das zum Grunde Liegende; die Bestimmung scheint sich daher zunächst am Prädikate zu verlaufen. In der Tat aber kann diese erste Negation noch keine Bestimmung oder eigentlich noch kein Setzen des Einzelnen sein, da es erst das Zweite, das Negative des Negativen ist.

Das Einzelne ist ein Besonderes, ist der positive Ausdruck des negativen Urteils. Dieser Ausdruck ist insofern

nicht positives Urteil selbst, als dieses um seiner Unmittelbarkeit willen nur das Abstrakte zu seinen Extremen hat, das
Besondere aber eben durch das Setzen der Beziehung des Urteils sich als die erste vermittelte Bestimmung ergibt. —
Diese Bestimmung ist aber nicht nur als Moment des Extrems
zu nehmen, sondern auch, wie sie eigentlich zunächst ist, als
Bestimmung der Beziehung; oder das Urteil ist auch als
negatives zu betrachten.

    Dieser Übergang gründet sich auf das Verhältnis der Ex-
treme und ihrer Beziehung im Urteile überhaupt. Das positive
Urteil ist die Beziehung des unmittelbar Einzelnen und Allgemeinen, also solcher, deren das eine zugleich nicht ist, was
das andere; die Beziehung ist daher ebenso wesentlich Trennung oder negativ; daher das positive Urteil als negatives
zu setzen war. Es war daher von Logikern kein solches Aufheben darüber zu machen, daß das Nicht des negativen Urteils zur *Copula* gezogen worden sei. Was im Urteile Bestimmung des Extrems ist, ist ebensosehr bestimmte Beziehung. Die Urteilsbestimmung oder das Extrem ist nicht
die rein qualitative des unmittelbaren Seins, welche nur
einem Andern außer ihm entgegenstehen soll. Noch ist sie
Bestimmung der Reflexion, die sich nach ihrer allgemeinen
Form als positiv und negativ verhält, deren jedes als ausschließend gesetzt und nur an sich identisch mit dem andern
ist. Die Urteils- als Begriffsbestimmung ist an ihr selbst ein
Allgemeines, gesetzt als sich in ihre andere Kontinuieren-
des. Umgekehrt ist die Beziehung des Urteils dieselbe Bestimmung, als die Extreme haben; denn sie ist eben diese Allgemeinheit und Kontinuation derselben ineinander; insofern
diese unterschieden sind, hat sie auch die Negativität an ihr.

    Der oben angegebene Übergang von der Form der Be-
ziehung zur Form der Bestimmung macht die unmittelbare Konsequenz aus, daß das Nicht der *Copula* ebensosehr zum Prädikate geschlagen und dasselbe als das Nicht-
allgemeine bestimmt werden muß. Das Nicht-allgemeine
aber ist durch eine ebenso unmittelbare Konsequenz das Besondere. — Wird das Negative nach der ganz abstrakten
Bestimmung des unmittelbaren Nichtseins festgehalten, so
ist das Prädikat nur das ganz unbestimmte Nicht-allgemeine. Von dieser Bestimmung wird sonst in der Logik bei den

kontradiktorischen Begriffen gehandelt und als etwas
Wichtiges eingeschärft, daß beim Negativen eines Begriffs
nur am Negativen festgehalten und es als der bloß unbestimmte Umfang des Andern des positiven Begriffs genommen werden soll. So wäre das bloße Nicht-weiße ebensowohl
das Rote, Gelbe, Blaue usf. als das Schwarze. Das Weiße aber
als solches ist die begrifflose Bestimmung der Anschauung;
das Nicht des Weißen ist dann das ebenso begrifflose Nichtsein, welche Abstraktion ganz zu Anfang der Logik betrachtet
und als deren nächste Wahrheit das Werden erkannt worden
ist. Wenn bei Betrachtung der Urteilsbestimmungen solcher
begrifflose Inhalt aus der Anschauung und Vorstellung als
Beispiel gebraucht und die Bestimmungen des Seins und die
der Reflexion für Urteilsbestimmungen genommen werden,
so ist dies dasselbe unkritische Verfahren, als wenn nach
Kant die Verstandesbegriffe auf die unendliche Vernunftidee
oder das sogenannte Ding-an-sich angewendet werden; der
Begriff, wozu auch das von ihm ausgehende Urteil gehört,
ist das wahrhafte Ding-an-sich oder das Vernünftige;
jene Bestimmungen aber gehören dem Sein oder Wesen an
und sind noch nicht zu der Art und Weise fortgebildete Formen, wie sie in ihrer Wahrheit, im Begriffe sind. — Wenn
bei dem Weißen, Roten, als sinnlichen Vorstellungen, stehen
geblieben wird, so wird, wie gewöhnlich, etwas Begriff genannt, was nur Vorstellungsbestimmung ist, und dann ist freilich das Nicht-weiße, Nicht-rote kein Positives, sowie vollends
das nicht Dreieckigte ein ganz Unbestimmtes ist, denn die auf
der Zahl und dem Quantum überhaupt beruhende Bestimmung
ist die wesentlich gleichgültige, begrifflose. Aber wie
das Nichtsein selbst, so soll auch solcher sinnlicher Inhalt
begriffen werden und jene Gleichgültigkeit und abstrakte
Unmittelbarkeit verlieren, die er in der blinden, bewegungs-
losen Vorstellung hat. Schon im Dasein wird das gedankenlose Nichts zur Grenze, wodurch Etwas sich doch auf ein
Anderes außer ihm bezieht. In der Reflexion aber ist es
das Negative, das sich wesentlich auf ein Positives bezieht und somit bestimmt ist; ein Negatives ist schon nicht
mehr jenes unbestimmte Nichtsein; es ist gesetzt nur zu
sein, indem ihm das Positive entgegensteht; das Dritte ist ihr
Grund; das Negative ist somit in einer umschlossenen Sphäre

gehalten, worin das, was das eine nicht ist, etwas Bestimmtes ist. — Noch mehr aber ist in der absolut flüssigen Kontinuität des Begriffs und seiner Bestimmungen das Nicht unmittelbar ein Positives und die Negation nicht nur Bestimmtheit, sondern in die Allgemeinheit aufgenommen und mit ihr identisch gesetzt. Das Nicht-allgemeine ist daher sogleich das Besondere.

2. Indem die Negation die Beziehung des Urteils angeht und das negative Urteil noch als solches betrachtet wird, so ist es vors erste noch ein Urteil; es ist somit das Verhältnis von Subjekt und Prädikat oder von Einzelheit und Allgemeinheit vorhanden und die Beziehung derselben, die Form des Urteils. Das Subjekt als das zugrunde liegende Unmittelbare bleibt unberührt von der Negation; es behält also seine Bestimmung, ein Prädikat zu haben, oder seine Beziehung auf die Allgemeinheit. Was daher negiert wird, ist nicht die Allgemeinheit überhaupt im Prädikate, sondern die Abstraktion oder die Bestimmtheit desselben, welche gegen jene Allgemeinheit als Inhalt erschien. — Das negative Urteil ist also nicht die totale Negation; die allgemeine Sphäre, welche das Prädikat enthält, bleibt noch bestehen; die Beziehung des Subjekts auf das Prädikat ist daher wesentlich noch positiv; die noch gebliebene Bestimmung des Prädikats ist ebensosehr Beziehung. — Wenn z. B. gesagt wird, die Rose ist nicht rot, so wird damit nur die Bestimmtheit des Prädikats negiert und von der Allgemeinheit, die ihm gleichfalls zukommt, abgetrennt; die allgemeine Sphäre, die Farbe, ist erhalten; wenn die Rose nicht rot ist, so wird dabei angenommen, daß sie eine Farbe und eine andere Farbe habe; nach dieser allgemeinen Sphäre ist das Urteil noch positiv.

Das Einzelne ist ein Besonderes, — diese positive Form des negativen Urteils drückt dies unmittelbar aus; das Besondre enthält die Allgemeinheit. Es drückt überdem auch aus, daß das Prädikat nicht nur ein Allgemeines sei, sondern auch noch ein Bestimmtes. Die negative Form enthält dasselbe; denn indem z. B. die Rose zwar nicht rot ist, so soll sie nicht nur die allgemeine Sphäre der Farbe zum Prädikate behalten, sondern auch irgendeine andere bestimmte Farbe haben; die einzelne Bestimmtheit des Roten ist also nur aufgehoben, und es ist nicht nur die allgemeine Sphäre gelassen,

sondern auch die Bestimmtheit erhalten, aber zu einer unbestimmten, zu einer allgemeinen Bestimmtheit gemacht, somit
zur Besonderheit.

3. Die Besonderheit, welche sich als die positive Bestimmung des negativen Urteils ergeben [hat], ist das Vermittelnde zwischen der Einzelheit und Allgemeinheit; so ist
das negative Urteil nun überhaupt das Vermittelnde, zum dritten Schritte, der Reflexion des Urteils des Daseins in
sich selbst. Es ist nach seiner objektiven Bedeutung nur das
Moment der Veränderung der Akzidenzen, — oder im Dasein,
der vereinzelten Eigenschaften des Konkreten. Durch diese Veränderung tritt die vollständige Bestimmtheit des Prädikats oder
das Konkrete als gesetzt hervor.

Das Einzelne ist Besonderes, nach dem positiven
Ausdrucke des negativen Urteils. Aber das Einzelne ist auch
nicht Besonderes; denn die Besonderheit ist von weiterem
Umfange als die Einzelheit; sie ist also ein Prädikat, das dem
Subjekt nicht entspricht, in dem es also seine Wahrheit noch
nicht hat. Das Einzelne ist nur Einzelnes, die sich nicht
auf Anderes, sei es positiv oder negativ, sondern nur sich auf
sich selbst beziehende Negativität. — Die Rose ist nicht
irgendein Farbiges, sondern sie hat nur die bestimmte
Farbe, welche Rosenfarbe ist. Das Einzelne ist nicht ein unbestimmt Bestimmtes, sondern das bestimmte Bestimmte.

Von dieser positiven Form des negativen Urteils ausgegangen, erscheint diese Negation desselben nur wieder als eine
erste Negation. Aber sie ist dies nicht. Vielmehr ist schon
das negative Urteil an und für sich die zweite oder Negation
der Negation, und dies, was es an und für sich ist, ist zu setzen.
Nämlich es negiert die Bestimmtheit des Prädikats des
positiven Urteils, dessen abstrakte Allgemeinheit, oder als
Inhalt betrachtet die einzelne Qualität, die es vom Subjekt enthält. Die Negation der Bestimmtheit ist aber schon die zweite,
also die unendliche Rückkehr der Einzelheit in sich selbst.
Hiemit ist also die Herstellung der konkreten Totalität des
Subjekts geschehen, oder vielmehr ist es jetzt erst als Einzelnes
gesetzt, indem es durch die Negation und das Aufheben derselben mit sich vermittelt worden. Das Prädikat seinerseits ist
damit aus der ersten Allgemeinheit zur absoluten Bestimmtheit
übergegangen und hat sich mit dem Subjekte ausgeglichen.

Das Urteil heißt insofern: **Das Einzelne ist einzeln.** — Von der andern Seite, indem das Subjekt ebensosehr als **allgemeines** anzunehmen war und insofern im negativen Urteile sich das Prädikat, das gegen jene Bestimmung des Subjekts das Einzelne ist, zur **Besonderheit erweiterte,** und indem nun ferner die Negation dieser **Bestimmtheit** ebensosehr die **Reinigung** der Allgemeinheit ist, welches es enthält, so lautet dies Urteil auch so: **Das Allgemeine ist das Allgemeine.**

In diesen beiden Urteilen, die sich vorhin durch äußere Reflexion ergeben hatten, ist das Prädikat schon in seiner Positivität ausgedrückt. Zunächst muß aber die Negation des negativen Urteils selbst in Form eines negativen Urteils erscheinen. Es hatte sich gezeigt, daß in ihm noch eine **positive Beziehung** des Subjekts auf das Prädikat, und die **allgemeine Sphäre** des letztern geblieben war. Es enthielt somit von dieser Seite eine von der Beschränktheit gereinigtere Allgemeinheit als das positive Urteil und ist daher um so mehr von dem Subjekt als Einzelnem zu negieren. Auf diese Weise ist der **ganze Umfang** des Prädikats negiert und keine positive Beziehung mehr zwischen ihm und dem Subjekte. Dies ist das **unendliche Urteil.**

c) Unendliches Urteil.

Das negative Urteil ist so wenig ein wahres Urteil als das positive. Das unendliche Urteil aber, das seine Wahrheit sein soll, ist nach seinem negativen Ausdrucke das **Negativ-Unendliche,** ein Urteil, worin auch die Form des Urteils aufgehoben ist. — Dies aber ist ein **widersinniges Urteil.** Es soll ein **Urteil** sein, somit eine Beziehung von Subjekt und Prädikat enthalten; aber eine solche soll **zugleich nicht** darin sein. — Der Name des unendlichen Urteils pflegt in den gewöhnlichen Logiken zwar aufgeführt zu werden, aber ohne daß es eben deutlich würde, was es mit demselben für eine Bewandtnis habe. — Beispiele von negativ unendlichen Urteilen sind leicht zu haben, indem Bestimmungen zu Subjekt und Prädikat negativ verbunden werden, deren eine nicht nur die Bestimmtheit der andern **nicht,** sondern auch ihre allgemeine Sphäre nicht enthält; also z. B. der Geist ist nicht rot, gelb usf., nicht sauer, nicht kalisch usf., die Rose ist kein Elefant, der Verstand ist kein Tisch und dergleichen. — Diese Urteile sind

richtig oder wahr, wie man es nennt, aber einer solchen
Wahrheit ungeachtet widersinnig und abgeschmackt. — Oder
vielmehr sie sind keine Urteile. — Ein reelleres Beispiel des
unendlichen Urteils ist die böse Handlung. Im bürgerlichen
Rechtsstreit wird Etwas nur als das Eigentum der andern
Partei negiert, so daß aber eingeräumt wird, es sollte das
Ihrige sein, wenn sie das Recht dazu hätte; und es wird nur
unter dem Titel des Rechtes in Anspruch genommen; die allgemeine Sphäre, das Recht, wird also in jenem negativen Urteile anerkannt und erhalten. Das Verbrechen aber ist das
unendliche Urteil, welches nicht nur das besondere
Recht, sondern die allgemeine Sphäre zugleich negiert, das
Recht als Recht negiert. Es hat zwar die Richtigkeit damit, daß es eine wirkliche Handlung ist, aber weil sie sich auf
die Sittlichkeit, welche ihre allgemeine Sphäre ausmacht, durchaus negativ bezieht, ist sie widersinnig.

Das Positive des unendlichen Urteils, der Negation der
Negation, ist die Reflexion der Einzelheit in sich selbst,
wodurch sie erst als die bestimmte Bestimmtheit gesetzt
ist. Das Einzelne ist einzeln, war der Ausdruck desselben
nach jener Reflexion. Das Subjekt ist im Urteile des Daseins
als unmittelbares Einzelnes, insofern mehr nur als Etwas
überhaupt. Durch die Vermittlung des negativen und unendlichen Urteils ist es erst als Einzelnes gesetzt.

Das Einzelne ist hiermit gesetzt als sich in sein Prädikat, das mit ihm identisch ist, kontinuierend; somit ist
auch die Allgemeinheit ebensosehr nicht mehr als die unmittelbare, sondern als ein Zusammenfassen von Unterschiedenen. Das positiv-unendliche Urteil lautet ebensowohl:
Das Allgemeine ist allgemein, so ist es ebensowohl als
die Rückkehr in sich selbst gesetzt.

Durch diese Reflexion der Urteilsbestimmungen in sich
hat nun sich das Urteil aufgehoben; im negativ unendlichen Urteil ist der Unterschied, sozusagen, zu groß, als daß es noch
ein Urteil bliebe; Subjekt und Prädikat haben gar keine positive
Beziehung aufeinander; im Gegenteil ist im positiv unendlichen
nur die Identität vorhanden, und es ist wegen des ganz ermangelnden Unterschiedes kein Urteil mehr.

Näher ist es das Urteil des Daseins, welches sich aufgehoben hat; es ist damit das gesetzt, was die *Copula* des

Urteils enthält, daß die qualitativen Extreme in dieser ihrer
Identität aufgehoben sind. Indem aber diese Einheit der Begriff ist, so ist sie unmittelbar ebenso wieder in ihre Extreme
dirimiert und ist als Urteil, dessen Bestimmungen aber nicht
mehr unmittelbare, sondern in sich reflektierte sind. Das Urteil des Daseins ist in das Urteil der Reflexion übergegangen.

B. Das Urteil der Reflexion.

Das Subjekt ist in dem nunmehr entstandenen Urteil ein
Einzelnes als solches, ingleichen das Allgemeine nicht mehr
abstrakte Allgemeinheit oder einzelne Eigenschaft, sondern gesetzt als Allgemeines, das sich durch die Beziehung
Unterschiedener als in eins zusammengefaßt hat, oder nach
dem Inhalt verschiedener Bestimmungen überhaupt betrachtet,
das sich Zusammennehmen mannigfaltiger Eigenschaften
und Existenzen. — Wenn Beispiele von Prädikaten der Reflexionsurteile gegeben werden sollen, so müssen sie von anderer Art sein als für Urteile des Daseins. Im Reflexionsurteil
ist eigentlich erst ein bestimmter Inhalt, d. h. ein Inhalt
überhaupt vorhanden; denn er ist die in die Identität reflektierte Formbestimmung als von der Form, insofern sie unterschiedene Bestimmtheit ist, — wie sie es noch als Urteil ist,
— unterschieden. Im Urteil des Daseins ist der Inhalt nur ein
unmittelbarer oder abstrakter, unbestimmter. — Als Beispiele
von Reflexionsurteilen können daher dienen: Der Mensch ist
sterblich, die Dinge sind vergänglich, dies Ding ist nützlich, schädlich; Härte, Elastizität der Körper, die
Glückseligkeit usf. sind solche eigentümliche Prädikate.
Sie drücken eine Wesentlichkeit aus, welche aber eine Bestimmung im Verhältnisse oder eine zusammenfassende
Allgemeinheit ist. Diese Allgemeinheit, die sich in der Bewegung des Reflexionsurteils weiter bestimmen wird, ist noch
von der Allgemeinheit des Begriffes als solcher unterschieden; sie ist zwar nicht mehr die abstrakte des qualitativen
Urteils, aber hat noch die Beziehung auf das Unmittelbare,
woraus sie herkommt, und hat dasselbe für ihre Negativität
zugrunde liegen. — Der Begriff bestimmt das Dasein zunächst
zu Verhältnisbestimmungen, zu Kontinuitäten ihrer selbst
in der verschiedenen Mannigfaltigkeit der Existenz, — so daß

wohl das wahrhaft Allgemeine ihr inneres Wesen, aber in der
Erscheinung, und diese relative Natur oder auch ihr
Merkmal noch nicht das An- und Fürsichseiende derselben ist.

Dem Reflexionsurteile kann es als naheliegend erscheinen,
als Urteil der Quantität bestimmt zu werden, wie das Urteil
des Daseins auch als qualitatives Urteil bestimmt wurde.
Aber wie die Unmittelbarkeit in diesem nicht nur die
seiende, sondern wesentlich auch die vermittelte und abstrakte war, so ist auch hier jene aufgehobene Unmittelbarkeit nicht bloß die aufgehobene Qualität, also nicht bloß Quantität; diese ist vielmehr, wie die Qualität die äußerlichste Unmittelbarkeit, auf dieselbe Weise die äußerlichste, der Vermittlung angehörige Bestimmung.

Noch ist über die Bestimmung, wie sie im Reflexionsurteile in ihrer Bewegung erscheint, die Bemerkung zu machen,
daß im Urteile des Daseins die Bewegung derselben sich am
Prädikate zeigte, weil dieses Urteil in der Bestimmung der
Unmittelbarkeit war, das Subjekt daher als das zugrunde Liegende erschien. Aus gleichem Grunde verläuft sich im Reflexionsurteile die Fortbewegung des Bestimmens am Subjekte, weil dieses Urteil das reflektierte Ansichsein zu
seiner Bestimmung hat. Das Wesentliche ist daher hier das
Allgemeine oder das Prädikat; es macht daher das zugrunde Liegende aus, an welchem das Subjekt zu messen
und ihm entsprechend zu bestimmen ist. — Jedoch erhält auch
das Prädikat durch die weitere Fortbildung der Form des Subjekts eine weitere Bestimmung, jedoch indirekt; jene dagegen zeigt sich aus dem angegebenen Grunde als direkte
Fortbestimmung.

Was die objektive Bedeutung des Urteils betrifft, so tritt
das Einzelne durch seine Allgemeinheit in das Dasein, aber
als in einer wesentlichen Verhältnisbestimmung, einer durch
die Mannigfaltigkeit der Erscheinung hindurch sich erhaltenden
Wesentlichkeit; das Subjekt soll das an und für sich Bestimmte
sein; diese Bestimmtheit hat es in seinem Prädikate. Das Einzelne ist anderseits in dies sein Prädikat reflektiert, welches
dessen allgemeines Wesen [ist]; das Subjekt ist insofern das
Existierende und Erscheinende. Das Prädikat inhäriert in
diesem Urteile nicht mehr dem Subjekte; es ist vielmehr das
Ansichseiende, unter welches jenes Einzelne als ein Akzi-

dentelles **subsumiert** ist. Wenn die Urteile des Daseins auch
als **Urteile der Inhärenz** bestimmt werden können, so sind
die Urteile der Reflexion vielmehr **Urteile der Subsumtion.**

a) Das singuläre Urteil.

Das unmittelbare Reflexionsurteil ist nun wieder: Das
Einzelne ist allgemein, — aber Subjekt und Prädikat in
der angegebenen Bedeutung; es kann daher näher so ausgedrückt werden: **Dieses ist ein wesentlich Allgemeines.**
Aber ein Dieses ist **nicht** ein wesentlich Allgemeines.
Jenes seiner allgemeinen Form nach **positive** Urteil überhaupt muß negativ genommen werden. Aber indem das Urteil
der Reflexion nicht bloß ein Positives ist, so geht die Negation
nicht direkt das Prädikat an, das nicht inhäriert, sondern das
Ansichseiende ist. Das Subjekt ist vielmehr das Veränderliche und zu Bestimmende. Das negative Urteil ist hier daher
so zu fassen: **Nicht ein Dieses ist ein Allgemeines der Reflexion;** ein solches **Ansich** hat eine allgemeinere Existenz als
nur in **einem Diesen.** Das singuläre Urteil hat hiemit seine
nächste Wahrheit im **partikulären.**

b) Das partikuläre Urteil.

Die Nicht-Einzelheit des Subjekts, welche, statt seiner
Singularität im ersten Reflexionsurteile, gesetzt werden muß,
ist die **Besonderheit.** Aber die Einzelheit ist im Reflexionsurteile als **wesentliche Einzelheit** bestimmt; die Besonderheit kann daher nicht **einfache, abstrakte** Bestimmung sein, in welcher das Einzelne aufgehoben, das Existierende zugrunde gegangen wäre, sondern nur als eine Erweiterung desselben in äußerer Reflexion; das Subjekt ist daher:
Einige Diese oder eine **besondere Menge von Einzelnen.**

Dies Urteil: **Einige Einzelne sind ein Allgemeines
der Reflexion,** erscheint zunächst als positives Urteil, aber
ist ebensowohl negativ; denn **Einiges** enthält die Allgemeinheit; nach dieser kann es als **komprehensiv** betrachtet werden; aber insofern es Besonderheit ist, ist es ihr ebensosehr
nicht angemessen. Die **negative** Bestimmung, welche das
Subjekt durch den Übergang des singulären Urteils erhalten
hat, ist, wie oben gezeigt, auch Bestimmung der Beziehung,
der *Copula.* — In dem Urteile: **einige** Menschen sind glück-

selig, liegt die unmittelbare Konsequenz: einige Menschen sind nicht glückselig. Wenn einige Dinge nützlich sind, so sind eben deswegen einige Dinge nicht nützlich. Das positive und negative Urteil fallen nicht mehr außereinander, sondern das partikuläre enthält unmittelbar beide zugleich, eben weil es ein Reflexionsurteil ist. — Aber das partikuläre Urteil ist darum unbestimmt.

Betrachten wir weiter in dem Beispiele eines solchen Urteils das Subjekt, einige Menschen, Tiere usf., so enthält es außer der partikulären Formbestimmung: Einige, auch noch die Inhaltsbestimmung: Mensch usf. Das Subjekt des singulären Urteils konnte heißen: Dieser Mensch, eine Singularität, die eigentlich dem äußerlichen Monstrieren angehört; es soll daher vielmehr lauten etwa Cajus. Aber das Subjekt des partikulären Urteils kann nicht mehr sein: Einige Caji; denn Cajus soll ein Einzelner als solcher sein. Dem Einigen wird daher ein allgemeinerer Inhalt beigegeben, etwa Menschen, Tiere usf. Dies ist nicht bloß ein empirischer, sondern durch die Form des Urteils bestimmter Inhalt; er ist nämlich ein Allgemeines, weil Einige die Allgemeinheit enthält, und sie zugleich von den Einzelnen, da die reflektierte Einzelheit zugrunde liegt, getrennt sein muß. Näher ist sie auch die allgemeine Natur oder die Gattung Mensch, Tier, — diejenige Allgemeinheit, welche das Resultat des Reflexionsurteils ist, antizipiert, wie auch das positive Urteil, indem es das Einzelne zum Subjekte hat, die Bestimmung antizipierte, welche Resultat des Urteils des Daseins ist.

Das Subjekt, das die Einzelnen, deren Beziehung zur Besonderheit und die allgemeine Natur enthält, ist insofern schon gesetzt als die Totalität der Begriffsbestimmungen. Aber diese Betrachtung ist eigentlich eine äußerliche. Was im Subjekte schon in Beziehung aufeinander durch seine Form zunächst gesetzt ist, ist die Erweiterung des Diesen zur Besonderheit; allein diese Verallgemeinerung ist ihm nicht angemessen; Dieses ist ein vollkommen Bestimmtes, einige Dieses aber ist unbestimmt. Die Erweiterung soll dem Diesen zukommen, also ihm entsprechend, vollkommen bestimmt sein; eine solche ist die Totalität oder zunächst Allgemeinheit überhaupt.

Diese Allgemeinheit hat das Dieses zugrunde liegen,

denn das Einzelne ist hier das in sich Reflektierte; seine weitern Bestimmungen verlaufen sich daher äußerlich an ihm,
und wie die Besonderheit sich deswegen als Einige bestimmte,
so ist die Allgemeinheit, die das Subjekt erlangt hat, Allheit, und das partikuläre Urteil ist in das universelle übergegangen.

c) Das universelle Urteil.

Die Allgemeinheit, wie sie am Subjekte des universellen
Urteils ist, ist die äußere Reflexions-Allgemeinheit, Allheit;
Alle sind als Einzelne; das Einzelne ist unverändert darin.
Diese Allgemeinheit ist daher nur ein Zusammenfassen der
für sich bestehenden Einzelnen; sie ist eine Gemeinschaftlichkeit, welche ihnen nur in der Vergleichung zukommt.
— Diese Gemeinschaftlichkeit pflegt dem subjektiven Vorstellen zunächst einzufallen, wenn von Allgemeinheit die Rede
ist. Als der zunächst liegende Grund, warum eine Bestimmung
als eine allgemeine angesehen werden soll, wird angegeben,
weil sie Mehrern zukomme. — In der Analysis schwebt
vornehmlich auch dieser Begriff von Allgemeinheit vor, indem
z. B. die Entwicklung einer Funktion an einem Polynomium
für das Allgemeinere gilt als die Entwicklung derselben an
einem Binomium, weil das Polynomium mehrere Einzelheiten darstellt als das Binomium. Die Forderung, daß
die Funktion in ihrer Allgemeinheit dargestellt würde, verlangt
eigentlich ein Pantonomium, die erschöpfte Unendlichkeit;
aber hier stellt sich von selbst die Schranke jener Forderung
ein, und die Darstellung der unendlichen Menge muß sich
mit dem Sollen derselben und daher auch mit einem Polynomium begnügen. In der Tat aber ist in den Fällen das Binomium schon das Pantonomium, in denen die Methode oder
Regel nur die Abhängigkeit eines Gliedes von einem andern
betrifft und die Abhängigkeit mehrerer Glieder von ihren vorhergehenden sich nicht partikularisiert, sondern eine und dieselbe Funktion zugrunde liegen bleibt. Die Methode oder
Regel ist als das wahrhaft Allgemeine anzusehen; in der
Fortsetzung der Entwicklung oder in der Entwicklung eines
Polynomiums wird sie nur wiederholt; sie gewinnt somit
durch die vergrößerte Mehrheit der Glieder nichts an Allgemeinheit. Es ist von der schlechten Unendlichkeit und deren

Täuschung schon früher die Rede gewesen; die Allgemeinheit des Begriffs ist das erreichte Jenseits; jene Unendlichkeit bleibt mit dem Jenseits als einem Unerreichbaren behaftet, insofern sie der bloße Progreß ins Unendliche bleibt. Wenn bei der Allgemeinheit nur die Allheit vorschwebt, eine Allgemeinheit, welche in den Einzelnen als Einzelnen erschöpft werden soll, so ist dies ein Rückfall in jene schlechte Unendlichkeit; oder aber es wird auch nur die Vielheit für Allheit genommen. Die Vielheit jedoch, so groß sie auch sei, bleibt schlechthin nur Partikularität und ist nicht Allheit. — Es schwebt aber dabei die an und für sich seiende Allgemeinheit des Begriffs dunkel vor; er ist es, der gewaltsam über die beharrliche Einzelheit, woran sich die Vorstellung hält, und über das Äußerliche ihrer Reflexion hinaustreibt und die Allheit als Totalität oder vielmehr das kategorische An- und Fürsichsein unterschiebt.

Dies zeigt sich auch sonst an der Allheit, welche überhaupt die empirische Allgemeinheit ist. Insofern das Einzelne als ein Unmittelbares vorausgesetzt ist, daher vorgefunden und äußerlich aufgenommen wird, ist ihm die Reflexion, welche es zur Allheit zusammenfaßt, ebenso äußerlich. Weil aber das Einzelne als Dieses schlechthin gleichgültig gegen diese Reflexion ist, so können sich die Allgemeinheit und solches Einzelnes nicht zu einer Einheit vereinigen. Die empirische Allheit bleibt darum eine Aufgabe, ein Sollen, welches so nicht als Sein dargestellt werden kann. Ein empirisch-allgemeiner Satz, — denn es werden deren doch aufgestellt, — beruht nun auf der stillschweigenden Übereinkunft, daß wenn nur keine Instanz des Gegenteils angeführt werden könne, die Mehrheit von Fällen für Allheit gelten solle, oder daß die subjektive Allheit, nämlich die der zur Kenntnis gekommenen Fälle, für eine objektive Allheit genommen werden dürfe.

Näher nun das universelle Urteil, bei dem wir stehen, betrachtet, so hat das Subjekt, das, wie vorhin bemerkt worden, die an- und fürsichseiende Allgemeinheit als vorausgesetzte enthält, sie nun auch als gesetzte an ihm. Alle Menschen drückt erstlich die Gattung Mensch aus, zweitens diese Gattung in ihrer Vereinzelung, aber so, daß die Einzelnen zugleich zur Allgemeinheit der Gattung erweitert sind; umgekehrt ist die Allgemeinheit durch diese Verknüpfung mit der Einzelheit ebenso vollkommen bestimmt als die Einzelheit; hiedurch ist die gesetzte Allgemeinheit der vorausgesetzten gleich geworden.

Eigentlich aber ist nicht auf das Vorausgesetzte zum voraus Rücksicht zu nehmen, sondern das Resultat an der Formbestimmung für sich zu betrachten. — Die Einzelheit, indem sie sich zur Allheit erweitert hat, ist gesetzt als Negativität, welche identische Beziehung auf sich ist. Sie ist damit nicht jene erste Einzelheit geblieben, wie z. B. die eines Cajus, sondern ist die mit der Allgemeinheit identische Bestimmung oder das absolute Bestimmtsein des Allgemeinen. — Jene erste Einzelheit des singulären Urteils war nicht die unmittelbare des positiven Urteils, sondern durch die dialektische Bewegung des Urteils des Daseins überhaupt entstanden; sie war schon bestimmt, die negative Identität der Bestimmungen jenes Urteils zu sein. Dies ist die wahrhafte Voraussetzung im Reflexionsurteil; gegen das an diesem sich verlaufende Setzen war jene erste Bestimmtheit der Einzelheit das Ansich derselben; was sie somit ansich ist, ist nun durch die Bewegung des Reflexionsurteils gesetzt, nämlich die Einzelheit als identische Beziehung des Bestimmten auf sich selbst. Dadurch ist jene Reflexion, welche die Einzelheit zur Allheit erweitert, eine ihr nicht äußerliche; sondern es wird dadurch nur für sich, was sie schon an sich ist. — Das Resultat ist somit in Wahrheit die objektive Allgemeinheit. Das Subjekt hat insofern die Formbestimmung des Reflexionsurteils, welche vom Diesen durch Einiges zur Allheit hindurchging, abgestreift; statt Alle Menschen ist nunmehr zu sagen: der Mensch.

Die Allgemeinheit, welche hierdurch entstanden ist, ist die Gattung, — die Allgemeinheit, welche an ihr selbst Konkretes ist. Die Gattung inhäriert dem Subjekte nicht oder ist nicht eine einzelne Eigenschaft, überhaupt nicht eine Eigenschaft desselben; sie enthält alle vereinzelte Bestimmtheit in ihrer substantiellen Gediegenheit aufgelöst. — Sie ist darum, weil sie als diese negative Identität mit sich gesetzt ist, wesentlich Subjekt; aber ist in ihrem Prädikate nicht mehr subsumiert. Hiemit verändert sich nun überhaupt die Natur des Reflexionsurteils.

Dasselbe war wesentlich Urteil der Subsumtion. Das Prädikat war als das ansichseiende Allgemeine gegen sein Subjekt bestimmt; seinem Inhalte nach konnte es als wesentliche Verhältnisbestimmung oder auch als Merkmal genommen werden, — eine Bestimmung, nach welcher das Subjekt nur eine wesentliche Erscheinung ist. Aber zur objektiven Allgemeinheit bestimmt, hört es auf, unter solche Verhältnisbestimmung oder zusammenfassende Reflexion subsumiert zu sein; solches Prädikat ist gegen diese Allgemeinheit vielmehr ein besonderes. Das Verhältnis von Subjekt und Prädikat hat sich somit umgekehrt und das Urteil sich insofern zunächst aufgehoben.

Diese Aufhebung des Urteils fällt mit dem zusammen, was die Bestimmung der *Copula* wird, die wir noch zu betrachten haben; die Aufhebung der Urteilsbestimmungen und ihr Übergang in die *Copula* ist dasselbe. — Insofern nämlich das Subjekt sich in die Allgemeinheit erhoben hat, ist es in dieser Bestimmung dem Prädikate gleich geworden, welches als die reflektierte Allgemeinheit auch die Besonderheit in sich begreift; Subjekt und Prädikat sind daher identisch, d. i. sie sind in die *Copula* zusammengegangen. Diese Identität ist die Gattung oder an und für sich seiende Natur eines Dings. Insofern dieselbe also sich wieder in ein Urteil dirimiert, ist es die innere Natur, wodurch sich Subjekt und Prädikat aufeinander beziehen, — eine Beziehung der Notwendigkeit, worin jene Urteilsbestimmungen nur unwesentliche Unterschiede sind. Was allen Einzelnen einer Gattung zukommt, kommt durch ihre Natur der Gattung zu, — ist eine unmittelbare Konsequenz und der Ausdruck dessen, was sich vorhin ergab, daß das Subjekt, z. B. alle Menschen, seine Formbestimmung abstreift und der Mensch dafür zu sagen ist. — Dieser an und für sich seiende Zusammenhang macht die Grundlage eines neuen Urteils aus, — des Urteils der Notwendigkeit.

C. Das Urteil der Notwendigkeit.

Die Bestimmung, zu der sich die Allgemeinheit fortgebildet hat, ist, wie sich ergeben, die an- und fürsichseiende oder objektive Allgemeinheit, der in der Sphäre des Wesens die Substantialität entspricht. Sie unterscheidet sich von dieser dadurch, daß sie dem Begriffe angehört und dadurch nicht nur die innere, sondern auch die gesetzte Notwendigkeit ihrer Bestimmungen, oder daß der Unterschied ihr immanent ist, wogegen die Substanz den ihrigen nur in ihren Akzidenzen, nicht aber als Prinzip in sich selbst hat.

Im Urteil ist nun diese objektive Allgemeinheit gesetzt, somit erstlich mit dieser ihrer wesentlichen Bestimmtheit als ihr immanent, zweitens als von ihr als Besonderheit verschieden, von der jene Allgemeinheit die substantielle Grundlage ausmacht. Sie ist auf diese Weise als Gattung und Art bestimmt.

a) Das kategorische Urteil.

Die Gattung teilt sich oder stößt sich wesentlich in Arten ab; sie ist Gattung, nur insofern sie Arten unter sich begreift; die Art ist Art nur, insofern sie einerseits in Einzelnen existiert, anderseits in der Gattung eine höhere Allgemeinheit ist. — Das kategorische Urteil hat nun eine solche Allgemeinheit zum Prädikate, an dem das Subjekt seine immanente Natur hat. Es ist aber selbst das erste oder unmittelbare Urteil der Notwendigkeit; daher die Bestimmtheit des Subjekts, wodurch es gegen die Gattung oder Art ein Besonderes oder Einzelnes ist, insofern der Unmittelbarkeit äußerlicher Existenz angehört. — Die objektive Allgemeinheit aber hat ebenso hier nur erst ihre unmittelbare Partikularisation; einerseits ist sie darum selbst eine bestimmte, gegen welche es höhere Gattungen gibt; — anderseits ist sie nicht gerade die nächste, d. h. deren Bestimmtheit nicht gerade das Prinzip der spezifischen Besonderheit des Subjekts ist. Was aber daran notwendig ist, ist die substantielle Identität des Subjekts und Prädikats, gegen welche das Eigene, wodurch sich jenes von diesem unterscheidet, nur als ein unwesentliches Gesetztsein, — oder auch nur ein Namen ist; das Subjekt ist in seinem Prädikate in sein An- und Fürsichsein reflektiert. — Ein solches Prädikat sollte mit den Prädikaten der bisherigen Urteile nicht zusammengestellt werden, wenn z. B. die Urteile:

> die Rose ist rot,
> die Rose ist eine Pflanze,
> oder: dieser Ring ist gelb,
> er ist Gold.

in Eine Klasse zusammengeworfen und eine so äußerliche Eigenschaft wie die Farbe einer Blume als ein gleiches Prädikat mit ihrer vegetabilischen Natur genommen wird, so wird ein Unterschied übersehen, der dem gemeinsten Auffassen auffallen muß. — Das kategorische Urteil ist daher bestimmt von dem positiven und negativen Urteile zu unterscheiden; in diesen ist das, was vom Subjekt ausgesagt wird, ein einzelner zufälliger Inhalt, in jenem ist er die Totalität der in sich reflektierten Form. Die *Copula* hat daher in ihm die Bedeutung der Notwendigkeit, in jenen nur des abstrakten, unmittelbaren Seins.

Die Bestimmtheit des Subjekts, wodurch es ein Besonderes gegen das Prädikat ist, ist zunächst noch ein Zufälliges; Subjekt und Prädikat sind nicht durch die Form oder Bestimmtheit als notwendig bezogen; die Notwendigkeit ist daher noch als innre. — Das Subjekt aber ist Subjekt nur als Besonderes, und insofern es objektive Allgemeinheit hat, soll es sie wesentlich nach jener erst unmittelbaren Bestimmtheit haben. Das Objektiv-Allgemeine, indem es sich bestimmt, d. i. sich ins Urteil setzt, ist wesentlich in identischer Beziehung mit dieser aus ihm abgestoßenen Bestimmtheit als solcher, d. i. sie ist wesentlich nicht als bloß Zufälliges zu setzen. Das kategorische Urteil entspricht erst durch diese Notwendigkeit seines unmittelbaren Seins seiner objektiven Allgemeinheit und ist auf diese Weise in das hypothetische Urteil übergegangen.

b) Das hypothetische Urteil.

Wenn *A* ist, so ist *B*; oder das Sein des *A* ist nicht sein eigenes Sein, sondern das Sein eines Andern, des *B*. — Was in diesem Urteil gesetzt ist, ist der notwendige Zusammenhang von unmittelbaren Bestimmtheiten, welcher im kategorischen Urteile noch nicht gesetzt ist. — Es sind hier zwei unmittelbare Existenzen oder äußerlich zufällige, deren im kategorischen Urteile zunächst nur eine, das Subjekt, ist; indem aber das eine äußerlich gegen das andere ist, so ist unmittelbar dies andere auch äußerlich gegen das erste. — Nach dieser Unmittelbarkeit ist der Inhalt beider Seiten noch ein gleichgültiger gegeneinander; dies Urteil ist daher zunächst ein Satz der leeren Form. Nun ist die Un-

mittelbarkeit erstlich zwar als solche ein selbständiges, konkretes Sein; aber zweitens ist die Beziehung desselben das
wesentliche; jenes Sein ist daher ebensosehr als bloße Möglichkeit; das hypothetische Urteil enthält nicht, daß A ist
oder daß B ist, sondern nur wenn eines ist, so ist das andere;
nur der Zusammenhang der Extreme ist gesetzt als seiend,
nicht sie selbst. Vielmehr ist in dieser Notwendigkeit jedes
gesetzt als ebensosehr das Sein eines Andern. — Der Satz
der Identität sagt aus: A ist nur A, nicht B; und B ist nur B,
nicht A; im hypothetischen Urteil ist dagegen das Sein der
endlichen Dinge nach ihrer formellen Wahrheit durch den Begriff gesetzt, daß nämlich das Endliche sein eigenes Sein, aber
ebensosehr nicht das seinige, sondern das Sein eines Andern
ist. In der Sphäre des Seins verändert sich das Endliche, es
wird zu einem Andern; in der Sphäre des Wesens ist es Erscheinung und gesetzt, daß das Sein darin besteht, daß ein
Anderes an ihm scheint, und die Notwendigkeit ist die
innere, noch nicht als solche gesetzte, Beziehung. Der Begriff aber ist dies, daß diese Identität gesetzt ist, und daß
das Seiende nicht die abstrakte Identität mit sich, sondern die
konkrete ist und unmittelbar an ihm selbst das Sein eines
Andern.

Das hypothetische Urteil kann durch die Reflexionsverhältnisse in näherer Bestimmtheit genommen werden als Verhältnis von Grund und Folge, Bedingung und Bedingtem,
Kausalität usf. Wie im kategorischen Urteile die Substantialität, so ist im hypothetischen der Zusammenhang der Kausalität in seiner Begriffsform. Dieses und die andern Verhältnisse stehen sämtlich unter ihm, sind aber hier nicht mehr als
Verhältnisse von selbständigen Seiten, sondern diese sind
wesentlich nur als Momente einer und derselben Identität. —
Jedoch sind sie in ihm noch nicht nach den Begriffsbestimmungen als Einzelnes oder Besonderes und Allgemeines entgegengesetzt, sondern nur erst als Momente überhaupt. Das
hypothetische Urteil hat insofern mehr die Gestalt eines Satzes;
wie das partikuläre Urteil von unbestimmtem Inhalte ist, so
ist das hypothetische von unbestimmter Form, indem sein Inhalt sich nicht in der Bestimmung von Subjekt und Prädikat
verhält. — Doch an sich ist das Sein, da es das Sein des
Andern ist, eben dadurch Einheit seiner selbst und des

Andern und hiemit Allgemeinheit; es ist damit zugleich eigentlich nur ein Besonderes, da es Bestimmtes und in seiner Bestimmtheit sich nicht bloß auf sich Beziehendes ist. Es ist aber nicht die einfache abstrakte Besonderheit gesetzt, sondern durch die Unmittelbarkeit, welche die Bestimmtheiten haben, sind die Momente derselben als unterschiedene; zugleich durch die Einheit derselben, die ihre Beziehung ausmacht, ist die Besonderheit auch als die Totalität derselben. — Was in Wahrheit daher in diesem Urteile gesetzt ist, ist die Allgemeinheit als die konkrete Identität des Begriffs, dessen Bestimmungen kein Bestehen für sich haben, sondern nur in ihr gesetzte Besonderheiten sind. So ist es das disjunktive Urteil.

c) Das disjunktive Urteil.

Im kategorischen Urteil ist der Begriff als objektive Allgemeinheit, und eine äußerliche Einzelheit. Im hypothetischen tritt an dieser Äußerlichkeit der Begriff in seiner negativen Identität hervor; durch diese erhalten seine Momente die nun im disjunktiven Urteile gesetzte Bestimmtheit, welche sie im erstern unmittelbar haben. Das disjunktive Urteil ist daher die objektive Allgemeinheit zugleich in der Vereinigung mit der Form gesetzt. Es enthält also erstens die konkrete Allgemeinheit oder die Gattung in einfacher Form als das Subjekt, zweitens dieselbe, aber als Totalität ihrer unterschiedenen Bestimmungen. A ist entweder B oder C. Dies ist die Notwendigkeit des Begriffs, worin erstens die Dieselbigkeit beider Extreme einerlei Umfang, Inhalt und Allgemeinheit ist; zweitens sind sie nach der Form der Begriffsbestimmungen unterschieden, so daß aber um jener Identität willen diese als bloße Form ist. Drittens erscheint die identische objektive Allgemeinheit deswegen als das in sich Reflektierte gegen die unwesentliche Form, als Inhalt, der aber an ihm selbst die Bestimmtheit der Form hat, das eine Mal als die einfache Bestimmtheit der Gattung, das andre Mal eben diese Bestimmtheit als in ihren Unterschied entwickelt, — auf welche Weise sie die Besonderheit der Arten und deren Totalität, die Allgemeinheit der Gattung, ist. — Die Besonderheit in ihrer Entwicklung macht das Prädikat aus, weil sie insofern das Allgemeinere ist, als sie die ganze allgemeine Sphäre des Sub-

jekts, aber auch dieselbe in der Auseinandersetzung der Besonderung erhält.

Diese Besonderung näher betrachtet, so macht vors erste
die Gattung die_substantielle Allgemeinheit der Arten aus; das
Subjekt ist daher sowohl B als C; dieses Sowohl-Als bezeichnet die positive Identität des Besondern mit dem All-
meinen; dies objektive Allgemeine erhält sich vollkommen in
seiner Besonderheit. Die Arten zweitens schließen sich
gegenseitig aus; A ist entweder B oder C; denn sie sind
der bestimmte Unterschied der allgemeinen Sphäre. Dies
Entweder-Oder ist die negative Beziehung derselben. In
dieser sind sie aber ebenso identisch als in jener; die Gattung
ist ihre Einheit als bestimmter Besondern. — Wäre die
Gattung eine abstrakte Allgemeinheit wie in den Urteilen des
Daseins, so wären die Arten auch nur als verschiedene und
gegeneinander gleichgültige zu nehmen; sie ist aber nicht jene
äußere, nur durch Vergleichung und Weglassung entstandene Allgemeinheit, sondern ihre immanente und konkrete.
— Ein empirisches disjunktives Urteil ist ohne Notwendigkeit;
A ist entweder B oder C oder D usf., weil die Arten B, C,
D usf. sich vorgefunden haben; es kann eigentlich kein Entweder-Oder dadurch ausgesprochen werden; denn solche
Arten machen nur etwa eine subjektive Vollständigkeit aus;
die eine Art schließt zwar die andere aus; aber Entweder-
Oder schließt jede weitere aus, und schließt eine totale
Sphäre in sich ab. Diese Totalität hat ihre Notwendigkeit
in der negativen Einheit des Objektiv-Allgemeinen, welches
die Einzelheit in sich aufgelöst und als einfaches Prinzip
des Unterschieds immanent in sich hat, wodurch die Arten bestimmt und bezogen sind. Die empirischen Arten dagegen
haben ihre Unterschiede an irgendeiner Zufälligkeit, die ein
äußerliches Prinzip, oder daher nicht ihr Prinzip, somit auch
nicht die immanente Bestimmtheit der Gattung ist; sie sind
darum nach ihrer Bestimmtheit auch nicht aufeinander bezogen. — Durch die Beziehung ihrer Bestimmtheit machen
die Arten aber die Allgemeinheit des Prädikats aus. — Die
sogenannten konträren und kontradiktorischen Begriffe
sollten hier eigentlich erst ihre Stelle finden; denn im disjunktiven Urteile ist der wesentliche Begriffsunterschied gesetzt;
aber sie haben darin auch zugleich ihre Wahrheit, daß nämlich

das Konträre und Kontradiktorische selbst ebensowohl konträr als kontradiktorisch unterschieden ist. Konträr sind die Arten, insofern sie nur verschieden sind, — nämlich durch die Gattung als ihre objektive Natur haben sie ein an- und fürsichseiendes Bestehen, — kontradiktorisch, insofern sie sich ausschließen. Jede dieser Bestimmungen für sich ist aber einseitig und ohne Wahrheit; im Entweder-Oder des disjunktiven Urteils ist ihre Einheit als ihre Wahrheit gesetzt, nach welcher jenes selbständige Bestehen als konkrete Allgemeinheit selbst auch das Prinzip der negativen Einheit ist, wodurch sie sich gegenseitig ausschließen.

Durch die soeben aufgezeigte Identität des Subjekts und Prädikats nach der negativen Einheit ist die Gattung im disjunktiven Urteile als die nächste bestimmt. Dieser Ausdruck deutet zunächst auf einen bloßen Quantitäts-Unterschied von Mehr oder Weniger, — Bestimmungen, die ein Allgemeines gegen eine unter ihm stehende Besonderheit enthalte. Es bleibt hiernach zufällig, was eigentlich die nächste Gattung ist. Insofern aber die Gattung als ein bloß durch Weglassen von Bestimmungen gebildetes Allgemeines genommen wird, kann sie eigentlich kein disjunktives Urteil bilden; denn es ist zufällig, ob die Bestimmtheit etwa in ihr noch geblieben sei, welche das Prinzip des Entweder-Oder ausmacht; die Gattung wäre überhaupt nicht nach ihrer Bestimmtheit in den Arten dargestellt, und diese könnten nur eine zufällige Vollständigkeit haben. In dem kategorischen Urteile ist die Gattung zunächst nur in dieser abstrakten Form gegen das Subjekt, daher nicht notwendig die ihm nächste Gattung, und insofern äußerlich. Indem aber die Gattung als konkrete wesentlich bestimmte Allgemeinheit ist, so ist sie als die einfache Bestimmtheit die Einheit von den Begriffs-Momenten, welche in jener Einfachheit nur aufgehoben sind, aber ihren realen Unterschied in den Arten haben. Die Gattung ist daher insofern die nächste einer Art, als diese ihre spezifische Unterscheidung an der wesentlichen Bestimmtheit jener, und die Arten überhaupt ihre unterschiedene Bestimmung als Prinzip in der Natur der Gattung haben.

Die soeben betrachtete Seite macht die Identität des Subjekts und Prädikats nach der Seite des Bestimmtseins überhaupt aus, eine Seite, die durch das hypothetische Urteil ge-

setzt worden, dessen Notwendigkeit eine Identität Unmittelbarer und Verschiedener, daher wesentlich als negative Einheit ist. Diese negative Einheit ist es überhaupt, welche das
Subjekt und Prädikat abscheidet, die aber nunmehr selbst als
unterschieden gesetzt ist, im Subjekte als einfache Bestimmtheit, im Prädikate als Totalität. Jenes Abscheiden des Subjekts und Prädikats ist der Begriffsunterschied; die Totalität der Arten im Prädikat kann aber eben so kein anderer sein. — Die Bestimmung der disjunktiven Glieder
gegeneinander ergibt sich also hiedurch. Sie reduziert sich auf
den Unterschied des Begriffs, denn es ist nur dieser, der sich
disjungiert und in seiner Bestimmung seine negative Einheit
offenbart. Übrigens kommt die Art hier nur in Betracht nach
ihrer einfachen Begriffsbestimmtheit, nicht nach der Gestalt, wie sie aus der Idee in weitere selbständige Realität
getreten ist; diese fällt allerdings in dem einfachen Prinzip
der Gattung weg; aber die wesentliche Unterscheidung muß
Moment des Begriffs sein. In dem hier betrachteten Urteil ist
eigentlich durch die eigene Fortbestimmung des Begriffs
nunmehr selbst seine Disjunktion gesetzt, dasjenige, was
sich beim Begriff als seine an- und fürsichseiende Bestimmung,
als seine Unterscheidung in bestimmte Begriffe ergeben hat.
— Weil er nun das Allgemeine, die positive ebensosehr, wie
die negative Totalität der Besondern ist, so ist er selbst eben
dadurch auch unmittelbar eines seiner disjunktiven Glieder; das andere aber ist diese Allgemeinheit in ihre Besonderheit aufgelöst oder die Bestimmtheit des Begriffs als
Bestimmtheit, in welcher eben die Allgemeinheit sich als die
Totalität darstellt. — Wenn die Disjunktion einer Gattung in
Arten noch nicht diese Form erreicht hat, so ist dies ein Beweis, daß sie sich nicht zur Bestimmtheit des Begriffes erhoben [hat] und nicht aus ihm hervorgegangen ist. — Die
Farbe ist entweder violett, indigoblau, hellblau, grün, gelb,
orange, oder rot; — solcher Disjunktion ist ihre auch empirische Vermischung und Unreinheit sogleich anzusehen; sie
ist von dieser Seite, für sich betrachtet, schon barbarisch zu
nennen. Wenn die Farbe als die konkrete Einheit von Hell
und Dunkel begriffen worden, so hat diese Gattung die Bestimmtheit an ihr, welche das Prinzip ihrer Besonderung
in Arten ausmacht. Von diesen aber muß die eine die schlecht-

hin einfache Farbe sein, welche den Gegensatz gleichschwebend und in ihre Intensität eingeschlossen und negiert
enthält; ihr gegenüber muß der Gegensatz des Verhältnisses
des Hellen und Dunkeln sich darstellen, wozu, da es ein Natur
Phänomen betrifft, noch die gleichgültige Neutralität des
Gegensatzes kommen muß. — Vermischungen wie Violett und
Orange, und Gradunterschiede wie Indigoblau und Hellblau,
für Arten zu halten, kann nur in einem ganz unüberlegten Verfahren seinen Grund haben, das selbst für den Empirismus zu
wenig Reflexion zeigt. — Was übrigens die Disjunktion, je
nachdem sie im Elemente der Natur oder des Geistes geschieht,
für unterschiedene und noch näher bestimmte Formen habe,
gehört nicht hieher auszuführen.

Das disjunktive Urteil hat zunächst in seinem Prädikate
die Glieder der Disjunktion; aber ebensosehr ist es selbst disjungiert; sein Subjekt und Prädikat sind die Glieder der Disjunktion; sie sind die in ihrer Bestimmtheit, aber zugleich als
identisch gesetzten Begriffsmomente, als identisch α) in der
objektiven Allgemeinheit, welche in dem Subjekte als die einfache Gattung und in dem Prädikat als die allgemeine Sphäre
und als Totalität der Begriffsmomente ist, und β) in der negativen Einheit, dem entwickelten Zusammenhange der Notwendigkeit, nach welchem die einfache Bestimmtheit im
Subjekte in den Unterschied der Arten auseinandergegangen und eben darin deren wesentliche Beziehung und das
mit sich selbst Identische ist.

Diese Einheit, die *Copula* dieses Urteils, worein die Extreme durch ihre Identität zusammengegangen sind, ist somit
der Begriff selbst, und zwar als gesetzt; das bloße Urteil
der Notwendigkeit hat sich damit zum Urteil des Begriffs
erhoben.

D. Das Urteil des Begriffs.

Urteile des Daseins fällen zu wissen: Die Rose ist
rot, der Schnee ist weiß usf., wird schwerlich dafür gelten,
daß es große Urteilskraft zeige. Die Urteile der Reflexion
sind mehr Sätze; in dem Urteile der Notwendigkeit ist der
Gegenstand zwar in seiner objektiven Allgemeinheit, aber erst
im jetzt zu betrachtenden Urteil ist seine Beziehung auf
den Begriff vorhanden. Dieser ist darin zugrund gelegt,

und, da er in Beziehung auf den Gegenstand ist, als ein Sollen, dem die Realität angemessen sein kann oder auch nicht.
— Solches Urteil enthält daher erst eine wahrhafte Beurteilung; die Prädikate gut, schlecht, wahr, schön, richtig usf. drücken aus, daß die Sache an ihrem allgemeinen Begriffe, als dem schlechthin vorausgesetzten Sollen gemessen und in Übereinstimmung mit demselben ist oder nicht.

Man hat das Urteil des Begriffs Urteil der Modalität
genannt und sieht es dafür an, daß es die Form enthalte, wie
die Beziehung des Subjekts und Prädikats sich in einem äußerlichen Verstande verhalte, und daß es den Wert der *Co-*
pula nur in Beziehung auf das Denken angehe. Das
problematische Urteil bestehe hienach darin, wenn man
das Bejahen oder Verneinen als beliebig oder als möglich,
das assertorische, wenn man es als wahr, d. h. wirklich, und das apodiktische, wenn man es als notwendig
annehme. — Man sieht leicht, warum es so naheliegt, bei
diesem Urteil aus dem Urteile selbst herauszutreten und seine
Bestimmung als etwas bloß Subjektives zu betrachten. Es
ist hier nämlich der Begriff, das Subjektive, welches am Urteil
wieder hervortritt und sich zu einer unmittelbaren Wirklichkeit verhält. Allein dies Subjektive ist nicht mit der äußerlichen Reflexion zu verwechseln, die freilich auch etwas
Subjektives ist, aber in anderem Sinne als der Begriff selbst;
dieser, der aus dem disjunktiven Urteil wieder hervortritt, ist
vielmehr das Gegenteil einer bloßen Art und Weise. Die
frühern Urteile sind in diesem Sinne nur ein Subjektives, denn
sie beruhen auf einer Abstraktion und Einseitigkeit, in der der
Begriff verloren ist. Das Urteil des Begriffs ist vielmehr das
objektive und die Wahrheit gegen sie, eben weil ihm der Begriff, aber nicht in äußerer Reflexion oder in Beziehung auf
ein subjektives, d. h. zufälliges Denken, in seiner Bestimmtheit als Begriff zugrunde liegt.

Im disjunktiven Urteile war der Begriff als Identität der
allgemeinen Natur mit ihrer Besonderung gesetzt; hiemit hatte
sich das Verhältnis des Urteils aufgehoben. Dieses Konkrete der Allgemeinheit und der Besonderung ist zunächst
einfaches Resultat; es hat sich nun weiter zur Totalität auszu-
bilden, indem die Momente, die es enthält, darin zunächst
untergegangen [sind] und noch nicht in bestimmter Selb-

ständigkeit einander gegenüberstehen. — Der Mangel des Resultats kann bestimmter auch so ausgedrückt werden, daß im disjunktiven Urteile die objektive Allgemeinheit zwar in ihrer Besonderung vollkommen geworden ist, daß aber die negative Einheit der letztern nur in jene zurückgeht, und noch nicht zum Dritten, zur Einzelheit sich bestimmt hat. — Insofern aber das Resultat selbst die negative Einheit ist, so ist es zwar schon diese Einzelheit; aber so ist es nur diese Eine Bestimmtheit, die nun ihre Negativität zu setzen, sich in die Extreme zu dirimieren und auf diese Weise vollends zum Schlusse zu entwickeln hat.

Die nächste Diremtion dieser Einheit ist das Urteil, in welchem sie das eine Mal als Subjekt, als ein unmittelbar Einzelnes, und dann als Prädikat, als bestimmte Beziehung ihrer Momente gesetzt ist.

a) Das assertorische Urteil.

Das Urteil des Begriffs ist zuerst unmittelbar; so ist es das assertorische Urteil. Das Subjekt ist ein konkretes Einzelnes überhaupt, das Prädikat drückt dasselbe als die Beziehung seiner Wirklichkeit, Bestimmtheit oder Beschaffenheit auf seinen Begriff aus. (Dies Haus ist schlecht, diese Handlung ist gut.) Näher enthält es also, a) daß das Subjekt etwas sein soll; seine allgemeine Natur hat sich als der selbständige Begriff gesetzt; b) die Besonderheit, welche nicht nur um ihrer Unmittelbarkeit, sondern um ihrer ausdrücklichen Unterscheidung willen von ihrer selbständigen allgemeinen Natur als Beschaffenheit und äußerliche Existenz ist; diese ist um der Selbständigkeit des Begriffes willen ihrerseits auch gleichgültig gegen das Allgemeine und kann ihm angemessen oder auch nicht sein. — Diese Beschaffenheit ist die Einzelheit, welche über die notwendige Bestimmung des Allgemeinen im disjunktiven Urteil hinausliegt, eine Bestimmung, welche nur als die Besonderung der Art und als negatives Prinzip der Gattung ist. Insofern ist die konkrete Allgemeinheit, die aus dem disjunktiven Urteil hervorgegangen ist, in dem assertorischen Urteil in die Form von Extremen entzweit, denen der Begriff selbst als gesetzte, sie beziehende Einheit noch fehlt.

Das Urteil ist darum nur erst assertorisch; seine Be-

währung ist eine subjektive Versicherung. Daß etwas
gut oder schlecht, richtig, passend oder nicht usf. ist, hat
seinen Zusammenhang in einem äußern Dritten. Daß er aber
äußerlich gesetzt ist, ist dasselbe, daß er nur erst an
sich oder innerlich ist. — Wenn etwas gut oder schlecht
usf. ist, wird daher wohl niemand meinen, daß es nur im subjektiven Bewußtsein etwa gut, aber an sich vielleicht
schlecht, oder daß gut und schlecht, richtig, passend usf.
nicht Prädikate der Gegenstände selbst seien. Das bloß Subjektive der Assertion dieses Urteils besteht also darin, daß
der an sich seiende Zusammenhang des Subjekts und Prädikats noch nicht gesetzt, oder, was dasselbe ist, daß er nur
äußerlich ist; die *Copula* ist noch ein unmittelbares, abstraktes Sein.

Der Versicherung des assertorischen Urteils steht daher
mit eben dem Rechte die entgegengesetzte gegenüber. Wenn
versichert wird: Diese Handlung ist gut; so hat die entgegengesetzte: Diese Handlung ist schlecht, noch gleiche Berechtigung. — Oder an sich betrachtet, weil das Subjekt des Urteils unmittelbares Einzelnes ist, hat es in dieser Abstraktion noch die Bestimmtheit nicht an ihm gesetzt,
welche seine Beziehung auf den allgemeinen Begriff enthielte;
es ist so noch ein Zufälliges, ebensowohl dem Begriffe zu entsprechen, oder auch nicht. Das Urteil ist daher wesentlich
problematisch.

b) Das problematische Urteil.

Das problematische Urteil ist das assertorische, insofern dieses ebensowohl positiv als negativ genommen werden
muß. — Nach dieser qualitativen Seite ist das partikuläre
Urteil gleichfalls ein problematisches: denn es gilt ebensosehr
positiv als negativ; — ingleichen ist am hypothetischen
Urteil das Sein des Subjekts und Prädikats problematisch; —
auch durch sie ist es gesetzt, daß das singuläre und das kategorische Urteil noch etwas bloß Subjektives ist. Im problematischen Urteile als solchem ist aber dies Setzen immanenter
als in den erwähnten Urteilen, weil in jenem der Inhalt des
Prädikats die Beziehung des Subjekts auf den Begriff
ist, hier hiemit die Bestimmung des Unmittelbaren als
eines Zufälligen selbst vorhanden ist.

Zunächst erscheint es nur als problematisch, ob das Prädikat mit einem gewissen Subjekte verbunden werden soll oder nicht, und die Unbestimmtheit fällt insofern in die *Copula*. Für das **Prädikat** kann daraus keine Bestimmung hervorgehen, denn es ist schon die objektive, konkrete Allgemeinheit. Das Problematische geht also die Unmittelbarkeit des **Subjekts** an, welche hiedurch als **Zufälligkeit** bestimmt wird. — Ferner aber ist darum nicht von der Einzelheit des Subjekts zu abstrahieren; von dieser überhaupt gereinigt, wäre es nur ein Allgemeines; das Prädikat enthält eben dies, daß der Begriff des Subjekts in Beziehung auf seine Einzelheit gesetzt sein soll. — Es kann nicht gesagt werden: **Das Haus oder ein Haus ist gut**, sondern: **je nachdem es beschaffen ist**. — Das Problematische des Subjekts an ihm selbst macht seine **Zufälligkeit** als **Moment** aus, die **Subjektivität** der **Sache**, ihrer objektiven Natur oder ihrem Begriffe gegenübergestellt, die bloße **Art und Weise** oder die **Beschaffenheit**.

Somit ist das **Subjekt** selbst in seine Allgemeinheit oder objektive Natur, sein **Sollen**, und in die besondere Beschaffenheit des Daseins unterschieden. Hiemit enthält es den **Grund**, ob es **so** ist, wie es **sein soll**. Auf diese Weise ist es mit dem Prädikate ausgeglichen. — Die **Negativität** des Problematischen, insofern sie gegen die Unmittelbarkeit des **Subjekts** gerichtet ist, heißt hienach nur diese ursprüngliche Teilung desselben, welches **an sich** schon als Einheit des Allgemeinen und Besondern ist, in **diese seine Momente**, — eine Teilung, welche das Urteil selbst ist.

Es kann noch die Bemerkung gemacht werden, daß jede der **beiden** Seiten des Subjekts, sein Begriff und seine Beschaffenheit, dessen **Subjektivität** genannt werden könne. Der **Begriff** ist das in sich gegangene allgemeine Wesen einer Sache, ihre negative Einheit mit sich selbst; diese macht ihre **Subjektivität** aus. Aber eine Sache ist auch wesentlich **zufällig** und hat eine **äußerliche Beschaffenheit**; diese heißt ebensosehr deren bloße Subjektivität, jener Objektivität gegenüber. Die Sache selbst ist eben dies, daß ihr Begriff als die negative Einheit seiner selbst seine Allgemeinheit negiert und in die Äußerlichkeit der Einzelheit sich heraussetzt. — Als dieses Gedoppelte ist das **Subjekt** des Urteils hier gesetzt; jene entgegenstehenden Bedeutungen der Subjektivität sind ihrer Wahrheit nach in Einem. — Die Bedeutung des Subjektiven ist dadurch selbst problematisch geworden, daß es die unmittelbare Bestimmtheit, welche es im unmittelbaren Urteile hatte, und seinen bestimmten Gegensatz gegen das Prädikat verloren hat. — Jene auch in dem Räsonnement der gewöhnlichen Reflexion vorkommende entgegengesetzte Bedeutung des Subjektiven könnte für sich wenigstens darauf aufmerksam machen, daß es in einer derselben keine Wahrheit hat. Die gedoppelte Bedeutung ist die Erscheinung hievon, daß jede einzeln für sich einseitig ist.

Das Problematische, so als Problematisches der Sache, die Sache mit ihrer Beschaffenheit, gesetzt, so ist das Urteil selbst nicht mehr problematisch, sondern apodiktisch.

c) Das apodiktische Urteil.

Das Subjekt des apodiktischen Urteils (das Haus soundso beschaffen ist gut, die Handlung soundso beschaffen ist recht) hat an ihm erstens das Allgemeine, was es sein soll, zweitens seine Beschaffenheit; diese enthält den Grund, warum dem ganzen Subjekt ein Prädikat des Begriffsurteils zukommt oder nicht, d. i. ob das Subjekt seinem Begriffe entspricht oder nicht. — Dieses Urteil ist nun wahrhaft objektiv; oder es ist die Wahrheit des Urteils überhaupt. Subjekt und Prädikat entsprechen sich und haben denselben Inhalt, und dieser Inhalt ist selbst die gesetzte konkrete Allgemeinheit; er enthält nämlich die zwei Momente, das objektive Allgemeine oder die Gattung, und das Vereinzelte. Es ist hier also das Allgemeine, welches es selbst ist und durch sein Gegenteil sich kontinuiert und als Einheit mit diesem erst Allgemeines ist. — Ein solches Allgemeines, wie das Prädikat: gut, passend, richtig usw., hat ein Sollen zugrunde liegen und enthält das Entsprechen des Daseins zugleich; nicht jenes Sollen oder die Gattung für sich, sondern dies Entsprechen ist die Allgemeinheit, welche das Prädikat des apodiktischen Urteils ausmacht.

Das Subjekt enthält gleichfalls diese beiden Momente in unmittelbarer Einheit als die Sache. Es ist aber die Wahrheit derselben, daß sie in sich gebrochen ist in ihr Sollen und ihr Sein; dies ist das absolute Urteil über alle

Wirklichkeit. — Daß diese ursprüngliche Teilung, welche die Allmacht des Begriffes ist, ebensosehr Rückkehr in seine Einheit und absolute Beziehung des Sollens und Seins aufeinander ist, macht das Wirkliche zu einer Sache; ihre innere Beziehung, diese konkrete Identität, macht die Seele der Sache aus.

Der Übergang von der unmittelbaren Einfachheit der Sache zu dem Entsprechen, welches die bestimmte Beziehung ihres Sollens und ihres Seins ist, — oder die *Copula*, — zeigt sich nun näher in der besondern Bestimmtheit der Sache zu liegen. Die Gattung ist das an und für sich seiende Allgemeine, das insofern als das unbezogene erscheint; die Bestimmtheit aber dasjenige, was sich in jener Allgemeinheit in sich, aber sich zugleich in ein Anderes reflektiert. Das Urteil hat daher an der Beschaffenheit des Subjekts seinen Grund und ist dadurch apodiktisch. Es ist damit nunmehr die bestimmte und erfüllte *Copula* vorhanden, die vorher in dem abstrakten Ist bestand, jetzt aber zum Grunde überhaupt sich weiter gebildet hat. Sie ist zunächst als unmittelbare Bestimmtheit an dem Subjekte, aber sie ist ebensosehr die Beziehung auf das Prädikat, welches keinen andern Inhalt hat als dies Entsprechen selbst oder die Beziehung des Subjekts auf die Allgemeinheit.

So ist die Form des Urteils untergegangen, erstens, weil Subjekt und Prädikat an sich derselbe Inhalt sind, aber zweitens, weil das Subjekt durch seine Bestimmtheit über sich hinausweist und sich auf das Prädikat bezieht; aber ebenso drittens ist dies Beziehen in das Prädikat übergegangen, macht nur dessen Inhalt aus und ist so die gesetzte Beziehung oder das Urteil selbst. — So ist die konkrete Identität des Begriffs, welche das Resultat des disjunktiven Urteils war, und welche die innere Grundlage des Begriffsurteils ausmacht, im Ganzen hergestellt, die zunächst nur im Prädikate gesetzt war.

Das Positive dieses Resultats, das den Übergang des Urteils in eine andere Form macht, näher betrachtet, so zeigen sich, wie wir gesehen, Subjekt und Prädikat im apodiktischen Urteile jedes als der ganze Begriff. — Die Begriffseinheit ist als die Bestimmtheit, welche die sie beziehende *Copula* ausmacht, zugleich von ihnen unterschieden. Zunächst steht sie nur auf der andern Seite des Subjekts als dessen unmit-

telbare Beschaffenheit. Aber indem sie wesentlich das
Beziehende ist, ist sie nicht nur solche unmittelbare Beschaffenheit, sondern das durch Subjekt und Prädikat Hin-
durchgehende und Allgemeine. — Indem Subjekt und
Prädikat denselben Inhalt haben, so ist dagegen durch jene
Bestimmtheit die Formbeziehung gesetzt, die Bestimmtheit als ein Allgemeines oder die Besonderheit. — So
enthält sie die beiden Formbestimmungen der Extreme in sich
und ist die bestimmte Beziehung des Subjekts und Prädikats;
sie ist die erfüllte oder inhaltsvolle *Copula* des Urteils,
die aus dem Urteil, worin sie in die Extreme verloren war,
wieder hervorgetretene Einheit des Begriffs. — Durch diese
Erfüllung der *Copula* ist das Urteil zum Schlusse geworden.

Drittes Kapitel.

Der Schluß.

Der Schluß hat sich als die Wiederherstellung des Begriffes im Urteile und somit als die Einheit und Wahrheit
beider ergeben. Der Begriff als solcher hält seine Momente in
der Einheit aufgehoben; im Urteil ist diese Einheit ein Innerliches, oder was dasselbe ist, ein Äußerliches, und die Momente
sind zwar bezogen, aber sie sind als selbständige Extreme
gesetzt. Im Schlusse sind die Begriffsbestimmungen wie die
Extreme des Urteils, zugleich ist die bestimmte Einheit derselben gesetzt.

Der Schluß ist somit der vollständig gesetzte Begriff; er
ist daher das Vernünftige. — Der Verstand wird als das
Vermögen des bestimmten Begriffes genommen, welcher
durch die Abstraktion und Form der Allgemeinheit für sich
festgehalten wird. In der Vernunft aber sind die bestimmten Begriffe in ihrer Totalität und Einheit gesetzt. Der
Schluß ist daher nicht nur vernünftig, sondern alles Vernünftige ist ein Schluß. Das Schließen ist von langer Zeit
her der Vernunft zugeschrieben worden; auf der andern Seite
aber wird von der Vernunft an und für sich, vernünftigen
Grundsätzen und Gesetzen so gesprochen, daß nicht erhellt,
wie jene Vernunft, welche schließt, und diese Vernunft, welche

die Quelle von Gesetzen und sonstigen ewigen Wahrheiten und absoluten Gedanken ist, miteinander zusammenhängen. Wenn jene nur die formale Vernunft sein, diese aber Inhalt erzeugen soll, so müßte nach diesem Unterschiede an der letztern gerade die Form der Vernunft, der Schluß, nicht fehlen können. Dessenungeachtet pflegen beide so auseinander gehalten und bei keiner der andern erwähnt zu werden, daß die Vernunft absoluter Gedanken gleichsam sich der Vernunft des Schlusses zu schämen und der Schluß fast nur hergebrachtermaßen auch als ein Tun der Vernunft aufgeführt zu werden scheint. Es muß aber, wie soeben bemerkt worden, offenbar die logische Vernunft, wenn sie als die formelle betrachtet wird, wesentlich auch in der Vernunft, die es mit einem Inhalte zu tun hat, zu erkennen sein; ja vielmehr kann aller Inhalt nur durch die vernünftige Form vernünftig sein. An ein sehr gewöhnwöhnliches Gerede von Vernunft kann man sich hierüber nicht wenden, denn dasselbe enthält sich, anzugeben, was denn unter der Vernunft zu verstehen sei; diese vernünftig sein sollende Erkenntnis ist meist mit ihren Gegenständen so beschäftigt, daß sie vergißt, die Vernunft selbst zu erkennen, und sie nur durch die Gegenstände, die sie habe, unterscheidet und bezeichnet. Wenn die Vernunft das Erkennen sein soll, welches von Gott, der Freiheit, dem Recht und der Pflicht, dem Unendlichen, Unbedingten, Übersinnlichen wisse oder auch nur Vorstellungen und Gefühle davon gebe, so sind teils diese letzteren nur negative Gegenstände, teils bleibt überhaupt die erste Frage übrig, was es in allen jenen Gegenständen ist, um dessen willen sie vernünftig sind? — Es ist dies, daß das Unendliche derselben nicht die leere Abstraktion vom Endlichen und die inhalts- und bestimmungslose Allgemeinheit ist, sondern die erfüllte Allgemeinheit, der Begriff, der bestimmt ist und seine Bestimmtheit auf diese wahrhafte Weise an ihm hat, daß er sich in sich unterscheidet und als die Einheit von diesen seinen verständigen und bestimmten Unterschieden ist. Nur so erhebt sich die Vernunft über das Endliche, Bedingte, Sinnliche, oder wie es sonst bestimmt werden mag, und ist in dieser Negativität wesentlich inhaltsvoll, denn sie ist die Einheit als von bestimmten Extremen; so aber ist das Vernünftige nur der Schluß.

Zunächst ist nun der Schluß wie das Urteil unmittelbar;

so sind die Bestimmungen (*termini*) desselben einfache, abstrakte Bestimmtheiten; er ist so Verstandesschluß. Wenn bei dieser Gestalt desselben fest geblieben wird, so ist freilich die Vernünftigkeit in ihm, obzwar vorhanden und gesetzt, unscheinbar. Das Wesentliche desselben ist die Einheit der Extreme, die sie vereinigende Mitte und [der sie] haltende Grund. Die Abstraktion, indem sie die Selbständigkeit der Extreme festhält, setzt ihnen diese Einheit als eine ebenso feste, für sich seiende Bestimmtheit entgegen und faßt dieselbe auf diese Art vielmehr als Nichteinheit denn als Einheit. Der Ausdruck: Mitte (*medius terminus*) ist von räumlicher Vorstellung hergenommen und trägt das seinige dazu bei, daß beim Außereinander der Bestimmungen stehen geblieben wird. Wenn nun der Schluß darin besteht, daß die Einheit der Extreme in ihm gesetzt ist, wenn diese Einheit aber schlechthin einerseits als ein Besonderes für sich, anderseits als nur äußerliche Beziehung genommen und zum wesentlichen Verhältnisse des Schlusses die Nichteinheit gemacht wird, so hilft die Vernunft, die er ist, nicht zur Vernünftigkeit.

Der Schluß des Daseins erstens, in welchem die Bestimmungen so unmittelbar und abstrakt bestimmt sind, zeigt an ihm selbst, weil er wie das Urteil die Beziehung derselben ist, dies auf, daß sie nicht solche abstrakte Bestimmungen, sondern jede die Beziehung auf die andere, und die Mitte nicht nur die Besonderheit gegen die Bestimmungen der Extreme, sondern diese an ihr gesetzt enthält.

Durch diese seine Dialektik macht er sich zum Schlusse der Reflexion, dem zweiten Schlusse, — mit Bestimmungen als solchen, in welchen wesentlich die andere scheint, oder die als vermittelte gesetzt sind, was sie nach dem Schlusse überhaupt sein sollen.

Drittens indem dies Scheinen oder Vermitteltsein sich in sich selbst reflektiert, so ist der Schluß als Schluß der Notwendigkeit bestimmt, worin das Vermittelnde die objektive Natur der Sache ist. Indem dieser Schluß die Extreme des Begriffs ebensosehr als Totalitäten bestimmt, so ist der Schluß zum Entsprechen seines Begriffs oder der Mitte und seines Daseins oder der extremen Unterschiede, zu seiner Wahrheit gelangt und ist damit aus der Subjektivität in die Objektivität übergetreten.

A. Der Schluß des Daseins.

1. Der Schluß, wie er un mittelbar ist, hat zu seinen Momenten die Begriffsbestimmungen als unmittelbare. Sie sind somit die abstrakten Bestimmtheiten der Form, welche noch nicht durch Vermittlung zur Konkretion gebildet, sondern nur die einzelnen Bestimmtheiten sind. Der erste Schluß ist daher der eigentlich formelle. Der Formalismus des Schließens besteht darin, bei der Bestimmung dieses ersten Schlusses stehen zu bleiben. Der Begriff, in seine abstrakten Momente dirimiert, hat die Einzelheit und Allgemeinheit zu seinen Extremen, und er selbst erscheint als die zwischen ihnen stehende Besonderheit. Sie sind um ihrer Unmittelbarkeit willen als sich nur auf sich beziehende Bestimmtheiten insgesamt ein einzelner Inhalt. Die Besonderheit macht zunächst insofern die Mitte aus, als sie die beiden Momente der Einzelheit und Allgemeinheit unmittelbar in sich vereinigt. Um ihrer Bestimmtheit willen ist sie einerseits unter das Allgemeine subsumiert, anderseits ist das Einzelne, gegen welches sie Allgemeinheit hat, unter sie subsumiert. Diese Konkretion ist aber zunächst nur eine Zweiseitigkeit; um der Unmittelbarkeit willen, in der der Medius Terminus in dem unmittelbaren Schlusse ist, ist er als einfache Bestimmtheit, und die Vermittlung, die er ausmacht, noch nicht gesetzt. Die dialektische Bewegung des Schlusses des Daseins besteht nun darin, daß die Vermittlung, die den Schluß allein ausmacht, an seinen Momenten gesetzt werde.

a) Erste Figur des Schlusses.

E—B—A ist das allgemeine Schema des bestimmten Schlusses. Die Einzelheit schließt sich durch die Besonderheit mit der Allgemeinheit zusammen; das Einzelne ist nicht unmittelbar allgemein, sondern durch die Besonderheit; und umgekehrt ist ebenso das Allgemeine nicht unmittelbar einzeln, sondern es läßt sich durch die Besonderheit dazu herab. — Diese Bestimmungen stehen als Extreme einander gegenüber und sind in einem verschiedenen Drittens eins. Sie sind beide Bestimmtheit; darin sind sie identisch; diese ihre allgemeine Bestimmtheit ist die Besonderheit. Sie sind aber ebenso Extreme gegen diese als gegeneinander, weil jedes in seiner unmittelbaren Bestimmtheit ist.

Die allgemeine Bedeutung dieses Schlusses ist, daß das Einzelne, das als solches unendliche Beziehung auf sich ist und somit nur ein innres wäre, durch die Besonderheit in das Dasein als in die Allgemeinheit heraustritt, worin es nicht mehr nur sich selbst angehört, sondern in äußerem Zusammenhange steht; umgekehrt indem das Einzelne sich in seine Bestimmtheit als Besonderheit abscheidet, so ist es in dieser Trennung ein konkretes, und als Beziehung der Bestimmtheit auf sich selbst ein allgemeines, sich auf sich beziehendes, und somit auch ein wahrhaft einzelnes; es ist in dem Extreme der Allgemeinheit aus der Äußerlichkeit in sich gegangen. — Die objektive Bedeutung des Schlusses ist in dem ersten Schlusse nur erst oberflächlich vorhanden, indem darin die Bestimmungen noch nicht als die Einheit, welche das Wesen des Schlusses ausmacht, gesetzt sind. Insofern ist er noch ein Subjektives, als die abstrakte Bedeutung, welche seine Termini haben, nicht an und für sich, sondern nur im subjektiven Bewußtsein so isoliert ist. — Übrigens ist das Verhältnis von Einzelheit, Besonderheit und Allgemeinheit, wie sich ergeben, das notwendige und wesentliche Formverhältnis der Bestimmungen des Schlusses; der Mangel besteht nicht in dieser Bestimmtheit der Form, sondern daß nicht unter dieser Form jede einzelne Bestimmung zugleich reicher ist. — Aristoteles hat sich mehr an das bloße Verhältnis der Inhärenz gehalten, indem er die Natur des Schlusses so angibt: Wenn drei Bestimmungen sich so zueinander verhalten, daß das eine Extrem in der ganzen mittlern Bestimmung ist und diese mittlere Bestimmung in dem ganzen andern Extreme, so sind diese beiden Extreme notwendig zusammengeschlossen. Es ist hier mehr nur die Wiederholung des gleichen Verhältnisses der Inhärenz des einen Extrems zur Mitte und dieser wieder zum andern Extrem ausgedrückt als die Bestimmtheit der drei Terminorum zueinander. — Indem nun auf der angegebenen Bestimmtheit derselben gegeneinander der Schluß beruht, so zeigt sich sogleich, daß andere Verhältnisse der Terminorum, welche die andern Figuren geben, nur insofern eine Gültigkeit als Verstandesschlüsse haben können, als sie sich auf jenes ursprüngliche Verhältnis zurückführen lassen; es sind nicht verschiedene Arten von Figuren, die neben der ersten stehen, sondern einerseits, insofern sie richtige Schlüsse sein sollen, beruhen sie nur auf der wesentlichen Form des Schlusses überhaupt, welches die erste Figur ist; anderseits aber, insofern sie davon abweichen, sind sie Umformungen, in welche jene erste abstrakte Form notwendig übergeht und sich dadurch weiter und zur Totalität bestimmt. Es wird sich sogleich näher ergeben, welche Bewandtnis es damit hat.

E—B—A ist also das allgemeine Schema des Schlusses in seiner Bestimmtheit. Das Einzelne ist unter das Besondere subsumiert, dieses aber unter das Allgemeine; daher ist auch das Einzelne unter das Allgemeine subsumiert. Oder dem Einzelnen inhäriert das Besondre, dem Besondern aber das Allgemeine; daher inhäriert dieses auch dem Einzelnen. Das Besondre ist nach der einen Seite, nämlich gegen das Allgemeine, Subjekt; gegen das Einzelne ist es Prädikat; oder gegen jenes ist es Einzelnes, gegen dieses ist es Allgemeines. Weil in ihm die beiden Bestimmtheiten vereinigt sind, sind die Extreme durch diese ihre Einheit zusammengeschlossen. Das Daher erscheint als die im Subjekte vorgegangene Folgerung, welche aus der subjektiven Einsicht in das Verhältnis der beiden unmittelbaren Prämissen abgeleitet werde. Indem die subjektive Reflexion die beiden Beziehungen der Mitte auf die Extreme als besondere und zwar unmittelbare Urteile oder Sätze ausspricht, so ist der Schlußsatz als die vermittelte Beziehung allerdings auch ein besonderer Satz, und das Daher oder Also ist der Ausdruck, daß er der vermittelte ist. Dies Daher ist aber nicht als eine an diesem Satze äußerliche Bestimmung, welche nur ihren Grund und Sitz in der subjektiven Reflexion hätte, zu betrachten, sondern vielmehr als in der Natur der Extreme selbst gegründet, deren Beziehung nur zum Behuf und durch die abstrahierende Reflexion wieder als bloßes Urteil oder Satz ausgesprochen wird, deren wahrhafte Beziehung aber als der Terminus Medius gesetzt ist. — Also E ist A, daß dies ein Urteil ist, ist ein bloß subjektiver Umstand; der Schluß ist eben dieses, daß dies nicht bloß ein Urteil sei, d. h. nicht eine durch die bloße *Copula* oder das leere Ist ge-

machte Beziehung, sondern durch die bestimmte inhaltsvolle Mitte.

Wenn deswegen der Schluß bloß angesehen wird als a u s
d r e i U r t e i l e n bestehend, so ist dies eine formelle Ansicht,
welche das Verhältnis der Bestimmungen, worauf es im Schluß
einzig ankommt, nicht erwähnt. Es ist überhaupt eine bloß
subjektive Reflexion, welche die Beziehung der Terminorum
in abgesonderte Prämissen und einen davon verschiedenen
Schlußsatz trennt:

<blockquote>
Alle Menschen sind sterblich,
Cajus ist ein Mensch,
Also ist er sterblich.
</blockquote>

Man wird sogleich von Langerweile befallen, wenn man einen
solchen Schluß heranziehen hört; — dies rührt von jener un-
nützen Form her, die einen Schein von Verschiedenheit durch
die abgesonderten Sätze gibt, der sich in der Sache selbst sogleich auflöst. Das Schließen erscheint vornehmlich durch
diese subjektive Gestaltung als ein subjektiver N o t b e h e l f,
zu dem die Vernunft oder der Verstand da ihre Zuflucht nehme,
wo sie nicht u n m i t t e l b a r erkennen könne. — Die Natur
der Dinge, das Vernünftige, geht allerdings nicht so zu Werke,
daß sich zuerst ein Obersatz aufstellte, die Beziehung einer
Besonderheit auf ein bestehendes Allgemeines, und dann sich
zweitens eine abgesonderte Beziehung einer Einzelheit auf
die Besonderheit vorfände, woraus endlich drittens ein neuer
Satz zutage käme. — Dies durch abgesonderte Sätze fort-
schreitende Schließen ist nichts als eine subjektive Form; die
Natur der Sache ist, daß die unterschiedenen Begriffsbestimmungen der Sache in der wesentlichen Einheit vereinigt sind.
Diese Vernünftigkeit ist nicht ein Notbehelf; vielmehr ist sie
gegen die U n m i t t e l b a r k e i t der Beziehung, die im U r t e i l
noch stattfindet, das O b j e k t i v e, und jene Unmittelbarkeit
des Erkennens ist vielmehr das bloß Subjektive, der Schluß
dagegen ist die Wahrheit des Urteils. — Alle Dinge sind der
S c h l u ß, ein Allgemeines, das durch die Besonderheit mit der
Einzelheit zusammengeschlossen ist; aber freilich sind sie
nicht aus d r e i S ä t z e n bestehende Ganze.

2. In dem u n m i t t e l b a r e n Verstandesschluß haben die
Termini die Form von u n m i t t e l b a r e n B e s t i m m u n g e n;

von dieser Seite, nach der sie In halt sind, ist er nun zu betrachten. Er kann insofern als der qualitative Schluß angesehen werden, wie das Urteil des Daseins dieselbe Seite von qualitativer Bestimmung hat. Die Termini dieses Schlusses sind wie die Termini jenes Urteils hiedurch einzelne Bestimmtheiten; indem die Bestimmtheit durch ihre Beziehung auf sich, als gleichgültig gegen die Form, somit als Inhalt gesetzt ist. Das Einzelne ist irgendein unmittelbarer konkreter Gegenstand, die Besonderheit eine einzelne von dessen Bestimmtheiten, Eigenschaften oder Verhältnissen, die Allgemeinheit wieder eine noch abstraktere, einzelnere Bestimmtheit an dem Besondern. — Da das Subjekt als ein unmittelbar bestimmtes noch nicht in seinem Begriffe gesetzt ist, so ist seine Konkretion nicht auf die wesentlichen Begriffsbestimmungen zurückgeführt; seine sich auf sich beziehende Bestimmtheit ist daher unbestimmte, unendliche Mannigfaltigkeit. Das Einzelne hat in dieser Unmittelbarkeit eine unendliche Menge von Bestimmtheiten, welche zu seiner Besonderheit gehören, deren jede daher einen Medius Terminus für dasselbe in einem Schlusse ausmachen kann. Durch jeden andern Medius Terminus aber schließt es sich mit einem andern Allgemeinen zusammen; durch jede seiner Eigenschaften ist es in einer andern Berührung und Zusammenhange des Daseins. — Ferner ist auch der Medius Terminus ein Konkretes in Vergleichung gegen das Allgemeine; er enthält selbst mehrere Prädikate, und das Einzelne kann durch denselben Medius Terminus wieder mit mehrern Allgemeinen zusammengeschlossen werden. Es ist daher überhaupt völlig zufällig und willkürlich, welche der vielen Eigenschaften eines Dinges aufgefaßt, und von der aus es mit einem Prädikate verbunden werde; andere Medii Termini sind die Übergänge zu andern Prädikaten, und selbst derselbe Medius Terminus mag für sich ein Übergang zu verschiedenen Prädikaten sein, da er als Besonderes gegen das Allgemeine mehrere Bestimmungen enthält.

Nicht nur aber ist für ein Subjekt eine unbestimmte Menge von Schlüssen gleich möglich und ein einzelner Schluß seinem Inhalte nach zufällig, sondern diese Schlüsse, die dasselbe Subjekt betreffen, müssen auch in den Widerspruch übergehen. Denn der Unterschied überhaupt, der zunächst

gleichgültige Verschiedenheit ist, ist ebenso wesentlich
Entgegensetzung. Das Konkrete ist nicht mehr ein bloß
Erscheinendes, sondern es ist konkret durch die Einheit der
Entgegengesetzten, welche sich zu Begriffsmomenten bestimmt
haben, im Begriffe. Indem nun nach der qualitativen Natur
der Terminorum im formellen Schlusse das Konkrete nach einer
einzelnen der Bestimmungen aufgefaßt wird, die ihm zukommt,
so teilt ihm der Schluß das diesem Medius Terminus korrespon-
dierende Prädikat zu; aber indem von einer andern Seite auf
die entgegengesetzte Bestimmtheit geschlossen wird, so zeigt
sich jener Schlußsatz dadurch als falsch, obgleich für sich
dessen Prämissen und ebenso dessen Konsequenz ganz richtig
sind. — Wenn aus dem Medius Terminus, daß eine Wand
blau angestrichen worden, geschlossen wird, daß sie hiemit
blau ist, so ist dies richtig geschlossen; aber die Wand kann
dieses Schlusses unerachtet grün sein, wenn sie auch mit
gelber Farbe überzogen worden, aus welchem letztern Umstande für sich folgen würde, daß sie gelb sei. — Wenn aus
dem Medius Terminus der Sinnlichkeit geschlossen wird, daß
der Mensch weder gut noch böse sei, weil vom Sinnlichen
weder das eine noch das andere prädiziert werden kann, so
ist der Schluß richtig, der Schlußsatz aber falsch, weil vom
Menschen als dem Konkreten ebensosehr auch der Medius Terminus der Geistigkeit gilt. — Aus dem Medius Terminus der
Schwere der Planeten, Trabanten und Kometen gegen die
Sonne folgt richtig, daß diese Körper in die Sonne fallen;
aber sie fallen nicht in sie, da sie ebensosehr für sich ein
eigenes Zentrum der Schwere sind oder, wie man es nennt,
von der Zentrifugalkraft getrieben werden. — So wie aus dem
Medius Terminus der Sozialität die Gütergemeinschaft der
Bürger gefolgert werden kann, aus dem Medius Terminus der
Individualität aber, wenn er ebenso abstrakt verfolgt wird,
die Auflösung des Staates folgt, wie sie z. B. im Deutschen
Reich erfolgt ist, indem sich an letztern Medius Terminus gehalten worden. — Es wird billig nichts für so unzureichend
gehalten als ein solcher formeller Schluß, weil er auf dem
Zufall oder der Willkür beruht, welcher Medius Terminus gebraucht wird. Wenn eine solche Deduktion noch so schön
durch Schlüsse sich verlaufen hat und ihre Richtigkeit völlig
zugegeben ist, so führt dies noch im geringsten zu nichts,

indem es immer übrig bleibt, daß noch andere Medii Termini sich finden, aus denen das gerade Gegenteil ebenso richtig abgeleitet werden kann. — Die Kantischen Antinomien der Vernunft sind nichts anderes, als daß aus einem Begriffe einmal die eine Bestimmung desselben zugrunde gelegt wird, das andre Mal aber ebenso notwendig die andere. — Diese Unzureichendheit und Zufälligkeit eines Schlusses muß dabei nicht insofern bloß auf den Inhalt geschoben werden, als ob sie von der Form unabhängig sei und diese allein die Logik angehe. Es liegt vielmehr in der Form des formalen Schlusses, daß der Inhalt eine so einseitige Qualität ist; er ist zu dieser Einseitigkeit durch jene abstrakte Form bestimmt. Er ist nämlich eine einzelne Qualität von den vielen Qualitäten oder Bestimmungen eines konkreten Gegenstandes oder Begriffs, weil er nach der Form nichts weiter als eine so unmittelbare, einzelne Bestimmtheit sein soll. Das Extrem der Einzelheit ist als die abstrakte Einzelheit das unmittelbare Konkrete, daher das unendlich oder unbestimmbar Mannigfaltige; die Mitte ist die ebenso abstrakte Besonderheit, daher eine einzelne dieser mannigfaltigen Qualitäten, und ebenso das andere Extrem ist das abstrakte Allgemeine. Der formale Schluß ist daher wesentlich um seiner Form willen ein seinem Inhalte nach ganz Zufälliges, und zwar nicht insofern, daß es für den Schluß zufällig sei, ob ihm dieser oder ein anderer Gegenstand unterworfen werde; von diesem Inhalte abstrahiert die Logik; sondern insofern ein Subjekt zugrunde liegt, ist es zufällig, was der Schluß von ihm für Inhaltsbestimmungen folgere.

3. Die Bestimmungen des Schlusses sind nach der Seite Inhaltsbestimmungen, insofern sie unmittelbare, abstrakte, in sich reflektierte Bestimmungen sind. Das Wesentliche derselben aber ist vielmehr, daß sie nicht solche in sich reflektierte, gegeneinander gleichgültige, sondern daß sie Formbestimmungen sind; insofern sind die wesentlich Beziehungen. Diese Beziehungen sind erstens die der Extreme auf die Mitte, — Beziehungen, welche unmittelbar sind, die *propositiones praemissae,* und zwar teils die des Besondern auf das Allgemeine, *propositio major:* teils die des Einzelnen auf das Besondere, *propositio minor.* Zweitens ist die Beziehung der Extreme aufeinander vorhanden, welches die

vermittelte ist, *conclusio*. Jene unmittelbaren Beziehungen, die Prämissen, sind Sätze oder Urteile überhaupt und widersprechen der Natur des Schlusses, nach welcher die unterschiedenen Begriffsbestimmungen nicht unmittelbar bezogen sind, sondern ebenso deren Einheit gesetzt sein soll; die Wahrheit des Urteils ist der Schluß. Unmittelbare Beziehungen können die Prämissen um so weniger bleiben, als ihr Inhalt unmittelbar unterschiedene Bestimmungen, sie also nicht unmittelbar an und für sich identisch sind; außer sie seien reine identische Sätze, d. i. leere zu nichts führende Tautologien.

Die Forderung an die Prämissen lautet daher gewöhnlich, sie sollen bewiesen, d. h. sie sollen gleichfalls als Schlußsätze dargestellt werden. Die zwei Prämissen geben somit zwei weitere Schlüsse. Aber diese zwei neuen Schlüsse geben wieder zusammen vier Prämissen, welche vier neue Schlüsse erfordern; diese haben acht Prämissen, deren acht Schlüsse wieder für ihre sechzehn Prämissen sechzehn Schlüsse geben, und so fort in einer geometrischen Progression ins Unendliche.

Es tut sich hier also der Progreß ins Unendliche wieder hervor, der in der niedrigern Sphäre des Seins früher vorkam, und der im Felde des Begriffes, der absoluten Reflexion aus dem Endlichen in sich, im Gebiete der freien Unendlichkeit und Wahrheit nicht mehr zu erwarten war. Es ist in der Sphäre des Seins gezeigt worden, daß, wo die schlechte Unendlichkeit, die in den Progreß hinausläuft, sich hervortut, der Widerspruch eines qualitativen Seins und eines darüber hinausgehenden, unmächtigen Sollens vorhanden ist; der Progreß selbst ist die Wiederholung der gegen das Qualitative eingetretenen Forderung der Einheit und des beständigen Rückfalls in die der Forderung nicht gemäße Schranke. Im formalen Schlusse nun ist die unmittelbare Beziehung oder das qualitative Urteil die Grundlage, und die Vermittlung des Schlusses das als die höhere Wahrheit dagegen Gesetzte. Das ins Unendliche fortgehende Beweisen der Prämissen löst jenen Widerspruch nicht, sondern erneuert ihn nur immer und ist die Wiederholung eines und desselben ursprünglichen Mangels. — Die Wahrheit des unendlichen Progresses ist vielmehr, daß er selbst und die durch ihn schon als mangelhaft bestimmte Form aufgehoben werde. — Diese Form ist die der Vermittlung als $E{-}B{-}A$. Die beiden Beziehungen $E{-}B$ und $B{-}A$ sollen vermittelte sein; geschieht dies auf dieselbe Weise, so wird nur die mangelhafte Form $E{-}B{-}A$ verzweifacht, und so ins Unendliche fort. B hat zu E auch die Formbestimmung eines **Allgemeinen** und zu A die Formbestimmung eines **Einzelnen**, weil diese Beziehungen überhaupt Urteile sind. Sie bedürfen daher der Vermittlung, durch jene Gestalt derselben tritt aber nur das Verhältnis wieder ein, das aufgehoben werden soll.

Die Vermittlung muß daher auf eine andere Weise geschehen. Für die Vermittlung von $B{-}A$ ist E vorhanden; es muß daher die Vermittlung die Gestalt

$$B{-}E{-}A$$

erhalten. $E{-}B$ zu vermitteln, ist A vorhanden; diese Vermittlung wird daher zum Schlusse:

$$E{-}A{-}B.$$

Diesen Übergang näher seinem Begriffe nach betrachtet, so ist **erstlich** die Vermittlung des formalen Schlusses nach seinem **Inhalte**, wie vorhin gezeigt worden, **zufällig**. Das unmittelbare **Einzelne** hat an seinen Bestimmtheiten eine unbestimmbare Menge von Mediis Terminis, und diese haben wieder ebenso viele Bestimmtheiten überhaupt; so daß es ganz in einer **äußerlichen Willkür** oder überhaupt in einem **äußerlichen Umstande** und zufälligen Bestimmung liegt, mit was für einem Allgemeinen das Subjekt des Schlusses zusammengeschlossen werden soll. Die Vermittlung ist daher dem Inhalte nach nichts Notwendiges noch Allgemeines, sie ist nicht im **Begriffe der Sache** gegründet; der **Grund** des Schlusses ist vielmehr das an ihr Äußerliche, d. i. das **Unmittelbare**; das Unmittelbare aber ist unter den Begriffsbestimmungen das **Einzelne**.

In Ansehung der **Form** hat ebenso die **Vermittlung zu ihrer Voraussetzung die Unmittelbarkeit der Beziehung**; jene ist daher selbst vermittelt, und zwar durch das **Unmittelbare**, d. i. das **Einzelne**. — Näher ist durch den **Schlußsatz** des ersten Schlusses das Einzelne zum Vermittelnden geworden. Der Schlußsatz ist $E{-}A$; das **Einzelne** ist hierdurch als **Allgemeines** gesetzt. In der einen Prä-

misse, dem Untersatze E—B, ist es schon als Besonderes;
es ist somit als das, in welchem diese beiden Bestimmungen
vereinigt sind. — Oder der Schlußsatz an und für sich drückt
das Einzelne als Allgemeines aus, und zwar nicht auf eine unmittelbare Weise, sondern durch die Vermittlung, also als eine
notwendige Beziehung. Die einfache Besonderheit war Medius Terminus; im Schlußsatze ist diese Besonderheit entwickelt als die Beziehung des Einzelnen und [der] Allgemeinheit gesetzt. Aber noch ist das Allgemeine eine qualitative Bestimmtheit, Prädikat des Einzelnen; indem das
Einzelne als Allgemeines bestimmt ist, ist es gesetzt als die
Allgemeinheit der Extreme oder als Mitte; es ist für sich Extrem der Einzelheit, aber weil es nunmehr als Allgemeines
bestimmt ist, ist es zugleich die Einheit beider Extreme.

b) Die zweite Figur: B—E—A.

1. Die Wahrheit des ersten qualitativen Schlusses ist, daß
etwas mit einer qualitativen Bestimmtheit als einer allgemeinen
nicht an und für sich zusammengeschlossen ist, sondern durch
eine Zufälligkeit oder in einer Einzelheit. Das Subjekt des
Schlusses ist in solcher Qualität nicht in seinen Begriff zurückgekehrt, sondern nur in seiner Äußerlichkeit begriffen;
die Unmittelbarkeit macht den Grund der Beziehung, somit die
Vermittlung aus; insofern ist das Einzelne in Wahrheit die
Mitte.

Ferner aber ist die Schlußbeziehung die Aufhebung der
Unmittelbarkeit; der Schlußsatz ist nicht eine unmittelbare Beziehung, sondern als durch ein Drittes; er enthält daher eine
negative Einheit; die Vermittlung ist daher nunmehr bestimmt, ein negatives Moment in sich zu enthalten.

In diesem zweiten Schlusse sind die Prämissen: B—E und
E—A; nur die erstere dieser Prämissen ist noch eine unmittelbare; die zweite E—A ist schon eine vermittelte, nämlich
durch den ersten Schluß; der zweite Schluß setzt daher den
ersten voraus, so wie umgekehrt der erste den zweiten voraussetzt. — Die beiden Extreme sind hierin als Besonderes und
Allgemeines gegeneinander bestimmt; das letztere hat insofern
noch seine Stelle: es ist Prädikat; aber das Besondere hat
die seinige vertauscht: es ist Subjekt oder unter der Bestimmung des Extrems der Einzelheit gesetzt, so wie das

Einzelne mit der Bestimmung der Mitte oder der Besonderheit gesetzt ist. Beide sind daher nicht mehr die abstrakten Unmittelbarkeiten, welche sie im ersten Schlusse waren. Sie sind jedoch noch nicht als Konkrete gesetzt; daß jedes an der Stelle des andern steht, dadurch ist es in seiner eigenen und zugleich, jedoch nur äußerlich, in der andern Bestimmung gesetzt.

Der bestimmte und objektive Sinn dieses Schlusses ist, daß das Allgemeine nicht an und für sich ein bestimmtes Besonderes ist, — denn es ist vielmehr die Totalität seiner Besondern, — sondern so eine seiner Arten ist durch die Einzelnheit; die andern seiner Arten sind durch die unmittelbare Äußerlichkeit von ihm ausgeschlossen. Anderseits ist das Besondere ebenso nicht unmittelbar und an und für sich das Allgemeine, sondern die negative Einheit streift ihm die Bestimmtheit ab und erhebt es dadurch in die Allgemeinheit. — Die Einzelheit verhält sich insofern zum Besondern negativ, als sie dessen Prädikat sein soll; es ist nicht Prädikat des Besondern.

2. Zunächst aber sind die Termini noch unmittelbare Bestimmtheiten; sie haben sich durch sich selbst zu keiner objektiven Bedeutung fortgebildet; die veränderte Stellung, welche zwei derselben erhalten, ist die Form, die nur erst äußerlich an ihnen ist; sie sind daher noch wie im ersten Schlusse überhaupt ein gegeneinander gleichgültiger Inhalt, — zwei Qualitäten, die nicht an und für sich selbst, sondern durch eine zufällige Einzelheit verknüpft sind.

Der Schluß der ersten Figur war der unmittelbare oder ebensosehr der Schluß, insofern er in seinem Begriffe als abstrakte Form ist, die sich an ihren Bestimmungen noch nicht realisiert hat. Indem diese reine Form in eine andere Figur übergegangen, ist dies einerseits die begonnene Realisation des Begriffs, indem das negative Moment der Vermittlung und dadurch eine weitere Formbestimmtheit an der zunächst unmittelbaren, qualitativen Bestimmtheit der Terminorum gesetzt wird. — Zugleich ist dies aber ein Anderswerden der reinen Form des Schlusses; er entspricht ihr nicht mehr vollständig, und die an seinen Terminis gesetzte Bestimmtheit ist verschieden von jener ursprünglichen Formbestimmung. — Insofern er nur als ein subjektiver Schluß betrachtet wird, der in einer äußern Reflexion vor sich geht,

so gilt er als eine Art des Schlusses, welche der Gattung,
nämlich dem allgemeinen Schema $E-B-A$ entsprechen sollte.
Diesem entspricht er aber zunächst nicht; die zwei Prämissen
desselben sind $B-E$, oder $E-B$, und $E-A$; der Medius Terminus ist daher beidemal subsumiert oder beidemal Subjekt,
dem also die beiden anderen Termini inhärieren, also nicht
eine Mitte, die das eine Mal subsumierend oder Prädikat und
das andere Mal subsumiert oder Subjekt sein oder der der
eine Terminus inhärieren, die aber selbst dem andern inhärieren soll. — Daß dieser Schluß nicht der allgemeinen Form
des Schlusses entspricht, hat den wahrhaften Sinn, daß diese
in ihn übergegangen ist, indem ihre Wahrheit darin besteht,
ein subjektives zufälliges Zusammenschließen zu sein. Wenn
der Schlußsatz in der zweiten Figur (nämlich ohne die gleich
zu erwähnende Beschränkung, die ihn zu etwas Unbestimmtem
macht, zu Hilfe zu nehmen) richtig ist, so ist er es, weil er
es für sich ist, nicht weil er Schlußsatz dieses Schlusses ist.
Aber dasselbe ist der Fall bei dem Schlußsatze der ersten Figur; diese seine Wahrheit ist es, die durch die zweite Figur gesetzt ist. — In der Ansicht, daß die zweite Figur nur e i n e
Art sein soll, wird der notwendige Übergang der ersten in diese
zweite Form übersehen, und bei jener als wahrhafter Form
stehen geblieben. Insofern daher in der zweiten Figur (welche
aus alter Gewohnheit, ohne weitern Grund, als d i e d r i t t e aufgeführt wird) gleichfalls ein in diesem subjektiven Sinne
r i c h t i g e r Schluß stattfinden soll, so müßte er dem ersten
angemessen sein, somit da die eine Prämisse $E-A$ das Verhältnis der Subsumtion des Medius Terminus unter das eine
Extrem hat, so müßte die andere Prämisse $B-E$ das entgegengesetzte Verhältnis, das sie hat, erhalten und B unter
E subsumiert werden können. Ein solches Verhältnis aber
wäre die Aufhebung des bestimmten Urteils: E ist B, und
könnte nur in einem unbestimmten Urteile stattfinden, — in
einem partikulären; daher der Schlußsatz in dieser Figur nur
partikulär sein kann. Das partikuläre Urteil ist aber, wie oben
bemerkt, sowohl positiv als negativ, — ein Schlußsatz, dem
daher eben kein großer Wert zugeschrieben werden kann. —
Insofern auch das Besondere und Allgemeine die Extreme und
unmittelbare, gleichgültige Bestimmtheiten gegeneinander sind,
so ist ihr Verhältnis selbst gleichgültig; es kann beliebig die

eine oder die andere als Terminus Major oder Minor, daher auch die eine oder die andere Prämisse als Ober- oder als Untersatz genommen werden.

3. Der Schlußsatz, indem er ebensosehr positiv als negativ ist, ist somit eine gegen diese Bestimmtheiten gleichgültige, somit allgemeine Beziehung. Näher betrachtet, so war die Vermittlung des ersten Schlusses an sich eine zufällige; in dem zweiten ist diese Zufälligkeit gesetzt. Sie ist somit sich selbst aufhebende Vermittlung; die Vermittlung hat die Bestimmung der Einzelheit und Unmittelbarkeit; was durch diesen Schluß zusammengeschlossen ist, muß vielmehr an sich und unmittelbar identisch sein; denn jene Mitte, die unmittelbare Einzelheit, ist das unendlich mannigfaltige und äußerliche Bestimmtsein. Es ist in ihr also vielmehr die sich äußerliche Vermittlung gesetzt. Die Äußerlichkeit der Einzelheit aber ist die Allgemeinheit; jene Vermittlung durch das unmittelbare Einzelne weist über sich selbst hinaus auf die ihr andere, welche somit durch das Allgemeine geschieht. — Oder was durch den zweiten Schluß vereinigt sein soll, muß unmittelbar zusammengeschlossen sein; durch die Unmittelbarkeit, die ihm zugrunde liegt, kommt ein bestimmtes Zusammenschließen nicht zustande. Die Unmittelbarkeit, auf welche er fortweist, ist die andre gegen die seinige, — die aufgehobene erste Unmittelbarkeit des Seins, — also die in sich reflektierte oder an sich seiende, das abstrakte Allgemeine.

Der Übergang dieses Schlusses war nach der betrachteten Seite ein Anderswerden wie das Übergehen des Seins, weil ihm das Qualitative, und zwar die unmittelbare Einzelheit zugrunde liegt. Dem Begriffe nach aber schließt die Einzelheit das Besondere und Allgemeine insofern zusammen, als sie die Bestimmtheit des Besondern aufhebt, was sich als die Zufälligkeit dieses Schlusses darstellt; die Extreme werden nicht durch ihre bestimmte Beziehung, welche sie zum Medius Terminus haben, zusammengeschlossen; er ist daher nicht ihre bestimmte Einheit, und die positive Einheit, die ihm noch zukommt, ist nur die abstrakte Allgemeinheit. Indem die Mitte in dieser Bestimmung, welche ihre Wahrheit ist, gesetzt wird, ist dies aber eine andere Form des Schlusses.

c) Die dritte Figur: E—A—B.

1. Dieser dritte Schluß hat keine einzige unmittelbare Prämisse mehr; die Beziehung E—A ist durch den ersten, die Beziehung B—A durch den zweiten Schluß vermittelt worden. Er setzt daher die beiden ersten Schlüsse voraus; aber umgekehrt setzen beide ihn voraus, so wie überhaupt jeder die beiden übrigen voraussetzt. In ihm ist somit überhaupt die Bestimmung des Schlusses vollendet. — Diese gegenseitige Vermittlung enthält eben dies, daß jeder Schluß, obzwar für sich die Vermittlung, zugleich nicht an ihm selbst die Totalität derselben ist, sondern eine Unmittelbarkeit an ihm hat, deren Vermittlung sich außer ihm befindet.

Der Schluß E—A—B an ihm selbst betrachtet, ist die Wahrheit des formalen Schlusses; er drückt dies aus, daß dessen Vermittlung die abstrakt allgemeine ist, und die Extreme nach ihrer wesentlichen Bestimmtheit, nicht in der Mitte, sondern nur nach ihrer Allgemeinheit enthalten [sind], vielmehr also das gerade nicht darin zusammengeschlossen ist, was vermittelt sein sollte. Es ist also hier das gesetzt, worin der Formalismus des Schlusses besteht, dessen Termini einen unmittelbaren, gegen die Form gleichgültigen Inhalt haben, oder was dasselbe ist, solche Formbestimmungen sind, die sich noch nicht zu Inhaltsbestimmungen reflektiert haben.

2. Die Mitte dieses Schlusses ist zwar die Einheit der Extreme, aber worin von ihrer Bestimmtheit abstrahiert ist, das unbestimmte Allgemeine. Insofern aber dies Allgemeine zugleich als das Abstrakte von den Extremen als dem Bestimmten unterschieden ist, ist es auch selbst noch ein Bestimmtes gegen sie, und das Ganze ein Schluß, dessen Verhältnis zu seinem Begriffe zu betrachten ist. Die Mitte ist als das Allgemeine gegen ihre beiden Extreme subsumierend oder Prädikat, nicht auch das eine Mal subsumiert oder Subjekt. Insofern er daher als eine Art des Schlusses diesem entsprechen soll, so kann dies nur geschehen, daß, indem die eine Beziehung E—A schon das gehörige Verhältnis hat, auch die andere A—B dasselbe erhalte. Dies geschieht in einem Urteil, worin das Verhältnis von Subjekt und Prädikat gleichgültig ist, in einem negativen Urteil. So wird der Schluß legitim, aber die Konklusion notwendig negativ.

Damit ist es nun auch gleichgültig, welche von den beiden Bestimmungen dieses Satzes als Prädikat oder als Subjekt, und im Schlusse ob als Extrem der Einzelheit oder als das der Besonderheit, hiemit ob als Terminus Minor oder als Terminus Major genommen werde. Indem es hievon nach der gewöhnlichen Annahme abhängt, welche von den Prämissen die Major oder Minor sein soll, so ist dies hier gleichgültig geworden. — Dies ist der Grund der gewöhnlichen vierten Figur des Schlusses, die Aristoteles nicht gekannt [hat], und die vollends einen ganz leeren, interesselosen Unterschied betrifft. Die unmittelbare Stellung der Terminorum ist darin die umgekehrte der Stellung der ersten Figur; da Subjekt und Prädikat des negativen Schlußsatzes nach der formalen Betrachtung des Urteils das bestimmte Verhältnis von Subjekt und Prädikat nicht haben, sondern eines die Stelle des andern einnehmen kann, so ist es gleichgültig, welcher Terminus als Subjekt, und welcher als Prädikat genommen werde; daher ebenso gleichgültig, welche Prämisse als Major oder Minor genommen wird. — Diese Gleichgültigkeit, zu der auch die Bestimmung der Partikularität (insbesondere insofern bemerkt wird, daß sie im komprehensiven Sinne genommen werden kann) verhilft, macht jene vierte Figur zu etwas ganz Müßigem.

3. Die objektive Bedeutung des Schlusses, worin das Allgemeine die Mitte ist, ist, daß das Vermittelnde als Einheit der Extreme wesentlich Allgemeines ist. Indem die Allgemeinheit aber zunächst nur die qualitative oder abstrakte Allgemeinheit ist, so ist die Bestimmtheit der Extreme darin nicht enthalten; ihr Zusammenschließen, wenn es stattfinden soll, muß ebenso in einer außer diesem Schlusse liegenden Vermittlung ihren Grund haben und ist in Rücksicht auf diesen ganz so zufällig als bei den vorhergehenden Formen der Schlüsse. Indem nun aber das Allgemeine als die Mitte bestimmt und darin die Bestimmtheit der Extreme nicht enthalten ist, so ist diese als eine völlig gleichgültige und äußerliche gesetzt. — Es ist hiemit zunächst nach dieser bloßen Abstraktion allerdings eine vierte Figur des Schlusses entstanden, nämlich die des verhältnislosen Schlusses: A—A—A, welcher von dem qualitativen Unterschiede der Terminorum abstrahiert und somit die bloß äußerliche Einheit derselben, nämlich die Gleichheit derselben zur Bestimmung hat.

d) Die vierte Figur: *A—A—A*, oder der mathematische Schluß.

1. Der mathematische Schluß heißt: Wenn zwei Dinge
oder Bestimmungen einem Dritten gleich sind, so
sind sie unter sich gleich. — Das Verhältnis von Inhärenz oder Subsumtion der Terminorum ist darin ausgelöscht.

Ein Drittes überhaupt ist das Vermittelnde; aber es hat
ganz und gar keine Bestimmung gegen seine Extreme. Jedes
der dreien kann daher gleich gut das dritte Vermittelnde sein.
Welches dazu gebraucht, welche der drei Beziehungen daher
als die unmittelbaren, und welche als die vermittelte genommen werden soll, hängt von äußern Umständen und sonstigen
Bedingungen ab, — nämlich davon, welche zwei derselben die
unmittelbar gegebenen sind. Aber diese Bestimmung geht
den Schluß selbst nichts an und ist völlig äußerlich.

2. Der mathematische Schluß gilt als ein Axiom in der
Mathematik, — als ein an und für sich einleuchtender,
erster Satz, der keines Beweises, d. h. keiner Vermittlung
fähig sei noch bedürfe, nichts anderes voraussetze, noch daraus
hergeleitet werden könne. — Wenn der Vorzug desselben, unmittelbar einleuchtend zu sein, näher betrachtet wird, so
zeigt es sich, daß er in dem Formalismus dieses Schlusses liegt,
der von aller qualitativen Verschiedenheit der Bestimmungen
abstrahiert und nur ihre quantitative Gleichheit oder Ungleichheit aufnimmt. Aus eben diesem Grunde ist er aber nicht
ohne Voraussetzung oder unvermittelt; die quantitative Bestimmung, die in ihm allein in Rücksicht kommt, ist nur durch
die Abstraktion von dem qualitativen Unterschiede und den
Begriffsbestimmungen. — Linien, Figuren, die einander gleich
gesetzt werden, werden nur nach ihrer Größe verstanden; ein
Dreieck wird einem Quadrate gleich gesetzt, aber nicht als
Dreieck dem Quadrat, sondern allein der Größe nach usf.
Ebenso tritt der Begriff und seine Bestimmungen nicht in
dieses Schließen ein; es wird damit überhaupt nicht begriffen; auch hat der Verstand nicht einmal die formalen, abstrakten Begriffsbestimmungen vor sich; das Einleuchtende
dieses Schlusses beruht daher nur darauf, daß er an Gedankenbestimmung so dürftig und abstrakt ist.

3. Aber das Resultat des Schlusses des Daseins

ist nicht bloß diese Abstraktion von aller Begriffsbestimmtheit; die Negativität der unmittelbaren, abstrakten Bestimmungen, welche daraus hervorging, hat noch eine andere positive Seite, daß nämlich in die abstrakte Bestimmtheit ihre andre gesetzt und sie dadurch konkret geworden ist.

Vors erste haben die sämtlichen Schlüsse des Daseins sich gegenseitig zur Voraussetzung, und die im Schlußsatze zusammengeschlossenen Extreme sind nur insofern wahrhaft und an und für sich zusammengeschlossen, als sie sonst durch eine anderswo gegründete Identität vereinigt sind; der Medius Terminus, wie er in den betrachteten Schlüssen beschaffen ist, soll ihre Begriffseinheit sein, aber ist nur eine formale Bestimmtheit, die nicht als ihre konkrete Einheit gesetzt ist. Aber dies Vorausgesetzte einer jeden jener Vermittlungen ist nicht bloß eine gegebene Unmittelbarkeit überhaupt wie im mathematischen Schlusse, sondern es ist selbst eine Vermittlung, nämlich für jeden der beiden andern Schlüsse. Was also wahrhaft vorhanden ist, ist nicht die auf eine gegebene Unmittelbarkeit, sondern die auf Vermittlung sich gründende Vermittlung. Dies ist somit nicht die quantitative, von der Form der Vermittlung abstrahierende, sondern vielmehr die sich auf Vermittlung beziehende Vermittlung oder die Vermittlung der Reflexion. Der Kreis des gegenseitigen Voraussetzens, den diese Schlüsse miteinander schließen, ist die Rückkehr dieses Voraussetzens in sich selbst, welches darin eine Totalität bildet und das Andere, worauf jeder einzelne Schluß hinweist, nicht vermöge der Abstraktion außerhalb hat, sondern innerhalb des Kreises befaßt.

Ferner von seiten der einzelnen Formbestimmungen hat sich gezeigt, daß in diesem Ganzen der formalen Schlüsse jede einzelne zur Stelle der Mitte gekommen ist. Unmittelbar war diese als die Besonderheit bestimmt; hierauf bestimmte sie sich durch dialektische Bewegung als Einzelheit und Allgemeinheit. Ebenso ging jede dieser Bestimmungen die Stellen der beiden Extreme hindurch. Das bloß negative Resultat ist das Auslöschen der qualitativen Formbestimmungen im bloß quantitativen, mathematischen Schlusse. Aber was wahrhaft vorhanden ist, ist das positive Resultat, daß die Vermittlung nicht durch eine einzelne, qualitative Formbestimmtheit geschieht, sondern durch die

konkrete Identität derselben. Der Mangel und Formalismus der drei betrachteten Figuren der Schlüsse besteht eben
darin, daß eine solche einzelne Bestimmtheit die Mitte in ihnen
ausmachen sollte. — Die Vermittlung hat sich also als die
Gleichgültigkeit der unmittelbaren oder abstrakten Formbestimmungen und als positive Reflexion der einen in die
andere bestimmt. Der unmittelbare Schluß des Daseins ist
hiemit in den Schluß der Reflexion übergegangen.

Anmerkung.

In der hier gegebenen Darstellung der Natur des Schlusses
und seiner verschiedenen Formen ist auch beiläufig auf dasjenige Rücksicht genommen worden, was in der gewöhnlichen Betrachtung und Behandlung der Schlüsse das Haupt-
interesse ausmacht, nämlich wie in jeder Figur ein richtiger
Schluß gemacht werden könne; doch ist dabei nur das Haupt-
moment angegeben und die Fälle und Verwicklungen übergangen worden, welche entstehen, wenn der Unterschied von
positiven und negativen Urteilen nebst der quantitativen Bestimmung, besonders der Partikularität, mit dazu gezogen wird.
— Einige Bemerkungen über die gewöhnliche Ansicht und
Behandlungsweise des Schlusses in der Logik werden hier noch
an ihrem Orte stehen. — Bekanntlich wurde diese Lehre so
ins Genaue ausgebildet, bis ihre sogenannten Spitzfindigkeiten
zum allgemeinen Verdrusse und Ekel geworden sind. Indem
der natürliche Verstand sich gegen die substanzlosen Reflexionsformen nach allen Seiten der Geistesbildung geltend
machte, kehrte er sich auch gegen jene künstliche Kenntnis
der Vernunftformen, und meinte solche Wissenschaft aus dem
Grunde entbehren zu können, weil er die darin verzeichneten
einzelnen Denkoperationen von Natur ohne besonderes Er-
lernen schon von selbst verrichte. Der Mensch wäre in der
Tat in Ansehung des vernünftigen Denkens ebenso übel daran,
wenn die Bedingung desselben das mühselige Studium der
Schlußformeln wäre, als er (wie in der Vorrede schon bemerkt
worden) übel daran sein würde, wenn er nicht gehen und ver-
dauen könnte, ohne Anatomie und Physiologie studiert zu
haben. Wie auch das Studium dieser Wissenschaften für das
diätetische Verhalten nicht ohne Nutzen sein mag, so wird
auch dem Studium der Vernunftformen ohne Zweifel ein noch

wichtigerer Einfluß auf die Richtigkeit des Denkens zuzuschreiben sein; aber ohne in diese Seite, welche die Bildung des
subjektiven Denkens, daher eigentlich die Pädagogik angeht,
hier einzugehen, so wird zugegeben werden müssen, daß das
Studium, welches die Operationsweisen und -gesetze der Vernunft zum Gegenstand habe, an und für sich vom größten
Interesse sein müsse, — von einem wenigstens nicht geringe-
ren als die Kenntnis der Gesetze der Natur und der besondern
Gestaltungen derselben. Wenn es nicht gering geachtet wird,
etliche und sechzig Arten von Papageien, hundertundsieben-
unddreißig Arten der Veronika usf. aufgefunden zu haben, so
wird es noch viel weniger für gering geachtet werden dürfen,
die Vernunftformen auszufinden; ist nicht eine Figur des
Schlusses ein unendlich Höheres als eine Papagei- oder eine
Veronika-Art?

So sehr es daher für nichts mehr als Roheit anzusehen ist,
die Kenntnisse der Vernunftformen überhaupt zu verachten,
so sehr ist zuzugeben, daß die gewöhnliche Darstellung des
Schlusses und seiner besondern Gestaltungen nicht eine vernünftige Erkenntnis, nicht eine Darstellung derselben als
Vernunftformen ist und die syllogistische Weisheit sich
durch ihren Unwert die Geringschätzung zugezogen hat, die
sie erfuhr. Ihr Mangel besteht darin, daß sie schlechterdings
bei der Verstandesform des Schlusses stehen bleibt, nach
welcher die Begriffsbestimmungen als abstrakte formelle
Bestimmungen genommen werden. Es ist um so inkonsequen-
ter, sie als abstrakte Qualitäten festzuhalten, da im Schlusse
die Beziehungen derselben das Wesentliche ausmachen und
die Inhärenz und Subsumtion es schon enthält, daß das Einzelne, weil ihm das Allgemeine inhäriert, selbst Allgemeines,
und das Allgemeine, weil es das Einzelne subsumiert, selbst
Einzelnes ist, und näher der Schluß eben diese Einheit als
Mitte ausdrücklich setzt und seine Bestimmung gerade die
Vermittlung ist, d. i. daß die Begriffsbestimmungen nicht
mehr wie im Urteile ihre Äußerlichkeit gegeneinander, sondern
vielmehr ihre Einheit zur Grundlage haben. — Es ist somit
durch den Begriff des Schlusses die Unvollkommenheit des
formalen Schlusses ausgesprochen, in welchem die Mitte nicht
als Einheit der Extreme, sondern als eine formale, von ihnen
qualitativ verschiedene, abstrakte Bestimmung festgehalten

werden soll. — Die Betrachtung wird noch dadurch gehalt-
leerer, daß auch solche Beziehungen oder Urteile, worin selbst
die formellen Bestimmungen gleichgültig werden wie im negativen und partikulären Urteile, und die sich daher den Sätzen
nähern, noch als vollkommene Verhältnisse angenommen werden. — Indem nun überhaupt die qualitative Form $E—B—A$
als das Letzte und Absolute gilt, so fällt die dialektische Betrachtung des Schlusses ganz hinweg; die übrigen Schlüsse
werden somit nicht als notwendige Veränderungen jener
Form, sondern als Arten betrachtet. — Es ist hiebei gleichgültig, ob der erste formale Schluß selbst nur als eine Art
neben den übrigen oder aber als Gattung und Art zugleich
betrachtet wird; letzteres geschieht, indem die übrigen
Schlüsse auf den ersten zurückgebracht werden. Geschieht
diese Reduktion nicht ausdrücklich, so liegt immer dasselbe
formelle Verhältnis der äußerlichen Subsumtion zugrunde,
welche die erste Figur ausdrückt.

Dieser formelle Schluß ist der Widerspruch, daß die Mitte
die bestimmte Einheit der Extreme sein soll, aber nicht als
diese Einheit, sondern als eine von denen, deren Einheit sie
sein soll, qualitativ verschiedene Bestimmung ist. Weil der
Schluß dieser Widerspruch ist, ist er an ihm selbst dialektisch.
Seine dialektische Bewegung stellt ihn in den vollständigen Begriffsmomenten dar, daß nicht nur jenes Verhältnis der Subsumtion oder die Besonderheit, sondern ebenso wesentlich
die negative Einheit und die Allgemeinheit Momente des Zusammenschließens sind. Insofern jedes derselben für sich
ebenso nur ein einseitiges Moment der Besonderheit ist, sind
sie gleichfalls unvollkommene Mitten, aber zugleich machen sie
die entwickelten Bestimmungen derselben aus; der ganze Verlauf durch die drei Figuren stellt die Mitte in jeder dieser Bestimmungen nacheinander dar, und das wahre Resultat, das
daraus hervorgeht, ist, daß die Mitte nicht eine einzelne, sondern die Totalität derselben ist.

Der Mangel des formalen Schlusses liegt daher nicht in
der Form des Schlusses, — sie ist vielmehr die Form der
Vernünftigkeit, — sondern daß sie nur als abstrakte, daher
begrifflose Form ist. Es ist gezeigt worden, daß die abstrakte
Bestimmung um ihrer abstrakten Beziehung auf sich willen
ebensosehr als Inhalt betrachtet werden kann; insofern leistet

der formale Schluß weiter nichts, als daß eine Beziehung eines Subjekts auf ein Prädikat nur aus diesem Medius Terminus folge oder nicht folge. Es hilft nichts, einen Satz durch einen solchen Schluß erwiesen zu haben; um der abstrakten Bestimmtheit des Medius Terminus willen, der eine begrifflose Qualität ist, kann es ebensogut andere Medii Termini geben, aus denen das Gegenteil folgt, ja aus demselben Medius Terminus können auch wieder entgegengesetzte Prädikate durch weitere Schlüsse abgeleitet werden. — Außerdem, daß der formale Schluß nicht viel leistet, ist er auch etwas sehr Einfaches; die vielen Regeln, welche erfunden worden, sind schon darum lästig, weil sie mit der einfachen Natur der Sache so sehr kontrastieren, dann aber auch, weil sie sich auf die Fälle beziehen, wo der formale Gehalt des Schlusses durch die äußerliche Formbestimmung, besonders der Partikularität, vornehmlich insofern sie zu diesem Behuf in komprehensivem Sinne genommen werden muß, vollends vermindert [wird] und auch der Form nach nur ganz gehaltlose Resultate herausgebracht werden. — Die gerechteste und wichtigste Seite der Ungunst, in welche die Syllogistik verfallen, ist aber, daß sie eine so weitläuftige begrifflose Beschäftigung mit einem Gegenstande ist, dessen einziger Inhalt der Begriff selbst ist. — Die vielen syllogistischen Regeln erinnern an das Verfahren der Rechenmeister, welche gleichfalls eine Menge Regeln über die arithmetischen Operationen geben, welche alle voraussetzen, daß man den Begriff der Operation nicht habe. — Aber die Zahlen sind ein begriffloser Stoff, die Rechenoperation ist ein äußerliches Zusammenfassen oder Trennen, ein mechanisches Verfahren, wie denn Rechenmaschinen erfunden worden sind, welche diese Operationen vollbringen; das Härteste und Grellste dagegen ist, wenn die Formbestimmungen des Schlusses, welche Begriffe sind, als ein begriffloser Stoff behandelt werden.

Das Äußerste von diesem begrifflosen Nehmen der Begriffsbestimmungen des Schlusses ist wohl, daß Leibniz *(Opp. Tom. II. P. I.)* den Schluß dem kombinatorischen Kalkul unterworfen und durch denselben berechnet hat, wie viele Stellungen des Schlusses möglich sind, — mit Rücksicht nämlich auf die Unterschiede von positiven und negativen, dann von allgemeinen, partikulären, unbestimmten und singulären Urteilen;

es finden sich solcher Verbindungen 2048 möglich, wovon nach
Ausschließung der unbrauchbaren 24 brauchbare Figuren übrig
bleiben. — Leibniz macht sehr viel von der Nützlichkeit der
kombinatorischen Analysis, um nicht nur die Formen des
Schlusses, sondern auch die Verbindungen von andern Begriffen zu finden. Die Operation, wodurch dies gefunden wird,
ist dieselbe, wodurch berechnet wird, wie viele Verbindungen
von Buchstaben ein Alphabet zuläßt, wie vielerlei Würfe in
einem Würfelspiel, Spiele mit einer L'hombre-Karte möglich
sind usf. Man findet hier also die Bestimmungen des Schlusses
in Eine Klasse mit den Punkten des Würfels und der L'hombre-
Karte gesetzt, das Vernünftige als ein Totes und Begriffloses
genommen und das Eigentümliche des Begriffs und seiner Bestimmungen, als geistige Wesen sich zu beziehen und durch
dies Beziehen ihre unmittelbare Bestimmung aufzuheben,
auf der Seite gelassen. — Diese Leibnizische Anwendung des
kombinatorischen Kalkuls auf den Schluß und auf die Verbindung anderer Begriffe unterschied sich von der verrufenen
Lullianischen[1]) Kunst durch nichts, als daß sie von seiten
der Anzahl methodischer war, übrigens an Sinnlosigkeit ihr
gleich kam. — Es hing hiemit ein Lieblingsgedanke Leibnizens
zusammen, den er in der Jugend gefaßt [hat] und der Unreifheit
und Seichtigkeit desselben unerachtet auch späterhin nicht auf-
gab, von einer allgemeinen Charakteristik der Begriffe,
— einer Schriftsprache, worin jeder Begriff dargestellt werde,
wie er eine Beziehung aus andern ist oder sich auf andere be-
ziehe, — als ob in der vernünftigen Verbindung, welche wesentlich dialektisch ist, ein Inhalt noch dieselben Bestimmungen
behielte, die er hat, wenn er für sich fixiert ist.

Der Ploucquetsche[2]) Kalkul hat ohne Zweifel die kon-
sequenteste Verfahrungsweise ergriffen, wodurch das Verhältnis des Schlusses fähig wird, dem Kalkul unterworfen zu
werden. Er beruht darauf, daß von dem Verhältnisunterschiede,
dem Unterschiede der Einzelheit, Besonderheit und Allgemeinheit im Urteile abstrahiert und die abstrakte Identität des Subjekts und Prädikats festgehalten wird, wodurch

---

[1]) Raymundus Lullus, c. 1232—1315: ars magna s. generalis.

[2]) Ploucquet, Gottfried, 1716—1790: Principia de substantiis
et phaenomenis, accedit methodus calculandi in logicis ab ipso in-
venta, 1753.

sie in mathematischer Gleichheit sind, — einer Beziehung, welche das Schließen zu einer völlig gehaltleeren
und tautologischen Formierung von Sätzen macht. — Im
Satze: Die Rose ist rot, soll das Prädikat nicht das allgemeine Rot, sondern nur das bestimmte Rot der Rose bedeuten; im Satze: Alle Christen sind Menschen, soll das Prädikat
nur diejenigen Menschen bedeuten, welche Christen sind; aus
diesem und dem Satze: Die Juden sind keine Christen, folgt
dann der Schlußsatz, der diesen syllogistischen Kalkul bei
Mendelssohn nicht gut empfohlen hat: Also sind die
Juden keine Menschen (nämlich diejenigen Menschen
nicht, welche die Christen sind). — Ploucquet gibt als eine
Folge seiner Erfindung an, *posse etiam rudes mechanice
totam logicam doceri, uti pueri arithmeticam docentur,
ita quidem, ut nulla formidine in ratiociniis suis errandi tor-
queri, vel fallaciis circumveniri possint, si in calculo non
errant.* — Diese Empfehlung, daß Ungebildeten durch den
Kalkul mechanisch die ganze Logik beigebracht werden
könne, ist wohl das Schlimmste, was von einer Erfindung über
die Darstellung der logischen Wissenschaft gesagt werden kann.

B. Der Schluß der Reflexion.

Der Verlauf des qualitativen Schlusses hat das Abstrakte der Bestimmungen desselben aufgehoben; der Terminus hat sich dadurch als eine solche Bestimmtheit gesetzt,
in welcher auch die andre scheint. Außer den abstrakten
Terminis ist im Schlusse auch die Beziehung derselben vorhanden, und im Schlußsatz ist sie als eine vermittelte und
notwendige gesetzt; daher ist jede Bestimmtheit in Wahrheit
nicht als eine einzelne für sich, sondern als Beziehung der
andern, als konkrete Bestimmtheit, gesetzt.

Die Mitte war die abstrakte Besonderheit, für sich eine
einfache Bestimmtheit, und Mitte nur äußerlich und relativ
gegen die selbständigen Extreme. Nunmehr ist sie gesetzt als
die Totalität der Bestimmungen; so ist sie die gesetzte
Einheit der Extreme; zunächst aber die Einheit der Reflexion,
welche sie in sich befaßt, — ein Befassen, welches als erstes
Aufheben der Unmittelbarkeit und erstes Beziehen der Bestimmungen noch nicht die absolute Identität des Begriffes ist.

Die Extreme sind die Bestimmungen des Urteils der Reflexion, eigentliche Einzelheit und Allgemeinheit als
Verhältnisbestimmung oder eine Mannigfaltiges in sich zusammenfassende Reflexion. Aber das einzelne Subjekt enthält
auch, wie beim Urteile der Reflexion gezeigt worden, außer
der bloßen Einzelheit, die der Form angehört, die Bestimmtheit als schlechthin in sich reflektierte Allgemeinheit, als vorausgesetzte, d. h. hier noch unmittelbar angenommene Gattung.
Aus dieser Bestimmtheit der Extreme, welche dem Verlauf der Urteilsbestimmung angehört, ergibt sich der nähere
Inhalt der Mitte, auf die es wesentlich beim Schlusse ankommt, da sie ihn vom Urteile unterscheidet. Sie enthält 1. die
Einzelheit, 2. aber zur Allgemeinheit erweitert, als Alle,
3. die zum Grunde liegende, Einzelheit und abstrakte Allgemeinheit schlechthin in sich vereinigende Allgemeinheit, die
Gattung. — Der Schluß der Reflexion hat auf diese Weise
erst die eigentliche Bestimmtheit der Form, indem die
Mitte als die Totalität der Bestimmungen gesetzt ist; der
unmittelbare Schluß ist gegen ihn deswegen der unbestimmte, als die Mitte erst noch die abstrakte Besonderheit
ist, in welcher die Momente ihres Begriffs noch nicht gesetzt
sind. — Dieser erste Schluß der Reflexion kann der Schluß
der Allheit genannt werden.

a) Der Schluß der Allheit.

1. Der Schluß der Allheit ist der Verstandesschluß in
seiner Vollkommenheit, mehr aber noch nicht. Daß die Mitte
in ihm nicht abstrakte Besonderheit, sondern in ihre Momente entwickelt und daher als konkrete ist, ist zwar ein
wesentliches Erfordernis für den Begriff, allein die Form der
Allheit faßt das Einzelne zunächst nur äußerlich in die Allgemeinheit zusammen, und umgekehrt erhält sie das Einzelne
noch als ein unmittelbar für sich Bestehendes, in der Allgemeinheit. Die Negation der Unmittelbarkeit der Bestimmungen,
die das Resultat des Schlusses des Daseins war, ist nur die
erste Negation, noch nicht die Negation der Negation oder
absolute Reflexion in sich. Jener die einzelnen Bestimmungen
in sich befassenden Allgemeinheit der Reflexion liegen sie
daher noch zugrunde, — oder die Allheit ist noch nicht die
Allgemeinheit des Begriffs, sondern die äußere der Reflexion.

Der Schluß des Daseins war darum zufällig, weil der Medius Terminus desselben als eine einzelne Bestimmtheit des konkreten Subjekts eine unbestimmbare Menge anderer solcher Mediorum Terminorum zuläßt, und damit das Subjekt mit unbestimmbar andern und mit entgegengesetzten Prädikaten zusammen geschlossen sein konnte. Indem die Mitte aber nunmehr die **Einzelheit** enthält und hiedurch selbst konkret ist, so kann durch sie mit dem Subjekt nur ein Prädikat verbunden werden, das ihm als konkretem zukommt. — Wenn z. B. aus dem Medius Terminus: **Grün**, geschlossen werden sollte, daß ein Gemälde angenehm sei, weil das Grün dem Auge angenehm ist, oder ein Gedicht, ein Gebäude usf. schön sei, weil es **Regelmäßigkeit** besitze, so könnte das Gemälde usf. dessenungeachtet häßlich sein um anderer Bestimmungen willen, aus denen auf dies letztere Prädikat geschlossen werden könnte. Indem hingegen der Medius Terminus die Bestimmung der **Allheit** hat, so enthält er das Grüne, die Regelmäßigkeit als **ein Konkretes**, das eben darum nicht die Abstraktion eines bloß Grünen, Regelmäßigen usf. ist; mit diesem **Konkreten** können nun nur Prädikate verbunden sein, die der **Totalität des Konkreten gemäß** sind. — In dem Urteil: **Das Grüne oder Regelmäßige ist angenehm**, ist das Subjekt nur die Abstraktion von Grün, Regelmäßigkeit; in dem Satze: **Alles Grüne oder Regelmäßige ist angenehm**, ist das Subjekt dagegen: alle wirklichen konkreten Gegenstände, die grün oder regelmäßig sind, — **die also als konkrete mit allen ihren Eigenschaften**, die sie außer dem Grünen oder der Regelmäßigkeit noch haben, genommen werden.

2. Diese Reflexionsvollkommenheit des Schlusses macht ihn aber eben hiemit zu einem bloßen Blendwerk. Der Medius Terminus hat die Bestimmtheit: **Alle**; diesen kommt im Obersatze das Prädikat **unmittelbar** zu, das mit dem Subjekte zusammen geschlossen wird. Aber **Alle sind alle Einzelne**; darin hat also das einzelne Subjekt jenes Prädikat schon unmittelbar und **erhält es nicht erst durch den Schluß.** — Oder das Subjekt erhält durch den Schlußsatz ein Prädikat als eine Folge; der Obersatz aber enthält in sich schon diesen Schlußsatz; **der Obersatz ist also nicht für sich richtig** oder ist nicht ein unmittelbares, vorausgesetztes Urteil, son-

dern setzt selbst schon den Schlußsatz voraus, dessen
Grund er sein sollte. — In dem beliebten vollkommenen
Schlusse:

> Alle Menschen sind sterblich,
> Nun ist Cajus ein Mensch,
> Ergo ist Cajus sterblich,

ist der Obersatz nur darum und insofern richtig, als der
Schlußsatz richtig ist; wäre Cajus zufälligerweise nicht
sterblich, so wäre der Obersatz nicht richtig. Der Satz, welcher Schlußsatz sein sollte, muß schon unmittelbar für sich
richtig sein, weil der Obersatz sonst nicht Alle Einzelnen befassen könnte; ehe der Obersatz als richtig gelten kann, ist
vorher die Frage, ob nicht jener Schlußsatz selbst eine Instanz gegen ihn sei.

3. Beim Schlusse des Daseins ergab sich aus dem Begriffe
des Schlusses, daß die Prämissen als unmittelbare dem
Schlußsatze, nämlich der durch den Begriff des Schlusses ge-
forderten Vermittlung, widersprachen, daß der erste Schluß
daher andere, und umgekehrt diese andern ihn voraussetzten.
Im Schlusse der Reflexion ist dies an ihm selbst gesetzt, daß
der Obersatz seinen Schlußsatz voraussetzt, indem jener die
Verbindung des Einzelnen mit einem Prädikate enthält, welche
eben erst Schlußsatz sein soll.

Was also in der Tat vorhanden ist, kann zunächst so ausgedrückt werden, daß der Reflexionsschluß nur ein äußerlicher leerer Schein des Schließens ist, — daß somit das
Wesen dieses Schließens auf subjektiver Einzelheit beruht,
diese hiemit die Mitte ausmacht und als solche zu setzen ist,
— die Einzelheit, welche als solche ist und nur äußerlich
die Allgemeinheit an ihr hat. — Oder nach dem nähern Inhalt des Reflexionsschlusses zeigte sich, daß das Einzelne in
unmittelbarer, nicht einer erschlossenen Beziehung auf
sein Prädikat steht, und daß der Obersatz, die Verbindung
eines Besondern mit einem Allgemeinen, oder näher eines formell Allgemeinen mit einem an sich Allgemeinen, durch die
Beziehung der Einzelheit, die in jenem vorhanden ist, — der
Einzelheit als Allheit, — vermittelt ist. Dies aber ist der
Schluß der Induktion.

b) Schluß der Induktion.

1. Der Schluß der Allheit steht unter dem Schema der ersten Figur: $E—B—A$, der Schluß der Induktion unter dem der zweiten $A—E—B$, da er wieder die Einzelheit zur Mitte hat, nicht die abstrakte Einzelheit, sondern als vollständig, nämlich gesetzt mit der ihr entgegengesetzten Bestimmung, der Allgemeinheit. — Das eine Extrem ist irgendein Prädikat, das allen diesen Einzelnen gemeinschaftlich ist; die Beziehung desselben auf sie macht die unmittelbaren Prämissen aus, dergleichen eine im vorhergehenden Schlusse Schlußsatz sein sollte. — Das andere Extrem kann die unmittelbare Gattung sein, wie sie in der Mitte des vorigen Schlusses oder im Subjekte des universellen Urteils vorhanden ist, und welche in den sämtlichen Einzelnen oder auch Arten der Mitte erschöpft ist. Der Schluß hat hiernach die Gestalt:

$$e$$
$$e$$
$$A—\qquad—B.$$
$$e$$
$$e$$
$$\text{ins}$$
$$\text{Unendliche.}$$

2. Die zweite Figur des formalen Schlusses $A—E—B$ entsprach dem Schema darum nicht, weil in der einen Prämisse E, das die Mitte ausmacht, nicht subsumierend oder Prädikat war. In der Induktion ist dieser Mangel gehoben; die Mitte ist hier: Alle Einzelne; der Satz: $A—E$, welcher das objektive Allgemeine oder [die] Gattung als zum Extrem ausgeschieden, als Subjekt enthält, hat ein Prädikat, das mit ihm wenigstens von gleichem Umfange, hiemit für die äußere Reflexion identisch ist. Der Löwe, Elefant usf. machen die Gattung des vierfüßigen Tiers aus; der Unterschied, daß derselbe Inhalt das eine Mal in der Einzelheit, das andere Mal in der Allgemeinheit gesetzt ist, ist hiemit bloße gleichgültige Formbestimmung, — eine Gleichgültigkeit, welche das im Reflexionsschlusse gesetzte Resultat des formalen Schlusses und hier durch die Gleichheit des Umfangs gesetzt ist.

Die Induktion ist daher nicht der Schluß der bloßen
Wahrnehmung oder des zufälligen Daseins wie die ihm
entsprechende zweite Figur, sondern Schluß der Erfahrung,
— des subjektiven Zusammenfassens der Einzelnen in der
Gattung und des Zusammenschließens der Gattung mit einer
allgemeinen Bestimmtheit, weil sie in allen Einzelnen ange-
troffen wird. Er hat auch die objektive Bedeutung, daß die
unmittelbare Gattung sich durch die Totalität der Einzelheit
zu einer allgemeinen Eigenschaft bestimmt, in einem allgemeinen Verhältnisse oder Merkmal ihr Dasein hat. — Allein
die objektive Bedeutung dieses, wie der anderen Schlüsse ist
nur erst ihr innerer Begriff, und hier noch nicht gesetzt.

3. Die Induktion ist vielmehr noch wesentlich ein subjektiver Schluß. Die Mitte sind die Einzelnen in ihrer Unmittelbarkeit; das Zusammenfassen derselben in die Gattung
durch die Allheit ist eine äußerliche Reflexion. Um der
bestehenden Unmittelbarkeit der Einzelnen und um der
daraus fließenden Äußerlichkeit willen ist die Allgemeinheit nur Vollständigkeit oder bleibt vielmehr eine Aufgabe.
— Es kommt an ihr daher wieder der Progreß in die
schlechte Unendlichkeit zum Vorschein; die Einzelheit soll
als identisch mit der Allgemeinheit gesetzt werden, aber
indem die Einzelnen ebensosehr als unmittelbare gesetzt sind, so bleibt jene Einheit nur ein perennierendes Sollen; sie ist eine Einheit der Gleichheit; die identisch sein
sollen, sollen es zugleich nicht sein. Die *a, b, c, d, e* nur ins
Unendliche fort machen die Gattung aus und geben die vollendete Erfahrung. Der Schlußsatz der Induktion bleibt insofern problematisch.

Indem sie aber dies ausdrückt, daß die Wahrnehmung, um
zur Erfahrung zu werden, ins Unendliche fortgesetzt werden soll, setzt sie voraus, daß die Gattung mit ihrer Bestimmtheit an und für sich zusammengeschlossen sei. Sie
setzt damit eigentlich ihren Schlußsatz vielmehr als ein Unmittelbares voraus, wie der Schluß der Allheit für eine seiner
Prämissen den Schlußsatz voraussetzt. — Eine Erfahrung, die
auf Induktion beruht, wird als gültig angenommen, obgleich
die Wahrnehmung zugestandenermaßen nicht vollendet ist;
es kann aber nur angenommen werden, daß sich keine Instanz gegen jene Erfahrung ergeben könne, insofern diese

an und für sich wahr sei. Der Schluß durch Induktion gründet sich daher wohl auf eine Unmittelbarkeit, aber nicht auf
die, auf die er sich gründen sollte, auf die seiende Unmittelbarkeit der Einzelheit, sondern auf die an und für sich
seiende, auf die allgemeine. — Die Grundbestimmung
der Induktion ist, ein Schluß zu sein; wenn die Einzelheit als
wesentliche, die Allgemeinheit aber nur als äußerliche Bestimmung der Mitte genommen wird, so fiele die Mitte in zwei
unverbundene Teile auseinander, und es wäre kein Schluß
vorhanden; diese Äußerlichkeit gehört vielmehr den Extremen
an. Die Einzelheit kann nur Mitte sein als unmittelbar
identisch mit der Allgemeinheit; eine solche Allgemeinheit ist eigentlich die objektive, die Gattung. — Dies kann
auch so betrachtet werden: Die Allgemeinheit ist an der Bestimmung der Einzelheit, welche der Mitte der Induktion zugrunde liegt, äußerlich, aber wesentlich; ein solches
Äußerliche ist sosehr unmittelbar sein Gegenteil, das Innerliche. — Die Wahrheit des Schlusses der Induktion ist
daher ein solcher Schluß, der eine Einzelheit zur Mitte hat,
die unmittelbar an sich selbst Allgemeinheit ist; — der
Schluß der Analogie.

c) Der Schluß der Analogie.

1. Dieser Schluß hat die dritte Figur des unmittelbaren
Schlusses: $E—A—B$ zu seinem abstrakten Schema. Aber seine
Mitte ist nicht mehr irgendeine einzelne Qualität, sondern eine
Allgemeinheit, welche die Reflexion-in-sich eines Konkreten, somit die Natur desselben ist; — und umgekehrt,
weil sie so die Allgemeinheit als eines Konkreten ist, ist sie
zugleich an sich selbst dies Konkrete. — Es ist hier also
ein Einzelnes die Mitte, aber nach seiner allgemeinen Natur;
ferner ist ein anderes Einzelnes Extrem, welches mit jenem
dieselbe allgemeine Natur hat. Z. B.:

> Die Erde hat Bewohner,
> Der Mond ist eine Erde,
> Also hat der Mond Bewohner.

2. Die Analogie ist um so oberflächlicher, je mehr das
Allgemeine, in welchem die beiden Einzelnen eins sind, und
nach welchem das eine [Einzelne] Prädikat des andern wird.

eine bloße Qualität oder, wie die Qualität subjektiv genommen wird, ein oder anderes Merkmal ist, wenn die Identität
beider hierin als eine bloße Ähnlichkeit genommen wird.
Dergleichen Oberflächlichkeit aber, zu der eine Verstandes-
oder Vernunftform dadurch gebracht wird, daß man sie in
die Sphäre der bloßen Vorstellung herabsetzt, sollte in der
Logik gar nicht angeführt werden. — Auch ist es unpassend,
den Obersatz dieses Schlusses so darzustellen, daß er lauten
solle: Was einem Objekte in einigen Merkmalen ähnlich ist, das ist ihm auch in andern ähnlich. Auf solche
Weise wird die Form des Schlusses in Gestalt eines Inhalts
ausgedrückt, und der empirische, eigentlich so zu nennende
Inhalt zusammen in den Untersatz verlegt. So könnte auch die
ganze Form z. B. des ersten Schlusses als sein Obersatz ausgedrückt werden: Was unter ein Anderes subsumiert ist,
welchem ein Drittes inhäriert, dem inhäriert auch
dies Dritte; nun aber und so fort. Aber beim Schlusse
selbst kommt es nicht auf den empirischen Inhalt an, und seine
eigene Form zum Inhalt eines Obersatzes zu machen, ist so
gleichgültig, als ob jeder andere empirische Inhalt dafür genommen würde. Insofern es aber beim Schluß der Analogie
auf jenen Inhalt, der nichts als die eigentümliche Form des
Schlusses enthält, nicht ankommen sollte, so käme es auch
bei dem ersten Schluß ebensosehr nicht darauf an, d. h. nicht
auf das, was den Schluß zum Schlusse macht. — Worauf es
ankommt, ist immer die Form des Schlusses, er mag nun diese
selbst oder etwas anderes zu seinem empirischen Inhalte haben.
So ist der Schluß der Analogie eine eigentümliche Form, und
es ist ein ganz leerer Grund, ihn nicht für eine solche ansehen
zu wollen, weil seine Form zum Inhalt oder Materie eines Obersatzes gemacht werden könne, die Materie aber das Logische
nicht angehe. — Was beim Schlusse der Analogie, etwa auch
beim Schlusse der Induktion zu diesem Gedanken verleiten
kann, ist, daß in ihnen die Mitte und auch die Extreme weiter
bestimmt sind als in dem bloß formalen Schlusse und daher
die Formbestimmung, weil sie nicht mehr einfach und abstrakt
ist, auch als Inhaltsbestimmung erscheinen muß. Aber
dies, daß die Form sich so zum Inhalte bestimmt, ist erstlich
ein notwendiges Fortgehen des Formalen und betrifft daher die
Natur des Schlusses wesentlich; daher kann aber zweitens

eine solche Inhaltsbestimmung nicht als eine solche wie ein anderer empirischer Inhalt angesehen und davon abstrahiert werden.

Wenn die Form des Schlusses der Analogie in jenem Ausdruck seines Obersatzes betrachtet wird, daß wenn zwei Gegenstände in einer oder auch einigen Eigenschaften übereinkommen, so kommt dem einen auch eine weitere Eigenschaft zu, die der andere hat, so kann es scheinen, daß dieser Schluß vier Bestimmungen, die *quaternionem terminorum*, enthalte, — ein Umstand, der die Schwierigkeit mit sich führte, die Analogie in die Form eines formalen Schlusses zu bringen. — Es sind zwei Einzelne, drittens eine unmittelbar als gemeinschaftlich angenommene Eigenschaft und viertens die andere Eigenschaft, die das eine Einzelne unmittelbar hat, die das andere aber erst durch den Schluß erhält. — Dies rührt daher, daß, wie sich ergeben hat, in dem analogischen Schlusse die Mitte als Einzelheit, aber unmittelbar auch als deren wahre Allgemeinheit gesetzt ist. — In der Induktion ist außer den beiden Extremen die Mitte eine unbestimmbare Menge von Einzelnen; in diesem Schlusse sollte daher eine unendliche Menge von Terminis gezählt werden. — Im Schlusse der Allheit ist die Allgemeinheit an der Mitte nur erst als die äußerliche Formbestimmung der Allheit, im Schlusse der Analogie dagegen als wesentliche Allgemeinheit. Im obigen Beispiel ist der Medius Terminus, die Erde, als ein Konkretes genommen, das nach seiner Wahrheit ebensosehr eine allgemeine Natur oder Gattung als ein Einzelnes ist.

Nach dieser Seite machte die *Quaternio terminorum* die Analogie nicht zu einem unvollkommenen Schluß. Aber er wird es durch sie nach einer andern Seite; denn wenn zwar das eine Subjekt dieselbe allgemeine Natur hat als das andere, so ist es unbestimmt, ob dem einen Subjekt die Bestimmtheit, die auch für das andere erschlossen wird, vermöge seiner Natur oder vermöge seiner Besonderheit zukommt, ob z. B. die Erde als Weltkörper überhaupt oder nur als dieser besondere Weltkörper Bewohner hat. — Die Analogie ist insofern noch ein Schluß der Reflexion, als Einzelheit und Allgemeinheit in dessen Mitte unmittelbar vereinigt sind. Um dieser Unmittelbarkeit willen ist noch die Äußerlichkeit der Reflexionseinheit vorhanden; das Einzelne ist nur an sich die Gattung, es ist nicht in dieser Negativität gesetzt, wodurch seine Bestimmtheit als die eigene Bestimmtheit der Gattung wäre. Darum ist das Prädikat, das dem Einzelnen der Mitte zukommt, nicht auch schon Prädikat des andern Einzelnen, obgleich diese beide einerlei Gattung angehören.

3. $E—B$ (der Mond hat Bewohner) ist der Schlußsatz; aber die eine Prämisse (die Erde hat Bewohner) ist ein ebensolches $E—B$; insofern $E—B$ ein Schlußsatz sein soll, so liegt darin die Forderung, daß auch jene Prämisse ein solcher sei. Dieser Schluß ist somit in sich selbst die Forderung seiner gegen die Unmittelbarkeit, die er enthält, oder er setzt seinen Schlußsatz voraus. Ein Schluß des Daseins hat seine Voraussetzung an den andern Schlüssen des Daseins; bei den soeben betrachteten ist sie in sie hinein gerückt, weil sie Schlüsse der Reflexion sind. Indem also der Schluß der Analogie die Forderung seiner Vermittlung gegen die Unmittelbarkeit ist, mit welcher seine Vermittlung behaftet ist, so ist es das Moment der Einzelheit, dessen Aufhebung er fordert. So bleibt für die Mitte das objektive Allgemeine, die Gattung, gereinigt von der Unmittelbarkeit. — Die Gattung war im Schlusse der Analogie Moment der Mitte nur als unmittelbare Voraussetzung; indem der Schluß selbst die Aufhebung der vorausgesetzten Unmittelbarkeit fordert, so ist die Negation der Einzelheit und hiemit das Allgemeine nicht mehr unmittelbar, sondern gesetzt. — Der Schluß der Reflexion enthielt erst die erste Negation der Unmittelbarkeit; es ist nunmehr die zweite eingetreten und damit die äußerliche Reflexionsallgemeinheit zur an und für sich seienden bestimmt. — Von der positiven Seite betrachtet, so zeigt sich der Schlußsatz identisch mit der Prämisse, die Vermittlung mit ihrer Voraussetzung zusammengegangen, hiemit eine Identität der Reflexionsallgemeinheit, wodurch sie höhere Allgemeinheit geworden.

Übersehen wir den Gang der Schlüsse der Reflexion, so ist die Vermittlung überhaupt die gesetzte oder konkrete Einheit der Formbestimmungen der Extreme; die Reflexion besteht in diesem Setzen der einen Bestimmung in der andern; das Vermittelnde ist so die Allheit. Als der wesentliche Grund derselben aber zeigt sich die Einzelheit, und die

Allgemeinheit nur als äußerliche Bestimmung an ihr, als Vollständigkeit. Die Allgemeinheit ist aber dem Einzelnen wesentlich, daß es zusammenschließende Mitte sei; es ist daher
als an sich seiendes Allgemeines zu nehmen. Es ist aber mit
ihr nicht auf diese bloß positive Weise vereinigt, sondern in
ihr aufgehoben und negatives Moment; so ist das Allgemeine,
das an und für sich Seiende, gesetzte Gattung, und das Einzelne als Unmittelbares ist vielmehr die Äußerlichkeit derselben, oder es ist Extrem. — Der Schluß der Reflexion steht
überhaupt genommen unter dem Schema $B—E—A$; das Einzelne ist darin noch als solches wesentliche Bestimmung der
Mitte; indem sich seine Unmittelbarkeit aber aufgehoben und
die Mitte als an und für sich seiende Allgemeinheit bestimmt
hat, so ist der Schluß unter das formelle Schema: $E—A—B$
getreten und der Schluß der Reflexion in den Schluß der
Notwendigkeit übergegangen.

C. Der Schluß der Notwendigkeit.

Das Vermittelnde hat sich nunmehr bestimmt 1. als einfache bestimmte Allgemeinheit, wie die Besonderheit in dem
Schlusse des Daseins ist, aber 2. als objektive Allgemeinheit,
das heißt, welche die ganze Bestimmtheit der unterschiedenen
Extreme enthält wie die Allheit des Schlusses der Reflexion,
eine erfüllte, aber einfache Allgemeinheit, — die allgemeine Natur der Sache, die Gattung.

Dieser Schluß ist inhaltsvoll, weil die abstrakte Mitte
des Schlusses des Daseins sich zum bestimmten Unterschiede gesetzt, wie sie als Mitte des Reflexionsschlusses ist,
aber dieser Unterschied wieder in die einfache Identität sich
reflektiert hat. — Dieser Schluß ist daher Schluß der Notwendigkeit, da seine Mitte kein sonstiger unmittelbarer Inhalt, sondern die Reflexion der Bestimmtheit der Extreme in
sich ist. Diese haben an der Mitte ihre innere Identität, deren
Inhaltsbestimmungen die Formbestimmungen der Extreme
sind. — Damit ist das, wodurch sich die Termini unterscheiden,
als äußerliche und unwesentliche Form, und sie sind
als Momente eines notwendigen Daseins.

Zunächst ist dieser Schluß der unmittelbare und insofern
so formale, daß der Zusammenhang der Terminorum die

wesentliche Natur ist als Inhalt, und dieser an den unterschiedenen Terminis nur in verschiedener Form, und die
Extreme für sich nur als ein unwesentliches Bestehen sind.
— Die Realisierung dieses Schlusses hat ihn so zu bestimmen,
daß die Extreme gleichfalls als diese Totalität, welche zunächst die Mitte ist, gesetzt werden, und die Notwendigkeit der Beziehung, welche zunächst nur der substantielle Inhalt ist, eine Beziehung der gesetzten Form sei.

a) Der kategorische Schluß.

1. Der kategorische Schluß hat das kategorische Urteil zu
einer oder zu seinen beiden Prämissen. — Es wird hier mit
diesem Schlusse wie mit dem Urteil die bestimmtere Bedeutung
verbunden, daß die Mitte desselben die objektive Allgemeinheit ist. Oberflächlicherweise wird auch der kategOrische Schluß für nicht mehr genommen als für einen bloßen
Schluß der Inhärenz.

Der kategorische Schluß ist nach seiner gehaltvollen Bedeutung der erste Schluß der Notwendigkeit, worin ein
Subjekt mit einem Prädikat durch seine Substanz zusammengeschlossen ist. Die Substanz aber in die Sphäre des Begriffs
erhoben, ist das Allgemeine, gesetzt so an und für sich zu sein,
daß sie nicht wie in ihrem eigentümlichen Verhältnisse die
Akzidentalität, sondern die Begriffsbestimmung zur Form, zur
Weise ihres Seins hat. Ihre Unterschiede sind daher die Extreme des Schlusses, und bestimmt die Allgemeinheit und Einzelheit. Jene ist gegen die Gattung, wie die Mitte näher
bestimmt ist, abstrakte Allgemeinheit oder allgemeine Bestimmtheit, — die Akzidentalität der Substanz in die einfache
Bestimmtheit, die aber ihr wesentlicher Unterschied, die spezifische Differenz ist, zusammengefaßt. — Die Einzelheit
aber ist das Wirkliche, an sich die konkrete Einheit der Gattung und der Bestimmtheit, hier aber als im unmittelbaren
Schlusse zunächst unmittelbare Einzelheit, die in die Form
für sich seienden Bestehens zusammengefaßte Akzidentalität. — Die Beziehung dieses Extrems auf die Mitte macht ein
kategorisches Urteil aus; insofern aber auch das andre Extrem
nach der angegebenen Bestimmung die spezifische Differenz
der Gattung oder ihr bestimmtes Prinzip ausdrückt, so ist auch
diese andere Prämisse kategorisch.

2. Dieser Schluß steht zunächst als erster, somit unmittelbarer Schluß der Notwendigkeit unter dem Schema des ersten formalen Schlusses $E—B—A$. — Da aber die Mitte die wesentliche Natur des Einzelnen, nicht irgendeine der Bestimmtheiten oder Eigenschaften desselben ist und ebenso das Extrem der Allgemeinheit nicht irgendein abstraktes Allgemeines, auch wieder nur eine einzelne Qualität, sondern die allgemeine Bestimmtheit, das Spezifische des Unterschiedes der Gattung ist, so fällt die Zufälligkeit weg, daß das Subjekt nur durch irgendeinen Medius Terminus mit irgendeiner Qualität zusammengeschlossen wäre. — Indem somit auch die Beziehungen der Extreme auf die Mitte nicht diejenige äußerliche Unmittelbarkeit haben wie im Schlusse des Daseins, so tritt die Forderung des Beweises nicht in dem Sinne ein, der dort stattfand und zum unendlichen Progresse führte.

Dieser Schluß setzt ferner nicht wie ein Schluß der Reflexion für seine Prämissen seinen Schlußsatz voraus. Die Termini stehen nach dem substantiellen Inhalt in identischer, als an und für sich seiender Beziehung aufeinander; es ist ein die drei Terminos durchlaufendes Wesen vorhanden, an welchem die Bestimmungen der Einzelheit, Besonderheit und Allgemeinheit nur formelle Momente sind.

Der kategorische Schluß ist daher insofern nicht mehr subjektiv; in jener Identität fängt die Objektivität an; die Mitte ist die inhaltsvolle Identität ihrer Extreme, welche in derselben nach ihrer Selbständigkeit enthalten sind, denn ihre Selbständigkeit ist jene substantielle Allgemeinheit, die Gattung. Das Subjektive des Schlusses besteht in dem gleichgültigen Bestehen der Extreme gegen den Begriff oder die Mitte.

3. Es ist aber noch an diesem Schlusse dies subjektiv, daß jene Identität noch als die substantielle oder als Inhalt, noch nicht zugleich als Identität der Form ist. Daher ist die Identität des Begriffes noch inneres Band, somit als Beziehung noch Notwendigkeit; die Allgemeinheit der Mitte ist gediegene, positive Identität, nicht ebensosehr als Negativität ihrer Extreme.

Näher ist die Unmittelbarkeit dieses Schlusses, welche noch nicht als das, was sie an sich ist, gesetzt ist, so vorhanden. Das eigentlich Unmittelbare des Schlusses ist das Einzelne. Dies ist unter seine Gattung als Mitte subsumiert;

aber unter derselben stehen noch andere, unbestimmt viele Einzelne; es ist daher zufällig, daß nur dieses Einzelne darunter als subsumiert gesetzt ist. — Diese Zufälligkeit gehört aber ferner nicht bloß der äußern Reflexion an, die das im Schlusse gesetzte Einzelne durch die Vergleichung mit andern zufällig findet; vielmehr darin, daß es selbst auf die Mitte als seine objektive Allgemeinheit bezogen ist, ist es als zufällig, als eine subjektive Wirklichkeit gesetzt. Auf der andern Seite, indem das Subjekt ein unmittelbares Einzelnes ist, enthält es Bestimmungen, welche nicht in der Mitte als der allgemeinen Natur enthalten sind; es hat somit auch eine dagegen gleichgültige, für sich bestimmte Existenz, die von eigentümlichem Inhalt ist. Damit hat auch umgekehrt dieser andere Terminus eine gleichgültige Unmittelbarkeit und verschiedene Existenz von jenem. — Dasselbe Verhältnis findet auch zwischen der Mitte und dem andern Extreme statt; denn dies hat gleichfalls die Bestimmung der Unmittelbarkeit, somit eines zufälligen Seins gegen seine Mitte.

Was hiemit im kategorischen Schlusse gesetzt ist, sind einerseits Extreme in solchem Verhältnis zur Mitte, daß sie an sich objektive Allgemeinheit oder selbständige Natur haben und zugleich als Unmittelbare sind, also gegeneinander gleichgültige Wirklichkeiten. Anderseits aber sind sie ebensosehr als zufällige, oder ihre Unmittelbarkeit als aufgehoben in ihrer Identität bestimmt. Diese aber ist um jener Selbständigkeit und Totalität der Wirklichkeit willen nur die formelle, innere; hiedurch hat der Schluß der Notwendigkeit sich zum hypothetischen bestimmt.

b) Der hypothetische Schluß.

1. Das hypothetische Urteil enthält nur die notwendige Beziehung ohne die Unmittelbarkeit der Bezogenen. Wenn A ist, so ist B; oder das Sein des A ist auch ebensosehr das Sein eines Andern, des B; damit ist noch nicht gesagt, weder daß A ist, noch daß B ist. Der hypothetische Schluß fügt diese Unmittelbarkeit des Seins hinzu:

> Wenn A ist, so ist B,
> Nun ist A,
> Also ist B.

Der Untersatz für sich spricht das unmittelbare Sein des A aus.

Aber es ist nicht bloß dies zum Urteil hinzugekommen. Der Schluß enthält die Beziehung des Subjekts und Prädikats nicht als die abstrakte *Copula*, sondern als die erfüllte vermittelnde Einheit. Das Sein des *A* ist daher nicht als bloße Unmittelbarkeit, sondern wesentlich als Mitte des Schlusses zu nehmen. Dies ist näher zu betrachten.

2. Zunächst ist die Beziehung des hypothetischen Urteils die Notwendigkeit oder innere substantielle Identität bei äußerlicher Verschiedenheit der Existenz oder der Gleichgültigkeit des erscheinenden Seins gegeneinander, — ein identischer Inhalt, der innerlich zugrunde liegt. Die beiden Seiten des Urteils sind daher nicht als ein unmittelbares, sondern in der Notwendigkeit gehaltenes Sein, also zugleich aufgehobenes oder nur erscheinendes Sein. Sie verhalten sich ferner als Seiten des Urteils, als Allgemeinheit und Einzelheit; das eine ist daher jener Inhalt als Totalität der Bedingungen, das andere als Wirklichkeit. Es ist jedoch gleichgültig, welche Seite als Allgemeinheit, welche als Einzelheit genommen werde. Insofern nämlich die Bedingungen noch das Innre, Abstrakte einer Wirklichkeit sind, sind sie das Allgemeine, und es ist das Zusammengefaßtsein derselben in eine Einzelheit, wodurch sie in Wirklichkeit getreten sind. Umgekehrt sind die Bedingungen eine vereinzelte, zerstreute Erscheinung, welche erst in der Wirklichkeit Einheit und Bedeutung und ein allgemeingültiges Dasein gewinnt.

Das nähere Verhältnis, das hier zwischen den beiden Seiten als Verhältnis von Bedingung zum Bedingten angenommen worden, kann jedoch auch als Ursache und Wirkung, Grund und Folge genommen werden; dies ist hier gleichgültig; aber das Verhältnis der Bedingung entspricht insofern der in dem hypothetischen Urteile und Schlusse vorhandenen Beziehung näher, als die Bedingung wesentlich als eine gleichgültige Existenz, Grund und Ursache dagegen durch sich selbst übergehend ist; auch ist die Bedingung eine allgemeinere Bestimmung, indem sie beide Seiten jener Verhältnisse begreift, da die Wirkung, Folge usf. ebensosehr Bedingung der Ursache, des Grundes ist als diese von jenen. —

A ist nun das vermittelnde Sein, insofern es erstens ein unmittelbares Sein, eine gleichgültige Wirklichkeit, aber zweitens insofern es ebensosehr als ein an sich selbst zufälliges, sich aufhebendes Sein ist. Was die Bedingungen in die Wirklichkeit der neuen Gestalt, deren Bedingungen sie sind, übersetzt, ist, daß sie nicht das Sein als das abstrakte Unmittelbare sind, sondern das Sein in seinem Begriffe, zunächst das Werden; aber, da der Begriff nicht mehr das Übergehen ist, bestimmter die Einzelheit als sich auf sich beziehende negative Einheit. — Die Bedingungen sind ein zerstreutes, seine Verwendung erwartendes und forderndes Material; diese Negativität ist das Vermittelnde, die freie Einheit des Begriffes. Sie bestimmt sich als Tätigkeit, da diese Mitte der Widerspruch der objektiven Allgemeinheit oder der Totalität des identischen Inhalts und der gleichgültigen Unmittelbarkeit ist. — Diese Mitte ist daher nicht mehr bloß innere, sondern seiende Notwendigkeit; die objektive Allgemeinheit enthält die Beziehung auf sich selbst als einfache Unmittelbarkeit, als Sein; — im kategorischen Schlusse ist dies Moment zunächst Bestimmung der Extreme, aber gegen die objektive Allgemeinheit der Mitte bestimmt es sich als Zufälligkeit, damit als ein nur Gesetztes, auch Aufgehobenes, d. i. in den Begriff oder in die Mitte als Einheit Zurückgegangenes, welche selbst nun in ihrer Objektivität auch Sein ist.

Der Schlußsatz: Also ist *B*, drückt denselben Widerspruch aus, daß *B* ein unmittelbar Seiendes, aber ebenso durch ein Anderes oder vermittelt ist. Seiner Form nach ist er daher derselbe Begriff, welcher die Mitte ist; nur als das Notwendige unterschieden von der Notwendigkeit, — in der ganz oberflächlichen Form der Einzelheit gegen die Allgemeinheit. Der absolute Inhalt von *A* und *B* ist derselbe; es sind nur zwei verschiedene Namen derselben Grundlage für die Vorstellung, insofern sie die Erscheinung der verschiedenen Gestalt des Daseins festhält und vom Notwendigen seine Notwendigkeit unterscheidet; insofern diese aber von *B* getrennt sein sollte, so wäre es nicht das Notwendige. Es ist somit die Identität des Vermittelnden und des Vermittelten darin vorhanden.

3. Der hypothetische Schluß stellt zunächst die notwendige Beziehung als Zusammenhang durch die Form oder negative Einheit dar, wie der kategorische durch die po-

sitive Einheit den gediegenen Inhalt, die objektive Allgemeinheit. Aber die Notwendigkeit geht in das Notwendige zusammen; die Formtätigkeit des Übersetzens der bedingenden Wirklichkeit in die bedingte ist an sich die Einheit, in
welcher die vorher zum gleichgültigen Dasein befreiten Bestimmtheiten des Gegensatzes aufgehoben sind und der Unterschied des *A* und *B* ein leerer Name ist. Sie ist daher in
sich reflektierte Einheit, — somit ein identischer Inhalt,
und ist dies nicht nur an sich, sondern es ist durch diesen
Schluß auch gesetzt, indem das Sein des *A* auch nicht sein
eigenes, sondern des *B*, und umgekehrt überhaupt das Sein des
Einen das Sein des Andern ist, und im Schlußsatze bestimmt
das unmittelbare Sein oder gleichgültige Bestimmtheit als eine
vermittelte ist, — also die Äußerlichkeit sich aufgehoben [hat]
und deren in sich gegangene Einheit gesetzt ist.

Die Vermittlung des Schlusses hat sich hiedurch bestimmt
als Einzelheit, Unmittelbarkeit und als sich auf sich
beziehende Negativität oder unterscheidende und aus diesem Unterschiede sich in sich zusammennehmende Identität, —
als absolute Form und eben dadurch als objektive Allgemeinheit, mit sich identisch seiender Inhalt. Der Schluß ist in
dieser Bestimmung der disjunktive Schluß.

c) Der disjunktive Schluß.

Wie der hypothetische Schluß im allgemeinen unter dem
Schema der zweiten Figur *A—E—B* steht, so steht der disjunktive unter dem Schema der dritten Figur des formalen
Schlusses: *E—A—B*. Die Mitte ist aber die mit der Form
erfüllte Allgemeinheit; sie hat sich als die Totalität,
als entwickelte objektive Allgemeinheit bestimmt. Der Medius Terminus ist daher sowohl Allgemeinheit als Besonderheit
und Einzelheit. Als jene ist er erstlich die substantielle Identität der Gattung, aber zweitens als eine solche, in welche die
Besonderheit, aber als ihr gleich, aufgenommen ist,
also als allgemeine Sphäre, die ihre totale Besonderung enthält, — die in ihre Arten zerlegte Gattung: *A*, welches sowohl *B* als *C* als *D* ist. Die Besonderung ist aber als Unterscheidung ebensosehr das Entweder-Oder des *B*, *C* und *D*,
negative Einheit, das gegenseitige Ausschließen der Bestimmungen. — Dies Ausschließen ist nun ferner nicht nur ein

gegenseitiges und die Bestimmung bloß eine relative, sondern ebensosehr wesentlich sich auf sich beziehende Bestimmung, das Besondere als Einzelheit mit Ausschließung der anderen.

> *A* ist entweder *B* oder *C* oder *D*,
> *A* ist aber *B*;
> also ist *A* nicht *C* noch *D*.

Oder auch:

> *A* ist entweder *B* oder *C* oder *D*,
> *A* ist aber nicht *C* noch *D*;
> also ist es *B*.

A ist nicht nur in den beiden Prämissen Subjekt, sondern auch im Schlußsatz. In der ersten ist es Allgemeines und in seinem Prädikate die in die Totalität ihrer Arten besonderte allgemeine Sphäre; in der zweiten ist es als Bestimmtes oder als eine Art; im Schlußsatz ist es als die ausschließende, einzelne Bestimmtheit gesetzt. — Oder auch ist es schon im Untersatze als ausschließende Einzelheit und im Schlußsatze als das Bestimmte, was es ist, positiv gesetzt.

Was hiemit überhaupt als das Vermittelte erscheint, ist die Allgemeinheit des *A* mit der Einzelheit. Das Vermittelnde aber ist dieses *A*, welches die allgemeine Sphäre seiner Besonderungen und ein als Einzelnes Bestimmtes ist. Was die Wahrheit des hypothetischen Schlusses ist, die Einheit des Vermittelnden oder Vermittelten, ist somit im disjunktiven Schlusse gesetzt, der aus diesem Grunde ebensosehr kein Schluß mehr ist. Die Mitte, welche in ihm als die Totalität des Begriffes gesetzt ist, enthält nämlich selbst die beiden Extreme in ihrer vollständigen Bestimmtheit. Die Extreme, im Unterschiede von dieser Mitte, sind nur als ein Gesetztsein, dem keine eigentümliche Bestimmtheit gegen die Mitte mehr zukommt.

Dies noch in bestimmterer Rücksicht auf den hypothetischen Schluß betrachtet, so war in ihm eine substantielle Identität als das innre Band der Notwendigkeit und eine davon unterschiedene negative Einheit — nämlich die Tätigkeit oder die Form, welche ein Dasein in ein anderes übersetzte, — vorhanden. Der disjunktive Schluß ist überhaupt in der Bestimmung der Allgemeinheit; seine Mitte ist das

A als Gattung und als vollkommen Bestimmtes; durch diese Einheit ist jener vorher innre Inhalt auch gesetzt, und umgekehrt das Gesetztsein oder die Form ist nicht die äußerliche negative Einheit gegen ein gleichgültiges Dasein, sondern identisch mit jenem gediegenen Inhalte. Die ganze Formbestimmung des Begriffs ist in ihrem bestimmten Unterschied und zugleich in der einfachen Identität des Begriffes gesetzt.

Dadurch hat sich nun der Formalismus des Schließens, hiemit die Subjektivität des Schlusses und des Begriffes überhaupt aufgehoben. Dies Formelle oder Subjektive bestand darin, daß das Vermittelnde der Extreme der Begriff als abstrakte Bestimmung, und [diese] dadurch von ihnen, deren Einheit sie ist, verschieden ist. In der Vollendung des Schlusses dagegen, worin die objektive Allgemeinheit ebensosehr als Totalität der Formbestimmungen gesetzt ist, ist der Unterschied des Vermittelnden und Vermittelten weggefallen. Das, was vermittelt ist, ist selbst wesentliches Moment seines Vermittelnden, und jedes Moment ist als die Totalität der Vermittelten.

Die Figuren des Schlusses stellen jede Bestimmtheit des Begriffs einzeln als die Mitte dar, welche zugleich der Begriff als Sollen ist, als Forderung, daß das Vermittelnde seine Totalität sei. Die verschiedenen Gattungen der Schlüsse aber stellen die Stufen der Erfüllung oder Konkretion der Mitte dar. In dem formalen Schlusse wird die Mitte nur dadurch als Totalität gesetzt, daß alle Bestimmtheiten, aber jede einzeln, die Funktion der Vermittlung durchlaufen. In den Schlüssen der Reflexion ist die Mitte als die die Bestimmungen der Extreme äußerlich zusammenfassende Einheit. Im Schlusse der Notwendigkeit hat sie sich zur ebenso entwickelten und totalen, als einfachen Einheit bestimmt, und die Form des Schlusses, der in dem Unterschiede der Mitte gegen seine Extreme bestand, hat sich dadurch aufgehoben.

Damit ist der Begriff überhaupt realisiert worden; bestimmter hat er eine solche Realität gewonnen, welche Objektivität ist. Die nächste Realität war, daß der Begriff als die in sich negative Einheit sich dirimiert und als Urteil seine Bestimmungen in bestimmtem und gleichgültigem Unterschiede setzt und im Schlusse sich selbst ihnen entgegenstellt. Indem er so noch das Innerliche dieser seiner Äußer-

lichkeit ist, so wird durch den Verlauf der Schlüsse diese
Äußerlichkeit mit der innerlichen Einheit ausgeglichen; die
verschiedenen Bestimmungen kehren durch die Vermittlung,
in welcher sie zunächst nur in einem Dritten eins sind, in diese
Einheit zurück, und die Äußerlichkeit stellt dadurch den Begriff an ihr selbst dar, der hiemit ebensosehr nicht mehr als
innerliche Einheit von ihr unterschieden ist.

Jene Bestimmung des Begriffs aber, welche als Realität
betrachtet worden, ist umgekehrt ebensosehr ein Gesetztsein. Denn nicht nur in diesem Resultate hat sich als die
Wahrheit des Begriffs die Identität seiner Innerlichkeit und
Äußerlichkeit dargestellt, sondern schon die Momente des Begriffs im Urteile bleiben auch in ihrer Gleichgültigkeit gegeneinander Bestimmungen, die ihre Bedeutung nur in ihrer Beziehung haben. Der Schluß ist Vermittlung, der vollständige Begriff in seinem Gesetztsein. Seine Bewegung ist
das Aufheben dieser Vermittlung, in welcher nichts an und
für sich, sondern jedes nur vermittelst eines Andern ist. Das
Resultat ist daher eine Unmittelbarkeit, die durch Aufheben der Vermittlung hervorgegangen, ein Sein, das
ebensosehr identisch mit der Vermittlung und der Begriff ist,
der aus und in seinem Anderssein sich selbst hergestellt hat.
Dies Sein ist daher eine Sache, die an und für sich ist, —
die Objektivität.

Zweiter Abschnitt.

Die Objektivität.

Im ersten Buche der objektiven Logik wurde das abstrakte Sein dargestellt als übergehend in das Dasein, aber ebenso zurückgehend in das Wesen. Im zweiten zeigt sich das Wesen, daß es sich zum Grunde bestimmt, dadurch in die Existenz tritt und sich zur Substanz realisiert, aber wieder in den Begriff zurückgeht. Vom Begriffe ist nun zunächst gezeigt worden, daß er sich zur Objektivität bestimmt. Es erhellt von selbst, daß dieser letztere Übergang seiner Bestimmung nach dasselbe ist, was sonst in der Metaphysik als der Schluß vom Begriffe, nämlich vom Begriffe Gottes auf sein Dasein, oder als der sogenannte ontologische Beweis vom Dasein Gottes vorkam. — Es ist ebenso bekannt, daß der erhabenste Gedanke Descartes, daß der Gott das ist, dessen Begriff sein Sein in sich schließt, nachdem er in die schlechte Form des formalen Schlusses, nämlich in die Form jenes Beweises herabgesunken, endlich der Kritik der Vernunft und dem Gedanken, daß sich das Dasein nicht aus dem Begriffe herausklauben lasse, unterlegen ist. Einiges diesen Beweis Betreffende ist schon früher beleuchtet worden; im ersten Teile S. 71 ff., indem das Sein in seinem nächsten Gegensatze, dem Nichtsein verschwunden und als die Wahrheit beider sich das Werden gezeigt hat, ist die Verwechslung bemerklich gemacht worden, wenn bei einem bestimmten Dasein nicht das Sein desselben, sondern sein bestimmter Inhalt festgehalten und daher gemeint wird, wenn dieser bestimmte Inhalt, z. B. hundert Taler, mit einem andern bestimmten Inhalte, z. B. dem Kontexte meiner Wahrnehmung, meinem Vermögenszustand verglichen und dabei ein Unterschied gefunden wird, ob jener Inhalt zu diesem hinzukomme oder nicht, — als ob dann vom Unterschiede des Seins und Nichtseins oder gar vom Unterschiede des Seins und des Begriffes gesprochen werde. Ferner ist daselbst S. 99 und II. T. S. 61 die in dem ontologischen Beweise vorkommende Bestimmung eines Inbegriffs aller Realitäten beleuchtet worden. — Den wesentlichen Gegenstand jenes Beweises, den Zusammenhang des Begriffes und des Daseins, betrifft aber die eben geschlossene Betrachtung des Begriffs und des ganzen Verlaufs, durch den er sich zur Objektivität bestimmt. Der Begriff ist als absolut mit sich identische Negativität das sich selbst Bestimmende; es ist bemerkt worden, daß er schon, indem er sich in der Einzelheit zum Urteil entschließt, sich als Reales, Seiendes setzt; diese noch abstrakte Realität vollendet sich in der Objektivität.

Wenn es nun scheinen möchte, als ob der Übergang des Begriffs in die Objektivität etwas Anderes sei als der Übergang vom Begriff Gottes zu dessen Dasein, so wäre einerseits zu betrachten, daß der bestimmte Inhalt, Gott, im logischen Gange keinen Unterschied machte und der ontologische Beweis nur eine Anwendung dieses logischen Ganges auf jenen besondern Inhalt wäre. Auf der andern Seite aber ist sich wesentlich an die oben gemachte Bemerkung zu erinnern, daß das Subjekt erst in seinem Prädikate Bestimmtheit und Inhalt erhält, vor demselben aber, er mag für das Gefühl, Anschauung und Vorstellung sonst sein, was er will, für das begreifende Erkennen nur ein Name ist; in dem Prädikate beginnt mit der Bestimmtheit aber zugleich die Realisation überhaupt. — Die Prädikate müssen aber gefaßt werden als selbst noch in den Begriff eingeschlossen, somit als etwas Subjektives, mit dem noch nicht zum Dasein herausgekommen ist; insofern ist einerseits allerdings die Realisation des Begriffs im Urteil noch nicht vollendet. Andererseits bleibt aber auch die bloße Bestimmung eines Gegenstandes durch Prädikate, ohne daß sie zugleich die Realisation und Objektivierung des Begriffes ist, etwas so Subjektives, daß sie auch nicht einmal die wahrhafte Erkenntnis und Bestimmung des Begriffes des Gegenstandes ist, — ein Subjektives in dem Sinne von abstrakter Reflexion und unbegriffnen Vorstellungen. — Gott als lebendiger Gott und noch mehr als absoluter Geist wird nur in seinem Tun erkannt. Früh ist der Mensch angewiesen worden, ihn in seinen Werken zu erkennen; aus diesen können erst die Bestimmungen hervorgehen, welche seine Eigenschaften genannt werden, so wie darin auch sein Sein enthalten ist. So faßt das begreifende Erkennen seines Wirkens, d. i. seiner selbst, den Begriff Gottes in seinem Sein und sein Sein in seinem Begriffe. Das Sein für sich oder gar das Dasein ist eine so arme und beschränkte Bestimmung, daß die Schwierigkeit, sie im Begriffe zu finden, wohl nur daher hat kommen können, daß nicht betrachtet worden ist, was denn das Sein oder Dasein selbst ist. — Das Sein als die ganz abstrakte, unmittelbare Beziehung auf sich selbst ist nichts Anderes als das abstrakte Moment des Begriffs, welches abstrakte Allgemeinheit ist, die auch das, was man an das Sein verlangt, leistet, außer dem Begriff zu sein; denn sosehr sie Moment des Begriffs ist, ebensosehr ist sie der Unterschied oder das abstrakte Urteil desselben, in dem er sich selbst sich gegenüberstellt. Der Begriff, auch als formaler, enthält schon unmittelbar das Sein in einer wahrern und reichern Form, indem er, als sich auf sich beziehende Negativität, Einzelnheit ist.

Unüberwindlich aber wird allerdings die Schwierigkeit, im Begriffe überhaupt und ebenso im Begriffe Gottes das Sein zu finden, wenn es ein solches sein soll, das im Kontexte der äußern Erfahrung oder in der Form der sinnlichen Wahrnehmung wie die hundert Taler in meinem Vermögenszustande nur als ein mit der Hand, nicht mit dem Geiste Begriffenes, wesentlich dem äußern, nicht dem innern Auge Sichtbares vorkommen soll, — wenn dasjenige Sein, Realität, Wahrheit genannt wird, was die Dinge als sinnliche, zeitliche und vergängliche haben. — Wenn ein Philosophieren sich beim Sein nicht über die Sinne erhebt, so gesellt sich dazu, daß es auch beim Begriffe nicht den bloß abstrakten Gedanken verläßt; dieser steht dem Sein gegenüber.

Die Gewöhnung, den Begriff nur als etwas so Einseitiges, wie der abstrakte Gedanke ist, zu nehmen, wird schon Anstand finden, das, was vorhin vorgeschlagen wurde, anzuerkennen, nämlich den Übergang vom Begriffe Gottes zu seinem Sein als eine Anwendung von dem dargestellten logischen Verlauf der Objektivierung des Begriffs anzusehen. Wenn jedoch, wie gewöhnlich geschieht, zugegeben wird, daß das Lo-

gische als das Formale die Form für das Erkennen jedes bestimmten Inhalts ausmache, so müßte wenigstens jenes Verhältnis zugestanden werden, wenn nicht überhaupt eben bei
dem Gegensatze des Begriffes gegen die Objektivität, bei dem
unwahren Begriffe und einer ebenso unwahren Realität als
einem Letzten stehengeblieben wird. — Allein bei der Exposition des reinen Begriffes ist noch weiter angedeutet worden, daß derselbe der absolute, göttliche Begriff selbst ist,
so daß in Wahrheit nicht das Verhältnis einer Anwendung
stattfinden würde, sondern jener logische Verlauf die unmittelbare Darstellung der Selbstbestimmung Gottes zum Sein
wäre. Es ist aber hierüber zu bemerken, daß, indem der Begriff als der Begriff Gottes dargestellt werden soll, er aufzufassen ist, wie er schon in die Idee aufgenommen ist. Jener
reine Begriff durchläuft die endlichen Formen des Urteils und
des Schlusses darum, weil er noch nicht als an und für sich
eins mit der Objektivität gesetzt, sondern erst im Werden zu
ihr begriffen ist. So ist auch diese Objektivität noch nicht die
göttliche Existenz, noch nicht die in der Idee scheinende Realität. Doch ist die Objektivität gerade um so viel reicher und
höher als das Sein oder Dasein des ontologischen Beweises,
als der reine Begriff reicher und höher ist als jene metaphy-
sische Leere des Inbegriffs aller Realität. — Ich erspare
es jedoch auf eine andere Gelegenheit, den vielfachen Mißverstand, der durch den logischen Formalismus in den ontologischen, sowie in die übrigen sogenannten Beweise vom Dasein
Gottes gebracht worden ist, wie auch die Kantische Kritik derselben näher zu beleuchten und durch Herstellen ihrer wahren
Bedeutung die dabei zugrunde liegenden Gedanken in ihren
Wert und Würde zurückzuführen.

Es sind, wie bereits erinnert worden, schon mehrere Formen der Unmittelbarkeit vorgekommen, aber in verschiedenen
Bestimmungen. In der Sphäre des Seins ist sie das Sein selbst
und das Dasein, in der Sphäre des Wesens die Existenz und
dann die Wirklichkeit und Substantialität, in der Sphäre des
Begriffs außer der Unmittelbarkeit als abstrakter Allgemeinheit
nunmehr die Objektivität. — Diese Ausdrücke mögen, wenn
es nicht um die Genauigkeit philosophischer Begriffsunterschiede zu tun ist, als synonym gebraucht werden; jene Bestimmungen sind aus der Notwendigkeit des Begriffs hervor-

gegangen; — Sein ist überhaupt die erste Unmittelbarkeit, und Dasein dieselbe mit der ersten Bestimmtheit. Die Existenz mit dem Dinge ist die Unmittelbarkeit, welche aus dem Grunde hervorgeht, — aus der sich aufhebenden Vermittlung der einfachen Reflexion des Wesens. Die Wirklichkeit aber und die Substantialität ist die aus dem aufgehobenen Unterschiede der noch unwesentlichen Existenz als Erscheinung und ihrer Wesentlichkeit hervorgegangene Unmittelbarkeit. Die Objektivität endlich ist die Unmittelbarkeit, zu der sich der Begriff durch Aufhebung seiner Abstraktion und Vermittlung bestimmt. — Die Philosophie hat das Recht, aus der Sprache des gemeinen Lebens, welche für die Welt der Vorstellungen gemacht ist, solche Ausdrücke zu wählen, welche den Bestimmungen des Begriffs nahe zu kommen scheinen. Es kann nicht darum zu tun sein, für ein aus der Sprache des gemeinen Lebens gewähltes Wort zu erweisen, daß man auch im gemeinen Leben denselben Begriff damit verbinde, für welchen es die Philosophie gebraucht; denn das gemeine Leben hat keine Begriffe, sondern Vorstellungen, und es ist die Philosophie selbst, den Begriff dessen zu erkennen, was sonst bloße Vorstellung ist. Es muß daher genügen, wenn der Vorstellung bei ihren Ausdrücken, die für philosophische Bestimmungen gebraucht werden, so etwas Ungefähres von ihrem Unterschiede vorschwebt, wie es bei jenen Ausdrücken der Fall sein mag, daß man in ihnen Schattierungen der Vorstellung erkennt, welche sich näher auf die entsprechenden Begriffe beziehen. — Man wird vielleicht schwerer zugeben, daß Etwas sein könne, ohne zu existieren: aber wenigstens wird man z. B. das Sein als Kopula des Urteils nicht wohl mit dem Ausdruck existieren vertauschen und nicht sagen: diese Ware existiert teuer, passend usf., das Geld existiert Metall, oder metallisch, statt: diese Ware ist teuer, passend usf., das Geld ist Metall*); Sein aber und Erscheinen, Erscheinung und

---

*) In einem französischen Berichte, worin der Befehlshaber angibt, daß er den sich bei der Insel gewöhnlich gegen Morgen erhebenden Wind erwartete, um ans Land zu steuern, kommt der Ausdruck vor: *le vent ayant été longtems sans exister;* hier ist der Unterschied bloß aus der sonstigen Redensart, z. B. *il a été longtems sans m'écrire,* entstanden.

Wirklichkeit, wie auch bloßes Sein gegen Wirklichkeit
werden auch wohl sonst unterschieden, so wie alle diese Ausdrücke noch mehr von der Objektivität. — Sollten sie aber
auch synonym gebraucht werden, so wird die Philosophie ohnehin die Freiheit haben, solchen leeren Überfluß der Sprache
für ihre Unterschiede zu benutzen.

Es ist beim apodiktischen Urteil, wo, als in der Vollendung des Urteils, das Subjekt seine Bestimmtheit gegen das
Prädikat verliert, an die daher stammende gedoppelte Bedeutung der Subjektivität erinnert worden, nämlich des Begriffs und ebenso der ihm sonst gegenüberstehenden Äußerlichkeit und Zufälligkeit. So erscheint auch für die Objektivität
die gedoppelte Bedeutung, dem selbständigen Begriffe ge-
genüberzustehen, aber auch das An- und Fürsichseiende
zu sein. Indem das Objekt in jenem Sinne dem im subjektiven
Idealismus als das absolute Wahre ausgesprochenen Ich = Ich
gegenübersteht, ist es die mannigfaltige Welt in ihrem unmittelbaren Dasein, mit welcher Ich oder der Begriff sich nur
in den unendlichen Kampf setzt, um durch die Negation dieses
an sich nichtigen Andern der ersten Gewißheit seiner selbst
die wirkliche Wahrheit seiner Gleichheit mit sich zu geben.
— In unbestimmterem Sinne bedeutet es so einen Gegenstand
überhaupt für irgendein Interesse und Tätigkeit des Subjekts.

In dem entgegengesetzten Sinne aber bedeutet das Objektive das An- und Fürsichseiende, das ohne Beschränkung
und Gegensatz ist. Vernünftige Grundsätze, vollkommene
Kunstwerke usf. heißen insofern objektive, als sie frei und
über aller Zufälligkeit sind. Obschon vernünftige, theoretische
oder sittliche Grundsätze nur dem Subjektiven, dem Bewußtsein angehören, so wird das An- und Fürsichseiende desselben
doch objektiv genannt; die Erkenntnis der Wahrheit wird darein
gesetzt, das Objekt, wie es als Objekt frei von Zutat subjektiver
Reflexion [ist], zu erkennen, und das Rechttun in Befolgung
von objektiven Gesetzen, die ohne subjektiven Ursprung und
keiner Willkür und ihre Notwendigkeit verkehrenden Behandlung fähig sind.

Auf dem gegenwärtigen Standpunkte unserer Abhandlung
hat zunächst die Objektivität die Bedeutung des an- und fürsichseienden Seins des Begriffes, des Begriffes, der die
in seiner Selbstbestimmung gesetzte Vermittlung zur unmit-

telbaren Beziehung auf sich selbst aufgehoben hat. Diese Unmittelbarkeit ist dadurch selbst unmittelbar und ganz vom Begriffe durchdrungen, so wie seine Totalität unmittelbar mit seinem Sein identisch ist. Aber indem ferner der Begriff ebensosehr das freie Fürsichsein seiner Subjektivität herzustellen hat, so tritt ein Verhältnis desselben als Zwecks zur Objektivität ein, worin deren Unmittelbarkeit das gegen ihn Negative und durch seine Tätigkeit zu Bestimmende wird, hiemit die andere Bedeutung, das an und für sich Nichtige, insofern es dem Begriff gegenübersteht, zu sein, erhält.

Vors erste nun ist die Objektivität in ihrer Unmittelbarkeit, deren Momente um der Totalität aller Momente willen in selbständiger Gleichgültigkeit als Objekte außereinander bestehen und in ihrem Verhältnisse die subjektive Einheit des Begriffs nur als innere oder als äußere haben, der Mechanismus. — Indem in ihm aber

zweitens jene Einheit sich als immanentes Gesetz der Objekte selbst zeigt, so wird ihr Verhältnis ihre eigentümliche, durch ihr Gesetz begründete Differenz und eine Beziehung, in welcher ihre bestimmte Selbständigkeit sich aufhebt, der Chemismus.

Drittens, diese wesentliche Einheit der Objekte ist eben damit als unterschieden von ihrer Selbständigkeit gesetzt; sie ist der subjektive Begriff, aber gesetzt als an und für sich selbst bezogen auf die Objektivität, als Zweck, die Teleologie.

Indem der Zweck der Begriff ist, der gesetzt ist, als an ihm selbst sich auf die Objektivität zu beziehen und seinen Mangel, subjektiv zu sein, durch sich aufzuheben, so wird die zunächst äußere Zweckmäßigkeit durch die Realisierung des Zwecks zur innern und zur Idee.

Erstes Kapitel.

Der Mechanismus.

Da die Objektivität die in ihre Einheit zurückgegangene Totalität des Begriffes ist, so ist damit ein Unmittelbares gesetzt, das an und für sich jene Totalität und auch als solche

gesetzt ist, in der aber die negative Einheit des Begriffs sich
noch nicht von der Unmittelbarkeit dieser Totalität abgeschieden hat; — oder die Objektivität ist noch nicht als Urteil gesetzt. Insofern sie den Begriff immanent in sich hat, so ist der
Unterschied desselben an ihr vorhanden; aber um der objektiven Totalität willen sind die Unterschiedenen vollständige
und selbständige Objekte die sich daher auch in ihrer Beziehung nur als selbständige zueinander verhalten und sich
in jeder Verbindung äußerlich bleiben. — Dies macht den
Charakter des Mechanismus aus, daß, welche Beziehung zwischen den Verbundenen stattfindet, diese Beziehung ihnen
eine fremde ist, welche ihre Natur nichts angeht und, wenn
sie auch mit dem Schein eines Eins verknüpft ist, nichts weiter als Zusammensetzung, Vermischung, Haufen usf.
bleibt. Wie der materielle Mechanismus, so besteht auch
der geistige darin, daß die im Geiste Bezogenen sich einander und ihm selbst äußerlich bleiben. Eine mechanische
Vorstellungsweise, ein mechanisches Gedächtnis, die
Gewohnheit, eine mechanische Handlungsweise bedeuten, daß die eigentümliche Durchdringung und Gegenwart
des Geistes bei demjenigen fehlt, was er auffaßt oder tut. Ob
zwar sein theoretischer oder praktischer Mechanismus nicht
ohne seine Selbsttätigkeit, einen Trieb und Bewußtsein stattfinden kann, so fehlt darin doch die Freiheit der Individualität, und weil sie nicht darin erscheint, erscheint solches Tun als
ein bloß äußerliches.

A. Das mechanische Objekt.

Das Objekt ist, wie sich ergeben hat, der Schluß,
dessen Vermittlung ausgeglichen und daher unmittelbare Identität geworden ist. Es ist daher an und für sich Allgemeines;
die Allgemeinheit nicht im Sinne einer Gemeinschaftlichkeit
von Eigenschaften, sondern welche die Besonderheit durchdringt und in ihr unmittelbare Einzelheit ist.

1. Vors erste unterscheidet sich daher das Objekt nicht
in Materie und Form, deren jene das selbständige Allgemeine des Objekts, diese aber das Besondere und Einzelne
sein würde; ein solcher abstrakter Unterschied von Einzelheit und Allgemeinheit ist nach seinem Begriffe an ihm nicht
vorhanden; wenn es als Materie betrachtet wird, so muß es als

an sich selbst geformte Materie genommen werden. Ebenso kann es als Ding mit Eigenschaften, als Ganzes aus Teilen bestehend als Substanz mit Akzidenzen und nach den andern Verhältnissen der Reflexion bestimmt werden; aber diese Verhältnisse sind überhaupt schon im Begriffe untergegangen; das Objekt hat daher nicht Eigenschaften noch Akzidenzen, denn solche sind vom Dinge oder der Substanz trennbar; im Objekt ist aber die Besonderheit schlechthin in die Totalität reflektiert. In den Teilen eines Ganzen ist zwar diejenige Selbständigkeit vorhanden, welche den Unterschieden des Objekts zukommt, aber diese Unterschiede sind sogleich wesentlich selbst Objekte, Totalitäten, welche nicht wie die Teile diese Bestimmtheit gegen das Ganze haben.

Das Objekt ist daher zunächst insofern **unbestimmt**, als es keinen bestimmten Gegensatz an ihm hat; denn es ist die zur unmittelbaren Identität zusammengegangene Vermittlung. Insofern der **Begriff wesentlich bestimmt** ist, hat es die Bestimmtheit als eine zwar vollständige, übrigens aber **unbestimmte, d. i. verhältnislose Mannigfaltigkeit** an ihm, welche eine ebenso zunächst nicht weiter bestimmte Totalität ausmacht; **Seiten, Teile,** die an ihm unterschieden werden können, gehören einer äußern Reflexion an. Jener ganz unbestimmte Unterschied ist daher nur, daß es **mehrere** Objekte gibt, deren jedes seine Bestimmtheit nur in seine Allgemeinheit reflektiert enthält und nicht **nach außen** scheint. — Weil ihm diese unbestimmte Bestimmtheit wesentlich ist, ist es in sich selbst eine solche **Mehrheit** und muß daher als **Zusammengesetztes,** als **Aggregat** betrachtet werden. — Es besteht jedoch nicht aus **Atomen,** denn diese sind keine Objekte, weil sie keine Totalitäten sind. Die **Leibnizische Monade** würde mehr ein Objekt sein, weil sie eine Totalität der Weltvorstellung ist, aber, in ihre **intensive Subjektivität** eingeschlossen, soll sie wenigstens wesentlich **Eins** in sich sein. Jedoch ist die Monade, als **ausschließendes Eins** bestimmt, nur ein von der Reflexion **angenommenes** Prinzip. Sie ist aber teils insofern Objekt, als der Grund ihrer mannigfaltigen Vorstellungen, der entwickelten, d. h. der **gesetzten** Bestimmungen ihrer **bloß an sich seienden** Totalität, **außer ihr** liegt, teils insofern es der Monade ebenso gleichgültig **ist, mit andern zusammen** ein Objekt auszumachen; es ist somit in der Tat nicht ein ausschließendes, für sich selbst bestimmtes.

2. Indem das Objekt nun Totalität des Bestimmtseins ist, aber um seiner Unbestimmtheit und Unmittelbarkeit willen nicht die negative Einheit desselben, so ist es gegen die Bestimmungen als einzelne, an und für sich bestimmte, so wie diese selbst gegeneinander gleichgültig. Diese sind daher nicht aus ihm, noch auseinander begreiflich; seine Totalität ist die Form des allgemeinen Reflektiertseins seiner Mannigfaltigkeit in die an sich selbst nicht bestimmte Einzelheit überhaupt. Die Bestimmtheiten, die es an ihm hat, kommen ihm also zwar zu; aber die Form, welche ihren Unterschied ausmacht und sie zu einer Einheit verbindet, ist eine äußerliche, gleichgültige; sie sei eine Vermischung oder weiter eine Ordnung, ein gewisses Arrangement von Teilen und Seiten, so sind dies Verbindungen, die den so Bezogenen gleichgültig sind.

Das Objekt hat hiemit wie ein Dasein überhaupt die Bestimmtheit seiner Totalität außer ihm, in andern Objekten, diese ebenso wieder außer ihnen und so fort ins Unendliche. Die Rückkehr dieses Hinausgehens ins Unendliche in sich muß zwar gleichfalls angenommen und als eine Totalität vorgestellt werden, als eine Welt, die aber nichts als die durch die unbestimmte Einzelheit in sich abgeschlossene Allgemeinheit, ein Universum ist.

Indem also das Objekt in seiner Bestimmtheit ebenso gleichgültig gegen sie ist, weist es durch sich selbst für sein Bestimmtsein außer sich hinaus, wieder zu Objekten, denen es aber auf gleiche Weise gleichgültig ist, bestimmend zu sein. Es ist daher nirgend ein Prinzip der Selbstbestimmung vorhanden; der Determinismus, — der Standpunkt, auf dem das Erkennen steht, insofern ihm das Objekt, wie es sich hier zunächst ergeben hat, das Wahre ist, — gibt für jede Bestimmung desselben die eines andern Objekts an; aber dieses andere ist gleichfalls indifferent sowohl gegen sein Bestimmtsein als gegen sein aktives Verhalten. — Der Determinismus ist darum selbst auch so unbestimmt, ins Unendliche fortzugehen; er kann beliebig allenthalben stehen bleiben und befriedigt sein, weil das Objekt, zu welchem er übergegangen, als eine formale Totalität in sich beschlossen und gleichgültig gegen das Bestimmtsein durch ein anderes ist. Darum ist das **Erklären** der Bestimmung eines Objekts und das zu diesem Behufe gemachte Fortgehen dieser Vorstellung nur ein **leeres Wort**, weil in dem andern Objekt, zu dem sie fortgeht, keine Selbstbestimmung liegt.

3. Indem nun die **Bestimmtheit** eines Objekts in **einem andern liegt**, so ist keine bestimmte Verschiedenheit zwischen ihnen vorhanden; die Bestimmtheit ist nur **doppelt**, einmal an dem einen, dann an dem andern Objekt, ein schlechthin nur **Identisches**, und die Erklärung oder das Begreifen insofern **tautologisch**. Diese Tautologie ist das äußerliche, leere Hin- und Hergehen; da die Bestimmtheit von den dagegen gleichgültigen Objekten keine eigentümliche Unterschiedenheit erhält und deswegen nur identisch ist, ist nur **Eine** Bestimmtheit vorhanden; und daß sie doppelt sei, drückt eben diese Äußerlichkeit und Nichtigkeit eines Unterschiedes aus. Aber zugleich sind die Objekte **selbständig** gegeneinander; sie bleiben sich darum in jener Identität schlechthin **äußerlich**. — Es ist hiemit der **Widerspruch** vorhanden zwischen der vollkommenen **Gleichgültigkeit** der Objekte gegeneinander und zwischen der **Identität** der **Bestimmtheit** derselben oder ihrer vollkommenen **Äußerlichkeit** in der **Identität** ihrer Bestimmtheit. Dieser Widerspruch ist somit die **negative Einheit** mehrerer sich in ihr schlechthin abstoßender Objekte, — der **mechanische Prozeß**.

B. Der mechanische Prozeß.

Wenn die Objekte nur als in sich abgeschlossene Totalitäten betrachtet werden, so können sie nicht aufeinander wirken. Sie sind in dieser Bestimmung dasselbe, was die **Monaden**, die eben deswegen ohne alle Einwirkung aufeinander gedacht worden. Aber der Begriff einer Monade ist eben darum eine mangelhafte Reflexion. Denn erstlich ist sie eine **bestimmte** Vorstellung ihrer nur **an sich** seienden Totalität; als ein **gewisser Grad** der Entwicklung und des **Gesetztseins** ihrer Weltvorstellung ist sie ein **Bestimmtes**; indem sie nun die sich in geschlossene Totalität ist, so ist sie gegen diese Bestimmtheit auch gleichgültig; es ist daher nicht ihre eigene, sondern eine durch ein **anderes** Objekt gesetzte Bestimmtheit. **Zweitens** ist sie ein **Unmittelbares** über-

haupt, insofern sie ein nur Vorstellendes sein soll; ihre
Beziehung auf sich ist daher die abstrakte Allgemeinheit; dadurch ist sie ein für andere offenes Dasein. —
Es ist nicht hinreichend, um die Freiheit der Substanz zu gewinnen, sie als eine Totalität vorzustellen, die, in sich vollständig, nichts von außen her zu erhalten habe. Vielmehr
ist gerade die begrifflose, bloß vorstellende Beziehung auf
sich selbst eine Passivität gegen anderes. — Ebenso ist die
Bestimmtheit, sie mag nun als die Bestimmtheit eines
Seienden oder eines Vorstellenden, als ein Grad eigener,
aus dem Innern kommenden Entwicklung gefaßt werden, ein
Äußerliches; — der Grad, welchen die Entwicklung erreicht, hat seine Grenze in einem Andern. Die Wechselwirkung der Substanzen in eine vorherbestimmte Harmonie
hinauszuschieben, heißt weiter nichts als sie zu einer Voraussetzung machen, d. i. zu etwas, das dem Begriffe entzogen
wird. — Das Bedürfnis, der Einwirkung der Substanzen
zu entgehen, gründete sich auf das Moment der absoluten
Selbständigkeit und Ursprünglichkeit, welches zugrunde
gelegt wurde. Aber da diesem Ansichsein das Gesetztsein, der Grad der Entwicklung nicht entspricht, so hat es
eben darum seinen Grund in einem Andern.

Vom Substantialitätsverhältnisse ist seinerzeit gezeigt worden, daß es in das Kausalitätsverhältnis übergeht. Aber das
Seiende hat hier nicht mehr die Bestimmung einer Substanz,
sondern eines Objekts; das Kausalitätsverhältnis ist im Begriffe untergegangen; die Ursprünglichkeit einer Substanz
gegen die andere hat sich als ein Schein, ihr Wirken als ein
Übergehen in das Entgegengesetzte gezeigt. Dies Verhältnis
hat daher keine Objektivität. Insofern daher das eine Objekt
in der Form der subjektiven Einheit als wirkende Ursache
gesetzt ist, so gilt dies nicht mehr für eine ursprüngliche
Bestimmung, sondern als etwas Vermitteltes; das wirkende
Objekt hat diese seine Bestimmung nur vermittelst eines andern Objekts. — Der Mechanismus, da er der Sphäre des
Begriffs angehört, hat an ihm dasjenige gesetzt, was sich
als die Wahrheit des Kausalitätsverhältnisses erwies, daß die
Ursache, die das An- und Fürsichseiende sein soll, wesentlich
ebensowohl Wirkung, Gesetztsein ist. Im Mechanismus ist
daher unmittelbar die Ursachlichkeit des Objekts eine Nicht-

ursprünglichkeit; es ist gleichgültig gegen diese seine Bestimmung; daß es Ursache ist, ist ihm daher etwas Zufälliges. — Insofern könnte man wohl sagen, daß die Kausalität der Substanzen nur ein Vorgestelltes ist. Aber eben diese vorgestellte Kausalität ist der Mechanismus, indem er dies ist, daß die Kausalität als identische Bestimmtheit verschiedener Substanzen, somit als das Untergehen ihrer Selbständigkeit in dieser Identität, ein bloßes Gesetztsein ist; die Objekte sind gleichgültig gegen diese Einheit und erhalten sich gegen sie. Aber ebensosehr ist auch diese ihre gleichgültige Selbständigkeit ein bloßes Gesetztsein; sie sind darum fähig, sich zu vermischen und zu aggregieren und als Aggregat zu Einem Objekte zu werden. Durch diese Gleichgültigkeit ebensowohl gegen ihren Übergang als gegen ihre Selbständigkeit sind die Substanzen Objekte.

a) Der formale mechanische Prozeß.

Der mechanische Prozeß ist das Setzen dessen, was im Begriffe des Mechanismus enthalten ist, zunächst also eines Widerspruchs.

1. Das Einwirken der Objekte ergibt sich aus dem aufgezeigten Begriffe so, daß es das Setzen der identischen Beziehung der Objekte ist. Dies besteht nur darin, daß der Bestimmtheit, welche bestimmt wird, die Form der Allgemeinheit gegeben wird, — was die Mitteilung ist, welche ohne Übergehen ins Entgegengesetzte ist. — Die geistige Mitteilung, die ohnehin in dem Elemente vorgeht, welches das Allgemeine in der Form der Allgemeinheit ist, ist für sich selbst eine ideelle Beziehung, worin sich ungetrübt eine Bestimmtheit von einer Person in die andere kontinuiert und ohne alle Veränderung sich verallgemeinert, — wie ein Duft in der widerstandslosen Atmosphäre sich frei verbreitet. Aber auch in der Mitteilung zwischen materiellen Objekten macht sich ihre Bestimmtheit auf eine ebenso ideelle Weise sozusagen breit; die Persönlichkeit ist eine unendlich intensivere Härte, als die Objekte haben. Die formelle Totalität des Objekts überhaupt, welche gegen die Bestimmtheit gleichgültig, somit keine Selbstbestimmung ist, macht es zum Ununterschiedenen vom andern und die Einwirkung daher zunächst zu einer ungehinderten Kontinuierung der Bestimmtheit des einen in dem andern.

Im Geistigen ist es nun ein unendlich mannigfaltiger Inhalt, der mitteilungsfähig ist, indem er, in die Intelligenz aufgenommen, diese Form der Allgemeinheit erhält, in der er
ein Mitteilbares wird. Aber das nicht nur durch die Form,
sondern an und für sich Allgemeine ist das Objektive als
solches, sowohl im Geistigen als im Körperlichen, wogegen
die Einzelheit der äußern Objekte wie auch der Personen ein
Unwesentliches ist, das ihm keinen Widerstand leisten kann.
Die Gesetze, Sitten, vernünftige Vorstellungen überhaupt sind
im Geistigen solche Mitteilbare, welche die Individuen auf eine
bewußtlose Weise durchdringen und sich in ihnen geltend machen. Im Körperlichen sind es Bewegung, Wärme, Magnetismus, Elektrizität u. dergl. — die, wenn man sie auch als
Stoffe oder Materien sich vorstellen will, als imponderable
Agentien bestimmt werden müssen, — Agentien, die dasjenige der
Materialität nicht haben, was ihre Vereinzelung begründet.

2. Wenn nun im Einwirken der Objekte aufeinander zuerst ihre identische Allgemeinheit gesetzt wird, so ist ebenso notwendig das andere Begriffsmoment, die Besonderheit
zu setzen; die Objekte beweisen daher auch ihre Selbständigkeit, erhalten sich als einander äußerlich und stellen die
Einzelheit in jener Allgemeinheit her. Diese Herstellung
ist die Reaktion überhaupt. Zunächst ist sie nicht zu fassen
als ein bloßes Aufheben der Aktion und der mitgeteilten
Bestimmtheit; das Mitgeteilte ist als Allgemeines positiv in den
besondern Objekten und besondert sich nur an ihrer Verschiedenheit. Insofern bleibt also das Mitgeteilte, was es ist;
nur verteilt es sich an die Objekte oder wird durch deren
Partikularität bestimmt. — Die Ursache geht in ihrem Andern,
der Wirkung, die Aktivität der ursachlichen Substanz in ihrem
Wirken verloren; das einwirkende Objekt aber wird nur
ein Allgemeines; sein Wirken ist zunächst nicht ein Verlust seiner Bestimmtheit, sondern eine Partikularisation,
wodurch es, welches zuerst jene ganze, an ihm einzelne Bestimmtheit war, nun eine Art derselben, und die Bestimmtheit erst dadurch als ein Allgemeines gesetzt wird. Beides, die
Erhebung der einzelnen Bestimmtheit zur Allgemeinheit in der
Mitteilung und die Partikularisation derselben oder die Herab-
setzung derselben, die nur Eine war, zu einer Art in der Verteilung ist ein und dasselbe.

Die Reaktion ist nun der Aktion gleich. — Dies erscheint zunächst so, daß das andre Objekt das ganze Allgemeine in sich aufgenommen [hat] und nun so Aktives gegen das Erste ist. So ist seine Reaktion dieselbe als die Aktion, ein gegenseitiges Abstoßen des Stoßes. Zweitens ist das Mitgeteilte das Objektive; es bleibt also substantielle Bestimmung der Objekte bei der Voraussetzung ihrer Verschiedenheit; das Allgemeine spezifiziert sich somit zugleich in ihnen, und jedes Objekt gibt daher nicht die ganze Aktion nur zurück, sondern hat seinen spezifischen Anteil. Aber drittens ist die Reaktion insofern ganz negative Aktion, als jedes durch die Elastizität seiner Selbständigkeit das Gesetztsein eines Andern in ihm ausstößt und seine Beziehung auf sich erhält. Die spezifische Besonderheit der mitgeteilten Bestimmtheit in den Objekten, was vorhin Art genannt wurde, geht zur Einzelheit zurück, und das Objekt behauptet seine Äußerlichkeit gegen die mitgeteilte Allgemeinheit. Die Aktion geht dadurch in Ruhe über. Sie erweist sich als eine an der in sich geschlossenen gleichgültigen Totalität des Objekts nur oberflächliche, transiente Veränderung.

3. Dieses Rückgehen macht das Produkt des mechanischen Prozesses aus. Unmittelbar ist das Objekt vorausgesetzt als Einzelnes, ferner als Besonderes gegen andere, drittens aber als Gleichgültiges gegen seine Besonderheit, als Allgemeines. Das Produkt ist jene vorausgesetzte Totalität des Begriffes nun als eine gesetzte. Er ist der Schlußsatz, worin das mitgeteilte Allgemeine durch die Besonderheit des Objekts mit der Einzelheit zusammengeschlossen ist; aber zugleich ist in der Ruhe die Vermittlung als eine solche gesetzt, die sich aufgehoben hat, oder daß das Produkt gegen dies sein Bestimmtwerden gleichgültig und die erhaltene Bestimmtheit eine äußerliche an ihm ist.

Sonach ist das Produkt dasselbe, was das in den Prozeß erst eingehende Objekt. Aber zugleich ist es erst durch diese Bewegung bestimmt; das mechanische Objekt ist überhaupt nur Objekt als Produkt, weil das, was es ist, erst durch Vermittlung eines Andern an ihm ist. So als Produkt ist es, was es an und für sich sein sollte, ein Zusammengesetztes, Vermischtes, eine gewisse Ordnung und Arrange-

ment der Teile, überhaupt ein solches, dessen Bestimmtheit
nicht Selbstbestimmung, sondern ein **Gesetztes** ist.

Auf der andern Seite ist ebensosehr das **Resultat des
mechanischen Prozesses nicht schon vor ihm selbst vorhanden; sein Ende ist nicht in seinem Anfang** wie beim
Zwecke. Das Produkt ist eine Bestimmtheit am Objekt als
äußerlich gesetzte. Dem **Begriffe** nach ist daher dies Produkt wohl dasselbe, was das Objekt schon von Anfang ist. Aber
im Anfange ist die äußerliche Bestimmtheit noch nicht als gesetzte. Das Resultat ist insofern ein **ganz anderes** als das
erste Dasein des Objekts und ist als etwas schlechthin für
dasselbe zufälliges.

b) Der reale mechanische Prozeß.

Der mechanische Prozeß geht in **Ruhe** über. Die Bestimmtheit nämlich, welche das Objekt durch ihn erhält, ist nur
eine **äußerliche**. Ein ebenso Äußerliches ist ihm diese Ruhe
selbst, indem dies die dem **Wirken** des Objekts entgegengesetzte Bestimmtheit, aber jede dem Objekte gleichgültig ist;
die Ruhe kann daher auch angesehen werden als durch eine
äußerliche Ursache hervorgebracht, so sehr es dem Objekte gleichgültig war, wirkendes zu sein.

Indem nun ferner die Bestimmtheit eine **gesetzte**, und
der Begriff des Objekts **durch die Vermittlung hindurch
zu sich selbst zurückgegangen** ist, so hat das Objekt die
Bestimmtheit als eine **in sich reflektierte** an ihm. Die Objekte
haben daher nunmehr im mechanischen Prozesse und dieser
selbst ein näher bestimmtes Verhältnis. Sie sind nicht bloß
verschiedene, sondern **bestimmt unterschiedene** gegeneinander. Das Resultat des formalen Prozesses, welches einerseits die bestimmungslose Ruhe ist, ist somit andererseits durch
die in sich reflektierte Bestimmtheit die **Verteilung des
Gegensatzes**, den das Objekt überhaupt an ihm hat, unter
mehrere sich mechanisch zueinander verhaltende Objekte. Das
Objekt, einerseits das Bestimmungslose, das sich **unelastisch**
und **unselbständig** verhält, hat andererseits eine für andere
undurchbrechbare Selbständigkeit. Die Objekte haben
nun auch **gegeneinander** diesen bestimmtern Gegensatz der
selbständigen Einzelheit und der **unselbständigen
Allgemeinheit.** — Der nähere Unterschied kann als ein bloß

quantitativer der verschiedenen Größe der Masse im Körperlichen oder der Intensität oder auf vielfache andere Weise gefaßt werden. Überhaupt aber ist er nicht bloß in jener Abstraktion festzuhalten; beide sind auch als Objekte positive Selbständige.

Das erste Moment dieses realen Prozesses ist nun wie vorhin die Mitteilung. Das Schwächere kann vom Stärkern nur insofern gefaßt und durchdrungen werden, als es dasselbe aufnimmt und Eine Sphäre mit ihm ausmacht. Wie im Materiellen das Schwache gegen das unverhältnismäßig Starke gesichert ist (wie ein in der Luft freihängendes Leintuch von einer Flintenkugel nicht durchschossen, eine schwache organische Rezeptivität nicht sowohl von den starken als von den schwachen Reizmitteln angegriffen wird), so ist der ganz schwache Geist sicherer gegen den starken als ein solcher, der diesem näher steht; wenn man sich ein ganz Dummes, Unedles vorstellen will, so kann auf dasselbe hoher Verstand, kann das Edle keinen Eindruck machen; das einzig konsequente Mittel gegen die Vernunft ist, sich mit ihr gar nicht einzulassen. — Insofern das Unselbständige mit dem Selbständigen nicht zusammengehen und keine Mitteilung zwischen ihnen stattfinden kann, kann das Letztere auch keinen Widerstand leisten, d. h. das mitgeteilte Allgemeine nicht für sich spezifizieren. — Wenn sie sich nicht in Einer Sphäre befänden, so wäre ihre Beziehung aufeinander ein unendliches Urteil und kein Prozeß zwischen ihnen möglich.

Der Widerstand ist das nähere Moment der Überwältigung des einen Objekts durch das andere, indem er das beginnende Moment der Verteilung des mitgeteilten Allgemeinen und des Setzens der sich auf sich beziehenden Negativität, der herzustellenden Einzelheit ist. Der Widerstand wird überwältigt, insofern seine Bestimmtheit dem mitgeteilten Allgemeinen, welches vom Objekte aufgenommen worden [ist] und sich in ihm singularisieren soll, nicht angemessen ist. Seine relative Unselbständigkeit manifestiert sich darin, daß seine Einzelheit nicht die Kapazität für das Mitgeteilte hat, daher von demselben zersprengt wird, weil es sich an diesem Allgemeinen nicht als Subjekt konstituieren, dasselbe nicht zu seinem Prädikate machen kann. — Die Gewalt gegen ein Objekt ist nur nach dieser zweiten Seite Fremdes für dasselbe. Die Macht wird dadurch zur Gewalt, daß sie, eine objektive Allgemeinheit, mit der Natur des Objekts identisch ist, aber ihre Bestimmtheit oder Negativität nicht dessen eigene negative Reflexion in sich ist, nach welcher es ein Einzelnes ist. Insofern die Negativität des Objekts nicht an der Macht sich in sich reflektiert, die Macht nicht dessen eigene Beziehung auf sich ist, ist sie gegen dieselbe nur abstrakte Negativität, deren Manifestation der Untergang ist.

Die Macht, als die objektive Allgemeinheit und als Gewalt gegen das Objekt, ist, was Schicksal genannt wird, — ein Begriff, der innerhalb des Mechanismus fällt, insofern es blind genannt, d. h. dessen objektive Allgemeinheit vom Subjekte in seiner spezifischen Eigenheit nicht erkannt wird. — Um einiges Weniges hierüber zu bemerken, so ist das Schicksal des Lebendigen überhaupt die Gattung, welche sich durch die Vergänglichkeit der lebendigen Individuen, die sie in ihrer wirklichen Einzelheit nicht als Gattung haben, manifestiert. Als bloße Objekte haben die nur lebendigen Naturen wie die übrigen Dinge von niedrigerer Stufe kein Schicksal; was ihnen widerfährt, ist eine Zufälligkeit; aber sie sind in ihrem Begriffe als Objekte sich äußerliche; die fremde Macht des Schicksals ist daher ganz nur ihre eigene unmittelbare Natur, die Äußerlichkeit und Zufälligkeit selbst. Ein eigentliches Schicksal hat nur das Selbstbewußtsein; weil es frei, in der Einzelheit seines Ich daher schlechthin an und für sich ist und seiner objektiven Allgemeinheit sich gegenüberstellen und sich gegen sie entfremden kann. Aber durch diese Trennung selbst erregt es gegen sich das mechanische Verhältnis eines Schicksals. Damit also ein solches Gewalt über dasselbe haben könne, muß es irgendeine Bestimmtheit gegen die wesentliche Allgemeinheit sich gegeben, eine Tat begangen haben. Hiedurch hat es sich zu einem Besondern gemacht, und dies Dasein ist als die abstrakte Allgemeinheit zugleich die für die Mitteilung seines ihm entfremdeten Wesens offene Seite; an dieser wird es in den Prozeß gerissen. Das tatlose Volk ist tadellos; es ist in die objektive, sittliche Allgemeinheit eingehüllt und darin aufgelöst, ohne die Individualität, welche das Unbewegte bewegt, sich eine Bestimmtheit nach Außen und eine von der objektiven abgetrennte, abstrakte Allgemeinheit gibt, womit aber auch das

Subjekt zu einem seines Wesens Entäußerten, einem **Objekte** wird und in das Verhältnis der **Äußerlichkeit** gegen seine Natur und des Mechanismus getreten ist.

c) Das Produkt des mechanischen Prozesses.

Das Produkt des **formalen** Mechanismus ist das Objekt überhaupt, eine gleichgültige Totalität, an welcher die **Bestimmtheit als gesetzte** ist. Indem hiedurch das Objekt als **Bestimmtes** in den Prozeß eingetreten ist, so ist einerseits in dem Untergange desselben die **Ruhe** als der ursprüngliche Formalismus des Objekts, die Negativität seines Für-sich-bestimmtseins, das Resultat. Andererseits aber ist das Aufheben des Bestimmtseins als **positive Reflexion desselben in sich** die in sich gegangene Bestimmtheit oder die gesetzte Totalität des Begriffs, die **wahrhafte Einzelheit** des Objekts. Das Objekt, zuerst in seiner unbestimmten Allgemeinheit, dann als **Besonderes**, ist nun als **objektiv Einzelnes** bestimmt, so daß darin jener **Schein von Einzelheit**, welche nur eine sich der substantiellen Allgemeinheit gegenüberstellende Selbständigkeit ist, aufgehoben worden.

Diese Reflexion in sich ist nun, wie sie sich ergeben hat, das objektive Einssein der Objekte, welches individuelle Selbständigkeit, — das **Zentrum** ist. Zweitens ist die Reflexion der Negativität die Allgemeinheit, die nicht ein der Bestimmtheit gegenüberstehendes, sondern in sich bestimmtes, vernünftiges Schicksal ist, — eine Allgemeinheit, die sich **an ihr selbst** besondert, der ruhige, in der unselbständigen Besonderheit der Objekte und ihrem Prozesse feste Unterschied, das **Gesetz**. Dies Resultat ist die Wahrheit, somit auch die Grundlage des mechanischen Prozesses.

C. Der absolute Mechanismus.

a) Das Zentrum.

Die leere Mannigfaltigkeit des Objekts ist nun erstens in die objektive Einzelheit, in den einfachen selbst bestimmenden Mittelpunkt gesammelt. Insofern zweitens das Objekt als unmittelbare Totalität seine Gleichgültigkeit gegen die Bestimmtheit behält, so ist diese an ihm auch als unwesent-

liche oder als ein Außereinander von vielen Objekten vorhanden. Die erstere, die wesentliche Bestimmtheit macht dagegen die reelle Mitte zwischen den vielen mechanisch aufeinander wirkenden Objekten aus, durch welche sie an und
für sich zusammen geschlossen sind, und ist deren objektive
Allgemeinheit. Die Allgemeinheit zeigte sich zuerst im Verhältnisse der Mitteilung als eine nur durchs Setzen vorhandene; als objektive aber ist sie das durchdringende, immanente Wesen der Objekte.

In der materiellen Welt ist es der Zentralkörper, der
die Gattung, aber individuelle Allgemeinheit der einzelnen Objekte und ihres mechanischen Prozesses ist. Die unwesentlichen einzelnen Körper verhalten sich stoßend und
drückend zueinander; solches Verhältnis findet nicht zwischen dem Zentralkörper und den Objekten statt, deren Wesen
er ist; denn ihre Äußerlichkeit macht nicht mehr ihre Grundbestimmung aus. Ihre Identität mit ihm ist also vielmehr
die Ruhe, nämlich das Sein in ihrem Zentrum; diese Einheit ist ihr an und für sich seiender Begriff. Sie bleibt jedoch
nur ein Sollen, da die zugleich noch gesetzte Äußerlichkeit
der Objekte jener Einheit nicht entspricht. Das Streben, das
sie daher nach dem Zentrum haben, ist ihre absolute, nicht
durch Mitteilung gesetzte Allgemeinheit; sie macht die
wahre, selbst konkrete, nicht von Außen gesetzte Ruhe
aus, in welche der Prozeß der Unselbständigkeit zurückgehen
muß. — Es ist deswegen eine leere Abstraktion, wenn in
der Mechanik angenommen wird, daß ein in Bewegung gesetzter Körper überhaupt sich in gerader Linie ins Unendliche
fortbewegen würde, wenn er nicht durch äußerlichen Widerstand seine Bewegung verlöre. Die Reibung, oder welche
Form der Widerstand sonst hat, ist nur die Erscheinung der
Zentralität; diese ist es, welche ihn absolut zu sich zurückbringt; denn das, woran sich der bewegte Körper reibt, hat
allein die Kraft eines Widerstands durch sein Einssein mit
dem Zentrum. — Im Geistigen nimmt das Zentrum und das
Einssein mit demselben höhere Formen an; aber die Einheit
des Begriffs und deren Realität, welche hier zunächst mechanische Zentralität ist, muß auch dort die Grundbestimmung
ausmachen.

Der Zentralkörper hat insofern aufgehört, ein bloßes

Objekt zu sein, da an diesem die Bestimmtheit ein Unwesentliches ist; denn er hat nicht mehr nur das An-sich-, sondern
auch das Für-sich-sein der objektiven Totalität. Er kann
deswegen als ein Individuum angesehen werden. Seine Bestimmtheit ist wesentlich von einer bloßen Ordnung oder
Arrangement und äußerlichem Zusammenhang von Teilen verschieden; sie ist als an und für sich seiende Bestimmtheit eine immanente Form, selbst bestimmendes Prinzip, welchem die Objekte inhärieren, und wodurch sie zu einem
wahrhaften Eins verbunden sind.

Dieses Zentralindividuum ist aber so nur erst Mitte,
welche noch keine wahrhaften Extreme hat; als negative Einheit des totalen Begriffs dirimiert es sich aber in solche. Oder
die vorhin unselbständigen, sich äußerlichen Objekte werden
durch den Rückgang des Begriffs gleichfalls zu Individuen bestimmt; die Identität des Zentralkörpers mit sich, die noch ein
Streben ist, ist mit Äußerlichkeit behaftet, welcher, da
sie in seine objektive Einzelheit aufgenommen ist, diese
mitgeteilt ist. Durch diese eigene Zentralität sind sie, außer
jenem ersten Zentrum gestellt, selbst Zentra für die unselbständigen Objekte. Diese zweiten Zentra und die unselbständigen Objekte sind durch jene absolute Mitte zusammengeschlossen.

Die relativen Zentralindividuen machen aber auch selbst
die Mitte eines zweiten Schlusses aus, welche einerseits unter ein höheres Extrem, die objektive Allgemeinheit
und Macht des absoluten Zentrums, subsumiert ist, auf der andern Seite die unselbständigen Objekte unter sich subsumiert,
deren oberflächliche oder formale Vereinzelung von ihr getragen werden. — Auch diese Unselbständigen sind die Mitte
eines dritten, des formalen Schlusses, indem sie das
Band zwischen der absoluten und der relativen Zentralindivi-
dualität insofern sind, als die letztere in ihnen ihre Äußerlichkeit hat, durch welche die Beziehung auf sich zugleich
ein Streben nach einem absoluten Mittelpunkt ist. Die formalen Objekte haben zu ihrem Wesen die identische Schwere
ihres unmittelbaren Zentralkörpers, dem sie als ihrem Subjekte und Extreme der Einzelheit inhärieren; durch die Äußerlichkeit, welche sie ausmachen, ist er unter den absoluten
Zentralkörper subsumiert; sie sind also die formale Mitte der

Besonderheit. — Das absolute Individuum aber ist die objektiv allgemeine Mitte, welche das Insichsein des relativen Individuums und seine Äußerlichkeit zusammenschließt und festhält. — So sind auch die Regierung, die Bürgerindividuen und die Bedürfnisse oder das äußerliche Leben der Einzelnen drei Termini, deren jeder die Mitte der zwei andern ist. Die Regierung ist das absolute Zentrum, worin das Extrem der Einzelnen mit ihrem äußerlichen Bestehen zusammengeschlossen wird; ebenso sind die Einzelnen Mitte, welche jenes allgemeine Individuum zur äußerlichen Existenz betätigen und ihr sittliches Wesen in des Extrem der Wirklichkeit übersetzen. Der dritte Schluß ist der formale, der Schluß des Scheins, daß die Einzelnen durch ihre Bedürfnisse und das äußerliche Dasein an diese allgemeine absolute Individualität geknüpft sind; ein Schluß, der als der bloß subjektive in die andern übergeht und in ihnen seine Wahrheit hat.

Diese Totalität, deren Momente selbst die vollständigen Verhältnisse des Begriffes, die Schlüsse, sind, worin jedes der drei unterschiedenen Objekte die Bestimmung der Mitte und der Extreme durchläuft, macht den freien Mechanismus aus. In ihm haben die unterschiedenen Objekte die objektive Allgemeinheit, die durchdringende, in der Besonderung sich identisch erhaltende Schwere zu ihrer Grundbestimmung. Die Beziehungen von Druck, Stoß, Anziehen u. dergl. sowie Aggregierungen oder Vermischungen gehören dem Verhältnisse der Äußerlichkeit an, die den dritten der zusammengestellten Schlüsse begründet. Die Ordnung, welches die bloß äußerliche Bestimmtheit der Objekte ist, ist in die immanente und objektive Bestimmung übergegangen; diese ist das Gesetz.

b) Das Gesetz.

In dem Gesetze tut sich der bestimmtere Unterschied von ideeller Realität der Objektivität gegen die äußerliche hervor. Das Objekt hat als unmittelbare Totalität des Begriffs die Äußerlichkeit noch nicht als von dem Begriffe unterschieden, der nicht für sich gesetzt ist. Indem es durch den Prozeß in sich gegangen, ist der Gegensatz der einfachen Zentralität gegen eine Äußerlichkeit eingetreten, welche

nun als Äußerlichkeit bestimmt, d. i. als nicht An- und Für-
sich-seiendes gesetzt ist. Jenes Identische oder Ideelle der
Individualität ist um der Beziehung auf die Äußerlichkeit willen ein Sollen; es ist die an und für sich bestimmte und
selbstbestimmende Einheit des Begriffs, welcher jene äußerliche Realität nicht entspricht und daher nur bis zum Streben
kommt. Aber die Individualität ist an und für sich das konkrete Prinzip der negativen Einheit, als solches selbst
Totalität, eine Einheit, die sich in die bestimmten Begriffsunterschiede dirimiert und in ihrer sich selbst gleichen Allgemeinheit bleibt, somit der innerhalb seiner reinen
Idealität durch den Unterschied erweiterte Mittelpunkt.
— Diese Realität, die dem Begriffe entspricht, ist die ideelle,
von jener nur strebenden unterschieden, der Unterschied, der
zunächst eine Vielheit von Objekten ist, in seiner Wesentlichkeit
und in die reine Allgemeinheit aufgenommen. Diese reelle
Idealität ist die Seele der vorhin entwickelten objektiven Totalität, die an und für sich bestimmte Identität des
Systems.

Das objektive An- und Für-sich-sein ergibt sich daher
in seiner Totalität bestimmter als die negative Einheit des Zentrums, welche sich in die subjektive Individualität und
die äußerliche Objektivität teilt, in dieser jene erhält
und in ideellem Unterschiede bestimmt. Diese selbstbestimmende, die äußerliche Objektivität in die Idealität absolut zu-
rückführende Einheit ist Prinzip von Selbstbewegung; die
Bestimmtheit dieses Beseelenden, welche der Unterschied
des Begriffes selbst ist, ist das Gesetz. — Der tote Mechanismus war der betrachtete mechanische Prozeß von Objekten,
die unmittelbar als selbständig erschienen, aber eben deswegen
in Wahrheit unselbständig sind und ihr Zentrum außer ihnen
haben; dieser Prozeß, der in Ruhe übergeht, zeigt entweder
Zufälligkeit und unbestimmte Ungleichheit oder formale
Gleichförmigkeit. Diese Gleichförmigkeit ist wohl eine
Regel, aber nicht Gesetz. Nur der freie Mechanismus hat
ein Gesetz, die eigene Bestimmung der reinen Individualität
oder des für sich seienden Begriffs; es ist als Unterschied an sich selbst unvergängliche Quelle sich selbst entzün-
dender Bewegung, indem es in der Idealität seines Unterschiedes sich nur auf sich bezieht, freie Notwendigkeit.

c) Übergang des Mechanismus.

Diese Seele ist jedoch in ihren Körper noch versenkt, der nunmehr bestimmte aber innre Begriff der objektiven Totalität ist freie Notwendigkeit, daß das Gesetz seinem Objekte noch nicht gegenüber getreten ist; es ist die konkrete Zentralität als in ihre Objektivität unmittelbar verbreitete Allgemeinheit. Jene Idealität hat daher nicht die Objekte selbst zu ihrem bestimmten Unterschied; diese sind selbständige Individuen der Totalität oder auch, wenn wir auf die formale Stufe zurücksehen, nichtindividuelle, äußerliche Objekte. Das Gesetz ist ihnen wohl immanent und macht ihre Natur und Macht aus; aber sein Unterschied ist in seine Idealität eingeschlossen, und die Objekte sind nicht selbst in die ideelle Differenz des Gesetzes unterschieden. Aber das Objekt hat an der ideellen Zentralität und deren Gesetze allein seine wesentliche Selbständigkeit; es hat daher keine Kraft, dem Urteile des Begriffs Widerstand zu tun und sich in abstrakter, unbestimmter Selbständigkeit und Verschlossenheit zu erhalten. Durch den ideellen, ihm immanenten Unterschied ist sein Dasein eine durch den Begriff gesetzte Bestimmtheit. Seine Unselbständigkeit ist auf diese Weise nicht mehr nur ein Streben nach dem Mittelpunkte, gegen den es eben, weil seine Beziehung nur ein Streben ist, noch die Erscheinung eines selbständigen äußerlichen Objektes hat; sondern es ist ein Streben nach dem bestimmt ihm entgegengesetzten Objekt; so wie das Zentrum dadurch selbst auseinander und seine negative Einheit in den objektivierten Gegensatz übergegangen ist. Die Zentralität ist daher jetzt Beziehung dieser gegeneinander negativen und gespannten Objektivitäten. So bestimmt sich der freie Mechanismus zum Chemismus.

Zweites Kapitel.

Der Chemismus.

Der Chemismus macht im ganzen der Objektivität das Moment des Urteils, der objektiv gewordenen Differenz und des Prozesses aus. Da er mit der Bestimmtheit und dem Gesetztsein schon beginnt und das chemische Objekt zugleich objektive Totalität ist, ist sein nächster Verlauf einfach und durch seine Voraussetzung vollkommen bestimmt.

A. Das chemische Objekt.

Das chemische Objekt unterscheidet sich von dem mechanischen dadurch, daß das letztere eine Totalität ist, welche gegen die Bestimmtheit gleichgültig ist; bei dem chemischen dagegen gehört die Bestimmtheit, somit die Beziehung auf anderes und die Art und Weise dieser Beziehung seiner Natur an. — Diese Bestimmtheit ist wesentlich zugleich Besonderung, d. h. in die Allgemeinheit aufgenommen; sie ist so Prinzip — die allgemeine Bestimmtheit, nicht nur die des einen einzelnen Objekts, sondern auch die des andern. Es unterscheidet sich daher nun an demselben sein Begriff als die innere Totalität beider Bestimmtheiten, und die Bestimmtheit, welche die Natur des einzelnen Objekts in seiner Äußerlichkeit und Existenz ausmacht. Indem es auf diese Weise an sich der ganze Begriff ist, so hat es an ihm selbst die Notwendigkeit und den Trieb, sein entgegengesetztes, einseitiges Bestehen aufzuheben und sich zu dem realen Ganzen im Dasein zu machen, welches es seinem Begriffe nach ist.

Über den Ausdruck Chemismus für das Verhältnis der Differenz der Objektivität, wie es sich ergeben hat, kann übrigens bemerkt werden, daß er hier nicht so verstanden werden muß, als ob sich dies Verhältnis nur in derjenigen Form der elementarischen Natur darstellte, welche der eigentliche sogenannte Chemismus heißt. Schon das meteorologische Verhältnis muß als ein Prozeß angesehen werden, dessen Partien mehr die Natur von physikalischen als chemischen Elementen haben. Im Lebendigen steht das Geschlechtsverhältnis unter diesem Schema, so wie es auch für die geistigen Verhältnisse der Liebe, Freundschaft usw. die formale Grundlage ausmacht.

Näher betrachtet ist das chemische Objekt zunächst, als eine selbständige Totalität überhaupt, ein in sich reflektiertes, das insofern von seinem Reflektiertsein nach Außen unterschieden ist, — eine gleichgültige Basis, das noch nicht als different bestimmte Individuum; auch die Person ist eine solche, sich erst nur auf sich beziehende Basis. Die immanente Bestimmtheit aber, welche seine Differenz ausmacht, ist erstlich so in sich reflektiert, daß diese Zurücknahme der Beziehung nach außen nur formale abstrakte Allgemeinheit ist; so ist die Beziehung nach außen Bestimmung seiner Unmittelbarkeit und Existenz. Nach dieser Seite geht es nicht an ihm selbst in die individuelle Totalität zurück; und die negative Einheit hat die beiden Momente ihres Gegensatzes an zwei besondern Objekten. Sonach ist ein chemisches Objekt nicht aus ihm selbst begreiflich, und das Sein des einen ist das Sein eines andern. — Zweitens aber ist die Bestimmtheit absolut in sich reflektiert und das konkrete Moment des individuellen Begriffs des Ganzen, der das allgemeine Wesen, die reale Gattung des besondern Objekts ist. Das chemische Objekt, hiemit der Widerspruch seines unmittelbaren Gesetztseins und seines immanenten individuellen Begriffs, ist ein Streben, die Bestimmtheit seines Daseins aufzuheben und der objektiven Totalität des Begriffes die Existenz zu geben. Es ist daher zwar gleichfalls ein unselbständiges, aber so, daß es hiegegen durch seine Natur selbst gespannt ist und den Prozeß selbstbestimmend anfängt.

B. Der Prozeß.

1. Er beginnt mit der Voraussetzung, daß die gespannten Objekte, so sehr sie es gegen sich selbst, es zunächst eben damit gegeneinander sind, — ein Verhältnis, welches ihre Verwandtschaft heißt. Indem jedes durch seinen Begriff im Widerspruch gegen die eigene Einseitigkeit seiner Existenz steht, somit diese aufzuheben strebt, ist darin unmittelbar das Streben gesetzt, die Einseitigkeit des andern aufzuheben und durch diese gegenseitige Ausgleichung und Verbindung die Realität dem Begriffe, der beide Momente enthält, gemäß zu setzen.

Insofern jedes gesetzt ist als an ihm selbst sich widersprechend und aufhebend, so sind sie nur durch äußere Gewalt in der Absonderung voneinander und von ihrer gegenseitigen Ergänzung gehalten. Die Mitte, wodurch nun diese Extreme zusammengeschlossen werden, ist erstlich die ansichseiende Natur beider, der ganze, beide in sich haltende Begriff. Aber zweitens. da sie in der Existenz gegeneinander stehen, so ist ihre absolute Einheit auch ein unterschieden von ihnen existierendes, noch formales Element, — das Element der Mitteilung, worin sie in äußerliche Gemeinschaft miteinander treten. Da der reale Unterschied den Extremen angehört, so ist diese Mitte nur die abstrakte Neutralität, die reale Möglichkeit derselben, — gleichsam das theoretische Element der Existenz von den chemischen Objekten, ihres Prozesses und seines Resultats; — im Körperlichen hat das Wasser die Funktion dieses Mediums; im Geistigen, insofern in ihm das Analogon eines solchen Verhältnisses stattfindet, ist das Zeichen überhaupt, und näher die Sprache dafür anzusehen.

Das Verhältnis der Objekte ist als bloße Mitteilung in diesem Elemente einerseits ein ruhiges Zusammengehen, aber andererseits ebensosehr ein negatives Verhalten, indem der konkrete Begriff, welcher ihre Natur ist, in der Mitteilung in Realität gesetzt, hiemit die realen Unterschiede der Objekte zu seiner Einheit reduziert werden. Ihre vorherige selbständige Bestimmtheit wird damit in der dem Begriffe, der in beiden ein und derselbe ist, gemäßen Vereinigung aufgehoben, ihr Gegensatz und Spannung hiedurch abgestumpft, womit das Streben in dieser gegenseitigen Ergänzung seine ruhige Neutralität erlangt.

Der Prozeß ist auf diese Weise erloschen; indem der Widerspruch des Begriffes und der Realität ausgeglichen [ist], haben die Extreme des Schlusses ihren Gegensatz verloren, hiemit aufgehört, Extreme gegeneinander und gegen die Mitte zu sein. Das Produkt ist ein neutrales, d. h. ein solches, in welchem die Ingredienzien, die nicht mehr Objekte genannt werden können, ihre Spannung und damit die Eigenschaften nicht mehr haben, die ihnen als gespannten zukamen, worin sich aber die Fähigkeit ihrer vorigen Selbständigkeit und Spannung erhalten hat. Die negative Einheit des Neutralen geht nämlich von einer vorausgesetzten Differenz aus; die Bestimmtheit des chemischen Objekts ist identisch mit seiner Objektivität, sie ist ursprünglich. Durch den betrachteten Prozeß ist diese Differenz nur erst unmittelbar aufgehoben; die Bestimmtheit ist daher noch nicht als absolut in sich reflektierte, somit das Produkt des Prozesses nur eine formale Einheit.

2. In diesem Produkte ist nun zwar die Spannung des

Gegensatzes und die negative Einheit als Tätigkeit des Prozesses erloschen. Da diese Einheit aber dem Begriffe wesentlich und zugleich selbst zur Existenz gekommen ist, so ist sie noch vorhanden, aber außer dem neutralen Objekte getreten. Der Prozeß facht sich nicht von selbst wieder an, insofern er die Differenz nur zu seiner Voraussetzung hatte, nicht sie selbst setzte. — Diese außer dem Objekte selbständige Negativität, die Existenz der abstrakten Einzelheit, deren Fürsichsein seine Realität an dem indifferenten Objekte hat, ist nun in sich selbst gegen ihre Abstraktion gespannt, eine in sich unruhige Tätigkeit, die sich verzehrend nach außen kehrt. Sie bezieht sich unmittelbar auf das Objekt, dessen ruhige Neutralität die reale Möglichkeit ihres Gegensatzes ist; dasselbe ist nunmehr die Mitte der vorhin bloß formalen Neutralität, nun in sich selbst konkret und bestimmt.

Die nähere unmittelbare Beziehung des Extrems der negativen Einheit auf das Objekt ist, daß dieses durch sie bestimmt und hiedurch dirimiert wird. Diese Diremtion kann zunächst für die Herstellung des Gegensatzes der gespannten Objekte angesehen werden, mit welchem der Chemismus begonnen. Aber diese Bestimmung macht nicht das andere Extrem des Schlusses aus, sondern gehört zur unmittelbaren Beziehung des differentiierenden Prinzips auf die Mitte, an der sich dieses seine unmittelbare Realität gibt; es ist die Bestimmtheit, welche im disjunktiven Schlusse die Mitte, außer dem, daß sie allgemeine Natur des Gegenstandes ist, zugleich hat, wodurch dieser ebensowohl objektive Allgemeinheit als bestimmte Besonderheit ist. Das andere Extrem des Schlusses steht dem äußern selbständigen Extrem der Einzelheit gegenüber; es ist daher das ebenso selbständige Extrem der Allgemeinheit; die Diremtion, welche die reale Neutralität der Mitte daher in ihm erfährt, ist, daß sie nicht in gegeneinander differente, sondern indifferente Momente zerlegt wird. Diese Momente sind hiemit die abstrakte, gleichgültige Basis einerseits, und das begeisternde Prinzip derselben andererseits, welches durch seine Trennung von der Basis ebenfalls die Form gleichgültiger Objektivität erlangt.

Dieser disjunktive Schluß ist die Totalität des Chemismus, in welcher dasselbe objektive Ganze sowohl als die selbständige negative Einheit, dann in der Mitte als reale Einheit, —

endlich aber die chemische Realität, in ihre abstrakten Momente aufgelöst, dargestellt ist. In diesen letztern ist die Bestimmtheit nicht wie im Neutralen an einem Andern zu ihrer Reflexion-in-sich gekommen, sondern ist an sich in ihre Abstraktion zurückgegangen, ein ursprünglich bestimmtes Element.

3. Diese elementarischen Objekte sind hiemit von der chemischen Spannung befreit; es ist in ihnen die ursprüngliche Grundlage derjenigen Voraussetzung, mit welcher der Chemismus begann, durch den realen Prozeß gesetzt worden. Insofern nun weiter einerseits ihre innerliche Bestimmtheit als solche wesentlich der Widerspruch ihres einfachen gleichgültigen Bestehens und ihrer als Bestimmtheit, und der Trieb nach außen ist, der sich dirimiert und an ihrem Objekte und an einem andern die Spannung setzt, um ein solches zu haben, wogegen es sich als differentes verhalten, an dem es sich neutralisieren und seiner einfachen Bestimmtheit die daseiende Realität geben könne, so ist damit der Chemismus in seinen Anfang zurückgegangen, in welchem gegeneinander gespannte Objekte einander suchen und dann durch eine formale, äußerliche Mitte zu einem Neutralen sich vereinigen. Auf der andern Seite hebt der Chemismus durch diesen Rückgang in seinen Begriff sich auf und ist in eine höhere Sphäre übergegangen.

C. Übergang des Chemismus.

Die gewöhnliche Chemie schon zeigt Beispiele von chemischen Veränderungen, worin ein Körper z. B. einem Teil seiner Masse eine höhere Oxydation zuteilt und dadurch einen andern Teil in einen geringern Grad derselben herabsetzt, in welchem er erst mit einem an ihn gebrachten andern differenten Körper eine neutrale Verbindung eingehen kann, für die er in jenem ersten unmittelbaren Grade nicht empfänglich gewesen wäre. Was hier geschieht, ist, daß sich das Objekt nicht nach einer unmittelbaren, einseitigen Bestimmtheit auf ein anderes bezieht, sondern nach der innern Totalität eines ursprünglichen Verhältnisses die Voraussetzung, deren es zu einer realen Beziehung bedarf, setzt und dadurch sich eine Mitte gibt, durch welche es seinen Begriff mit seiner Realität zusammenschließt; es ist die an und für sich bestimmte Einzelheit, der konkrete Begriff als Prinzip der Disjunktion in Extreme, deren Wiedervereinigung die Tätigkeit desselben negativen Prinzips ist, das dadurch zu seiner ersten Bestimmung, aber objektiviert zurückkehrt.

Der Chemismus selbst ist die erste Negation der gleichgültigen Objektivität und der Äußerlichkeit der Bestimmtheit; er ist also noch mit der unmittelbaren Selbständigkeit des Objekts und mit der Äußerlichkeit behaftet. Er ist daher für sich noch nicht jene Totalität der Selbstbestimmung, welche aus ihm hervorgeht und in welcher er sich vielmehr aufhebt. — Die drei Schlüsse, welche sich ergeben haben, machen seine Totalität aus; der erste hat zur Mitte die formale Neutralität und zu den Extremen die gespannten Objekte, der zweite hat das Produkt des ersten, die reelle Neutralität zur Mitte und die dirimierende Tätigkeit und ihr Produkt, das gleichgültige Element, zu den Extremen; der dritte aber ist der sich realisierende Begriff, der sich die Voraussetzung setzt, durch welche der Prozeß seiner Realisierung bedingt ist, — ein Schluß, der das Allgemeine zu seinem Wesen hat. Um der Unmittelbarkeit und Äußerlichkeit willen jedoch, in deren Bestimmung die chemische Objektivität steht, fallen diese Schlüsse noch auseinander. Der erste Prozeß, dessen Produkt die Neutralität der gespannten Objekte ist, erlischt in seinem Produkte, und es ist eine äußerlich hinzukommende Differentiierung, welche ihn wieder anfacht; bedingt durch eine unmittelbare Voraussetzung, erschöpft er sich in ihr. — Ebenso muß die Ausscheidung der differenten Extreme aus dem Neutralen, ingleichen ihre Zerlegung in ihre abstrakten Elemente, von äußerlich hinzukommenden Bedingungen und Erregungen der Tätigkeit ausgehen. Insofern aber auch die beiden wesentlichen Momente des Prozesses, einerseits die Neutralisierung, andererseits die Scheidung und Reduktion, in einem und demselben Prozesse verbunden sind und Vereinigung und Abstumpfung der gespannten Extreme auch eine Trennung in solche ist, so machen sie um der noch zugrunde liegenden Äußerlichkeit willen zwei verschiedene Seiten aus; die Extreme, welche in demselben Prozesse ausgeschieden werden, sind andere Objekte oder Materien als diejenigen, welche sich in ihm einigen; insofern jene daraus wieder different hervorgehen, müssen sie sich nach außen wenden; ihre neue Neutralisierung ist ein anderer Prozeß als die, welche in dem ersten Statt hatte.

Aber diese verschiedenen Prozesse, welche sich als notwendig ergeben haben, sind ebenso viele Stufen, wodurch die Äußerlichkeit und das Bedingtsein aufgehoben wird, woraus der Begriff als an und für sich bestimmte und von der Äußerlichkeit nicht bedingte Totalität hervorgeht. Im ersten hebt sich die Äußerlichkeit der die ganze Realität ausmachenden, differenten Extreme gegeneinander oder die Unterschiedenheit des an sich seienden bestimmten Begriffes von seiner daseienden Bestimmtheit auf; im zweiten wird die Äußerlichkeit der realen Einheit, die Vereinigung als bloß neutrale aufgehoben; — näher hebt sich die formale Tätigkeit zunächst in ebenso formalen Basen oder indifferenten Bestimmtheiten auf, deren innerer Begriff nun die in sich gegangene, absolute Tätigkeit als an ihr selbst sich realisierend ist, d. i. die in sich die bestimmten Unterschiede setzt und durch diese Vermittlung sich als reale Einheit konstituiert, — eine Vermittlung, welche somit die eigene Vermittlung des Begriffs, seine Selbstbestimmung und in Rücksicht auf seine Reflexion daraus in sich, immanentes Voraussetzen ist. Der dritte Schluß, der einerseits die Wiederherstellung der vorhergehenden Prozesse ist, hebt andererseits noch das letzte Moment gleichgültiger Basen auf, — die ganz abstrakte äußerliche Unmittelbarkeit, welche auf diese Weise eigenes Moment der Vermittlung des Begriffes durch sich selbst wird. Der Begriff, welcher hiemit alle Momente seines objektiven Daseins als äußerliche aufgehoben und in seine einfache Einheit gesetzt hat, ist dadurch von der objektiven Äußerlichkeit vollständig befreit, auf welche er sich nur als eine unwesentliche Realität bezieht; dieser objektive freie Begriff ist der Zweck.

Drittes Kapitel.

Teleologie.

Wo Zweckmäßigkeit wahrgenommen wird, wird ein Verstand als Urheber derselben angenommen, für den Zweck also die eigene, freie Existenz des Begriffes gefordert. Die

Teleologie wird vornehmlich dem Mechanismus entgegengestellt, in welchem die an dem Objekt gesetzte Bestimmtheit
wesentlich als äußerliche eine solche ist, an der sich keine
Selbstbestimmung manifestiert. Der Gegensatz von *Causis
efficientibus* und *Causis finalibus*, bloß wirkenden und Endursachen, bezieht sich auf jenen Unterschied, auf den, in
konkreter Form genommen, auch die Untersuchung zurückgeht, ob das absolute Wesen der Welt als blinder Naturmecha-
nismus oder als ein nach Zwecken sich bestimmender Verstand zu fassen sei. Die Antinomie des Fatalismus mit dem
Determinismus und der Freiheit betrifft ebenfalls den
Gegensatz des Mechanismus und der Teleologie; denn das
Freie ist der Begriff in seiner Existenz.

Die vormalige Metaphysik ist mit diesen Begriffen wie
mit ihren andern verfahren; sie hat teils eine Weltvorstellung
vorausgesetzt und sich bemüht zu zeigen, daß der eine oder
der andere Begriff auf sie passe und der entgegengesetzte
mangelhaft sei, weil sie sich nicht aus ihm erklären lasse;
teils hat sie dabei den Begriff der mechanischen Ursache und
des Zwecks nicht untersucht, welcher an und für sich Wahrheit habe. Wenn dies für sich festgestellt ist, so mag die objektive Welt mechanische und Endursachen darbieten; ihre
Existenz ist nicht der Maßstab des Wahren, sondern das
Wahre vielmehr das Kriterium, welche von diesen Existenzen
ihre wahrhafte sei. Wie der subjektive Verstand auch Irr-
tümer an ihm zeigt, so zeigt die objektive Welt auch diejenigen
Seiten und Stufen der Wahrheit, welche für sich erst einseitig, unvollständig und nur Erscheinungsverhältnisse sind. Wenn
Mechanismus und Zweckmäßigkeit sich gegenüberstehen, so
können sie eben deswegen nicht als gleichgültige genommen [werden], deren jedes für sich ein richtiger Begriff sei
und so viele Gültigkeit habe als der andere, wobei es nur
darauf ankomme, wo der eine oder der andere angewendet
werden könne. Diese gleiche Gültigkeit beider beruht nur darauf, weil sie sind, nämlich weil wir beide haben. Aber die
notwendige erste Frage ist, weil sie entgegengesetzt sind,
welcher von beiden der wahre sei; und die höhere eigentliche
Frage ist, ob nicht ein Drittes ihre Wahrheit oder ob
einer die Wahrheit des andern ist. — Die Zweckbeziehung hat sich aber als die Wahrheit des Mechanismus

erwiesen. — Das, was sich als Chemismus darstellte, wird mit dem Mechanismus insofern zusammengenommen, als der Zweck der Begriff in freier Existenz ist und ihm überhaupt die Unfreiheit desselben, sein Versenktsein in die Äußerlichkeit gegenübersteht; beides, Mechanismus sowie Chemismus, wird also unter der Naturnotwendigkeit zusammengefaßt, indem im ersten der Begriff nicht am Objekte existiert, weil es als mechanisches die Selbstbestimmung nicht enthält, im andern aber der Begriff entweder eine gespannte, einseitige Existenz hat oder, insofern er als die Einheit hervortritt, welche das neutrale Objekt in die Extreme spannt, sich selbst, insofern er diese Trennung aufhebt, äußerlich ist.

Je mehr das teleologische Prinzip mit dem Begriffe eines außerweltlichen Verstandes zusammengehängt und insofern von der Frömmigkeit begünstigt wurde, desto mehr schien es sich von der wahren Naturforschung zu entfernen, welche die Eigenschaften der Natur nicht als fremdartige, sondern als immanente Bestimmtheiten erkennen will und nur solches Erkennen als ein Begreifen gelten läßt. Da der Zweck der Begriff selbst in seiner Existenz ist, so kann es sonderbar scheinen, daß das Erkennen der Objekte aus ihrem Begriffe vielmehr als ein unberechtigter Überschritt in ein heterogenes Element erscheint, der Mechanismus dagegen, welchem die Bestimmtheit eines Objekts als eine äußerlich an ihm und durch ein Anderes gesetzte Bestimmtheit ist, für eine immanentere Ansicht gilt als die Teleologie. Der Mechanismus, wenigstens der gemeine unfreie, sowie der Chemismus, muß allerdings insofern als ein immanentes Prinzip angesehen werden, als das bestimmende Äußerliche selbst wieder nur ein solches Objekt, ein äußerlich bestimmtes und gegen solches Bestimmtwerden gleichgültiges, oder im Chemismus das andere Objekt ein gleichfalls chemisch bestimmtes ist, überhaupt ein wesentliches Moment der Totalität immer in einem Äußern liegt. Diese Prinzipien bleiben daher innerhalb derselben Naturform der Endlichkeit stehen; ob sie aber gleich das Endliche nicht überschreiten wollen und für die Erscheinungen nur zu endlichen Ursachen, die selbst das Weitergehen verlangen, führen, so erweitern sie sich doch zugleich teils zu einer formellen Totalität in dem Begriffe von Kraft, Ursache und dergleichen Reflexionsbestimmungen, die eine Ur-

sprünglichkeit bezeichnen sollen, teils aber durch die abstrakte Allgemeinheit von einem All der Kräfte, einem
Ganzen von gegenseitigen Ursachen. Der Mechanismus zeigt
sich selbst dadurch als ein Streben der Totalität, daß er die
Natur für sich als ein Ganzes zu fassen sucht, das zu seinem Begriffe keines Andern bedarf, — eine Totalität, die sich
in dem Zwecke und dem damit zusammenhängenden außerweltlichen Verstand nicht findet.

Die Zweckmäßigkeit nun zeigt sich zunächst als ein Höheres überhaupt, als ein Verstand, der äußerlich die Mannigfaltigkeit der Objekte durch eine an und für sich seiende Einheit bestimmt, so daß die gleichgültigen Bestimmtheiten der Objekte durch diese Beziehung wesentlich
werden. Im Mechanismus werden sie es durch die bloße
Form der Notwendigkeit, wobei ihr Inhalt gleichgültig
ist, denn sie sollen äußerliche bleiben, und nur der Verstand
als solcher [soll] sich befriedigen, indem er seinen Zusammenhang, die abstrakte Identität, erkennt. In der Teleologie
dagegen wird der Inhalt wichtig, weil sie einen Begriff, ein
an und für sich Bestimmtes und damit Selbstbestimmen-
des voraussetzt, also von der Beziehung der Unterschiede
und ihres Bestimmtseins durcheinander, von der Form die
in sich reflektierte Einheit, ein an und für sich Bestimmtes, somit einen Inhalt unterschieden hat. Wenn
dieser aber sonst ein endlicher und unbedeutender ist, so
widerspricht er dem, was er sein soll, denn der Zweck ist seiner Form nach eine in sich unendliche Totalität, — besonders wenn das nach Zwecken wirkende Handeln als absoluter
Willen und Verstand angenommen ist. Die Teleologie hat sich
den Vorwurf des Läppischen deswegen so sehr zugezogen,
weil die Zwecke, die sie aufzeigte, wie es sich trifft, bedeu-
tender oder auch geringfügiger sind, und die Zweckbeziehung
der Objekte mußte so häufig als eine Spielerei erscheinen,
weil diese Beziehung so äußerlich und daher zufällig erscheint.
Der Mechanismus dagegen läßt den Bestimmtheiten der Objekte
dem Gehalte nach ihren Wert von zufälligen, gegen welche
das Objekt gleichgültig ist, und die weder für sie, noch für den
subjektiven Verstand ein höheres Gelten haben sollen. Dies
Prinzip gibt daher in seinem Zusammenhange von äußerer Notwendigkeit das Bewußtsein unendlicher Freiheit gegen die Te-

leologie, welche die Geringfügigkeiten und selbst Verächtlich-
keiten ihres Inhalts als etwas Absolutes aufstellt, in dem sich
der allgemeinere Gedanke nur unendlich beengt und selbst ekel-
haft affiziert finden kann.

Der formelle Nachteil, in welchem diese Teleologie zunächst steht, ist, daß sie nur bis zur äußern Zweckmäßigkeit kommt. Indem der Begriff hiedurch als ein Formelles
gesetzt ist, so ist ihr der Inhalt auch ein ihm äußerlich in
der Mannigfaltigkeit der objektiven Welt Gegebenes, — in
eben jenen Bestimmtheiten, welche auch Inhalt des Mechanismus, aber als ein Äußerliches, Zufälliges sind. Um dieser
Gemeinschaftlichkeit willen macht die Form der Zweckmäßigkeit für sich allein das Wesentliche des Teleologischen
aus. In dieser Rücksicht, ohne noch auf den Unterschied von
äußerer und innerer Zweckmäßigkeit zu sehen, hat sich die
Zweckbeziehung überhaupt an und für sich als die Wahrheit
des Mechanismus erwiesen. — Die Teleologie hat im Allgemeinen das höhere Prinzip, den Begriff in seiner Existenz,
der an und für sich das Unendliche und Absolute ist, — ein
Prinzip der Freiheit, das seiner Selbstbestimmung schlechthin
gewiß, dem äußerlichen Bestimmtwerden des Mechanismus absolut entrissen ist.

Eines der großen Verdienste Kants um die Philosophie
besteht in der Unterscheidung, die er zwischen relativer oder
äußerer und zwischen innerer Zweckmäßigkeit aufgestellt
hat; in letzterer hat er den Begriff des Lebens, die Idee auf-
geschlossen und damit die Philosophie, was die Kritik der Vernunft nur unvollkommen, in einer sehr schiefen Wendung und
nur negativ tut, positiv über die Reflexionsbestimmungen
und die relative Welt der Metaphysik erhoben. — Es ist erinnert worden, daß der Gegensatz der Teleologie und des Mechanismus zunächst der allgemeinere Gegensatz von Freiheit
und Notwendigkeit ist. Kant hat den Gegensatz in dieser
Form unter den Antinomien der Vernunft, und zwar als den
dritten Widerstreit der transzendentalen Ideen aufgeführt. — Ich führe seine Darstellung, auf welche früher verwiesen worden, ganz kurz an, indem das Wesentliche derselben
so einfach ist, daß es keiner weitläuftigen Auseinandersetzung
bedarf, und die Art und Weise der Kantischen Antinomien anderwärts ausführlicher beleuchtet worden ist.

Die Thesis der hier zu betrachtenden lautet: Die Kausalität nach Gesetzen der Natur ist nicht die einzige, aus welcher die Erscheinungen der Welt insgesamt abgeleitet werden können. Es ist noch eine Kausalität durch Freiheit zu Erklärung derselben anzunehmen notwendig.

Die Antithesis: Es ist keine Freiheit, sondern alles in der Welt geschieht lediglich nach Gesetzen der Natur.

Der Beweis geht wie bei den übrigen Antinomien erstens apagogisch zu Werke, es wird das Gegenteil jeder Thesis angenommen; zweitens, um das Widersprechende dieser Annahme zu zeigen, wird umgekehrt das Gegenteil derselben, das ist somit der zu beweisende Satz angenommen und als geltend vorausgesetzt; — der ganze Umweg des Beweisens konnte daher erspart werden; es besteht in nichts als der assertorischen Behauptung der beiden gegenüberstehenden Sätze.

Zum Beweise der Thesis soll nämlich zuerst angenommen werden, es gebe keine andere Kausalität als nach Gesetzen der Natur, d. i. nach der Notwendigkeit des Mechanismus überhaupt, den Chemismus mit eingeschlossen. Dieser Satz widerspreche sich darum, weil das Gesetz der Natur gerade darin bestehe, daß ohne hinreichend a priori bestimmte Ursache, welche somit eine absolute Spontaneität in sich enthalte, nichts geschehe; — d. h. die der Thesis entgegengesetzte Annahme ist darum widersprechend, weil sie der Thesis widerspricht.

Zum Behufe des Beweises der Antithesis solle man setzen, es gebe eine Freiheit als eine besondere Art von Kausalität, einen Zustand, mithin auch eine Reihe von Folgen desselben schlechthin anzufangen. Da nun aber ein solches Anfangen einen Zustand [d. i. der Freiheit] voraussetzt, der mit dem vorhergehenden derselben gar keinen Zusammenhang der Kausalität hat, so widerspricht es dem Gesetze der Kausalität, nach welchem allein Einheit der Erfahrung und Erfahrung überhaupt möglich ist; — d. h. die Annahme der Freiheit, die der Antithesis entgegen ist, kann darum nicht gemacht werden, weil sie der Antithesis widerspricht.

Dem Wesen nach kehrt dieselbe Antinomie in der Kritik der teleologischen Urteilskraft als der Gegensatz wieder, daß alle Erzeugung materieller Dinge nach bloß mechanischen Gesetzen geschieht und daß einige Erzeu-

gung derselben nach solchen Gesetzen nicht möglich
ist. — Die Kantische Auflösung dieser Antinomie ist dieselbige
wie die allgemeine Auflösung der übrigen: daß nämlich die
Vernunft weder den einen noch den andern Satz beweisen
könne, weil wir von Möglichkeit der Dinge nach bloß empirischen Gesetzen der Natur kein bestimmendes Prinzip
a priori haben können, — daß daher ferner beide nicht als
objektive Sätze, sondern als subjektive Maximen angesehen werden müssen, daß ich einerseits jederzeit über
alle Naturereignisse nach dem Prinzip des bloßen Naturmecha-
nismus reflektieren solle, daß aber dies nicht hindere, bei
gelegentlicher Veranlassung einigen Naturformen nach
einer andern Maxime, nämlich nach dem Prinzip der Endursachen nachzuspüren, — als ob nun diese zwei Maximen, die übrigens bloß für die menschliche Vernunft nötig
sein sollen, nicht in demselben Gegensatze wären, in dem sich
jene Sätze befinden. — Es ist, wie vorhin bemerkt, auf diesem ganzen Standpunkte dasjenige nicht untersucht, was allein
das philosophische Interesse fordert, nämlich welches von beiden Prinzipien an und für sich Wahrheit habe; für diesen Gesichtspunkt aber macht es keinen Unterschied, ob die Prinzipien
als objektive, das heißt hier äußerlich existierende Bestimmungen der Natur, oder als bloße Maximen eines subjektiven Erkennens betrachtet werden sollen; — es ist vielmehr
dies ein subjektives, d. h. zufälliges Erkennen, welches auf
gelegentliche Veranlassung die eine oder andere Maxime anwendet, je nachdem es sie für gegebene Objekte für
passend hält, übrigens nach der Wahrheit dieser Bestimmungen selbst, sie seien beide Bestimmungen der Objekte oder
des Erkennens, nicht fragt.

So ungenügend daher die Kantische Erörterung des teleologischen Prinzips in Ansehung des wesentlichen Gesichts-
punkts ist, so ist immer die Stellung bemerkenswert, welche
Kant demselben gibt. Indem er es einer reflektierenden
Urteilskraft zuschreibt, macht er es zu einem verbindenden
Mittelgliede zwischen dem Allgemeinen der Vernunft
und dem Einzelnen der Anschauung; — er unterscheidet
ferner jene reflektierende Urteilskraft von der bestimmenden, welche letztere das Besondere bloß unter das Allgemeine
subsumiere. Solches Allgemeine, welches nur subsumie-

rend ist, ist ein **A b s t r a k t e s**, welches erst an einem **A n d e r n**, am Besondern, **k o n k r e t** wird. Der Zweck dagegen ist das **k o n k r e t e   A l l g e m e i n e**, das in ihm selbst das Moment der Besonderheit und Äußerlichkeit hat, daher tätig und der Trieb ist, sich von sich selbst abzustoßen. Der Begriff ist als Zweck allerdings ein **o b j e k t i v e s   U r t e i l**, worin die eine Bestimmung, das Subjekt, nämlich der konkrete Begriff, als durch sich selbst bestimmt, die andere aber nicht nur ein Prädikat, sondern die äußerliche Objektivität ist. Aber die Zweckbeziehung ist darum nicht ein **r e f l e k t i e r e n d e s** Urteilen, das die äußerlichen Objekte nur nach einer Einheit betrachtet, **a l s o b ein Verstand sie z u m B e h u f u n s e r s E r k e n n t n i s v e r m ö - g e n s** gegeben hätte, sondern sie ist das an und für sich seiende Wahre, das **o b j e k t i v** urteilt und die äußerliche Objektivität absolut bestimmt. Die Zweckbeziehung ist dadurch mehr als **U r t e i l**; sie ist der **S c h l u ß** des selbständigen freien Begriffs, der sich durch die Objektivität mit sich selbst zusammenschließt.

Der Zweck hat sich als das **D r i t t e** zum Mechanismus und Chemismus ergeben; er ist ihre Wahrheit. Indem er selbst noch innerhalb der Sphäre der Objektivität oder der Unmittelbarkeit des totalen Begriffs steht, ist er von der Äußerlichkeit als solcher noch affiziert und hat eine objektive Welt sich gegenüber, auf die er sich bezieht. Nach dieser Seite erscheint die mechanische Kausalität, wozu im allgemeinen auch der Chemismus zu nehmen ist, noch bei dieser **Z w e c k b e z i e h u n g**, welche die **ä u ß e r l i c h e** ist, aber als **i h r u n t e r g e o r d n e t**, als an und für sich aufgehoben. Was das nähere Verhältnis betrifft, so ist das mechanische Objekt als unmittelbare Totalität gegen sein Bestimmtsein und damit dagegen, ein Bestimmendes zu sein, gleichgültig. Dies äußerliche Bestimmtsein ist nun zur Selbstbestimmung fortgebildet und damit der im Objekt nur **i n n e r e**, oder was dasselbe ist, nur **ä u ß e r e   B e g r i f f** nunmehr **g e s e t z t**; der Zweck ist zunächst eben dieser dem mechanischen äußerliche Begriff selbst. So ist der Zweck auch für den Chemismus das Selbstbestimmende, welches das äußerliche Bestimmtwerden, durch welches er bedingt ist, zur Einheit des Begriffes zurückbringt. — Die Natur der Unterordnung der beiden vorherigen Formen des objektiven Prozesses ergibt sich hieraus; das Andere, das an ihnen in dem unendlichen Progreß liegt, ist der ihnen zunächst als äußerlich gesetzte Begriff,

welcher Zweck ist; der Begriff ist nicht nur ihre Substanz, sondern auch die Äußerlichkeit ist das ihnen wesentliche, ihre Bestimmtheit ausmachende Moment. Die mechanische oder chemische Technik bietet sich also durch ihren Charakter, äußerlich bestimmt zu sein, von selbst der Zweckbeziehung dar,
die nun näher zu betrachten ist.

A. Der subjektive Zweck.

Der subjektive Begriff hat in der Zentralität der objektiven Sphäre, die eine Gleichgültigkeit gegen die Bestimmtheit ist, zunächst den negativen Einheitspunkt wieder gefunden und gesetzt, in dem Chemismus aber die Objektivität der
Begriffsbestimmungen, wodurch er erst als konkreter
objektiver Begriff gesetzt ist. Seine Bestimmtheit oder sein
einfacher Unterschied hat nunmehr an ihm selbst die Bestimmtheit der Äußerlichkeit, und seine einfache Einheit
ist dadurch die sich von sich selbst abstoßende und darin sich
erhaltende Einheit. Der Zweck ist daher der subjektive Begriff als wesentliches Streben und Trieb, sich äußerlich zu
setzen. Er ist dabei dem Übergehen entnommen. Er ist weder
eine Kraft, die sich äußert, noch eine Substanz und Ursache,
die in Akzidenzen und Wirkungen sich manifestiert. Die Kraft
ist nur ein abstrakt Inneres, indem sie sich nicht geäußert
hat; oder sie hat erst in der Äußerung, zu der sie sollizitiert
werden muß, Dasein, ebenso die Ursache und die Substanz;
weil sie nur in den Akzidenzen und in der Wirkung Wirklichkeit haben, ist ihre Tätigkeit der Übergang, gegen den sie sich
nicht in Freiheit erhalten. Der Zweck kann wohl auch als
Kraft und Ursache bestimmt werden, aber diese Ausdrücke erfüllen nur eine unvollkommene Seite seiner Bedeutung; wenn
sie von ihm nach seiner Wahrheit ausgesprochen werden sollen, so können sie es nur auf eine Weise, welche ihren Begriff aufhebt, — als eine Kraft, welche sich selbst zur Äußerung sollizitiert, als eine Ursache, welche Ursache ihrer selbst,
oder deren Wirkung unmittelbar die Ursache ist.

Wenn das Zweckmäßige einem Verstande zugeschrieben wird, wie vorhin angeführt wurde, so ist dabei auf das Bestimmte des Inhaltes Rücksicht genommen. Er ist aber
überhaupt als das Vernünftige in seiner Existenz zu neh-

men. Er manifestiert darum Vernünftigkeit, weil er der
konkrete Begriff ist, der den objektiven Unterschied in
seiner absoluten Einheit hält. Er ist daher wesentlich der
Schluß an ihm selbst. Er ist das sich gleiche Allgemeine,
und zwar, als die sich von sich abstoßende Negativität enthaltend, zunächst die allgemeine, insofern noch unbestimmte
Tätigkeit; aber weil diese die negative Beziehung auf sich
selbst ist, bestimmt sie sich unmittelbar und gibt sich das
Moment der Besonderheit, welche als die gleichfalls in
sich reflektierte Totalität der Form Inhalt gegen die
gesetzten Unterschiede der Form ist. Ebenso unmittelbar ist
diese Negativität durch ihre Beziehung auf sich selbst absolute Reflexion der Form in sich und Einzelheit. Einerseits ist diese Reflexion die innere Allgemeinheit des
Subjekts, andererseits aber Reflexion nach außen; und insofern ist der Zweck noch ein Subjektives und seine Tätigkeit
gegen äußerliche Objektivität gerichtet.

Der Zweck ist nämlich der an der Objektivität zu sich
selbst gekommene Begriff; die Bestimmtheit, die er sich an
ihr gegeben, ist die der objektiven Gleichgültigkeit und
Äußerlichkeit des Bestimmtseins; seine sich von sich abstoßende Negativität ist daher eine solche, deren Momente, indem
sie nur die Bestimmungen des Begriffs selbst sind, auch die
Form von objektiver Gleichgültigkeit gegeneinander haben.
— Im formellen Urteile sind Subjekt und Prädikat schon
als Selbständige gegeneinander bestimmt; aber ihre Selbständigkeit ist nur erst abstrakte Allgemeinheit; sie hat nunmehr
die Bestimmung von Objektivität erlangt; aber als Moment
des Begriffs ist diese vollkommene Verschiedenheit in die einfache Einheit des Begriffs eingeschlossen. Insofern nun der
Zweck diese totale Reflexion der Objektivität in sich und
zwar unmittelbar ist, so ist erstlich die Selbstbestimmung oder die Besonderheit als einfache Reflexion in sich
von der konkreten Form unterschieden und ist ein bestimmter Inhalt. Der Zweck ist hienach endlich, ob er gleich
seiner Form nach unendliche Subjektivität ist. Zweitens, weil
seine Bestimmtheit die Form objektiver Gleichgültigkeit hat,
hat sie die Gestalt einer Voraussetzung, und seine Endlichkeit besteht nach dieser Seite darin, daß er eine objektive,
mechanische und chemische Welt vor sich hat, auf welche

sich seine Tätigkeit als auf ein Vorhandenes bezieht; seine selbstbestimmende Tätigkeit ist so in ihrer Identität unmittelbar sich selbst äußerlich und sosehr als Reflexion in sich, sosehr Reflexion nach außen. Insofern hat er noch eine wahrhaft außerweltliche Existenz, insofern ihm nämlich jene Objektivität gegenübersteht, so wie diese dagegen als ein mechanisches und chemisches, noch nicht vom Zweck bestimmtes und durchdrungenes Ganzes ihm gegenübersteht.

Die Bewegung des Zwecks kann daher nun so ausgedrückt werden, daß sie darauf gehe, seine Voraussetzung aufzuheben, das ist die Unmittelbarkeit des Objekts, und es zu setzen als durch den Begriff bestimmt. Dieses negative Verhalten gegen das Objekt ist ebensosehr ein negatives gegen sich selbst, ein Aufheben der Subjektivität des Zwecks. Positiv ist es die Realisation des Zwecks, nämlich die Vereinigung des objektiven Seins mit demselben, so daß dasselbe, welches als Moment des Zwecks unmittelbar die mit ihm identische Bestimmtheit ist, als äußerliche sei, und umgekehrt das Objektive als Voraussetzung vielmehr als durch Begriff bestimmt gesetzt werde. — Der Zweck ist in ihm selbst der Trieb seiner Realisierung; die Bestimmtheit der Begriffsmomente ist die Äußerlichkeit; die Einfachheit derselben in der Einheit des Begriffes ist aber dem, was sie ist, unangemessen, und der Begriff stößt sich daher von sich selbst ab. Dies Abstoßen ist der Entschluß überhaupt der Beziehung der negativen Einheit auf sich, wodurch sie ausschließende Einzelheit ist; aber durch dies Ausschließen entschließt sie sich oder schließt sich auf, weil es Selbstbestimmen, Setzen seiner selbst ist. Einerseits, indem die Subjektivität sich bestimmt, macht sie sich zur Besonderheit, gibt sich einen Inhalt, der in die Einheit des Begriffs eingeschlossen noch ein innerlicher ist; dies Setzen, die einfache Reflexion in sich, ist aber, wie sich ergeben, unmittelbar zugleich ein Voraussetzen; und in demselben Momente, in welchem das Subjekt des Zwecks sich bestimmt, ist es auf eine gleichgültige, äußerliche Objektivität bezogen, die von ihm jener innern Bestimmtheit gleichgemacht, d. h. als ein durch den Begriff Bestimmtes gesetzt werden soll, zunächst als Mittel.

B. Das Mittel.

Das erste unmittelbare Setzen im Zwecke ist zugleich das
Setzen eines Innerlichen, d. h. als gesetzt Bestimmten,
und zugleich das Voraussetzen einer objektiven Welt, welche
gleichgültig gegen die Zweckbestimmung ist. Die Subjektivität des Zwecks ist aber die absolute negative Einheit:
ihr zweites Bestimmen ist daher das Aufheben dieser Voraussetzung überhaupt; dies Aufheben ist insofern die Rückkehr
in sich, als dadurch jenes Moment der ersten Negation,
das Setzen des Negativen gegen das Subjekt, das äußerliche
Objekt aufgehoben wird. Aber gegen die Voraussetzung oder
gegen die Unmittelbarkeit des Bestimmens, gegen die objektive
Welt ist es nur erst die erste, selbst unmittelbare und daher
äußerliche Negation. Dies Setzen ist daher noch nicht der
ausgeführte Zweck selbst, sondern erst der Anfang dazu. Das
so bestimmte Objekt ist erst das Mittel.

Der Zweck schließt sich durch ein Mittel mit der Objektivität und in dieser mit sich selbst zusammen. Das Mittel ist
die Mitte des Schlusses. Der Zweck bedarf eines Mittels zu
seiner Ausführung, weil er endlich ist, — eines Mittels, d. h.
einer Mitte, welche zugleich die Gestalt eines äußerlichen,
gegen den Zweck selbst und dessen Ausführung gleichgültigen,
Daseins hat. Der absolute Begriff hat in sich selbst so die
Vermittlung, daß das erste Setzen desselben nicht ein Voraussetzen ist, in dessen Objekt die gleichgültige Äußerlichkeit
die Grundbestimmung wäre; sondern die Welt als Geschöpf hat
nur die Form solcher Äußerlichkeit, aber ihre Negativität und
das Gesetztsein macht vielmehr deren Grundbestimmung aus.
— Die Endlichkeit des Zweckes besteht sonach darin, daß
sein Bestimmen überhaupt sich selbst äußerlich ist, somit sein
erstes, wie wir gesehen, in ein Setzen und in ein Voraussetzen zerfällt; die Negation dieses Bestimmens ist daher auch
nur nach einer Seite schon Reflexion in sich, nach der andern ist sie vielmehr nur erste Negation; — oder: die Reflexion-in-sich ist selbst auch sich äußerlich und Reflexion nach
außen.

Das Mittel ist daher die formale Mitte eines formalen
Schlusses; es ist ein Äußerliches gegen das Extrem des
subjektiven Zwecks so wie daher auch gegen das Extrem des

objektiven Zwecks; wie die Besonderheit im formalen Schlusse ein gleichgültiger *medius terminus* ist, an dessen Stelle auch andere treten können. Wie dieselbe ferner Mitte nur dadurch ist, daß sie in Beziehung auf das eine Extrem Bestimmtheit, in Beziehung aber auf das andere Extrem Allgemeines ist, ihre vermittelnde Bestimmung also relativ durch andere hat, so ist auch das Mittel die vermittelnde Mitte nur erstlich, daß es ein unmittelbares Objekt ist, zweitens daß es Mittel durch die ihm **äußerliche** Beziehung auf das Extrem des Zweckes [ist], — welche Beziehung für dasselbe eine Form ist, wogegen es gleichgültig ist.

Begriff und Objektivität sind daher im Mittel nur **äußerlich** verbunden; es ist insofern ein bloß **mechanisches Objekt.** Die Beziehung des Objekts auf den Zweck ist eine Prämisse, oder die unmittelbare Beziehung, welche in Ansehung des Zwecks, wie gezeigt, Reflexion in sich selbst ist, das Mittel ist inhärierendes Prädikat; seine Objektivität ist unter die Zweckbestimmung, welche ihrer Konkretion willen Allgemeinheit ist, subsumiert. Durch diese Zweckbestimmung, welche an ihm ist, ist es nun auch gegen das andere Extrem der vorerst noch unbestimmten Objektivität subsumierend. — Umgekehrt hat das Mittel gegen den subjektiven Zweck, als **unmittelbare Objektivität, Allgemeinheit des Daseins,** welches die subjektive Einzelheit des Zweckes noch entbehrt. — Indem so zunächst der Zweck nur als äußerliche Bestimmtheit am Mittel ist, ist er selbst als die negative Einheit außer demselben, sowie das Mittel mechanisches Objekt, das ihn nur als eine Bestimmtheit, nicht als einfache Konkretion der Totalität an ihm hat. Als das Zusammenschließende aber muß die Mitte selbst die Totalität des Zwecks sein. Es hat sich gezeigt, daß die Zweckbestimmung am Mittel zugleich Reflexion in sich selbst ist; insofern ist sie **formelle** Beziehung auf sich, da die **Bestimmtheit,** als **reale Gleichgültigkeit,** als die **Objektivität** des Mittels gesetzt ist. Aber eben deswegen ist diese einerseits reine Subjektivität zugleich auch **Tätigkeit.** — Im subjektiven Zweck ist die negative Beziehung auf sich selbst noch identisch mit der Bestimmtheit als solcher, dem Inhalt und der Äußerlichkeit. In der beginnenden Objektivierung des Zweckes aber, einem Anderswerden des einfachen Begriffes treten jene Momente auseinander,

oder umgekehrt besteht hierin dies Anderswerden oder die
Äußerlichkeit selbst.

    Diese ganze Mitte ist somit selbst die Totalität des Schlusses, worin die abstrakte Tätigkeit und das äußere Mittel die
Extreme ausmachen, deren Mitte die Bestimmtheit des Objekts durch den Zweck, durch welche es Mittel ist, ausmacht.
— Ferner aber ist die Allgemeinheit die Beziehung der
Zwecktätigkeit und des Mittels. Das Mittel ist Objekt, an sich
die Totalität des Begriffs; es hat keine Kraft des Widerstands
gegen den Zweck, wie es zunächst gegen ein anderes unmittelbares Objekt hat. Dem Zweck, welcher der gesetzte Begriff
ist, ist es daher schlechthin durchdringlich und dieser Mitteilung empfänglich, weil es an sich identisch mit ihm ist. Es
ist aber nunmehr auch gesetzt als das dem Begriffe Durchdringliche, denn in der Zentralität ist es ein Strebendes nach
der negativen Einheit; ebenso im Chemismus ist es als Neutrales so wie als Differentes ein Unselbständiges geworden.
— Seine Unselbständigkeit besteht eben darin, daß es nur
an sich die Totalität des Begriffs ist; dieser aber ist das
Fürsichsein. Das Objekt hat daher gegen den Zweck den Charakter, machtlos zu sein und ihm zu dienen; er ist dessen
Subjektivität oder Seele, die an ihm ihre äußerliche Seite hat.

    Das Objekt, auf diese Weise dem Zwecke unmittelbar
unterworfen, ist nicht ein Extrem des Schlusses; sondern diese
Beziehung macht eine Prämisse desselben aus. Aber das Mittel hat auch eine Seite, nach welcher es noch Selbständigkeit
gegen den Zweck hat. Die im Mittel mit ihm verbundene Objektivität ist, weil sie es nur unmittelbar ist, ihm noch äußerlich; und die Voraussetzung besteht daher noch. Die Tätigkeit des Zwecks durch das Mittel ist deswegen noch gegen
diese gerichtet, und der Zweck ist eben insofern Tätigkeit, nicht
mehr bloß Trieb und Streben, als im Mittel das Moment der
Objektivität in seiner Bestimmtheit als Äußerliches gesetzt
ist und die einfache Einheit des Begriffs sie als solche
nun an sich hat.

C. Der ausgeführte Zweck.

    1. Der Zweck ist in seiner Beziehung auf das Mittel schon
in sich reflektiert; aber es ist seine objektive Rückkehr in
sich noch nicht gesetzt. Die Tätigkeit des Zwecks durch sein

Mittel ist noch gegen die Objektivität als ursprüngliche Voraussetzung gerichtet; sie ist eben dies, gleichgültig gegen die Bestimmtheit zu sein. Insofern die Tätigkeit wieder bloß darin bestünde, die unmittelbare Objektivität zu bestimmen, so würde das Produkt wieder nur ein Mittel sein und so fort ins Unendliche; es käme nur ein zweckmäßiges Mittel heraus, aber nicht die Objektivität des Zweckes selbst. Der in seinem Mittel tätige Zweck muß daher nicht als ein Äußerliches das unmittelbare Objekt bestimmen, somit dieses durch sich selbst zur Einheit des Begriffes zusammengehen; oder jene äußerliche Tätigkeit des Zwecks durch sein Mittel muß sich als Vermittlung bestimmen und selbst aufheben.

Die Beziehung der Tätigkeit des Zwecks durch das Mittel auf das äußerliche Objekt ist zunächst die zweite Prämisse des Schlusses, — eine unmittelbare Beziehung der Mitte auf das andere Extrem. Unmittelbar ist sie, weil die Mitte ein äußerliches Objekt an ihr hat und das andre Extrem ein ebensolches ist. Das Mittel ist wirksam und mächtig gegen letzteres, weil sein Objekt mit der selbstbestimmenden Tätigkeit verbunden, diesem aber die unmittelbare Bestimmtheit, welche es hat, eine gleichgültige ist. Ihr Prozeß in dieser Beziehung ist kein anderer als der mechanische oder chemische; es treten in dieser objektiven Äußerlichkeit die vorigen Verhältnisse, aber unter der Herrschaft des Zweckes hervor. — Diese Prozesse aber gehen durch sich selbst, wie sich an ihnen gezeigt, in den Zweck zurück. Wenn also zunächst die Beziehung des Mittels auf das zu bearbeitende äußere Objekt eine unmittelbare ist, so hat sie sich schon früher als ein Schluß dargestellt, indem sich der Zweck als ihre wahrhafte Mitte und Einheit erwiesen hat. Indem das Mittel also das Objekt ist, welches auf der Seite des Zwecks steht und dessen Tätigkeit in sich hat, so ist der Mechanismus, der hier stattfindet, zugleich die Rückkehr der Objektivität in sich selbst, in den Begriff, der aber schon als der Zweck vorausgesetzt ist; das negative Verhalten der zweckmäßigen Tätigkeit gegen das Objekt ist insofern nicht ein äußerliches, sondern die Veränderung und der Übergang der Objektivität an ihr selbst in ihn.

Daß der Zweck sich unmittelbar auf ein Objekt bezieht und dasselbe zum Mittel macht, wie auch daß er durch dieses ein anderes bestimmt, kann als Gewalt betrachtet werden, in-

sofern der Zweck als von ganz anderer Natur erscheint als
das Objekt und die beiden Objekte ebenso gegeneinander selbständige Totalitäten sind. Daß der Zweck sich aber in die mittelbare Beziehung mit dem Objekte setzt und zwischen sich
und dasselbe ein anderes Objekt einschiebt, kann als die
List der Vernunft angesehen werden. Die Endlichkeit der
Vernünftigkeit hat, wie bemerkt, diese Seite, daß der Zweck
sich zu der Voraussetzung, d. h. zur Äußerlichkeit des Objekts
verhält. In der unmittelbaren Beziehung auf dasselbe
träte er selbst in den Mechanismus oder Chemismus und wäre
damit der Zufälligkeit und dem Untergange seiner Bestimmung,
an und für sich seiender Begriff zu sein, unterworfen. So aber
stellt er ein Objekt als Mittel hinaus, läßt dasselbe statt seiner
sich äußerlich abarbeiten, gibt es der Aufreibung Preis und erhält sich hinter ihm gegen die mechanische Gewalt.

Indem der Zweck endlich ist, hat er ferner einen endlichen
Inhalt; hienach ist er nicht ein Absolutes oder schlechthin an
und für sich ein Vernünftiges. Das Mittel aber ist die
äußerliche Mitte des Schlusses, welcher die Ausführung des
Zweckes ist; an demselben gibt sich daher die Vernünftigkeit in
ihm als solche kund, in diesem äußerlichen Andern und
gerade durch diese Äußerlichkeit sich zu erhalten. Insofern
ist das Mittel ein Höheres als die endlichen Zwecke der
äußern Zweckmäßigkeit; — der Pflug ist ehrenvoller, als
unmittelbar die Genüsse sind, welche durch ihn bereitet werden
und die Zwecke sind. Das Werkzeug erhält sich, während die
unmittelbaren Genüsse vergehen und vergessen werden. An
seinen Werkzeugen besitzt der Mensch die Macht über die
äußerliche Natur, wenn er auch nach seinen Zwecken ihr vielmehr unterworfen ist.

Der Zweck hält sich aber nicht nur außerhalb dem mechanischen Prozesse, sondern erhält sich in demselben und ist dessen Bestimmung. Der Zweck als der Begriff, der frei gegen das
Objekt und dessen Prozeß existiert und sich selbst bestimmende Tätigkeit ist, geht, da er ebensosehr die an und für sich
seiende Wahrheit des Mechanismus ist, in demselben nur mit
sich selbst zusammen. Die Macht des Zwecks über das Objekt ist
diese für sich seiende Identität, und seine Tätigkeit ist die Manifestation derselben. Der Zweck als Inhalt ist die an und für
sich seiende Bestimmtheit, welche am Objekt als gleichgül-

tige und äußerliche ist, die Tätigkeit desselben aber ist einerseits die **Wahrheit** des Prozesses und als negative Einheit
das **Aufheben des Scheins der Äußerlichkeit.** Nach der
Abstraktion ist es die gleichgültige Bestimmtheit des Objekts, welche ebenso äußerlich durch eine andere ersetzt wird;
aber die einfache **Abstraktion** der Bestimmtheit ist in ihrer
Wahrheit die Totalität des Negativen, der konkrete und in
sich die Äußerlichkeit setzende Begriff.

Der **Inhalt** des Zwecks ist seine Negativität als **einfache
in sich reflektierte Besonderheit,** von seiner Totalität
als **Form** unterschieden. Um dieser **Einfachheit** willen, deren
Bestimmtheit an und für sich die Totalität des Begriffes ist,
erscheint der Inhalt als das **identisch Bleibende** in der Realisierung des Zweckes. Der teleologische Prozeß ist **Über-
setzung** des distinkt als **Begriff** existierenden Begriffs in die
Objektivität; es zeigt sich, daß dieses Übersetzen in ein vorausgesetztes Anderes das Zusammengehen des Begriffes **durch
sich selbst mit sich selbst** ist. Der Inhalt des Zwecks ist
nun diese in der Form des Identischen existierende Identität.
In allem Übergehen erhält sich der Begriff, z. B. indem die Ursache zur Wirkung wird, ist es die Ursache, die in der Wirkung nur mit sich selbst zusammengeht; im teleologischen
Übergehen ist es aber der Begriff, der als solcher schon **als
Ursache** existiert, als die absolute, gegen die Objektivität und
ihre äußerliche Bestimmbarkeit **freie** konkrete Einheit. Die
Äußerlichkeit, in welche sich der Zweck übersetzt, ist, wie wir
gesehen, schon selbst als Moment des Begriffs, als Form seiner Unterscheidung in sich, gesetzt. Der Zweck hat daher an
der Äußerlichkeit **sein eigenes Moment;** und der Inhalt,
als Inhalt der konkreten Einheit, ist seine **einfache Form,**
welche sich in den unterschiedenen Momenten des Zwecks, —
als subjektiver Zweck, als Mittel und vermittelte Tätigkeit,
und als objektiver, — nicht nur **an sich** gleich bleibt, sondern
auch als das sich gleich Bleibende existiert.

Man kann daher von der teleologischen Tätigkeit sagen,
daß in ihr das Ende der Anfang, die Folge der Grund, die
Wirkung die Ursache sei, daß sie ein Werden des Gewordenen
sei, daß in ihr nur das schon Existierende in die Existenz
komme usf., das heißt, daß überhaupt alle Verhältnisbestimmungen, die der Sphäre der Reflexion oder des unmittelbaren

Seins angehören, ihre Unterschiede verloren haben, und was
als ein Anderes wie Ende, Folge, Wirkung usf. ausgesprochen wird, in der Zweckbeziehung nicht mehr die Bestimmung
eines Andern habe, sondern vielmehr als identisch mit dem
einfachen Begriffe gesetzt ist.

2. Das Produkt der teleologischen Tätigkeit nun näher
betrachtet, so hat es den Zweck nur äußerlich an ihm, insofern es absolute Voraussetzung gegen den subjektiven Zweck
ist, insofern nämlich dabei stehen geblieben wird, daß die
zweckmäßige Tätigkeit durch ihr Mittel sich nur mechanisch
gegen das Objekt verhält und statt einer gleichgültigen Bestimmtheit desselben eine andere, ihm ebenso äußerliche setzt.
Eine solche Bestimmtheit, welche ein Objekt durch den Zweck
hat, unterscheidet sich im allgemeinen von einer andern bloß
mechanischen [dadurch], daß jenes [Objekt] Moment einer Einheit, somit ob sie [d. i. die Bestimmtheit] wohl dem Objekte
äußerlich, doch in sich selbst nicht ein bloß Äußerliches ist.
Das Objekt, das eine solche Einheit zeigt, ist ein Ganzes, wogegen seine Teile, seine eigene Äußerlichkeit, gleichgültig ist,
eine bestimmte, konkrete Einheit, welche unterschiedene Beziehungen und Bestimmtheiten in sich vereinigt. Diese Einheit,
welche aus der spezifischen Natur des Objekts nicht begriffen
werden kann und dem bestimmten Inhalte nach ein anderer ist
als der eigentümliche Inhalt des Objekts, ist für sich selbst
nicht eine mechanische Bestimmtheit, aber sie ist am Objekte
noch mechanisch. Wie an diesem Produkte der zweckmäßigen
Tätigkeit der Inhalt des Zwecks und der Inhalt des Objekts sich
äußerlich sind, so verhalten sich auch in den andern Momenten des Schlusses die Bestimmungen derselben gegeneinander,
— in der zusammenschließenden Mitte die zweckmäßige Tätigkeit und das Objekt, welches Mittel ist, und im subjektiven
Zweck, dem andern Extreme, die unendliche Form als Totalität des Begriffes und sein Inhalt. Nach der Beziehung,
durch welche der subjektive Zweck mit der Objektivität zusammengeschlossen wird, ist sowohl die eine Prämisse, nämlich
die Beziehung des als Mittel bestimmten Objekts auf das noch
äußerliche Objekt, als die andere, nämlich des subjektiven
Zwecks auf das Objekt, welches zum Mittel gemacht wird, eine
unmittelbare Beziehung. Der Schluß hat daher den Mangel
des formalen Schlusses überhaupt, daß die Beziehungen, aus

welchen er besteht, nicht selbst Schlußsätze oder Vermittlungen sind, daß sie vielmehr den Schlußsatz, zu dessen Hervorbringung sie als Mittel dienen sollen, schon voraussetzen.

Wenn wir die eine Prämisse, die unmittelbare Beziehung des subjektiven Zwecks auf das Objekt, welches dadurch zum Mittel wird, betrachten, so kann jener sich nicht unmittelbar auf dieses beziehen; denn dieses ist ein ebenso Unmittelbares als das des andern Extrems, in welchem der Zweck durch Vermittlung ausgeführt werden soll. Insofern sie so als Verschiedene gesetzt sind, muß zwischen diese Objektivität und den subjektiven Zweck ein Mittel ihrer Beziehung eingeschoben werden; aber dieses Mittel ist ebenso ein schon durch den Zweck bestimmtes Objekt, zwischen dessen Objektivität und teleologische Bestimmung ist ein neues Mittel und so fort ins Unendliche einzuschieben. Damit ist der unendliche Progreß der Vermittlung gesetzt. — Dasselbe findet statt in Ansehung der andern Prämisse, der Beziehung des Mittels auf das noch unbestimmte Objekt. Da sie schlechthin Selbständige sind, so können sie nur in einem Dritten, und so fort ins Unendliche, vereinigt sein. — Oder umgekehrt, da die Prämissen den Schlußsatz schon voraussetzen, so kann dieser, wie er durch jene nur unmittelbaren Prämissen ist, nur unvollkommen sein. Der Schlußsatz oder das Produkt des zweckmäßigen Tuns ist nichts als ein durch einen ihm äußerlichen Zweck bestimmtes Objekt; es ist somit dasselbe, was das Mittel. Es ist daher in solchem Produkt selbst nur ein Mittel, nicht ein ausgeführter Zweck herausgekommen, oder der Zweck hat in ihm keine Objektivität wahrhaft erreicht. — Es ist daher ganz gleichgültig, ein durch den äußern Zweck bestimmtes Objekt als ausgeführten Zweck oder nur als Mittel zu betrachten; es ist dies eine relative, dem Objekte selbst äußerliche, nicht objektive Bestimmung. Alle Objekte also, an welchen ein äußerer Zweck ausgeführt ist, sind ebensowohl nur Mittel des Zwecks. Was zur Ausführung eines Zwecks gebraucht und wesentlich als Mittel genommen werden soll, ist Mittel, nach seiner Bestimmung aufgerieben zu werden. Aber auch das Objekt, das den ausgeführten Zweck enthalten und sich als dessen Objektivität darstellen soll, ist vergänglich; es erfüllt seinen Zweck ebenfalls nicht durch

ein ruhiges, sich selbst erhaltenes Dasein, sondern nur insofern es aufgerieben wird, denn nur insofern entspricht es
der Einheit des Begriffs, indem sich seine Äußerlichkeit, d. i.
seine Objektivität in derselben aufhebt. — Ein Haus, eine Uhr
können als die Zwecke erscheinen gegen die zu ihrer Hervorbringung gebrauchten Werkzeuge; aber die Steine, Balken,
oder Räder, Axen usf., welche die Wirklichkeit des Zweckes
ausmachen, erfüllen ihn nur durch den Druck, den sie erleiden,
durch die chemischen Prozesse, denen sie mit Luft, Licht, Wasser preisgegeben sind und die sie dem Menschen abnehmen,
durch ihre Reibung usf. Sie erfüllen also ihre Bestimmung nur
durch ihren Gebrauch und Abnutzung und entsprechen nur
durch ihre Negation dem, was sie sein sollen. Sie sind nicht
positiv mit dem Zwecke vereinigt, weil sie die Selbstbestimmung nur äußerlich an ihnen haben, und sind nur relative
Zwecke, oder wesentlich auch nur Mittel.

Diese Zwecke haben überhaupt, wie gezeigt, einen beschränkten Inhalt; ihre Form ist die unendliche Selbstbestimmung des Begriffs, der sich durch ihn zur äußerlichen Einzelheit beschränkt hat. Der beschränkte Inhalt macht diese
Zwecke der Unendlichkeit des Begriffes unangemessen und zur
Unwahrheit; solche Bestimmtheit ist schon durch die Sphäre
der Notwendigkeit, durch das Sein, dem Werden und der Veränderung preisgegeben und ein Vergängliches.

3. Als Resultat ergibt sich hiemit, daß die äußere Zweckmäßigkeit, welche nur erst die Form der Teleologie hat, eigentlich nur zu Mitteln, nicht zu einem objektiven Zwecke kommt,
— weil der subjektive Zweck als eine äußerliche, subjektive
Bestimmung bleibt; — oder insofern er tätig ist und sich, obzwar nur in einem Mittel, vollführt, ist er noch unmittelbar
mit der Objektivität verbunden, in sie versenkt; er ist selbst
ein Objekt, und der Zweck, kann man sagen, kommt insofern
nicht zum Mittel, weil es der Ausführung des Zwecks schon
vorher bedarf, ehe sie durch ein Mittel zustande kommen
könnte.

In der Tat aber ist das Resultat nicht nur eine äußere
Zweckbeziehung, sondern die Wahrheit derselben, innere Zweckbeziehung und ein objektiver Zweck. Die gegen den Begriff
selbständige Äußerlichkeit des Objekts, welche der Zweck
sich voraussetzt, ist in dieser Voraussetzung als ein unwesent-

licher Schein gesetzt und auch an und für sich schon aufgehoben; die Tätigkeit des Zwecks ist daher eigentlich nur Darstellung dieses Scheins und Aufheben desselben. — Wie sich durch den Begriff gezeigt hat, wird das erste Objekt durch die Mitteilung Mittel, weil es an sich Totalität des Begriffes ist und seine Bestimmtheit, welche keine andere als die Äußerlichkeit selbst ist, nur als Äußerliches, Unwesentliches gesetzt, daher im Zwecke selbst als dessen eigenes Moment, nicht als ein gegen ihn selbständiges ist. Dadurch ist Bestimmung des Objekts zum Mittel schlechthin eine unmittelbare. Es bedarf für den subjektiven Zweck daher keiner Gewalt oder sonstigen Bekräftigung gegen dasselbe als der Bekräftigung seiner selbst, um es zum Mittel zu machen; der Entschluß, Aufschluß, diese Bestimmung seiner selbst ist die nur gesetzte Äußerlichkeit des Objekts, welches darin unmittelbar als dem Zwecke unterworfen ist und keine andere Bestimmung gegen ihn hat als die der Nichtigkeit des An- und Fürsichseins.

Das zweite Aufheben der Objektivität durch die Objektivität ist hievon so verschieden, daß jenes, als das erste, der Zweck in objektiver Unmittelbarkeit ist, dieses daher nicht nur das Aufheben von einer ersten Unmittelbarkeit, sondern von beidem, dem Objektiven als einem nur Gesetzten und dem Unmittelbaren. Die Negativität kehrt auf diese Weise so in sich selbst zurück, daß sie ebenso Wiederherstellen der Objektivität, aber als einer mit ihr identischen, und darin zugleich auch Setzen der Objektivität als einer vom Zwecke nur bestimmten, äußerlichen ist. Durch Letzteres bleibt dies Produkt, wie vorhin, auch Mittel; durch Ersteres ist es die mit dem Begriffe identische Objektivität, der realisierte Zweck, in dem die Seite, Mittel zu sein, die Realität des Zwecks selbst ist. Im ausgeführten Zwecke verschwindet das Mittel darum, weil es die nur erst unmittelbar unter den Zweck subsumierte Objektivität wäre, die im realisierten Zwecke als Rückkehr des Zwecks in sich selbst ist; es verschwindet ferner damit auch die Vermittlung selbst, als welche ein Verhalten von Äußerlichem ist, teils in die konkrete Identität des objektiven Zwecks, teils in dieselbe als abstrakte Identität und Unmittelbarkeit des Daseins.

Hierin ist auch die Vermittlung enthalten, welche für

die erste Prämisse, die unmittelbare Beziehung des Zwecks auf das Objekt, gefordert wurde. Der ausgeführte Zweck ist auch Mittel, und umgekehrt ist die Wahrheit des Mittels ebenso dies, realer Zweck selbst zu sein, und das erste Aufheben der Objektivität ist schon auch das zweite, wie sich das zweite zeigte, auch das erste zu enthalten. Der Begriff bestimmt sich nämlich; seine Bestimmtheit ist die äußerliche Gleichgültigkeit, die unmittelbar in dem Entschlusse als aufgehobene, nämlich als innerliche, subjektive, und zugleich als vorausgesetztes Objekt bestimmt ist. Sein weiteres Hinausgehen aus sich, welches nämlich als unmittelbare Mitteilung und Subsumtion des vorausgesetzten Objekts unter ihn erschien, ist zugleich Aufheben jener innerlichen, in den Begriff eingeschlossenen, d. i. als aufgehoben gesetzten Bestimmtheit der Äußerlichkeit, und zugleich der Voraussetzung eines Objekts; somit ist dieses anscheinend erste Aufheben der gleichgültigen Objektivität auch schon das zweite, eine durch die Vermittlung hindurch gegangene Reflexion-in-sich und der ausgeführte Zweck.

Indem hier der Begriff in der Sphäre der Objektivität, wo seine Bestimmtheit die Form gleichgültiger Äußerlichkeit hat, in Wechselwirkung mit sich selbst ist, so wird die Darstellung seiner Bewegung hier doppelt schwierig und verwickelt, weil sie unmittelbar selbst das Gedoppelte, und immer ein Erstes auch ein Zweites ist. Im Begriff für sich, d. h. in seiner Subjektivität, ist der Unterschied seiner von sich als unmittelbare identische Totalität für sich; da hier aber seine Bestimmtheit gleichgültige Äußerlichkeit ist, so ist die Identität darin mit sich selbst auch unmittelbar wieder das Abstoßen von sich, daß das als ihr Äußerliches und Gleichgültiges Bestimmte vielmehr sie selbst und sie als sie selbst, als in sich reflektiert, vielmehr ihr Anderes ist. Nur indem dies festgehalten wird, wird die objektive Rückkehr des Begriffs in sich, d. i. die wahrhafte Objektivierung desselben aufgefaßt, — aufgefaßt, daß jedes der einzelnen Momente, durch welche sich diese Vermittlung verläuft, selbst der ganze Schluß derselben ist. So ist die ursprüngliche innere Äußerlichkeit des Begriffs, durch welche er die sich von sich abstoßende Einheit, Zweck und dessen Hinausstreben zur Objektivierung ist, das unmittelbare Setzen oder die Voraussetzung eines äußerlichen Objekts; die Selbstbestimmung ist auch Bestimmung eines als nicht durch den Begriff bestimmten, äußerlichen Objekts, und umgekehrt ist sie Selbstbestimmung, d. i. die aufgehobene, als innere gesetzte Äußerlichkeit, — oder die Gewißheit der Unwesentlichkeit des äußern Objekts. — Von der zweiten Beziehung, der Bestimmung des Objekts als Mittel, ist soeben gezeigt worden, wie sie an ihr selbst die Vermittlung des Zwecks in dem Objekte mit sich ist. — Ebenso ist das Dritte, der Mechanismus, welcher unter der Herrschaft des Zwecks vor sich geht und das Objekt durch das Objekt aufhebt, einerseits Aufheben des Mittels, des schon als aufgehoben gesetzten Objekts, somit zweites Aufheben und Reflexion-in-sich, andererseits erstes Bestimmen des äußerlichen Objekts. Letzteres ist, wie bemerkt worden, wieder im ausgeführten Zwecke die Hervorbringung nur eines Mittels; indem die Subjektivität des endlichen Begriffs das Mittel verächtlich wegwirft, hat sie in ihrem Ziel nichts Besseres erreicht. Diese Reflexion aber, daß der Zweck in dem Mittel erreicht und im erfüllten Zwecke das Mittel und die Vermittlung erhalten ist, ist das letzte Resultat der äußerlichen Zweckbeziehung, worin sie selbst sich aufgehoben und das sie als ihre Wahrheit dargestellt hat. — Der zuletzt betrachtete dritte Schluß ist dadurch unterschieden, daß er erstens die subjektive Zwecktätigkeit der vorhergehenden Schlüsse, aber auch die Aufhebung der äußerlichen Objektivität, und damit der Äußerlichkeit überhaupt durch sich selbst, hiemit die Totalität in ihrem Gesetztsein ist.

Nachdem wir nun die Subjektivität, das Fürsichsein des Begriffes, in das Ansichsein desselben, die Objektivität übergehen gesehen, so hat sich ferner in der letztern die Negativität seines Fürsichseins wieder hervorgetan; der Begriff hat sich in ihr so bestimmt, daß seine Besonderheit äußerliche Objektivität ist, oder als die einfache konkrete Einheit, deren Äußerlichkeit ihre Selbstbestimmung ist. Die Bewegung des Zweckes hat nun dies erreicht, daß das Moment der Äußerlichkeit nicht nur im Begriff gesetzt, er nicht nur ein Sollen und Streben, sondern als konkrete Totalität identisch mit der unmittelbaren Objektivität ist. Diese Identität ist einerseits der einfache Begriff und [die] ebenso unmittelbare

Objektivität, aber andererseits gleich wesentlich **Vermitt-lung**, und nur durch sie als sich selbst aufhebende Vermitt-lung jene einfache Unmittelbarkeit; so ist er wesentlich dies, als fürsichseiende Identität von seiner **ansichseienden** Objektivität unterschieden zu sein und dadurch Äußerlichkeit zu haben, aber in dieser äußerlichen Totalität die selbstbestim-mende Identität derselben zu sein. So ist der Begriff nun die **Idee**.

Dritter Abschnitt

Die Idee.

Die Idee ist der adäquate Begriff, das objektive Wahre oder das Wahre als solches. Wenn irgend etwas Wahrheit hat, hat es sie durch seine Idee, oder etwas hat nur Wahrheit, insofern es Idee ist. — Der Ausdruck Idee ist sonst oft in der Philosophie wie im gemeinen Leben auch für Begriff, ja gar für eine bloße Vorstellung gebraucht worden; „ich habe noch keine Idee von diesem Rechtshandel, Gebäude, Gegend", will weiter nichts ausdrücken als die Vorstellung. Kant hat den Ausdruck: Idee wieder dem Vernunftbegriff vindiziert. — Der Vernunftbegriff soll nun nach Kant der Begriff vom Unbedingten, in Ansehung der Erscheinungen aber transzendent sein, d. h. von ihm kein ihm adäquater empirischer Gebrauch gemacht werden können. Die Vernunftbegriffe sollen zum Begreifen, die Verstandesbegriffe zum Verstehen der Wahrnehmungen dienen. — In der Tat aber, wenn die letztern wirklich Begriffe sind, so sind sie Begriffe, — es wird durch sie begriffen, und ein Verstehen der Wahrnehmungen durch Verstandesbegriffe wird ein Begreifen sein. Ist aber das Verstehen nur ein Bestimmen der Wahrnehmungen durch solche Bestimmungen, z. B. Ganzes und Teile, Kraft, Ursache und dergleichen, so bedeutet es nur ein Bestimmen durch die Reflexion, sowie auch mit dem Verstehen nur das bestimmte Vorstellen von ganz bestimmtem sinnlichem Inhalte gemeint sein kann; wie wenn einer, dem man den Weg bezeichnet, daß er am Ende des Waldes links gehen müsse, etwa erwidert: ich verstehe, so will das Verstehen weiter nichts sagen, als das Fassen in die Vorstellung und ins Gedächtnis. — Auch Vernunftbegriff ist ein etwas ungeschickter Ausdruck; denn der Begriff ist überhaupt etwas Vernünftiges; und insofern die

Vernunft vom Verstande und dem Begriff als solchem unterschieden wird, so ist sie die Totalität des Begriffs und der Objektivität. — In diesem Sinne ist die Idee das Vernünftige;
— sie ist das Unbedingte darum, weil nur dasjenige Bedingungen hat, was sich wesentlich auf eine Objektivität bezieht,
aber eine nicht durch es selbst bestimmte, sondern eine solche,
die noch in der Form der Gleichgültigkeit und Äußerlichkeit dagegen ist, wie noch der äußerliche Zweck hatte.

Indem nun der Ausdruck Idee für den objektiven oder
realen Begriff zurückbehalten und von dem Begriff selbst,
noch mehr aber von der bloßen Vorstellung unterschieden
wird, so ist ferner noch mehr diejenige Schätzung der Idee
zu verwerfen, nach welcher sie für etwas nur Unwirkliches
genommen und von wahren Gedanken gesagt wird, es seien
nur Ideen. Wenn die Gedanken etwas bloß Subjektives
und Zufälliges sind, so haben sie allerdings keinen weitern
Wert, aber sie stehen den zeitlichen und zufälligen Wirklichkeiten darin nicht nach, welche ebenfalls keinen weitern Wert
als den von Zufälligkeiten und Erscheinungen haben. Wenn
dagegen umgekehrt die Idee darum den Wert der Wahrheit
nicht haben soll, weil sie in Ansehung der Erscheinungen transzendent [ist], weil ihr kein kongruierender Gegenstand in der
Sinnenwelt gegeben werden könne, so ist dies ein sonderbarer
Mißverstand, indem der Idee deswegen objektive Gültigkeit
abgesprochen wird, weil ihr dasjenige fehle, was die Erscheinung, das unwahre Sein der objektiven Welt ausmacht.
In Ansehung der praktischen Ideen erkennt es Kant, daß
„nichts Schädlicheres und eines Philosophen Unwürdigeres gefunden werden könne als die pöbelhafte Berufung auf vor-
geblich gegen die Idee widerstreitende Erfahrung. Diese
würde selbst gar nicht existieren, wenn z. B. Staatsanstalten
zu rechter Zeit nach den Ideen getroffen wären und an deren
Statt nicht rohe Begriffe, eben darum, weil sie aus Erfahrung geschöpft worden, alle gute Absicht vereitelt hätten." Kant sieht die Idee als etwas Notwendiges, als das Ziel
an, das als das Urbild für ein Maximum aufzustellen und dem
den Zustand der Wirklichkeit immer näher zu bringen, das Be-
streben sein müsse.

Indem sich aber das Resultat ergeben hat, daß die Idee
die Einheit des Begriffs und der Objektivität, das Wahre, ist,

so ist sie nicht nur als ein Ziel zu betrachten, dem sich anzunähern sei, das aber selbst immer eine Art von Jenseits bleibe, sondern daß alles Wirkliche nur insofern ist, als es die Idee in sich hat und sie ausdrückt. Der Gegenstand, die objektive und subjektive Welt überhaupt sollen mit der Idee nicht bloß kongruieren, sondern sie sind selbst die Kongruenz des Begriffs und der Realität; diejenige Realität, welche dem Begriffe nicht entspricht, ist bloße Erscheinung, das Subjektive, Zufällige, Willkürliche, das nicht die Wahrheit ist. Wenn gesagt wird, es finde sich in der Erfahrung kein Gegenstand, welcher der Idee vollkommen kongruiere, so wird diese als ein subjektiver Maßstab dem Wirklichen gegenübergestellt; was aber ein Wirkliches wahrhaft sein solle, wenn nicht sein Begriff in ihm, und [wenn] seine Objektivität diesem Begriffe gar nicht angemessen ist, ist nicht zu sagen; denn es wäre das Nichts. Das mechanische und chemische Objekt wie das geistlose Subjekt und der nur des Endlichen, nicht seines Wesens bewußte Geist haben zwar, nach ihrer verschiedenen Natur, ihren Begriff nicht in seiner eigenen freien Form an ihnen existierend. Aber sie können überhaupt nur insofern etwas Wahres sein, als sie die Vereinigung ihres Begriffs und der Realität, ihrer Seele und ihres Leibes, sind. Ganze, wie der Staat, die Kirche, wenn die Einheit ihres Begriffs und ihrer Realität aufgelöst ist, hören auf zu existieren; der Mensch, das Lebendige ist tot, wenn Seele und Leib sich in ihm trennen; die tote Natur, die mechanische und chemische Welt, — wenn nämlich das Tote für die unorganische Welt genommen wird, sonst hätte es gar keine positive Bedeutung, — die tote Natur also, wenn sie in ihren Begriff und ihre Realität geschieden wird, ist nichts als die subjektive Abstraktion einer gedachten Form und einer formlosen Materie. Der Geist, der nicht Idee, Einheit des Begriffs selbst mit sich, — der Begriff [wäre], der den Begriff selbst zu seiner Realität hätte, wäre der tote, geistlose Geist, ein materielles Objekt.

Sein hat die Bedeutung der Wahrheit erreicht, indem die Idee die Einheit des Begriffs und der Realität ist; es ist also nunmehr nur das, was Idee ist. Die endlichen Dinge sind darum endlich, insofern sie die Realität ihres Begriffs nicht vollständig an ihnen selbst haben, sondern dazu anderer bedürfen, — oder umgekehrt, insofern sie als Objekte vorausge-

setzt sind, somit den Begriff als eine äußerliche Bestimmung
an ihnen haben. Das Höchste, was sie nach der Seite dieser
Endlichkeit erreichen, ist die äußere Zweckmäßigkeit. Daß
die wirklichen Dinge mit der Idee nicht kongruieren, ist die
Seite ihrer Endlichkeit, Unwahrheit, nach welcher sie
Objekte, jedes nach seiner verschiedenen Sphäre und in den
Verhältnissen der Objektivität mechanisch, chemisch oder durch
einen äußerlichen Zweck bestimmt ist. Daß die Idee ihre
Realität nicht vollkommen durchgearbeitet, sie unvollständig
dem Begriffe unterworfen hat, davon beruht die Möglichkeit
darauf, daß sie selbst einen beschränkten Inhalt hat, daß
sie, so wesentlich sie Einheit des Begriffs und der Realität,
ebenso wesentlich auch deren Unterschied ist; denn nur das
Objekt ist die unmittelbare, d. h. nur ansichseiende Einheit.
Wenn aber ein Gegenstand, z. B. der Staat, seiner Idee gar
nicht angemessen, d. h. vielmehr gar nicht die Idee des Staates wäre, wenn seine Realität, welche die selbstbewußten Individuen ist, dem Begriffe ganz nicht entspräche, so hätten seine
Seele und sein Leib sich getrennt; jene entflöhe in die abge-
schiedenen Regionen des Gedankens, dieser wäre in die einzelnen Individualitäten zerfallen; aber indem der Begriff des
Staats so wesentlich ihre Natur ausmacht, so ist er als ein so
mächtiger Trieb in ihnen, daß sie ihn, sei es auch nur in der
Form äußerer Zweckmäßigkeit, in Realität zu versetzen oder
ihn so sich gefallen zu lassen gedrungen sind, oder sie müßten
zugrunde gehen. Der schlechteste Staat, dessen Realität dem
Begriffe am wenigsten entspricht, insofern er noch existiert,
ist er noch Idee; die Individuen gehorchen noch einem macht-
habenden Begriffe.

Die Idee hat aber nicht nur den allgemeinern Sinn des
wahrhaften Seins, der Einheit von Begriff und Realität,
sondern den bestimmtern von subjektivem Begriffe und
der Objektivität. Der Begriff als solcher ist nämlich selbst
schon die Identität seiner und der Realität; denn der unbestimmte Ausdruck Realität heißt überhaupt nichts anders als
das bestimmte Sein; dies aber hat der Begriff an seiner
Besonderheit und Einzelheit. Ebenso ist ferner die Objektivität der aus seiner Bestimmtheit in die Identität mit sich
zusammengegangene, totale Begriff. In jener Subjektivität
ist die Bestimmtheit oder der Unterschied des Begriffes ein

Schein, der unmittelbar aufgehoben und in das Fürsichsein oder die negative Einheit zurückgegangen ist, inhärierendes Prädikat. In dieser Objektivität aber ist die Bestimmtheit als unmittelbare Totalität, als äußerliches Ganzes gesetzt. Die Idee hat sich nun gezeigt als der wieder von der Unmittelbarkeit, in die er im Objekte versenkt ist, zu seiner Subjektivität befreite Begriff, welcher sich von seiner Objektivität unterscheidet, die aber ebensosehr von ihm bestimmt [wird] und ihre Substantialität nur in jenem Begriffe hat. Diese Identität ist daher mit Recht als das Subjekt-Objekt bestimmt worden, daß sie ebensowohl der formelle oder subjektive Begriff, als sie das Objekt als solches ist. Aber dies ist bestimmter aufzufassen. Der Begriff, indem er wahrhaft seine Realität erreicht hat, ist dies absolute Urteil, dessen Subjekt als die sich auf sich beziehende negative Einheit sich von seiner Objektivität unterscheidet und das An- und Fürsichsein derselben ist, aber wesentlich sich durch sich selbst auf sie bezieht, — daher Selbstzweck und Trieb ist; — die Objektivität aber hat das Subjekt eben darum nicht unmittelbar an ihm, es wäre so nur die in sie verlorne Totalität des Objekts als solchen; sondern sie ist die Realisation des Zwecks, eine durch die Tätigkeit des Zweckes gesetzte Objektivität, welche als Gesetztsein ihr Bestehen und ihre Form nur als durchdrungen von ihrem Subjekt hat. Als Objektivität hat sie das Moment der Äußerlichkeit des Begriffs an ihr und ist daher überhaupt die Seite der Endlichkeit, Veränderlichkeit und Erscheinung, die aber ihren Untergang darin hat, in die negative Einheit des Begriffes zurückzugehen; die Negativität, wodurch ihr gleichgültiges Außereinandersein sich als Unwesentliches und Gesetztsein zeigt, ist der Begriff selbst. Die Idee ist daher, dieser Objektivität ungeachtet, schlechthin einfach und immateriell, denn die Äußerlichkeit ist nur als durch den Begriff bestimmt und in seine negative Einheit aufgenommen; insofern sie als gleichgültige Äußerlichkeit besteht, ist sie dem Mechanismus überhaupt nicht nur preisgegeben, sondern ist nur als das Vergängliche und Unwahre. — Ob die Idee also gleich ihre Realität in einer Materiatur hat, so ist diese nicht ein abstraktes, gegen den Begriff für sich bestehendes Sein, sondern nur als Werden, durch die Negativität des gleichgültigen Seins als einfache Bestimmtheit des Begriffes.

Es ergeben sich hieraus folgende nähere Bestimmungen der Idee. — Sie ist **erstlich** die einfache Wahrheit, die Identität des Begriffes und der Objektivität als **Allgemeines**, in welchem der Gegensatz und das Bestehen des Besondern in seine mit sich identische Negativität aufgelöst und als Gleichheit mit sich selbst ist. **Zweitens** ist sie die **Beziehung** der fürsichseienden Subjektivität des einfachen Begriffs und seiner davon **unterschiedenen** Objektivität; jene ist wesentlich der **Trieb,** diese Trennung aufzuheben, und diese das gleichgültige Gesetztsein, das an und für sich nichtige Bestehen. Sie ist als diese Beziehung der **Prozeß,** sich in die Individualität und in deren unorganische Natur zu dirimieren und wieder diese unter die Gewalt des Subjekts zurückzubringen und zu der ersten einfachen Allgemeinheit zurückzukehren. Die **Identität** der Idee mit sich selbst ist eins mit dem **Prozesse;** der Gedanke, der die Wirklichkeit von dem Scheine der zwecklosen Veränderlichkeit befreit und zur **Idee** verklärt, muß diese Wahrheit der Wirklichkeit nicht als die tote Ruhe, als ein bloßes **Bild,** matt, ohne Trieb und Bewegung, als einen Genius oder Zahl oder einen abstrakten Gedanken vorstellen; die Idee hat um der Freiheit willen, die der Begriff in ihr erreicht, auch den **härtesten Gegensatz** in sich; ihre Ruhe besteht in der Sicherheit und Gewißheit, womit sie ihn ewig erzeugt und ewig überwindet und in ihm mit sich selbst zusammengeht.

Zunächst aber ist die Idee auch wieder erst nur **unmittelbar** oder nur in ihrem **Begriffe;** die objektive Realität ist dem Begriffe zwar angemessen, aber noch nicht zum Begriffe befreit, und er existiert nicht **für sich als der Begriff.** Der Begriff ist so zwar **Seele,** aber die Seele ist in der Weise eines **Unmittelbaren,** d. h. ihre Bestimmtheit ist nicht als sie selbst, sie hat sich nicht als Seele erfaßt, nicht in ihr selbst ihre objektive Realität; der Begriff ist als eine Seele, die noch nicht **seelenvoll** ist.

So ist die Idee **erstlich** das **Leben;** der Begriff, der, unterschieden von seiner Objektivität, einfach in sich, seine Objektivität durchdringt und als Selbstzweck an ihr sein Mittel hat und sie als sein Mittel setzt, aber in diesem Mittel immanent und darin der realisierte mit sich identische Zweck ist. — Diese Idee hat um ihrer Unmittelbarkeit willen die Einzelheit zur Form ihrer Existenz. Aber die Reflexion ihres absoluten Prozesses in sich selbst ist das Aufheben dieser unmittelbaren Einzelheit; dadurch macht der Begriff, der in ihr als Allgemeinheit das Innre ist, die Äußerlichkeit zur Allgemeinheit oder setzt seine Objektivität als Gleichheit mit sich selbst. So ist die Idee

zweitens die Idee des Wahren und des Guten, als Erkennen und Wollen. Zunächst ist sie endliches Erkennen und endliches Wollen, worin das Wahre und Gute sich noch unterscheiden und beide nur erst als Ziel sind. Der Begriff hat sich zunächst zu sich selbst befreit und sich nur erst eine abstrakte Objektivität zur Realität gegeben. Aber der Prozeß dieses endlichen Erkennens und Handelns macht die zunächt abstrakte Allgemeinheit zur Totalität, wodurch sie vollkommene Objektivität wird. — Oder von der andern Seite betrachtet, macht der endliche, das ist der subjektive Geist, sich die Voraussetzung einer objektiven Welt, wie das Leben eine solche Voraussetzung hat; aber seine Tätigkeit ist, diese Voraussetzung aufzuheben und sie zu einem Gesetzten zu machen. So ist seine Realität für ihn die objektive Welt, oder umgekehrt, die objektive Welt ist die Idealität, in der er sich selbst erkennt.

Drittens erkennt der Geist die Idee als seine absolute Wahrheit, als die Wahrheit, die an und für sich ist; die unendliche Idee, in welcher Erkennen und Tun sich ausgeglichen hat, und die das absolute Wissen ihrer selbst ist.

Erstes Kapitel.

Das Leben.

Die Idee des Lebens betrifft einen so konkreten und, wenn man will, reellen Gegenstand, daß mit derselben nach der gewöhnlichen Vorstellung der Logik ihr Gebiet überschritten zu werden scheinen kann. Sollte die Logik freilich nichts als leere, tote Gedankenformen enthalten, so könnte in ihr überhaupt von keinem solchen Inhalte, wie die Idee oder das Leben ist, die Rede sein. Wenn aber die absolute Wahrheit der Gegenstand der Logik und die Wahrheit als solche wesent-

lich im Erkennen ist, so müßte das Erkennen wenigstens
abgehandelt werden. — Der sogenannten reinen Logik pflegt
man denn auch gewöhnlich eine angewandte Logik folgen
zu lassen, — eine Logik, welche es mit dem konkreten Erkennen zu tun hat, die viele Psychologie und Anthropologie nicht mitgerechnet, deren Einflechtung in die Logik häufig
für nötig erachtet wird. Die anthropologische und psychologische Seite des Erkennens aber betrifft dessen Erscheinung,
in welcher der Begriff für sich selbst noch nicht dieses ist,
eine ihm gleiche Objektivität, d. i. sich selbst zum Objekte zu
haben. Der Teil der Logik, der dasselbe betrachtet, gehört
nicht zur angewandten Logik als solchen; so wäre jede Wissenschaft in die Logik hereinzuziehen, denn jede ist insofern
eine angewandte Logik, als sie darin besteht, ihren Gegenstand
in Formen des Gedankens und Begriffs zu fassen. — Der subjektive Begriff hat Voraussetzungen, die in psychologischer,
anthropologischer und sonstiger Form sich darstellen. In die
Logik aber gehören nur die Voraussetzungen des reinen Begriffs, insofern sie die Form von reinen Gedanken, von abstrakten Wesenheiten haben, die Bestimmungen des Seins und Wesens. Ebenso sind vom Erkennen, dem sich selbst Erfassen
des Begriffs, nicht die andern Gestalten seiner Voraussetzung,
sondern nur diejenige, welche selbst Idee ist, in der Logik abzuhandeln; aber diese ist notwendig in ihr zu betrachten. Diese
Voraussetzung nun ist die unmittelbare Idee; denn indem
das Erkennen der Begriff ist, insofern er für sich selbst, aber
als Subjektives in Beziehung auf Objektives ist, so bezieht er
sich auf die Idee als vorausgesetzte oder unmittelbare.
Die unmittelbare Idee aber ist das Leben.

Insofern würde sich die Notwendigkeit, die Idee des Lebens in der Logik zu betrachten, auf die auch sonst anerkannte Notwendigkeit, den konkreten Begriff des Erkennens
hier abzuhandeln, gründen. Diese Idee hat sich aber durch
die eigene Notwendigkeit des Begriffes herbeigeführt; die
Idee, das an und für sich Wahre, ist wesentlich Gegenstand
der Logik; da sie zuerst in ihrer Unmittelbarkeit zu betrachten
ist, so ist sie in dieser Bestimmtheit, in welcher sie Leben ist,
aufzufassen und zu erkennen, damit ihre Betrachtung nicht
etwas Leeres und Bestimmungsloses sei. Es kann nur etwa zu
bemerken sein, inwiefern die logische Ansicht des Lebens

von anderer wissenschaftlicher Ansicht desselben unterschieden ist; jedoch gehört hieher nicht, wie in unphilosophischen Wissenschaften von ihm gehandelt wird, sondern nur wie das logische Leben, als reine Idee, von dem Naturleben, das in der Naturphilosophie betrachtet wird, und von dem Leben, insofern es mit dem Geiste in Verbindung steht, zu unterscheiden ist. — Das Erstere ist als das Leben der Natur das Leben, insofern es in die Äußerlichkeit des Bestehens hinausgeworfen ist, an der unorganischen Natur seine Bedingung hat, und wie die Momente der Idee eine Mannigfaltigkeit wirklicher Gestaltungen sind. Das Leben in der Idee ist ohne solche Voraussetzungen, welche als Gestalten der Wirklichkeit sind; seine Voraussetzung ist der Begriff, wie er betrachtet worden ist, einerseits als subjektiver, andererseits als objektiver. In der Natur erscheint das Leben als die höchste Stufe, welche von ihrer Äußerlichkeit dadurch erreicht wird, daß sie in sich gegangen ist und sich in der Subjektivität aufhebt. In der Logik ist es das einfache Insichsein, welches in der Idee des Lebens seine ihm wahrhaft entsprechende Äußerlichkeit erreicht hat; der Begriff, der als subjektiver früher auftritt, ist die Seele des Lebens selbst; er ist der Trieb, der sich durch die Objektivität hindurch seine Realität vermittelt. Indem die Natur von ihrer Äußerlichkeit aus diese Idee erreicht, geht sie über sich hinaus; ihr Ende ist nicht als ihr Anfang, sondern als ihre Grenze, worin sie sich selbst aufhebt. — Ebenso erhalten in der Idee des Lebens die Momente seiner Realität nicht die Gestalt äußerlicher Wirklichkeit, sondern bleiben in die Form des Begriffes eingeschlossen.

Im Geiste aber erscheint das Leben teils ihm gegenüber, teils als mit ihm in eins gesetzt, und diese Einheit wieder durch ihn rein herausgeboren. Das Leben ist hier nämlich überhaupt in seinem eigentlichen Sinne als natürliches Leben zu nehmen, denn was das Leben des Geistes als Geistes genannt wird, ist seine Eigentümlichkeit, welche dem bloßen Leben gegenübersteht; wie auch von der Natur des Geistes gesprochen wird, obgleich der Geist kein Natürliches und vielmehr der Gegensatz zur Natur ist. Das Leben als solches also ist für den Geist teils Mittel, so stellt er es sich gegenüber; teils ist er lebendiges Individuum, und das Leben sein Körper; teils wird diese Einheit seiner mit seiner lebendigen Körper-

lichkeit aus ihm selbst zum Ideal herausgeboren. Keine dieser
Beziehungen auf den Geist geht das logische Leben an, und es
ist hier weder als Mittel eines Geistes, noch als sein lebendiger
Leib, noch als Moment des Ideals und der Schönheit zu betrachten. — Das Leben hat in beiden Fällen, wie es natürliches [ist,] und wie es mit dem Geiste in Beziehung steht,
eine Bestimmtheit seiner Äußerlichkeit, dort durch
seine Voraussetzungen, welches andere Gestaltungen der Natur
sind, hier aber durch die Zwecke und Tätigkeit des Geistes. Die
Idee des Lebens für sich ist frei von jener vorausgesetzten
und bedingenden Objektivität sowie von der Beziehung auf
diese Subjektivität.

Das Leben, in seiner Idee nun näher betrachtet, ist an
und für sich absolute Allgemeinheit; die Objektivität, welche
es an ihm hat, ist vom Begriffe schlechthin durchdrungen,
sie hat nur ihn zur Substanz. Was sich als Teil oder nach
sonstiger äußerer Reflexion unterscheidet, hat den ganzen Begriff in sich selbst; er ist die darin allgegenwärtige Seele,
welche einfache Beziehung auf sich selbst und eins in der Mannigfaltigkeit bleibt, die dem objektiven Sein zukommt. Diese
Mannigfaltigkeit hat als die sich äußerliche Objektivität ein
gleichgültiges Bestehen, das im Raume und in der Zeit, wenn
diese hier schon erwähnt werden könnten, ein ganz verschiedenes und selbständiges Außereinander ist. Aber die Äußerlichkeit ist im Leben zugleich als die einfache Bestimmtheit
seines Begriffs; so ist die Seele allgegenwärtig in diese Mannigfaltigkeit ausgegossen und bleibt zugleich schlechthin das
einfache Einssein des konkreten Begriffs mit sich selbst. —
Am Leben, an dieser Einheit seines Begriffs in der Äußerlichkeit der Objektivität, in der absoluten Vielheit der atomistischen
Materie, gehen dem Denken, das sich an die Bestimmungen
der Reflexionsverhältnisse und des formalen Begriffes hält,
schlechthin alle seine Gedanken aus; die Allgegenwart des Einfachen in der vielfachen Äußerlichkeit ist für die Reflexion
ein absoluter Widerspruch, und insofern sie dieselbe zugleich
aus der Wahrnehmung des Lebens auffassen, hiemit die Wirklichkeit dieser Idee zugeben muß, ein unbegreifliches Ge-
heimnis, weil sie den Begriff nicht erfaßt, und den Begriff
nicht als die Substanz des Lebens. — Das einfache Leben ist
aber nicht nur allgegenwärtig, sondern schlechthin das Be-

stehen und die immanente Substanz seiner Objektivität, aber als subjektive Substanz Trieb, und zwar der spezifische Trieb des besondern Unterschiedes, und ebenso wesentlich der Eine und allgemeine Trieb des Spezifischen, der diese seine Besonderung in die Einheit zurückführt und darin erhält. Das Leben ist nur als diese negative Einheit seiner Objektivität und Besonderung sich auf sich beziehendes, für sich seiendes Leben, eine Seele. Es ist damit wesentlich Einzelnes, welches auf die Objektivität sich als auf ein Anderes, eine unlebendige Natur bezieht. Das ursprüngliche Urteil des Lebens besteht daher darin, daß es sich als individuelles Subjekt gegen das Objektive abscheidet, und indem es sich als die negative Einheit des Begriffs konstituiert, die Voraussetzung einer unmittelbaren Objektivität macht.

Das Leben ist daher erstlich zu betrachten als lebendiges Individuum, das für sich die subjektive Totalität und als gleichgültig vorausgesetzt ist gegen eine ihm als gleichgültig gegenüberstehende Objektivität.

Zweitens ist es der Lebensprozeß, seine Voraussetzung aufzuheben, die gegen dasselbe gleichgültige Objektivität als negativ zu setzen und sich als ihre Macht und negative Einheit zu verwirklichen. Damit macht es sich zum Allgemeinen, das die Einheit seiner selbst und seines Andern ist. Das Leben ist daher

drittens der Prozeß der Gattung, seine Vereinzelung aufzuheben und sich zu seinem objektiven Dasein als zu sich selbst zu verhalten. Dieser Prozeß ist hiemit einerseits die Rückkehr zu seinem Begriffe und die Wiederholung der ersten Diremtion, das Werden einer neuen und der Tod der ersten unmittelbaren Individualität; andererseits aber ist der in sich gegangene Begriff des Lebens das Werden des sich zu sich selbst verhaltenden, als allgemein und frei für sich existierenden Begriffes, der Übergang in das Erkennen.

A. Das lebendige Individuum.

1. Der Begriff des Lebens oder das allgemeine Leben ist die unmittelbare Idee, der Begriff, dem seine Objektivität angemessen ist; aber sie ist ihm nur angemessen, insofern er die negative Einheit dieser Äußerlichkeit ist, das heißt, sie sich angemessen setzt. Die unendliche Beziehung des Begriffes

auf sich selbst ist als die Negativität das Selbstbestimmen, die
Diremtion seiner in sich als subjektive Einzelheit und
in sich als gleichgültige Allgemeinheit. Die Idee des
Lebens in ihrer Unmittelbarkeit ist nur erst die schöpferische
allgemeine Seele. Um dieser Unmittelbarkeit willen ist ihre
erste negative Beziehung der Idee in sich selbst Selbstbestimmung ihrer als Begriff, — das Setzen an sich, welches erst
als Rückkehr in sich Für-sich-sein ist, das schöpferische
Voraussetzen. Durch dies Selbstbestimmen ist das allgemeine Leben ein Besonderes; es hat sich damit in die beiden Extreme des Urteils, das unmittelbar Schluß wird, entzweit.

Die Bestimmungen des Gegensatzes sind die allgemeinen
Bestimmungen des Begriffs, denn es ist der Begriff,
dem die Entzweiung zukommt; aber die Erfüllung derselben
ist die Idee. Das eine ist die Einheit des Begriffs und der
Realität, welche die Idee ist, als die unmittelbare, die sich
früher als die Objektivität gezeigt hat. Allein sie ist hier
in anderer Bestimmung. Dort war sie die Einheit des Begriffs und der Realität, insofern der Begriff in sie übergegangen und nur in sie verloren ist; er stand ihr nicht gegenüber, oder weil er ihr nur Innres ist, ist er nur eine ihr
äußerliche Reflexion. Jene Objektivität ist daher das Unmittelbare selbst auf unmittelbare Weise. Hier hingegen ist
sie nur das aus dem Begriffe Hervorgegangene, so daß ihr
Wesen das Gesetztsein, daß sie als Negatives ist. — Sie
ist als die Seite der Allgemeinheit des Begriffes anzusehen, somit als abstrakte Allgemeinheit, wesentlich nur dem
Subjekte inhärierend und in der Form des unmittelbaren
Seins, das für sich gesetzt, gegen das Subjekt gleichgültig
sei. Die Totalität des Begriffes, welche der Objektivität zukommt, ist insofern gleichsam nur eine geliehene; die letzte
Selbständigkeit, die sie gegen das Subjekt hat, ist jenes Sein,
welches seiner Wahrheit nach nur jenes Moment des Begriffes
ist, der als voraussetzend in der ersten Bestimmtheit eines
an sich seienden Setzens ist, welches noch nicht als Setzen,
als die in sich reflektierte Einheit ist. Aus der Idee hervorgegangen ist also die selbständige Objektivität unmittelbares
Sein nur als das Prädikat des Urteils der Selbstbestimmung
des Begriffs, — ein zwar vom Subjekte verschiedenes Sein,
aber zugleich wesentlich gesetzt als Moment des Begriffs.

Dem Inhalte nach ist diese Objektivität die Totalität des Begriffes, die aber dessen Subjektivität oder negative Einheit sich gegenüberstehen hat, welche die wahrhafte Zentralität ausmacht, nämlich seine freie Einheit mit sich selbst. Dieses S u b - j e k t ist die Idee in der Form der Einzelheit als einfache aber negative Identität mit sich, das l e b e n d i g e Indi- viduum.

Dieses ist erstlich das Leben als S e e l e , als der Begriff seiner selbst, der in sich vollkommen bestimmt ist, das anfangende, sich selbst bewegende Prinzip. Der Begriff enthält in seiner Einfachheit die bestimmte Äußerlichkeit als e i n f a - c h e s Moment in sich eingeschlossen. — Aber ferner ist diese Seele in ihrer Unmittelbarkeit unmittelbar äußerlich und hat ein objektives Sein an ihr selbst, — die dem Zwecke unterworfene Realität, das unmittelbare M i t t e l , zunächst die Objektivität als P r ä d i k a t des Subjekts; aber fernerhin ist sie auch die Mitte des Schlusses; die Leiblichkeit der Seele ist das, wodurch sie sich mit der äußerlichen Objektivität zusammenschließt. — Die Leiblichkeit hat das Lebendige zunächst als die unmittelbar mit dem Begriff identische Realität; sie hat dieselbe insofern überhaupt von N a t u r .

Weil nun diese Objektivität Prädikat des Individuums und in die subjektive Einheit aufgenommen ist, so kommen ihr nicht die frühern Bestimmungen des Objekts, das mechanische oder chemische Verhältnis, noch weniger die abstrakten Reflexionsverhältnisse von Ganzem und Teilen u. dgl. zu. Als Äußerlichkeit ist sie solcher Verhältnisse zwar f ä h i g , aber insofern ist sie nicht lebendiges Dasein; wenn das Lebendige als ein Ganzes, das aus Teilen besteht, als ein solches, auf welches mechanische oder chemische Ursachen einwirken, als mechanisches oder chemisches Produkt, es sei bloß als solches oder auch durch einen äußerlichen Zweck Bestimmtes, genommen wird, so wird der Begriff ihm als äußerlich, es wird als ein T o t e s genommen. Da ihm der Begriff immanent ist, so ist die Z w e c k m ä ß i g k e i t des Lebendigen als i n n r e zu fassen; er ist in ihm als bestimmter, von seiner Äußerlichkeit unterschiedener und in seinem Unterscheiden sie durchdringender und mit sich identischer Begriff. Diese Objektivität des Lebendigen ist O r g a n i s m u s ; sie ist das M i t t e l u n d W e r k z e u g des Zwecks, vollkommen zweckmäßig, da der Begriff ihre Sub-

stanz ausmacht; aber eben deswegen ist dies Mittel und Werkzeug selbst der ausgeführte Zweck, in welchem der subjektive
Zweck insofern unmittelbar mit sich selbst zusammengeschlossen ist. Nach der Äußerlichkeit des Organismus ist er ein
Vielfaches nicht von Teilen, sondern von Gliedern, welche
als solche *a*) nur in der Individualität bestehen; sie sind trennbar, insofern sie äußerliche sind und an dieser Äußerlichkeit
gefaßt werden können; aber insofern sie getrennt werden, kehren sie unter die mechanischen und chemischen Verhältnisse
der gemeinen Objektivität zurück. *b*) Ihre Äußerlichkeit ist
der negativen Einheit der lebendigen Individualität entgegen;
diese ist daher Trieb, das abstrakte Moment der Bestimmtheit
des Begriffes als reellen Unterschied zu setzen; indem dieser Unterschied unmittelbar ist, ist er Trieb jedes einzelnen, spezifischen Moments, sich zu produzieren und
ebenso seine Besonderheit zur Allgemeinheit zu erheben, die
andern ihm äußerlichen aufzuheben, sich auf ihre Kosten hervorzubringen, aber ebensosehr sich selbst aufzuheben und sich
zum Mittel für die andern zu machen.

2. Dieser Prozeß der lebendigen Individualität ist auf sie
selbst beschränkt, und fällt noch ganz innerhalb ihrer. — Im
Schlusse der äußerlichen Zweckmäßigkeit ist vorhin die erste
Prämisse desselben, daß sich der Zweck unmittelbar auf die
Objektivität bezieht und sie zum Mittel macht, so betrachtet
worden, daß in ihr zwar der Zweck sich darin gleich bleibt
und in sich zurückgegangen ist, aber die Objektivität an ihr
selbst sich noch nicht aufgehoben [hat], der Zweck daher in
ihr insofern nicht an und für sich ist und dies erst im Schlußsatze wird. Der Prozeß des Lebendigen mit sich selbst ist jene
Prämisse, insofern sie aber zugleich Schlußsatz, insofern die
unmittelbare Beziehung des Subjekts auf die Objektivität,
welche dadurch Mittel und Werkzeug wird, zugleich als die negative Einheit des Begriffs an sich selbst ist; der Zweck
führt sich in dieser seiner Äußerlichkeit dadurch aus, daß er
ihre subjektive Macht und der Prozeß ist, worin sie ihre Selbst-
auflösung und Rückkehr in diese seine negative Einheit aufzeigt. Die Unruhe und Veränderlichkeit der äußerlichen Seite
des Lebendigen ist die Manifestation des Begriffs an ihm, der
als die Negativität an sich selbst nur Objektivität hat, insofern
sich ihr gleichgültiges Bestehen als sich aufhebend zeigt. Der

Begriff produziert also durch seinen Trieb sich so, daß das Produkt, indem er dessen Wesen ist, selbst das Produzierende ist, daß es nämlich Produkt nur als die sich ebenso negativ setzende Äußerlichkeit oder als der Prozeß des Produzierens ist.

3. Die soeben betrachtete Idee ist nun der Begriff des lebendigen Subjekts und seines Prozesses; die Bestimmungen, die im Verhältnisse zueinander sind, sind die sich auf sich beziehende negative Einheit des Begriffs und die Objektivität, welche sein Mittel, in welcher er aber in sich selbst zurückgekehrt ist. Aber indem dies Momente der Idee des Lebens innerhalb seines Begriffes sind, so sind es nicht die bestimmten Begriffsmomente des lebendigen Individuums in seiner Realität. Die Objektivität oder Leiblichkeit desselben ist konkrete Totalität; jene Momente sind die Seiten, aus welchen sich die Lebendigkeit konstituiert; sie sind daher nicht die Momente dieser schon durch die Idee konstituierten Lebendigkeit. Die lebendige Objektivität des Individuums aber als solche, da sie vom Begriffe beseelt [ist] und ihn zur Substanz hat, hat auch an ihr zu wesentlichem Unterschiede solche, welche seine Bestimmungen sind, Allgemeinheit, Besonderheit und Einzelheit; die Gestalt, als in welcher sie äußerlich unterschieden sind, ist daher nach denselben eingeteilt oder eingeschnitten *(insectum)*.

Sie ist hiemit erstlich Allgemeinheit, das rein nur in sich selbst Erzittern der Lebendigkeit, die Sensibilität. Der Begriff der Allgemeinheit, wie er sich oben ergeben hat, ist die einfache Unmittelbarkeit, welche dies aber nur ist als absolute Negativität in sich. Dieser Begriff des absoluten Unterschiedes, wie seine Negativität in der Einfachheit aufgelöst und sich selbst gleich ist, ist in der Sensibilität zur Anschauung gebracht. Sie ist das Insichsein, nicht als abstrakte Einfachheit, sondern eine unendliche bestimmbare Rezeptivität, welche in ihrer Bestimmtheit nicht ein Mannigfaltiges und Äußerliches wird, sondern schlechthin in sich reflektiert ist. Die Bestimmtheit ist in dieser Allgemeinheit als einfaches Prinzip; die einzelne äußerliche Bestimmtheit, ein sogenannter Eindruck, geht aus seiner äußerlichen und mannigfaltigen Bestimmung in diese Einfachheit des Selbstgefühls zurück. Die Sensibilität kann somit als das Dasein der in sich seienden Seele betrachtet werden, da sie alle Äußerlichkeit

in sich aufnimmt, dieselbe aber in die vollkommene Einfachheit
der sich gleichen Allgemeinheit zurückführt.

Die zweite Bestimmung des Begriffs ist die Besonderheit, das Moment des gesetzten Unterschiedes; die Eröffnung
der Negativität, welche im einfachen Selbstgefühl eingeschlossen, oder in ihm ideelle, noch nicht reelle Bestimmtheit ist, —
die Irritabilität. Das Gefühl ist um der Abstraktion seiner
Negativität willen Trieb; es bestimmt sich; die Selbstbestimmung des Lebendigen ist sein Urteil oder Verendlichung, wonach es sich auf das Äußerliche als auf eine vorausgesetzte
Objektivität bezieht und in Wechselwirkung damit ist. — Nach
seiner Besonderheit ist es nun teils Art neben andern Arten
von Lebendigen; die formale Reflexion dieser gleichgültigen Verschiedenheit in sich ist die formale Gattung und
deren Systematisierung; die individuelle Reflexion aber ist,
daß die Besonderheit, die Negativität ihrer Bestimmtheit als
einer Richtung nach außen die sich auf sich beziehende Negativität des Begriffes ist.

Nach dieser dritten Bestimmung ist das Lebendige als
Einzelnes. Näher bestimmt sich diese Reflexion-in-sich so,
daß das Lebendige in der Irritabilität Äußerlichkeit seiner
gegen sich selbst, gegen die Objektivität ist, welche es als sein
Mittel und Werkzeug unmittelbar an ihm hat, und die äußerlich bestimmbar ist. Die Reflexion-in-sich hebt diese Unmittelbarkeit auf, einerseits als theoretische Reflexion, insofern nämlich die Negativität als einfaches Moment der Sensibilität ist, das in derselben betrachtet wurde und welches
das Gefühl ausmacht, — andererseits als reelle, — indem sich
die Einheit des Begriffes in seiner äußerlichen Objektivität als negative Einheit setzt, die Reproduktion. — Die
beiden ersten Momente, die Sensibilität und Irritabilität, sind
abstrakte Bestimmungen; in der Reproduktion ist das Leben
Konkretes und Lebendigkeit; es hat in ihr, als seiner Wahrheit, erst auch Gefühl und Widerstandskraft. Die Reproduktion
ist die Negativität als einfaches Moment der Sensibilität, und
die Irritabilität ist nur lebendige Widerstandskraft, daß das
Verhältnis zum Äußerlichen Reproduktion und individuelle
Identität mit sich ist. Jedes der einzelnen Momente ist wesentlich die Totalität aller; ihren Unterschied macht die ideelle
Formbestimmtheit aus, welche in der Reproduktion als kon-

krete Totalität des Ganzen gesetzt ist. Dies Ganze ist daher einerseits als Drittes, nämlich als reelle Totalität jenen bestimmten Totalitäten entgegengesetzt, andererseits aber ist es deren ansichseiende Wesenheit, zugleich das, worin sie als Momente zusammengefaßt sind und ihr Subjekt und Bestehen haben.

Mit der Reproduktion als dem Momente der Einzelheit setzt sich das Lebendige als wirkliche Individualität, ein sich auf sich beziehendes Fürsichsein, ist aber zugleich reelle Beziehung nach außen, die Reflexion der Besonderheit oder Irritabilität gegen ein Anderes, gegen die objektive Welt. Der innerhalb des Individuums eingeschlossene Prozeß des Lebens geht in die Beziehung zur vorausgesetzten Objektivität als solcher dadurch über, daß das Individuum, indem es sich als subjektive Totalität setzt, auch das Moment seiner Bestimmtheit als Beziehung auf die Äußerlichkeit, zur Totalität wird.

B. Der Lebensprozeß.

Daß das lebendige Individuum sich in sich selbst gestaltet, damit spannt es sich gegen sein ursprüngliches Voraussetzen und stellt sich als an und für sich seiendes Subjekt der vorausgesetzten objektiven Welt gegenüber. Das Subjekt ist der Selbstzweck, der Begriff, welcher an der ihm unterworfenen Objektivität sein Mittel und subjektive Realität hat; hiedurch ist es als die an und für sich seiende Idee und als das wesentliche Selbständige konstituiert, gegen welches die vorausgesetzte äußerliche Welt nur den Wert eines Negativen und Unselbständigen hat. In seinem Selbstgefühle hat das Lebendige diese Gewißheit von der an sich seienden Nichtigkeit des ihm gegenüberstehenden Andersseins. Sein Trieb ist das Bedürfnis, dies Anderssein aufzuheben und sich die Wahrheit jener Gewißheit zu geben. Das Individuum ist als Subjekt zunächst erst der Begriff der Idee des Lebens; sein subjektiver Prozeß in sich, in welchem es aus sich selbst zehrt, und die unmittelbare Objektivität, welche es als natürliches Mittel seinem Begriffe gemäß setzt, ist vermittelt durch den Prozeß, der sich auf die vollständig gesetzte Äußerlichkeit, auf die gleichgültig neben ihm stehende objektive Totalität bezieht.

Dieser Prozeß fängt mit dem Bedürfnisse an, d. i. dem

Momente, daß das Lebendige erstlich sich bestimmt, sich somit als verneint setzt und hiedurch auf eine gegen sich andre, die gleichgültige Objektivität bezieht, — daß es aber zweitens ebensosehr in diesen Verlust seiner nicht verloren ist, sich darin erhält und die Identität des sich selbst gleichen Begriffes bleibt; hiedurch ist es der Trieb, jene ihm andre Welt für sich, sich gleich zu setzen, sie aufzuheben und sich zu objektivieren. Dadurch hat seine Selbstbestimmung die Form von objektiver Äußerlichkeit, und [dadurch,] daß es zugleich identisch mit sich ist, ist es der absolute Widerspruch. Die unmittelbare Gestaltung ist die Idee in ihrem einfachen Begriffe, die dem Begriffe gemäße Objektivität; so ist sie gut von Natur. Aber indem ihr negatives Moment sich zur objektiven Besonderheit, d. i. indem die wesentlichen Momente ihrer Einheit, jedes für sich zur Totalität realisiert ist, so ist der Begriff in die absolute Ungleichheit seiner mit sich entzweit, und indem er ebenso die absolute Identität in dieser Entzweiung ist, so ist das Lebendige für sich selbst diese Entzweiung und hat das Gefühl dieses Widerspruchs, welches der Schmerz ist. Der Schmerz ist daher das Vorrecht lebendiger Naturen; weil sie der existierende Begriff sind, sind sie eine Wirklichkeit von der unendlichen Kraft, daß sie in sich die Negativität ihrer selbst sind, daß diese ihre Negativität für sie ist, daß sie sich in ihrem Anderssein erhalten. — Wenn man sagt, daß der Widerspruch nicht denkbar sei, so ist er vielmehr im Schmerz des Lebendigen sogar eine wirkliche Existenz.

Diese Diremtion des Lebendigen in sich ist Gefühl, indem sie in die einfache Allgemeinheit des Begriffs, in die Sensibilität aufgenommen ist. Von dem Schmerz fängt das Bedürfnis und der Trieb an, die den Übergang ausmachen, daß das Individuum, wie es als Negation seiner für sich ist, so auch als Identität für sich werde, — eine Identität, welche nur als die Negation jener Negation ist. — Die Identität, die im Triebe als solchem ist, ist die subjektive Gewißheit seiner selbst, nach welcher es sich zu seiner äußerlichen, gleichgültig existierenden Welt als zu einer Erscheinung, einer an sich begrifflosen und unwesentlichen Wirklichkeit verhält. Sie soll den Begriff in sich erst durch das Subjekt erhalten, welches der immanente Zweck ist. Die Gleichgültigkeit der objektiven

Welt gegen die Bestimmtheit und damit gegen den Zweck macht ihre äußerliche Fähigkeit aus, dem Subjekt angemessen zu sein; welche Spezifikationen sie sonst an ihr habe, ihre mechanische Bestimmbarkeit, der Mangel an der Freiheit des immanenten Begriffs macht ihre Ohnmacht aus, sich gegen das Lebendige zu erhalten. — Insofern das Objekt gegen das Lebendige zunächst als ein gleichgültiges Äußerliches ist, kann es mechanisch auf dasselbe einwirken; so aber wirkt es nicht als auf ein Lebendiges; insofern es sich zu diesem verhält, wirkt es nicht als Ursache, sondern erregt es. Weil das Lebendige Trieb ist, kommt die Äußerlichkeit an und in dasselbe, nur insofern sie schon an und für sich in ihm ist; die Einwirkung auf das Subjekt besteht daher nur darin, daß dieses die sich darbietende Äußerlichkeit entsprechend findet; — sie mag seiner Totalität auch nicht angemessen sein, so muß sie wenigstens einer besondern Seite an ihm entsprechen, und diese Möglichkeit liegt darin, daß es eben als sich äußerlich verhaltend ein Besonderes ist.

Das Subjekt übt nun, insofern es in seinem Bedürfnis bestimmt sich auf das Äußerliche bezieht und damit selbst Äußerliches oder Werkzeug ist, Gewalt über das Objekt aus. Sein besonderer Charakter, seine Endlichkeit überhaupt fällt in die bestimmtere Erscheinung dieses Verhältnisses. — Das Äußerliche daran ist der Prozeß der Objektivität überhaupt, Mechanismus und Chemismus. Derselbe wird aber unmittelbar abgebrochen und die Äußerlichkeit in Innerlichkeit verwandelt. Die äußerliche Zweckmäßigkeit, welche durch die Tätigkeit des Subjekts in dem gleichgültigen Objekt zunächst hervorgebracht wird, wird dadurch aufgehoben, daß das Objekt gegen den Begriff keine Substanz ist, der Begriff daher nicht nur dessen äußerliche Form werden kann, sondern sich als dessen Wesen und immanente, durchdringende Bestimmung, seiner ursprünglichen Identität gemäß, setzen muß.

Mit der Bemächtigung des Objekts geht daher der mechanische Prozeß in den innern über, durch welchen das Individuum sich das Objekt so aneignet, daß es ihm die eigentümliche Beschaffenheit benimmt, es zu seinem Mittel macht und seine Subjektivität ihm zur Substanz gibt. Diese Assimilation tritt damit in eins zusammen mit dem oben betrachteten Reproduktionsprozeß des Individuums; es zehrt in diesem zunächst

aus sich, indem es seine eigene Objektivität sich zum Objekte
macht; der mechanische und chemische Konflikt seiner Glieder mit den äußerlichen Dingen ist ein objektives Moment
seiner. Das Mechanische und Chemische des Prozesses ist ein
Beginnen der Auflösung des Lebendigen. Da das Leben die
Wahrheit dieser Prozesse, hiemit als Lebendiges die Existenz
dieser Wahrheit und die Macht derselben ist, greift es über
sie über, durchdringt sie als ihre Allgemeinheit, und ihr Produkt ist durch dasselbe vollkommen bestimmt. Diese ihre Verwandlung in die lebendige Individualität macht die Rückkehr
dieser letztern in sich selbst aus, so daß die Produktion, welche
als solche das Übergehen in ein Anderes sein würde, zur Reproduktion wird, in der das Lebendige sich für sich identisch
mit sich setzt.

Die unmittelbare Idee ist auch die unmittelbare, nicht als
für sich seiende Identität des Begriffes und der Realität; durch
den objektiven Prozeß gibt sich das Lebendige sein Selbstgefühl; denn es setzt sich darin als das, was es an und für
sich ist, in seinem als gleichgültig gesetzten Anderssein das
Identische mit sich selbst, die negative Einheit des Negativen
zu sein. In diesem Zusammengehen des Individuums mit seiner
zunächst ihm als gleichgültig vorausgesetzten Objektivität
hat es, sowie auf einer Seite sich als wirkliche Einheit konstituiert, sosehr seine Besonderheit aufgehoben und sich
zur Allgemeinheit erhoben. Seine Besonderheit bestand
in der Diremtion, wodurch das Leben als seine Arten das
individuelle Leben und die ihm äußerliche Objektivität setzte.
Durch den äußern Lebensprozeß hat es sich somit als reelles,
allgemeines Leben, als Gattung gesetzt.

C. Die Gattung.

Das lebendige Individuum, zuerst aus dem allgemeinen
Begriffe des Lebens abgeschieden, ist eine Voraussetzung, die
noch nicht durch sich selbst bewährt ist. Durch den Prozeß
mit der zugleich damit vorausgesetzten Welt hat es sich
selbst gesetzt — für sich als die negative Einheit seines
Andersseins, — als die Grundlage seiner selbst; es ist so die
Wirklichkeit der Idee, so, daß das Individuum nun aus der
Wirklichkeit sich hervorbringt, wie es vorher nur aus dem

Begriffe hervorging, und daß seine Entstehung, die ein Voraussetzen war, nun seine Produktion wird.

Die weitere Bestimmung aber, welche es durch die Aufhebung des Gegensatzes erlangt hat, ist, Gattung zu sein als Identität seiner mit seinem vorherigen gleichgültigen Anderssein. Diese Idee des Individuums ist, da sie diese wesentliche Identität ist, wesentlich die Besonderung ihrer selbst. Diese ihre Diremtion ist nach der Totalität, aus der sie hervorgeht, die Verdopplung des Individuums, — ein Voraussetzen einer Objektivität, welche mit ihm identisch ist, und ein Verhalten des Lebendigen zu sich selbst als einem andern Lebendigen.

Dies Allgemeine ist die dritte Stufe, die Wahrheit des Lebens, insofern es noch innerhalb seiner Sphäre eingeschlossen ist. Diese Stufe ist der sich beziehende Prozeß des Individuums, wo die Äußerlichkeit sein immanentes Moment ist; zweitens, diese Äußerlichkeit ist selbst als lebendige Totalität eine Objektivität, die für das Individuum es selbst ist, in der es nicht als aufgehobener, sondern als bestehender die Gewißheit seiner selbst hat.

Weil nun das Verhältnis der Gattung die Identität des individuellen Selbstgefühls in einem solchen ist, welches zugleich ein anderes selbständiges Individuum ist, ist es der Widerspruch; das Lebendige ist somit wieder Trieb. — Die Gattung ist nun zwar die Vollendung der Idee des Lebens, aber zunächst ist sie noch innerhalb der Sphäre der Unmittelbarkeit; diese Allgemeinheit ist daher in einzelner Gestalt wirklich, — der Begriff, dessen Realität die Form unmittelbarer Objektivität hat. Das Individuum ist daher an sich zwar Gattung, aber es ist die Gattung nicht für sich; was für es ist, ist nur erst ein anderes lebendiges Individuum; der von sich unterschiedene Begriff hat zum Gegenstande, mit dem er identisch ist, nicht sich als Begriff, sondern einen Begriff, der als Lebendiges zugleich äußerliche Objektivität für ihn hat, eine Form, die daher unmittelbar gegenseitig ist.

Die Identität mit dem andern, die Allgemeinheit des Individuums ist somit nur erst innerliche oder subjektive; es hat daher das Verlangen, dieselbe zu setzen und sich als Allgemeines zu realisieren. Dieser Trieb der Gattung aber kann sich nur realisieren durch Aufheben der noch gegeneinander besondern, einzelnen Individualitäten. Zunächst insofern es diese sind, welche an sich allgemein die Spannung ihres Verlangens befriedigen und in ihre Gattungsallgemeinheit sich auflösen, so ist ihre realisierte Identität die negative Einheit der aus der Entzweiung sich in sich reflektierenden Gattung. Sie ist insofern die Individualität des Lebens selbst, nicht mehr aus seinem Begriffe, sondern aus der wirklichen Idee erzeugt. Zunächst ist sie selbst nur der Begriff, der erst sich zu objektivieren hat, aber der wirkliche Begriff, — der Keim eines lebendigen Individuums. In ihm ist es für die gemeine Wahrnehmung vorhanden, was der Begriff ist, und daß der subjektive Begriff äußerliche Wirklichkeit hat. Denn der Keim des Lebendigen ist die vollständige Konkretion der Individualität, in welcher alle seine verschiedenen Seiten, Eigenschaften und gegliederte Unterschiede in ihrer ganzen Bestimmtheit enthalten [sind] und die zunächst immaterielle, subjektive Totalität unentwickelt, einfach und nichtsinnlich ist; der Keim ist so das ganze Lebendige in der innerlichen Form des Begriffes.

Die Reflexion der Gattung in sich ist nach dieser Seite dies, wodurch sie Wirklichkeit erhält, indem das Moment der negativen Einheit und Individualität in ihr gesetzt wird — die Fortpflanzung der lebenden Geschlechter. Die Idee, die als Leben noch in der Form der Unmittelbarkeit ist, fällt insofern in die Wirklichkeit zurück, und diese ihre Reflexion ist nur die Wiederholung und der unendliche Progreß, in welchem sie nicht aus der Endlichkeit ihrer Unmittelbarkeit heraustritt. Aber diese Rückkehr in ihren ersten Begriff hat auch die höhere Seite, daß die Idee nicht nur die Vermittlung ihrer Prozesse innerhalb der Unmittelbarkeit durchlaufen, sondern eben damit diese aufgehoben und sich dadurch in eine höhere Form ihres Daseins erhoben hat.

Der Prozeß der Gattung nämlich, in welchem die einzelnen Individuen ihre gleichgültige, unmittelbare Existenz ineinander aufheben und in dieser negativen Einheit ersterben, hat ferner zur andern Seite seines Produkts die realisierte Gattung, welche mit dem Begriffe sich identisch gesetzt hat. — In dem Gattungsprozeß gehen die abgesonderten Einzelheiten des individuellen Lebens unter; die negative Identität, in der die Gattung in sich zurückkehrt, ist, wie einerseits das Erzeugen der Einzelheit, so andererseits das

Aufheben derselben, ist somit mit sich zusammengehende Gattung, die für sich werdende Allgemeinheit der Idee. In der Begattung erstirbt die Unmittelbarkeit der lebendigen Individualität; der Tod dieses Lebens ist das Hervorgehen des Geistes. Die Idee, die als Gattung an sich ist, ist für sich, indem sie ihre Besonderheit, welche die lebendigen Geschlechter ausmachte, aufgehoben und damit sich eine Realität gegeben hat, welche selbst einfache Allgemeinheit ist; so ist sie die Idee, welche sich zu sich als Idee verhält, das Allgemeine, das die Allgemeinheit zu seiner Bestimmtheit und Dasein hat. — die Idee des Erkennens.

Zweites Kapitel.

Die Idee des Erkennens.

Das Leben ist die unmittelbare Idee oder die Idee als ihr noch nicht an sich selbst realisierter Begriff. In ihrem Urteil ist sie das Erkennen überhaupt.

Der Begriff ist als Begriff für sich, insofern er frei als abstrakte Allgemeinheit oder als Gattung existiert. So ist er seine reine Identität mit sich, welche sich so in sich selbst unterscheidet, daß das Unterschiedene nicht eine Objektivität, sondern gleichfalls zur Subjektivität oder zur Form der einfachen Gleichheit mit sich befreit, hiemit der Gegenstand des Begriffes, der Begriff selbst ist. Seine Realität überhaupt ist die Form seines Daseins; auf Bestimmung dieser Form kommt es an; auf ihr beruht der Unterschied dessen, was der Begriff an sich oder als subjektiver ist, was er ist in die Objektivität versenkt, dann in der Idee des Lebens. In der letztern ist er zwar von seiner äußerlichen Realität unterschieden und für sich gesetzt, doch dies sein Fürsichsein hat er nur als die Identität, welche eine Beziehung auf sich als versenkt in seine ihm unterworfene Objektivität oder auf sich als inwohnende, substantielle Form ist. Die Erhebung des Begriffs über das Leben ist, daß seine Realität die zur Allgemeinheit befreite Begriffsform ist. Durch dieses Urteil ist die Idee verdoppelt — in den subjektiven Begriff, dessen Realität er selbst, und in den objektiven, der als Leben

ist. — Denken, Geist, Selbstbewußtsein sind Bestimmungen der Idee, insofern sie sich selbst zum Gegenstand hat
und ihr Dasein, d. i. die Bestimmtheit ihres Seins ihr eigener Unterschied von sich selbst ist.

Die Metaphysik des Geistes oder, wie man sonst mehr
gesprochen hat, der Seele drehte sich um die Bestimmungen
von Substanz, Einfachheit, Immaterialität, — Bestimmungen,
bei welchen die Vorstellung des Geistes aus dem empirischen Bewußtsein als Subjekt zugrunde gelegt und nun gefragt wurde, was für Prädikate mit den Wahrnehmungen übereinstimmen, — ein Verfahren, das nicht weiter gehen konnte
als das Verfahren der Physik, die Welt der Erscheinung auf
allgemeine Gesetze und Reflexionsbestimmungen zu bringen,
da der Geist auch nur in seiner Erscheinung zugrunde lag;
ja es mußte noch hinter der physikalischen Wissenschaftlichkeit zurückbleiben. Da der Geist nicht nur unendlich reicher
als die Natur ist, sondern da auch die absolute Einheit des
Entgegengesetzten im Begriffe sein Wesen ausmacht, so zeigt
er in seiner Erscheinung und Beziehung auf die Äußerlichkeit
den Widerspruch in seiner höchsten Bestimmtheit auf, daher
für jede der entgegengesetzten Reflexionsbestimmungen eine
Erfahrung angeführt oder aus den Erfahrungen auf die entgegengesetzten Bestimmungen nach der Weise des formalen
Schließens muß gekommen werden können. Weil die an der
Erscheinung unmittelbar sich ergebenden Prädikate zunächst
noch der empirischen Psychologie angehören, so bleiben eigentlich nur ganz dürftige Reflexionsbestimmungen für die meta-
physische Betrachtung übrig. — Kant in seiner Kritik der
rationalen Seelenlehre hält diese Metaphysik daran fest,
daß, insofern sie eine rationale Wissenschaft sein soll, durch
das Mindeste, was man von der Wahrnehmung zu der allgemeinen Vorstellung des Selbstbewußtseins hinzunähme,
sich jene Wissenschaft in eine empirische verwandelte und
ihre rationale Reinigkeit und Unabhängigkeit von aller Erfahrung verderbt würde. — Es bleibe somit nichts als die
einfache, für sich an Inhalt ganz leere Vorstellung: Ich, von
der man nicht einmal sagen kann, daß sie ein Begriff sei,
sondern ein bloßes Bewußtsein, das alle Begriffe begleitet. Durch dieses Ich, oder auch Es (das Ding), welches
denket, wird nun nach den weitern Kantischen Folgerungen

nichts weiter als ein transzendentales Subjekt der Gedanken vorgestellt $= x$, welches nur durch die Gedanken, die seine Prädikate sind, erkannt wird, und wovon wir, abgesondert, niemals den mindesten Begriff haben können; dies Ich hat dabei nach Kants eigenem Ausdruck die Unbequemlichkeit, daß wir uns jederzeit seiner schon bedienen müssen, um irgend etwas von ihm zu urteilen; denn es ist nicht sowohl eine Vorstellung, wodurch ein besonderes Objekt unterschieden wird, sondern eine Form derselben überhaupt, insofern sie Erkenntnis genannt werden soll. — Der Paralogismus, den die rationale Seelenlehre begehe, bestehe nun darin, daß Modi des Selbstbewußtseins im Denken zu Verstandesbegriffen als von einem Objekte gemacht, daß jenes „Ich denke" als ein denkendes Wesen, ein Ding-an-sich genommen werde, auf welche Weise daraus, daß Ich im Bewußtsein immer als Subjekt und zwar als singuläres, bei aller Mannigfaltigkeit der Vorstellung identisches, und von ihr als äußerlicher mich unterscheidendes vorkomme, unberechtigt abgeleitet wird, daß Ich eine Substanz, ferner ein qualitativ Einfaches und ein Eins und ein von den räumlichen und zeitlichen Dingen unabhängig Existierendes sei. —

Ich habe diese Darstellung ausführlicher ausgezogen, weil sich sowohl die Natur der vormaligen Metaphysik über die Seele als besonders auch der Kritik, wodurch sie zugrunde gegangen ist, bestimmt daraus erkennen läßt. — Jene ging darauf, das abstrakte Wesen der Seele zu bestimmen; sie ging dabei von der Wahrnehmung ursprünglich aus und verwandelte deren empirische Allgemeinheit und die an der Einzelheit des Wirklichen überhaupt äußerliche Reflexionsbestimmung in die Form von den angeführten Bestimmungen des Wesens. — Kant hat dabei überhaupt nur den Zustand der Metaphysik seiner Zeit vor sich, welche vornehmlich bei solchen abstrakten, einseitigen Bestimmungen ohne alle Dialektik stehen blieb; die wahrhaft spekulativen Ideen älterer Philosophen über den Begriff des Geistes beachtete und untersuchte er nicht. In seiner Kritik über jene Bestimmungen folgte er nun ganz einfach der Humeschen Manier des Skeptizismus, daß er nämlich das festhält, wie Ich im Selbstbewußtsein erscheint, wovon aber, da das Wesen des-

selben, — das Ding an sich — erkannt werden solle, alles
Empirische wegzulassen sei; nun bleibe nichts übrig als
diese Erscheinung des: Ich denke, das alle Vorstellungen be-
gleite, — wovon man nicht den geringsten Begriff habe.
— Gewiß muß es zugegeben werden, daß man weder von
Ich, noch von irgend etwas, auch von dem Begriff selbst den
mindesten Begriff hat, insofern man nicht begreift und nur
bei der einfachen, fixen Vorstellung und dem Namen stehen
bleibt. — Sonderbar ist der Gedanke, — wenn es anders ein
Gedanke genannt werden kann, — daß Ich mich des Ich schon
bedienen müsse, um von Ich zu urteilen; das Ich, das sich
des Selbstbewußtseins als eines Mittels bedient, um zu urteilen, dies ist wohl ein x, von dem man, sowie vom Verhältnisse solchen Bedienens, nicht den geringsten Begriff haben
kann. Aber lächerlich ist es wohl, diese Natur des Selbstbewußtseins, — daß Ich sich selbst denkt, daß Ich nicht gedacht werden kann, ohne daß es Ich ist, welches denkt, — eine
Unbequemlichkeit und als etwas Fehlerhaftes einen Zirkel zu nennen, — ein Verhältnis, wodurch sich im unmittelbaren empirischen Selbstbewußtsein die absolute, ewige Natur desselben und des Begriffes offenbart, deswegen offenbart,
weil das Selbstbewußtsein eben der daseiende, also empirisch wahrnehmbare, reine Begriff, die absolute Beziehung auf sich selbst ist, welche als trennendes Urteil sich
zum Gegenstande macht und allein dies ist, sich dadurch zum
Zirkel zu machen. — Ein Stein hat jene Unbequemlichkeit
nicht; wenn er gedacht oder wenn über ihn geurteilt werden
soll, so steht er sich selbst dabei nicht im Wege; — er ist
der Beschwerlichkeit, sich seiner selbst zu diesem Geschäfte
zu bedienen, enthoben; es ist ein Anderes außer ihm, welches
diese Mühe übernehmen muß.

    Der Mangel, den diese barbarisch zu nennenden Vorstel-
lungen darein setzen, daß bei dem Denken des Ich dasselbe
als Subjekt nicht weglassen werden könne, erscheint dann
umgekehrt auch so, daß Ich nur als Subjekt des Bewußtseins vorkomme oder Ich mich nur als Subjekt eines Urteils brauchen könne, und die Anschauung fehle, wodurch
es als ein Objekt gegeben würde; daß aber der Begriff
eines Dings, das nur als Subjekt existieren könne, noch gar
keine objektive Realität bei sich führe. — Wenn zur Objekti-

vität die äußerliche, in Zeit und Raum bestimmte Anschauung gefordert [wird] und sie es ist, welche vermißt wird, so sieht man wohl, daß unter Objektivität nur diejenige sinnliche Realität gemeint ist, über welche sich erhoben zu haben Bedingung des Denkens und der Wahrheit ist. Aber allerdings wenn Ich begrifflos als bloße einfache Vorstellung nach der Weise genommen wird, wie wir im alltäglichen Bewußtsein Ich aussprechen, so ist es die abstrakte Bestimmung, nicht die sich selbst zum Gegenstand habende Beziehung seiner selbst; — es ist so nur Eins der Extreme, einseitiges Subjekt ohne seine Objektivität, oder es wäre auch nur Objekt ohne Subjektivität, wenn nämlich die berührte Unbequemlichkeit hiebei nicht wäre, daß sich von dem Ich als Objekt das denkende Subjekt nicht wegbringen läßt. Aber in der Tat findet dieselbe Unbequemlichkeit auch bei der erstern Bestimmung, dem Ich als Subjekte, statt; das Ich denkt etwas, sich oder etwas anderes. Diese Untrennbarkeit der zwei Formen, in denen es sich selbst entgegensetzt, gehört zur eigensten Natur seines Begriffs und des Begriffs selbst; sie ist gerade das, was Kant abhalten will, um nur die sich in sich nicht unterscheidende und somit ja nur die begrifflose Vorstellung fest zu erhalten. Ein solches Begriffloses darf sich nun zwar wohl den abstrakten Reflexionsbestimmungen oder Kategorien der vorigen Metaphysik gegenüberstellen; — denn an Einseitigkeit steht es auf gleicher Linie mit ihnen, obwohl diese doch ein Höheres des Gedankens sind; dagegen erscheint es desto dürftiger und leerer gegen die tiefern Ideen älterer Philosophie vom Begriff der Seele oder des Denkens, z. B. die wahrhaft spekulativen Ideen des Aristoteles. Wenn die Kantische Philosophie jene Reflexionsbestimmungen untersuchte, so hätte sie noch mehr die festgehaltene Abstraktion des leeren Ich, die vermeinte Idee des Dings-an-sich untersuchen müssen, das sich eben um seiner Abstraktion willen vielmehr als ein ganz Unwahres zeigt; die Erfahrung der beklagten Unbequemlichkeit ist selbst das empirische Faktum, worin die Unwahrheit jener Abstraktion sich ausspricht.

Nur des Mendelssohnschen Beweises von der Beharrlichkeit der Seele erwähnt die Kantische Kritik der rationalen Psychologie, und ich führe ihre Widerlegung desselben noch um der Merkwürdigkeit desjenigen willen an, was ihm entgegengestellt wird. Jener Beweis gründet sich auf die Einfachheit der Seele, vermöge der sie der Veränderung, des Übergehens in ein Anderes in der Zeit nicht fähig sei. Die qualitative Einfachheit ist die oben betrachtete Form der Abstraktion überhaupt; als qualitative Bestimmtheit ist sie in der Sphäre des Seins untersucht und bewiesen worden, daß das Qualitative als solche sich abstrakt auf sich beziehende Bestimmtheit vielmehr eben darum dialektisch und nur das Übergehen in ein Anderes ist. Beim Begriffe aber wurde gezeigt, daß, wenn er in Beziehung auf Beharrlichkeit, Unzerstörbarkeit, Unvergänglichkeit betrachtet wird, er vielmehr darum das an und für sich Seiende und Ewige ist, weil er nicht die abstrakte, sondern konkrete Einfachheit, nicht sich auf sich abstrakt beziehendes Bestimmtsein, sondern die Einheit seiner selbst und seines Andern ist, in das er also nicht so übergehen kann, als ob er sich darin veränderte, eben darum, weil das Andre, das Bestimmtsein, er selbst ist und er in diesem Übergehen daher nur zu sich selbst kommt. — Die Kantische Kritik setzt nun jener qualitativen Bestimmung der Begriffseinheit die quantitative entgegen. Obgleich die Seele nicht ein mannigfaltiges Außereinander sei und keine extensive Größe enthalte, so habe das Bewußtsein doch einen Grad, und die Seele wie jedes Existierende eine intensive Größe; dadurch sei aber die Möglichkeit des Übergehens in nichts durch das allmähliche Verschwinden gesetzt. — Was ist nun diese Widerlegung anders als die Anwendung einer Kategorie des Seins, der intensiven Größe, auf den Geist? — einer Bestimmung, die keine Wahrheit an sich hat und im Begriffe vielmehr aufgehoben ist.

Die Metaphysik, — auch selbst die, welche sich auf fixe Verstandesbegriffe beschränkte und sich zum Spekulativen und zur Natur des Begriffes und der Idee nicht erhob, hatte zu ihrem Zwecke, die Wahrheit zu erkennen, und untersuchte ihre Gegenstände danach, ob sie ein Wahrhaftes seien oder nicht, Substanzen oder Phänomene. Der Sieg der Kantischen Kritik über dieselbe besteht aber vielmehr darin, die Untersuchung, welche das Wahre. zum Zwecke hat, und diesen Zweck selbst zu beseitigen; sie macht die Frage, die allein Interesse hat, gar nicht, ob ein bestimmtes Subjekt, hier das abstrakte Ich der Vorstellung, an und für sich Wahrheit habe. Es heißt aber auf den Begriff und die Philosophie Verzicht leisten, wenn man bei der Erscheinung und bei demjenigen stehen bleibt, was sich im alltäglichen Bewußtsein für die bloße Vorstellung ergibt. Was darüber hinausgeht, heißt in der Kantischen Kritik etwas Überfliegendes, und zu dem die Vernunft keineswegs berechtigt sei. In der Tat überfliegt der Begriff das Begrifflose, und die nächste Berechtigung, darüber hinauszugehen, ist einesteils er selbst, andernteils nach der negativen Seite die Unwahrheit der Erscheinung und der Vorstellung sowie solcher Abstraktionen, wie die Dinge-an-sich und jenes Ich ist, das sich nicht Objekt sein soll.

In dem Zusammenhang dieser logischen Darstellung ist es die Idee des Lebens, aus der die Idee des Geistes hervorgegangen [ist], oder was dasselbe ist, als deren Wahrheit sie sich erwiesen hat. Als dieses Resultat hat diese Idee an und für sich selbst ihre Wahrheit, mit der dann auch das Empirische oder die Erscheinung des Geistes verglichen werden mag, wie es damit übereinstimme; das Empirische kann jedoch selbst auch nur durch und aus der Idee gefaßt werden. Von dem Leben haben wir gesehen, daß es die Idee ist, aber es hat sich zugleich gezeigt, noch nicht die wahrhafte Darstellung oder Art und Weise ihres Daseins zu sein. Denn im Leben ist die Realität der Idee als Einzelheit; die Allgemeinheit oder die Gattung ist das Innere; die Wahrheit des Lebens als absolute negative Einheit ist daher, die abstrakte oder, was dasselbe ist, die unmittelbare Einzelheit aufzuheben und als Identisches mit sich identisch, als Gattung sich selbst gleich zu sein. Diese Idee ist nun der Geist. — Es kann aber hierüber noch bemerkt werden, daß er hier in derjenigen Form betrachtet wird, welche dieser Idee als logisch zukommt. Sie hat nämlich noch andere Gestalten, die hier beiläufig angeführt werden können, in welchen sie in den konkreten Wissenschaften des Geistes zu betrachten ist, nämlich als Seele, Bewußtsein und Geist als solcher.

Der Name Seele wurde sonst vom einzelnen endlichen Geiste überhaupt gebraucht, und die rationale oder empirische Seelenlehre sollte so viel bedeuten als Geisteslehre. Bei dem Ausdruck Seele schwebt die Vorstellung vor, daß sie ein Ding ist wie die andern Dinge; man fragt nach ihrem Sitze, der räumlichen Bestimmung, von der aus ihre Kräfte wirken, noch mehr danach, wie dieses Ding unvergänglich sei, den Bedingungen der Zeitlichkeit unterworfen, der Veränderung darin aber entnommen sei. Das System der Monaden hebt die Materie zur Seelenhaftigkeit herauf; die Seele ist in dieser Vorstellung ein Atom wie die Atome der Materie überhaupt; das Atom, das als Dunst aus der Kaffeetasse aufsteige, sei durch glückliche Umstände fähig, sich zur Seele zu entwickeln; nur die größere Dunkelheit seines Vorstellens unterscheide es von einem solchen Dinge, das als Seele erscheint. — Der für sich selbst seiende Begriff ist notwendig auch in unmittelbarem Dasein; in dieser substantiellen Identität mit dem Leben, in seinem Versenktsein in seine Äußerlichkeit ist er in der Anthropologie zu betrachten. Aber auch ihr muß jene Metaphysik fremd bleiben, worin diese Form der Unmittelbarkeit zu einem Seelending, zu einem Atom, den Atomen der Materie gleich wird. — Der Anthropologie muß nur die dunkle Region überlassen werden, worin der Geist unter, wie man es sonst nannte, siderischen und terrestrischen Einflüssen steht, als ein Naturgeist in der Sympathie mit der Natur lebt und ihre Veränderungen in Träumen und Ahnungen gewahr wird, dem Gehirn, dem Herzen, den Ganglien, der Leber usw. inwohnt, welcher letztern nach Plato der Gott, damit auch der unvernünftige Teil von seiner Güte bedacht und des Höhern teilhaftig sei, die Gabe des Weissagens gegeben habe, über welche der selbstbewußte Mensch erhoben sei. Zu dieser unvernünftigen Seite gehört ferner das Verhältnis des Vorstellens und der höhern geistigen Tätigkeit, insofern sie im einzelnen Subjekte dem Spiele ganz zufälliger körperlicher Beschaffenheit, äußerlicher Einflüsse und einzelner Umstände unterworfen ist.

Diese unterste der konkreten Gestalten, worin der Geist in die Materiatur versenkt ist, hat ihre unmittelbar höhere im Bewußtsein. In dieser Form ist der freie Begriff als fürsichseiendes Ich zurückgezogen aus der Objektivität, aber sich auf sie als sein Anderes, als gegenüberstehenden Gegenstand beziehend. Indem der Geist hier nicht mehr als Seele ist, sondern in der Gewißheit seiner selbst die Unmittelbarkeit des Seins vielmehr die Bedeutung eines Negativen für ihn hat, so ist die Identität, in der er im Gegenständlichen mit sich selbst ist, zugleich nur noch ein Scheinen, indem das Gegenständliche auch noch die Form eines Ansichseienden hat. Diese Stufe ist der Gegenstand der Phänomenologie des Geistes, — einer Wissenschaft, welche zwischen der Wissenschaft des Naturgeistes und des Geistes als solchen inne steht, und den für sich seienden Geist zugleich in seiner Beziehung auf sein Anderes, welches hiedurch sowohl, wie erinnert, als an sich seiendes Objekt wie auch als negiertes bestimmt ist, — den Geist also als erscheinend, am Gegenteil seiner selbst sich darstellend betrachtet.

Die höhere Wahrheit dieser Form ist aber der Geist für sich, für welchen der dem Bewußtsein an sich seiende Gegenstand die Form seiner eigenen Bestimmung, der Vorstellung überhaupt hat; dieser Geist, der auf die Bestimmungen als auf seine eigenen, auf Gefühle, Vorstellungen und Gedanken, tätig ist, ist insofern in sich und in seiner Form unendlich. Die Betrachtung dieser Stufe gehört der eigentlichen Geisteslehre an, die dasjenige umfassen würde, was Gegenstand der gewöhnlich empirischen Psychologie ist, die aber, um die Wissenschaft des Geistes zu sein, nicht empirisch zu Werke gehen, sondern wissenschaftlich gefaßt werden muß. — Der Geist ist auf dieser Stufe endlicher Geist, insofern der Inhalt seiner Bestimmtheit ein unmittelbarer, gegebener ist; die Wissenschaft desselben hat den Gang darzustellen, worin er sich von dieser seiner Bestimmtheit befreit und zum Erfassen seiner Wahrheit, des unendlichen Geistes, fortgeht.

Die Idee des Geistes dagegen, welche logischer Gegenstand ist, steht schon innerhalb der reinen Wissenschaft; sie hat daher ihn nicht den Gang durchmachen zu sehen, wie er mit der Natur, der unmittelbaren Bestimmtheit und dem Stoffe oder der Vorstellung verwickelt ist, was in jenen drei Wissenschaften betrachtet wird; sie hat diesen Gang bereits hinter sich oder, was dasselbe ist, vielmehr vor sich, — jenes, insofern die Logik, als die letzte Wissenschaft, dieses, insofern sie als die erste genommen wird, aus welcher die Idee erst in die Natur übergeht. In der logischen Idee des Geistes ist Ich daher sogleich, wie es aus dem Begriffe der Natur als deren Wahrheit sich gezeigt hat, der freie Begriff, der in seinem Urteile sich selbst der Gegenstand ist, der Begriff

als seine Idee. Aber auch in dieser Gestalt ist die Idee noch nicht vollendet.

Indem sie der zwar freie, sich selbst zum Gegenstande habende Begriff ist, so ist sie **unmittelbar**, eben darum weil sie unmittelbar ist, noch die Idee in ihrer **Subjektivität** und damit in ihrer **Endlichkeit** überhaupt. Sie ist der **Zweck**, der sich realisieren soll, oder es ist die **absolute Idee** selbst noch in ihrer **Erscheinung**. Was sie **sucht**, ist das **Wahre**, diese Identität des Begriffs selbst und der Realität, aber sie sucht es nur erst; denn sie ist hier, wie sie **zuerst** ist, noch ein **Subjektives**. Der Gegenstand, der für den Begriff ist, ist daher hier zwar auch ein gegebener, aber er tritt nicht als einwirkendes Objekt oder als Gegenstand, wie er als solcher für sich selbst beschaffen sei, oder als Vorstellung in das Subjekt ein, sondern dieses verwandelt ihn in **eine Begriffsbestimmung**; es ist der Begriff, der im Gegenstand sich betätigt, darin sich auf sich bezieht und dadurch, daß er sich an dem Objekte seine Realität gibt, **Wahrheit** findet.

Die Idee ist also zunächst das eine Extrem eines Schlusses als der Begriff, der als Zweck zunächst sich selbst zur subjektiven Realität hat; das andere Extrem ist die Schranke des Subjektiven, die objektive Welt. Die beiden Extreme sind darin identisch, daß sie die Idee sind; erstlich ist ihre Einheit die des Begriffs, welcher in dem einen nur **für sich**, in dem andern nur **an sich** ist; zweitens ist die Realität in dem einen abstrakt, in dem andern in ihrer konkreten Äußerlichkeit. — Diese Einheit wird nun durch das Erkennen **gesetzt**; sie ist, weil es die subjektive Idee ist, die als Zweck von sich ausgeht, zunächst nur als **Mitte**. — Das Erkennende bezieht sich durch die Bestimmtheit seines Begriffs, nämlich das abstrakte Fürsichsein, zwar auf eine Außenwelt, aber in der absoluten Gewißheit seiner selbst, um die Realität seiner an sich selbst, diese formelle Wahrheit, zur reellen Wahrheit zu erheben. Es hat an seinem Begriff die **ganze Wesenheit** der objektiven Welt; sein Prozeß ist, den konkreten Inhalt derselben für sich als identisch mit dem **Begriffe**, und umgekehrt diesen als identisch mit der Objektivität zu setzen.

Unmittelbar ist die Idee der Erscheinung **theoretische Idee**, das **Erkennen** als solches. Denn unmittelbar hat die objektive Welt die Form der **Unmittelbarkeit** oder des

Seins für den für sich seienden Begriff, so wie dieser zuerst sich nur als der abstrakte, noch in ihm eingeschlossene Begriff seiner selbst ist; er ist daher nur als Form; seine Realität, die er an ihm selbst hat, sind nur seine einfachen Bestimmungen von Allgemeinheit und Besonderheit; die Einzelheit aber oder die bestimmte Bestimmtheit, den Inhalt erhält diese Form von außen.

A. Die Idee des Wahren.

Die subjektive Idee ist zunächst Trieb. Denn sie ist der Widerspruch des Begriffs, sich zum Gegenstand zu haben und sich die Realität zu sein, ohne daß doch der Gegenstand als Anderes, gegen ihn Selbständiges wäre, oder ohne daß der Unterschied seiner selbst von sich zugleich die wesentliche Bestimmung der Verschiedenheit und des gleichgültigen Daseins hätte. Der Trieb hat daher die Bestimmtheit, seine eigene Subjektivität aufzuheben, seine erst abstrakte Realität zur konkreten zu machen und sie mit dem Inhalte der von seiner Subjektivität vorausgesetzten Welt zu erfüllen. — Von der andern Seite bestimmt er sich hiedurch so: der Begriff ist zwar die absolute Gewißheit seiner selbst; seinem Fürsichsein steht aber seine Voraussetzung einer an sich seienden Welt gegenüber, deren gleichgültiges Anderssein aber für die Gewißheit seiner selbst den Wert nur eines Unwesentlichen hat; er ist insofern der Trieb, dies Anderssein aufzuheben und in dem Objekte die Identität mit sich selbst anzuschauen. Insofern diese Reflexion-in-sich der aufgehobene Gegensatz und die gesetzte, für das Subjekt bewirkte Einzelheit ist, welche zunächst als das vorausgesetzte Ansichsein erscheint, ist es die aus dem Gegensatz hergestellte Identität der Form mit sich selbst, — eine Identität, welche damit als gleichgültig gegen die Form in deren Unterschiedenheit bestimmt und Inhalt ist.

Dieser Trieb ist daher der Trieb der Wahrheit, insofern sie im Erkennen ist, also der Wahrheit als theoretischer Idee in ihrem eigentlichen Sinne. — Wenn die objektive Wahrheit zwar die Idee selbst ist als die dem Begriffe entsprechende Realität und ein Gegenstand insofern an ihm Wahrheit haben kann oder nicht, so ist dagegen der bestimmtere Sinn der Wahrheit dieser, daß sie es für oder im subjektiven Begriff, im Wissen sei. Sie ist das Verhältnis des Begriffsurteils, welches als das formelle Urteil der Wahrheit sich gezeigt hat; in demselben ist nämlich das Prädikat nicht nur die Objektivität des Begriffes, sondern die beziehende Vergleichung des Begriffs der Sache und der Wirklichkeit derselben. — Theoretisch ist diese Realisierung des Begriffs, insofern er als Form noch die Bestimmung eines subjektiven oder die Bestimmung für das Subjekt hat, die seinige zu sein. Weil das Erkennen die Idee als Zweck oder als subjektive ist, so ist die Negation der als an sich seiend vorausgesetzten Welt die erste; der Schlußsatz, worin das Objektive in das Subjektive gesetzt ist, hat daher zunächst auch nur die Bedeutung, daß das Ansichseiende nur als ein Subjektives oder in der Begriffsbestimmung nur gesetzt, darum aber nicht so an und für sich sei. Der Schlußsatz kommt insofern nur zu einer neutralen Einheit oder einer Synthesis, d. h. einer Einheit von solchen, die ursprünglich geschieden, nur äußerlich so verbunden seien. — Indem daher in diesem Erkennen der Begriff das Objekt als das seinige setzt, gibt sich die Idee zunächst nur einen Inhalt, dessen Grundlage gegeben und an dem nur die Form der Äußerlichkeit aufgehoben worden. Dies Erkennen behält insofern in seinem ausgeführten Zwecke noch seine Endlichkeit; es hat in ihm denselben zugleich nicht erreicht und ist in seiner Wahrheit noch nicht zur Wahrheit gekommen. Denn insofern im Resultate der Inhalt noch die Bestimmung eines gegebenen hat, so ist das vorausgesetzte Ansichsein gegen den Begriff nicht aufgehoben; die Einheit des Begriffs und der Realität, die Wahrheit, ist somit ebensosehr auch nicht darin enthalten. — Sonderbarerweise ist in neuern Zeiten diese Seite der Endlichkeit festgehalten und als das absolute Verhältnis des Erkennens angenommen worden, — als ob das Endliche als solches das Absolute sein sollte! Auf diesem Standpunkte wird dem Objekte eine unbekannte Dingheit-an-sich hinter dem Erkennen zugeschrieben und dieselbe und damit auch die Wahrheit als ein absolutes Jenseits für das Erkennen betrachtet. Die Denkbestimmungen überhaupt, die Kategorien, die Reflexionsbestimmungen sowie der formale Begriff und dessen Momente erhalten darin die Stellung, nicht daß sie an und für sich endliche Bestimmungen, sondern daß sie es in dem Sinne sind, als sie ein Subjektives gegen jene leere Dingheit-an-sich sind; dies Verhältnis der Unwahrheit des Erkennens als das wahrhafte anzunehmen, ist der zur allgemeinen Meinung neuerer Zeit gewordene Irrtum.

Aus dieser Bestimmung des endlichen Erkennens erhellt unmittelbar, daß es ein Widerspruch ist, der sich selbst aufhebt, — der Widerspruch einer Wahrheit, die zugleich nicht Wahrheit sein soll, — eines Erkennens dessen, was ist, welches zugleich das Ding-an-sich nicht erkennt. In dem Zusammenfallen dieses Widerspruchs fällt sein Inhalt, das subjektive Erkennen und das Ding-an-sich zusammen, d. h. erweist sich als ein Unwahres. Aber das Erkennen hat durch seinen eigenen Gang seine Endlichkeit und damit seinen Widerspruch aufzulösen; jene Betrachtung, welche wir über dasselbe machen, ist eine äußerliche Reflexion; es ist aber selbst der Begriff, der sich Zweck ist, der also durch seine Realisierung sich ausführt, und eben in dieser Ausführung seine Subjektivität und das vorausgesetzte Ansichsein aufhebt. — Es ist daher an ihm selbst in seiner positiven Tätigkeit zu betrachten. Da diese Idee, wie gezeigt, der Trieb des Begriffes ist, sich für sich selbst zu realisieren, so ist seine Tätigkeit, das Objekt zu bestimmen und durch dies Bestimmen sich in ihm identisch auf sich zu beziehen. Das Objekt ist überhaupt das schlechthin Bestimmbare, und in der Idee hat es diese wesentliche Seite, nicht an und für sich gegen den Begriff zu sein. Weil dies Erkennen noch das endliche, nicht spekulative ist, so hat die vorausgesetzte Objektivität noch nicht die Gestalt für dasselbe, daß sie schlechthin nur der Begriff an ihr selbst ist und nichts Besonderes für sich gegen ihn enthält. Aber damit, daß sie als ein an-sich-seiendes Jenseits gilt, hat sie die Bestimmung der Bestimmbarkeit durch den Begriff darum wesentlich, weil die Idee der für sich seiende Begriff und das schlechthin in sich Unendliche ist, worin das Objekt an sich aufgehoben und der Zweck nur noch ist, es für sich aufzuheben; das Objekt ist daher zwar von der Idee des Erkennens als an sich seiend vorausgesetzt, aber wesentlich in dem Verhältnis, daß sie ihrer selbst und der Nichtigkeit dieses Gegensatzes gewiß, zur Realisierung ihres Begriffes in ihm komme.

In dem Schlusse, wodurch sich die subjektive Idee nun mit der Objektivität zusammenschließt, ist die **erste Prämisse** dieselbe Form der unmittelbaren Bemächtigung und Beziehung des Begriffs auf das Objekt, als wir in der Zweckbeziehung sahen. Die bestimmende Tätigkeit des Begriffs auf das Objekt ist eine unmittelbare **Mitteilung** und widerstandslose **Verbreitung** seiner auf dasselbe. Der Begriff bleibt hierin in der reinen Identität mit sich selbst; aber diese seine unmittelbare Reflexion-in-sich hat ebenso die Bestimmung der objektiven Unmittelbarkeit; das was für ihn seine eigene Bestimmung ist, ist ebensosehr ein **Sein**, denn es ist die **erste** Negation der Voraussetzung. Die gesetzte Bestimmung gilt daher ebensosehr als eine nur **gefundene** Voraussetzung, als ein **Auffassen** eines **Gegebenen**, worin die Tätigkeit des Begriffs vielmehr nur darin bestehe, negativ gegen sich selbst zu sein, sich gegen das Vorhandene zurückzuhalten und passiv zu machen, damit dasselbe nicht bestimmt vom Subjekte, sondern, wie es in sich selbst ist, sich **zeigen** könne.

Dies Erkennen erscheint daher in dieser Prämisse nicht einmal als eine **Anwendung** der logischen Bestimmungen, sondern als ein Empfangen und Auffassen derselben als Vorgefundener, und seine Tätigkeit erscheint als darauf beschränkt, nur ein subjektives Hindernis, eine äußerliche Schale von dem Gegenstande zu entfernen. Dies Erkennen ist das **analytische**.

a) Das analytische Erkennen.

Den Unterschied des analytischen und synthetischen Erkennens findet man zuweilen so angegeben, daß das eine vom Bekannten zum Unbekannten, das andere vom Unbekannten zum Bekannten fortgehe. Es wird aber, wenn man diesen Unterschied näher betrachtet, schwer sein, in ihm einen bestimmten Gedanken, viel weniger einen Begriff zu entdecken. Man kann sagen, das Erkennen fange überhaupt mit der Unbekanntschaft an, denn etwas, womit man schon bekannt ist, lernt man nicht kennen. Umgekehrt auch fängt es mit dem Bekannten an; dies ist ein tautologischer Satz; — das, womit es anfängt, was es also wirklich erkennt, ist eben dadurch ein Bekanntes; was noch nicht erkannt worden und erst später erkannt werden soll, ist noch ein Unbekanntes. Man muß insofern sagen, daß das Erkennen, wenn es einmal angefangen hat, immer vom Bekannten zum Unbekannten fortgehe.

Das Unterscheidende des analytischen Erkennens hat sich bereits dahin bestimmt, daß ihm als der ersten Prämisse des ganzen Schlusses die Vermittlung noch nicht angehört, sondern daß es die unmittelbare, das Anderssein noch nicht enthaltende Mitteilung des Begriffes ist, worin die Tätigkeit sich ihrer Negativität entäußert. Jene Unmittelbarkeit der Beziehung ist jedoch darum selbst Vermittlung, denn sie ist die negative Beziehung des Begriffs auf das Objekt, die sich aber selbst vernichtet und sich dadurch einfach und identisch macht. Diese Reflexion-in-sich ist nur ein Subjektives, weil in ihrer Vermittlung der Unterschied nur noch als der vorausgesetzte ansichseiende, als Verschiedenheit des Objekts in sich, vorhanden ist. Die Bestimmung, die daher durch diese Beziehung zustande kommt, ist die Form einfacher Identität, der abstrakten Allgemeinheit. Das analytische Erkennen hat daher überhaupt diese Identität zu seinem Prinzip, und der Übergang in anderes, die Verknüpfung Verschiedener ist aus ihm selbst, aus seiner Tätigkeit ausgeschlossen.

Das analytische Erkennen nun näher betrachtet, so wird von einem vorausgesetzten, somit einzelnen, konkreten Gegenstande angefangen, er sei nun ein für die Vorstellung schon fertiger, oder er sei eine Aufgabe, nämlich nur in seinen Umständen und Bedingungen gegeben, aber aus ihnen noch nicht für sich herausgehoben und in einfacher Selbständigkeit dargestellt. Die Analyse desselben kann nun nicht darin bestehen, daß er bloß in die besondern Vorstellungen, die er enthalten kann, aufgelöst werde; eine solche Auflösung und das Auffassen derselben ist ein Geschäft, das nicht zum Erkennen gehörte, sondern nur eine nähere Kenntnis, eine Bestimmung innerhalb der Sphäre des Vorstellens beträfe. Die Analyse, da sie den Begriff zum Grunde hat, hat zu ihren Produkten wesentlich die Begriffsbestimmungen, und zwar als solche, welche unmittelbar in dem Gegenstande enthalten sind. Es hat sich aus der Natur der Idee des Erkennens ergeben, daß die Tätigkeit des subjektiven Begriffs von der einen Seite nur als Entwicklung dessen, was im Objekte schon ist, angesehen werden muß, weil das Objekt selbst nichts als die Totalität des Begriffs ist. Es ist ebenso einseitig, die Analyse so vorzustellen, als ob im Gegenstande nichts sei, was nicht in ihn hineingelegt werde, als es einseitig ist, zu meinen, die sich ergebenden Bestimmungen werden nur aus ihm herausgenommen. Jene Vorstellung spricht bekanntlich der subjektive Idealismus aus, der in der Analyse die Tätigkeit des Erkennens allein für ein einseitiges Setzen nimmt, jenseits dessen das Ding-an-sich verborgen bleibt; die andere Vorstellung gehört dem sogenannten Realismus an, der den subjektiven Begriff als eine leere Identität erfaßt, welche die Gedankenbestimmungen von außen in sich aufnehme. — Da das analytische Erkennen, die Verwandlung des gegebenen Stoffes in logische Bestimmungen, sich gezeigt hat, beides in Einem zu sein, ein Setzen, welches sich ebenso unmittelbar als Voraussetzen bestimmt, so kann um des letztern willen das Logische als ein im Gegenstande Fertiges, sowie wegen des erstern als Produkt einer bloß subjektiven Tätigkeit erscheinen. Aber beide Momente sind nicht zu trennen; das Logische ist in seiner abstrakten Form, in welche es die Analyse heraushebt, allerdings nur im Erkennen vorhanden, so wie es umgekehrt nicht nur ein Gesetztes, sondern ein An-sich-seiendes ist.

Insofern nun das analytische Erkennen die aufgezeigte Verwandlung ist, geht es durch keine weitern Mittelglieder hindurch, sondern die Bestimmung ist insofern unmittelbar und hat eben diesen Sinn, dem Gegenstand eigen und an sich anzugehören, daher ohne subjektive Vermittlung aus ihm aufgefaßt zu sein. — Aber das Erkennen soll ferner auch ein Fortgehen, eine Entwicklung von Unterschieden sein. Weil es aber nach der Bestimmung, die es hier hat, begrifflos und undialektisch ist, hat es nur einen gegebenen Unterschied, und sein Fortgehen geschieht allein an den Bestimmungen des Stoffes. Nur insofern scheint es ein immanentes Fortgehen zu haben, als die abgeleiteten Gedankenbestimmungen von Neuem analysiert werden können, insofern sie ein Konkretes sind; das Höchste und Letzte dieses Analysierens ist das abstrakte höchste Wesen, oder die abstrakte subjektive Identität — und ihr gegenüber die Verschiedenheit. Dieses Fortgehen ist jedoch nichts anderes, als nur die Wiederholung des einen ursprünglichen Tuns der Analyse nämlich die Wiederbestimmung des schon in die abstrakte Begriffsform Aufgenommenen als eines Konkreten und hierauf die Analyse desselben, dann von Neuem die Bestimmung des aus ihr hervorgehenden Abstrakten als eines Konkreten und so fort. — Die Gedankenbestimmungen scheinen aber in ihnen selbst auch einen Übergang zu enthalten. Wenn der Gegenstand als Ganzes bestimmt worden, so wird davon allerdings zur andern Bestimmung des Teils, von der Ursache zur andern Bestimmung der Wirkung usf. fortgegangen. Aber dies ist hier insofern kein Fortgehen, als Ganzes und Teile, Ursache und Wirkung Verhältnisse sind, und zwar für dieses formale Erkennen so fertige Verhältnisse, daß die eine Bestimmung an die andere wesentlich geknüpft vorgefunden wird. Der Gegenstand, der als Ursache oder als Teil bestimmt worden, ist damit durch das ganze Verhältnis, schon durch beide Seiten desselben bestimmt. Ob es schon an sich etwas Synthetisches ist, so ist dieser Zusammenhang für das analytische Erkennen ebensosehr nur ein Gegebenes als anderer Zusammenhang seines Stoffes und gehört daher nicht seinem eigentümlichen Geschäfte an. Ob solcher Zusammenhang sonst als ein Priorisches oder Aposteriorisches bestimmt werde, dies ist dabei gleichgültig, insofern er als ein vorgefundener gefaßt wird, oder wie man es auch genannt hat, als eine Tatsache des Bewußtseins, daß mit der Bestimmung: Ganzes die Bestimmung: Teil verknüpft sei usf. Indem Kant die tiefe Bemerkung von synthetischen Grundsätzen *a priori* aufgestellt und als deren Wurzel die Einheit des Selbstbewußtseins, also die Identität des Begriffes mit sich, erkannt hat, nimmt er doch den bestimmten Zusammenhang, die Verhältnisbegriffe und synthetischen Grundsätze selbst, von der formalen Logik als gegeben auf; die Deduktion derselben hätte die Darstellung des Übergangs jener einfachen Einheit des Selbstbewußtseins in diese ihre Bestimmungen und Unterschiede sein müssen; aber die Aufzeigung dieses wahrhaft synthetischen Fortgehens, des sich selbst produzierenden Begriffs, hat Kant sich erspart, zu leisten.

Bekanntlich wird die Arithmetik und die allgemeinern Wissenschaften der diskreten Größe vorzugsweise analytische Wissenschaft und Analysis genannt. Die Erkenntnisweise derselben ist in der Tat am immanentesten ana-

lytisch, und es ist kürzlich zu betrachten, worauf sich dies
gründet. — Das sonstige analytische Erkennen fängt von
einem konkreten Stoffe an, der eine zufällige Mannigfaltigkeit
an sich hat; aller Unterschied des Inhalts und das Fortgehen
zu weiterem Inhalt hängt von demselben ab. Der arithmetische
und algebraische Stoff dagegen ist ein schon ganz abstrakt
und unbestimmt Gemachtes, an dem alle Eigentümlichkeit des
Verhältnisses getilgt, dem somit nun jede Bestimmung und
Verknüpfung ein Äußerliches ist. Ein solches ist das Prinzip
der diskreten Größe, das Eins. Dies verhältnislose Atome kann
zu einer Vielheit vermehrt und äußerlich zu einer Anzahl
bestimmt und vereinigt werden; dieses Vermehren und Be-
grenzen ist ein leeres Fortgehen und Bestimmen, welches bei
demselben Prinzip des abstrakten Eins stehen bleibt. Wie die
Zahlen ferner zusammengefaßt und getrennt werden, hängt
allein von dem Setzen des Erkennenden ab. Die Größe ist
überhaupt die Kategorie, innerhalb welcher diese Bestimmungen gemacht werden, — was die gleichgültig gewordene
Bestimmtheit ist, so daß der Gegenstand keine Bestimmtheit
hat, welche ihm immanent, also dem Erkennen gegeben wäre.
Insofern sich das Erkennen zunächst eine zufällige Verschiedenheit von Zahlen gegeben hat, so machen sie nun den Stoff
für eine weitere Bearbeitung und mannigfaltige Verhältnisse
aus. Solche Verhältnisse, deren Erfindung und Bearbeitung
scheinen zwar nichts dem analytischen Erkennen Immanentes,
sondern ein Zufälliges und Gegebenes zu sein; wie denn auch
diese Verhältnisse und die sich auf sie beziehenden Operationen
gewöhnlich nacheinander als verschiedene ohne Bemerkung eines innern Zusammenhanges vorgetragen werden. Allein
es ist leicht, ein fortleitendes Prinzip zu erkennen, und zwar ist
es das Immanente der analytischen Identität, die am Verschiedenen als Gleichheit erscheint; der Fortschritt ist die Reduktion des Ungleichen auf immer größere Gleichheit. Um ein
Beispiel an den ersten Elementen zu geben, so ist die Addition
das Zusammenfassen ganz zufällig ungleicher Zahlen, die
Multiplikation dagegen von gleichen, worauf noch das Verhältnis der Gleichheit von der Anzahl und der Einheit
folgt und das Potenzen-Verhältnis eintritt.

Weil nun die Bestimmtheit des Gegenstandes und der Verhältnisse eine gesetzte ist, so ist die weitere Operation mit

ihnen auch ganz analytisch, und die analytische Wissenschaft hat daher nicht sowohl Lehrsätze als Aufgaben. Der analytische Lehrsatz enthält die Aufgabe schon für sich selbst als gelöst, und der ganz äußerliche Unterschied, der den beiden Seiten, die er gleich setzt, zukommt, ist so unwesentlich, daß ein solcher Lehrsatz als eine triviale Identität erscheinen würde. Kant hat zwar den Satz $5 + 7 = 12$ für einen synthetischen Satz erklärt, weil auf einer Seite dasselbe, in der Form von Mehrern, von 5 und 7, auf der andern in der Form von Einem, von 12, dargestellt ist. Allein wenn das Analytische nicht das ganz abstrakt Identische und Tautologische $12 = 12$ bedeuten und ein Fortgang in demselben überhaupt sein soll, so muß irgendein Unterschied vorhanden sein, jedoch ein solcher, der sich auf keine Qualität, keine Bestimmtheit der Reflexion und noch weniger des Begriffs gründet. $5 + 7$ und 12 sind durchaus ganz derselbe Inhalt; in jener Seite ist auch die Forderung ausgedrückt, daß 5 und 7 in Einen Ausdruck zusammengefaßt, d. h. daß wie fünf ein Zusammengezähltes ist, wobei das Abbrechen ganz willkürlich war und ebensogut weitergezählt werden konnte, nun auf dieselbe Weise fortgezählt werden soll mit der Bestimmung, daß die hinzuzusetzenden Eins sieben sein sollen. Das 12 ist also ein Resultat von 5 und 7 und von einer Operation, welche schon gesetzt ihrer Natur nach auch ein ganz äußerliches, gedankenloses Tun ist, daß es daher auch eine Maschine verrichten kann. Hier ist im Geringsten kein Übergang zu einem Andern; es ist ein bloßes Fortsetzen, d. h. Wiederholen derselben Operation, durch welche 5 und 7 entstanden ist.

Der Beweis eines solchen Lehrsatzes, — einen solchen erforderte er, wenn er ein synthetischer Satz wäre — würde nur in der Operation des durch 7 bestimmten Fortzählens von 5 an und in dem Erkennen der Übereinstimmung dieses Fortgezählten mit dem bestehen, was man sonst 12 nennt und was wieder weiter nichts als eben jenes bestimmte Fortzählen selbst ist. Statt der Form der Lehrsätze wählt man daher sogleich die Form der Aufgabe, der Forderung der Operation, nämlich das Aussprechen nur der einen Seite von der Gleichung, die den Lehrsatz ausmachen würde und deren andere Seite nun gefunden werden soll. Die Aufgabe enthält den Inhalt und gibt die bestimmte Operation an, die mit ihm vorgenommen werden soll. Die Operation ist durch keinen spröden, mit spezifischen Verhältnissen begabten Stoff beschränkt, sondern ein äußerliches, subjektives Tun, dessen Bestimmungen der Stoff gleichgültig annimmt, an welchem sie gesetzt werden. Der ganze Unterschied der in der Aufgabe gemachten Bedingungen und des Resultates in der Auflösung ist nur der, daß in diesem wirklich auf die bestimmte Weise vereinigt oder getrennt ist, wie in jener angegeben war.

Es ist daher ein höchst überflüssiges Gerüste, hier die Form der geometrischen Methode, welche sich auf synthetische Sätze bezieht, anzuwenden und der Aufgabe außer der Auflösung auch noch einen Beweis folgen zu lassen. Er kann nichts als die Tautologie ausdrücken, daß die Auflösung richtig ist, weil man operiert hat, wie aufgegeben war. Wenn die Aufgabe ist, man soll mehrere Zahlen addieren, so ist die Auflösung: man addiere sie; der Beweis zeigt, daß die Auflösung richtig ist darum, weil aufgegeben war zu addieren und man addiert hat. Wenn die Aufgabe zusammengesetztere Bestimmungen und Operationen, z. B. etwa Dezimal-Zahlen zu multiplizieren enthält und die Auflösung gibt nichts als das mechanische Verfahren an, so wird wohl ein Beweis nötig; dieser aber kann weiter nichts sein als die Analyse jener Bestimmungen und der Operation, woraus die Auflösung von selbst hervorgeht. Durch diese Absonderung der Auflösung als eines mechanischen Verfahrens und des Beweises als der Rückerinnerung an die Natur des zu behandelnden Gegenstandes und der Operation selbst, geht gerade der Vorteil der analytischen Aufgabe verloren, daß nämlich die Konstruktion unmittelbar aus der Aufgabe abgeleitet und daher an und für sich als verständig dargestellt werden kann; auf die andere Weise wird der Konstruktion ausdrücklich ein Mangel gegeben, welcher der synthetischen Methode eigen ist. — In der höhern Analysis, wo mit dem Potenzen-Verhältnisse vornehmlich qualitative und von Begriffsbestimmtheiten abhängende Verhältnisse der diskreten Größen eintreten, enthalten die Aufgaben und Lehrsätze allerdings wohl synthetische Bestimmungen; es müssen daselbst andere Bestimmungen und Verhältnisse zu Mittelgliedern genommen werden, als unmittelbar durch die Aufgabe oder den Lehrsatz angegeben sind. Übrigens müssen auch diese zu Hilfe genommenen Bestimmungen von der Art sein, daß sie in der Berücksichtigung und Entwicklung einer Seite der Aufgabe oder des Lehrsatzes gegründet sind; das synthetische Aussehen kommt allein daher, daß die Aufgabe oder der Lehrsatz diese Seite nicht selbst schon namhaft macht. — Die Aufgabe z. B., die Summe der Potenzen der Wurzeln einer Gleichung zu finden, wird durch die Betrachtung und dann Verknüpfung der Funktionen gelöst, welche die Koeffizienten der Gleichung von den Wurzeln sind. Die hier zu Hilfe genommene Bestimmung der Funktionen der Koeffizienten und deren Verknüpfung ist nicht in der Aufgabe schon ausgedrückt, — übrigens ist die Entwicklung selbst ganz analytisch. So ist die Auflösung der Gleichung $a^{m-1}=0$ mit Hilfe der Sinus, auch die immanente, bekanntlich durch Gauß gefundene algebraische Auflösung mit Hilfe der Betrachtung des Residuums von $x^{m-1} - 1$ durch m dividiert und der sogenannten primitiven Wurzeln, — eine der wichtigsten Erweiterungen der Analysis der neuern Zeit, — eine synthetische Auflösung, weil die zu Hilfe genommenen Bestimmungen, die Sinus oder die Betrachtung der Residuen, nicht eine Bestimmung der Aufgabe selbst ist.

Über die Natur der Analysis, welche sogenannte unendliche Differenzen veränderlicher Größen betrachtet, der Differential- und Integral-Rechnung, ist im ersten Teile dieser Logik ausführlicher gehandelt worden. Daselbst wurde gezeigt, daß hier eine qualitative Größenbestimmung zugrunde liegt, welche allein durch den Begriff gefaßt werden kann. Der Übergang zu derselben von der Größe als solcher ist nicht mehr analytisch; die Mathematik hat daher bis diesen Tag nicht dahin kommen können, die Operationen, welche auf jenem Übergange beruhen, durch sich selbst, d. h. auf mathematische Weise zu rechtfertigen, weil er nicht mathematischer Natur ist. Leibniz, dem der Ruhm zugeschrieben wird, die Rechnung mit den unendlichen Differenzen zu einem Kalkul geschaffen zu haben, hat, wie ebendaselbst angeführt worden, den Übergang auf eine Art gemacht, welche die unzulänglichste, ebenso völlig begrifflos als unmathematisch ist; den Übergang aber einmal vorausgesetzt, — und er ist im gegenwärtigen Stande der Wissenschaft mehr nicht als eine Voraussetzung, — so ist der weitere Verfolg allerdings nur eine Reihe gewöhnlicher Operationen.

Es ist erinnert worden, daß die Analysis synthetisch wird, insofern sie auf Bestimmungen kommt, welche nicht mehr durch die Aufgaben selbst gesetzt sind. Der allgemeine Übergang aber vom analytischen zum synthetischen Erkennen liegt in dem notwendigen Übergange von der Form der Unmittelbarkeit zur Vermittlung, der abstrakten Identität zum Unterschiede. Das Analytische bleibt in seiner Tätigkeit bei den Bestimmungen überhaupt stehen, insofern sie sich auf sich selbst beziehen; durch ihre Bestimmtheit aber sind sie wesentlich auch von dieser Natur, daß sie sich auf ein Anderes beziehen. Es ist schon erinnert worden, daß wenn das analytische Erkennen auch an Verhältnissen fortgeht, die nicht ein äußerlich gegebener Stoff, sondern Gedankenbestimmungen sind, so bleibt es doch analytisch, insofern für dasselbe auch diese Verhältnisse gegebene sind. Weil aber die abstrakte Identität, welche dies Erkennen allein als das seinige weiß, wesentlich Identität des Unterschiedenen ist, so muß sie auch als solche die seinige sein und für den subjektiven Begriff auch der Zusammenhang als durch ihn gesetzt und mit ihm identisch werden.

b) Das synthetische Erkennen.

Das analytische Erkennen ist die erste Prämisse des ganzen Schlusses, — die unmittelbare Beziehung des Begriffs auf das Objekt; die Identität ist daher die Bestimmung, welche es als die seinige erkennt, und es ist nur das Auffassen dessen, was ist. Das synthetische Erkennen geht auf das Begreifen dessen, was ist, d. h. [darauf,] die Mannigfaltigkeit von Bestimmungen in ihrer Einheit zu fassen. Es ist daher die zweite Prämisse des Schlusses, in welchem das Verschiedene als solches bezogen wird. Sein Ziel ist deswegen die Notwendigkeit überhaupt. — Die Verschiedenen, welche verbunden sind, sind es teils in einem Verhältnisse; in solchem sind sie ebensowohl bezogen als gleichgültig und selbständig gegeneinander; teils aber sind sie im Begriffe verknüpft; dieser ist ihre einfache, aber bestimmte Einheit. Insofern nun das synthetische Erkennen zunächst von der abstrakten Identität zum Verhältnisse oder vom Sein zur Reflexion übergeht, so ist es nicht die absolute Reflexion des Begriffes, welche der Begriff in seinem Gegenstande erkennt; die Realität, welche er sich gibt, ist die nächste Stufe, nämlich die angegebene Identität der Verschiedenen als solcher, die daher zugleich noch innere und nur Notwendigkeit, nicht die subjektive, für sich selbst seiende, daher noch nicht der Begriff als solcher ist. Das synthetische Erkennen hat daher wohl auch die Begriffsbestimmungen zu seinem Inhalt, das Objekt wird in denselben gesetzt; aber sie stehen erst im Verhältnisse zueinander oder sind in unmittelbarer Einheit, aber damit eben nicht in derjenigen, wodurch der Begriff als Subjekt ist.

Dies macht die Endlichkeit dieses Erkennens aus; weil diese reelle Seite der Idee in ihm noch die Identität als innre hat, so sind deren Bestimmungen sich noch als äußerliche; da sie nicht als Subjektivität ist, so fehlt dem Eigenen, das der Begriff in seinem Gegenstande hat, noch die Einzelheit, und es ist zwar nicht mehr die abstrakte, sondern die bestimmte Form, also das Besondere des Begriffes, was ihm im Objekte entspricht, aber das Einzelne desselben ist noch ein gegebener Inhalt. Dies Erkennen verwandelt die objektive Welt daher zwar in Begriffe, aber gibt ihr nur die Form nach den Begriffsbestimmungen und muß das Objekt nach seiner Einzelheit, der bestimmten Bestimmtheit, finden; es ist noch nicht selbst bestimmend. Ebenso findet es Sätze und Gesetze und beweist deren Notwendigkeit, aber nicht als eine Notwendigkeit der Sache an und für sich selbst, d. i. aus dem Begriffe, sondern des Erkennens, das an den gegebenen Bestimmungen, den Unterschieden der Erscheinung fortgeht, und für sich den Satz als Einheit und Verhältnis, oder aus der Erscheinung deren Grund erkennt.

Die nähern Momente des synthetischen Erkennens sind nun zu betrachten.

1. Die Definition.

Das Erste ist, daß die noch gegebene Objektivität in die einfache, als [die] erste Form, somit die Form des Begriffes verwandelt wird; die Momente dieses Auffassens sind daher keine andern als die Momente des Begriffs; die Allgemeinheit, Besonderheit und Einzelheit. — Das Einzelne ist das Objekt selbst als unmittelbare Vorstellung, dasjenige, was definiert werden soll. Das Allgemeine des Objekts des-

selben hat sich in der Bestimmung des objektiven Urteils oder
des Urteils der Notwendigkeit als die Gattung, und zwar als
die nächste ergeben, das Allgemeine nämlich mit dieser Bestimmtheit, welche zugleich Prinzip für den Unterschied des
Besondern ist. Diesen Unterschied hat der Gegenstand an der
spezifischen Differenz, welche ihn zu der bestimmten Art
macht, und welche seine Disjunktion gegen die übrigen Arten
begründet.

Die Definition, indem sie auf diese Weise den Gegenstand
auf seinen Begriff zurückführt, streift seine Äußerlichkeiten,
welche zur Existenz erforderlich sind, ab; sie abstrahiert von
dem, was zum Begriffe in seiner Realisation hinzukommt, wodurch er erstlich zur Idee, und zweitens zur äußerlichen Existenz heraustritt. Die Beschreibung ist für die Vorstellung und nimmt diesen weitern, der Realität angehörigen Inhalt auf. Die Definition reduziert aber diesen Reichtum der
mannigfaltigen Bestimmungen des angeschauten Daseins auf
die einfachsten Momente; welches die Form dieser einfachen
Elemente [ist] und wie sie gegeneinander bestimmt sind, dies
ist in dem Begirff enthalten. Der Gegenstand wird hiemit, wie
angegeben, als Allgemeines gefaßt, welches zugleich wesentlich Bestimmtes ist. Der Gegenstand selbst ist das Dritte, das
Einzelne, in welchem die Gattung und die Besonderung in
Eins gesetzt ist, und ein Unmittelbares, welches außer
dem Begriffe, da er noch nicht selbstbestimmend ist, gesetzt ist.

In jenen Bestimmungen, dem Formunterschiede der Definition, findet der Begriff sich selbst und hat darin die ihm
entsprechende Realität. Aber weil die Reflexion der Begriffsmomente in sich selbst, die Einzelheit, in dieser Realität noch
nicht enthalten, weil somit das Objekt, insofern es im Erkennen ist, noch nicht als ein subjektives bestimmt ist, so ist
das Erkennen dagegen ein subjektives und hat einen äußerlichen Anfang, oder wegen seines äußerlichen Anfangs am
Einzelnen ist es ein subjektives. Der Inhalt des Begriffs ist
daher ein Gegebenes und ein Zufälliges. Der konkrete Begriff selbst ist damit ein Zufälliges nach der gedoppelten Seite,
einmal nach seinem Inhalte überhaupt, das andere Mal danach,
welche Inhaltsbestimmungen von den mannigfaltigen Qualitäten, die der Gegenstand im äußerlichen Dasein hat, für den

Begriff ausgewählt werden und die Momente desselben ausmachen sollen.

Die letztere Rücksicht bedarf näherer Betrachtung. Es ist nämlich, da die Einzelheit als das an und für sich Bestimmtsein außer der eigentümlichen Begriffsbestimmung des synthetischen Erkennens liegt, kein Prinzip vorhanden, welche Seiten des Gegenstandes als zu seiner Begriffsbestimmung und welche nur zu der äußerlichen Realität gehörig angesehen werden sollen. Dies macht eine Schwierigkeit bei den Definitionen aus, die für dieses Erkennen nicht zu beseitigen ist. Doch muß dabei ein Unterschied gemacht werden. — Vors Erste: von Produkten der selbstbewußten Zweckmäßigkeit läßt sich leicht die Definition auffinden; denn der Zweck, für welchen sie dienen sollen, ist eine Bestimmung, die aus dem subjektiven Entschlusse erzeugt ist und die wesentliche Besonderung, die Form des Existierenden ausmacht, auf welche es hier allein ankommt. Die sonstige Natur seines Materials oder andere äußere Eigenschaften sind, insofern sie dem Zweck entsprechen, in seiner Bestimmung enthalten, die übrigen sind dafür unwesentlich. Zweitens: die geometrischen Gegenstände sind abstrakte Raumbestimmungen; die zum Grunde liegende Abstraktion, der sogenannte absolute Raum, hat alle weitern konkreten Bestimmungen verloren und hat nun ferner nur solche Gestalten und Figurationen, als in ihm gesetzt werden; sie sind daher wesentlich nur, was sie sein sollen; ihre Begriffsbestimmung überhaupt und näher die spezifische Differenz hat an ihnen ihre einfache ungehinderte Realität; sie sind insofern dasselbe, was die Produkte der äußern Zweckmäßigkeit, wie sie auch mit den arithmetischen Gegenständen darin übereinkommen, in welchen gleichfalls nur die Bestimmung zum Grunde liegt, die in ihnen gesetzt worden. — Der Raum hat zwar noch weitere Bestimmungen, die Dreiheit seiner Dimensionen, seine Kontinuität und Teilbarkeit, welche nicht durch die äußerliche Bestimmung an ihm erst gesetzt werden. Diese gehören aber zu dem aufgenommenen Material und sind unmittelbare Voraussetzungen; erst die Verknüpfung und Verwicklung jener subjektiven Bestimmungen mit dieser eigentümlichen Natur ihres Bodens, in welchen sie eingetragen worden, bringt synthetische Verhältnisse und Gesetze hervor. — Bei den Zahlbe-

stimmungen, da ihnen das einfache Prinzip des Eins zugrunde
liegt, ist die Verknüpfung und weitere Bestimmung ganz nur
ein Gesetztes; die Bestimmungen hingegen im Raume, der für
sich ein kontinuierliches Außereinander ist, verlaufen sich
noch weiter und haben eine von ihrem Begriffe verschiedene
Realität, die aber nicht mehr zur unmittelbaren Definition
gehört.

Drittens aber sieht es mit den Definitionen konkreter
Objekte der Natur sowohl als auch des Geistes ganz anders
aus. Solche Gegenstände sind überhaupt für die Vorstellung
Dinge von vielen Eigenschaften. Es kommt hier zunächst darauf an, aufzufassen, was ihre nächste Gattung, und
dann, was ihre spezifische Differenz ist. Es ist daher zu bestimmen, welche der vielen Eigenschaften dem Gegenstande
als Gattung und welche ihm als Art zukomme, ferner welche
unter diesen Eigenschaften die wesentliche sei; und zu dem
Letztern gehört, zu erkennen, in welchem Zusammenhange sie
miteinander stehen, ob die eine schon mit der andern gesetzt
sei. Dafür aber ist kein anderes Kriterium noch vorhanden als
das Dasein selbst. — Die Wesentlichkeit der Eigenschaft ist
für die Definition, worin sie als einfache, unentwickelte Bestimmtheit gesetzt sein soll, ihre Allgemeinheit. Diese aber
ist im Dasein die bloß empirische, — Allgemeinheit in der
Zeit, ob die Eigenschaft dauernd ist, während die andern sich
als vergänglich in dem Bestehen des Ganzen zeigen, — oder
eine Allgemeinheit, die aus Vergleichung mit andern konkreten
Ganzen hervorgeht und insofern nicht über die Gemeinschaftlichkeit hinauskommt. Wenn nun die Vergleichung den totalen Habitus, wie er sich empirisch darbietet, als gemeinschaftliche Grundlage angibt, so hat die Reflexion denselben
in eine einfache Gedankenbestimmung zusammenzubringen und
den einfachen Charakter solcher Totalität aufzufassen. Aber
die Beglaubigung, daß eine Gedankenbestimmung oder eine
einzelne der unmittelbaren Eigenschaften das einfache und bestimmte Wesen des Gegenstandes ausmache, kann nur eine
Ableitung solcher Bestimmung aus der konkreten Beschaffenheit sein. Dies erforderte aber eine Analyse, welche die unmittelbaren Beschaffenheiten in Gedanken verwandelt und das
Konkrete derselben auf ein Einfaches zurückführt, — eine Analyse, die höher ist als die betrachtete, weil sie nicht abstrahie-

rend sein, sondern in dem Allgemeinen das Bestimmte des Konkreten noch erhalten, dasselbe vereinigen und von der einfachen Gedankenbestimmung abhängig zeigen sollte.

Die Beziehungen der mannigfaltigen Bestimmungen des unmittelbaren Daseins auf den einfachen Begriff wären aber Lehrsätze, die des Beweises bedürften. Die Definition aber als der erste, noch unentwickelte Begriff, indem sie die einfache Bestimmtheit des Gegenstandes auffassen und dies Auffassen etwas Unmittelbares sein soll, kann dazu nur eine seiner unmittelbaren sogenannten Eigenschaften, — eine Bestimmung des sinnlichen Daseins oder der Vorstellung gebrauchen; ihre durch die Abstraktion geschehene Vereinzelung macht dann die Einfachheit aus, und für die Allgemeinheit und Wesentlichkeit ist der Begriff an die empirische Allgemeinheit, das Beharren unter veränderten Umständen und die Reflexion verwiesen, die im äußerlichen Dasein und in der Vorstellung, d. h. da die Begriffsbestimmung sucht, wo sie nicht zu finden ist. — Das Definieren tut daher auch auf eigentliche Begriffsbestimmungen, die wesentlich die Prinzipien der Gegenstände wären, von selbst Verzicht und begnügt sich mit Merkmalen, d. i. Bestimmungen, bei denen die Wesentlichkeit für den Gegenstand selbst gleichgültig ist, und die vielmehr nur den Zweck haben, daß sie für eine äußere Reflexion Merkzeichen sind. — Eine solche einzelne, äußerliche Bestimmtheit steht mit der konkreten Totalität und mit der Natur ihres Begriffs zu sehr in Unangemessenheit, als daß sie für sich gewählt und dafür genommen werden könnte, daß ein konkretes Ganzes seinen wahrhaften Ausdruck und Bestimmung in ihr hätte. — Nach Blumenbachs[1]) Bemerkung z. B. ist das Ohrläppchen etwas, das allen andern Tieren fehlt, das also nach den gewöhnlichen Redensarten von gemeinsamen und unterscheidenden Merkmalen mit allem Recht als der distinktive Charakter in der Definition des physischen Menschen gebraucht werden könnte. Aber wie unangemessen zeigt sich sogleich eine solche ganz äußerliche Bestimmung mit der Vorstellung des totalen Habitus des physischen Menschen und mit der Forderung, daß die Begriffsbestimmung etwas Wesent-

---

¹) Blumenbach, Joh. Friedr., 1752—1840, Professor in Jena, bahnbrechend für vergleichende Anatomie und Physiologie.

liches sein soll! Es ist etwas ganz Zufälliges, wenn die in die
Definition aufgenommenen Merkmale nur solche reine Notbe-
helfe sind oder aber sich der Natur eines Prinzips mehr nähern.
Es ist ihnen um ihrer Äußerlichkeit willen auch anzusehen, daß
von ihnen in der Begriffserkenntnis nicht angefangen worden
ist; vielmehr ist ein dunkles Gefühl, ein unbestimmter aber tie-
ferer Sinn, eine Ahnung des Wesentlichen, der Erfindung der
Gattungen in der Natur und im Geiste vorangegangen und
dann erst für den Verstand eine bestimmte Äußerlichkeit auf-
gesucht worden. — Der Begriff, indem er im Dasein in die
Äußerlichkeit getreten ist, ist er in seine Unterschiede entfaltet
und kann nicht an eine einzelne solcher Eigenschaften schlechthin gebunden sein. Die Eigenschaften als die Äußerlichkeit des
Dinges sind sich selbst äußerlich; es ist in der Sphäre der Erscheinung bei dem Dinge von vielen Eigenschaften aufgezeigt
worden, daß sie deswegen wesentlich sogar zu selbständigen
Materien werden; der Geist wird, von demselben Standpunkte
der Erscheinung aus betrachtet, zu einem Aggregate von
vielen selbständigen Kräften. Die einzelne Eigenschaft oder
Kraft hört durch diesen Standpunkt, selbst wo sie gleichgültig
gegen die andern gesetzt wird, auf, charakterisierendes Prinzip zu sein, womit die Bestimmtheit als Bestimmtheit des Begriffs überhaupt verschwindet.

Noch tritt an den konkreten Dingen neben der Verschiedenheit der Eigenschaften gegeneinander der Unterschied zwischen [dem] B e g r i f f und seiner V e r w i r k l i c h u n g ein. Der
Begriff in der Natur und im Geiste hat eine äußerliche Darstellung, worin seine Bestimmtheit sich als Abhängigkeit von
Äußerem, Vergänglichkeit und Unangemessenheit zeigt. Etwas
Wirkliches zeigt daher wohl an sich, was es sein s o l l, aber
es kann auch nach dem negativen Begriffsurteil ebensosehr
zeigen, daß seine Wirklichkeit diesem Begriffe nur unvollständig entspricht, daß sie s c h l e c h t ist. Indem die Definition nun in einer unmittelbaren Eigenschaft die Bestimmtheit
des Begriffes angeben soll, so gibt es keine Eigenschaft, gegen
welche nicht eine Instanz beigebracht werden könne, in der
der ganze Habitus zwar das zu definierende Konkrete erkennen
läßt, die Eigenschaft aber, welche für dessen Charakter genommen wird, sich unreif oder verkümmert zeigt. In einer
schlechten Pflanze, einer schlechten Tiergattung, einem ver-

ächtlichen Menschen, einem schlechten Staate sind Seiten der
Existenz mangelhaft oder ganz obliteriert, welche sonst für
die Definition als das Unterscheidende und die wesentliche Bestimmtheit in der Existenz eines solchen Konkreten genommen
werden konnten. Eine schlechte Pflanze, Tier usf. bleibt aber
immer noch eine Pflanze, Tier usf. Soll daher auch das
Schlechte in die Definition aufgenommen sein, so entgehen
dem empirischen Herumsuchen alle Eigenschaften, welche
es als wesentlich ansehen wollte, durch die Instanzen von
Mißgeburten, denen dieselben fehlen, z. B. die Wesentlichkeit
des Gehirns für den physischen Menschen durch die Instanz
der Akephalen, die Wesentlichkeit des Schutzes von Leben und
Eigentum für den Staat durch die Instanz despotischer Staaten
und tyrannischer Regierungen. — Wenn gegen die Instanz der
Begriff behauptet, und sie an demselben gemessen für ein
schlechtes Exemplar ausgegeben wird, so hat er seine Beglaubigung nicht mehr an der Erscheinung. Die Selbständigkeit
des Begriffes ist aber dem Sinne der Definition zuwider, welche
der unmittelbare Begriff sein soll, daher ihre Bestimmungen
für die Gegenstände nur aus der Unmittelbarkeit des Daseins
aufnehmen und sich nur an dem Vorgefundenen rechtfertigen
kann. — Ob ihr Inhalt an und für sich Wahrheit oder Zufälligkeit sei, dies liegt außer ihrer Sphäre; die formelle
Wahrheit aber, die Übereinstimmung des in der Definition subjektiv gesetzten Begriffs und eines außer ihm wirklichen
Gegenstandes kann darum nicht ausgemacht werden, weil der
einzelne Gegenstand auch schlecht sein kann.

Der Inhalt der Definition ist überhaupt aus dem unmittelbaren Dasein genommen, und weil er unmittelbar ist, hat er
keine Rechtfertigung; die Frage nach dessen Notwendigkeit
ist durch den Ursprung beseitigt; darin, daß sie den Begriff
als ein bloß Unmittelbares ausspricht, ist darauf Verzicht getan, ihn selbst zu begreifen. Sie stellt daher nichts dar als die
Formbestimmung des Begriffs an einem gegebenen Inhalt,
ohne die Reflexion des Begriffes in sich selbst, d. h. ohne
sein Fürsichsein.

Aber die Unmittelbarkeit überhaupt geht nur aus der Vermittlung hervor, sie muß daher zu dieser übergehen. Oder
die Inhaltsbestimmtheit, welche die Definition enthält, ist darum, weil sie Bestimmtheit ist, nicht nur ein Unmittelbares, son-

dern durch ihre andere Vermitteltes; die Definition kann daher ihren Gegenstand nur durch die entgegengesetzte Bestimmung fassen und muß daher zur Einteilung übergehen.

2. Die Einteilung.

Das Allgemeine muß sich besondern; insofern liegt die
Notwendigkeit der Einteilung in dem Allgemeinen. Indem aber
die Definition schon selbst mit dem Besondern anfängt, so
liegt ihre Notwendigkeit, zur Einteilung überzugehen, im Besondern, das für sich auf ein anderes Besonderes hinweist.
Umgekehrt scheidet sich eben darin das Besondere, indem die
Bestimmtheit im Bedürfnisse ihres Unterschiedes von der ihr
andern festgehalten wird, von dem Allgemeinen ab; dieses wird
hiemit für die Einteilung vorausgesetzt. Der Gang ist daher
zwar dieser, daß der einzelne Inhalt der Definition durch die
Besonderheit zum Extrem der Allgemeinheit aufsteigt, aber
diese muß nunmehr als die objektive Grundlage angenommen
werden, und von ihr aus stellt sich die Einteilung als Disjunktion des Allgemeinen, als des Ersten, dar.

Hiemit ist ein Übergang eingetreten, der, da er vom Allgemeinen zum Besondern geschieht, durch die Form des Begriffs bestimmt ist. Die Definition für sich ist etwas Einzelnes;
eine Mehrheit von Definitionen gehört der Mehrheit der Gegenstände an. Der dem Begriff angehörige Fortgang vom Allgemeinen zum Besondern ist Grundlage und Möglichkeit einer
synthetischen Wissenschaft, eines Systems und systematischen Erkennens.

Die erste Erfordernis hiefür ist, wie gezeigt, daß der Anfang mit dem Gegenstande in der Form eines Allgemeinen
gemacht werde. Wenn in der Wirklichkeit, es sei der Natur
oder des Geistes, die konkrete Einzelheit dem subjektiven,
natürlichen Erkennen als das Erste gegeben ist, so muß dagegen in dem Erkennen, das wenigstens insofern ein Begreifen
ist, als es die Form des Begriffes zur Grundlage hat, das Einfache, von dem Konkreten Ausgeschiedene das Erste sein,
weil der Gegenstand nur in dieser Form die Form des sich auf
sich beziehenden Allgemeinen und des dem Begriffe nach Unmittelbaren hat. Gegen diesen Gang im Wissenschaftlichen
kann etwa gemeint werden, weil das Anschauen leichter sei als

das Erkennen, so sei auch das Anschaubare, also die konkrete Wirklichkeit, zum Anfang der Wissenschaft zu machen, und dieser Gang sei naturgemäßer als der, welcher vom Gegenstand in seiner Abstraktion beginnt und von da umgekehrt zu dessen Besonderung und konkreten Vereinzelung fortgeht. — Indem aber erkannt werden soll, so ist die Vergleichung mit der Anschauung bereits entschieden und aufgegeben, und es kann nur die Frage sein, was innerhalb des Erkennens das Erste und wie die Folge beschaffen sein soll; es wird nicht mehr ein naturgemäßer, sondern ein erkenntnisgemäßer Weg verlangt. — Wenn bloß nach der Leichtigkeit gefragt wird, so erhellt ohnehin von selbst, daß es dem Erkennen leichter ist, die abstrakte, einfache Gedankenbestimmung zu fassen als das Konkrete, welches eine vielfache Verknüpfung von solchen Gedankenbestimmungen und deren Verhältnissen ist; und in dieser Art, nicht mehr wie es in der Anschauung ist, soll es aufgefaßt werden. An und für sich ist das Allgemeine das erste Begriffsmoment, weil es das Einfache ist, und das Besondere erst das nachfolgende, weil es das Vermittelte ist; und umgekehrt ist das Einfache das Allgemeinere, und das Konkrete als das an sich Unterschiedene, hiemit Vermittelte, dasjenige, das den Übergang von einem Ersten schon voraussetzt. — Diese Bemerkung betrifft nicht nur die Ordnung des Ganges in den bestimmten Formen von Definitionen, Einteilungen und Sätzen, sondern auch die Ordnung des Erkennens im Allgemeinen und bloß in Rücksicht auf den Unterschied von Abstraktem und Konkretem überhaupt. — Daher wird auch z. B. beim Lesenlernen vernünftigerweise nicht mit dem Lesen ganzer Worte oder auch der Silben der Anfang gemacht, sondern mit den Elementen der Wörter und Silben und den Zeichen der abstrakten Töne; in der Buchstabenschrift ist die Analyse des konkreten Wortes in seine abstrakten Töne und deren Zeichen schon vollbracht; das Lesenlernen wird ebendadurch eine erste Beschäftigung mit abstrakten Gegenständen. In der Geometrie ist nicht der Anfang mit einer konkreten Raumgestalt, sondern mit dem Punkte und der Linie und dann weiter mit ebenen Figuren zu machen, und unter diesen nicht mit Polygonen, sondern mit dem Dreiecke, unter den krummen Linien mit dem Kreise. In der Physik sind die einzelnen Natureigenschaften oder Materien von ihren mannigfaltigen Verwicklungen, in denen sie sich in konkreter Wirklichkeit befinden, zu befreien, und mit den einfachen, notwendigen Bedingungen darzustellen; auch sie, wie die Raumfiguren, sind ein Anschaubares; aber ihre Anschauung ist so vorzubereiten, daß sie zuerst von allen Modifikationen durch Umstände, die ihrer eigenen Bestimmtheit äußerlich sind, befreit erscheinen und festgehalten werden. Magnetismus, Elektrizität, Gasarten usf. sind solche Gegenstände, deren Erkenntnis allein dadurch ihre Bestimmtheit erhält, daß sie aus den konkreten Zuständen, in denen sie an der Wirklichkeit erscheinen, herausgenommen aufgefaßt werden. Das Experiment stellt sie für die Anschauung freilich in einem konkreten Falle dar; aber teils muß es, um wissenschaftlich zu sein, nur die notwendigen Bedingungen dazu nehmen, teils sich vervielfältigen, um das untrennbare Konkrete dieser Bedingungen als unwesentlich zu zeigen, dadurch daß sie in einer andern konkreten Gestalt und wieder in anderer erscheinen, hiemit für die Erkenntnis nur ihre abstrakte Form übrig bleibt. — Um noch eines Beispiels zu erwähnen, so konnte es als naturgemäß und sinnreich erscheinen, die Farbe zuerst in der konkreten Erscheinung des animalischen subjektiven Sinnes, alsdann außer dem Subjekt als eine gespenstartige, schwebende Erscheinung und endlich in äußerlicher Wirklichkeit, an Objekten fixiert zu betrachten. Allein für das Erkennen ist die allgemeine und hiemit wahrhaft erste Form die mittlere unter den genannten, wie die Farbe auf der Schwebe zwischen der Subjektivität und Objektivität als das bekannte Spektrum steht, noch ohne alle Verwicklung mit subjektiven und objektiven Umständen. Letztere sind für die reine Betrachtung der Natur dieses Gegenstandes zunächst nur störend, weil sie als wirkende Ursachen sich verhalten und es daher unentschieden machen, ob die bestimmten Veränderungen, Übergänge und Verhältnisse der Farbe in deren eigener spezifischen Natur gegründet oder vielmehr der krankhaften spezifischen Beschaffenheit jener Umstände, den gesunden und krankhaften besonderen Affektionen und Wirkungen der Organe des Subjekts, oder den chemischen, vegetabilischen, animalischen Kräften der Objekte zuzuschreiben sind. — Mehrere und andere Beispiele könnten aus der Erkenntnis der organischen Natur und der Welt des Geistes angeführt werden;

allenthalben muß das Abstrakte den Anfang und das Element ausmachen, in welchem und von welchem aus sich die Besonderheiten und die reichen Gestalten des Konkreten ausbreiten.

Bei der Einteilung oder dem Besondern tritt nun zwar eigentlich der Unterschied desselben von dem Allgemeinen ein, aber dies Allgemeine ist schon selbst ein Bestimmtes und damit nur ein Glied einer Einteilung. Es gibt daher ein höheres Allgemeines für dasselbe; für dies aber von neuem ein höheres, und so zunächst fort ins Unendliche. Für das hier betrachtete Erkennen ist keine immanente Grenze, da es vom Gegebenen ausgeht und die Form der abstrakten Allgemeinheit seinem Ersten eigentümlich ist. Irgendein Gegenstand also, welcher eine elementarische Allgemeinheit zu haben scheint, wird zum Gegenstande einer bestimmten Wissenschaft gemacht und ist ein absoluter Anfang insofern, als die Bekanntschaft der Vorstellung mit ihm vorausgesetzt wird und er für sich als keiner Ableitung bedürftig genommen wird. Die Definition nimmt ihn als einen unmittelbaren.

Der weitere Fortgang von ihm ist zunächst die Einteilung. Für diesen Fortgang würde nur ein immanentes Prinzip, d. h. ein Anfang aus dem Allgemeinen und dem Begriffe erfordert; das hier betrachtete Erkennen ermangelt aber eines solchen, weil es nur der Formbestimmung des Begriffes ohne ihre Reflexion-in-sich nachgeht, daher die Inhaltsbestimmtheit aus dem Gegebenen nimmt. Für das Besondere, das in der Einteilung eintritt, ist kein eigener Grund vorhanden, weder in Ansehung dessen, was den Einteilungsgrund ausmachen [soll], noch in Ansehung des bestimmten Verhältnisses, das die Glieder der Disjunktion zueinander haben sollen. Das Geschäft des Erkennens kann daher in dieser Rücksicht nur darin bestehen, teils das im empirischen Stoffe aufgefundene Besondere zu ordnen, teils auch allgemeine Bestimmungen desselben durch die Vergleichung zu finden. Die letztern gelten alsdann als Einteilungsgründe, deren vielfältige sein können, so wie auch der Einteilungen ebenso mannigfaltige danach Statt haben. Das Verhältnis der Glieder einer Einteilung zueinander, der Arten, hat nur diese allgemeine Bestimmung, daß sie nach dem angenommenen Einteilungsgrund bestimmt gegeneinander seien; beruhte ihre Verschiedenheit auf einer andern

Rücksicht, so würden sie nicht auf gleicher Linie einander koordiniert sein.

Wegen des ermangelnden Prinzips des für sich selbst Bestimmtseins können die Gesetze für dieses Einteilungsgeschäft nur in formellen, leeren Regeln bestehen, die zu nichts führen. — So sehen wir als Regel aufgestellt, daß die Einteilung den Begriff erschöpfen solle; aber in der Tat muß jedes einzelne Einteilungsglied den Begriff erschöpfen. Es ist aber eigentlich die Bestimmtheit desselben gemeint, welche erschöpft werden soll; allein bei der empirischen, in sich bestimmungslosen Mannigfaltigkeit der Arten trägt es zur Erschöpfung des Begriffs nichts bei, ob deren mehr oder weniger vorgefunden werden; ob z. B. zu den 67 Arten von Papageien noch ein Dutzend weiter aufgefunden werden, ist für die Erschöpfung der Gattung gleichgültig. Die Forderung der Erschöpfung kann nur den tautologischen Satz bedeuten, daß alle Arten vollständig aufgeführt werden sollen. — Bei der Erweiterung der empirischen Kenntnisse kann es sich nun sehr wohl zutragen, daß sich Arten finden, welche nicht unter die angenommene Bestimmung der Gattung passen, weil diese häufig mehr nach einer dunkeln Vorstellung des ganzen Habitus angenommen wird als nach dem mehr oder weniger einzelnen Merkmal, welches ausdrücklich für ihre Bestimmung dienen soll. — In solchem Falle müßte die Gattung geändert, und es müßte gerechtfertigt werden, daß eine andere Anzahl von Arten als Arten einer neuen Gattung anzusehen seien, d. h. die Gattung bestimmte sich aus dem, was man aus irgendeiner Rücksicht, die man als Einheit annehmen will, zusammenstellt; diese Rücksicht selbst würde dabei der Einteilungsgrund. Umgekehrt, wenn an der zuerst angenommenen Bestimmtheit als dem Eigentümlichen der Gattung festgehalten wird, schlösse sich jener Stoff, den man als Arten mit frühern in eins zusammenstellen wollte, aus. Dieses Treiben ohne Begriff, welches das eine Mal eine Bestimmtheit als wesentliches Moment der Gattung annimmt und die Besondern danach ihr unterstellt oder davon ausschließt, das andre Mal bei dem Besondern anfängt und in dessen Zusammenstellung sich wieder von einer andern Bestimmtheit leiten läßt, gibt die Erscheinung eines Spiels der Willkür, der es anheimgestellt sei, welchen Teil oder welche Seite des Konkreten sie festhalten und hiernach

ordnen will. — Die physische Natur bietet von selbst eine
solche Zufälligkeit in den Prinzipien der Einteilung dar; vermöge ihrer abhängigen, äußerlichen Wirklichkeit steht sie in
dem mannigfaltigen, für sie gleichfalls gegebenen Zusammenhange; daher sich eine Menge Prinzipien vorfinden, nach denen
sie sich zu bequemen hat, in einer Reihe ihrer Formen also dem
einen, in andern Reihen aber andern nachfolgt und ebensowohl
auch vermischte Zwitterwesen, die nach den verschiedenen Seiten zugleich hingehen, hervorbringt. Hiedurch geschieht es,
daß an einer Reihe von Naturdingen Merkmale als sehr be-
zeichnend und wesentlich hervortreten, die an andern unscheinbar und zwecklos werden, und damit das Festhalten an
einem Einteilungsprinzip dieser Art unmöglich wird.

Die allgemeine Bestimmtheit der empirischen Arten
kann nur diese sein, daß sie voneinander verschieden überhaupt sind, ohne entgegengesetzt zu sein. Die Disjunktion
des Begriffs ist früher in ihrer Bestimmtheit aufgezeigt worden; wenn die Besonderheit ohne die negative Einheit des Begriffs als eine unmittelbare und gegebene aufgenommen wird,
so bleibt der Unterschied nur bei der früher betrachteten Re-
flexionsform der Verschiedenheit überhaupt. Die Äußerlichkeit, in welcher der Begriff in der Natur vornehmlich ist,
bringt die gänzliche Gleichgültigkeit des Unterschiedes herein;
eine häufige Bestimmung für die Einteilung wird daher von
der Zahl hergenommen.

So zufällig das Besondere hier gegen das Allgemeine und
daher die Einteilung überhaupt ist, so kann es einem In-
stinkte der Vernunft zugeschrieben werden, wenn man Einteilungsgründe und Einteilungen in diesem Erkennen findet,
welche, soweit sinnliche Eigenschaften es zulassen, sich dem
Begriffe gemäßer zeigen. Z. B. bei den Tieren werden die
Freßwerkzeuge, Zähne und Klauen als ein weitdurchgreifender
Einteilungsgrund in den Systemen gebraucht; sie werden zunächst nur als Seiten genommen, an denen sich die Merkmale
für den subjektiven Behuf des Erkennens leichter auszeichnen
lassen. In der Tat liegt aber in jenen Organen nicht nur ein
Unterscheiden, das einer äußern Reflexion zukommt, sondern
sie sind der Lebenspunkt der animalischen Individualität, wo
sie sich selbst von dem Andern der ihr äußerlichen Natur als
sich auf sich beziehende und von der Kontinuität mit anderem

ausscheidende Einzelheit setzt. — Bei der Pflanze machen die Befruchtungsteile denjenigen höchsten Punkt des vegetabilischen Lebens aus, wodurch sie auf den Übergang in die Geschlechtsdifferenz und damit in die individuelle Einzelheit hindeutet. Das System hat sich daher mit Recht für einen zwar nicht aus-, doch weitreichenden Einteilungsgrund an diesen Punkt gewendet und dadurch eine Bestimmtheit zugrunde gelegt, welche nicht bloß eine Bestimmtheit für die äußerliche Reflexion zur Vergleichung, sondern die höchste an und für sich ist, deren die Pflanze fähig ist.

3. Der Lehrsatz.

1. Die dritte Stufe dieses nach den Begriffsbestimmungen fortschreitenden Erkennens ist der Übergang der Besonderheit in die Einzelheit; diese macht den Inhalt des Lehrsatzes aus. Was hier also zu betrachten ist, ist die sich auf sich beziehende Bestimmtheit, der Unterschied des Gegenstands in sich selbst und die Beziehung der unterschiedenen Bestimmtheiten aufeinander. Die Definition enthält nur Eine Bestimmtheit, die Einteilung die Bestimmtheit gegen andere; in der Vereinzelung ist der Gegenstand in sich selbst auseinander gegangen. Insofern die Definition beim allgemeinen Begriffe stehen bleibt, so ist dagegen in den Lehrsätzen der Gegenstand in seiner Realität, in den Bedingungen und Formen seines reellen Daseins erkannt. Mit der Definition zusammen stellt er daher die Idee dar, welche die Einheit des Begriffs und der Realität ist. Aber das hier betrachtete, noch im Suchen begriffene Erkennen kommt zu dieser Darstellung insofern nicht, als die Realität bei demselben nicht aus dem Begriffe hervorgeht, also ihre Abhängigkeit hievon und damit die Einheit selbst nicht erkannt wird.

Der Lehrsatz nun nach der angegebenen Bestimmung ist das eigentlich Synthetische eines Gegenstandes, insofern die Verhältnisse seiner Bestimmtheiten notwendig, d. i. in der innern Identität des Begriffes gegründet sind. Das Synthetische in der Definition und Einteilung ist eine äußerlich aufgenommene Verknüpfung; das Vorgefundene wird in die Form des Begriffes gebracht, aber als vorgefunden wird der ganze Inhalt nur monstriert; der Lehrsatz aber soll demonstriert werden. Da dieses Erkennen den Inhalt seiner Definitionen und der Einteilungsbestimmungen nicht deduziert, so scheint es, könnte es sich auch das Beweisen derjenigen Verhältnisse ersparen, welche die Lehrsätze ausdrücken, und sich in dieser Rücksicht gleichfalls mit der Wahrnehmung begnügen. Allein wodurch sich das Erkennen von der bloßen Wahrnehmung und der Vorstellung unterscheidet, ist die Form des Begriffs überhaupt, die es dem Inhalte erteilt; dies wird in der Definition und Einteilung geleistet; aber da der Inhalt des Lehrsatzes von dem Begriffsmomente der Einzelheit herkommt, so besteht er in Realitätsbestimmungen, welche nicht mehr bloß die einfachen und unmittelbaren Begriffsbestimmungen zu ihrem Verhältnisse haben; in der Einzelheit ist der Begriff zum Anderssein, zur Realität, wodurch er Idee wird, übergegangen. Die Synthesis, die im Lehrsatze enthalten ist, hat somit nicht mehr die Form des Begriffs zu ihrer Rechtfertigung; sie ist eine Verknüpfung als von Verschiedenen; die noch nicht damit gesetzte Einheit ist daher erst aufzuzeigen, — das Beweisen wird also hier diesem Erkennen selbst notwendig.

Zunächst bietet sich hiebei nun die Schwierigkeit dar, bestimmt zu unterscheiden, welche von den Bestimmungen des Gegenstandes in die Definitionen aufgenommen werden können, oder aber in die Lehrsätze zu verweisen sind. Es kann hierüber kein Prinzip vorhanden sein; ein solches scheint etwa darin zu liegen, daß das, was einem Gegenstande unmittelbar zukomme, der Definition angehöre, von dem Übrigen aber als einem Vermittelten die Vermittlung erst aufzuzeigen sei. Allein der Inhalt der Definition ist ein bestimmter überhaupt und dadurch selbst wesentlich ein vermittelter; er hat nur eine subjektive Unmittelbarkeit, d. h. das Subjekt macht einen willkürlichen Anfang und läßt einen Gegenstand als Voraussetzung gelten. Indem dies nun ein in sich konkreter Gegenstand überhaupt ist und auch eingeteilt werden muß, so ergibt sich eine Menge von Bestimmungen, welche ihrer Natur nach vermittelte sind und nicht durch ein Prinzip, sondern nur nach subjektiver Bestimmung als unmittelbare und unerwiesene angenommen werden. — Auch bei Euklid, welcher von jeher als der Meister in dieser synthetischen Art des Erkennens mit Recht anerkannt worden, findet sich unter dem

Namen eines Axioms eine Voraussetzung über die Parallel-Linien, welche man für des Beweises bedürftig gehalten und den Mangel auf verschiedene Weise zu ergänzen versucht hat. In manchen andern Lehrsätzen hat man Voraussetzungen zu entdecken geglaubt, welche nicht unmittelbar hätten angenommen werden sollen, sondern zu beweisen gewesen wären. Was jenes Axiom über die Parallel-Linien betrifft, so läßt sich darüber bemerken, daß wohl darin gerade der richtige Sinn Euklids zu erkennen ist, der das Element sowie die Natur seiner Wissenschaft genau gewürdigt hatte; der Beweis jenes Axioms wäre aus dem Begriffe der Parallel-Linien zu führen gewesen; aber solches Beweisen gehört so wenig in seine Wissenschaft als die Deduktion seiner Definitionen, Axiome und überhaupt seines Gegenstandes, des Raums selbst und der nächsten Bestimmungen desselben, der Dimensionen; — weil eine solche Deduktion nur aus dem Begriffe geführt werden kann, dieser aber außerhalb des Eigentümlichen der Euklidischen Wissenschaft liegt, so sind es für dieselbe notwendig Voraussetzungen, relative Erste.

Die Axiome, um derselben bei dieser Gelegenheit zu erwähnen, gehören zu derselben Klasse. Sie pflegen mit Unrecht gewöhnlich als absolut Erste genommen zu werden, als ob sie an und für sich keines Beweises bedürften. Wäre dies in der Tat der Fall, so würden sie bloße Tautologien sein, da nur in der abstrakten Identität keine Verschiedenheit stattfindet, also auch keine Vermittlung erforderlich ist. Sind die Axiome aber mehr als Tautologien, so sind sie Sätze aus irgendeiner andern Wissenschaft, weil sie für diejenige Wissenschaft, der sie als Axiome dienen, Voraussetzungen sein sollen. Sie sind daher eigentlich Lehrsätze, und zwar meist aus der Logik. Die Axiome der Geometrie sind dergleichen Lemmen, logische Sätze, die sich übrigens den Tautologien darum nähern, weil sie nur die Größe betreffen und daher die qualitativen Unterschiede in ihnen ausgelöscht sind; von dem Haupt-Axiome, dem rein quantitativen Schlusse ist oben die Rede gewesen. — Die Axiome bedürfen daher so gut als die Definitionen und Einteilungen an und für sich betrachtet eines Beweises und werden nur darum nicht zu Lehrsätzen gemacht, weil sie als relativ erste für einen gewissen Standpunkt als Voraussetzungen angenommen werden.

In Ansehung des Inhaltes der Lehrsätze ist nun der nähere Unterschied zu machen, daß, da derselbe in einer Beziehung von Bestimmtheiten der Realität des Begriffes besteht, diese Beziehungen mehr oder weniger unvollständige und einzelne Verhältnisse des Gegenstandes oder aber ein solches Verhältnis sein können, das den ganzen Inhalt der Realität befaßt und dessen bestimmte Beziehung ausdrückt. Die Einheit der vollständigen Inhaltsbestimmtheiten ist aber dem Begriffe gleich; ein Satz, der sie enthält, ist daher selbst wieder die Definition, aber die nicht nur den unmittelbar aufgenommenen, sondern den in seine bestimmten, realen Unterschiede entwickelten Begriff oder das vollständige Dasein desselben ausdrückt. Beides zusammen stellt daher die Idee dar.

Wenn man die Lehrsätze einer synthetischen Wissenschaft, und namentlich der Geometrie näher vergleicht, so wird sich dieser Unterschied zeigen, daß einige ihrer Lehrsätze nur einzelne Verhältnisse des Gegenstandes enthalten, andere aber solche Verhältnisse, in welchen die vollständige Bestimmtheit des Gegenstandes ausgedrückt ist. Es ist eine sehr oberflächliche Ansicht, wenn die sämtlichen Sätze an Wert einander gleichgeachtet werden, weil überhaupt jeder eine Wahrheit enthalte und im formellen Gange, im Zusammenhange des Beweisens, gleich wesentlich sei. Der Unterschied in Ansehung des Inhalts der Lehrsätze hängt mit diesem Gange selbst aufs engste zusammen; einige weitere Bemerkungen über den letztern werden dazu dienen, jenen Unterschied wie die Natur des synthetischen Erkennens näher aufzuhellen. Zunächst ist von jeher an der Euklidischen Geometrie, welche als Repräsentant der synthetischen Methode, wovon sie das vollkommenste Muster liefert, als Beispiel dienen soll, die Anordnung in der Folge der Lehrsätze angerühmt worden, wodurch für jeden Lehrsatz diejenigen Sätze, die zu seiner Konstruktion und Beweis erforderlich sind, sich immer schon als früher bewiesen vorfinden. Dieser Umstand betrifft die formelle Konsequenz; so wichtig diese ist, so betrifft er doch mehr die äußerliche Anordnung der Zweckmäßigkeit und hat für sich keine Beziehung auf den wesentlichen Unterschied von Begriff und Idee, in dem ein höheres Prinzip der Notwendigkeit des Fortgangs liegt. — Die Definitionen, mit welchen angefangen wird, fassen nämlich

den sinnlichen Gegenstand als unmittelbar gegeben auf und
bestimmen ihn nach seiner nächsten Gattung und spezifischen
Differenz, welches gleichfalls die einfachen, unmittelbaren
Bestimmtheiten des Begriffs, die Allgemeinheit und Besonderheit sind, deren Verhältnis weiter nicht entwickelt ist. Die
anfänglichen Lehrsätze nun können selbst sich an nichts als
solche unmittelbare Bestimmungen halten, wie die in den Definitionen enthaltenen sind; ingleichen kann ihre gegenseitige
Abhängigkeit zunächst nur dies Allgemeine betreffen, daß
die eine durch die andere bestimmt überhaupt ist. So betreffen die ersten Sätze Euklids über die Dreiecke nur die
Kongruenz, d. h. wie viele Stücke in einem Dreiecke bestimmt sein müssen, damit auch die übrigen Stücke eines
und desselben Dreiecks oder das Ganze bestimmt überhaupt
sei. Daß zwei Dreiecke miteinander verglichen und die Kongruenz auf das Decken gesetzt wird, ist ein Umweg, dessen
die Methode bedarf, die das sinnliche Decken statt des Gedankens: Bestimmtsein, gebrauchen muß. Sonst für sich
betrachtet, enthalten jene Lehrsätze selbst zwei Teile, deren
der eine als der Begriff, der andere als die Realität, als
das jenen zur Realität Vollendende angesehen werden kann.
Das vollständig Bestimmende nämlich, z. B. die zwei Seiten
und der eingeschlossene Winkel, ist bereits das ganze Dreieck
für den Verstand: es bedarf zur vollständigen Bestimmtheit
desselben nichts weiter; die übrigen zwei Winkel und die dritte
Seite ist der Überfluß der Realität über die Bestimmtheit des
Begriffs. Was jene Lehrsätze daher tun, ist eigentlich dies,
daß sie das sinnliche Dreieck, das allerdings dreier Seiten und
dreier Winkel bedarf, auf die einfachsten Bedingungen reduzieren; die Definition hatte nur der drei Linien überhaupt erwähnt, welche die ebene Figur einschließen und zu einem
Dreieck machen; ein Lehrsatz enthält erst ausdrücklich das
Bestimmtsein der Winkel durch das Bestimmtsein der Seiten, sowie die übrigen Lehrsätze die Abhängigkeit anderer
dreier Stücke von dreien solchen Stücken. — Die völlige Bestimmtheit aber der Größe des Dreiecks nach seinen Seiten
in sich selbst enthält der Pythagoreische Lehrsatz;
dieser ist erst die Gleichung der Seiten des Dreiecks, da die
vorhergehenden Seiten es nur im allgemeinen zu einer Bestimmtheit seiner Stücke gegeneinander, nicht zu einer

Gleichung bringen. Dieser Satz ist daher die vollkommene, reelle Definition des Dreiecks, nämlich zunächst des rechtwinklichten, des in seinen Unterschieden einfachsten und daher regelmäßigsten. — Euklid schließt mit diesem Satze das erste Buch, indem er in der Tat eine erreichte vollkommene Bestimmtheit ist. So beschließt er auch das zweite, nachdem er vorher die mit größerer Ungleichheit behafteten, nicht rechtwinklichten Dreiecke auf das Gleichförmige zurückgeführt hat, mit der Reduktion des Rektangels auf das Quadrat, — einer Gleichung zwischen dem sich selbst Gleichen, dem Quadrat, mit dem in sich Ungleichen, dem Rechteck; so macht die Hypotenuse, die dem rechten Winkel, dem sich selbst Gleichen entspricht, im Pythagoreischen Lehrsatze die eine Seite der Gleichung aus und die andere das sich Ungleiche, nämlich die zwei Katheten. Jene Gleichung zwischen dem Quadrat und dem Rechteck liegt der zweiten Definition des Kreises zugrunde, — die wieder der Pythagoreische Lehrsatz ist, nur insofern die Katheten als veränderliche Größen angenommen werden; die erste Gleichung des Kreises ist in eben dem Verhältnisse der sinnlichen Bestimmtheit zur Gleichung, als die zwei verschiedenen Definitionen der Kegelschnitte überhaupt zueinander sind.

Dieser wahrhafte synthetische Fortgang ist ein Übergang vom Allgemeinen zur Einzelheit, nämlich zum an und für sich Bestimmten oder der Einheit des Gegenstands in sich selbst, insofern dieser in seine wesentlichen reellen Bestimmtheiten auseinander gegangen und unterschieden worden ist. Der ganz unvollkommene, gewöhnliche Fortgang aber in andern Wissenschaften pflegt zu sein, daß der Anfang zwar von einem Allgemeinen gemacht wird, die Vereinzelung und Konkretion desselben aber nur eine Anwendung des Allgemeinen auf anderswoher hereinkommenden Stoff ist; das eigentliche Einzelne der Idee ist auf diese Weise eine empirische Zutat.

Von welchem unvollkommnern oder vollkommnern Inhalte nun auch der Lehrsatz sei, so muß er bewiesen werden. Er ist ein Verhältnis von reellen Bestimmungen, die nicht das Verhältnis von Begriffsbestimmungen haben; wenn sie dieses haben, wie es in den Sätzen, welche wir die zweiten oder reellen Definitionen genannt haben, aufgezeigt werden kann,

so sind diese eben darum einerseits Definitionen, aber weil
ihr Inhalt zugleich aus Verhältnissen reeller Bestimmungen,
nicht bloß in dem Verhältnisse eines Allgemeinen und der
einfachen Bestimmtheit besteht, sind sie im Vergleich mit solcher ersten Definition auch des Beweises bedürftig und fähig.
Als reelle Bestimmtheiten haben sie die Form gleichgültig
Bestehender und Verschiedener; sie sind daher nicht
unmittelbar eins; es ist deswegen ihre Vermittlung aufzuzeigen.
Die unmittelbare Einheit in der ersten Definition ist die, nach
welcher das Besondere im Allgemeinen ist.

2. Die Vermittlung, die jetzt näher zu betrachten ist,
kann nun einfach sein oder durch mehrere Vermittlungen hindurch gehen. Die vermittelnden Glieder hängen mit den zu
vermittelnden zusammen; aber indem es nicht der Begriff ist,
aus welchem die Vermittlung und der Lehrsatz in diesem Erkennen zurückgeführt wird, dem überhaupt der Übergang ins
Entgegengesetzte fremd ist, so müssen die vermittelnden Bestimmungen ohne den Begriff des Zusammenhangs als ein vor-
läufiges Material zum Gerüste des Beweises irgendwoher her-
beigebracht werden. Diese Vorbereitung ist die Konstruktion.

Unter den Beziehungen des Inhalts des Lehrsatzes, die
sehr mannigfaltig sein können, müssen nun nur diejenigen angeführt und vorstellig gemacht werden, welche dem Beweise
dienen. Diese Herbeischaffung des Materials hat erst ihren
Sinn in diesem; an ihr selbst erscheint sie als blind und ohne
Begriff. Hintennach beim Beweise sieht man wohl ein, daß
es zweckmäßig war, an der geometrischen Figur z. B. solche
weitern Linien zu ziehen, als die Konstruktion angibt; aber bei
dieser selbst muß man blindlings gehorchen; für sich ist diese
Operation daher ohne Verstand, da der Zweck, der sie leitet,
noch nicht ausgesprochen ist. — Es ist gleichgültig, ob es
ein eigentlicher Lehrsatz oder eine Aufgabe ist, zu deren Behuf sie vorgenommen wird; so wie sie zunächst vor dem Beweis erscheint, ist sie etwas aus der im Lehrsatze oder der
Aufgabe gegebenen Bestimmung nicht Abgeleitetes, daher ein
sinnloses Tun für denjenigen, der den Zweck noch nicht kennt,
immer aber ein nur von einem äußerlichen Zweck dirigiertes.

Dieses zuerst noch Geheime kommt im Beweise zum
Vorschein. Er enthält, wie angegeben, die Vermittlung dessen,

was im Lehrsatze als verbunden ausgesprochen ist; durch diese Vermittlung erscheint diese Verknüpfung erst als eine notwendige. Wie die Konstruktion für sich ohne die Subjektivität des Begriffes ist, so ist der Beweis ein subjektives Tun ohne Objektivität. Weil nämlich die Inhaltsbestimmungen des Lehrsatzes nicht zugleich als Begriffsbestimmungen gesetzt sind, sondern als gegebene gleichgültige Teile, die in mannigfaltigen äußerlichen Verhältnissen zueinander stehen, so ist es nur der formelle, äußerliche Begriff, in welchem sich die Notwendigkeit ergibt. Der Beweis ist nicht eine Genesis des Verhältnisses, welches den Inhalt des Lehrsatzes ausmacht; die Notwendigkeit ist nur für die Einsicht, und der ganze Beweis zum subjektiven Behufe des Erkennens. Es ist deswegen überhaupt eine äußerliche Reflexion, die von außen nach innen geht, d. h. aus äußerlichen Umständen auf die innre Beschaffenheit des Verhältnisses schließt. Die Umstände, welche die Konstruktion dargestellt hat, sind eine Folge der Natur des Gegenstandes, hier werden sie umgekehrt zum Grunde und zu den vermittelnden Verhältnissen gemacht. Der Medius Terminus, das Dritte, worin die im Lehrsatze Verbundenen sich in ihrer Einheit darstellen und welches den Nerv des Beweises abgibt, ist deswegen nur ein solches, woran diese Verknüpfung erscheint und äußerlich ist. Weil die Folge, der dieses Beweisen nachgeht, vielmehr die umgekehrte der Natur der Sache ist, so ist das, was als Grund darin angesehen wird, ein subjektiver Grund, woraus nur für das Erkennen die Natur der Sache hervorgeht.

Aus dem Bisherigen erhellt die notwendige Grenze dieses Erkennens, welche sehr häufig verkannt worden ist. Das glänzende Beispiel der synthetischen Methode ist die geometrische Wissenschaft, — aber unpassenderweise ist sie auch auf andere Wissenschaften, selbst auf die Philosophie angewendet worden. Die Geometrie ist eine Wissenschaft der Größe, daher ist das formelle Schließen ihr aufs Passendste angehörig; da die bloß quantitative Bestimmung in ihr betrachtet und von der qualitativen abstrahiert wird, so kann sie sich innerhalb der formellen Identität, der begrifflosen Einheit halten, welche die Gleichheit ist und der äußerlichen abstrahierenden Reflexion angehört. Der Gegenstand, die Raumbestimmungen, sind schon solche abstrakten

Gegenstände, die für den Zweck zubereitet worden, eine vollkommene endliche, äußerliche Bestimmtheit zu haben. Diese Wissenschaft hat durch ihren abstrakten Gegenstand einerseits das Erhabene, daß in diesen leeren stillen Räumen die Farbe ausgelöscht, ebenso die andern sinnlichen Eigenschaften verschwunden sind, daß ferner jedes andere Interesse darin schweigt, das an die lebendige Individualität näher anspricht. Anderseits ist der abstrakte Gegenstand noch der Raum, ein unsinnlich Sinnliches; — die Anschauung ist in ihre Abstraktion erhoben; — er ist eine Form der Anschauung, aber ist noch Anschauung, — ein Sinnliches, das Außereinander der Sinnlichkeit selbst, ihre reine Begrifflosigkeit. — Man hat in neuern Zeiten genug von der Vortrefflichkeit der Geometrie aus dieser Seite sprechen gehört; — man hat dies, daß sie sinnliche Anschauung zum Grunde liegen habe, für ihren höchsten Vorzug erklärt und gemeint, ihre hohe Wissenschaftlichkeit gründe sich sogar hierauf, und ihre Beweise beruhen auf der Anschauung. Es ist gegen diese Flachheit die flache Erinnerung zu machen nötig, daß durch das Anschauen keine Wissenschaft zustande komme, sondern allein durchs Denken. Die Anschaulichkeit, welche die Geometrie durch ihren noch sinnlichen Stoff hat, gibt ihr allein diejenige Seite der Evidenz, welche das Sinnliche überhaupt für den gedankenlosen Geist hat. Kläglicherweise daher hat man diese Sinnlichkeit des Stoffs ihr für einen Vorzug angerechnet, welche vielmehr die Niedrigkeit ihres Standpunkts bezeichnet. Nur der Abstraktion ihres sinnlichen Gegenstands verdankt sie ihre Fähigkeit zu einer höhern Wissenschaftlichkeit und den großen Vorzug vor denjenigen Sammlungen von Kenntnissen, die man gleichfalls Wissenschaften zu nennen beliebt und die konkretes, empfindbares Sinnliches zu ihrem Inhalte haben und nur durch die Ordnung, die sie hineinzubringen suchen, eine ferne Ahnung und Anspielung an die Forderungen des Begriffes zeigen.

Dadurch, daß der Raum der Geometrie die Abstraktion und Leere des Außereinanderseins ist, ist es nur möglich, daß in seine Unbestimmtheit die Figurationen so hineingezeichnet werden, daß ihre Bestimmungen in fester Ruhe außereinander verbleiben und keinen Übergang in das Entgegengesetzte in sich haben. Ihre Wissenschaft ist dadurch einfache Wissenschaft des Endlichen, das nach der Größe verglichen wird und dessen Einheit die äußerliche, die Gleichheit, ist. Aber indem nun bei diesem Figurieren zugleich von verschiedenen Seiten und Prinzipien ausgegangen wird und die verschiedenen Figuren für sich entstehen, so zeigt sich bei ihrer Vergleichung doch auch die qualitative Ungleichheit und Inkommensurabilität. Die Geometrie wird an derselben über die Endlichkeit, in der sie so geregelt und sicher fortschritt, zur Unendlichkeit getrieben, — zum Gleichsetzen solcher, die qualitativ verschieden sind. Hier hört ihre Evidenz von der Seite auf, als ihr sonst die feste Endlichkeit zugrunde liegt und sie nichts mit dem Begriffe und dessen Erscheinung, jenem Übergange zu tun hat. Die endliche Wissenschaft ist hier an ihre Grenze gekommen, da die Notwendigkeit und Vermittlung des Synthetischen nicht mehr nur in der positiven Identität, sondern in der negativen gegründet ist.

Wenn die Geometrie wie die Algebra bei ihren abstrakten, bloß verständigen Gegenständen bald auf ihre Grenze stößt, so zeigt sich die synthetische Methode für andere Wissenschaften von Anfang an um so ungenügender, am ungenügendsten aber bei der Philosophie. In Ansehung der Definition und Einteilung hat sich das Gehörige schon ergeben; hier wäre nur noch vom Lehrsatze und Beweise zu sprechen; aber außer der Voraussetzung der Definition und Einteilung, die den Beweis schon fordert und voraussetzt, besteht ferner in der Stellung derselben überhaupt zu den Lehrsätzen das Ungenügende. Diese Stellung ist vornehmlich merkwürdig bei den Erfahrungswissenschaften, wie z. B. die Physik, wenn sie sich die Form von synthetischen Wissenschaften geben wollen. Der Weg ist dann dieser, daß die Reflexionsbestimmungen von besondern Kräften oder sonst innerlichen und wesenhaften Formen, welche aus der Weise, die Erfahrung zu analysieren, hervorgehen und die sich nur als Resultate rechtfertigen können, an die Spitze gestellt werden müssen, um an denselben die allgemeine Grundlage zu haben, welche nachher auf das Einzelne angewendet und in ihm aufgezeigt wird. Indem diese allgemeinen Grundlagen für sich keinen Halt haben, so soll man sie sich einstweilen gefallen lassen; an den abgeleiteten Folgerungen aber merkt man erst, daß diese den eigentlichen Grund jener Grundlagen ausmachen. Es zeigt sich die sogenannte Erklärung und der Beweis des in Lehrsätze gebrachten Konkreten teils als eine Tautologie, teils als eine Verwirrung des wahren Verhältnisses, teils auch, daß diese Verwirrung dazu diente, die Täuschung des Erkennens zu verstecken, das Erfahrungen einseitig aufgenommen hat, wodurch es allein seine einfachen Definitionen und Grundsätze erlangen konnte, und die Widerlegung aus der Erfahrung damit beseitigt, daß es diese nicht in ihrer konkreten Totalität, sondern als Beispiel, und zwar nach der für die Hypothesen und Theorie brauchbaren Seite vornimmt und gelten läßt. In dieser Unterordnung der konkreten Erfahrung unter die vorausgesetzten Bestimmungen wird die Grundlage der Theorie verdunkelt und nur nach der Seite gezeigt, welche der Theorie gemäß ist, so wie es überhaupt dadurch sehr erschwert wird, die konkreten Wahrnehmungen unbefangen für sich zu betrachten. Nur indem man den ganzen Verlauf auf den Kopf stellt, erhält das Ganze das rechte Verhältnis, worin sich der Zusammenhang von Grund und Folge und die Richtigkeit der Umbildung der Wahrnehmung in Gedanken übersehen läßt. Eine der Hauptschwierigkeiten beim Studium solcher Wissenschaften ist daher, in sie hineinzukommen; was nur dadurch geschehen kann, daß man sich Voraussetzungen blindlings gefallen läßt und, ohne weiter einen Begriff, selbst oft kaum eine bestimmte Vorstellung, höchstens ein verworrenes Bild der Phantasie davon sich machen zu können, die Bestimmungen von den angenommenen Kräften, Materien und deren hypothetischen Gestaltungen, Richtungen und Drehungen vor der Hand ins Gedächtnis einprägt. Wenn man die Notwendigkeit und den Begriff der Voraussetzungen, um sie anzunehmen und gelten zu lassen, fordert, so ist nicht über den Anfang hinauszukommen.

Über das Unpassende der Anwendung der synthetischen Methode auf die streng analytische Wissenschaft ist oben die Gelegenheit gewesen, zu sprechen. Durch Wolf ist diese Anwendung auf alle mögliche Arten von Kenntnissen ausgedehnt worden, die er zur Philosophie und Mathematik zog, — Kenntnisse, die zum Teil ganz analytischer Natur, zum Teil auch einer zufälligen und bloß handwerkmäßigen Art sind. Der Kontrast eines solchen leicht faßlichen, seiner Natur nach keiner strengen und wissenschaftlichen Behandlung fähigen

Stoffes mit dem steifen wissenschaftlichen Umwege und Über-
zuge hat für sich selbst das Ungeschickte solcher Anwendung
gezeigt und um den Kredit gebracht*). Den Glauben an die
Tauglichkeit und Wesentlichkeit dieser Methode für eine wis-
senschaftliche Strenge in der Philosophie konnte jedoch
jener Mißbrauch nicht benehmen; Spinozas Beispiel in Darstellung seiner Philosophie hat noch lange als ein Muster gegolten. In der Tat aber ist durch Kant und Jacobi die ganze
Weise der vormaligen Metaphysik und damit ihre Methode über
den Haufen geworfen worden. Kant hat von dem Inhalte jener
Metaphysik nach seiner Weise gezeigt, daß derselbe durch die
strenge Demonstration auf Antinomien, deren übrige Beschaffenheit an den gehörigen Orten beleuchtet worden ist,
führe; aber auf die Natur dieses Demonstrierens selbst, das
an einen endlichen Inhalt geknüpft ist, hat er nicht reflektiert;
das eine aber muß mit dem andern fallen. In seinen An-
fangsgründen der Naturwissenschaft hat er selbst ein
Beispiel gegeben, eine Wissenschaft, welche er auf diese Weise
der Philosophie zu vindizieren gedachte, als eine Reflexions-
Wissenschaft und in der Methode derselben zu behandeln. —

---

*) Z. B. Wolfs Anfangsgründe der Baukunst; heißt der
achte Lehrsatz: Ein Fenster muß so breit sein, daß zwei Personen
gemächlich nebeneinander in demselben liegen können.
Beweis: Denn man pflegt sich öfters mit einer anderen Person
an das Fenster zu legen und sich umzusehen. Da nun der Baumeister
den Haupt-Absichten des Bau-Herrens in allem ein Genüge tun soll
(§ 1), so muß er auch das Fenster so breit machen, daß zwei Personen
gemächlich nebeneinander in demselben liegen können. Wie z. E.
Desselben Anfangsgründe der Fortifikation, der
zweite Lehrsatz: Wenn der Feind in der Nähe kampieret und man
vermutet, er werde durch einen Sukkurs die Festung zu entsetzen
suchen: so muß eine Zirkumvallations-Linie um die ganze Festung
herumgezogen werden.
Beweis: Die Zirkumvallations-Linien hindern, daß niemand in
das Lager von außen hineindringen kann (§ 311). Diejenigen aber,
welche die Festung entsetzen wollen, verlangen in das Lager von
außen hineinzudringen. Wenn man sie also abhalten will, muß eine
Zirkumvallations-Linie um das Lager gezogen werden. Derowegen
wenn der Feind in der Nähe kampieret und man vermutet, er werde
durch Sukkurs die Festung zu entsetzen suchen, so muß das Lager
in Zirkumvallations-Linien eingeschlossen werden. W. z. E.

Wenn Kant mehr der Materie nach die vormalige Metaphysik
angriff, so hat sie Jacobi vornehmlich von seiten ihrer Weise
zu demonstrieren angegriffen und den Punkt, worauf es ankommt, aufs Lichteste und Tiefste herausgehoben, daß nämlich
solche Methode der Demonstration schlechthin in den Kreis
der starren Notwendigkeit des Endlichen gebunden ist und die
Freiheit, d. i. der Begriff und damit Alles, was wahrhaft ist, jenseits derselben liegt, und von ihr unerreichbar
ist. — Nach dem Kantischen Resultate ist es der eigentümliche Stoff der Metaphysik, der sie in Widersprüche führt, und
das Unzureichende des Erkennens besteht in seiner Subjektivität, nach dem Jacobischen ist es die Methode und ganze
Natur des Erkennens selbst, das nur einen Zusammenhang
der Bedingtheit und Abhängigkeit erfaßt und daher dem,
was an und für sich und das absolut Wahre ist, sich unangemessen zeigt. In der Tat, indem das Prinzip der Philosophie
der unendliche freie Begriff ist und aller ihr Inhalt allein
auf demselben beruht, so ist die Methode der begrifflosen Endlichkeit nicht auf jenen passend. Die Synthese und Vermittlung dieser Methode, das Beweisen, bringt es nicht weiter
als zu einer der Freiheit gegenüberstehenden Notwendigkeit, — nämlich einer Identität des Abhängigen, welche nur
an sich ist, es sei, daß sie als innerliche oder als äußerliche aufgefaßt werde, worin dasjenige, was die Realität
daran ausmacht, das Unterschiedene und in die Existenz Ge-
tretene schlechthin ein selbständig Verschiedenes und
daher Endliches bleibt. Darin kommt also diese Identität
selbst nicht zur Existenz und bleibt das nur Innerliche,
oder sie ist das nur Äußerliche, indem ihr bestimmter Inhalt
ihr gegeben ist; — in beiden Ansichten ist sie ein Abstraktes
und hat die reelle Seite nicht an ihr selbst und ist nicht als
an und für sich bestimmte Identität gesetzt; der Begriff,
um welchen es allein zu tun und der das an und für sich Unendliche ist, ist somit aus diesem Erkennen ausgeschlossen.

In dem synthetischen Erkennen gelangt also die Idee nur
insoweit zu ihrem Zweck, daß der Begriff nach seinen Momenten der Identität und den realen Bestimmungen
oder nach der Allgemeinheit und den besondern Unterschieden, — ferner auch als Identität, welche Zusammenhang und Abhängigkeit des Verschiedenen ist, — für den

Begriff wird. Aber dieser sein Gegenstand ist ihm nicht angemessen; denn der Begriff wird nicht als Einheit seiner mit sich selbst in seinem Gegenstande oder seiner Realität; in der Notwendigkeit ist seine Identität für ihn, in der aber [jene] nicht selbst die Bestimmtheit, sondern als ein ihr äußerlicher, d. i. nicht durch den Begriff bestimmter Stoff ist, in welchem er also nicht sich selbst erkennt. Überhaupt ist also der Begriff nicht für sich, nach seiner Einheit nicht zugleich an und für sich bestimmt. Die Idee erreicht deswegen in diesem Erkennen die Wahrheit noch nicht wegen der Unangemessenheit des Gegenstandes zu dem subjektiven Begriffe. — Aber die Sphäre der Notwendigkeit ist die höchste Spitze des Seins und der Reflexion; sie geht an und für sich selbst in die Freiheit des Begriffes, die innere Identität geht in ihre Manifestation, die der Begriff als Begriff ist, über. Wie dieser Übergang aus der Sphäre der Notwendigkeit in den Begriff an sich geschieht, ist bei Betrachtung der erstern gezeigt worden, so wie er auch als die Genesis des Begriffs zu Anfang dieses Buchs sich dargestellt hat. Hier' hat die Notwendigkeit die Stellung, die Realität oder der Gegenstand des Begriffes zu sein, wie auch der Begriff, in den sie übergeht, nunmehr als Gegenstand desselben ist. Aber der Übergang selbst ist derselbe. Er ist auch hier nur erst an sich und liegt noch außer dem Erkennen in unserer Reflexion, d. h. ist dessen noch innere Notwendigkeit selbst. Nur das Resultat ist für ihn. Die Idee, insofern der Begriff nun für sich der an und für sich bestimmte ist, ist die praktische Idee, das Handeln.

B. Die Idee des Guten.

Indem der Begriff, welcher Gegenstand seiner selbst ist, an und für sich bestimmt ist, ist das Subjekt sich als Einzelnes bestimmt. Er hat als Subjektives wieder die Voraussetzung eines an sich seienden Andersseins; er ist der Trieb, sich zu realisieren, der Zweck, der sich durch sich selbst in der objektiven Welt Objektivität geben und sich ausführen will. In der theoretischen Idee steht der subjektive Begriff als das Allgemeine, an und für sich Bestimmungslose, der objektiven Welt entgegen, aus der er sich den bestimmten Inhalt und die Erfüllung nimmt. In der praktischen Idee aber

steht er als Wirkliches dem Wirklichen gegenüber; die Gewißheit seiner selbst, die das Subjekt in seinem an und für
sich Bestimmtsein hat, ist aber eine Gewißheit seiner Wirklichkeit und der Unwirklichkeit der Welt; nicht nur das Anderssein derselben als abstrakte Allgemeinheit ist ihm das
Nichtige, sondern deren Einzelheit und die Bestimmungen
ihrer Einzelheit. Die Objektivität hat das Subjekt hier sich
selbst vindiziert; seine Bestimmtheit in sich ist das Objektive,
denn es ist die Allgemeinheit, welche ebensowohl schlechthin
bestimmt ist; die vorhin objektive Welt ist dagegen nur noch
ein Gesetztes, ein unmittelbar auf mancherlei Weise Bestimmtes, aber das, weil es nur unmittelbar bestimmt ist, der
Einheit des Begriffes in sich entbehrt und für sich nichtig ist.

Diese in dem Begriffe enthaltene, ihm gleiche, und die
Forderung der einzelnen äußerlichen Wirklichkeit in sich
schließende Bestimmtheit ist das Gute. Es tritt mit der Würde
auf, absolut zu sein, weil es die Totalität des Begriffes in sich,
das Objektive zugleich in der Form der freien Einheit und
Subjektivität ist. Diese Idee ist höher als die Idee des betrachteten Erkennens, denn sie hat nicht nur die Würde des
Allgemeinen, sondern auch des schlechthin Wirklichen. — Sie
ist Trieb, insofern dieses Wirkliche noch subjektiv, sich selbst
setzend ist, nicht die Form zugleich der unmittelbaren Voraussetzung hat; ihr Trieb, sich zu realisieren, ist eigentlich nicht,
sich Objektivität zu geben, — diese hat sie an sich selbst, —
sondern nur diese leere Form der Unmittelbarkeit. — Die Tätigkeit des·Zwecks ist daher nicht gegen sich gerichtet, um
eine gegebene Bestimmung in sich aufzunehmen und sich zu
eigen zu machen, sondern vielmehr die eigene Bestimmung zu
setzen und sich vermittelst des Aufhebens der Bestimmungen
der äußerlichen Welt die Realität in Form äußerlicher Wirklichkeit zu geben. — Die Willensidee hat als das Selbstbestimmende für sich den Inhalt in sich selbst. Dieser ist nun
zwar bestimmter Inhalt und insofern ein Endliches und
Beschränktes; die Selbstbestimmung ist wesentlich Besonderung, da die Reflexion des Willens in sich als negative
Einheit überhaupt auch Einzelheit im Sinne des Ausschließens
und des Voraussetzens eines Andern ist. Die Besonderheit des
Inhalts ist jedoch zunächst unendlich durch die Form des Begriffs, dessen eigene Bestimmtheit er ist und der in ihm die

negative Identität seiner mit sich selbst, hiemit nicht nur ein
Besonderes, sondern seine unendliche Einzelheit hat. Die erwähnte Endlichkeit des Inhalts in der praktischen Idee ist
damit eins und dasselbe, daß sie zunächst noch unausgeführte
Idee ist; der Begriff ist für ihn das Anundfürsichseiende;
er ist hier die Idee in der Form der für sich selbst seienden
Objektivität; einesteils ist das Subjektive darum nicht mehr
nur ein Gesetztes, Willkürliches oder Zufälliges, sondern ein
Absolutes; aber andernteils hat diese Form der Existenz,
das Fürsichsein, noch nicht auch die des Ansichseins.
Was so der Form als solcher nach als Gegensatz erscheint, erscheint an der zur einfachen Identität reflektierten Form
des Begriffes, d. i. am Inhalt, als einfache Bestimmtheit desselben; das Gute, obzwar an und für sich geltend, ist dadurch
irgendein besonderer Zweck, der aber durch die Realisierung
nicht erst seine Wahrheit erhalten soll, sondern schon für sich
das Wahre ist.

Der Schluß der unmittelbaren Realisierung selbst bedarf hier keiner nähern Ausführung; er ist ganz nur der oben
betrachtete Schluß der äußerlichen Zweckmäßigkeit; nur
der Inhalt macht den Unterschied aus. In der äußerlichen als
der formellen Zweckmäßigkeit war er ein unbestimmter endlicher Inhalt überhaupt; hier ist er zwar auch ein endlicher,
aber als solcher zugleich absolut geltender. Aber in Ansehung
des Schlußsatzes, des ausgeführten Zwecks, tritt ein weiterer
Unterschied ein. Der endliche Zweck kommt in seiner Realisierung ebensosehr nur bis zum Mittel; da er nicht in seinem Anfange schon an und für sich bestimmter Zweck ist,
bleibt er auch als ausgeführt ein solches, das nicht an und für
sich ist. Ist das Gute auch wieder als ein Endliches fixiert
und wesentlich ein solches, so kann es auch, seiner innerlichen
Unendlichkeit unerachtet, dem Schicksale der Endlichkeit nicht
entgehen, — ein Schicksal, das in mehrern Formen erscheint.
Das ausgeführte Gute ist gut durch das, was es schon im subjektiven Zweck, in seiner Idee ist; die Ausführung gibt ihm ein
äußerliches Dasein; aber da dies Dasein nur bestimmt ist als
die an und für sich nichtige Äußerlichkeit, so hat das Gute in
ihr nur ein zufälliges, zerstörbares Dasein, nicht eine seiner
Idee entsprechende Ausführung erreicht. — Ferner da es seinem Inhalte nach ein Beschränktes ist, so gibt es auch des

Guten mehrerlei; das existierende Gute ist nicht nur der Zerstörung durch äußerliche Zufälligkeit und durch das Böse
unterworfen, sondern durch die Kollision und den Widerstreit
des Guten selbst. Von seiten der ihm vorausgesetzten objektiven Welt, in deren Voraussetzung die Subjektivität und Endlichkeit des Guten besteht und die als eine andere ihren eigenen Gang geht, ist selbst die Ausführung des Guten Hinder-
nissen, ja sogar der Unmöglichkeit ausgesetzt. Das Gute bleibt
so ein Sollen; es ist an und für sich, aber das Sein als die
letzte, abstrakte Unmittelbarkeit bleibt gegen dasselbe auch
als ein Nichtsein bestimmt. Die Idee des vollendeten Guten
ist zwar ein absolutes Postulat, aber mehr nicht als ein
Postulat, d. i. das Absolute mit der Bestimmtheit der Subjektivität behaftet. Es sind noch die zwei Welten im Gegensatze,
die eine ein Reich der Subjektivität in den reinen Räumen des
durchsichtigen Gedankens, die andere ein Reich der Objektivität in dem Elemente einer äußerlich mannigfaltigen Wirklichkeit, die ein unaufgeschlossenes Reich der Finsternis ist. Die
vollständige Ausbildung des unaufgelösten Widerspruchs, jenes
absoluten Zwecks, dem die Schranke dieser Wirklichkeit
unüberwindlich gegenübersteht, ist in der Phänomenologie
des Geistes (Phil. Bibl. Bd. 114, S. 388 ff.) näher betrachtet
worden. — Indem die Idee das Moment der vollkommenen Bestimmtheit in sich enthält, so hat der andere Begriff, zu dem
der Begriff sich in ihr verhält, in seiner Subjektivität zugleich
das Moment eines Objekts; die Idee tritt daher hier in die Gestalt des Selbstbewußtseins und trifft nach dieser einen
Seite mit dessen Darstellung zusammen.

Was aber der praktischen Idee noch mangelt, ist das Moment des eigentlichen Bewußtseins selbst, daß nämlich das
Moment der Wirklichkeit im Begriffe für sich die Bestimmung
des äußerlichen Seins erreicht hätte. — Dieser Mangel
kann auch so betrachtet werden, daß der praktischen Idee
noch das Moment der theoretischen fehlt. In der letztern
nämlich steht auf der Seite des subjektiven, vom Begriffe in
sich angeschaut werdenden Begriffs nur die Bestimmung der
Allgemeinheit; das Erkennen weiß sich nur als Auffassen,
als die für sich selbst unbestimmte Identität des Begriffs mit
sich selbst; die Erfüllung, d. i. die an und für sich bestimmte
Objektivität ist ihr ein Gegebenes, und das wahrhaft

Seiende die unabhängig vom subjektiven Setzen vorhandene Wirklichkeit. Der praktischen Idee dagegen gilt diese Wirklichkeit, die ihr zugleich als unüberwindliche Schranke gegenübersteht, als das an und für sich Nichtige, das erst seine wahrhafte Bestimmung und einzigen Wert durch die Zwecke des Guten erhalten solle. Der Wille steht daher der Erreichung seines Ziels nur selbst im Wege dadurch, daß er sich von dem Erkennen trennt und die äußerliche Wirklichkeit für ihn nicht die Form des wahrhaft Seienden erhält; die Idee des Guten kann daher ihre Ergänzung allein in der Idee des Wahren finden.

Sie macht aber diesen Übergang durch sich selbst. In dem Schlusse des Handelns ist die eine Prämisse die unmittelbare Beziehung des guten Zweckes auf die Wirklichkeit, deren er sich bemächtigt und [sie] in der zweiten Prämisse als äußerliches Mittel gegen die äußerliche Wirklichkeit richtet. Das Gute ist für den subjektiven Begriff das Objektive; die Wirklichkeit in ihrem Dasein steht ihm nur insofern als die unüberwindliche Schranke gegenüber, als sie noch die Bestimmung unmittelbaren Daseins, nicht eines Objektiven nach dem Sinne des Anundfürsichseins hat; sie ist vielmehr entweder das Böse oder das Gleichgültige, nur Bestimmbare, welches seinen Wert nicht in sich selbst hat. Dieses abstrakte Sein, das dem Guten in der zweiten Prämisse gegenübersteht, hat aber die praktische Idee bereits selbst aufgehoben; die erste Prämisse ihres Handelns ist die unmittelbare Objektivität des Begriffes, wonach der Zweck ohne allen Widerstand sich der Wirklichkeit mitteilt und in einfacher, identischer Beziehung mit ihr ist. Es sind insofern also nur die Gedanken ihrer beiden Prämissen zusammenzubringen. Zu dem, was in der ersten von dem objektiven Begriffe unmittelbar schon vollbracht ist, kommt in der zweiten zunächst nur dies hinzu, daß es durch Vermittlung, hiemit für ihn gesetzt wird. Wie nun in der Zweckbeziehung überhaupt der ausgeführte Zweck zwar auch wieder nur ein Mittel, aber umgekehrt das Mittel auch der ausgeführte Zweck ist, so ist gleichfalls in dem Schlusse des Guten die zweite Prämisse schon unmittelbar in der ersten an sich vorhanden; allein diese Unmittelbarkeit ist nicht hinreichend, und die zweite wird schon für das erste postuliert; — die Ausführung des Guten gegen eine gegenüberstehende andre Wirklichkeit ist die Vermittlung, welche wesentlich für die unmittelbare Beziehung und das Verwirklichtsein des Guten notwendig ist. Denn sie ist nur die erste Negation oder das Anderssein des Begriffs, eine Objektivität, welche ein Versenktsein des Begriffs in die Äußerlichkeit wäre; die zweite ist das Aufgeben dieses Andersseins, wodurch die unmittelbare Ausführung des Zwecks erst Wirklichkeit des Guten als des für sich seienden Begriffes wird, indem er darin identisch mit sich selbst, nicht mit einem Andern, hiemit allein als freier gesetzt wird. Wenn nun der Zweck des Guten dadurch doch nicht ausgeführt sein sollte, so ist dies ein Rückfall des Begriffs in den Standpunkt, den der Begriff vor seiner Tätigkeit hat, — den Standpunkt der als nichtig bestimmten und doch als reell vorausgesetzten Wirklichkeit, — ein Rückfall, welcher zum Progreß in die schlechte Unendlichkeit wird, seinen Grund allein darin hat, daß in dem Aufheben jener abstrakten Realität dies Aufheben ebenso unmittelbar vergessen wird, oder daß vergessen wird, daß diese Realität vielmehr schon als die an und für sich nichtige, nicht objektive Wirklichkeit vorausgesetzt ist. Diese Wiederholung der Voraussetzung des nicht ausgeführten Zweckes nach der wirklichen Ausführung des Zweckes bestimmt sich daher auch so, daß die subjektive Haltung des objektiven Begriffes reproduziert und perennierend gemacht wird, womit die Endlichkeit des Guten seinem Inhalte sowie seiner Form nach als die bleibende Wahrheit, sowie seine Verwirklichung schlechthin immer nur als ein einzelner Akt, nicht als ein allgemeiner erscheint. — In der Tat hat sich diese Bestimmtheit in der Verwirklichung des Guten aufgehoben; was den objektiven Begriff noch begrenzt, ist seine eigene Ansicht von sich, die durch die Reflexion auf das, was seine Verwirklichung an sich ist, verschwindet; er steht nur sich selbst durch diese Ansicht im Wege und hat sich darüber nicht gegen eine äußere Wirklichkeit, sondern gegen sich selbst zu richten.

Die Tätigkeit in der zweiten Prämisse nämlich, die nur ein einseitiges Fürsichsein hervorbringt, daher das Produkt als ein Subjektives und Einzelnes erscheint, darin somit die erste Voraussetzung wiederholt wird, — ist in Wahrheit ebensosehr das Setzen der an sich seienden Identität des objektiven Begriffs und der unmittelbaren Wirklichkeit. Diese letztere ist durch die Voraussetzung bestimmt, nur eine Realität der Erscheinung zu haben, an und für sich nichtig und schlechthin vom objektiven Begriffe bestimmbar zu sein. Indem durch die Tätigkeit des objektiven Begriffs die äußere Wirklichkeit verändert, ihre Bestimmung hiemit aufgehoben wird, so wird ihr eben dadurch die bloß erscheinende Realität, äußerliche Bestimmbarkeit und Nichtigkeit genommen, sie wird hiemit **gesetzt** als an und für sich seiend. Es wird darin die Voraussetzung überhaupt aufgehoben, nämlich die Bestimmung des Guten als eines bloß subjektiven und seinem Inhalte nach beschränkten Zwecks, die Notwendigkeit, ihn durch subjektive Tätigkeit erst zu realisieren, und diese Tätigkeit selbst. In dem Resultate hebt die Vermittlung sich selbst auf; es ist eine **Unmittelbarkeit**, welche nicht die Wiederherstellung der Voraussetzung, sondern vielmehr deren Aufgehobensein ist. Die Idee des an und für sich bestimmten Begriffs ist hiemit gesetzt, nicht mehr bloß im tätigen Subjekt, sondern ebensosehr als eine unmittelbare Wirklichkeit, und umgekehrt diese, wie sie im Erkennen ist, als wahrhaftseiende Objektivität zu sein. Die Einzelheit des Subjekts, mit der es durch seine Voraussetzung behaftet wurde, ist mit dieser verschwunden; es ist hiemit jetzt als **freie, allgemeine Identität mit sich selbst**, für welche die Objektivität des Begriffes ebensosehr eine **gegebene**, unmittelbar für dasselbe **vorhandene** ist, als es sich als den an und für sich bestimmten Begriff weiß. In diesem Resultate ist hiemit das **Erkennen** hergestellt und mit der praktischen Idee vereinigt; die vorgefundene Wirklichkeit ist zugleich als der ausgeführte absolute Zweck bestimmt, aber nicht wie im suchenden Erkennen bloß als objektive Welt ohne die Subjektivität des Begriffes, sondern als objektive Welt, deren innerer Grund und wirkliches Bestehen der Begriff ist. Dies ist die absolute Idee.

Drittes Kapitel.
Die absolute Idee.

Die absolute Idee, wie sie sich ergeben hat, ist die Identität der theoretischen und der praktischen, welche jede für sich noch einseitig, die Idee selbst nur als ein gesuchtes Jen-

seits und unerreichtes Ziel in sich hat, — jede daher eine
Synthese des Strebens ist, die Idee sowohl in sich hat als
auch nicht hat, von einem zum andern übergeht, aber beide
Gedanken nicht zusammenbringt, sondern in deren Widerspruche stehen bleibt. Die absolute Idee als der vernünftige
Begriff, der in seiner Realität nur mit sich selbst zusammengeht, ist um dieser Unmittelbarkeit seiner objektiven Identität
willen einerseits die Rückkehr zum Leben; aber sie hat diese
Form ihrer Unmittelbarkeit ebensosehr aufgehoben und den
höchsten Gegensatz in sich. Der Begriff ist nicht nur Seele,
sondern freier subjektiver Begriff, der für sich ist und daher
die Persönlichkeit hat, — der praktische, an und für sich
bestimmte, objektive Begriff, der als Person undurchdring-
liche, atome Subjektivität ist, — der aber ebensosehr nicht
ausschließende Einzelheit, sondern für sich Allgemeinheit
und Erkennen ist und in seinem Andern seine eigene Objektivität zum Gegenstande hat. Alles übrige ist Irrtum, Trübheit, Meinung, Streben, Willkür und Vergänglichkeit; die absolute Idee allein ist Sein, unvergängliches Leben, sich
wissende Wahrheit, und ist alle Wahrheit.

Sie ist der einzige Gegenstand und Inhalt der Philosophie.
Indem sie alle Bestimmtheit in sich enthält, und ihr Wesen
dies ist, durch ihre Selbstbestimmung oder Besonderung zu
sich zurückzukehren, so hat sie verschiedene Gestaltungen,
und das Geschäft der Philosophie ist, sie in diesen zu erkennen.
Die Natur und der Geist sind überhaupt unterschiedene Weisen, ihr Dasein darzustellen, Kunst und Religion ihre verschiedenen Weisen, sich zu erfassen und ein sich angemessenes
Dasein zu geben; die Philosophie hat mit Kunst und Religion
denselben Inhalt und denselben Zweck; aber sie ist die höchste
Weise, die absolute Idee zu erfassen, weil ihre Weise die
höchste, der Begriff, ist. Sie faßt daher jene Gestaltungen
der reellen und ideellen Endlichkeit sowie der Unendlichkeit
und Heiligkeit in sich und begreift sie und sich selbst. Die
Ableitung und Erkenntnis dieser besondern Weisen ist nun
das fernere Geschäft der besondern philosophischen Wissenschaften. Das Logische der absoluten Idee kann auch eine
Weise derselben genannt werden; aber indem die Weise eine
besondere Art, eine Bestimmtheit der Form bezeichnet, so
ist das Logische dagegen die allgemeine Weise, in der alle be-

sondern aufgehoben und eingehüllt sind. Die logische Idee ist sie selbst in ihrem reinen Wesen, wie sie in einfacher Identität in ihren Begriff eingeschlossen und in das S c h e i n e n in einer Formbestimmtheit noch nicht eingetreten ist. Die Logik stellt daher die Selbstbewegung der absoluten Idee nur als das ursprüngliche W o r t dar, das eine Ä u ß e r u n g ist, aber eine solche, die als Äußeres unmittelbar wieder verschwunden ist, indem sie ist; die Idee ist also nur in dieser Selbstbestimmung, s i c h z u v e r n e h m e n; sie ist in dem r e i n e n G e d a n k e n, worin der Unterschied noch kein A n d e r s s e i n, sondern sich vollkommen durchsichtig ist und bleibt. — Die logische Idee hat somit sich als die u n e n d l i c h e F o r m zu ihrem Inhalte, — die F o r m, welche insofern den Gegensatz zum I n h a l t ausmacht, als dieser die in sich gegangene und in der Identität aufgehobene Formbestimmung so ist, daß diese konkrete Identität gegenüber der als Form entwickelten steht; er hat die Gestalt eines Andern und Gegebenen gegen die Form, die als solche schlechthin in B e z i e h u n g steht und deren Bestimmtheit zugleich als Schein gesetzt ist. — Die absolute Idee selbst hat näher nur dies zu ihrem Inhalt, daß die Formbestimmung ihre eigene vollendete Totalität, der reine Begriff ist. Die B e s t i m m t h e i t der Idee und der ganze Verlauf dieser Bestimmtheit nun hat den Gegenstand der logischen Wissenschaft ausgemacht, aus welchem Verlauf die absolute Idee selbst f ü r s i c h hervorgegangen ist; für sich aber hat sie sich als dies gezeigt, daß die Bestimmtheit nicht die Gestalt eines I n h a l t s hat, sondern schlechthin als F o r m, daß die Idee hiernach als die schlechthin a l l g e m e i n e I d e e ist. Was also hier noch zu betrachten kommt, ist somit nicht ein Inhalt als solcher, sondern das Allgemeine seiner Form, — d. i. die M e t h o d e.

Die M e t h o d e kann zunächst als die bloße A r t u n d W e i s e des Erkennens erscheinen, und sie hat in der Tat die Natur einer solchen. Aber die Art und Weise ist als Methode nicht nur eine a n u n d f ü r s i c h b e s t i m m t e Modalität des S e i n s, sondern als Modalität des Erkennens gesetzt als durch den B e g r i f f bestimmt und als die Form, insofern sie die Seele aller Objektivität ist und aller sonst bestimmte Inhalt seine Wahrheit allein in der Form hat. Wenn der Inhalt wieder der Methode als gegeben und als von eigentümlicher Natur ange-

nommen wird, so ist sie wie das Logische überhaupt in solcher
Bestimmung eine bloß äußerliche Form. Aber es kann hiegegen nicht nur auf den Grundbegriff vom Logischen sich
berufen werden, sondern der ganze Verlauf desselben, worin
alle Gestalten eines gegebenen Inhalts und der Objekte vorgekommen sind, hat ihren Übergang und Unwahrheit gezeigt,
und statt daß ein gegebenes Objekt die Grundlage sein könnte,
zu der sich die absolute Form nur als äußerliche und zufällige
Bestimmung verhielte, hat sich diese vielmehr als die absolute
Grundlage und letzte Wahrheit erwiesen. Die Methode ist
daraus als der sich selbst wissende, sich als das Absolute,
sowohl Subjektive als Objektive, zum Gegenstande habende
Begriff, somit als das reine Entsprechen des Begriffs und
seiner Realität, als eine Existenz, die er selbst ist, hervorgegangen.

Was hiemit als Methode hier zu betrachten ist, ist nur die
Bewegung des Begriffs selbst, deren Natur schon erkannt
worden, aber erstlich nunmehr mit der Bedeutung, daß
der Begriff alles und seine Bewegung die allgemeine
absolute Tätigkeit, die selbst bestimmende und selbst realisierende Bewegung ist. Die Methode ist deswegen als die ohne
Einschränkung allgemeine, innerliche und äußerliche Weise
und als die schlechthin unendliche Kraft anzuerkennen, welcher kein Objekt, insofern es sich als ein äußerliches, der Vernunft fernes und von ihr unabhängiges präsentiert, Widerstand
leisten, gegen sie von einer besondern Natur sein und von ihr
nicht durchdrungen werden könnte. Sie ist darum die Seele
und Substanz, und irgend etwas ist nur begriffen und in
seiner Wahrheit gewußt, als es der Methode vollkommen
unterworfen ist; sie ist die eigene Methode jeder Sache
selbst, weil ihre Tätigkeit der Begriff ist. Dies ist auch der
wahrhaftere Sinn ihrer Allgemeinheit; nach der Reflexions-
allgemeinheit wird sie nur als die Methode für alles genommen; nach der Allgemeinheit der Idee aber ist sie sowohl die
Art und Weise des Erkennens, des subjektiv sich wissenden
Begriffs, als die objektive Art und Weise oder vielmehr die
Substantialität der Dinge, — d. h. der Begriffe, insofern
sie der Vorstellung und der Reflexion zunächst als Andere erscheinen. Sie ist darum die höchste Kraft oder vielmehr die einzige und absolute Kraft der Vernunft nicht

nur, sondern auch ihr höchster und einziger Trieb, durch sich selbst in allem sich selbst zu finden und zu erkennen. — Hiemit ist zweitens auch der Unterschied der Methode von dem Begriffe als solchem, das Besondere derselben angegeben. Wie der Begriff für sich betrachtet wurde, erschien er in seiner Unmittelbarkeit; die Reflexion oder der ihn betrachtende Begriff fiel in unser Wissen. Die Methode ist dies Wissen selbst, für das er nicht nur als Gegenstand, sondern als dessen eigenes, subjektives Tun ist, als das Instrument und Mittel der erkennenden Tätigkeit, von ihr unterschieden, aber als deren eigene Wesenheit. In dem suchenden Erkennen ist die Methode gleichfalls als Werkzeug gestellt, als ein auf der subjektiven Seite stehendes Mittel, wodurch sie sich auf das Objekt bezieht. Das Subjekt ist in diesem Schlusse das eine und das Objekt das andere Extrem, und jenes schließt sich durch seine Methode mit diesem, aber darin für sich nicht mit sich selbst zusammen. Die Extreme bleiben verschiedene, weil Subjekt, Methode und Objekt nicht als der eine identische Begriff gesetzt sind; der Schluß ist daher immer der formelle; die Prämisse, in welcher das Subjekt die Form als seine Methode auf seine Seite setzt, ist eine unmittelbare Bestimmung und enthält deswegen die Bestimmungen der Form, wie wir gesehen, der Definition, Einteilung usf. als im Subjekte vorgefundene Tatsachen. Im wahrhaften Erkennen dagegen ist die Methode nicht nur eine Menge gewisser Bestimmungen, sondern das an und für sich Bestimmtsein des Begriffs, der die Mitte nur darum ist, weil er ebensosehr die Bedeutung des Objektiven hat, das im Schlußsatze daher nicht nur eine äußere Bestimmtheit durch die Methode erlangt, sondern in seiner Identität mit dem subjektiven Begriffe gesetzt ist.

1. Das, was die Methode hiemit ausmacht, sind die Bestimmungen des Begriffes selbst und deren Beziehungen, die in der Bedeutung als Bestimmungen der Methode nun zu betrachten sind. — Es ist dabei erstens von dem Anfange anzufangen. Von demselben ist bereits bei dem Anfange der Logik selbst, wie auch vorhin beim subjektiven Erkennen gesprochen und gezeigt worden, daß er, wenn er nicht willkürlich und mit einer kategorischen Bewußtlosigkeit gemacht wird, zwar viele Schwierigkeiten zu machen scheinen kann.

jedoch von höchst einfacher Natur ist. Weil er der Anfang ist, ist sein Inhalt ein U n m i t t e l b a r e s, aber ein solches, das den Sinn und die Form a b s t r a k t e r A l l g e m e i n h e i t hat. Er sei sonst ein Inhalt des S e i n s oder des W e s e n s oder des B e - g r i f f e s, so ist er insofern ein A u f g e n o m m e n e s, V o r g e - f u n d e n e s, A s s e r t o r i s c h e s, als er ein U n m i t t e l b a r e s ist. V o r s e r s t e aber ist er nicht ein Unmittelbares d e r s i n n - l i c h e n A n s c h a u u n g oder d e r V o r s t e l l u n g, sondern des D e n k e n s, das man wegen seiner Unmittelbarkeit auch ein übersinnliches, i n n e r l i c h e s A n s c h a u e n nennen kann. Das Unmittelbare der sinnlichen Anschauung ist ein M a n n i g f a l - t i g e s u n d E i n z e l n e s. Das Erkennen ist aber begreifendes Denken, sein Anfang daher auch n u r i m E l e m e n t e d e s D e n - k e n s, — ein E i n f a c h e s u n d A l l g e m e i n e s. — Von dieser Form ist vorhin bei der Definition die Rede gewesen. Bei dem Anfange des endlichen Erkennens wird die Allgemeinheit als wesentliche Bestimmung gleichfalls anerkannt, aber nur als Denk- und Begriffsbestimmung im Gegensatze gegen das Sein genommen. In der Tat ist diese e r s t e Allgemeinheit eine u n m i t t e l b a r e und hat darum ebensosehr die Bedeutung des S e i n s; denn das Sein ist eben diese abstrakte Beziehung auf sich selbst. Das Sein bedarf keiner andern Ableitung, als ob es dem Abstrakten der Definition nur daraus zukomme, weil es aus der sinnlichen Anschauung oder sonst woher genommen sei, und insofern es monstriert werde. Dieses Monstrieren und Herleiten betrifft eine V e r m i t t l u n g, die mehr als ein bloßer Anfang ist, und ist eine solche Vermittlung, die nicht dem denkenden Begreifen gehört, sondern die Erhebung der Vorstellung, des empirischen und räsonnierenden Bewußt- seins, zu dem Standpunkte des Denkens ist. Nach dem geläu- figen Gegensatze von Gedanken oder Begriff und Sein er- scheint es als eine wichtige Wahrheit, daß jenem für sich noch kein Sein zukomme, und daß dies einen eigenen, vom Gedanken selbst unabhängigen Grund habe. Die einfache Be- stimmung von S e i n ist aber so arm an sich, daß schon darum nicht viel Aufhebens davon zu machen ist; das Allgemeine ist unmittelbar selbst dies Unmittelbare, weil es als Abstraktes auch nur die abstrakte Beziehung auf sich ist, die das Sein ist. In der Tat hat die Forderung, das Sein aufzuzeigen, einen wei- tern innern Sinn, worin nicht bloß diese abstrakte Bestimmung liegt, sondern es ist damit die Forderung der **Realisierung des Begriffs** überhaupt gemeint, welche nicht im **Anfange** selbst liegt, sondern vielmehr das Ziel und Geschäfte der ganzen weitern Entwicklung des Erkennens ist. Ferner indem der **Inhalt** des Anfangs durch das Monstrieren in der innern oder äußern Wahrnehmung gerechtfertigt und als etwas Wahres oder Richtiges beglaubigt werden soll, so ist damit nicht mehr die **Form** der Allgemeinheit als solche gemeint, sondern ihre **Bestimmtheit**, wovon gleich zu sprechen notwendig ist. Die Beglaubigung des **bestimmten Inhalts**, mit dem der Anfang gemacht wird, scheint **rückwärts** desselben zu liegen; in der Tat aber ist sie als Vorwärtsgehen zu betrachten, wenn sie nämlich zum begreifenden Erkennen gehört.

Der Anfang hat somit für die Methode keine andere Bestimmtheit als die, das Einfache und Allgemeine zu sein; dies ist selbst die **Bestimmtheit**, wegen der er mangelhaft ist. Die Allgemeinheit ist der reine, einfache Begriff, und die Methode als das Bewußtsein desselben weiß, daß die Allgemeinheit nur Moment und der Begriff in ihr noch nicht an und für sich bestimmt ist. Aber mit diesem Bewußtsein, das den Anfang nur um der Methode willen weiter führen wollte, wäre diese ein Formelles, in äußerlicher Reflexion Gesetztes. Da sie aber die objektive, immanente Form ist, so muß das Unmittelbare des Anfangs **an ihm selbst** das Mangelhafte und mit dem **Triebe** begabt sein, sich weiter zu führen. Das Allgemeine gilt aber in der absoluten Methode nicht als bloß Abstraktes, sondern als das objektiv Allgemeine, d. h. das **an sich die konkrete Totalität**, aber sie noch nicht **gesetzt**, noch nicht **für sich** ist. Selbst das abstrakte Allgemeine als solches im Begriffe, d. i. nach seiner Wahrheit betrachtet, ist nicht nur das **Einfache**, sondern als **Abstraktes** ist es schon **gesetzt** als mit einer **Negation** behaftet. Es gibt deswegen auch, es sei in der **Wirklichkeit** oder im **Gedanken**, kein so Einfaches und so Abstraktes, wie man es sich gewöhnlich vorstellt. Solches Einfache ist eine bloße Meinung, die allein in der Bewußtlosigkeit dessen, was in der Tat vorhanden ist, ihren Grund hat. — Vorhin wurde das Anfangende als das Unmittelbare bestimmt; die **Unmittelbarkeit des Allgemeinen** ist dasselbe, was hier als das **Ansichsein ohne Fürsichsein** ausgedrückt ist. — Man kann daher wohl sagen, daß mit dem Absoluten aller Anfang gemacht werden müsse, so wie aller Fortgang nur die Darstellung desselben ist, insofern das Ansichseiende der Begriff ist. Aber darum, weil es nur erst an sich ist, ist es ebensosehr nicht das Absolute, noch der gesetzte Begriff, auch nicht die Idee; denn diese sind eben dies, daß das Ansichsein nur ein abstraktes, einseitiges Moment ist. Der Fortgang ist daher nicht eine Art von Überfluß; er wäre dies, wenn das Anfangende in Wahrheit schon das Absolute wäre; das Fortgehen besteht vielmehr darin, daß das Allgemeine sich selbst bestimmt und für sich das Allgemeine, d. i. ebensosehr Einzelnes und Subjekt ist. Nur in seiner Vollendung ist es das Absolute.

Es kann daran erinnert werden, daß der Anfang, der an sich konkrete Totalität ist, als solcher auch frei sein und seine Unmittelbarkeit die Bestimmung eines äußerlichen Daseins haben kann; der Keim des Lebendigen und der subjektive Zweck überhaupt haben sich als solche Anfänge gezeigt, beide sind daher selbst Triebe. Das Nichtgeistige und Nichtlebendige dagegen ist der konkrete Begriff nur als reale Möglichkeit; die Ursache ist die höchste Stufe, in der der konkrete Begriff als Anfang in der Sphäre der Notwendigkeit ein unmittelbares Dasein hat; aber sie ist noch kein Subjekt, das als solches sich auch in seiner wirklichen Realisierung erhält. Die Sonne z. B. und überhaupt alles Nichtlebendige sind bestimmte Existenzen, in welchen die reale Möglichkeit eine innere Totalität bleibt und die Momente derselben weder in subjektiver Form in ihnen gesetzt sind, und insofern sie sich realisieren, eine Existenz durch andere Körperindividuen erlangen.

2. Die konkrete Totalität, welche den Anfang macht, hat als solche in ihr selbst den Anfang des Fortgehens und der Entwicklung. Sie ist als Konkretes in sich unterschieden; wegen ihrer ersten Unmittelbarkeit aber sind die ersten Unterschiedenen zunächst Verschiedene. Das Unmittelbare ist aber als sich auf sich beziehende Allgemeinheit, als Subjekt auch die Einheit dieser Verschiedenen. — Diese Reflexion ist die erste Stufe des Weitergehens, — das Hervortreten der Differenz, das Urteil, das Bestimmen überhaupt. Das Wesentliche ist, daß die absolute Methode die Be-

stimmung des Allgemeinen in ihm selbst findet und erkennt. Das verständige endliche Erkennen verfährt so dabei, daß es von dem Konkreten das, was es bei dem abstrahierenden Erzeugen jenes Allgemeinen weggelassen, nun ebenso äußerlich wieder aufnimmt. Die absolute Methode dagegen verhält sich nicht als äußerliche Reflexion, sondern nimmt das Bestimmte aus ihrem Gegenstande selbst, da sie selbst dessen immanentes Prinzip und Seele ist. — Dies ist es, was Plato von dem Erkennen forderte, die Dinge an und für sich selbst zu betrachten, teils in ihrer Allgemeinheit, teils aber nicht von ihnen abzuirren und nach Umständen, Exempeln und Vergleichungen zu greifen, sondern sie allein vor sich zu haben und, was in ihnen immanent ist, zum Bewußtsein zu bringen. — Die Methode des absoluten Erkennens ist insofern analytisch. Daß sie die weitere Bestimmung ihres anfänglichen Allgemeinen ganz allein in ihm findet, ist die absolute Objektivität des Begriffes, deren Gewißheit sie ist. — Sie ist aber ebensosehr synthetisch, indem ihr Gegenstand, unmittelbar als einfaches Allgemeines bestimmt, durch die Bestimmtheit, die er in seiner Unmittelbarkeit und Allgemeinheit selbst hat, als ein Anderes sich zeigt. Diese Beziehung eines Verschiedenen, die er so in sich ist, ist jedoch das nicht mehr, was als die Synthese beim endlichen Erkennen gemeint ist; schon durch seine ebensosehr analytische Bestimmung überhaupt, daß sie die Beziehung im Begriffe ist, unterscheidet sie sich völlig von diesem Synthetischen.

Dieses so sehr synthetische als analytische Moment des Urteils, wodurch das anfängliche Allgemeine aus ihm selbst als das Andere seiner sich bestimmt, ist das dialektische zu nennen. Die Dialektik ist eine derjenigen alten Wissenschaften, welche in der Metaphysik der Modernen und dann überhaupt durch die Popularphilosophie, sowohl der Alten als der Neuern, am meisten verkannt worden. Von Plato sagt Diogenes Laërtius, wie Thales der Urheber der Naturphilosophie, Sokrates der Moralphilosophie, so sei Plato der Urheber der dritten zur Philosophie gehörigen Wissenschaft, der Dialektik gewesen, — ein Verdienst, das ihm vom Altertume hiemit als das Höchste angerechnet worden, das aber von solchen oft gänzlich unbeachtet bleibt, die ihn am meisten im Munde führen. Man hat die Dialektik oft als eine Kunst

betrachtet, als ob sie auf einem subjektiven Talente beruhe
und nicht der Objektivität des Begriffes angehöre. Welche
Gestalt und welches Resultat sie in der Kantischen Philosophie
erhalten, ist an den bestimmten Beispielen ihrer Ansicht schon
gezeigt worden. Es ist als ein unendlich wichtiger Schritt anzusehen, daß die Dialektik wieder als der Vernunft notwendig
anerkannt worden, obgleich das entgegengesetzte Resultat
gegen das, welches daraus hervorgegangen, gezogen werden muß.

Außerdem, daß die Dialektik gewöhnlich als etwas Zufälliges erscheint, so pflegt sie diese nähere Form zu haben,
daß von irgendeinem Gegenstande, z. B. Welt, Bewegung,
Punkt usf. gezeigt wird, es komme demselben irgendeine Bestimmung zu, z. B. nach der Ordnung der genannten Gegenstände, Endlichkeit im Raume oder der Zeit, an diesem Orte
sein, absolute Negation des Raumes, — aber ferner ebenso
notwendig auch die entgegengesetzte, z. B. Unendlichkeit im
Raume und der Zeit, nicht an diesem Orte sein, Beziehung auf
den Raum, somit Räumlichkeit. Die ältere eleatische Schule
hat vornehmlich ihre Dialektik gegen die Bewegung angewendet, Plato häufig gegen die Vorstellungen und Begriffe seiner
Zeit, insbesondere der Sophisten, aber auch gegen die reinen
Kategorien und Reflexionsbestimmungen; der gebildete spä-
tere Skeptizismus hat sie nicht nur auf die unmittelbaren sogenannten Tatsachen des Bewußtseins und Maximen des gemeinen Lebens, sondern auch auf alle wissenschaftlichen Begriffe ausgedehnt. Die Folgerung nun, die aus solcher Dialektik gezogen wird, ist überhaupt der Widerspruch und die
Nichtigkeit der aufgestellten Behauptungen. Dies kann aber
in doppeltem Sinne statthaben, — entweder im objektiven
Sinne, daß der Gegenstand, der solchermaßen sich in sich
selbst widerspreche, sich aufhebe und nichtig sei, — dies war
z. B. die Folgerung der Eleaten, nach welcher z. B. der Welt,
der Bewegung, dem Punkte die Wahrheit abgesprochen
wurde, — oder aber im subjektiven Sinne, daß das Erkennen
mangelhaft sei. Unter der letztern Folgerung wird nun entweder verstanden, daß es nur diese Dialektik sei, welche das
Kunststück eines falschen Scheines vormache. Dies ist die
gewöhnliche Ansicht des sogenannten gesunden Menschenver-
standes, der sich an die sinnliche Evidenz und die gewohn-

ten Vorstellungen und Aussprüche hält, zuweilen ruhiger, — wie Diogenes der Hund die Dialektik der Bewegung durch ein stummes Auf- und Abgehen in ihrer Blöße zeigt, — oft aber in Harnisch darüber gerät, es sei bloß als über eine Narrheit, oder wenn es sittlich wichtige Gegenstände betrifft, als über einen Frevel, der das wesentlich Feste wankend zu machen suche und dem Laster Gründe an die Hand zu geben lehre, — eine Ansicht, die in der Sokratischen Dialektik gegen die sophistische vorkommt, und ein Zorn, der umgekehrt wieder selbst dem Sokrates das Leben gekostet hat. Die pöbelhafte Widerlegung, die, wie Diogenes tat, dem Denken das sinnliche Bewußtsein entgegensetzt und in diesem die Wahrheit zu haben meint, muß man sich selbst überlassen, insofern die Dialektik aber sittliche Bestimmungen aufhebt, zur Vernunft das Vertrauen haben, daß sie dieselben, aber in ihrer Wahrheit und dem Bewußtsein ihres Rechts, aber auch ihrer Schranke, wieder herzustellen wissen werde. — Oder aber das Resultat der subjektiven Nichtigkeit betrifft nicht die Dialektik selbst, sondern vielmehr das Erkennen, wogegen sie gerichtet ist, — und im Sinne des Skeptizismus, ingleichen der Kantischen Philosophie das Erkennen überhaupt.

Das Grundvorurteil hiebei ist, daß die Dialektik nur ein negatives Resultat habe, was sogleich seine nähere Bestimmung erhalten wird. Zunächst ist über die angeführte Form, in der sie zu erscheinen pflegt, zu bemerken, daß sie und ihr Resultat nach derselben den Gegenstand, der vorgenommen wird, oder auch das subjektive Erkennen betrifft, und dieses oder den Gegenstand für nichtig erklärt, dagegen die Bestimmungen, welche an ihm als einem Dritten aufgezeigt werden, unbeachtet bleiben und als für sich gültig vorausgesetzt sind. Auf dies unkritische Verfahren ist es ein unendliches Verdienst der Kantischen Philosophie, die Aufmerksamkeit gezogen und damit den Anstoß zur Wiederherstellung der Logik und Dialektik in dem Sinne der Betrachtung der Denkbestimmungen an und für sich gegeben zu haben. Der Gegenstand, wie er ohne das Denken und den Begriff ist, ist eine Vorstellung oder auch ein Name; die Denk- und Begriffsbestimmungen sind es, in denen er ist, was er ist. In der Tat kommt es daher auf sie allein an; sie sind der wahrhafte Gegenstand und Inhalt der Vernunft und ein solches,

als man sonst unter Gegenstand und Inhalt im Unterschiede
von ihnen versteht, gilt nur durch sie und in ihnen. Es muß
daher nicht als die Schuld eines Gegenstands oder des Erkennens genommen werden, daß sie durch die Beschaffenheit
und eine äußerliche Verknüpfung sich dialektisch zeigen. Das
eine und das andere wird auf diese Weise als ein Subjekt vorgestellt, in das die Bestimmungen in Form von Prädikaten,
Eigenschaften, selbständigen Allgemeinen so gebracht seien,
daß sie als fest und für sich richtig erst durch die fremde
und zufällige Verbindung in und von einem Dritten, in dialektische Verhältnisse und in Widerspruch gesetzt werden. Ein
solches äußerliches und fixes Subjekt der Vorstellung und
des Verstandes, so wie die abstrakten Bestimmungen, statt für
Letzte, sicher zugrunde liegen Bleibende angesehen werden
zu können, sind vielmehr selbst als ein Unmittelbares, eben
ein solches Vorausgesetztes und Anfangendes zu betrachten,
das, wie vorhin gezeigt, an und für sich selbst der Dialektik
unterliegen muß, weil es als Begriff an sich zu nehmen ist.
So sind alle als fest angenommenen Gegensätze wie z. B. Endliches und Unendliches, Einzelnes und Allgemeines, nicht etwa
durch eine äußerliche Verknüpfung in Widerspruch, sondern
sind, wie die Betrachtung ihrer Natur gezeigt, vielmehr an und
für sich selbst das Übergehen; die Synthese und das Subjekt,
an dem sie erscheinen, ist das Produkt der eigenen Reflexion
ihres Begriffs. Wenn die begrifflose Betrachtung bei ihrem
äußerlichen Verhältnisse stehen bleibt, sie isoliert und als
feste Voraussetzungen läßt, so ist es vielmehr der Begriff,
der sie selbst ins Auge faßt, als ihre Seele sie bewegt und ihre
Dialektik hervortut.

Dies ist nun selbst der vorhin bezeichnete Standpunkt,
nach welchem ein allgemeines Erstes an und für sich betrachtet sich als das Andre seiner selbst zeigt. Ganz allgemein aufgefaßt, kann diese Bestimmung so genommen werden,
daß hierin das zuerst Unmittelbare hiemit als Vermitteltes, bezogen auf ein Andres, oder daß das Allgemeine als
ein Besonderes ist. Das Zweite, das hiedurch entstanden, ist
somit das Negative des Ersten und, indem wir auf den weitern Verlauf zum voraus Bedacht nehmen, das erste Negative. Das Unmittelbare ist nach dieser negativen Seite in dem
Andern untergegangen, aber das Andere ist wesentlich

nicht das l e e r e N e g a t i v e, das N i c h t s, das als das gewöhnliche Resultat der Dialektik genommen wird, sondern es ist das
A n d e r e d e s E r s t e n, das N e g a t i v e d e s U n m i t t e l b a r e n;
also ist es bestimmt als das V e r m i t t e l t e, — enthält überhaupt die B e s t i m m u n g d e s E r s t e n i n s i c h. Das Erste ist
somit wesentlich auch im Andern a u f b e w a h r t u n d e r h a l t e n.
— Das Positive in s e i n e m N e g a t i v e n, dem Inhalt der Voraussetzung, im Resultate festzuhalten, dies ist das Wichtigste im
vernünftigen Erkennen; es gehört zugleich nur die einfachste
Reflexion dazu, um sich von der absoluten Wahrheit und Notwendigkeit dieses Erfordernisses zu überzeugen, und was die
B e i s p i e l e von Beweisen hiezu betrifft, so besteht die ganze
Logik darin.

Was hiemit nunmehr vorhanden ist, ist das V e r m i t t e l t e,
zunächst, oder gleichfalls unmittelbar genommen, auch eine
e i n f a c h e Bestimmung, denn da das Erste in ihm untergegangen, so ist nur das Zweite vorhanden. Weil nun auch
das Erste im Zweiten e n t h a l t e n, und dieses die Wahrheit von
jenem ist, so kann diese Einheit als ein Satz ausgedrückt werden, worin das Unmittelbare als Subjekt, das Vermittelte aber
als dessen Prädikat gestellt ist, z. B. das E n d l i c h e ist u n-
e n d l i c h, E i n s ist V i e l e s, das E i n z e l n e ist das A l l g e-
m e i n e. Die inadäquate Form solcher Sätze und Urteile aber
fällt von selbst in die Augen. Bei dem U r t e i l e ist gezeigt
worden, daß seine Form überhaupt, und am meisten die unmittelbare des p o s i t i v e n Urteils unfähig ist, das Spekulative
und die Wahrheit in sich zu fassen. Die nächste Ergänzung
desselben, das n e g a t i v e Urteil müßte wenigstens ebensosehr
beigefügt werden. Im Urteile hat das Erste als Subjekt den
Schein eines selbständigen Bestehens, da es vielmehr in seinem
Prädikate als seinem Andern aufgehoben ist; diese Negation
ist in dem Inhalte jener Sätze wohl enthalten, aber ihre positive Form widerspricht demselben; es wird somit das nicht
gesetzt, was darin enthalten ist; was gerade die Absicht, einen
Satz zu gebrauchen, wäre.

Die zweite Bestimmung, die n e g a t i v e oder v e r m i t-
t e l t e, ist ferner zugleich die v e r m i t t e l n d e. Zunächst kann
sie als einfache Bestimmung genommen werden, aber ihrer
Wahrheit nach ist sie eine B e z i e h u n g oder V e r h ä l t n i s;
denn sie ist das Negative, a b e r d e s P o s i t i v e n, und schließt

dasselbe in sich. Sie ist also das Andre nicht als von einem,
wogegen sie gleichgültig ist, so wäre sie kein Anderes, noch
eine Beziehung oder Verhältnis, — sondern das Andre an
sich selbst, das Andre eines Andern; darum schließt sie
ihr eigenes Andres in sich und ist somit als der Widerspruch die gesetzte Dialektik ihrer selbst. — Weil das
Erste oder Unmittelbare der Begriff an sich, daher auch nur
an sich das Negative ist, so besteht das dialektische Moment
bei ihm darin, daß der Unterschied, den es an sich enthält, in ihm gesetzt wird. Das Zweite hingegen ist selbst das
Bestimmte, der Unterschied oder Verhältnis; das dialektische Moment besteht bei ihm daher darin, die Einheit zu
setzen, die in ihm enthalten ist. — Wenn deswegen das Negative, Bestimmte, das Verhältnis, Urteil und alle unter dies
zweite Moment fallenden Bestimmungen nicht für sich selbst
schon als der Widerspruch und als dialektisch erscheinen, so
ist es bloßer Mangel des Denkens, das seine Gedanken nicht
zusammenbringt. Denn das Material, die entgegengesetzten Bestimmungen in Einer Beziehung sind schon gesetzt und für das Denken vorhanden. Das formelle Denken
aber macht sich die Identität zum Gesetze, läßt den widersprechenden Inhalt, den es vor sich hat, in die Sphäre der
Vorstellung, in Raum und Zeit herabfallen, worin das Widersprechende im Neben- und Nacheinander außereinander
gehalten wird und so ohne die gegenseitige Berührung vor
das Bewußtsein tritt. Es macht sich darüber den bestimmten
Grundsatz, daß der Widerspruch nicht denkbar sei; in der Tat
aber ist das Denken des Widerspruchs das wesentliche Moment
des Begriffes. Das formelle Denken denkt denselben auch
faktisch, nur sieht es sogleich von ihm weg und geht von ihm
in jenem Sagen nur zur abstrakten Negation über.

Die betrachtete Negativität macht nun den Wendungs-
punkt der Bewegung des Begriffes aus. Sie ist der einfache
Punkt der negativen Beziehung auf sich, der innerste
Quell aller Tätigkeit, lebendiger und geistiger Selbstbewegung,
die dialektische Seele, die alles Wahre an ihm selbst hat, durch
die es allein Wahres ist; denn auf dieser Subjektivität allein
ruht das Aufheben des Gegensatzes zwischen Begriff und Realität und die Einheit, welche die Wahrheit ist. — Das zweite
Negative, das Negative des Negativen, zu dem wir gekommen,

ist jenes Aufheben des Widerspruches, aber ist so wenig als
der Widerspruch ein **Tun einer äußerlichen Reflexion**,
sondern das **innerste, objektivste Moment des Lebens**
und **Geistes**, wodurch ein **Subjekt, Person, Freies ist.** —
**Die Beziehung des Negativen auf sich selbst ist als die
zweite Prämisse des ganzen Schlusses zu betrachten.** Die
erste kann man, wenn die Bestimmungen von **analytisch**
und **synthetisch** in ihrem Gegensatze gebraucht werden, als
das **analytiscne** Moment ansehen, indem das Unmittelbare
sich darin **unmittelbar** zu seinem Andern verhält und daher
in dasselbe **übergeht** oder vielmehr übergegangen ist, — obgleich diese Beziehung, wie schon erinnert, eben deswegen
auch synthetisch ist, weil es ihr **Anderes** ist, in welches sie
übergeht. Die hier betrachtete zweite Prämisse kann als die
synthetische bestimmt werden, weil sie die Beziehung des
**Unterschiedenen als solchen auf sein Unterschiede-
nes** ist. — Wie die erste das Moment der **Allgemeinheit**
und der **Mitteilung**, so ist die zweite durch die **Einzelheit**
bestimmt, die zunächst ausschließend und als für sich und verschieden sich auf das Andere bezieht. Als das **Vermittelnde** erscheint das Negative, weil es sich selbst und das
Unmittelbare in sich schließt, dessen Negation es ist. Insofern
diese beiden Bestimmungen nach irgendeinem Verhältnisse als
äußerlich bezogen genommen werden, ist es nur das vermittelnde **Formelle**; als die absolute Negativität aber ist das
negative Moment der absoluten Vermittlung die Einheit,
welche die Subjektivität und Seele ist.

In diesem Wendepunkt der Methode kehrt der Verlauf des
Erkennens zugleich in sich selbst zurück. Diese Negativität ist
als der sich aufhebende Widerspruch die **Herstellung der
ersten Unmittelbarkeit**, der einfachen Allgemeinheit; denn
unmittelbar ist das Andre des Andern, das Negative des
Negativen das **Positive, Identische, Allgemeine.** Dies
zweite Unmittelbare ist im ganzen Verlaufe, wenn man
überhaupt **zählen** will, das **Dritte** zum ersten Unmittelbaren und zum Vermittelten. Es ist aber auch das Dritte zum
ersten oder formellen Negativen und zur absoluten Negativität oder dem zweiten Negativen; insofern nun jenes
erste Negative schon der zweite Terminus ist, so kann das
als **Drittes** gezählte auch als **Viertes** gezählt und statt

der Triplizität die abstrakte Form als eine Quadruplizitität genommen werden; das Negative oder der Unterschied
ist auf diese Weise als eine Zweiheit gezählt. — Das Dritte
oder das Vierte ist überhaupt die Einheit des ersten und
zweiten Moments, des Unmittelbaren und des Vermittelten.
— Daß es diese Einheit, sowie daß die ganze Form der
Methode eine Triplizität ist, ist zwar ganz nur die oberflächliche, äußerliche Seite der Weise des Erkennens, aber
auch nur diese, und zwar in bestimmterer Anwendung aufgezeigt zu haben, — denn die abstrakte Zahlform selbst ist
bekanntlich schon früh, aber ohne Begriff und daher ohne
Folge aufgestellt worden, — gleichfalls als ein unendliches
Verdienst der Kantischen Philosophie anzusehen. Der Schluß,
auch das Dreifache, ist als die allgemeine Form der Vernunft
immer erkannt worden, teils aber galt er überhaupt als eine
ganz äußerliche, die Natur des Inhalts nicht bestimmende
Form, teils da er im formellen Sinne bloß in der verständigen
Bestimmung der Identität sich verläuft, fehlt ihm das wesentliche, dialektische Moment, die Negativität; dieses
tritt aber in der Triplizität der Bestimmungen ein, weil das
Dritte die Einheit der zwei ersten Bestimmungen ist, diese
aber, da sie verschiedene sind, in Einheit nur als aufgehobene sein können. — Der Formalismus hat sich zwar der
Triplizität gleichfalls bemächtigt und sich an das leere
Schema derselben gehalten; der seichte Unfug und das
Kahle des modernen philosophischen sogenannten Konstruierens, das in nichts besteht, als jenes formelle Schema
ohne Begriff und immanente Bestimmung überall anzuhängen
und zu einem äußerlichen Ordnen zu gebrauchen, hat jene
Form langweilig und übel berüchtigt gemacht. Durch die
Schalheit dieses Gebrauchs aber kann sie an ihrem innern
Werte nicht verlieren, und es ist immer hoch zu schätzen,
daß zunächst auch nur die unbegriffene Gestalt des Vernünftigen aufgefunden worden.

Näher ist nun das Dritte das Unmittelbare, aber durch
Aufhebung der Vermittlung, das Einfache durch Aufheben des Unterschiedes, das Positive durch Aufheben
des Negativen, der Begriff, der sich durch das Anderssein
realisiert und durch Aufheben dieser Realität mit sich zusammengegangen [ist] und seine absolute Realität, seine ein-

fache Beziehung auf sich hergestellt hat. Dies Resultat ist daher die Wahrheit. Es ist ebensosehr Unmittelbarkeit als Vermittlung; — aber diese Formen des Urteils: das Dritte ist Unmittelbarkeit und Vermittlung, oder es ist die Einheit derselben, sind nicht vermögend, es zu fassen, weil es nicht ein ruhendes Drittes, sondern eben als diese Einheit die sich mit sich selbst vermittelnde Bewegung und Tätigkeit ist. — Wie das Anfangende das Allgemeine, so ist das Resultat das Einzelne, Konkrete, Subjekt; was jenes an sich, ist dieses nun ebensosehr für sich, das Allgemeine ist im Subjekte gesetzt. Die beiden ersten Momente der Triplizität sind die abstrakten, unwahren Momente, die eben darum dialektisch sind und durch diese ihre Negativität sich zum Subjekte machen. Der Begriff selbst ist, für uns zunächst, sowohl das an sich seiende Allgemeine als das für sich seiende Negative als auch das dritte an und für sich Seiende, das Allgemeine, welches durch alle Momente des Schlusses hindurchgeht; aber das Dritte ist der Schlußsatz, in welchem er durch seine Negativität mit sich selbst vermittelt, hiemit für sich als das Allgemeine und Identische seiner Momente gesetzt ist.

Dies Resultat hat nun als das in sich gegangene und mit sich identische Ganze sich die Form der Unmittelbarkeit wieder gegeben. Somit ist es nun selbst ein solches, wie das Anfangende sich bestimmt hatte. Als einfache Beziehung auf sich ist es ein Allgemeines, und die Negativität, welche die Dialektik und Vermittlung desselben ausmachte, ist in dieser Allgemeinheit gleichfalls in die einfache Bestimmtheit zusammengegangen, welche wieder ein Anfang sein kann. Es kann zunächst scheinen, daß dies Erkennen des Resultats eine Analyse desselben sein und daher diejenigen Bestimmungen und deren Gang wieder auseinander legen müsse, durch den es entstanden und der betrachtet worden ist. Wenn aber die Behandlung des Gegenstands wirklich auf diese analytische Weise gemacht wird, so gehört sie der oben betrachteten Stufe der Idee, dem suchenden Erkennen an, das von seinem Gegenstand nur angibt, was ist, ohne die Notwendigkeit seiner konkreten Identität und deren Begriff. Die Methode der Wahrheit aber, die den Gegenstand begreift, ist zwar, wie gezeigt, selbst analytisch, da sie schlechthin im

Begriffe bleibt, aber sie ist ebensosehr synthetisch, denn durch den Begriff wird der Gegenstand dialektisch und als anderer bestimmt. Die Methode bleibt an der neuen Grundlage, die das Resultat als der nunmehrige Gegenstand ausmacht, dieselbe als bei dem vorhergehenden. Der Unterschied betrifft allein das Verhältnis der Grundlage als solcher; sie ist dies zwar jetzt gleichfalls, aber ihre Unmittelbarkeit ist nur Form, weil sie zugleich Resultat war; ihre Bestimmtheit als Inhalt ist daher nicht mehr ein bloß Aufgenommenes, sondern Abgeleitetes und Erwiesenes.

Hier ist es erst, wo der Inhalt des Erkennens als solcher in den Kreis der Betrachtung eintritt, weil er nun als abgeleiteter der Methode angehört. Die Methode selbst erweitert sich durch dies Moment zu einem Systeme. — Zunächst mußte für sie der Anfang in Ansehung des Inhalts ganz unbestimmt sein; sie erscheint insofern als die nur formelle Seele, für und durch welche der Anfang ganz allein nur seiner Form nach, nämlich als das Unmittelbare und Allgemeine bestimmt war. Durch die aufgezeigte Bewegung hat der Gegenstand eine Bestimmtheit für sich selbst erhalten, die ein Inhalt ist, weil die in die Einfachheit zusammengegangene Negativität die aufgehobene Form ist, und, als einfache Bestimmtheit, ihrer Entwicklung, zunächst ihrem Gegensatze selbst gegen die Allgemeinheit gegenübersteht.

Indem nun diese Bestimmtheit die nächste Wahrheit des unbestimmten Anfangs ist, so rügt sie denselben als etwas Unvollkommenes, sowie die Methode selbst, die von demselben ausgehend nur formell war. Dies kann als die nunmehr bestimmte Forderung ausgedrückt werden, daß der Anfang, weil er gegen die Bestimmtheit des Resultats selbst ein Bestimmtes ist, nicht als Unmittelbares, sondern als Vermitteltes und Abgeleitetes genommen werden soll, was als die Forderung des unendlichen rückwärts gehenden Progresses im Beweisen und Ableiten erscheinen kann, — so wie aus dem neuen Anfang, der erhalten worden ist, durch den Verlauf der Methode gleichfalls ein Resultat hervorgeht, so daß der Fortgang sich ebenso vorwärts ins Unendliche fortwälzt.

Es ist schon oft gezeigt worden, daß der unendliche Progreß überhaupt der begrifflosen Reflexion angehört; die absolute Methode, die den Begriff zu ihrer Seele und Inhalt hat, kann nicht in denselben führen. Zunächst können schon solche Anfänge wie Sein, Wesen, Allgemeinheit von der Art zu sein scheinen, daß sie die ganze Allgemeinheit und Inhaltslosigkeit haben, welche für einen ganz formellen Anfang, wie er sein soll, erfordert wird und daher als absolut erste Anfänge keinen weitern Rückgang fordern und zulassen. Indem sie reine Beziehungen auf sich selbst, Unmittelbare und Unbestimmte sind, so haben sie allerdings den Unterschied nicht an ihnen, der an einem sonstigen Anfange sogleich zwischen der Allgemeinheit seiner Form und seinem Inhalte gesetzt ist. Aber die Unbestimmtheit, welche jene logischen Anfänge zu ihrem einzigen Inhalte haben, ist es selbst, was ihre Bestimmtheit ausmacht; diese besteht nämlich in ihrer Negativität als aufgehobener Vermittlung; die Besonderheit von dieser gibt auch ihrer Unbestimmtheit eine Besonderheit, wodurch sich Sein, Wesen und Allgemeinheit voneinander unterscheiden. Die Bestimmtheit nun, die ihnen zukommt, ist ihre, wie sie für sich genommen werden, unmittelbare Bestimmtheit so gut als die irgendeines Inhalts und bedarf daher einer Ableitung; für die Methode ist es gleichgültig, ob die Bestimmtheit als Bestimmtheit der Form oder des Inhalts genommen werde. Es fängt deswegen in der Tat für die Methode keine neue Weise damit an, daß sich durch das erste ihrer Resultate ein Inhalt bestimmt habe; sie bleibt hiemit nicht mehr noch weniger formell als vorher. Denn da sie die absolute Form, der sich selbst und alles als Begriff wissende Begriff ist, so ist kein Inhalt, der ihr gegenüberträte und sie zur einseitigen, äußerlichen Form bestimmte. Wie daher die Inhaltslosigkeit jener Anfänge sie nicht zu absoluten Anfängen macht, so ist es aber auch nicht der Inhalt, der als solcher die Methode in den unendlichen Progreß vor- oder rückwärts führte. Von einer Seite ist die Bestimmtheit, welche sie sich in ihrem Resultate erzeugt, das Moment, wodurch sie die Vermittlung mit sich ist und den unmittelbaren Anfang zu einem Vermittelten macht. Aber umgekehrt ist es die Bestimmtheit, durch welche sich diese ihre Vermittlung verläuft; sie geht durch einen Inhalt als durch ein scheinbares Andre ihrer selbst zu ihrem Anfange so zurück, daß sie nicht bloß denselben, aber als einen bestimmten wiederherstellt, sondern das Resultat ist ebensosehr die aufgehobene Be-

stimmtheit, somit auch die Wiederherstellung der ersten Unbestimmtheit, in welcher sie angefangen. Dies leistet sie als
ein System der Totalität. In dieser Bestimmung ist sie
noch zu betrachten.

Die Bestimmtheit, welche Resultat war, ist, wie gezeigt
worden, um der Form der Einfachheit willen, in welche sie
zusammengegangen, selbst ein neuer Anfang; indem er von
seinem vorhergehenden durch eben diese Bestimmtheit unterschieden ist, so wälzt sich das Erkennen von Inhalt zu Inhalt
fort. Vors erste bestimmt sich dies Fortgehen dahin, daß es
von einfachen Bestimmtheiten beginnt und die folgenden immer
reicher und konkreter werden. Denn das Resultat enthält
seinen Anfang, und dessen Verlauf hat ihn um eine neue Bestimmtheit bereichert. Das Allgemeine macht die Grundlage
aus; der Fortgang ist deswegen nicht als ein Fließen von
einem Andern zu einem Andern zu nehmen. Der Begriff in
der absoluten Methode erhält sich in seinem Anderssein, das
Allgemeine in seiner Besonderung, in dem Urteile und der
Realität; es erhebt auf jede Stufe weiterer Bestimmung die
ganze Masse seines vorhergehenden Inhalts und verliert durch
sein dialektisches Fortgehen nicht nur nichts, noch läßt es
etwas dahinten, sondern trägt alles Erworbene mit sich und
bereichert und verdichtet sich in sich.

Diese Erweiterung kann als das Moment des Inhalts
und im Ganzen als die erste Prämisse angesehen werden; das
Allgemeine ist dem Reichtume des Inhalts mitgeteilt, unmittelbar in ihm erhalten. Aber das Verhältnis hat auch die
zweite, negative oder dialektische Seite. Die Bereicherung
geht an der Notwendigkeit des Begriffes fort, sie ist von
ihm gehalten, und jede Bestimmung ist eine Reflexion in sich.
Jede neue Stufe des Außersichgehens, d. h. der weitern
Bestimmung ist auch ein In-sich-gehen, und die größere
Ausdehnung ebensosehr höhere Intensität. Das Reichste
ist daher das Konkreteste und Subjektivste, und das sich
in die einfachste Tiefe Zurücknehmende das Mächtigste und
Übergreifendste. Die höchste zugeschärfteste Spitze ist die
reine Persönlichkeit, die allein durch die absolute Dialektik, die ihre Natur ist, ebensosehr alles in sich befaßt und
hält, weil sie sich zum Freisten macht, — zur Einfachheit,
welche die erste Unmittelbarkeit und Allgemeinheit ist.

Auf diese Weise ist es, daß jeder Schritt des Fortgangs im Weiterbestimmen, indem er von dem unbestimmten Anfang sich entfernt, auch eine Rückannäherung zu demselben ist, daß somit das, was zunächst als verschieden erscheinen mag, das rückwärts gehende Begründen des Anfangs, und das vorwärts gehende Weiterbestimmen desselben ineinander fällt und dasselbe ist. Die Methode, die sich hiemit in einen Kreis schlingt, kann aber in einer zeitlichen Entwicklung es nicht antizipieren, daß der Anfang schon als solcher ein Abgeleitetes sei; für ihn in seiner Unmittelbarkeit ist es genügend, daß er einfache Allgemeinheit ist. Insofern er dies ist, hat er seine vollständige Bedingung; und es braucht nicht depreziert zu werden, daß man ihn nur provisorisch und hypothetisch gelten lassen möge. Was man gegen ihn vorbringen möchte, — etwa von den Schranken der menschlichen Erkenntnis, von dem Erfordernis, ehe man an die Sache gehe, das Instrument des Erkennens kritisch zu untersuchen, — sind selbst Voraussetzungen, die als konkrete Bestimmungen die Forderung ihrer Vermittlung und Begründung mit sich führen. Da sie hiemit formell nichts vor dem Anfange mit der Sache, gegen den sie protestieren, voraus haben und vielmehr wegen des konkretern Inhalts einer Ableitung bedürftig sind, so sind sie nur für eitle Anmaßungen zu nehmen, daß auf sie vielmehr als [auf] etwas Anderes zu achten sei. Sie haben einen unwahren Inhalt, indem sie das als endlich und unwahr Bekannte zu einem Unumstößlichen und Absoluten machen, nämlich ein ·beschränktes, als Form und Instrument gegen seinen Inhalt bestimmtes Erkennen; dieses unwahre Erkennen ist selbst auch die Form, das Begründen, das rückwärts geht. — Auch die Methode der Wahrheit weiß den Anfang als ein Unvollkommenes, weil er Anfang ist, aber zugleich dies Unvollkommene überhaupt als ein Notwendiges, weil die Wahrheit nur das Zu-sichselbst-kommen durch die Negativität der Unmittelbarkeit ist. Die Ungeduld, die über das Bestimmte, es heiße Anfang, Objekt, Endliches, oder in welcher Form es sonst genommen werde, nur hinaus und unmittelbar sich im Absoluten befinden will, hat als Erkenntnis nichts vor sich als das leere Negative, das abstrakte Unendliche, — oder ein gemeintes Absolutes, das ein gemeintes ist, weil es nicht gesetzt, nicht erfaßt

ist; erfassen läßt es sich nur durch die Vermittlung des
Erkennens, von der das Allgemeine und Unmittelbare ein Moment, die Wahrheit selbst aber nur im ausgebreiteten Verlauf
und im Ende ist. Für das subjektive Bedürfnis der Unbekanntschaft und deren Ungeduld kann wohl eine Übersicht des
Ganzen zum voraus gegeben werden, — durch eine Einteilung für die Reflexion, die von dem Allgemeinen nach der
Weise des endlichen Erkennens das Besondere als ein Vorhandenes und in der Wissenschaft zu Erwartendes angibt.
Doch gewährt dies mehr nicht als ein Bild der Vorstellung;
denn der wahrhafte Übergang vom Allgemeinen zum Besondern und zu dem an und für sich bestimmten Ganzen, worin
jenes erste Allgemeine selbst nach seiner wahrhaften Bestimmung wieder Moment ist, ist jener Weise der Einteilung
fremde und ist allein die Vermittlung der Wissenschaft selbst.

Vermöge der aufgezeigten Natur der Methode stellt sich
die Wissenschaft als einen in sich geschlungenen Kreis dar,
in dessen Anfang, den einfachen Grund, die Vermittlung das
Ende zurückschlingt; dabei ist dieser Kreis ein Kreis von
Kreisen; denn jedes einzelne Glied, als Beseeltes der Methode, ist die Reflexion-in-sich, die, indem sie in den Anfang
zurückkehrt, zugleich der Anfang eines neuen Gliedes ist.
Bruchstücke dieser Kette sind die einzelnen Wissenschaften,
deren jede ein Vor und ein Nach hat, — oder genauer gesprochen, nur das Vor hat, und in ihrem Schlusse selbst ihr
Nach zeigt.

So ist denn auch die Logik in der absoluten Idee zu dieser
einfachen Einheit zurückgegangen, welche ihr Anfang ist; die
reine Unmittelbarkeit des Seins, in dem zuerst alle Bestimmung
als ausgelöscht oder durch die Abstraktion weggelassen erscheint, ist die durch die Vermittlung, nämlich die Aufhebung
der Vermittlung zu ihrer entsprechenden Gleichheit mit sich
gekommene Idee. Die Methode ist der reine Begriff, der sich
nur zu sich selbst verhält; sie ist daher die einfache Beziehung auf sich, welche Sein ist. Aber es ist nun auch
erfülltes Sein, der sich begreifende Begriff, das Sein
als die konkrete, ebenso schlechthin intensive Totalität.
— Es ist von dieser Idee zum Schlusse nur noch dies zu erwähnen, daß in ihr erstlich die logische Wissenschaft
ihren eigenen Begriff erfaßt hat. Bei dem Sein, dem Anfange

ihres In halts erscheint ihr Begriff als ein demselben äußerliches Wissen in subjektiver Reflexion. In der Idee des absoluten Erkennens aber ist er zu ihrem eigenen Inhalte geworden. Sie ist selbst der reine Begriff, der sich zum Gegenstande hat, und der, indem er sich als Gegenstand die Totalität seiner Bestimmungen durchläuft, sich zum Ganzen seiner Realität, zum Systeme der Wissenschaft ausbildet und damit schließt, dies Begreifen seiner selbst zu erfassen, somit seine Stellung als Inhalt und Gegenstand aufzuheben und den Begriff der Wissenschaft zu erkennen. — Z w e i t e n s ist diese Idee noch logisch, sie ist in den reinen Gedanken eingeschlossen, die Wissenschaft nur des göttlichen B e g r i f f s. Die systematische Ausführung ist zwar selbst eine Realisation, aber innerhalb derselben Sphäre gehalten. Weil die reine Idee des Erkennens insofern in die Subjektivität eingeschlossen ist, ist sie T r i e b, diese aufzuheben, und die reine Wahrheit wird als letztes Resultat auch der A n f a n g e i n e r a n d e r n S p h ä r e u n d W i s s e n s c h a f t. Dieser Übergang bedarf hier nur noch angedeutet zu werden.

Indem die Idee sich nämlich als absolute E i n h e i t des reinen Begriffs und seiner Realität setzt, somit in die Unmittelbarkeit des S e i n s zusammennimmt, so ist sie als die T o - t a l i t ä t in dieser Form — N a t u r. — Diese Bestimmung ist aber nicht ein G e w o r d e n s e i n und Ü b e r g a n g, wie, nach oben, der subjektive Begriff in seiner Totalität zur O b j e k t i - v i t ä t, auch der s u b j e k t i v e Zweck zum L e b e n wird. Die reine Idee, in welcher die Bestimmtheit oder Realität des Begriffes selbst zum Begriffe erhoben ist, ist vielmehr absolute B e f r e i u n g, für welche keine unmittelbare Bestimmung mehr ist, die nicht ebensosehr g e s e t z t und der Begriff ist; in dieser Freiheit findet daher kein Übergang statt; das einfache Sein, zu dem sich die Idee bestimmt, bleibt ihr vollkommen durchsichtig und ist der in seiner Bestimmung bei sich selbst bleibende Begriff. Das Übergehen ist also hier vielmehr so zu fassen, daß die Idee sich selbst f r e i e n t l ä ß t, ihrer absolut sicher und in sich ruhend. Um dieser Freiheit willen ist die F o r m i h r e r B e s t i m m t h e i t ebenso schlechthin frei, — die absolut für sich selbst ohne Subjektivität seiende Ä u ß e r l i c h - k e i t d e s R a u m s u n d d e r Z e i t. — Insofern diese nur nach der abstrakten Unmittelbarkeit des Seins ist und vom Bewußtsein gefaßt wird, ist sie als bloße Objektivität und äußerliches Leben; aber in der Idee bleibt sie an und für sich die Totalität des Begriffs und die Wissenschaft im Verhältnisse des göttlichen Erkennens zur Natur. Dieser nächste Entschluß der reinen Idee, sich als äußerliche Idee zu bestimmen, setzt sich aber damit nur die Vermittlung, aus welcher sich der Begriff als freie, aus der Äußerlichkeit in sich gegangene Existenz emporhebt, in der Wissenschaft des Geistes seine Befreiung durch sich vollendet und den höchsten Begriff seiner selbst in der logischen Wissenschaft als dem sich begreifenden reinen Begriffe findet.

Zur Feststellung des Textes

S. 235 Z. 14 v. o. *der* A, W₁; *und* W₂.

„ 235 „ 18 v. u. *es* E; *sie* A, W₁, W₂.

„ 236 „ 10 v. u. *reelle* A; *reale* W₁, W₂.

„ 240 „ 2 v. o. *der* E; fehlt in A. W₁, W₂.

„ 258 „ 14 v. u. *zu* E; fehlt in A, W₁, W₂.

„ 259 „ 5 f. v. u. *das ihn ausdrücken sollte* A; wegen des im
　　　　　　　　　　1. Druck ausgefallenen Wortes „kann" haben
　　　　　　　　　　W₁ und W₂ den ganzen Satz umgeändert und
　　　　　　　　　　geschrieben: *das ihn aus zu drücken bestimmt ist,*
　　　　　　　　　　ihm genähert werden sollte.

„ 261 „ 11 v. u. *die* E; *als die* A, W₁, W₂.

„ 264 „ 8 v. o. *es* E; fehlt in A, W₁, W₂.

„ 268 „ 5 v. o. *als die* E; fehlt in A, W₁, W₂.

„ 268 „ 1 v. u. *indem jede* E; *jede, indem* A, W₁, W₂.

„ 277 „ 15 v. o. *das* E; fehlt in A. W₁, W₂.

„ 288 „ 3 v. o. *vielmehr Urteile* A, W₁; *vielmehr Urteil* W₂.

„ 291 „ 4 v. u. *sie* E; fehlt in A; *dieselbe* W₁, W₂.

„ 293 „ 20 v. o. *sind* A, W₁; *sich* W₂.

„ 297 „ 18 v. o. *seine Momente* E; *sie* A, W₁, W₂.

„ 297 „ 2 f. v. u. *Allgemeinere* A, W₁; *Allgemeine* W₂.

„ 312 „ 5 v. o. *Besonderheit* A, W₁; *Besonderung* W₂.

„ 314 „ 3 v. u. *Ganze* E; *Ganzes* A, W₁. W₂.

„ 316 „ 15 v. o. *richtig* A, W₁; fehlt in W₂.

„ 318 „ 19 v. u. *niedrigern* A. W₁; *niedrigen* W₂.

„ 320 „ 18 v. o. *ist* A, W₁; fehlt in W₂.

„ 331 „ 19 v. u. *ist, dessen* E; *sind, dessen* A, W₁, W₂.

„ 331 „ 8 v. u. *werden* A, W₁; *worden* W₂.

„ 337 „ 2 v. u. *hier durch* A; *hierdurch* W₁, W₂.

„ 343 „ 12 v. o. *aufgehoben* E; *aufgehoben hat* A, W₁, W₂.

„ 352 „ 6 v. u. *ebensosehr* A. W₁; *ebenso* W₂.

„ 355 „ 16 v. o. *in dem* E: *indem* A, W₁, W₂.

„ 370 „ 21 v. o. *sich* A, W₁; fehlt in W₂.

„ 376 „ 3 f. v. o. *Totalität ist* E; *Totalität; so* A; *Totalität ist so;*
　　　　　　　　　　so W₁; *Totalität ist so* W₂.

„ 392 „ 11 v. o. *Ebenso* E; *Eben* A, W₁, W₂.

„ 393 „ 11 v. u. *es* A, W₁; *ein* W₂.

„ 398 „ 10 f. v. u. *dem ... Prozesse* A; *des ... Prozesses* W₁, W₂.

„ 398 „ 5 v. u. *Mechanismus* A, W₁: *Mechanischen* W₂.

„ 399 „ 8 v. u. *nicht* E; *sich nicht* A. W₁, W₂.

„ 403 „ 1 v. u. *Hierin* A, W₁; *Hiermit* W₂.

„ 428 „ 9 f. v. u. *einzelnen* A, W₁; *einen* W₂.

„ 442 „ 18 v. o. *sondern, wie ... ist, sich* E; *sondern sich, wie ...*
　　　　　　　　　　ist A, W₁, W₂.

„ 443 „ 16 v. o. *einfacher* A, W₁; *einer* W₂.

„ 443 „ 15 v. u. *aber* A; fehlt W₁, W₂.

„ 444 „ 10 v. u. *nur* A, W₁; fehlt W₂.

„ 445 „ 13 v. u. *also* A, W₁; *als* W₂.

„ 446 „ 7 v. u. *Beispiel* A, W₁; *Spiel* W₂.

„ 447 „ 5 v. o. *so* A, W₁; *somit* W₂.

„ 452 „ 19 v. o. *sind* E; *ist* A, W₁, W₂.

S. 454 Z. 6 v. u. *ausmache* E; *ausmachte* A, W₁, W₂.
„ 471 „ 9 v. o. *nur* A, W₁; *nun* W₂.
„ 481 „ 19 v. u. *oder das* E; *oder* A, W₁, W₂.
„ 481 „ 7 f. v. u. *ausgeführte* A, W₁; *angeführte* W₂.
„ 487 „ 3 v. u. *er* E; fehlt in A, W₁, W₂.
„ 489 „ 13 v. u. *sie* E; *die* A, W₁, W₂.
„ 494 „ 19 v. u. *an und* A, W₁; *an sich und* W₂.
„ 499 „ 8 v. u. *der* A, W₁; fehlt W₂.
„ 503 „ 10 v. u. *der Wahrheit* A, W₁; fehlt in W₂.

Sachregister.

Namenregister.